알파벳과 여신

알파벳과 여신

문자는 어떻게 세상을 지배하는가

초판 1쇄 발행 2018년 12월 14일
개정판 1쇄 인쇄 2023년 8월 4일
개정판 1쇄 발행 2023년 8월 25일

지은이	레너드 쉴레인
옮긴이	윤영삼·조윤정
꾸민이	김정환
펴낸이	윤영삼
펴낸곳	콘체르토
주소	서울 강서구 공항대로 213 보타닉파크2차 302호
전화	070-8688-6616
팩스	0303-3441-6616
전자우편	editor@xcendo.net
홈페이지	xcendo.net
트위터	twitter.com/xcendo
페이스북	facebook.com/bookbeez
Copyright	ⓒ 콘체르토 2023, Seoul

ISBN   979-11-965472-4-0(03900)

THE ALPHABET VERSUS THE GODDESS

문자는 어떻게
세상을 지배하는가

알파벳과 여신

레너드 쉴레인
지음

윤영삼·조윤정
옮김

LEONARD SHLAIN

콘체르토

이 책에 쏟아진 찬사

이따금씩 우리는 좀더 젊었을 때 읽지 못한 것을 아쉬워하게 되는 책을 만난다. '문자의 어두운 측면'이라는 전혀 예상치 못한 주제를 파고드는 이 대담하고도 경이로운 이 책을 만났을 때 바로 그런 느낌을 받았다. 문자가 도래하는 과정에서, 전체론적 직관을 중시하는 우뇌 중심적 사고를 하는 여자에서 추상적이고 선형화된 좌뇌 중심적 사고를 하는 남자에게 권력이 넘어갔다는 쉴레인의 주장은 너무나 충격적인 것이었다... 내 머릿속의 뇌 역시... 이러한 문자의 통제 속에서 지금까지 작동하고 있었던 것이다. 바트 슈나이더Bart Schneider, 〈워싱턴포스트Washington Post〉

독자를 흥분시키는 책이다... 쉽게 읽히는 빠른 전개로 무수한 영감을 주는 대단한 작품이다. 방대한 분야의 풍부한 지식을 가로지르며 펼쳐 보이는 새로운 지적 지평선에 정말 매혹되지 않을 수 없다. 조지 스타이너George Steiner, 〈옵서버The Observer〉

명쾌하게 빠른 속도로 엄청난 후폭풍을 몰고 오는... 독창적인 이론과 역사해석으로 가득한 이 책은, 우리 인류의 반을 차지하는 여자들에 대한 연민으로 충만하다. 이 책을 손에 드는 순간 당신은 빨려 들어가 결국 사로잡히고 말 것이다. 탁월한 설득력으로 눈부신 통찰과 혁신적인 시각을 선사할 것이다... 신화, 전설, 역사, 과학에 관한 쉴레인의 화려한 변주와 이따금씩 치고 나오는 대담한 주장을 감상하는 일은 그 자체만으로도 지극히 아름다운 감동을 선사한다. 〈헝그리마인드Hungry Mind〉

이 책은 일상적인 독서행위가 문화적으로 어떤 의미를 갖는지 비로소 일깨워준다. 글을 읽고 쓰는 행위가 인간의 심리에 미치는 미묘한 영향을 파고들어 대담한 결론을 도출한다. 〈샌프란시스코 크로니클 San Francisco Chronicle〉

레너드 쉴레인은 그 자신이 문자와 이미지의 본질적인 융합을 상징하는 인물이다. 탁월한 저술을 통해 남자와 여자의 인지방식이 어떻게 진화되어 왔는지, 문자를 우대하는 것이 어떻게―축복이 아닌―저주가 되었는지 흥미진진하게 그려낸다. 교과서에서 글로만 읽었던 역사와 과학을 생생하게 느낄 수 있도록 전해주는 이 책은, 누구든 한 번 손에 드는 순간 페이지를 계속 넘길 수밖에 없을 것이다. 우리 인류가 얼마나 오싹한 시간을 살아왔는지, 반면에 앞으로 펼쳐질 미래가 얼마나 찬란한 희망으로 가득 차 있는지 일깨워주는 인식의 문턱이 될 것이다. 클라리사 에스테스Clarissa Pinkola Estes,《늑대와 함께 달리는 여인들Women Who Run with the Wolves》저자

선사시대의 뿌연 안개에서 시작하여 눈부신 PC화면으로 빠르게 나아가는 이 책은 인류의 문화 전체를 관통하는 야심찬 해석을 제시한다. 지적 상상에 기반하여 과감한 주장을 펼치는, 탁월하게 쓰여진 이 책은 많은 주목을 받을 것이고 또 많은 논쟁을 불러일으킬 것이다.〈퍼블리셔스 위클리Publisher's Weekly〉

눈을 뗄 수 없게 만드는... 기념비적인 야심작이다. 인류의 역사를 문자와 이미지의 거대한 장으로 바라보는 이 책은... 독자들에게 고민해볼 만한 매혹적인 아이디어를 선사한다.〈커커스 리뷰Kirkus Reviews〉

상당한 시간과 노력을 들여 과거와 현재를 절묘하게 엮어 하나의 이야기로 만들어낸 참으로 탁월한 작품이다. 빠져들지 않을 수 없다. 리처드 셀저Richard Selzer,《죽음수업Mortal Lessons》저자

이 책은 말 그대로 원자폭탄이다. 기존의 어떤 책과도 비교할 수 없을 만큼 독창적이고 재미있다. 이 책을 읽으며 환희, 분노, 논쟁, 깨달음 등 많은 것을 느낄 수 있을 것이다. 래리 도시Larry Dossey,《원마인드 One Mind》저자

프롤로그

이 책은 1991년 그리스의 유적지를 여행하던 중 떠오른 아이디어에서 시작되었다. 우리 일행을 안내하는 가이드는 운 좋게도 박식한 아테네대학 교수였다. 유적지를 돌 때마다, 그것이 원래 여신을 위해 바친 신전이었으나 알 수 없는 어떤 이유로, 알 수 없는 사람에 의해 남자신을 섬기는 신전으로 바뀌었다는 것을 빠짐없이 그녀는 설명하였다.

이후 우리는 크레타섬으로 이동하여 깊은 인상을 주는 크노소스유적을 둘러보았다. 우아한 궁전의 벽화는 화사한 궁정의 여인들, 여자곡예사, 뱀을 든 여사제를 묘사하고 있었다. 청동기에 기반한 미노아문명에서 여자들이 상당히 높은 지위를 차지하고 있었다는 것을 말없이 보여주는 증거들이었다.

여행은 아르테미스신전 유적이 있는 터키 에페수스에서 끝이 났다. 아르테미스신전은 서양에서 여신을 숭배하기 위해 지은 가장 큰 신전이다. 4세기 말 기독교 정부가 들어서 신전을 폐쇄하기 전까지, 여자들(또 남자들)이 이곳에서

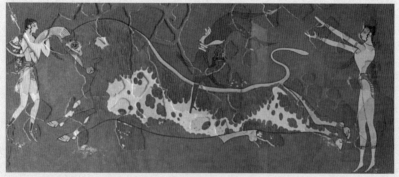

크노소스궁전 유적에서 발견된 벽화. 이 그림에 등장하는 세 여인은 모두 한 사람으로, 달려오는 소의 뿔을 잡고 공중제비를 넘어 착지하는 전 과정을 보여준다. 기원전 1450년경

여신을 숭배했으며, 여사제들이 예배를 집전했다고 한다. 이러한 소개를 듣고 유적을 유심히 돌아보는 와중에 우리 가이드는 예수의 어머니 성모마리아가 에페수스에 와서 죽었다는 전설을 들려주면서, 마리아가 묻혔다고 전해 내려오는 언덕을 손가락으로 가리켰다.

공항으로 가는 버스 안에서 왜 마리아가 '이교도'의 여신을 섬기는 곳까지 찾아와 삶을 마감했을까 하는 의문이 머릿속에서 떠나지 않았다. 단순히 전설일 뿐이라고 해도, 왜 그런 전설이 이어져 내려온 것일까? 이 질문은 마침내 여행을 하는 동안 내 머리 속에 맴돌던 좀더 포괄적인 질문을 다시 떠올리게 만들었다.

"고대 서양의 여신들이 사라진 것은 무엇 때문일까?"

오랜 선사시대는 물론 역사시대 초기에도 남자여자 모두 여신을 섬겼으며, 여자들이 주요한 종교의례를 집전했으며, 재산도 모계를 통해 상속했다는 것이 고고학적으로나 역사적으로나 분명한 사실로 밝혀졌다. 그렇다면 어느 시점에 여신숭배를 부정하게 된 계기는 무엇일까? 여자들이 종교적 의례를 수행하는 역할에서 완전히 배제된 이유는 무엇일까? 부계를 통해서만 재산을 상속하게 된 이유는 무엇일까? 인류역사의 어떤 사건이 신의 성별을 바꾸어 놓은 것일까? 물론 이에 대한 오늘날 가장 보편적인 설명은 다음과 같다.

북쪽에서 세차게 몰아쳐온 기마인들이 자신들이 숭배하던 하늘신과 남성적인 윤리를 강요하면서 기존의 평화로운 여신문화가 멸종했다.

하지만 지역을 막론하고 모든 문명에서 이러한 현상이 똑같이 나타났으며, 더욱이 이러한 변화가 거의 비슷한 시기에 일어났다는 점에서 납득할 수 없는 설명이다.

또 하나, 이 여행을 했을 때는 나의 첫 책 《예술과 물리》를 출간한 직후였다. 이 책의 핵심주장은 예술의 혁신이 물리학의 주요 발견을 예견한다는 것이다. 예술과 물리는 서로 다른 언어다. 예술은 이미지와 메타포를 사용하고, 물리학은 수와 방정식을 사용한다. 《예술과 물리》에서 제시한 개념을 좀 더 구체화하기 위해 다양한 커뮤니케이션 매체들이 사회에 어떤 영향을 미치느냐 하는 데 상당한 관심을 기울이고 있었다.

버스를 타고 가는 동안, 머릿속에서 이 모든 문제들이 뒤섞이기 시작했고 어느 순간, 여신과 여자들의 지위가 추락한 것과 무자비한 가부장제와 여성혐오가 출현한 것이 글을 읽고 쓰게 된 사건과 어떤 연관성이 있지 않을까 하는 생각에 사로잡혔다. 아마도 이 새로운 커뮤니케이션 기술을 익히는 과정에서 인간의 뇌에 어떤 구조적 변화가 발생한 것은 아닐까?

신경외과 의사로서 나는 어린아이의 뇌 발달과정에서 학습의 종류에 따라 활성화되는 신경통로가 달라진다는 것을 알고 있다. 이러한 개인의 생리적 변화를 다수가 동시에 경험한다면, 예컨대 사회의 구성원 중 일정비율 이상이 문자, 특히 알파벳을 읽고 쓰는 능력을 습득한다면, 우뇌적 사고는 위축되고 좌뇌적 사고가 증폭되지는 않을까? 알파벳의 도입으로 인한 집단적인 생리적 변화가 이미지, 여자의 권리, 여신의 몰락을 초래한 것은 아닐까 하는 가설을 세우고 그 실마리들을 하나씩 찾아나가기 시작했다.

이러한 가설에 몰두할수록 머릿속에는 더 많은 의문점들이 풀리기 시작했다. 이러한 발견은 도저히 뿌리칠 수 없는 것이었고, 역사적으로 다른 시기의 사건들, 다른 문화의 사건들에도 적용이 되는지 하나씩 따져보기 시작했다. 이를 악물고 머리를 쥐어뜯으며 엄청난 집착으로 써내려간 결실이 바로 여러분들이 지금 손에 들고 있는 이 책이다.

내 직업은 외과의사다. 병원에서 과장이며, 의과대학에서 부교수 역할도 하고 있다. 혈관수술 전문의로서 나는, 뇌에 피를 공급하는 경동맥수술을 하면서 좌뇌와 우뇌가 전혀 다른 기능을 수행한다는 것을 직접 눈으로 확인했다.

이 특별한 경험은 내가 신경해부학적 가설에 기반하여 여신과 여사제가 서양에서 사라진 이유를 설명할 수 있는 기회를 주었다.

나의 가설은 많은 독자들에게 새로운 관점으로 세상을 바라보도록 요구할 것이다. 친숙한 것도 마음을 열고 새로운 각도에서 한 번 바라보기 바란다. 진술과정에서 오류가 발생하지 않도록 많은 전문가들에게 상당한 자문을 구했으며, 집단지성의 체로 걸러내는 과정을 여러 번 거치면서 원고를 계속 보완했다.

서양의 알파벳을 쓰지 않는 동양에서도 가부장제는 존재하기 때문에, 나의 문화적 템플릿이 유효한지 알아보기 위해 간략하게나마 그들의 역사도 언급해야 한다는 강박에 시달렸다. 그 결과 이 책은 장구한 세월과 다양한 신념체계를 모두 포괄하게 되었으며, 그래서 안타깝게도 몇몇 문화나 시대는 깊이 다룰 수 없었다.

어쨌든 이 책의 목적은 인간이 처한 조건을 파노라마처럼 보여주면서 가능한 범위 안에서 타당한 추론을 이끌어 내는 것이다. 이 책에서 다루는 온갖 드라마를 설명하는 다른 방법들이 있다는 것을 알고 있지만, 그런 것들까지 일일이 이 책에서 이야기할 수는 없었다. 오로지 문자와 가부장제라는 두 축에 초점을 맞춰 서술해 나가고자 한다.

나는 이야기하기를 좋아하는 사람이다. 전문용어는 최대한 배제하고 누구나 쉽게 읽어나갈 수 있도록 노력했다. 아름다운 봄날, 책상 위에 놓여있는, 두꺼운 원고를 넘겨보면서, 나 스스로 몰입하여 빠져들었던 기나긴 작업이 이제서야 끝이 났다는 사실을 깨닫는다. 글을 쓰는 과정은 매우 어렵고 복잡했지만 개인적으로는 흥미진진하고 훌륭한 경험이었다. 이제 남은 것은 독자 여러분의 몫이다. 즐거운 여행이 되길 바란다.

레너드 쉴레인
1998년, 캘리포니아 밀밸리에서

차례

THE ALPHABET VERSUS THE GODDESS

1

IMAGE vs LETTERS

이미지 vs 문자

THE ALPHABET
VERSUS
THE GODDESS

하지만 이 모든 엄청난 발명 중에서도,
자신의 가장 비밀스런 생각을 다른 사람들에게
— 심지어 시간적으로나 공간적으로나 멀리 떨어져있더라도—
전달할 방법을 떠올린 것만큼 가장 숭고한 절정이 어디 있겠는가?
더욱이 종이 위에 20여 개 작은 기호를
다양하게 나열하는 수고만으로도 가능하다니!
인간의 어떠한 경이로운 발명도 이를 능가할 수 없다.

갈릴레오 Galileo[1]

아무리 좋은 것도 그늘을 드리우기 마련이다...
그것만의 고유한 탁월함은 동시에 비극적 결함이 된다.

윌리엄 어윈 톰슨 William Irwin Thompson[2]

이미지 vs 문자
메시지와 형식

우리 문화를 마음껏 휘젓고 돌아다니는 신성한 소holy cow 중에서 누구도 그 존재의 가치를 의심하지 않는 것은 바로 문자다. 5,000년 전 문자가 탄생한 이래 무수한 시인과 작가들이 그 미덕을 칭송해왔을 만큼 문자의 혜택을 의심하는 사람은 없었다. 하지만 우리가 문자를 사용하는 댓가로 잃은 것은 없을까? 소포클레스는 일찍이 이렇게 경고했다.

"위대한 어떤 것이 아무런 재앙 없이 인간의 삶에 출현한 적은 없다."[3]

문자의 빌명은 위대한 사건이었다. 그렇다면 그것이 몰고 온 재앙은 과연 무엇이었을까? 이 책이 탐구하고자 하는 주제다.

문자가 사용되기 시작하면서 사회에 폭발적인 변화를 초래했다는 증거는 수없이 많다. 대부분 이러한 변화는 '진보'로 간주될 것이다. 하지만 문자의 도래가 우리 사회에 미친 보이지 않는 한 가지 치명적인 영향이 있었다. 문자를 기록한다는 행위가 가부장적인 세계관을 우리 잠재의식 속에 심어준다는 것이다.

어떤 형태의 문자든, 알파벳 형태의 문자는 특히, 여성적 가치를 떨어뜨리고 문화 안에서 여자들이 차지하는 권력을 약화시킨다. 어째서 이러한 일이 벌어지는지는 이 책에서 자세히 설명할 것이다. 일단 간단히 설명하자면 세상을 총체적으로, 동시적으로, 종합적으로, 구체적으로 바라보는 것은 여성적 시선의 특징인 반면, 세상을 선형적으로, 순차적으로, 환원적으로, 추상적으로 바라보는 것은 남성적 시선의 특징이다. 이는 세상을 지각하는 정반대의 접근방식이지만 누구나 두 가지 특징을 모두 어느 정도 겸비하고 있다. 따라서 어떤 특성이 반대되는 특성에 비해 특별히 우월하다고 말할 수 없다.

현실을 이해하는 이 두 가지 상보적인 방식은 통합과 대칭을 상징하는 태극과 비슷하다. 태극은 여성적 에너지陰와 남성적 에너지陽가 정확히 균형을 유지하는 상태를 기하학적으로 표현한 고대 도교의 상징이다. 어느 한쪽이 없으면 다른 쪽도 불완전해진다. 이렇게 두 기운이 통합된 전체가 발휘하는 힘은 음과 양이 제각각 발휘하는 힘을 합한 것보다 훨씬 크다. 하지만 이러한 균형은 문자에 의해 한 번, 이후 알파벳에 의해 또 한 번 파괴되었다. 이로써 우리 문화에서 양의 힘이 압도적으로 번성하기 시작한다.

1960년대 마샬 맥루한Marshall McLuhan은 커뮤니케이션의 '내용'보다 커뮤니케이션을 가능케 하는 주요한 '수단'이 문명의 형태를 결정한다고 주장했다. 맥루한은 말, 상형문자, 표의문자, 알파벳, 인쇄물, 라디오, 영화, TV가 제각각 정보를 전달하는 방식이 근본적으로 다르다고 말한다. 전달방식의 차이는 집단의 정신에 큰 영향을 미친다. 일단 특정한 전달방식이 집단에 뿌리내리고 나면 전반적인 문화적 인지방식에 은밀하지만 강력한 영향력을 발휘한다.

맥루한은 '매체가 곧 메시지'라고 말했다. 이 말은 이 책의 중심사상이기도 하다. 로버트 로건Robert Logan은 《알파벳 효과》에서 이 개념에 관해 상세히 설명한다.

커뮤니케이션 매체는 정보를 전달해주기만 하는 수동적인 파이프라인이 아니라 새로운 사회적 패턴과 새롭게 지각하는 현실을 창조하는 능동적인 힘이다. 읽고 쓸 줄 아는 사람은 말로만 정보를 주고받는 사람과는 전혀 다른 세계관을 갖는다. 알파벳은, 그것이 전달하는 정보의 종류와 무관하게, 심지어 말소리를 단순히 글자로 기록한 것에 불과하더라도, 고유한 영향력을 발휘한다.[4]

맥루한과 로건을 비롯한 학자들이 알파벳이 우리 역사에 미친 다양한 영향을 탐구한 반면, 나는 시야를 좁혀 단 하나의 질문에 초점을 맞추고 싶었다.

"알파벳의 발명은 남자와 여자 사이에 존재하는 힘의 균형을 어떻게 바꿔놓았는가?"

알파벳이 여성의 사회참여 의지와 활동을 방해한다는 명제는 언뜻 보기에 역사적 사실과 상반되는 것처럼 보인다. 헌법과 법률에 기초하여 서구사회는 개인의 존엄성을 꾸준히 확보해왔으며, 특히 최근 몇 백 년 동안 다른 문화에서는 존재하지 않던 권리와 혜택을 여성들에게 부여했다. 여자들이 이러한 혜택을 얻을 수 있었던 이유는 무엇일까? 사람들은 일반대중에게 제공되기 시작한 높은 수준의 교육 덕분이라고 생각한다. 하지만 수천 년 전, 지금보다는 훨씬 덜 복잡했던 시기에 문자가 탄생한 과정을 연구해보면 처음에는 문자가, 나중에는 알파벳이, 권력의 균형을 깨고 여자들을 불리한 위치에 놓았다는 사실을 폭로한다.

인류학 연구는, 문자가 없는 농경사회가 전반적으로 발전된 사회보다 남녀관계가 훨씬 평등했다는 것을 보여준다. 물론 여성의 권력이나 영향력이 남자보다 우월하거나, 적어도 동등한 지위를 누린 사회가 역사상 존재했다는 주장은 여전히 주장으로만 남아있을 뿐이다. 이를 입증하는 연구결과는 아직 없다. 하지만 문자가 없는 다양한 농경사회들의 경우—북아메리카의 이로쿼이, 호피, 아프리카의 쿵, 폴리네시아의 원주민 등—남녀 사이에 상당히 평등한 조화로운 관계를 오랜 시간 유지해 왔다.

인류학자 클로드 레비스트로스Claude Lévi-Strauss는 문자의 가치를 의심한 몇 안 되는 학자다.

이것 하나는 분명히 말할 수 있다. 인류역사를 통틀어 세계 어디서나 문자의 출현은… 계급사회의 출현과 연관이 있는 듯 보인다는 것이다. 주인과 노예로 나뉘어, 한 쪽 구성원은 다른 쪽 구성원을 위해 일을 해야 하는 사회체제가 출현한 것이다.[5]

최근의 역사를 예외로 친다면 문자는 인류역사를 통틀어 남자가 여자를 지배하도록 만드는 역할을 했다. 여성혐오와 가부장제는 알파벳으로 상징되는 문자와 운명을 같이했다.

내가 이러한 주장을 펼치는 근거는 인간의 신경계가 발달해 온 고유한 방식에 있다. 문자에 영향을 받은 신경계는 또다시 문자가 남녀관계에 심대한 영향을 미칠 수 있는 여건을 만들었다. 처음 몇 장에서는 우리가 지금 모습으로 왜, 어떻게 진화해왔는지 살펴볼 것이다. 그 다음에는 수많은 신화와 역사적 사건들을 재해석하고, 상황적 증거를 바탕으로 이들이 서로 어떻게 연결되는지 따져볼 것이다.

하지만 이러한 상관성은 인과성을 뒷받침하지 않는다. 새벽에 별이 지고 나서 해가 뜨는 것은 상관성이 있지만 원인-결과는 아니다. 따라서 나는 다양한 사실을 하나씩 검토해가면서, '그럴듯한 학설'을 찾아 나설 것이다. 독자 여러분도 이러한 역사적 사건을 설명하는 가설 중 어느 것이 가장 그럴듯한지 함께 고민해주기를 바란다.

* * *

우리는 제각각 고유한 유전자조합을 가지고 태어나지만, 태어난 뒤에도 계속 성장한다. 특히 우리를 에워싸고 있는 '문화'라는 은밀한 손길이 우리가 성장하는 동안 끝없이 다듬고 완성시켜준다. 아이가 성장하는 과정에서 가장 큰 영향을 미치는 두 가지 요인은 아이가 자라나는 가족의 정서적 구성과 그 가족이 속한 문화의 특성이다. 그 뒤를 바짝 따르는 세 번째 요인은 문화적 정보를 습득하고 통합하기 위해 아이가 배워야 하는 주요한 커뮤니케이션도구다.

이러한 도구는 아이의 뇌가 발달하는 과정에서 어떤 신경통로를 강화할지 결정하는 데 중요한 역할을 한다.

네 살쯤 되면 아이들은 글자에 관심을 갖기 시작한다. 평생 지식을 습득하는 데 사용할 중요한 도구를 배우는 과정이 시작되는 것이다. 문자를 완벽하게 습득하고 나면, 말은 더이상 문화를 바꿀 정도로 중요한 정보를 전달하는 주요 매체 역할을 하지 못한다. 문자가 말을 완전히 대체해버리는 것이다. 어른이 되면 시각적인 문자는 너무나 익숙해진다. 마치 물속에서 살아가는 물고기가 물의 존재를 인식하지 못하는 것처럼, 문자가 발휘하는 영향력 역시 느끼지 못한다.

당신이 문자가 없는 사회에서 태어나 자랐다고 가정해보자. 어른이 될 때까지 문자라는 것을 보지도 못했다. 그러다 갑자기 문자를 쓰는 사회 한복판에 서게 되었다. 그곳 사람들은 마치 마법의 힘을 소유한 듯 보인다. 어떤 느낌일까? 실제로 서아프리카에서 온 젊은 모듀프 왕자는 그런 경험을 했다. 그는 자서전에서 문자와 처음 조우했을 때 느낌을 이렇게 묘사한다.

> 페리 신부의 집은 책으로 가득했다. 얼마 후 나는 종이 위에 표시되어있는 것들이 '말을 묶어놓은 것'이라는 사실을 깨달았다. 그 표시를 해독하는 법을 아는 사람은, 묶여있는 말을 다시 진짜 말로 풀어 놓을 수 있었다. 둠부를 함정 속에 가둬놓을 수 것처럼 종이에 찍힌 잉크로 생각을 묶어놓을 수 있다니. 그 의미를 완벽하게 깨닫는 순간 나는, 코나크리(기니의 수도)에서 밝은 빛을 처음 발견했을 때 느꼈던 전율과 놀라움을 또 다시 경험했다. 나는 이 경이로운 것을 직접 배워보고 싶다는 강렬한 욕망이 솟구쳐 올랐다.[6]

둠부doomboo를 함정에서 풀어놓기 위해 애쓰는 동안 왕자는 자신도 함정 속으로 빨려 들어가고 있다는 것을 깨닫지 못했다. 문자와 이미지는 전혀 다른 '피조물'이다. 그들은 서로 보완해주지만, 정반대의 인지전략을 요구한다.

이미지는 시각이라는 감각세계를 1차적으로 재생하는 것이다. 우리 뇌는 자연이든 인공물이든 외부에서 받아들인 자료를 의식의 신성한 밀실에서 복제한다. 겉으로 보이는 세상과 매우 닮았기 때문에, 이미지는 실재와 거의 차이가 없다. 이미지는 구체적이다. 뇌는 형태를 만들어내는 '전체'를 동시에 지각한다. 이미지는 개별 부분들이 대부분 '한꺼번에' 인지된다.

이에 반해 글을 읽는 과정은 전혀 다르다. 일렬로 늘어서있는 개별문자를 눈으로 하나씩 훑어가면서 단어의 의미들을 만들어내야 한다. 지금 이 책을 읽는 것처럼 문장의 의미는 단어들이 하나씩 모여 생겨난다. 그렇게 만들어진 문장들, 즉 문법에 맞게 나열된 긴 단어의 무리들을 연달아 늘어서있는 '텍스트'를 읽어내야만 비로소 '이해'가 생겨난다.

텍스트를 개별 문장으로 분해하거나, 문장을 단어로 분해하거나, 단어를 개별글자로 분해하는 것을 우리는 환원주의reductionism라고 한다. 이러한 분해작업은 우리가 미처 인지하지 못할 정도로 매우 빠르게 일어난다. 알파벳은 30개가 되지 않는 아무 의미 없는 기호의 집합으로, 기본적으로 어떠한 이미지도 재현하지 않는다. 이러한 특성은 문자를 '추상적인' 것으로 만든다. 물론 몇몇 단어의 나열은 '한눈에' 인지될 수도 있겠지만, 대부분 문자로 이루어진 글은 '한 번에 하나씩' 읽어가는 선형적, 순차적 방식으로 의미를 만들어낸다.

눈으로 전달된 나무나 빌딩 같은 대상의 이미지를 인지할 때 뇌는 전체적, 동시적, 종합적인 방식으로 작동한다. 이와 달리 문자로 기록된 글에서 의미를 캐내야 할 때 뇌는 연속적, 추상적, 분석적인 방식으로 작동한다. 관습적으로나 언어적으로나, 이미지는 여성적인 특징과 잘 어울리고, 문자는 남성적인 특징과 잘 어울린다. 앞으로 살펴볼 다양한 문화의 신화를 통해 우리는 이러한 연관성이 결코 우연하지 않다는 것을 깨닫게 될 것이다.

이미지를 여자와 연결짓는 것은, 남자가 여자보다 공간정보를 처리하는 데 훨씬 뛰어나다는 수많은 연구결과와 정면으로 어긋나는 것처럼 보인다. 또한 여자들이 또래 남자들에 비해 말이든 글이든 언어적 능력이 훨씬 뛰어나다는 것을 입증하는 연구결과도 많다. 이러한 연구들이 내 주장과는 정반대 결론을 제시하고 있는 듯 보이지만, 나는 폭넓은 문화적, 신화적, 역사적 사례를 통해 여성적인 원리는 이미지에, 남성적인 원리는 문자에서 잘 작동한다는 것을 명확히 보여줄 것이다. 다시 말하지만, 나는 '여성적·여성성'이라는 말과 '남성적·남성성'이라는 말을 생물학적 성별을 초월하는 개념적 의미로 사용할 것이다. 인간은 누구나 두 가지 특성을 모두 지니고 있기 때문이다.

* * *

마음은 세 가지 영역으로 구분할 수 있다. 내적, 외적, 영적 영역이다. 내적 영역은 직접 느낀 감정과 사적인 생각이 거주하는 곳으로 본질적으로 다른 사람에게는 보이지 않는다. 외적 영역은 자연의 구체적 세계로 우리를 둘러싼 환경이다. 외적 영역은 다시 말해 객관적인 현실이다. 영적 영역은 신성한 영역, 또는 초자연적 영역이라고도 불리는데, 지금까지 인간이 창조한 모든 문화에 반영되어있다.

어떤 문화든 우주를 이해하는 독특한 방식이 있는데, 이는 개인의 정신에 비유할 수 있다. 문화마다 존재하는 신화와 종교는 그 집단의 정신이 성별, 권력, 재물, 성역할에 관해 어떤 결론에 도달했는지 보여준다. 수렵·채집사회에서는 일반적으로 남성적 영혼과 여성적 영혼의 혼재하는 상태를 숭배한다. 전반적으로 수렵을 우위에 두는 사회에서는 남성적인 영혼을 좀더 높이 받들고, 채집이 생존의 주요 수단인 사회에서는 여성적인 영혼을 좀더 높이 존중하는 경향이 있다.

인류는 대략 1만 년 전 식물을 재배할 수 있는 방법을 터득한다. 가장 많은 고고학적 연구가 이루어진 지중해 지역의 경우, 지중해를 둘러싼 지역에서 발흥한 모든 농경문명에서 어머니여신이 가장 중요한 신이었다는 강력한 증거들이 발굴되었다. 역사의 바깥쪽 테두리부터 여신들의 이름을 나열해보면, 수메르에는 이난나, 이집트에는 이시스, 가나안에는 아셰라, 시리아에는 아스타르테, 그리스에는 데메테르, 키프로스에는 아프로디테가 있다. 이름은 달라도 그들은 모두 생명의 창조자, 아기의 양육자, 아이들의 보호자, 우유·가축·야채·곡물의 원천으로 여겨진다. 여신이 탄생의 엄청난 신비를 주관한다는 점에서 당시 사람들은 여신이 인간의 가장 큰 고뇌인 죽음 또한 지배할 것이라고 생각했을 것이다.

농경이 발달하기 이전에 남성적 영혼은 대담하고 용맹한 사냥꾼의 속성으로 구체화되었다. 하지만 위대한 여신의 그늘 아래에서 남성의 이미지는 보잘것없는 것이었다. 여신의 배우자 역시 여신보다 작고 어리며 약한 모습으로 그려졌다. 모성애의 대상이 되는 아들과 씨를 제공하는 의무를 다하면 버려지는 남편의 모습을 종합해보면, 고대신화에서 남자는 언제든 버리고 교체할 수 있는 존재에 불과했다. 남자는 살인이나 사고의 희생자가 되어 쉽게 죽었다. 수많은 농경문화에서 매년, 젊은 남자를 선발하여 여신의 배우자로 제물로 바치는 의례가 행해졌다. 의례가 끝나면 참가자들은 희생된 남자의 피를 밭에 뿌리며 다음 해의 풍성한 수확을 기원했다.

여신의 힘을 보여주는 가장 분명한 증거는 매년 봄마다 희생된 남자를 다시 살려내는 능력이다. 희생된 배우자를 부활시켰다고 해석하든, 땅을 재생시켰다고 해석하든, 여신의 생산력은 경외감을 불러일으켰다. 수천 년간 비옥한 초승달 지역에 살던 사람들은 위대한 여신으로 육화한 신성을 숭배했다. 흔히 이 지역을 문명의 '요람'이라고 부르는 것은, 현인류의 '탄생'과정에서 지배적인 역할을 한 여성적 원리를 암묵적으로 강조하는 것이다.

그 이후 위대한 여신은 힘을 잃기 시작한다. 문자기록은 약 5000년 전부터 출현하기 시작하는데, 겨우 판독할 수 있는 초기의 기록물들을 보면 여기저기 여신의 몰락이 암시되어있다. 미약하고 하찮게 여겨지던 여신의 배우자들을 묘사하는 그림의 크기가 커졌다. 그와 더불어 이들은 지위와 힘도 빠르게 획득해 갔으며, 마침내 여신의 지배권마저 찬탈한다. 이어서 정치적 경제적 체제의 변화 속에 여자들은 남자에게 예속되어 갔으며, 동시에 노예제가 보편화되기 시작한다. 기원전 1500년경 지중해 주변에는 여신을 숭배하며 살아가는 부족들이 수백 개에 달했다. 하지만 서기 5세기경 이들 부족은 거의 소멸한다. 그 무렵 서양에서는 여자가 예배를 집전하는 것이 더 이상 허용되지 않았다.

여신이 폐위된 원인은 무엇일까? 많은 학자들이 외부의 침략, 사적 소유권의 발명, 고대국가의 형성, 잉여가치의 발생, 여자에게 불리한 교육제도 등을 원인으로 제시한다. 물론 이러한 요인들도 어느 정도 영향을 미쳤겠지만, 나는 여기에 또다른 요인을 하나 추가하고자 한다. 여신의 몰락은, 몇몇 현명한 수메르인들이 뾰족한 막대기로 무른 진흙판에 글자를 새기면서 시작되었다. 그로부터 2000년 뒤 알파벳이 물밀듯이 퍼져나가면서 여신은 마침내 소멸하고 만다. 인간의 커뮤니케이션과정에 글자, 그리고 알파벳이 사용되면서 현실을 이해하는 방식에 근본적인 변화가 일어났다. 이러한 마음가짐의 극적인 변화로 인해 나타난 1차적인 반응이 바로, 가부장제의 등장이다.

구약성서는 미래시대에 영향을 미치기 위해 만들어진 최초의 알파벳 저작물이다. 그러한 집필의도는 실제로 엄청난 성공을 거두었고, 3000년이 지난 지금도 여전히 많은 대중이 읽는다. 이 책에 기록된 말은 오늘날 강력한 세 가지 종교—유대교, 기독교, 이슬람교—의 정신적 근원이 된다. 이들은 모두 유일한 아버지신을 섬기는 가부장 종교의 전형이다. 이들 유일신은 형상이 없으며, 그의 권위는 드러난 말씀을 통해서만 빛이 난다. 따라서 그 말씀을 기록한 경전이 가장 신성한 존재가 된다.

구체적인 이미지를 갖지 않은 신을 상상하기 위해서는 추상적인 사고를 할 수밖에 없다. 이러한 사고는 여지없이 법률, 2원론, 객관적인 과학의 등장으로 이어진다. 오늘날 서구문명을 떠받치는 세 기둥이다. 내가 이 책에서 주장하고자 하는 바는, 이러한 고대경전에 담긴 도덕적 교훈 못지않게 그것을 기록한 알파벳이라는 형태 역시 서양문명에 심오한 영향을 미쳤다는 것이다.

여신숭배, 여성적 가치, 여자의 힘은 어디서나 볼 수 있는 이미지 속에 깃들어있다. 반면 남신숭배, 남성적 가치, 남자의 지배는 문자에서 나온다. 문자와 이미지는 남성성과 여성성처럼 서로 보완해주는 대립쌍이다. 이미지를 희생시켜 문자의 가치를 높이는 문화에서는 언제나 가부장제가 만연한다. 이미지가 문자 못지않게 중요한 역할을 하는 곳에서는 여성적 가치와 평등주의가 꽃피운다. 이 책에서 우리는 먼저 인류의 과거를 돌아봄으로써 문자와 이미지의 상관관계를 살펴보고, 이를 바탕으로 현재를 고찰하고 미래를 예견할 것이다.

이미지	문자
전체적	선형적
동시적	순차적
종합적	환원적
구체적	추상적
여성적	남성적
채집·양육	사냥·도살
멀티테스킹	터널비전
직관	계산
우뇌	좌뇌
막대세포	원뿔세포

이미지 vs 문자의 개념적 구도

2

HUNTERS vs GATHERERS

사냥 vs 채집

THE ALPHABET
VERSUS
THE GODDESS

모든 포유동물의 사회적 관계는
1차적으로 재생산의 생리학에 의해 결정된다.

졸리 주커먼 Sir Solly Zuckerman[1]

다양한 증거에 따르면, 가장 평등했던 사회는…
수렵·채집 부족사회였던 것으로 보인다.
이 사회의 특징은 경제적인 상호의존성이다.
여자는… 자신과 아이들이 먹을 고기를 안정적으로 공급해줄
사냥꾼을 확보해야 했다.
사냥꾼 역시 고기를 잡아다주는 대가로
일상적으로 기본적인 음식을 제공해줄 수 있는 여자를 확보해야 했다.
사냥이 늘 성공하는 것은 아니었기 때문이다.

거다 러너 Gerda Lerner[2]

사냥 vs 채집

인류의 진화

다른 포유동물과 다르게 영장류는 나무 위 생활에 적응하기 위해 진화하면서 세 가지 특징을 갖게 되었는데, 이는 인간의 남녀관계에 결정적인 영향을 미쳤다.

첫 번째, 영장류는 앞다리 끝에 섬세하게 조작할 수 있는 손가락을 가지고 있다. 특히 다른 손가락들과 마주보고 접을 수 있는 새로운 부속물, 엄지손가락의 발달 덕분에, 자유롭게 물건을 붙잡고 움켜쥐고 조작할 수 있다.

두 번째, 나무 위 서식환경은 감각기관에 영향을 미쳤다. 땅 위에서 거주할 때 중요한 역할을 했던 후각기관은 점차 퇴화하여, 한때 돼지코처럼 웅장했던 코는 작은 크기로 줄어들었다. 후각능력이 약화되는 대신 영장류는 조류와 마찬가지로 시각능력을 발달시켰고, 이로써 시각은 가장 중요한 감각능력이 되었다.

세 번째, 영장류는 날개를 갖지 못한 덕분에, 원래 자리하던 나뭇가지에서 다른 나뭇가지로 이동하는 과정에서 생명의 위협에 노출될 수밖에 없었다(일단 나무 위에 자리를 잡고 나면 비교적 안전했다). 이러한 위험을 줄이기 위해 매달리고자 하는 넝쿨의 인장력과 바람의 방향과 세기를 감지할 줄 알아야 했으며, 앞다리(팔)와 손의 근육을 미세한 타이밍에 맞춰 순간적으로 움직이는 법을 터득해야 했다. 이러한 자연선택은 영장류에게 크고 복잡한 뇌를 갖게 해주었다.

500만 년 전 지각변동으로 인해 동아프리카 대지구대의 기후는 극적으로

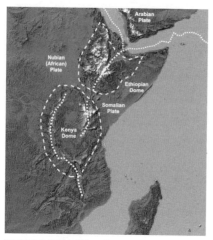

20만 년 전 인류가 최초로 출현한 동아프리카 대지구대
大地溝帶 Great Rift Valley.

변화한다. 일부 지역에서는 무성하게 펼쳐져있던 숲이 급격히 사라졌다. 이러한 변화는 나무 위에 살던 원숭이들에게 치명적인 상황을 초래했다. 몸집이 큰 유인원 중 몇몇은 땅으로 내려왔다. 새로운 환경에 적응하기 위한 진화의 길에 말 그대로 첫 발을 내디딘 것이다.

최초의 원시인류들은 직립보행에 적합하도록 진화했다. 뒷발은 매끈하고 뭉툭하고 무신경하고 둔감하게 진화하면서 대지 위에 안정적으로 서있을 수 있도록 해주었다. 이렇게 두 발만 사용하여 걸을 수 있다는 사실은 생존에 커다란 혜택을 안겨주었다. 이제 나뭇가지를 붙잡고 있을 필요도 없고 땅을 짚어야 할 필요도 없는 두 팔은 완전히 새로운 용도로 사용할 수 있도록 진화했다. 근육이 빠지고 가늘어지는 대신, 세심하고 정교한 일을 자유롭게 수행할 수 있게 되었다.•

• 생명체의 진화는 세 가지 요인—변화하는 환경의 요구, 이러한 요구에 대한 유기체의 적응, 그러한 적응에 맞는 유전자 변형—에 의해 이루어진다. 다양한 종으로 퍼져나가는 진화는 어떠한 초지능에 의해 세심하게 통제되는 것처럼 보이지만, 실제로 그러한 초지능이 존재한다고 믿는 과학자는 많지 않다. 그보다 생명체의 질서정연한 진화는 위에서 언급한 세 가지 요인이 서로 끊임없이 부딪히고 상호작용하면서 빚어낸 결과라고 본다. 하지만 일반대중을 위해 쓴 이 책에서 나는 무작위적 진화과정을 의인화하여 묘사할 것이며, 그래서 '자연', '자연선택', '진화', '생명'을 같은 의미로 혼용할 것이다. 이 책의 앞부분에서는 방대한 양의 과학적 설명을 다뤄야 하기 때문에, 오늘날 우리가 어떻게 지금 이 모습이 되었는지 설명하는 이론 중에서 현재 가장 타당하다고 여겨지는 것에만 초점을 맞춰 논의를 진행해나갈 것이다. 주제에서 벗어나는 것으로 여겨지는 가설은 이 책에서 이야기하지 않을 것이다.

＊＊＊

비교행동학자들은 원시인류가 거대고양이과 동물들이 먹다 남긴 동물사체를 얻기 위해 돌아다녔을 것이라고 추정한다. 동물들의 사체 얻기 위해서는 먼저 하이에나 같은 위험한 경쟁자들을 쫓아버려야 한다. 이때 떠올린 것은 우리 조상들이 미숙하게나마 사용할 수 있었던 기술, 즉 던지는 기술이었다. 물건을 던지는 기술을 갈고닦는 과정은 결국, 작은 동물을 사냥하는 방법을 터득하는 것으로 이어졌다. 단순히 직립보행하던 영장류가 '사냥하는' 영장류로 진화한 것이다. 가까이 다가가지 않고도 상대방을 죽일 수 있는 고등동물이 지구상에 처음으로 출현한 것이다.

두 발로 걸을 수 있게 되면서 두 손이 자유로워진 인류는 겨우 100만 년이라는 짧은 기간 동안 다른 동물의 먹잇감에 불과한 초식동물에서 겁 많은 사체청소부로, 다시 덜떨어진 사냥꾼으로, 또다시 숙련된 암살자로 발전해갔다.

자연의 새로운 포식자로서 자리잡아가는 동안 원시인류의 뇌도 그에 맞게 계속 커졌다. 뇌가 커진다는 것은 유아기가 길어진다는 뜻이다. 점차 영리해지기는 했지만, 홀로 살아남을 수 있는 상태에 도달하는 데 더 오랜 시간이 걸렸다. 길어지는 양육시간은 암컷에게 새로운 부담이 되었다. 더욱이 인간의 아기는 털도 없는 알몸으로 태어날 뿐만 아니라 이동할 능력도 없고, 너무 약해서 엄마에게 매달릴 힘도 없었다. 새끼를 먹이고, 안아서 옮기고, 체온을 유지하는 일에 열중해야만 하는 상황에서 인간 암컷은 모든 동물 중에서 최초로 분만 후 자기자신을 스스로 돌볼 겨를이 없는 어미가 되었다. 주변의 도움을 받아야 했다. 이로써 음식을 나누는 습성은 원시인류만의 독특한 특징으로 자리잡았고, 여기서 파생된 또다른 특징들—이타주의, 다정함, 관대함, 협력—이 뿌리내리기 시작한다.

성장하는 인간의 뇌는 엄청난 에너지를 소비한다. 2년이라는 긴 시간 동안 아기를 양육하면서 어미는 만족을 모르는 식욕을 갖게 된다. 암컷은 새끼를 돌보느라 다른 일은 신경쓰지 못하게 되고, 따라서 수컷이 어미와 새끼를 곁에서 도와줘야 한다. 이러한 상황은 결국 다른 포식자들은 거의 하지 않는 일까지 하게 만든다. 포식자들은 대부분 사냥한 장소에서 먹이를 먹어치우고, 남는 것은 버리고 간다. 인간은 사냥한 고기를 바로 먹고 싶은 욕구를 억제하고, 그 고기를 끌고 집으로 돌아오는 고달픈 임무를 수행하기 시작한 것이다. 집으로 고기를 가져오면 노인, 어미, 새끼들이 달려들어 뜯어 먹었다.

　사냥의 중요성이 커지면서 암컷의 성적인 행동에도 변화가 생긴다. 침팬지나 비비 수컷들이 다른 동물을 사냥하여 게걸스럽게 고기를 뜯고 있을 때 가끔 암컷들이 수컷을 둘러싸는 광경을 목격할 수 있다. 암컷들의 서있는 자세나 몸짓으로 볼 때, 고기를 나눠 먹자고 간청하는 것처럼 보인다. 이때 수컷이 고기를 나눠주는 상대는 거의 발정이 난 암컷이다. 암컷은 수컷에게 고기를 얻는 대신 수컷은 암컷에게 섹스를 얻는 것이다.[3]

　고기가 원시인류의 주식으로 자리잡으면서 고기와 섹스의 교환 역시 계속 늘어났다. 게자 텔레키, 헬렌 피셔, 제인 구달 같은 진화생물학자들에 따르면, 오랜 진화과정에서 자연선택은 남들보다 발정을 오래 유지하는 암컷의 손을 들어주었다. 치열한 생존경쟁 속에서 원시인류 암컷 사이에서 결국 발정이라는 생리작용은 사라지고 만다. 이는 혁명적 사건이라 할 수 있는데, 섹스와 재생산이 분리되었다는 뜻이기 때문이다.

발정으로 생식기가 부풀어오른
짧은꼬리원숭이macaque

인간암컷은 원하기만 하면—월경을 하든, 임신을 하든—언제든 남자와 섹스를 할 수 있게 되었다. 더 나아가 폐경을 한 뒤에도 성생활을 유지할 수 있다. 유인원에서 인간으로 진화하는 과정에서 발생한 이러한 성기능의 급격한 변화는, 암컷에게 수컷사냥꾼과 흥정할 수 있는 막강한 무기를 선사했다.

다른 영장류와 대다수 포유동물은 우두머리 하나가 집단을 통제한다. 알파메일alpha male은 발정난 암컷을 맨 먼저 차지하며, 대부분 독점한다. 하지만 발정이 고비를 넘기고 시들해지면 암컷에 대한 맹렬한 욕망도 함께 사그라든다. 하지만 원시인류의 경우, 발정기가 사라짐으로써 서열이 낮은 수컷도 알파메일에게 빼앗길 위험 없이 암컷과 섹스를 할 수 있게 되었다.•

사냥에 나가 전리품을 가지고 집으로 돌아올 수 있는 수컷이라면 암컷을 유혹할 수 있게 되었다. 물론 사냥만 잘 한다고 암컷의 환심을 무조건 살 수 있는 것은 아니었다. 암컷이 짝을 고르는 기준은 점점 까다로워졌기 때문이다.

고기를 얻기 위해서는 상당한 수고를 들여야 한다. 사냥감은 죽지 않기 위해 언제나 맹렬한 기세로 저항한다. 따라서 '고기'는 곧 '위험'을 의미했다. 끊임없이 고기를 가져오는 것은 곧 위험을 감수할 만큼 용감하다는 것을 입증하는 것이었으며, 이는 잠재적인 짝짓기 대상으로서 자격이 있는지 판단하는 덕목이 되었다. 이로써 사냥은 성적인 의미를 내포하게 되었다. 고기는 최고의 최음제였다. 하지만 사냥이 늘 성공하는 것은 아니기 때문에, 먹을 수 있는 식물을 채집하는 것은 여전히 중요한 부족의 영양공급원이었다. 일반적으로 남자는 사냥을 나가고 여자는 채집을 했다.

시몬 드 보부아르Simone de Beauvoir는 《제2의 성》에서, 사냥할 때 느끼는 전율이 남자들을 변화시켰고 이로써 남녀의 특성을 더 분화시켰다고 주장한다. 생명을 끊는 행위는 남자를 '초월적인' 존재로 만들었다. 자신의 생존만 걱정하던 단계를 뛰어넘어, 열정적인 목표와 의미와 임무를 향해 나아가도록 이끌었다. 이와 반대로 여자는 '내적인' 존재가 되어갔다. 특별한 영광이나 보상이 없는 반복적인 일상을 도맡게 되었다. 여자의 일이 부족 전반의 행복을 높여준다는 것을 누구나 알았지만, 위험하지 않기 때문에 하찮게 여겨졌다.

• 포유동물 가운데 인간과 오랑우탄에게서만 '강간'이 발생하는데, 이 역시 발정기가 사라진 결과 나타난 기이한 현상으로 여겨진다.

발정기가 사라지면서 인간에게는 월경이라는 새로운 성적 특징이 나타났다. 28일마다 자궁 안쪽에서 다량의 피가 쏟아져나오는 현상이다. 이로써 인체에 중요한 기능을 하는 철이 많이 빠져나간다. 대형 포유동물들은 발정기가 인간만큼 빈번하게 찾아오지 않을 뿐만 아니라, 월경으로 흘리는 피도 많지 않다. 피를 흘리더라도 자신의 몸에서 나온 피를 다시 핥아먹음으로써 철분을 보존한다.

하지만 인간은 해부학적으로 이러한 행동을 할 수 없다. 더욱이 인간이 월경 때 흘리는 피는 포유동물 중에서도 가장 많기 때문에 철분이 쉽게 부족해질 수 있으며(빈혈), 이로써 체력이 쉽게 저하되고 또다른 질병에 걸릴 위험이 높아진다. 빈혈을 앓는 여자가 출산한 아이는 태어날 때부터 병약하며 생존율이 낮다. 그래서 매월 빠져나가는 철분을 반드시 보충해줘야 한다.

문제는, 야채에는 철분이 거의 들어있지 않다는 것이다. 더욱이 추운 지방에서는 철분이 함유되어있는 야채들조차 구하기 어렵다. 뭐니뭐니해도 철분이 풍부한 음식은 고기다. 남자는 특별히 철분을 섭취할 필요가 없지만, 여자는 반드시 철분을 섭취해야 한다. 섹스와 고기의 교환이라는 암묵적 거래를 성사시키기 위해 여자들은 생리적 진화를 했지만, 그로 인해 365일 발정기를 유지하기 위해 철분을 더 섭취해야만 하는 상황에 처하고 만 것이다.

이러한 상황은 고기의 가치를 더욱 높여주었으며, 여자들에게는 더욱 성적 매력을 발산해야 할 동기를 제공했다. 남자의 성욕은 마음에 드는 여자를 차지하기 위해 어떠한 위험도 감수하도록 만들었다. 월경은 남자에게 목숨을 걸고 사냥에 나서도록 끊임없이 부추겼다. 오늘날 우리가 '결혼'이라고 부르는 남녀 간 결합도 이러한 원시적 거래에 뿌리를 두고 있다.

* * *

이 지점에서 이야기는 새로운 방향으로 전개된다. 지적 능력의 필요성이 꾸준히 높아지면서, 원시인류의 새끼들의 뇌는 계속 커졌다. 직립보행을 하는 원

시인류가 머리통이 큰 새끼를 뱃속에 품기 위해서는 골반의 용적을 넓히고 두 넓적다리뼈 사이 간격도 최대한 벌려야 했다. 이러한 해부학적 변형으로 인해 여자들은 엉덩이를 흔들면서 걷기 시작한다.

하지만 여자의 골반은 무한정 커질 수 없었다. 아기의 머리통이 통과해야 하는 골반구멍을 너무 키우면 뱃속내장이 밑으로

골반에 연결되는 넓적다리뼈의 접합부가
최대한 바깥쪽으로 비켜나있다.

흘러내릴 수 있었다. 또한 넓적다리뼈가 지나치게 벌어지면 상체를 똑바로 지탱하기가 어려워진다. 계속해서 발달하던 인류의 지능이 여자의 골반이라는 넘을 수 없는 벽에 부딪히고 만 것이다.

산도產道를 일정 수준 이상으로 확장하는 것이 불가능해지자 자연은 머리를 제외한 다른 신체부위는 최대한 비율을 줄이고 투자하지 않음으로써 머리통을 계속 키우는 선택을 한다. 그 결과 인간의 태아는 머리통이 몸의 절반을 차지하게 되었다. 스스로 지탱할 수도 없는 엄청나게 큰 머리통과 가누지도 못하는 짧은 팔다리가 달린 미숙한 형태로 인간의 아기는 세상에 나온다.

끊임없이 커지는 태아의 머리는 다른 동물에게는 지극히 사소한 출산이라는 행위를, 생명을 위협하는 시련으로 만들었다. 포유동물 중에서 처음으로 출산이 암컷의 가장 큰 사망원인이 되었다. 무수한 여자들이 출산과정에서 계속 죽어갔으며, 무사히 출산을 했다고 하더라도 심각한 후유증에 시달렸다. 이러한 상황은 성별의 차이를 더 크게 벌렸다.

* * *

인간 신생아는 갓 태어난 다른 포유동물보다 훨씬 미숙한 뇌를 가지고 태어난다. 다른 포유동물들은 생존하는 방법을 이미 터득한 상태로 태어나는데, 이러한 본능적인 습성을 담은 주요 신경망이 인간 신생아에게는 아예 존재하지

않는다. 이러한 습성은 신생아가 골반을 통과해 바깥으로 안전하게 빠져나간 다음 습득한다. 자궁 밖에서 신생아의 뇌에 이러한 정보를 주입하는 것을 오늘날 우리는 문화culture라고 부른다.•

문화는 충격적인 진화의 혁신이라고 할 수 있는 '언어'를 통해 아기의 뇌 속으로 쏟아져 들어간다. 말의 출현은 원시인류와 현재의 인류를 갈라놓았다. 말이 존재하기 전에는, 인간이 행동이 바뀌려면 유익한 돌연변이가 출연하여 염색체에 영향을 미쳐야만 했다. 수백만 년을 기다려야 하는 일이다. 말이 생겨나면서, 누군가 한 사람만 생존에 도움이 되는 기술을 습득하면 그것을 즉각 다른 사람에게 전파할 수 있게 되었다.

더 나아가 인류는 언어라는 그물망을 이용해 아직 태어나지 않은 자손들에게 부족의 지혜를 보존해 전달할 수 있게 되었다. 문화와 언어는 직립보행으로 인해 발생한 뇌 크기의 문제를 해결하는 열쇠가 되었다. 문화라고 하는 새롭게 '공유된 뇌'는 수렵채집부족들을 수호하며 그들 주변을 재잘거리며 떠도는 유령과도 같은 존재였다.

***

언어는 언제 시작되었을까? 동물의 둔감한 지적 세계 속에 상징적인 사고가 갑자기 파고든 순간이 있었을 것이다. 그것은 아마도 인간의 몸짓 중에서도 가장 기본적인 행위라 할 수 있는, 무언가를 가리키는 행동에서 시작되었을 것이다. 인간은 이러한 방식으로 정보를 전달하는 유일한 동물이다.

길게 팔을 내뻗어 손가락 끝으로 무언가를 가리키는 행동은 우선 주변사람들에게 팔을 따라가 손가락 끝을 바라보도록 한다. 하지만 손가락 끝에는 볼 것이 없기 때문에 이런 동작은 사람들에게 시각적 '믿음의 도약'을 하도록 요구한다. 집게손가락 끝을 따라 허공으로 뻗어나가는 가상의 선을 따라 시

• 거위, 사자, 원숭이도 집단행동반응이 미숙한 상태로 태어나 성장과정에서 완성되기는 하지만, 이 과정에서 인간처럼 문화가 핵심적인 역할을 하지는 않는다.

선을 돌리도록 하는 것이다. 이러한 요구를 수용하는 사람은 보상을 받는데 그 보상은, 손가락으로 가리키는 사람이 보여주고자 하는 것을 보게 되는 것이다. 가리키는 사람의 손가락 끝과 그가 가리키고자 한 물체 사이의 공간은 축삭말단과 수상돌기 사이에 전극이 오가는 시냅스와도 같다.•

미켈란젤로가 그린 시스틴성당의 천장그림을 보면, 신이 뻗은 손가락과 아담이 뻗은 손가락이 서로 맞닿는 장면이 묘사되어있다. 이는 인간의 모험이 비로소 시작되는 순간을 암시한다. 이 그림이 웅장하게 느껴지는 것은 부분적으로 신이 아담과 접촉하고자 손가락을 뻗어 아담을 가리키고, 아담 역시 신을 가리키는 모습에서 나온다. 신의 손가락과 아담의 손가락은 맞닿지 않고 살짝 떨어져있다. 하지만 이 그림을 보는 사람들의 시선은 그들 손가락 사이의 작은 틈을 가로질러 이동한다. 이는 마치 먼 과거에 원시인류 조상들이—구체적인 인지작용에서 추상적 사고로—거대한 간극을 뛰어넘어 현재 우리와 같은 인간이 된 것을 상징하는 것과 같다.

가리키는 행위에서 출발한 손과 손가락을 활용한 정보전달은 더 다양하고 복잡한 의미를 전달할 수 있도록 발전했다. 하지만 손짓언어는 뚜렷한 한계를 가지고 있었다. 우선, 어둠 속에서는 사용할 수 없었다. 더욱이 손짓으로 의미를 전달하기 위해서는 상대방의 시각을 독점해야 할 뿐만 아니라, 손짓을 하는 동안에는 손을 쓸 수 없어 하던 일을 멈춰야만 했다. 몸짓에 의존한 언어는 너무나 많은 소중한 생존자원의 희생을 요구했다.

손짓을 대체할 수 있는 것을 탐색하는 동안 진화는 혀를 커뮤니케이션도구로 사용하면 경제적이라는 것을 깨닫는다. 인체의 거의 모든 근육들이 사실상 거의 쉼없이 생명활동에 종사하는 반면, 혀는 밥을 먹을 때 또 침을 삼킬 때 가끔 도움을 주는 것 외에는 그저 입 안에서 가만히 놀고 있었다. 뇌는 참을성있는 올림픽코치처럼 혀에게 곡예에 가까운 다양한 운동을 할 수 있

• 몇몇 영장류는 가리키는 행동을 한다. 개도 몸짓으로 사물을 가리키도록 훈련시킬 수 있지만, 이는 뒷다리로 서서 걷는 것처럼 개에게는 자연스런 행동이 아니다.

도록 가르쳤다. 복잡한 조작을 통해 기껏 숨소리에 지나지 않던 것에서 구별되는 소리를 빚어냈다. 혀는 말을 빚어내는 가장 핵심적인 조각가가 되었다.

말은 손과 눈을 해방시켰다. 이제 어둠 속에서도 마음대로 커뮤니케이션할 수 있게 되었다. 어느 순간 '나무'라는 소리가 나무 이미지를 상징한다는 합의가 이루어지자, 주변에 나무가 없는 상황에서도 나무에 대해 이야기할 수 있게 되었다. 지금 우리에게는 너무나 당연한 능력으로 보이지만 이는 너무나 극적인 도약이었기에, 다른 동물과 인간 사이에 건널 수 없는 거대한 골짜기가 만들어졌다. 개미나 벌은 먹이가 어느 쪽에 있는지 얼마나 멀리 있는지 신호로 알려줄 수 있고, 원숭이는 무리에게 위험이 가까이 있다는 것을 알려줄 수 있다. 하지만 복잡한 질문을 하고, 더 나아가 거기에 대해 토론하고 논쟁할 수 있는 것은 인간밖에 없다.

수렵생활을 하는 원시인류에게 언어는 중요한 무기가 되었다. 예컨대 사냥감이 지나간 발자국을 발견했을 때 발자국에 대해 매우 세심한 부분까지 의견을 나눌 수 있었다. 동물이 이곳을 지나간 지 얼마나 되었을까? 몸집은 어느 정도 될까? 얼마나 멀리 갔을까? 동물을 뒤쫓는 데 얼마나 많은 인원이 필요할까? 동물을 죽이는 데에는 몇 명이나 필요할까? 팀을 나눠서 움직여야 할까? 어떤 전략을 짤 것인가? 정보를 이렇게 서로 주고받으면서 비교하고 분석하는 능력을 가진 포식자는 이전까지 존재하지 않았다.

말은 또한 양육을 새로운 차원으로 끌어올렸다. 어미는 젖을 먹이는 것만이 아니라, 아기에게 문화적 지식을 나눠주고, 사랑, 명예, 존경, 용기, 충성, 정직, 호기심, 쾌활함, 자기존중 등에 관한 기본적인 학습을 아기의 마음에 심어주는 역할까지 하게 되었다. 어미와 아기 사이의 커뮤니케이션은 태아가 자궁 속에 있을 때부터 시작되며, 출생과 동시에 극적으로 증가한다. 어미와 아기는 탯줄이 잘리면서 분리되지만, 속삭이거나 노래하거나 혼잣말을 하거나 구슬리는 등 말과 몸짓으로 된 언어의 그물망을 통해 여전히 연결된다.

어미와 아기는 또한 시각적으로도 끈끈하게 연결되어있다. 아기의 얼굴이 어미에게 중요한 것처럼 어미의 얼굴도 아기에게 중요하다. 어미와 아기는 얼굴표정의 미세한 변화만으로도 상대방의 감정을 즉각 읽어낸다. 이런 식으로 어미는 아이를 돌보는 일에 능숙해지고, 아이는 인류의 일원이 되는 긴 여정에 올라선다.

이처럼 아기를 키우는 일은 점차 고된 임무가 되어가자, 여자들은 다른 여자들과 협력적 동맹을 맺을 필요성을 느낀다. 또한 아이의 생존확률을 높이기 위해서—남녀 사이의 간극이 계속 벌어지고 있는 상황에서도—여자들은 남자들에게 아이들의 사회화 교육을 맡겼다. 어른이 된 남자라고 해도 어릴 적 어머니에게서 사랑과 공유라는 개념을 배우며 자랐기 때문에, 어릴 적 정서적 교감이 자신들 앞에 펼쳐진 새로운 모험을 헤쳐 나가는 데 더할 나위 없이 소중한 자질이 된다는 것을 남자들도 알고 있었다. 이 과정에서 다른 포유동물에게서는 찾아볼 수 없는 부정父情이 출현한다.

아이들을 돌봐야 하는 기간이 길어지면서 여자들은 대부분 사냥에 참여할 수 없게 된다. 어미는 아이를 오랫동안 홀로 남겨둘 수 없었고, 우는 아기를 사냥에 데리고 갈 수도 없었다. 늑대, 사자, 범고래 등 무리지어 사냥을 하는 포식자들은 사냥하고 살육하는 과정에 암컷들이 적극적으로 참여한다. 인간은 집단 사냥을 하는 동물 중에서 수컷에게 모든 핵심임무를 일임한 최초의 동물이다.

남자들이 살육기술을 연마하는 동안 여자들은 삶을 윤택하게 만드는 문화적인 기여를 한다. 동물의 가죽을 따뜻한 옷으로 바꾸어 놓거나 옷감을 짜거나 도기를 빗는 법은 투석기나 창을 개발하는 일만큼 부족의 생존에 중요한 역할을 한다. 채집을 하기 위해서는 식물에 대한 전반적인 지식이 필요했으며, 따라서 풀의 의학적 영양학적 비밀에 대해서도 여자들이 남자들보다 훨씬 많이 알았다.●

● 디기탈리스에 심장을 자극하는 강력한 물질이 들어있으며(디기톡신), 버드나무 껍질이 염증을 완화하고(아스피린), 양귀비가 고통을 억제하고(모르핀), 특정한 곰팡이가 몇몇 감염을 치료한다는(페니실린) 사실 역시 여자들이 먼저 발견했을 확률이 높다.

위도가 높은 지역에서는, 사냥기술이 채집기술보다 중요했다. 몇 달간 지속되는 겨울이 오면 과일과 곡식이 일시에 사라진다. 결국 이러한 환경은 더 크고 위험한 동물을 사냥해야 하는 상황을 낳았고, 이로써 사냥꾼들은 더 용감해져야만 했다. 구석기시대에 만들어진 동굴벽화와 사냥도구는 북유럽에서 고기가 얼마나 중요했는지 보여준다. 그럼에도 사냥꾼의 대담함 못지않게 여자의 양육기술은 부족의 생존에 중요한 역할을 했다. 대를 이어 아이들이 건강하게 자라는 것은 끊임없는 단백질원 공급만큼이나 중요했다. 이러한 강력한 상호의존성은, 각자의 기술이 분화되어 발전할수록 남녀를 하나로 뭉치게 만들었다.

뛰어난 사냥꾼이 되기 위해서는 거칠고 잔인한 '냉혈한'이 되어야 한다. 아이를 키우기 위해서는 다정하고 따뜻하고 너그러운 사람이 되어야 한다. 사냥에 성공하기 위해서는 하나의 목표에 몰입해야 하고, 채집을 하기 위해서는 자신을 둘러싼 주변에서 벌어지는 모든 일을 인식해야 한다. 먹을거리를 찾을 때도, 여자는 왼팔로 아기를 안고, 아이들이 노는 모습을 끊임없이 곁눈질로 살피며 의식해야 한다. 동시에 여러 곳에 주의를 기울이지 않으면 어떤 일도 할 수 없다. 그렇게 하지 않으면, 자식이 심각한 부상이나 죽음을 당할 수 있다.

이처럼 오랜 시간에 걸친 진화를 통해 남자와 여자는 역할을 분담하게 되었으며, 똑같은 자극에 대해서도 서로 다른 정서적 반응을 하게 되었다. 결국 남자와 여자는 주위를 관찰하는 시선, 생존전략, 헌신하는 방식, 궁극적으로 세상을 이해하는 관점까지도 달라진다. 사냥·도살자와 채집·양육자로 나뉘어진 것이다. 이러한 분화에 부응하기 위해 자연은 인간의 신경계를 다시 설계하였고, 이로써 인간은 이전 상태와는 완전히 다른 피조물로 진화했다.

3

RIGHT BRAIN vs LEFT BRAIN

우뇌 vs 좌뇌

THE ALPHABET
VERSUS
THE GODDESS

우리 안에는 두 가지 힘이 서로 힘을 겨룬다.

남성과 여성이다.

남자의 뇌에서 남성은 여성을 압도하고,

여자의 뇌에서 여성은 남성을 지배한다...

남자라고 해도 뇌의 여성적 부분에서 영향을 받는다.

여자 또한 내면의 남성과 합궁해야 한다.

'위대한 마음은 양성적'이라는

새뮤얼 콜리지의 말은 아마도 이러한 의미일 것이다.

이러한 융화가 일어날 때

마음은 한없이 풍요로워지고

능력은 최대한 발휘될 것이다.

버지니아 울프 Virginia Woolf[1]

우뇌 vs 좌뇌

인지의 분화

초 200만 년 동안, 원시인류의 몸과 뇌는 서서히 커졌다. 그 다음 100만 년 동안에는 더 놀라운 변화가 찾아온다. 몸집은 거의 변화가 없는 상태에서 뇌의 신경조직만 500그램이 늘어난 것이다. 이렇게 새롭게 생겨난 신경조직이 바로 '신피질'이다. 신피질은 발생초기부터 기능적으로 좌우가 다르게 발달했는데, 이는 필연적인 진화였다. 언어를 구사하기 위해서는 신속한 정보처리가 뒷받침되어야 하는데, 이 기능을 수행할 수 있도록 뇌의 일정영역을 최적화하는 작업이 필요했다.

이러한 혁명적 사건을 거시적 맥락에서 보면, 뇌를 좀더 쉽게 이해할 수 있다. 물고기의 뇌로부터 척추동물의 뇌까지 모든 뇌는 좌우 두 개의 반구로 이루어져있다. 해부학적으로 거울상을 이루는 두 반구는 '똑같은' 유형의 작업을 수행한다. 인간의 뇌 역시 좌우반구가 대칭을 이룬다. 하지만 인간의 뇌는 '기능적으로는' 다르게 작동하도록 분화되었는데, 이러한 분화를 반구편측화 hemispheric lateralization라고 한다.

물론 반구편측화는 다른 척추동물에서도 발견되지만, 인간에게 가장 두드러지게 나타난다. 뇌들보라고 하는 뉴런 섬유들이 대뇌피질의 두 반구를 연결해주고 하나로 통합한다. 이로써 양쪽 반구가 서로 무슨 생각을 하는지 아는 것이다.

우뇌와 좌뇌가 서로 다른 기능을 수행한다는 것은 널리 알려진 사실이다. 우뇌는 몸의 좌측 근육, 좌뇌는 몸의 우측 근육을 통제하며 서로 밀접하게 협력하여 작동한다.

하지만 좌우반구가 다른 기능을 수행한다는 사실이 과학적으로 입증된 것은 근래의 일이다. 몇몇 시인과 신비주의자들은 오래 전부터 우리의 정신 안에 뚜렷이 구분되는 영역이 존재한다고 이야기했지만, 19세기 말에 이르러서야 의학적으로 이에 대한 연구가 본격적으로 시작되었다. 특히 심각한 부상이나 뇌졸중으로 인해 뇌에 이상이 발생한 환자들 사례가 보고되면서 관심이 급격히 높아졌다. 그리고 20세기 말 발명된 첨단 뇌 스캐너를 이용해 분할뇌 환자와 정상인의 뇌를 비교연구한 신경과학 연구 덕분에 양 반구를 비교적 고립상태에서 연구할 수 있게 되었다.

오른손잡이에게 좌뇌손상은 치명적인 장애로 이어지기 때문에 신경과학자들은 전통적으로 좌반구를 우성반구라고 불렀다.• 좌우반구의 기능을 지나치게 단순화하는 것에 대해 우려하는 학자들도 있지만 그럼에도 논박할 수 없는 사실도 있다. 좌뇌에 심각한 손상을 입으면 오른쪽 근육이 마비된다. 특히 오른손잡이의 경우 거의 예외없이 언어구사능력과 추상적 사고능력까지 저하된다. 반대로 우뇌에 손상을 입으면 왼쪽 근육이 마비될 뿐만 아니라 공간지각능력, 안면인식능력, 음악청취능력이 저하된다.

* * *

두 반구는 쌍둥이라 할 수 있지만 굳이 따지자면, 우반구가 언니다. 태아 단계에서 좌반구가 발생하기도 전에 우반구는 이미 제 모습을 갖추어 간다. 그래서인지 우반구는 진화의 초기단계부터 이어져 온 욕구와 동기에 익숙하고, 나

• 이 책에서 나는 오른손잡이면서 좌뇌 우세인 사람의 두뇌조직을 기본적으로 상정하고 이야기를 풀어갈 것이다. 왼손잡이면서 우뇌 우세인 사람은 전체인구에서 8-9퍼센트를 차지하는데, 이들을 무시하려는 것은 아니다. 논의를 복잡하게 만들지 않으면서 좀더 보편적인 관점에서 진행해나가고자 할 뿐이다. 왼손잡이의 경우, 앞으로 이야기할 내용을 반대로 적용하면 된다. 물론 왼손잡이의 뇌가 오른손잡이의 뇌와 완전히 대칭하는 것은 아니다. 예컨대 왼손잡이의 뇌는 오른손잡이의 뇌만큼 언어반구와 비언어반구가 명확하게 구분되지 않는다.

이 어린 좌반구보다 이러한 것들을 더 능숙하게 처리한다. 우반구는 감정을 통합하고, 이미지를 인식하고, 음악을 감지한다. 또 공간감각을 의식의 영역으로 끌어내고, 수렴하는 여러 자극을 종합하여 감각기관에서 올라오는 다양한 데이터를 한꺼번에 파악할 수 있도록 해준다.

우뇌는 말을 처리하지 않는다. 우뇌가 처리하는 것들은 모두 진화 초기의 동물적인 커뮤니케이션 방식과 관련되어있다. 우뇌는 울기, 몸짓하기, 찡그리기, 포옹하기, 젖 빨기, 만지기, 몸의 자세 등이 의미하는 바를 이해한다. 무의식적인 몸짓, 얼굴표정, 안색 등은 우리 의지로 통제하기 힘들기에 본래의 감정이 그대로 드러난다.

우리의 상태being를 그대로 표현하는 것은 좌뇌보다 우뇌라 할 수 있다. 어떤 순간이든 우리의 실존적 상황을 구성하는, 서로 충돌하는 다양한 정서들이 복잡하게 얽혀 나타나기 때문이다. 우뇌는 좌뇌보다 더 빈번하게 사랑, 유머, 심미적 평가와 같은 감정상태를 자아낸다. 이 모든 것들은 논리적으로 설명되지 않는다. 우뇌는 관습적인 추론의 규범을 무시한다. 블레즈 파스칼Blaise Pascal은 이렇게 말한다.

"가슴은 나름의 이유를 가지고 있다. 그 이유는 이성으로 이해할 수 없다."

좌뇌의 활동과는 거리가 먼, 우뇌의 정서적인 지혜를 표현하는 말이다. 우뇌의 감정은 진실하다. 사랑이나 황홀감을 느끼는 순간, 그것은 곧 아는 것이다. 내면의 목소리는 그것이 사실임을 안다. 논쟁의 대상이 아니다. 감정상태는 신에 대한 믿음을 품고, 농담의 핵심을 파악하고, 애국심을 느낀다. 다른 사람들이 아름답다고 떠드는 그림에 대해서도 거부감을 느낄 수 있다. 이 모든 감정상태는 논증과는 거리가 멀다.

우리 인류의 가장 원초적인 습성의 그늘 속에 서있는 이러한 감정상태들은 비교적 최근 진화를 통해 획득한 '능란한 말재주'를 압도한다. 이를 제대로 표현할 만한 명칭은 없다. 이러한 정서적 경험을 설명하라고 요구하는 경우, 사람들은 대개 동어반복의 늪에 빠지고 만다.

> "원래 그래서 그런 거지!"
> "느낌적 느낌이지!"

그래서 우리가 사랑하는 이유, 살아가는 이유, 목숨을 바치는 이유는 말로 설명하기 어렵다.•

감정상태는 대개 선형적으로 진행되기보다, '한번에' 경험한다. 웃긴 이야기는 듣는 순간 웃음이 폭발한다. 직관적인 통찰은 섬광처럼 찾아온다(頓悟). 뉴턴과 아인슈타인 모두 릴케가 말한 '명료함의 불길'에 휩싸이는 경험을 했다. 단테가 베아트리체를 처음 본 순간처럼 첫 눈에 반한 사랑은 순간적으로 발생한다. 다마스커스로 가는 길에서 바울을 압도한 환영처럼 개종의 순간은 번개처럼 내리꽂힌다.

비언어적 커뮤니케이션의 특징은 어떠한 상징화 과정도 개입하지 않고 실재를 있는 그대로 전달한다는 것이다. 우뇌는 세계를 구체적으로 지각한다. 예컨대, 표정은 그것을 말로 번역하려는 어떠한 시도도 없이 곧바로 '읽혀진다.'

우뇌는 또한 보이지 않는 세계로 인도하는 문이다. 그곳은 믿음과 신비로움이 논리를 지배하는, 의식이 뒤바뀐 영역이다. 꿈은 주로 우뇌에서 발생한다는 강력한 증거도 있다.[2]

꿈, 감정, 복합적인 느낌과 같은 내적 경험을 말로 표현해야 할 때, 사람들은 '은유'라는 언어의 특별한 형식에 의존한다. 그래서 은유는 언어를 관할하는 데 우뇌가 기여하는 거의 유일한 분야라 할 수 있다. 은유를 의미하는 영어 metaphor는 '위에'를 의미하는 그리스어 meta와 '장벽을 가로질러 전달하

• 최근 연구에서 기쁨, 낙관적 태도, 쾌활함과 같은 감정상태는 좌뇌 전두엽에서 관할하는 것으로 밝혀졌다. 모든 정서적 반응이 우반구에서 나오는 것은 아니다.

다'를 의미하는 그리스어 pherein을 합친 말이다. 은유는 어떤 생각에서 다른 생각으로 도약할 수 있도록 해준다.

은유는 동시에 인지되는 다층적인 의미를 내포한다. 은유는 언어에 유연성을 부여하는데, 이러한 유연성이 없으면 커뮤니케이션은 재미가 없어지고, 어려워지고, 가끔은 아예 불가능해질 수도 있다. 객관적인 세계는 놀랄 만큼 정확하게 묘사하고, 측정하고, 분류할 수 있지만, 정서나 감정상태는 그렇게 하지 못한다. 이때 은유가 작동한다. '내 마음이 날아갈 것 같아', '넌 얼음처럼 차가워' 같은 말은 우뇌의 구체적인 이미지와 좌뇌의 추상적 언어가 협력하여 시너지를 발휘한다. 은유는 시와 신화를 낳았으며, 종교적인 우화와 민담 속 지혜의 토대가 되었다.

우뇌는 또한 이미지를 처리하는 데 뛰어난 능력을 발휘한다. 시야에 들어오는 다양한 요소들을 순간적으로 통합하며, 어울리지 않는 요소들을 종합한다. 우리 인간이 일상적으로 해독해야 하는 가장 복합적인 이미지는 뭐니뭐니해도 얼굴이다. 생김새도 다양하지만 시시각각 변화한다. 또한 얼굴 뒤에 전혀 다른 의도가 존재할 수 있다는 사실은, 이미지를 처리하는 임무를 더 어렵게 만든다. 우뇌는 이 복잡하고 미묘한 요소들을 순간적으로 종합하는 탁월한 임무를 수행한다.

우리가 다른 사람의 얼굴을 쉽게 알아보는 것은 모두 우뇌가 작동하기 때문이다. 헤어진 지 수십 년이 지난 어릴 적 친구를—주름이 지고 헤어스타일이 달라졌다고 해도—우리는 알아볼 수 있다. 하지만 우뇌에 손상을 입으면 친구는 물론 가족조차 알아보지 못하는 경우가 발생한다. 심지어 거울을 통해 보이는 자신의 얼굴조차 인지하지 못하기도 한다.

우뇌는 말을 만들어내지 못하지만 말을 이해하는 과정에는 능동적으로 참여한다. 상대방의 말을 듣는 동안 좌뇌는 말에 담긴 '내용'을 해독하는 반면 우뇌는 말의 '형식'을 감지한다. 억양이나 뉘앙스를 해석하여 숨은 메시지를 캐내는 것이다. 우뇌는 또한 상대방의 태도, 표정, 제스처를 인지한다. 의식의 통제를 받지 않는 눈동자의 크기라든가 손의 떨림을 감지한다.

　이러한 능력은 법적, 과학적, 경제적, 학문적 주제처럼 사실에 기반한 정보를 전달할 때에는 그다지 유용하지 않다. 하지만 개인적으로 대화를 나눌 때에는, 얼굴의 표정이나 음성의 변화는 상대방이 실제로 어떤 생각을 가지고 있는지 알 수 있는 매우 중요한 통찰을 제공한다. 이러한 통찰은 가끔 실제 말 내용보다 중요할 때가 많다. 이러한 비언어적 신호를 우리가 어떻게 알아차렸는지 말로는 설명하기 어렵기 때문에 사람들은 이것을 '직관'이라는 말로 뭉뚱그려 지칭한다.

　우뇌의 또다른 중요한 능력은 음악을 인지하는 것이다. 입력되는 소리를 통합하여 전반적으로 조화를 이루는 감정상태를 만들어낸다. 우리는 누구나 소음과 음악을 아주 쉽게 구분해내지만, 놀랍게도 과학적인 방법으로는 이것을 구분해내기 매우 어렵다.

　제1차 세계대전 당시, 좌뇌에 심각한 부상을 입은 병사들이 말은 제대로 하지 못하면서도 다치기 전에 알고 있던 노래는 여전히 부를 수 있었다는 의학보고가 여러 건 나왔다. 러시아의 신경심리학자 알렉산드르 루리아 Alexander Luria는 뇌졸중으로 좌뇌에 큰 손상을 입어 말을 하지 못하게 된 다음에 최고의 작품을 만들어낸 작곡가의 사례를 보고하기도 했다.[3] 이러한 연구사례들은 모차르트가 작곡을 하는 동안 부인에게 책을 읽어달라고 했다는 이야기에 신빙성을 더해준다. 좌뇌를 다른 곳에 집중하도록 함으로써, 우뇌는 자유롭게 작곡에 몰두한 것이다.

　공간을 지각하거나 균형, 조화, 구도를 감지하는 능력에서 우뇌는 좌뇌를 압도한다. 이러한 능력에서 아름다움과 추함을 구분하는 미적 감각이 나온다. 우뇌는 입력된 정보를 순간적으로, 동시에 처리하기 때문에 다차원 구조나 거리를 파악하는 데 뛰어난 능력을 발휘한다. 운전, 스키, 무용은 우뇌가 결정적으로 작동하는 영역이다. 우뇌의 주요 속성은 상태, 이미지, 전체론적 시각, 음악과 연관된다.

* * *

좌뇌의 주요 기능은 우뇌와 반대되며 상보적이다. 우뇌가 상태^{being}와 관련된다면, 좌뇌는 움직임, 언어, 추상화, 계산과 관련된다. 좌뇌는 움직임, 특히 '의지'와 관련된 행동을 통제한다. 좌뇌가 통제하는 오른손은 산딸기를 따고, 창을 던지고, 도구를 만든다.

좌뇌는 독특한 상징—언어—을 통해 세상을 이해한다. 오른손잡이의 경우 언어능력의 90퍼센트는 좌뇌에서 나온다. 말은 행동과 밀접하게 연관되어있다. 언어는 행동의 본질이라 할 수 있는 도구다. 우리는 언어를 사용해 세상을 요약하고 구별하고 분석하여, 단편으로 대상으로 범주로 분할한다.

언어는 바깥세상만 소재로 삼지 않는다. 우리 내면에서 언어는 생각의 도구가 된다. 분석, 즉 문장을 구성하는 요소들을 개별부분으로 환원하는 것은 말을 이해하기 위해서는 꼭 필요한 절차다. 특히 객관적인 사실을 전달하는 메시지일 경우 더욱 그렇다. 좌뇌의 핵심이라 할 수 있는 이 작업은 선형적으로 진행되는데, 순간적으로 모든 것을 한꺼번에 인지하는 우뇌와 정반대로 작동한다. 언어는 자신보다 먼저 태어난 쌍둥이 언니 우뇌로부터 좌뇌가 마음을 통제하는 지배권을 빼앗는 데 큰 역할을 한다.

언어는 또한 추상적이다. 이미지 없이 정보를 처리해야 한다. 마음은 아이들이 레고를 조립하듯이 이미지 대신 개념을 구축한다. 이로써 우리는 아무 이미지도 없는 '자유', '경제', '운명' 같은 것을 생각할 수 있다. '죄', '도덕', '형벌', '정의' 같은 추상적인 단어는 인간만이 개념화해낼 수 있다. 눈앞에 보이는 구체적인 것에서 일반적이고 추상적인 것으로 도약할 수 있는 능력은 예술, 논리학, 과학, 철학을 만들어낸다.

하지만 이러한 능력은 우리 인간을 풍요로운 자연에서 갈라놓는 결과를 초래한다. 이로 인해 탄생한 것이 바로 '자아'다. 좌뇌는 전체성이라는 우뇌의 통합적인 감각에 금을 내었고, 이로써 인간은 '내면의 나'와 '바깥의 세계'를 구분하기 시작한다. 자아는 세상을 이해하기 위해 2원적으로 구분한다. 2원론은 또한 객관적으로 사고하는 경향을 강화시켰고, 이는 다시 추론능력을 계발하는 결과를 낳았으며, 궁극적으로 논리의 발전으로 이어졌다.

논리는 총체적이지 않으며, 눈에 보이지도 않는다. 선로를 따라 덜컹거리며 지나가는 기차와 비슷하다. 논리의 토대가 되는 3단논법은 미래를 예견하는 가장 믿음직한 방법으로 자리잡았다. 예지와 통찰력과 직관을 대체했다. 논리법칙은 과학, 교육, 사업, 군사전략의 기초를 형성했다.

계산 역시 좌뇌의 고유한 능력이다. 수를 세는 기초적인 능력은 시각과 공간감각을 처리하는 우뇌에서 발달하지만, 수가 커지면 우뇌가 처리하지 못한다. 숫자를 처리하고 계산하는 능력은 좌뇌로 넘어간다. 다른 동물들에게 숫자는 기껏해야 세 개밖에 없다(하나, 둘, 그 이상은 '많다'). 그에 반해 우리 인간은 방정식과 논리연산까지 처리한다. 추상적인 말과 추상적 계산이 밀접하게 연관되어있다는 것은, 아동발달단계에서 글자를 배우는 시기와 셈을 배우는 시기가 겹친다는 사실을 보면 분명히 알 수 있다.

좌뇌의 혁신적인 능력들—움직임, 언어, 추상화, 계산—은 모두 선형적이다. 기술, 논리, 전략, 산술능력을 계발하기 위해서는 과거와 현재와 미래를 잇는 하나의 선을 따라 왔다갔다 움직이며 생각할 줄 알아야 한다. 인간은 자연계에서 생존하는 단계를 넘어 성공을 꿈꾸기 시작하면서 이전의 포유동물이나 영장류의 뇌를 지배하던 총체적인 윤곽-공간감각을 배제한 채 시간개념만 사유할 수 있어야 한다는 필요성을 느꼈고, 진화는 그러한 요구에 맞춰 신피질이라는 뇌영역을 새롭게 확장했다. 시간에 대한 선형적 이해는 선형적인 언어가 출현할 수 있는 결정적인 조건을 마련했다.

오케스트라를 구성하는 70여 가지 악기소리를 한꺼번에 들으며 총체적으로 이해하는 우뇌와 달리 좌뇌는 시간과 순서가 중요하다. 대화를 하려면 한 번에 한 사람씩 말해야 한다. 숫자계산에서도 순서가 중요하다. 자리가 바뀌거나 순서가 어긋나면 계산은 순식간에 틀어진다. 좌뇌는 순전히, 시간을 인지하는 임무를 달성하기 위해 진화가 설계해낸 완전히 새로운 감각기관이라고 해도 과언이 아니다.

* * *

뇌과학자들은 남자에 비해 여자들이 뇌들보 앞부분에 신경섬유가 적게는 10 퍼센트, 많게는 33퍼센트까지 많다는 사실을 발견했다.[4] 연결뉴런이 많다는 것은 양 반구의 통합이 훨씬 잘 된다는 의미다. 대체로 여자들이 자신의 감정을 더 잘 인식하고 표현한다는 것에 누구나 동의할 것이다. 상황을 전반적, 포괄적으로 인식하며 아기의 감정상태도 더 깊이 이해한다. 연결뉴런이 많을수록 정서적 커뮤니케이션 능력도 높아지는 것으로 보인다. 또한 여자들은 일반적으로 남자보다 동시에 여러 가지 일을 처리하는 데 뛰어나다.

　남자는 우뇌를 격리함으로써 느낌과 감정을 억제하는 능력을 강화했다. 그렇지 않으면 동물을 사냥하는 위험한 순간, 집중하기 힘들기 때문이다. 사냥꾼에게 필요한 것은 심리상태에 대한 자각이나 정서적 깊이보다 감정의 동요 없이 단 하나의 목표에 집중하는 능력이다.

　또한 주체와 객체를 분리하는 2원론은 자신과 사냥감을 분리할 수 있도록 도와준다. 2원론은 이처럼 비정함을 내포하는데, 사냥감의 목숨을 가차없

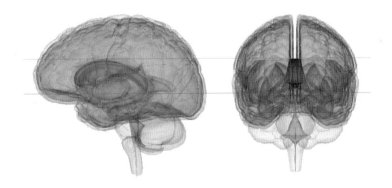

좌우 반구를 연결하는 뇌들보 Corpus callosum

이 끊기 위해서는 반드시 필요한 관점이다. 이는 자식에 대한 어머니의 끈끈한 사랑과는 반대된다.

채집·양육자와 사냥·도살자가 함께 모여 사는 사회의 구성원처럼, 뇌의 양반구 역시 자신이 가장 잘 할 수 있는 일을 수행한다. 하지만 어느 한쪽이 손상되는 경우에 대비하기 위해 각 반구는—남녀가 각자 분담한 일을 어느 정도 대신할 수 있는 것처럼—상대편의 기능을 어느 정도 수행할 수 있다. 아기를 돌볼 필요가 없는 여자들은 직접 사냥을 할 수 있었으며, 또 실제로 사냥에 나가기도 했다. 그들도 일말의 감정적인 동요 없이 사냥감을 죽일 수 있었다. 남자들도 훌륭한 채집솜씨를 뽐냈으며, 사랑도 할 수 있었다. 그럼에도 대다수 남자들은 수렵과 도살에서 뛰어난 기량을 발휘했고 대다수 여자들은 채집과 양육에서 뛰어난 기량을 발휘했다.

약 10만 년 전 호모사피엔스사피엔스가 출현한다(Homo Sapiens는 라틴어로 '지혜로운 인간'이라는 뜻이다). 오늘날 우리의 문명은 라스코동굴에서 멀리 떨어져나온 것처럼 보이지만, 자연을 떠돌던 수렵·채집인들에게 두드러진 성공을 가져다준 원래의 신경구조는 여전히 우리에게 강력한 영향력을 행사하고 있다. 좌뇌와 우뇌의 분화는 사냥·도살자와 채집·양육자의 서로 다른 전략을 그대로 반영한다. 은유적으로 말하자면 시간은 남성의 좌표이며, 공간은 여성의 좌표다. 윌리엄 블레이크William Blake는 이렇게 노래한다.

"시간과 공간은 실재하는 존재, 남자와 여자다. 시간은 남자, 공간은 여자."[5]

인류가 장착한 새로운 2원적 뇌는 초기 호모사피엔스에게 진화과정에서 커다란 이점을 안겨주었다. 좌뇌와 우뇌는 이따금씩 거의 개별적으로 작동하면서 문제를 서로 다른 방식으로 풀고 스스로 결정하고 기억하고 판단하고 행동할 수 있다.

지능은 한 마디로 정의하자면 다양한 자극에 유연하게 반응할 수 있는 능력이다. 뇌를 두 개의 기능적 단위로 분할하는 것은 어떤 상황에 대해 인간이 내놓을 수 있는 반응을 단순히 두 배로 늘리는 것이 아니다. 두 반구가 끊임없이 피드백을 주고받기 때문에, 반구편측화에서 나올 수 있는 반응은 거의 무한대로 늘어난다. 그 결과 우리는 동물 중에서 가장 총명한 종이 되었다. 그리고 좀더 세심하게 살펴보면, 호모사피엔스는 더 나아가 두 가지 하위 종—남자와 여자—으로 분화된 것처럼 보인다.

* * *

뇌와 마찬가지로 인간의 눈도 상보적인 기능을 수행하도록 진화했다. 인간의 망막 안에는 다른 기능을 수행하는 두 종류의 세포가 자리한다. 바로 막대세포와 원뿔세포로, 이들의 기능은 좌뇌와 우뇌가 분담하는 작업과 제각각 대응한다.

막대세포는 빛에 극도로 민감하다. 막대세포는 시야에 들어오는 아주 미세한 움직임도 감지한다. 망막 주변부 전체에 골고루 퍼져있는 이 세포는 희미한 빛 속에서도 시야 전체를 보며 이미지를 윤곽으로 파악한다. 막대세포는 우뇌처럼 실재를 '한꺼번에 순간적으로' 인지한다.

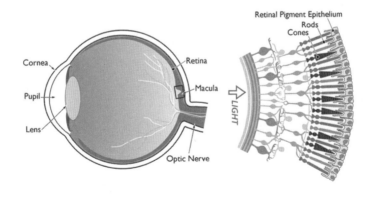

망막retina 안에 있는 막대세포rod와 원뿔세포cone

반면에 원뿔세포는 황반^{macula}이라는 망막의 중앙에 위치한 작은 점에 조밀하게 모여있다. 황반의 중심에 위치한 중심오목에 특히 원뿔세포가 가장 밀집되어있어, 이곳이 시각의 초점을 형성한다. 원뿔세포는 두 가지 기능을 한다. 색깔을 분간하고 선명도를 증대한다. 원뿔세포는 터널 속에서 밖을 보는 것처럼 실재를 한 번에 하나씩 집중하며 본다. 원뿔세포도 막대세포처럼 양 반구에 정보를 전달하지만, 그 기능에 비춰볼 때 원뿔세포에서 입력하는 정보는 좌뇌가 훨씬 효과적으로 처리한다.[*]

눈은 모든 장면을 두 가지 주요 요소—형상과 배경—로 구분한다. 형상은 뚜렷하고 자세하게 시각화되며 배경은 형상이 거처하는 맥락을 제공한다. 원뿔세포는 형상을 보는 데 최적화되어있고, 막대세포는 배경을 보는 데 최적화되어있다.

큰 그림을 제공하는 막대세포는 '명상'이라고 하는 시각적, 물리적, 정신적 상태를 이끌어내는 과정에서 중요한 역할을 한다. 막대세포가 작동할 때에는 근육의 긴장이 풀리고, 찡그린 눈썹주름이 펴지고, 동공이 확장된다. 안구의 골격근이 느슨해지고 시선의 초점이 사라진다. 이러한 반응은 눈동자 안으로 빛이 최대한 들어오도록 한다. 이러한 우뇌적 반응양식에서 우리는 어떤 대상 하나에 집중하기보다는 시야 전체를 더 잘 볼 수 있다. 이 상태에서 눈은 아무것도 보지 않으면서도 모든 것을 본다. 이렇게 모든 것을 받아들이는 상태는 몸 전체를 이완한다. 의식은 느슨해지고, 정신은 현재와 통합된 상태 속으로 미끄러져 들어간다.

막대세포는 원뿔세포보다 훨씬 오래전 진화했다. 척추동물이라면 모두 막대세포를 가지고 있는 반면, 원뿔세포를 풍부하게 가진 동물은 별로 없다. 막대세포와 원뿔세포의 진화과정은 아기의 성장단계에서도 집약되어 나타난다. 아기는 처음 태어났을 때 막대세포만 이용해 세상을 본다. 원뿔세포는 생후

● 하지만 막대세포에서 수집한 시각정보를 우뇌에만 전달해주고 원뿔세포에서 수집한 시각정보를 선별적으로 좌뇌에 전달해주는 신경통로는 아직 발견되지 않았다.

몇 개월이 지난 뒤에야 완전히 발달한다. 원뿔세포가 발달하기 전까지 아기는 색깔과 세부적인 형태를 명확하게 인지하지 못한다.

인간은 포유동물 중에서도 원뿔세포의 비율이 가장 높다. 원뿔세포는 특히 사냥을 하는 동물들—많은 조류와 포유동물, 그리고 사냥을 하는 유일한 영장류인 인간—에게 특히 긴요하다. 초식동물에게 원뿔세포는 거의 쓸모가 없다. 식물은 달아나지 않기 때문이다. 하지만 먹잇감을 사냥해야 하는 동물은 자신의 저녁거리가 어디 있는지, 또 어디로 도망갈지 세밀하게 관찰해야 한다. 원뿔세포 덕분에 비로소 목표물을 주의깊게 관찰할 수 있게 된 것이다.

원뿔세포가 작동할 때 우리는 '집중'이라고 하는 정신상태에 돌입한다. 이때 몸의 경계태세는 가장 높은 단계에 올라선다. 골격근이 긴장하고, 눈살을 찌푸리고, 동공이 수축한다. 이러한 작용은 눈으로 들어오는 빛의 양을 줄여, 빛에 민감한 막대세포의 활동을 효과적으로 억제한다. 마치 극장에서 실내를 어둡게 함으로써 관객들이 무대를 좀더 선명하게 볼 수 있도록 하는 것과 같다. 색깔을 띤 세밀한 형태에 강렬하게 집중할 수 있는 능력은 원뿔세포의 선물이고, 몸을 느슨하게 풀고 동공을 활짝 열어 시야진체를 인지하는 명상은 막대세포의 선물이다.

좌뇌의 차별적이고 분석적인 반응양식은 우뇌의 총체적인 반응양식보다 초점을 맞춘 시각작용에 훨씬 적합하다. 원뿔세포는 시야를 작게 분할한 뒤이들을 순차적으로 관찰한다. 원뿔세포가 밀집되어있는 중심오목의 초점화 능력은, 흘러가는 시간에 대한 일종의 환상을 만들어낸다. 눈의 이 작은 원 안에 비치는 이미지들은 한 번에 하나씩 차례대로 처리될 수밖에 없기 때문이다. 황반은 무엇이 '보였는지' 관찰한 다음에, 무엇이 '보이는지' 관찰한다.

결국 인간의 뇌는 다음에 무엇이 '보일지' 가능성을 고려해야 하는 상황에 처한다. 원뿔세포의 시각작용은 좌뇌가 '다음'에 관한 중요한 관념을 발명하는 데 필요한 매개변수를 만들어냈고, 이는 필연적으로 앞으로 다가올 것

(즉, 다음 나타날 장면)을 예측하도록 이끌었다. 이로써 '미래'에 대한 관념이 탄생한다.

이러한 일이 어떻게 작동하는지 예를 들어 살펴보자. 캄캄한 극장에 이제 막 들어섰다. 아직 눈이 어둠에 적응되지 않았다. 안내원이 통로를 따라가다 멈춰 서서 플래시를 켠다. 플래시 불빛이 자리를 찬찬히 훑기 시작하고, 둥근 불빛 원 안에 사람들이 하나씩 비춰진다. 플래시가 옮겨갈 때마다 원래 있던 사람은 사라지고, 다른 사람이 불쑥 나타난다. 플래시가 발사하는 원뿔 모양 불빛 기둥은 황반의 터널비전과 비슷하다. 극장 좌석에는 사람들이 이미 자리 잡고 있지만, 플래시 조명은 그들을 하나씩 분리하여, 시간의 흐름에 따라 차례대로 등장하는 듯한 환상을 심어준다.

이러한 시각기능의 분화현상은 뇌의 반구편측화와 성의 분화와 상응한다. 막대세포의 총체적 시각은 우뇌가 채집과 양육을 하는 데 도움을 준다. 터널비전은 좌뇌가 사냥을 하는 데 도움을 준다. 여자는 남자보다 망막에 막대세포가 많으며, 따라서 주변을 넓게 인지하는 능력이 탁월하다. 또한 어둠 속에서 더 잘 보며, 한 번 힐끗 보는 것만으로도 많은 정보를 얻어낸다. 반대로 남자들은 여자보다 원뿔세포가 많다. 따라서 시야의 한 부분을 면밀하게 관찰하며 더 깊이 인지한다.[6]

* * *

인간은 뇌와 눈뿐만 아니라 손도 분화되었다. 우뇌가 통제하는 왼손은 주로 '보호'기능을 수행한다. 왼손잡이든 오른손잡이든 아기를 안을 때는 대개 왼손으로 안는다. 날아오는 공을 막을 때도 왼손이 주로 사용된다. 사냥꾼과 전사는 방패를 왼손으로 들고 다닌다.[7]

왼손은 오른손보다 움직임이 둔감하여, 세밀하게 조율하기 어렵다. 이러한 기능적 분화는 원시인류의 생활이 약탈에서 채집으로 발전해가는 과정에서 더 두드러지게 나타났다. 약탈은 현장에서 손에 넣은 것을 곧바로 먹어치우지만, 채집은 손에 넣은 것을 그 자리에서 먹지 않고 집으로 가지고 돌아와야 하는데, 이 때 운반과정에서 왼손이 중요한 역할을 한다. 왼손이 가져온 것을 오른손이 선별한다. 운반하기, 채집하기, 방어하기는 왼팔이 담당하는 극한임무로 진화했다. 감싸기, 잡기, 들고 나르기는 무기력한 아기에게 꼭 필요한 모성적 행동이다.

많은 문화권에서 음식을 먹을 때는 오른손을 사용하고, 대소변을 처리할 때는 왼손을 사용한다. 따라서 왼손은 불결한 것으로 간주된다. 이러한 편견은 여전히 우리 언어 안에 남아있다. to be left out은 '버려지다', to be served left-overs은 '먹다 남은 음식으로 대접받다', to pay a left-handed compliment는 '입에 발린 칭찬을 하다', to be left in the lurch는 '궁지에 내버려지다'라는 뜻이다. 여기서 left(왼쪽)는 모두 부정적 의미를 담고 있다. 또한 이탈리아어에서 왼쪽은 sinistra인데, 여기서 나온 영어단어 sinister는 '사악한'이라는 뜻이다. 프랑스어에서 왼쪽은 gauche인데 이는 영어에서 '서투른'이란 뜻이고, 오른쪽은 droit인데 이는 '올바른'이라는 뜻이다.•

우월한 오른손은 행동의 주체다. 오른손은 창을 던지고, 과일을 집고, 부싯돌을 켠다. 오른손의 움직임은 훨씬 성확하나. 오른손은 능동적으로 망치를 들고, 왼손은 수동적으로 못을 잡는다. 오른손은 뻗고, 왼손은 굽힌다.

이러한 오른손·왼손에 대한 높은 기능적 선호는 인류의 독특한 특징이 되었다. 호모사피엔스가 생존을 위한 투쟁에 쉽게 적응할 수 있도록, 자연선택은 뇌의 피질을 둘로 나누고, 망막의 기능을 두 가지로 분화하고, 양손의 임무를 특화했다. 왼쪽과 오른쪽의 구분은 또한 남자의 1차적 인지방식과 여자의 1차적 인지방식의 차이를 반영한다.

모든 동물은 지배적인 생존방식에 의존한다. 발굽동물(말, 소, 얼룩말)은 대개 떼를 지어 다니며 풀을 뜯어먹는다. 육식동물 중 일부(상어, 독수리, 호랑이)는 혼

• 지금도 왼손을 쓰는 아이들에게 오른손을 쓰도록 강요하는 풍습이 남아있다. 왼쪽은 악마가 지배한다고 믿는 사람이 여전히 많다.

자 사냥을 하는 반면, 일부(사자, 늑대, 들개)는 무리를 지어 다니면서 긴밀히 협력하여 몸집이 큰 사냥감을 쓰러뜨린다. 인간은 육식동물의 정확성을 모방하기 위해 노력했지만, 그것이 언제나 성공적인 것은 아니었다. 다른 육식동물과 달리, 인간은 그러한 방법을 별도로 배워야 한다. 초식동물의 삶에서 벗어난 지 오랜 시간이 흘렀음에도, 우리 인간은 채집기술을 유지해야 할 필요가 있었다. 이로써 우리 인간은 초식으로든 육식으로든 살아갈 수 있는 몇 안 되는 종이 되었다.

채집·양육과 사냥·도살이라는 상반되는 생존전략은 우리 내면에 긴밀하게 결합되어있다. 전체적인 관점에서 보자면, 남성적 특성이 두드러지게 나타나는 여자도 있고 반대로 여성적인 특성이 두드러지게 나타나는 남자도 있다. 뇌, 눈, 손의 편측화는 개인이 세상을 인지하고, 조작하고, 상징화하고, 궁극적으로 사고하는 방식에 영향을 미친다.

여기에 우리 인간이 성공할 수 있었던 비밀이 숨어 있다. 남자들은 인격, 정신, 마음속에 채집·양육자의 면모를 지니고 있으며, 여자 역시 사냥·도살자 면모를 지니고 있다. 우리 개개인은 두개골 속에 남성의 뇌와 여성의 뇌를 모두 가지고 있다. 사회도 마찬가지다. 어떤 사회라도 환경적인 요구나 세계와 상호작용하는 과정에서 이 두 가지 방식 중 어느 한 쪽이 두드러질 수 있다.

4

MOTHER EARTH vs FATHER SKY

어머니대지 vs 아버지하늘

THE ALPHABET
VERSUS
THE GODDESS

불안은 자신이 처한 조건의 진실을 깨달았을 때 찾아온다.

자의식을 지닌 동물이 된다는 것은 무슨 뜻일까?

무서운 괴물에 가까울까?

우스꽝스러운 삐에로에 가까울까?

자신이 벌레의 먹잇감이 되어 사라지고 말 존재라는 사실을 깨닫는 것,

그것은 공포다.

무無에서 태어나, 이름을 달고, 자의식을 갖고,

깊은 내면의 감정을 느끼고,

삶과 자기표현에 대한 고통스런 내적 갈망을 품고는

―그리고 이 모든 것을 안고서 죽어야 하기 때문이다.

어니스트 베커 Ernest Becker[1]

두려움은 모든 신의 어머니입니다.

무엇보다도 죽음에 대한 두려움은.

루크레티우스 Lucretius[2]

어머니대지 vs 아버지하늘

농경의 시작

과거로 거슬러 올라가는 동시에 미래로 뻗어나가는 시간이라는 선형적 관념을 인지하게 되면서, 인간은 두 가지 심오한 통찰을 얻는다. 하나는 죽음에 관한 것이고, 하나는 섹스에 관한 것이다. 자신의 존재를 돌아보게 되면서, 인간은 누구나 제한된 시간을 살 수밖에 없다는 사실을 깨닫는다. 동물은 죽음을 남에게 일어나는 사건으로 목격한다. 개는 주인이 죽으면 슬퍼할 수 있지만, 자신도 죽을 것이라는 사실을 깨달을 확률은 낮다.

인간은 누구나 죽는다는 사실을 이해하게 되었다. 죽음은 어떠한 타협도 속임수도 대안도 없는 피할 수 없는 최종적인 사건이다. 이러한 암울한 생각이 머릿속에 스며들자, 갑작스런 위험에 직면했을 때 동물들이 느끼는 공포와는 전혀 다른 불안감이 깃들기 시작한다.

돌이킬 수 없는 최후로서 죽음이 주는 충격을 떨쳐내기 위해 인간은 사후의 삶을 창조한다. 죽은 육신이 부패하는 것을 보면서, '나'라는 의식은 눈에 보이는 세계를 넘어서 계속하여 살아갈 수 있는 영혼의 형태로 존재한다고 상상했다. 이에 따라 영혼이 다음 세상으로 넘어갈 수 있도록 도와주는 의례도 만들어낸다. 지금까지 발굴된, 내세의 안녕을 기원하며 만든 가장 오래된 무덤은 무려 6만 년 전 만들어진 것이다. 장례는 인간의 모든 문화에서 발견되는 공통적인 특징이다.

이러한 암울한 불안에 사로잡혀 가던 시기에 인간은, 그 중에서도 남자는 또다른 중대한 발견을 한다. 재생산과정에서 자신들이 기여하는 역할을 이해하게 된 것이다. 재생산에 대한 문제는 아무래도 여자가 남자보다 훨씬 먼저 이해했을 것이다. 여자는 아이들과 친밀한 관계를 훨씬 오래 유지하기 때문에, 아이와 아이의 아버지 사이에 성격과 외모의 비슷한 점이 있다는 것을 좀 더 일찍 발견했을 것이다.

하지만 많은 남자들은 이러한 생물학적 연관성을 여전히 인지하지 못했다. 피할 수 없는 죽음 앞에서 슬퍼하던 와중에 남자들이 비로소 자신도 재생산 과정에 필수적인 역할을 한다는 사실을 깨닫는다. 그리고 죽음과 탄생이라는 우뚝 솟은 두 관념은 남자의 마음속에서 서로 교차한다.[*]

자신을 닮은 후계자를 가질 수 있다는 것은 그 아이에게 이름과 지혜와 무기를 전해줌으로써, 죽음의 구렁텅이 속으로 빨려 들어가는 와중에 조금이나마 작은 승리를 거둘 수 있다는 의미가 되었다. 이러한 깨달음은 새로 태어난 아이가 자신의 짝짓기 노력의 결과물이라는 것을 확인하고자 하는 욕망을 부추겼다. 엄마는 자신의 아기가 자신의 핏줄인지 아닌지 의심할 필요가 없다. 갓난아이는 말 그대로 엄마의 몸에서, 엄마의 몸을 통해서 세상에 나오기 때문이다. 하지만 남자는 완벽하게 확신할 수 없다.

이에 대한 남자의 가혹한 해결책은 여자에게 결혼 전에는 처녀성을 지키고 결혼 이후에는 정조를 지키라고 요구하는 것이다. 시간을 의식하지 못하는 동물에게 재생산활동은 본질적으로 자유롭고 환희에 찬 과정일 뿐이지만, 인간에게는 치명적일만큼 골치아픈 행위가 되고 말았다.

원하든 원하지 않든, 여자들은 이러한 새로운 질서에 순응할 수밖에 없었다. 한 남자가 지속적으로 충성한다는 것은 자신은 물론 아이들, 또 미래에 태

---

[*] 이러한 고대의 깨달음은 세대마다 새롭게 반복되어 나타난다. 아이들은 일곱 살쯤 되었을 때 부모가 죽을 수 있다는 사실을 깨닫는다. 그리고 아이들은 이러한 시간의 흐름에 대한 깨달음을 확장하여 자신도 언젠가 죽는다는, 삶을 뒤흔드는 통찰을 얻는다. 자신이 영원히 살지 못한다는 사실을 깨달을 무렵, 아이들은 또한 아기가 어떻게 생기는지도 알게 된다. 로마 가톨릭교회가 일곱 살을 도덕의식의 시작점이라고 말하고, 공자가 일곱 살이 되어야 비로소 성숙하기 시작한다고 말한 것도 이 때문일 것이다. 하지만 아주 최근까지도 섹스와 출산 사이의 연관성을 이해하지 못하는 종족이 존재했다는 사실에 비춰볼 때(예컨대 태평양의 트로브리안드Trobrianders 부족) 우리 조상들이 이러한 통찰을 언제 획득했는지는 정확히 알 수 없다.

어느날 아이들에게도 유리한 조건이었기 때문이다. 초기 원시인류에서 나타난 섹스와 고기의 교환은 이제 남자의 충성과 여자의 순결을 교환하는 훨씬 복잡한 사회적 계약으로 발전한다. 이는 결국 결혼이라는 제도의 원형이 된다. 여자는 도움, 동반, 더 나아가 '사랑'을 받는 대가로 자신의 성적 자유를 포기했다. 남자는 자기자신과 자신이 모은 재산을 모두 한 여자에게 바치는 대가로 그녀가 앞으로 낳는 아이는 모두 자신의 자식이라고 기대할 수 있게 되었다. 순결과 충성은 이제 곧 뿌리내릴 가부장제를 떠받드는 두 개의 기둥이 된다.

영장류의 알파메일은 발정기가 절정에 달한 암컷을 철저하게 독점한다. 하지만 이것은 일시적인 행태일 뿐, 암컷의 생활 자체를 간섭하지 않는다. 하지만 자손을 통해서만 일종의 불멸을 달성할 수 있다는 사실을 깨달은 인간남자들은 초경에서 폐경까지 여자를 철저히 통제했다. 지금까지도 우리 문화에서 논쟁이 되는 주제들 중 많은 것들이 남성·죽음과 여성·삶이라는 태곳적 2원론에서 기원한다.

* * *

죽음에 대한 두려움은 인간만이 가지고 있는 독특한 특징인 죄의식 뒤에도 숨어있다. 죄의식은 먹기 위해 다른 피조물을 죽이는 행위에서 시작된다. 고전학자 로베르토 칼라소Roberto Calasso는 이렇게 쓴다.

> 태곳적 범죄는 실존하는 어떤 것을 사라지게 만드는 행위, 바로 먹는 행위다. 따라서 죄의식은 피할 수 없는 것이며 사라지지도 않는다. 먹지 않고 살아갈 수 없는 한, 죄의식은 생리학처럼 몸속에 흐르며 끝없이 새롭게 태어난다.[3]

구약에서도 죄의식은 과일을 깨물어먹는 행위와 함께 모습을 드러낸다.

생명이 유한하다는 것을 이해하고 나자 수렵·채집을 하던 구석기인들에게 모든 생명은 신성한 것이 된다. 그럼에도 먹고 살기 위해서는 사냥을 해야 했

프랑스 라스코동굴 천정에 그려진 동물 그림들

는데, 이것은 자신들을 감싸고 있는 생명의 피륙을 찢는 행위와 다름없었다. 어쨌든 가족을 위해 생명을 죽일 때마다 자신의 손에 희생된 영혼을 달래 줘야만 했다. 알타미라나 라스코의 동굴에 그려진 황소, 들소, 말 무리들은 경외감을 불러일으킨다.

이러한 벽화가 그려진 동굴에서 고고학자들은 구석기시대 사람들이 여성적 원리를 숭배했다는 증거를 찾아냈다. 몇몇의 동굴의 경우 여자를 형상화한 조각상이 지키고 서있다. 또 구석기시대 사람들이 주거하던 곳에서 여자의 커다란 젖가슴과 엉덩이, 부풀어오른 배를 묘사한 조각상이 나오기도 하는데, 이는 여자의 다산성을 상징하고 미화하기 위한 것이다. 프랑스 남부에서만 이러한 유물이 130점 이상 발견되었다.[4]

고고학자들에 따르면, 고대인들은 죽음을 생명의 순환주기에서 보이지 않는 한 단계로 여겼을 것으로 추정된다. 여자가 아이를 낳는다는 이유 때문에 고대인들은 (물론 남자들이 죽음을 집행하는 역할을 하더라도) 죽음 역시 신성한 여성

● 흥미로운 사실은, 그림에서는 이러한 여자의 모습이 전혀 발견되지 않는다는 것이다. 반대로 동물 그림은 많지만 동물 조각은 거의 발견되지 않는다.

이 관할할 것이라고 추론했다. 땅은 만물의 자궁이자 무덤이기도 하듯이 죽은 모든 것들은 여성의 매개를 통해 다시 생명을 얻는다. 이러한 관점에 대해 앤 베어링Anne Baring과 줄스 캐시포드Jules Cashford는 다음과 같이 설명한다.

우리는 하나가 아닌 두 개의 원초적인 신화, 즉 여신 신화와 사냥꾼 신화가 있었다고 이해할 수 있을까? 임신한 여자 조각상은 어머니여신 신화가 모든 측면에서 다산성과 생명의 신성함과 연관되어있으며, 이로써 변태metamorphosis와 재생rebirth과도 연관되어있다고 알려준다. 이와 반대로 사냥꾼 신화는, 무엇보다도 생존드라마와 연관되어있다. 다른 생명을 빼앗는 행위는 살아남기 위한 의례와도 같다. 여신 신화는 전체를 상징하는 영원한 이미지로서 여신이 중심이 되어 펼쳐진다. 사냥꾼 신화는 시간을 한순간 한순간 살아내기 위해 통일성을 끊임없이 파괴하는 인간 사냥꾼이 중심이 되어 펼쳐진다. 인간의 근본적인 경험에서 우러나는 이 두 이야기는 전혀 다른 인간의 두 가지 본능으로 구분된다. 관계와 의미를 추구하는 본능과 생존을 추구하는 본능이다. 그들은 서로 다를 뿐만 아니라 배타적인 이야기처럼 들린다. 여신 신화에서 삶과 죽음은 영원한 순환 속에 한 단계로 인식되는 반면, 사냥꾼 신화에서 동물과 인간의 죽음은 전체와 연결된 고리를 잃고 더 이상 신성하지 않은 것으로 인식된다. 여기서 죽음은 최종적인 것이 되고, 우리가 경험하는 생명은 비극이 된다.[5]

많은 신화에서 위대한 어머니Great Mother는 생명과 죽음이라는 힘을 동시에 지닌다. 수메르의 에레슈키갈Ereshkigal은 지하세계를 관장하는 어머니여신이며, 그리스의 데메테르Demeter는 다산과 대지의 여신인 동시에 죽은 자들의 어머니다. 이러한 신화는 지금 현존하는 수렵·채집 부족에서도 찾아볼 수 있다.

구석기시대를 집중적으로 연구하는 고고학자 앙드레 르루아구랑André Le-roi-Gouran은 그 당시 여성적 신성이 신앙체계에 중대한 역할을 했다고 말한다. 조셉 캠벨Joseph Campbell은 이렇게 쓴다.

로셀의 비너스 Venus of Laussel

이로써 피레네산맥에서 바이칼호수까지 후기 석기시대 신화를 상징하는 단 하나의 형상은 벌거벗은 여신이라는 것이 분명히 드러난다…[6]

석기시대에 핵심 사냥집단은 가장 활력이 넘치는 시기의 성인남자 10명 정도로 이루어졌다. 오늘날에도 주요한 임무를 수행하는 팀은 대개—남자든 여자든—10명 정도로 구성된다. 군대의 최소병력단위인 분대squad 역시 10명이며, 축구는 11명, 야구는 9명, 배심원단은 12명, 이사회는 10-12명, 대법관은 9명(미국의 경우, 한국은 14명)이다. 원기 왕성한 어른 10명이 모이면 대개 창조성, 조직력, 협동, 추진력이 최고조에 이른다.

이에 따라, 출산기에 다다른 여자들 역시 10명 정도가 모여 살면서 아이들을 함께 키운다. 이들이 키우는 아이의 수는 30-40명 정도가 되고, 여기에 청소년기 아이들과 노인까지 합하면 80-100명 정도 된다. 이는 수렵·채집부족의 가장 경제적이고 효율적인 규모다. 부족원들은 서로 친숙하여 상대방의 기분을 쉽게 이해할 수 있다. 낯선 이들과의 접촉은 비교적 드물었다. 사회적 관습에 따라 다른 부족과 배우자를 서로 주고받기도 했지만, 그럼에도 끈끈한 단합을 유지했다. 채집·양육자와 사냥·도살자가 함께 모여 사는 부족형태는 인간사회의 성공적인 모범이 되었고, 이는 299만 년 동안 본질적으로 변화되지 않은 채 그대로 유지되었다.

그러다가 누군가, 먹고 남은 음식을 쌓아둔 곳에 씨앗이 떨어져 계절이 바뀔 때마다 계속해서 곡식이 자라나는 것을 눈여겨보게 된다. 이러한 발견은 씨앗을 일부러 심고 보살피면 안정적으로 식량을 공급받을 수 있다는 통찰로 이어졌다.

이와 비슷한 시기에 사람들은 몇몇 동물을 길들여 사육할 수 있다는 사실도 발견한다. 가축사육은 위험한 사냥을 대체할 수 있는 놀라운 발견이었다. 가축사육이 널리 퍼지자, 고기를 집으로 가져오기 위해 갖춰야 했던 사냥기술은 더 이상 쓸모없게 되었다. 동물들은 집 울타리 안에 살면서 새끼를 낳았다. 멧돼지를 잡기 위해 위험을 무릅쓰는 대신, 뜰을 느긋하게 거닐다 저녁 때 먹을 돼지를 골라 안전하게 도살하면 그만이었다.

채집·양육과 관련한 기술과 지식은 여전히 유용했다. 남자든 여자든 여성적 속성을 발휘해야 했다. 봄에 씨를 뿌리고 끈기와 정성으로 관리하면, 가을에는 여문 곡식이 줄줄이 열렸다. 농부는 수확을 하고, 목동은 가축들을 돌봤다. 풍작과 다산은 사회의 최고 가치가 되었다. 새로운 생활방식에 여자들은 쉽게 적응했다. 곡식을 살피고 동물을 돌보는 일은 어머니로서 수행해온 양육 임무와 본질적으로 다르지 않기 때문이다.*

구석기시대부터 인간이 먹고 남긴 음식을 쌓아둔 곳을 배회하며 먹을 것을 찾던 개, 고양이, 말은 역사의 여명이 밝아올 무렵 모두 인간의 애완동물이 되었다. 모성, 사랑의 유대감이 이제 종의 경계를 넘어간 것이다.

생존 측면에서 사냥의 중요성이 추락하면서 수렵·채집의 균형이 무너졌다. 창을 던지던 기술로 가지치기를 하게 되면서 신경계는 느슨해지기 시작했다. 위험에 닥쳤을 때 아드레날린을 펌프질하며 머리카락을 쭈뼛 서게 만들고 '싸우거나 도망쳐야 하는' 판단을 하게 만드는 신경통로는 사냥꾼에게 돌진하는 들소 앞에 설 수 있는 용기를 북돋아준다. 하지만 농사는 사냥만큼 흥미진진한 일이 아니다. 이제 남자들이 할 수 있는 일은 고작 다 자란 곡물을 뜯어먹거나 가축을 잡아먹기 위해 달려드는 야생동물들을 쫓아버리는 것이었

---

* horticulture(원예)는 horti(garden)에서 식물을 키우는 것이고 agriculture(농업)은 agri(field)에서 식물을 키우는 것이다. 몸집이 큰 동물을 다루는 데 남자들의 힘이 필요하긴 하지만, 농업은 여전히 여성적인 원리 위에서 작동한다.

다. 농부의 삶에 적응하기 위해 남자들은 심리적 프로그래밍을 급격하게 바꿔야 하는 상황에 처한다.

그럼에도 농사와 축산은 대단히 급격한 진보를 가져왔다. 농경문화와 한 번이라도 접촉한 수렵·채집문화는 금방 새로운 생활양식에 동화되어버렸다. 100명 정도가 함께 사냥감을 찾아 떠돌아다니며 생활하던 수렵·채집부족은 점차 지구상에서 자취를 감추었다. 인간이 정처없이 유목생활을 하던 기나긴 시간을 생각해보면, 그러한 생활양식이 사라진 것은 순식간이었다. 7,000년 전쯤 시작된 농경은 지중해 주변지역과 남부유럽 전역으로 퍼져나갔다.

씨를 뿌리고 대지가 풍요로운 결실을 빚어내기를 기다리는 과정은 수태와 임신의 상징이 되었다. 가축의 번식을 장려해야 하는 상황은 생명을 부여하는 자로서 여자의 이미지를 더욱 두드러지게 만들었다. 채집·수렵에서 농사·목축으로 삶의 양식을 바꾼 경험은 종교를 통해 상징적으로 표현되었다. 채집·수렵과정에서 습득한 다양한 사냥과 생장에 관한 정신은 어머니대지Mother Earth라는 강력한 여성적 신성에 맞게 필터링되어 변형되었다.

어머니대지를 향해 기도한 것은 여자들만이 아니었다. 뛰어난 사냥능력으로 부족 전체에 고기를 공급해 왔던 남자들도 어머니대지의 품 안으로 들어왔다. 해충, 가뭄, 전염병이 대지를 뒤덮는 순간 농사와 축산의 풍요로움도 금방 시들었기 때문에, 초기 농경민들에게는 난폭한 사냥신보다 모성적인 여신을 달래는 것이 훨씬 중요한 일이었다. 미르체아 엘리아데Mircea Eliade는 이렇게 말한다.

> 여자와 여성적 신성은 최고의 자리에 올랐다. 야생식물을 재배할 수 있도록 길들이는 데 결정적인 역할을 했기 때문에 여자는 경작지의 주인이 되었고, 이로써 여자의 사회적 지위는 높아졌다.[7]

정착공동체의 규모가 계속 늘어나자 공동 관개시설과 기초적인 행정기능이 필요하게 되었다. 이러한 시설과 제도를 통해서 남자들은 사냥하면서 발휘하던 협동과 모험심을 어느 정도 충족시킬 수 있었다. 하지만 피가 한 방울도 튀지 않는 이러한 활동만으로는 신선한 고기와 골수에 굶주린 사냥꾼의 본성을 제대로 만족시킬 수 없었다. 분출되지 못한 남자들의 공격성은 독처럼 쌓여갔으며, 이러한 욕구는 유희를 위한 사냥, 담력 테스트, 희생제의, 인간을 제물로 바치는 의례 등 다양한 형태로 나타난다. 마침내 이 모든 것은 상대부족을 살육하는 전쟁의 탄생으로 이어진다. 주기적으로 발생하는 전쟁은 남자들 내면에서 끓어오르는 호전성을 분출할 수 있는 주요한 기회가 되었다.

그럼에도 농사는 남자의 살육본능을 억누르고 밭을 갈도록 길들여나갔다. 손에 굳은살이 박힐수록 남자들은 더 온순해졌다. 기원전 7000-4000년 사이 농경이 정착하는 과정에서 폭력이 계속 줄어들었다는 것을 보여주는 흥미로운 증거들이 발견되고 있다. 사람들은 대개 비옥한 계곡의 저지대에 정착하여 농사를 지었는데, 이들 중 많은 수가 방어시설을 갖추지 않고 있다. 이는 외부의 공격을 걱정하지 않았다는 뜻이다.[8]

또한 정착지에서 발굴한 유물을 조사해보면, 전쟁무기보다 집안에서 쓰는 생활도구들이 훨씬 많다. 그들이 묘사한 신성한 존재들 역시 창을 들고 있거나 천둥번개를 내리꽂지 않는다. 생전에 시중을 들던 하인들과 엄청난 소장품을 함께 매장하는 전사왕warrior king의 무덤도 전혀 발견되지 않는다.[9]

오히려 여자들이 남자보다 더 좋은 장소에 묻힌 경우가 많았다. 소수가 다수를 지배했다는 증거는 거의 찾아볼 수 없다. 선사시대 사람들의 일상이 어땠는지 지금으로서는 알 수 없지만 이러한 단서들로 미루어볼 때 거의 모든 역사시대의 특징이라 할 수 있는 폭력과 투쟁이 비교적 적게 발생했다는 것을 알 수 있다. 또한 구석기 문화유적이 있는 곳에서는 어디든 여신조각상 파편을 발견할 수 있다.[10]

고고학이 학문으로서 진지하게 받아들여지기 시작한 것은 19세기부터였으며, 이 학문을 초기부터 주도한 것은 백인 남자 기독교도들이었다. 빅토리아시대 특유의 오만함으로 무장한 이 개척자들은 무수히 쏟아져나오는 여자 조각상을 다산을 숭배하는 소수의 유물로 치부했다. 새롭게 정착생활을 시작한 인류가 여신을 숭배했다는 주장은 말도 되지 않는 망상으로 여겨졌다.

1890년대 말 아서 에반스Arthur Evans는 크레타섬에서 크노소스Knossos 문명을 발굴한다. 믿기 힘들만큼 세련된 이곳의 미노아궁전은 기원전 3500년부터 기원전 1500년까지 번영을 누렸을 것으로 여겨진다. 1957년에는 제임스 멜라트James Mellaart는 터키 남부 차탈휘익Çatalhöyük과 하실라Hacilar에서 기원전 7000년에서 기원전 5000년 사이에 존재했던 초기 농경공동체 마을을 발굴했다. 이 두 발굴은 고고학에 새로운 지평을 열며 기존의 고고학적 관점을 수정하도록 이끌었다.

멜라트는 여자들이 신석기시대의 종교를 창조해냈고 농경을 발전시켰으며 수확물을 관리했다고 결론내린다. 이는 곧 신석기시대에 군사적 계급, 중앙권력, 전쟁기술이 존재하지 않았다는 것을 입증하는 것으로 여겨졌다.[11] 신석기시대에 조직적인 전쟁이 있었다는 것을 보여주는 증거는 단 한번도 발견되지 않았다.[12]

다산을 상징하는 여자조각상이 소수의 숭배대상이 아니었다는 증거는 계속 쏟아져나왔다. 그것은 1만 년 전부터 5000년 전까지 존재했던 신석기시대 주류 종교의 상징이었다.

이후 2000년 동안 여신의 권력과 위상은 빠르게 약화되어 갔다. 전사warrior를 상징하는 하늘신이 곳곳에서 발흥했다. 여전히 사회는 농경에 기초하고 있었지만, 우뇌적 가치가 지배하던 문화는 서서히 좌뇌적 가치가 지배하는 문화에 침식당하기 시작하였고 동시에 가부장제가 뿌리내리기 시작했다. 페미니스트 역사학자 엘리너 게이든Elinor Gadon은 이렇게 말한다.

가부장제의 역사를 거슬러 올라가보면… 피할 수 없는 끔찍한 사회변동이 있었던 것으로 보인다. 즉 인간적, 신적, 여성적 본질을 파괴하고자 하는 무자비한 욕망이 있었던 것으로럼 보인다. 왜 그랬을까 묻는 것은, 지금 우리 시대의 가장 난처한 질문 중 하나일 것이다.[13]

1960년대 고고학자 마리자 김버타스Maija Gimbutas는 게이든의 질문에 답변을 내놓았다. 목축을 주로 하던 쿠르간Kurgan 부족들이 기원전 5000년쯤 러시아 남부지역에서 말을 처음으로 길들여 타고 다니기 시작했는데, 이 기마인들이 기원전 4500년쯤부터 이 지역 초원지대를 휩쓸고 다니면서 평화로운 농경정착지를 파괴하고, 남자들을 죽이고 여자들은 노예로 만들고 재산과 땅을 빼앗았다는 것이다.[14] 김버타스는 이 쿠르간족이 어머니여신에 대한 숭배를 억압하고 그 대신 자신들의 하늘신을 섬기도록 했다고 주장한다.

많은 역사책들이 이와 비슷한 야만적 침략에 대해 이야기한다. 이는 김버타스의 쿠르간가설을 뒷받침하는 것처럼 보인다. 라이앤 아이슬러, 멀린 스톤, 줄스 캐시포드, 앤 베어링 같은 학자들도 쿠르간가설에 동의했다. 하지만 쿠르간가설에는 중대한 문제가 있었다. 쿠르간문화에 대한 역사적 기록도 없을 뿐만 아니라 고고학적 자료 또한 거의 없다. 오히려 역사발전의 원리는 쿠르간가설을 반박하는 듯 보인다.

원시적인 부족과 더 발달한 문화 사이에 접촉이 발생했을 때는 언제나, 예외없이 진보된 사회의 가치가 미개한 사회로 흘러들어 간다. 여신을 숭배하는 부족들은 유목생활을 하던 쿠르간족보다 더 발전된 상태였다. 농경은 여신문화와 함께 정착문화를 형성하도록 하였으며, 경제적 다양화를 자극하는 기반이 되었다. 공예, 야금, 발명, 건축, 지식 등 다양한 분야가 혁명적 진보로 나아가고 있었다.

김버타스는 이 지점에 대해, 농경생활의 이점을 날카롭게 간파한 쿠르간족이 유목생활을 포기하고 자신들이 정복한 농경사회를 지배하며 군림했다고 설명한다. 하지만 그들이 유목생활을 스스로 포기할 만큼 피지배인들의 우월성을 암묵적으로 인정했다면, 그들이 숭배하는 여신은 왜 배척한 것일까?

역사는 정복자들이 피지배자들보다 문화적으로 뒤쳐질 때 결국 피지배자들의 문화 속으로 흡수되고 마는 무수한 사례를 보여준다. 그리스를 정복한 로마는 그리스의 세련된 양식을 그대로 흡수했다. 몇 세기 후 서고트족과 동고트족 전사들이 로마를 휩쓸었지만 그들 역시 곧바로 자신들이 가지고 있던 다신교적 신앙을 버리고 로마의 기독교를 받아들였다.

김버타스가 제시한 쿠르간부족과 가장 유사한 사례로, 몽골족은 말을 타고 다니며 아시아의 평원을 석권한 뒤 찬란한 문명을 이룩한 이슬람도시들을 침략했다. 이슬람문화와 지식의 위대한 보고였던 바그다드는 1348년 몽골족의 약탈로 완전히 폐허가 된다. 그럼에도 바그다드는 여전히 살아남았고, 이슬람교는 몽골제국 서쪽 지역의 주요 종교가 된다. 이처럼 쿠르간족이 여신을 몰아냈다는 가설은 이후로 5000여 년 동안 지속되는 가부장제의 전세계적 출현을 제대로 뒷받침하지 못한다.

인류학자 클로드 레비스트로스Claude Lévi-Strauss는 여성적 가치의 몰락은 훨씬 이전부터 내려오던 신부교환 풍습의 결과로 시작되었다고 주장한다. 다른 부족 간에 혼인을 하는 족외혼은 두 가지 목적에 이바지한다. 근친교배로 인해 나타날 수 있는 선천적인 유전적 결함을 막고, 부족 간의 동맹을 강화하는 것이다. 하지만 남자와 여자가 혼인할 수 있는 시기가 달랐다. 남자가 성장하여 사냥꾼으로서 제대로 기량을 발휘할 수 있는 나이보다 여자가 수태할 수 있는 나이가 훨씬 어리기 때문이다. 그래서 신랑의 나이는, 지금과 마찬가지로 신부의 나이보다 몇 살 많을 수밖에 없었다. 결국 완전한 성인이 되는 데 오랜 시간이 걸리는 소년보다는 더 빨리 성인이 되는 소녀를 교환하는 풍습이 훨씬 보편적으로 자리잡는다. 여자가 주고받는 상품처럼 여겨지기 시작하면서 남자가 여자의 권력을 전용하기 시작했을 것이라고 레비스트로스는 주장한다.[15]

하지만 그의 가설은 농경문화 이전부터 그 이후에 이르기까지 주도권이 남자에서 여자로 또 다시 남자로 넘어가는 것을 설명해 주지 못한다. 농경문화가 도래한 직후 거의 모든 공동체가 강력한 여성중심사회로 변한 것은 무엇 때문일까? 그때도 여전히 신부교환 풍습은 그대로 유지되고 있었다.

1974년 인류학자 셰리 오트너Sherry Ortner는 남자를 '문화'와, 여자를 '자연'과 결부시키는 보편적인 사회적 경향 때문에 성역할이 분화되었다고 주장한다. 모든 인간집단은 문화에 좀더 높은 가치를 두며, 자연을 정복하고 그것을 뛰어넘기 위해 노력한다.[16]

오트너는 남자아이와 여자아이를 기를 때 나타나는 중요한 차이에 대한 프로이트를 비롯한 정신분석학자들의 통찰에서 영감을 얻었다. 남자아이들은 누구나 자기 인생의 최초의 여자, 어머니를 사랑한다. 하지만 진정한 남자가 되기 위해서는 그녀의 가치를 떨쳐버리고 남자다운 가치에서 자신의 정체성을 확립할 수 있어야 한다. 여자는 이러한 양면적인 가치를 경험하지 않는다. 여자는 어머니를 닮고 싶어하기 때문에 어머니를 마음껏 사랑하고 자신을 동일시할 수 있다. 오트너는 자신이 연구한 사회에서 예외없이, 떨쳐낼 수 없는 남성적 딜레마가 여성적 가치를 평가절하하는 결과를 초래했다고 주장한다.

하지만 오트너의 가설은 여신사회의 신화, 조각, 상징, 의례에서 여자의 이미지가 무수히 나타나는 이유를 설명하지 못한다. 오트너의 전제에 따르면 이것은 문화보다 자연을 숭배하는 것을 보여주기 때문이다.

마르크스주의의 공동창시자 프리드리히 엥겔스Friedrich Engels는 위대한 여신이 몰락하고 '전 세계적으로 여자들이 역사적으로 패배한' 것은 사유재산의 출현 때문이라고 주장한다. 사냥꾼들은 떠돌아다녔기 때문에 땅에 대한 인식이 거의 없었다. 농경사회로 전환되면서 땅을 소유할 수 있다는 개념이 생겨나고 동시에 초과생산한 식량이 발생하기 시작한다. 그 결과 부의 편중이 발생하고, 이는 권력으로 발전한다. 땅을 소유한다는 개념은 여자를 '소유'한다는 관념을 촉발했으며, 이는 결국 여자를 파트너로 여기던 채집·수렵사회의 윤리를 여자를 소유물로 여기는 남자중심 사회통념으로 바꾸어 놓았다.

하지만 이러한 엥겔스의 사유재산권 가설은 숭배대상이 여신에서 남신으로 갑자기 바뀐 것을 설득력있게 설명하지 못한다.● 최근 윌리엄 어윈 톰슨 William Irwin Thompson과 제인 제이콥스Jane Jacobs는 농업혁명으로 인해 잉여재산이 출현하면서 사냥꾼의 지위는 크게 떨어졌고, 그들은 자신의 지위를 유지하기 위해 정복활동에 더 몰두했으며, 이것이 결국 평등사회의 몰락과 여신의 소멸을 야기했다고 주장한다.

페미니스트 역사학자 거다 러너Gerda Lerner는 여신의 몰락이 고대국가의 형성 때문이라고 주장한다. 정부를 구성하기 위해서는 복잡한 조직이 필요하다. 효율적으로 거래를 통제하고, 잉여생산물을 저장하고, 도시를 방어하고, 관개시설을 설계하려면 권력은 소수의 손에 집중되어야 한다. 초기 고대국가의 중앙집권 체제는 (지금은 '왕'이라고 부르는) 강력한 알파메일을 중심으로 전개되었다. 왕은 자신의 권위를 정당화하기 위해 자신이 신의 혈통이라고 주장했다. 노예제는 고대국가 경제체제에서 중추적인 기능을 수행했다.

수렵·채집사회에서는 노예가 필요 없었다. 사냥꾼을 노예로 부린다고 해도, 언제 돌변할지 모르기 때문에 사냥을 맡기는 것은 너무나 위험한 일이었다. 여자와 아이들을 맡기는 것도 역시 위험했다. 그에 반해 농경사회는 노예의 효용이 매우 컸다. 몇몇 사람이 감시하는 것만으로도 많은 노예를 부릴 수 있었다. 사로잡은 여자는 성적으로 마음대로 부릴 수 있었기에, 여자를 비인간화하는 행태도 심화되었다. 사냥·도살자의 두 가지 속성인 거친 강인함과 잔인함은 초기문명의 지배자에게 존경받는 덕목이었다. 러너는 이러한 남성적 가치의 상승은 채집·양육자의 가치의 추락으로 이어졌고 결국 여신의 퇴위에 결정적인 요인이 되었다고 주장한다.

미노아의 궁녀들

● 엥겔스의 주장에 대한 한 가지 비판은, 수렵/채집사회의 남자들에게도 소유욕이 있었을지 모른다는 것이다. 실제로 포유동물의 수컷들은 거의 예외없이 자신의 영역을 차지하고자 하는 강렬한 열망을 드러낸다. 우리의 영장류 조상들도 마찬가지다.

하지만 러너의 가설은 7000-5000년 전에 존재했던 다양한 여신에 기반한 고대사회의 존재를 제대로 설명하지 못한다. 예컨대 크노소스궁전은 미노아문명의 여성적 특성을 보여주는 밝은 벽화로만 장식되어있다. 그리스신화에서 미노스왕은 자신이 지배하는 식민지에 건강한 젊은이들을 공물로 바치라고 요구했다. 고대국가의 형성이 가부장제를 초래했다면 농경문화를 배경으로 성립된 수많은 고대국가들이 여전히 여신을 섬기면서 어떻게 노예제를 유지할 수 있었는지, 또 역사기록이 시작된 이후에는 그런 국가들이 왜 대부분 소멸했는지 설명하기 어렵다.

내 생각에, 가부장제는 외부의 침입에 의해 발생한 것이 아니다. 여성성에서 남성성으로, 보살피는 어머니에서 지배하는 아버지로 가치중심이 급격히 옮겨간 것은 내부에서 작동하는 어떤 미묘한 힘에 의해 초래된 것이다. 5000년 전 어떤 일이 발생했던 것이 분명하다. 그것은 1만 년 전 일어난 농경의 발명만큼이나 당시 중대한 사회변화를 몰고 왔다. 여신의 통치를 종식시킨 것은 북쪽에서 말을 타고 내려온 쿠르간족도 아니고 사유재산의 출현도 아니고 잉여재산도 아니다.

물론 이러한 사건들도 어느 정도 역할을 했겠지만, 여신의 몰락에 결정적인 요인이 된 것은 그 당시 일어난 혁명적 진보, 즉 문자의 발명이었다. 처음 발명된 초기의 문자들, 그 이후 출현한 한결 세련된 알파벳은 단순히 은유적인 표현이 아닌 문자 그대로, 여성적 가치의 종말을 알리는 조종이었다. 알파벳은 서구문화의 '실재를 인지하는 방식'을 급격하게 바꾸어버렸다. 이것은 문자의 편리함을 얻는 대신 지불한 댓가였다. 서양의 역사기록 전반에 가부장적 전사-지배자가 주도적 역할을 하는 것은, 그 기록수단을 그들이 발명해 냈기 때문이다.

뱀을 들고 있는 미노아의 여사제

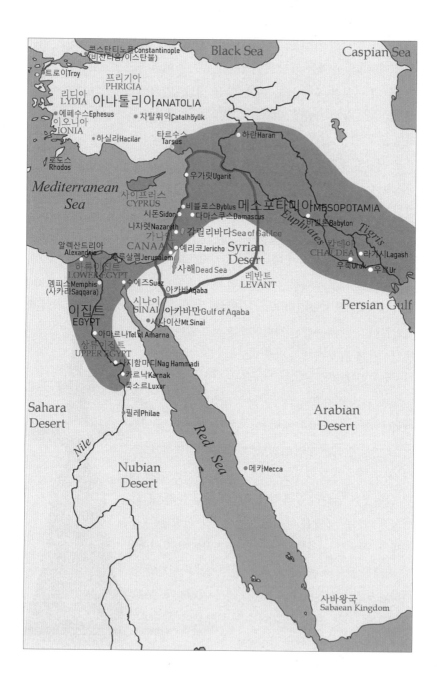

5

SPEECH vs WRITING

말 vs 글

THE ALPHABET
VERSUS
THE GODDESS

말로 하는 커뮤니케이션에서
눈, 귀, 뇌 등 여러 감각기관과 신체기능은 서로 탐색하고
자극하고 보완하면서 활발하게 협력하고 경쟁하며
함께 작동한다.

해럴드 이니스 Harold Innis[1]

어린 시절 읽고 쓰는 것을 배우는 활동은
양반구가 작동하는 방식에 영향을 미치는 것으로 입증되었다.

로버트 온스테인 Robert Ornstein[2]

말 VS 글
몸짓에서 언어로

말을 하기 위해서는 좌우반구가 협력해야 할 뿐만 아니라 좌우망막도 작동하고, 양손도 참여해야 한다. 말은 주로 우월한 좌뇌에서 만들어지지만, 명확하게 발음을 하기 위해서는 좌우반구가 함께 통제하는 근육을 써야 한다. 망막의 원뿔세포와 막대세포 역시 말하거나 들을 때 반응한다. 많은 경우, 상대방의 이야기를 들을 때 귀보다 눈으로 더 많은 정보를 수집하고 의미를 파악한다. 또한 말을 할 때 양손이 참여한다. 대화의 정서적 내용과 말하는 사람의 민족적 배경에 따라 제스처는 달라질 수 있지만, 어쨌든 말을 할 때 손은 늘 따라서 움직인다.

하지만 말 대신 글이 주요한 소통수단이 되면서 좌뇌의 지배력은 급격히 높아졌다. 읽고 쓰는 과정에는 주로 좌뇌만 관여하며, 사냥꾼의 망막—원뿔세포—과 도살자의 손—오른손—만 사용된다. 조각칼, 첨필, 붓, 펜으로 이어지는 필기도구의 발달과정에서 언어를 만들어내고 해독하는 작업에 참여하는 우뇌의 상보적인 역할은 계속 줄어들었고, 막대세포와 왼손은 할 일을 잃어버렸다.

말이 언제부터 사용되기 시작했는지는 정확히 알 수 없지만, 대략적으로 가늠해볼 수 있는 과학적 데이터는 충분히 축적되어있다. 아마도 발성하기 전 제스처가 먼저 나왔을 것이다. 성대가 진동하기 전, 수천 분의 1초 전에 손과 얼굴의 근육이 씰룩거리기 시작한다.[3] 우리의 몸에는 408개의 근육이 있는데, 이 중 상당수의 근육이 얼굴에 모여있으며, 또 이 중 많은 근육이 감정을 표현하는 데 사용된다.

제스처와 관련하여 발달한 인간의 또다른 특징은 손바닥 색깔이다. 다양한 영장류 가운데 인간만이—멜라닌 색소가 풍부한 아프리카 원주민도—손바닥에는 색소가 없다. 이에 대한 한 가지 설명은, 한때 손이 커뮤니케이션 기능을 수행했다는 것이다. 말이 완전하게 발달하기 전 우리 조상들은 모닥불 주위에 모여 앉아 말과 몸짓을 섞어가며 의사소통을 했다. 손바닥이 흴수록 어둑한 불빛 속에서도 눈에 잘 띈다는 것을 알 수 있다.[4]

제스처는 이처럼 말을 할 때 빼놓을 수 없는 요소다. 제스처 없이 대화는 거의 불가능하다. 오히려 제스처가 말보다 효율적인 표현수단일 때도 있다. 나선형계단에 대해서 이야기할 때 누구든 말을 하면서 손으로 허공에 나선을 그릴 것이다. 이러한 팬터마임은 말보다 훨씬 효과적으로 의미를 전달한다.

청각은 말을 이해하는 데 가장 중요한 감각이지만 시각도 이에 못지않게 관여한다. 상대방의 이야기를 듣는 동안 말하는 사람의 얼굴표정과 몸짓을 계속 눈으로도 관찰한다. 이 때는 막대세포가 활약한다. 미묘한 시각적 단서를 수집하는 데 뛰어난 원뿔세포와 달리, 막대세포는 물체의 윤곽과 주변의 사소한 움직임을 더 잘 파악한다.

말하는 사람이 책상을 손가락으로 초조하게 두드릴 경우, 그 소리는 귀에 들리지 않더라도, 주변부를 감지하는 막대세포는 이 명백한 시각적 정보를 놓치지 않는다. 또한 입으로는 진심으로 동의한다고 말하면서도 동시에 고개를 젓는다면 주변을 감지하는 막대세포는 이러한 동작을 놓치지 않는다(고개를 가로젓는 것은 거절을 의미한다. 이렇게 말과 행동이 서로 상반될 경우 우리는 직관적으로 행동이 좀더 진실에 가깝다는 것을 알고 있다).

시각은 말하는 사람에게도 중요하다. 말을 하는 동안, 계속하여 듣는 사람의 몸짓을 살피며 반응을 관찰한다. 자신의 메시지가 원하는(혹은 원치 않는) 효과를 자아낸다고 여겨지면, 말하는 중간에 이야기 방향을 바꾸기도 한다. 또 듣는 사람이 고개를 끄덕이는 모습을 보고 자신이 하고자 하는 이야기, 전달하고자 하는 생각을 상대방이 이미 예상하고 있으며 이해하고 있다는 확신이들 때는 말을 간략하게 줄일 수 있다.

수많은 사람들이 대통령후보들의 TV토론을 관심있게 지켜보는 이유는 무엇일까? 신문이나 다른 매체를 통해 그들의 정치적 견해를 이미 알고 있다고 해도, 후보자들의 행동과 몸짓을 사람들은 직접 눈으로 보고 싶어한다. 우리의 우뇌는 말의 내용을 뺀 나머지, 즉 후보자의 진정성, 총명함, 정직함, 교활함, 솔직함을 평가한다. 많은 경우 대화 중에 나오는 행동은 말이 전하는 내용보다 더 많은 것을 일깨워준다. 중국에는 이런 격언이 있다.

"불빛 아래 가까이 올수록 무슨 말을 하는지 더 잘 이해할 수 있다."

먼 과거 어느 시점에 인간의 주요한 커뮤니케이션수단으로 말이 몸짓을 앞서기 시작했다. 하지만 좌뇌의 언어중추는, 자신보다 오래된 우뇌가 말을 만들어내고 해독하는 과정에 미치는 영향력을 완전히 박탈하지 못했다. 말은 뇌의 남성적 측면과 여성적 측면의 미묘한 균형 위에 존재했지만, 문자의 발명은 이러한 균형을 완전히 무너뜨렸다.

편지를 쓸 때는 자신의 글이, 글을 읽는 사람에게 어떤 반응을 촉발할지 알수 없다. 몸짓언어, 얼굴표정 등 상대방에게서 얻을 수 있는 다양한 단서를 즉각 눈으로 확인할 수 없기 때문이다. '행간을 읽는' 것은 상대방의 표정과 몸짓을 읽는 것보다 훨씬 어려운 일이다. 이 분야의 초기 연구자 페르디낭 드 소쉬르Ferdinand de Saussure는 이렇게 말한다.

"글쓰기는 언어의 외양 위에 베일을 드리웠다. 문제는 그것이 분장이 아니라 변장이었다는 것이다."[5]

단순한 기술적 측면에서도 말과 글은 상당히 다르다. 말은 일정한 범위 안에서 작동한다. 너무 빠르면 알아듣기 힘들고, 너무 느리면 지루하다. 톤이 단조로우면 집중하기 힘들고, 톤이 너무 과장되면 부담스럽다. 말하는 사람이 페이스를 정하고 듣는 사람은 그것을 따른다. 글은 정반대다. 글을 읽는 사람의 좌뇌가 전적으로 통제한다.

음악을 인지하는 것은 주로 우뇌다. 음조의 변화와 리듬은, 음악은 물론 말에서도 중요한 역할을 한다. 어조의 변화, 표현의 강세는 말하는 사람이 전하는 메시지의 전체 의미를 바꾸어 놓기도 한다. 억양을 바꾸는 것만으로도 중의성을 드러낼 수 있고 말장난을 하거나 유머러스한 해석을 유도할 수 있다. 하지만 문자는 침묵한다. 이러한 결정적인 단점을 극복하기 위해 만들어진 것이 바로 구두점이다. 물론 이런 기호가 글에 활기를 더해준다고 해도, 물음표가 비웃는 듯 치켜올라간 눈썹을 대체하기는 힘들다.

말을 주고받기 위해서는 말하는 사람과 듣는 사람이 같은 시간에 같은 물리적 공간을 점유하고 있어야 한다.* 말을 하는 것과 듣고 이해하는 것은 동시에 일어나는 사건이다. 문자메시지는 대개 시간이 흐른 뒤, 다른 장소에서 읽힌다. 문자는 동시적 사건이 아니라 선형적 사건이다. 말은 '지금여기'에서 작동하지만, 글은 '나중저기'라는 맥락 안에서 작동한다.

말은 즉흥적으로 쏟아내는 행위다. 우리는 매일, 미리 생각지도 않았던 복잡한 문장을 말한다. 가끔은 청산유수처럼 쏟아져나오는 말에 스스로 놀라기도 한다. 이러한 일을 하기 위해 좌뇌의 브로카영역은 여러 단어들을 재빨리 꿰매어, 문법적으로 올바르고 자연스러운 구문을 정신없이 흘려 내보내야 한다. 말을 하는 동안에는 편집하기 위해 지체할 틈이 없다. 한번 뱉은 말은 다시 주워 담지 못한다. 이 모든 상황은, 말하는 사람의 메시지를 평가할 수 있는 기회를 듣는 사람에게 준다. 이와 반대로, 글을 쓸 때는 말을 할 때보다 훨씬 통제력을 발휘할 수 있다. '자신의 생각을 정리하고' 그 효과를 미리 계산하고, 글을 읽는 사람이 보게 될 것을 사전에 편집하고 수정할 수 있다.

* 인류역사의 거의 모든 시간이 이러한 조건에서 벗어날 수 없었다. 이러한 한계를 넘어서는 전보, 라디오, 전화 같은 기술은 아주 최근에 나온 것이다.

　또한 문자는 말하는 사람의 목소리가 지니는 심미적 특성을 전달하지 못한다. 굼뜬 목소리, 섹시한 목소리, 위압적인 목소리, 부드러운 목소리, 매혹적인 목소리, 진지한 목소리, 믿음직한 목소리, 우렁찬 목소리—다양한 목소리는 다양한 정서적 반응을 유발한다. 우리 의식은 말에 담긴 내용에 주목하지만, 잠재의식은 말하는 사람의 음성을 정서적으로 평가한다.●

　물론 문자의 경우에도 우뇌는 글꼴의 미학적 측면을 감지하며 뉘앙스를 파악하지만, 얼굴표정에서 얻을 수 있는 단서에 비교하면 거기서 읽어낼 수 있는 것은 빈약하기 그지없다. 더욱이 오늘날 보편화된 인쇄술로 인해 손글씨가 급격하게 사라지는 추세에서 우뇌가 할 일을 더욱 줄어들었다.

＊＊＊

대화하는 동안에는 막대세포와 원뿔세포가 열심히 작동하는 반면, 글자를 읽는 동안에는 페이지 위에 나열되어있는 단어들을 쫓아가며 집중해야 한다. 터널비전을 만들어내는 원뿔세포만 작동하는 것이다. 페이지 위에 무수한 단어들이 펼쳐져있어도 시선의 초점에 도달하지 않는 부분은 전혀 보이지 않는다.

　글을 쓰는 사람 역시 페이지를 가로지르는 펜 끝에서 흘러나오는 잉크의 흔적만 쫓는다. 읽기와 마찬가지로 쓰기도 고도의 집중력이 요구되는 선형적, 순차적 작업으로 원뿔세포의 터널비전이 작동한다. 글을 쓰거나 읽을 때 주위가 산만하거나 TV가 켜져있으면 방해가 된다. 이와 달리 대화할 때는 주위의 산만함이 문제되지 않는다. 번잡한 술집에서도 즐겁게 농담을 주고받을 수 있으며, 심지어 대화를 하느라 다른 시각적 청각적 정보가 밀려드는 것을 의식하지 못하는 경우도 있다.

● 예컨대 라디오를 들을 때 우리는 청각정보만으로 모든 것을 추론해야 한다. 목소리의 특색만으로 화자가 어떤 인물일까 상상하는 것이다. 그래서 목소리로만 알고 있던 사람을 사진으로 보는 순간, 상상했던 모습과 달라 충격을 받는 경우를 가끔 볼 수 있다.

이 책의 본문은 산돌명조네오와 바스커빌Baskerville로 인쇄되었다. 획의 시작부분에 삐쳐나온 '세리프'는 원뿔세포에게 이곳부터 시선을 좇아가라고 지시한다. 글을 읽는 사람의 시각적 사고의 흐름이 인쇄된 글자 위에서 매끄럽게 흘러갈 수 있도록 도와준다. 세리프는 문자의 순차적인 특성을 반영한 시각적 장치다. 이에 반해 찡그린 표정이나 미소짓는 표정에는 세리프가 없다.

말을 하기 위해서는 한 쌍으로 이루어진 발성기관의 근육이 모두 참여해야 한다. 예컨대 '나무'라는 단어를 발음하려면 좌우횡경막, 좌우성대가 똑같이 움직여야 하며 혀와 입술도 좌우가 서로 협력해야 한다. 치과에서 혀와 입술 한쪽을 마취해본 사람이라면, 입의 양쪽 근육조직이 작동하지 않으면 단어를 정확하게 발음하기 힘들다는 사실을 알고 있을 것이다.

이에 반해 글쓰기에는 신체의 한쪽 근육만 개입한다. 첨필, 깃털, 연필, 펜을 사용해 글을 쓰는 데에는 주요한 손과 이를 통제하는 주요한 반구만 개입한다. 우뇌가 할 일은 급격히 줄어든다. 이러한 활동 와중에 왼손은 할 일이 없다. 진화는 지배적인 손을 공격자로 만들었다. 이 손으로 우리는 곤봉을 휘두르고 창을 던지고 방아쇠를 당긴다. 칼 대신 펜을 잡음으로써 글에는 말과 다른 새로운 특성이 각인되었다. 바로 공격성이다.

비언어적 단서들, 구체적인 윤곽, 음악, 억양, 즉흥성, 동시성, 미학, 감정, 실언, 제스처, 주변을 인지하는 능력은 모두 우뇌가 가장 잘 처리할 수 있는 특성이다. 말하기, 그리고 이에 대응하는 듣기를 수행하려면 양반구는 뇌들보를 통해 상당한 양의 정보를 주고받아야 한다.

문자는 선형성, 순차성, 환원주의, 추상성, 통제, 터널시각, 지배적인 손에서 나온다. 이 모든 것이 사냥·도살자의 특성이다. 글쓰기는 수렵·채집집단의 통합된 커뮤니케이션 특성과 뇌의 협동에 돌이킬 수 없는 균열을 만들어내고 구조적인 변형을 유발했다. 예리한 원뿔세포와 공격적인 오른손의 도움을 받아 좌뇌는 우뇌를 정복했다. 5000년 전 시작된 문자의 행진은 마침내 우뇌적 가치, 그리고 여신을 정복했다. 가부장제와 여성혐오는 필연적인 결과였다.

6

CUNEIFORM vs MARDUK

쐐기문자 vs 마르둑

THE ALPHABET
VERSUS
THE GODDESS

호모사피엔스의 역사에서,
책은 본질적으로 바퀴의 발명과 비슷한
인류학적 혁명이라고 할 수 있다.

조셉 브로드스키 Joseph Brodsky[1]

여자가 남편에게 큰소리를 지르면,
그 여자의 입을 뜨겁게 달군 벽돌로 지진다.

최초의 메소포타미아 성문법, 기원전 2350년경[2]

쐐기문자 vs 마루둑

성문법의 출현

▔▔▔▔┐ 이 나오기 전 그림이 있었다. 자연의 힘을 다스리고자 하는 소망으로
▔▔▔▔┘ 구석기시대 사람들은 주변세계를 그림으로 묘사했다. 시각적 이미지
를 모사하는 것은 권력이라는 환영을 가져오기 위한, 신의 천지창조와 비슷
한 행위였다.

그림은 커뮤니케이션을 지속하기 위한 인간의 최초의 시도라 할 수 있다.
어린 아이들은 동그라미와 직선을 이용해 사람을 그리는 것으로 의미있는 상
징을 표현하기 시작하는데, 이는 인류 초기의 미술 발전과정을 재현하는 것이
다. 생명체의 모습을 그림으로 나타내려면, 먼저 모양, 크기, 전체 안에서 부분
이 차지하는 비율 등 핵심적인 요인을 먼저 파악해야 한다. 따라서 그림을 비
롯한 시각예술은 1차적으로 우뇌의 활동이 통제한다.

암벽에 그림을 그리거나 조각한 흔적은 인간이 살았던 곳이면 어디서나 볼
수 있다. 해독할 수 없는 이 단순한 이미지들은 문자가 나오기 전 후세를 위
해 남긴 기록이라고 볼 수 있다. 농경의 도래는 이러한 예술행위에 변화를 가
져온다. 기원전 3000년경 비옥한 초승달Fertile Crescent 지역에서 메소포타미아
문명과 이집트문명이 번성하기 시작했으며, 이 두 문명은 제각각 특별한 형태
의 문자를 만들어낸다.

메소포타미아에 처음 자리잡은 사람들은 수메르인들이었다. 이들은 티그
리스강과 유프라테스강 사이에 있는 비옥한 평야에서 무리지어 살면서 느슨
한 연맹체를 이루며 살았다. 수메르의 관개시설은 풍성한 수확을 이끌었고,

여기저기 촌락이 생겨나기 시작했다. 이 중에서 우룩^{Uruk}과 우르^{Ur}는 도시라고 불러도 손색이 없을 만큼 규모가 컸다.

상업거래가 활발해지면서 예컨대 보리와 양, 또는 염소와 귀리를 일관성있게 교환하기 위해 교환과정을 기록해야 할 필요성이 생겨났다. 수메르인들이 찾아낸 해법은 바로 끝이 뾰족한 막대기로 젖은 점토판을 눌렀을 때 생기는 쐐기모양 홈을 이용해 의미를 표시하는 것이었다. 이로써 기원전 3100년경, 최초의 문자가 탄생한다.

쐐기문자는 처음에는 그림에 가까웠지만 점차 추상적으로 발전하면서 생각, 개념, 대상, 행위를 표상하는 양식화된 시각적 기호로 발전해나갔다. 이러한 추상화 과정에 따라 좌뇌 의존도가 높아졌지만, 문자를 일렬로 나열하여 기록을 하지 않았기 때문에 여전히 우뇌 의존도 역시 상당히 높았다. 초기의 수메르인들은 점토판 위에 남는 여백에 아무렇게나 쐐기문자를 찍어 넣었다.[3] 메시지를 이해하기 위해서는 쐐기문자들이 모여 만들어내는 패턴, 즉 이미지를 전반적으로 인식할 줄 알아야 했다.

수메르인들은 처음에 자신들이 발명해낸 문자언어의 잠재성을 제대로 인지하지 못했다. 참배자가 신전에 올린 올리브기름 단지가 몇 개인지, 제물로 바친 숫양이 몇 마리인지 기록하는 수단으로 문자를 사용했을 뿐이다. 나중에는 문자로 자신들의 구전문학을 기록하기도 했지만, 오늘날 전해 내려오는 수메르인들의 기록물 중 아주 적은 양에 불과하다.

맥주 분배량을 기록한 쐐기문자 돌판, 3100BC

수메르인들은 자신들이 이룩한 혁신이 중요한 기능을 한다는 것을 깨닫고 그것을 가르치기 위한 학교를 만든다. 머지않아 글씨를 '찍어내는' 일을 하는 필경사들은 매우 영향력이 높은 계급으로 부상했고, 도시가 번성하면서 이들의 위상 또한 커졌다.

수메르문명은 성립되고 나서 500년동안 유지되다가 북방에서 내려온 아카드에 의해 정복당한다. 아카드인들은 수메르인들이 점토에 새긴 작은 쐐기들의 가치를 알아보았다. 수메르와 언어가 달랐던 아카드는 쐐기문자를 차용하여 자신들의 말소리를 표시하는 기호, 즉 표음문자를 발명한다. 수메르의 쐐기문자는 원래 이미지를 모방하는 것에서 시작된 표의문자였는데, 아카드에 의해 표음문자가 도입된 것이다.

이로써 쐐기문자는 두 기능을 수행하게 된다. 사물(명사)의 '이미지'를 표상하는 동시에 단어의 '소리'까지 표상하게 된 것이다. 구체적인 대상을 상징하지 않는 표음문자는 모든 '추상적 사고'의 아버지라고 할 수 있다.

수메르를 정복한 지 100년도 되지 않은 시점에 아카드의 쐐기문자에서 이미지에서 유래한 문자는 거의 사라진다. 수메르의 문자를 자신들의 말을 기록하는 수단으로 바꿔버린 아카드의 위업은 이후 다양한 문화들의 모범사례가 된다. 머지않아 주변의 온갖 나라들이 다양한 형태의 쐐기문자를 도입하기 시작했다.

문자체계가 추상화 되면서 아카드인들은 정의, 운명, 진리 같은 추상적 개념과 이를 의미하는 단어들을 발명해낸다. 또한 자신들의 문자를 활용해 풍부한 문학을 창조해내기 시작했다. 구전되어오던 자신들의 종교적 서사시를 점토판에 새겨 구웠다. 수메르문화와 아카드문화가 통합되는 과정에서 쐐기문자는 유연한 기록도구가 되었고, 문자기록은 널리 확산되기 시작한다.

아카드인들은 쐐기문자를 일렬로 나열하면 의미를 훨씬 명확하게 전달할 수 있다는 사실을 깨닫는다. 처음에는 특별한 방향 없이 오른쪽에서 왼

수메르의 쐐기문자, 2400BC

쪽으로, 때로는 왼쪽에서 오른쪽으로 써 나갔다. 가끔은 위에서 아래로, 또는 아래에서 위로 쓰기도 했다. 하지만 기원전 2300년경 왼쪽에서 오른쪽으로 써나가는 것으로 통일된다. 이러한 선형성은 문자를 좌뇌의 영역 속에 집어넣는 돌이킬 수 없는 계기가 된다.

이러한 개선에도 불구하고 쐐기문자는 문자의 개수가 너무나 많아서, 배우고 읽고 쓰는 것이 여전히 힘들었다. 더욱이 필경사들은 의미를 분명히 하기 위해서 같은 말을 반복하여 장황하게 쓰는 경우가 많았다. 외워야 할 문자가 많다보니 고도로 전문화된 극소수의 엘리트집단을 뺀 나머지 사람들은 도무지 접근할 수 없었다.

수메르인들은 쐐기문자를 곡식과 저장의 여신 니사바^{Nisaba}의 선물이라고 믿었다. 문자는 본질적으로 생각을 저장하기 위해 만들어낸 도구였으므로 이러한 믿음은 타당한 것이었다. 하지만 아카드가 수메르를 정복한 뒤, 원래 그림문자였던 쐐기문자가 추상화되고 순차적이며 선형적인 체계로 바뀌면서 문자를 주관하는 신은 문자의 여신 나부^{Nabu}로 대체된다.

수메르의 만신전에서 여신은 상당한 권력을 누렸다. 가장 오래된 전통으로 거슬러 올라가면 수메르인들은 지고의 여신을 숭배했다. 어떤 전설에 따르면, 우주의 태곳적 요소인 물을 상징하는 위대한 여신 남무^{Nammu}가 하늘을 상징하는 남신 안^{An}과 땅을 상징하는 여신 키^{Ki}를 낳았다고 한다. 어머니남무의 지고한 지위는 수메르사회에서 여자들이 누리던 높은 위상을 상징한다. 우르에서 발굴된 왕실의 묘는 왕과 왕비가 지위, 권력, 부를 동등하게 가지고 있었다는 것을 보여준다.

텔엘아마르나에서 발견된
아카드의 쐐기문자, 기원전14세기

문자기록물뿐만 아니라 그림에서도 여자들은 드높여 표현되었다. 여자를 묘사한 많은 그림들이 지혜와 권위를 뿜어낸다. 수메르의 기록물에서 뚜렷하게 식별할 수 있는 최초의 문학작품 저자는 엔헤두안나Enheduanna로 역시 여자다.[4]

안과 키는 부부가 되어 초기 메소포타미아의 신성가족을 낳는데, 그 중 가장 중요한 신이 바로 이난나Inanna다. 그녀는 인간에게 다산과 풍요를 가져다주는 사랑의 여신이다. 그녀의 배우자 두무지Dumuzi는 그녀보다 신분이 낮은 신으로, 이난나의 남편 역할만 겨우 하다가 겨울이 오면 죽고 다음해 봄이 오면 이난나에 의해 다시 살아난다. 물론 이난나는 집안에만 머무는 여자가 아니다. 두무지와 달리 무수한 모험을 하고, 가장 높은 하늘의 권좌에 앉아 판결을 내리고 인간의 운명을 다스린다. 이난나의 토템은 올빼미로서, 지혜의 여신이기도 하다. 가정을 돌보는 의무도 전혀 지지 않고 젊은 남자처럼 자유롭게 살았다.

이난나는 수메르의 가장 중요한 의식이었던 히에로가모스hiero gamos의 섹스 파트너였다. 히에로가모스는 수메르왕의 가장 중요한 종교적 의무로, 신성한 혼례의 방에서 이난나와 첫날밤을 치르는 의식이다. 이 의식을 잘 치러야 왕으로서 통치권을 인정받을 수 있었기에, 궁궐의 신하들에게도 매우 중요한 일이었다. 물론 아난나의 역할은 백성 중에서 간택된, 왕을 실망시키지 않을 만큼 아름다운 외모를 지닌 여인이 대리했다.

수메르인들은 이러한 의례가 풍작을 가져다주며, 인간이나 동물이나 다산할 수 있는 행운을 가져다준다고 생각했다. 농경이 사회의 근본이었던 수메르와 마찬가지로, 농사를 짓는 아카드도 여성적 원리를 숭배했다. 하지만 아카드의 성직자들이 만들어낸 창조신화는 여성혐오를 노골적으로 드러내고 있다는 점에서 매우 놀랍다.

기원전 1700년경 만들어진 '창조에 관한 7개 돌판'은 이전의 창조신화를 대체한다. 이후 메소포타미아를 지배

자신의 가슴을 움켜쥐고 있는
이난나, 기원전 2000년경

하는 바빌로니아 역시 아카드의 풍습을 그대로 이어받았기 때문에, 이 경전은 이후 1000년 동안 매년 봄마다 암송되었다. 이로써 이 경전은 우리가 사는 세상의 탄생과정을 가장 그럴듯하게 설명하는 신화로 자리잡는다.

이 돌판에는 170줄로 된 시가 새겨져있는데, 맨 첫머리에서 여신 티아맛 Tiamat을 소개한다. 그녀의 본질은 바다의 소금물인데, 인간이나 바다뱀의 모습으로 현현했다. 그녀의 배우자는 하위의 신인 압수Apsu다. 이야기는 티아맛의 원시적인 자궁에서 일어난 광란의 축제로 시작된다. 축제에 참가한 이들은 티아맛의 보호를 받는 일단의 젊은 신들이었다.

"정말 신의 뱃속 한가운데서 노래를 불러 티아맛의 배를 뒤집어놓았다."[5]

그들의 떠들썩한 파티는 티아맛을 곤혹스럽게 했으며, 압수는 화가 났다. 잠도 못 자고 몇 날 며칠 밤을 고생하던 압수는 젊은 신들을 모두 죽여버리겠다

The Seven Tablets of Creation 첫 구절을 따 에누마엘리시Enuma Elis라고 부르기도 한다.

는 계획을 티아맛에게 알려준다. 티아맛은 압수를 나무라며 아직 어려서 그런 것이니 좀더 관대해지라고 설득한다. 하지만 이것은 둘 사이의 격렬한 말다툼으로 이어진다.

천둥처럼 울리는 싸움소리를 듣고 자신들의 생명에 위협을 느낀 젊은 신들은 결국 압수를 살해해버린다. 압수가 죽은 자리에서 마르둑^{Marduk}이라는 신이 태어난다. 바람을 자유자재로 부릴 줄 알았던 마르둑은 바람을 이용해 티아맛의 바다에 격랑을 일으킨다. 이러한 행동은 젊은 신들의 계속되는 방자한 행실과 더불어 티아맛을 화나게 했고, 결국 그녀는 자신의 배우자를 죽인 것에 대해 복수를 하기로 맹세한다. 티아맛 몸속 기운의 움직임을 보고 젊은 신들은 겁에 질린다.

"티아맛과 맞서 싸울 수 있는 신은 없다. 그 누구도 생명을 부지한 채 티아맛에게서 벗어나지 못할 것이다."**6**

이제 완전히 성장한 마르둑이 그녀와 싸우겠다고 자원한다. 자살하는 것과 다름없는 도전을 감행하기 전에 마르둑은 자신이 티아맛을 이기면 자신을 최고 신으로 섬길 것을 요구한다.

마르둑은 위대한 어머니와의 대결을 준비하기 위해 그녀의 자궁 안으로 잠입하여 정찰한다. (서사시에서 이 구절은 인간의 모습을 한 여신으로서 티아맛과 모든 것을 포용하는 모성적 실체로서 티아맛 사이의 혼란을 보여준다.) 전쟁은 티아맛이 약삭빠르게 마르둑을 칭찬하여 방심하도록 하면서 시작된다. 하지만 그녀의 계략은 실패하였고, 이제 서로 욕을 하기 시작한다. 티아맛은 마르둑이 몸에 비해 작은 바지를 입고 있다며 조롱했다. 마르둑은 티아맛을 오만불손하다고 놀리며 큰 몸집이 무슨 쓸모가 있냐고 비아냥거렸다. 이러한 말싸움은 곧 물리적인 충돌로 이어졌고, 결국 엄청난 싸움이 벌어졌다. 다른 신들은 움츠린 채 숨죽이고 지켜보기만 했다.

결국 싸움은 티아맛의 승리로 끝났고, 마지막으로 티아맛은 크게 입을 벌려 마르둑을 삼키려 한다. 하지만 이 순간 마르둑은 비장의 무기를 꺼낸다. 어쨌든 바람과 폭풍의 신이었던 마르둑은 티아맛 입속으로 소용돌이 7개를 일으켜 집어넣는다. 목구멍을 타고 내려간 소용돌이로 인해 티아맛의 배는 크게 부풀어오르고, 갑작스럽게 커진 배에 놀라 허둥대는 사이 정신을 차린 마르둑은 티아맛의 배를 향해 재빨리 활시위를 당긴다. 부풀어오르던 배가 터지고 심장이 쪼개진다. 마르둑이 승리한 것이다. 위대한 여신 티아맛이 살해당한 것이다.

마르둑은 티아맛의 거대한 시체를 앞에 놓고 그녀의 사지를 절단하여 우주를 창조한다. 그녀의 엉덩이는 산이 되고 그녀의 젖가슴은 언덕이 되었다. 또 창으로 그녀의 눈알을 찌르자 안와에서 눈물이 쏟아져나왔는데, 이것이 두 개의 거대한 강, 티그리스와 유프라테스가 되었다. 그리고 그녀의 젖가슴을 여기저기 찔러 두 강이 흘러들어갈 수 있는 지류를 만들었다. 마지막으로 위대한 어머니의 봉긋한 음부로는 하늘을 떠받치게 만들어 능욕한다.[7]

머지않아 마르둑을 따르던 신들이 불평을 늘어놓기 시작한다. 티아맛이 사라지고 나니 제사 지내는 이들이 줄어 자신들의 생활이 빈곤해졌다는 것이다. 이러한 불평을 달래기 위해 마르둑은 인간을 창조한다. 그리고 티아맛과 동맹관계에 있던 신들을 찾아다니며 용서를 구한다. 마르둑은 모든 사건의 원인은 킹구Kingu에게 있다고 떠넘겼다. 킹구는 티아맛이 가장 사랑하는 아들이었으며 압수가 죽은 뒤 티아맛과 함께 세상을 통치하던 신이었는데, 자신이 모든 권력을 누리기 위해 어머니 티아맛을 공격하도록 선동했다고 모함하였다.

결국 모든 이들이 지켜보는 가운데 살해의식이 거행된다. 마르둑은 다른 모든 이들의 죄의식을 그에게 덮어씌우고 그를 희생시킨다. 마르둑은 자신의 아버지 에아Ea에게 이 불운한 희생자의 살과 피를 반죽하라고 명령한다. 에아는 진흙으로 도자기를 빚듯, 이 피로 물든 고깃덩어리로 무수한 인간들을 만들어낸다. 마르둑은 이 보잘것없는 피조물들에게 티아맛의 사체 위를 기어다니며 살아야 하는 운명을 부여한다. 이로써 인간들은 짧은 시간 살아가면서 열심히 일하여 신에게 음식과 포도주를 갖다 바쳐야 한다.

아카드의 성직자들이 만든 이 신화는, 아카드를 무너뜨리고 이 지역 패권을 장악하는 바빌로니아의 건국신화가 된다. 이 신화의 핵심은, 인간은 누구나 죄인이라는 의식을 개개인에게 심어준다는 것이다. 우리 인간 자체가 다른 이들의 죄를 대신하여 고통받고 죽임을 당한 위대한 여신의 아들 킹구의 순교에서 비롯되었기 때문이다.

***

사실 어느 사회든 우주의 물리적인 현상태, 인간이라는 알 수 없는 존재, 죽음과 악이 존재하는 이유 등을 설명하기 위해 창조신화를 만들어 낸다. 존재의 시작은 곧 '탄생'이라는 뚜렷한 연관성 때문에 이런 신화들은 대부분 남신과 여신의 결합으로 출발한다. 하지만 바빌로니아의 창조신화에서는 기이하게도 죽음의 알레고리가 탄생의 메타포를 대신한다.

복잡한 서브플롯을 걷어내면, 이 신화는 간단히 말해 아들신이 어머니신을 반역한 이야기다. 자신이 낳은 아들의 손에 강력한 여신이 살해당하는 것이다. 그녀가 죽을 때 배가 거대하게 부풀어오른 모습은 만삭일 때 모습과 비슷하다. 아들은 어머니를 죽인 뒤 그녀의 육신을 토막내 우주를 빚어낸다. 여신을 정복하고 그녀의 사지를 절단하는 이 끔찍한 행동을 자행한 신을 바빌로니아는 최고의 신으로 섬긴다.

기원전 2100년 경 우르에 건설된 지구라트를 복원한 유적. 지구라트Ziggurat는 신을 모시기 위해 세운 거대한 벽돌건물로, 메소포타미아 지역 곳곳에 세워졌다. 창세기에 등장하는 바벨탑 이야기의 모티브가 되었다.

프로이트의 이론에 따르면, 아들은 어머니가 아니라 아버지의 권력을 찬탈한다. 물론 어머니에게 권력이 없기 때문에 그럴 것이다. 다른 문화에서 전해 내려오는 무수한 창조신화와 비교해보면 바빌로니아의 창조신화는 더 특이해 보인다. 특히 세 가지 점에서 특이한데, 첫 번째 비교종교학 측면에서 보면, 이렇게 여성혐오적이고 잔인한 이야기는 다른 곳에서 찾아보기 어렵다. 두 번째 이것은 문자로 기록된 최초의 창조신화다. 세 번째, 이 신화는 이후 모든 서양 문화의 기본적인 이야기구조가 된다.*

마르둑 숭배는 기원전 1700년대 초 시작되었다. 이때는 바로 쐐기문자로 성문법을 만든 바빌로니아의 왕 함무라비Hammurabi가 살았던 시기다. 바빌로니아의 여신이 패배하여 육신이 토막나는 순간 성문법은 서양문명의 새롭고 중요한 특징으로 자리잡는다. 성문법의 지배와 여성적 권력의 몰락, 이 두 사건이 같은 시기 벌어진 것은 과연 우연일까?

걸을 수 있는 나이가 되면 아이들은 말을 매우 빠르고 쉽게 배워나간다. 언어학자 노엄 촘스키Noam Chomsky는, 우리 인간은 말을 배울 수 있는 능력을 타고 난다고 주장한다. 실제로 복잡한 통사규칙이 유전자 속에 기록되어있는 것처럼 보이기도 한다. 아이들은 단어를 순서에 맞게 나열할 뿐만 아니라, 자신이 들어본 적도 없는 말을 아무렇지도 않게 한다. 자연스럽게 어미를 활용하고, 단어를 변형하고 대명사도 사용한다.

하지만 이러한 능력은 글쓰기까지 뻗어나가지 못한다. 글쓰기는 유전자에 기록되어 있지 않다. 말을 하듯이 글을 자연스럽게 써내는 사람은 없다. 지금까지 발굴된 점토판 중 상당수가 글을 가르치는 데 쓰인 것이라는 사실만으로도, 문법은 최초의 필경학교의 교과에서 가장 어렵고 지루한 과정이었을 뿐만 아니라 오랜 시간 수련해야 하는 일이었다는 것을 알 수 있다. 문법은 지

---

* 이후 발생한, 문자를 가진 메소포타미아 지역의 미탄니Mitanni, 히타이트Hittite, 아리아Arya와 멀리 인도에서 이 신화의 모티브를 공유한다. 또한 이후 성경에 등장하는 이야기구조와도 비슷하다는 것을 알 수 있다.

금도 어렵다. 말하는 것은 네 살만 되어도 누구나 어렵지 않게 할 수 있는 흔한 기술인 반면, 제대로 글을 쓰는 것은 고등학생이 되어도 성취하기 힘든 보기 드문 기술이다.

글을 쓰기 위해 문법규칙을 배워야만 했던 필경사들은 인류문화에 전혀 새로운 개념을 만들어낸다. 인간의 행동을 통제하는 규범을 기록해놓은 '법'을 만들어낸 것이다. 글자가 없는 시절 인간의 행동은 부족원들이 모두 아는 금기로 통제했다. 이러한 관습은 연장자와 주술사의 말을 통해 전달되었다. 부족의 관습은 '개인'을 억제했으며, 여기서 빠져나갈 수 있는 사람은 없었다. 일반적으로 누군가 금기를 어기면 그 댓가는 부족원 전체가 책임져야 했다.

하지만 법은 그것을 어긴 한 사람에게만 그에 대한 댓가를 요구한다. 이것은 인류사회에 엄청난 차이를 초래한다. 비로소 개인성과 자아가 생겨나고 발전하기 시작한 것이다. 관습은 근본적으로 공동체와 더불어 유기적으로 형성되지만, 법은 글을 읽을 줄 아는 엘리트들이 제정하거나 변경하여 일방적으로 집행된다.

필경사는 주술사가 암송하는 주문이 가지고 있던 권위를 문자 속으로 가져왔다. 법이라는 추상적 관념은 권력을 가진 사람이 없는 곳에서도 효력을 발휘했다. 돌기둥에 새겨 왕국전체에 전파된 이 추상적 관념은 그 자체로 생명을 지니게 되었으며, 그것을 제정한 이들보다 훨씬 오래 살아남았다. 시민법은 오류가 존재할 수 없는 문법규칙으로 기록된다고 여겨졌기 때문에, 추상적이고 권위적이며 일반인들은 함부로 손을 댈 수도 없는 존재였다.

문법과 법은 좌뇌의 고유한 특성이다. 추상은 즉흥과 직관과 정반대되는 특성으로 본질적으로 남성적 원리를 강화한다.* 최근 몇 십 년을 예외로 한다면, 성문법은 탄생이후 지금까지 여자를 노골적으로 차별해왔는데, 이는 문자혁신에 내재하는 남성우월주의를 그대로 보여준다.

● 예컨대 남자아이들 놀이는 규칙이 대개 복잡한 반면, 사방치기나 고무줄넘기 같은 전통적인 여자아이들 놀이는 규칙이 단순하다.

기원전 2350년 라가시의 우루카기나왕King Urokagina of Lagash 이 제정한 것으로 알려진 가장 오래된 메소포타미아 법전 은, 일처다부제를 금지하는 조항으로 시작된다.

"지금까지는 한 여자가 두 남편을 거느리는 일이 많았지만, 이 제 그런 여자는 (또 그런 시도를 하는 여자는) 돌팔매질을 당할 것 이다."[8]

가부장제는 함무라비법전의 가장 중심적인 주제다. 함무 라비법전은 문자기록물 생산량이 수천 배 폭증하는 시기 에 나왔다(당연히 글자를 읽을 수 있는 사람도 그만큼 늘었을 것이 다).[9] 함무라비법전에는 매우 중대한 결점이 있었는데, 그것 은 바로 함무라비 자신과 그의 신하에게는 그 법이 적용되 지 않았다는 것이다.

함무라비법전
Code of Hammurabi이
새겨져 있는 검은 비석,
기원전 18세기

법전의 4분의 1이 여자의 권리에 대한 내용으로, 정확 하게 말하자면 여자의 권리를 제한하는 내용이었다. 법 전은 아들에게 아버지를 공경해야 한다고 말하지만, 어 머니에 대해서는 아무런 언급이 없다. 재산, 사업, 종교활동과 관련하여 상류 계급 여자들에게는 일정한 권리를 인정하지만, 전반적으로 여자의 성적 권리 와 자유는 엄격하게 제한한다. 바로 이 시기에 환관내시와 얼굴을 가리는 베 일이 보편화 되었으며, 티아맛은 처참하게 살해당했다.

7

HIEROGLYPHS vs ATON

상형문자 vs 아톤

THE ALPHABET
VERSUS
THE GODDESS

고대이집트를 연구해보면 이집트인들만큼 명랑하고 쾌활하고
삶을 사랑하는 인류가 없었다는 사실을 알 수 있다.
이러한 매력적인 특성은 남녀가 평등했다는 것을 보여주는 명백한 증거다.
부조나 조각상을 보면, 아내는 남편의 허리를 감싸고 있으며,
어린 딸도 아들과 똑같이 애정 어린 관계로 묘사된다.

알랜 가드너 Sir Alain Gardner[1]

아, 이집트인들처럼 사는 것은 얼마나 비참한가!
그곳에서는 남편들이 집에서 베를 짜고,
아내가 밖에 나가 일용할 빵을 벌어온다.

소포클레스의 《콜로누스의 오이디푸스》에서 오이디푸스가 아들들에게 하는 하소연

상형문자 vs 아톤

형상이 없는 신

이집트인들은 나일강 계곡에서 문명을 일궈냈다. 그들은 쐐기문자와 전혀 다른 상형문자를 발명해낸다. 이 문자는 기원전 3000년, 이집트문명이 시작된 시점부터 등장한다.

이집트문자는 그림에 기초하여 만들어지기는 했지만, 단순히 그림글자 수준은 아니었다. 이집트의 상형문자는 3가지 기능을 수행했는데 (1) 사물의 형태나 행동을 그림으로 상징하고 (2) 음절의 소리를 상징하고 (3) 인접한 상형문자의 의미를 명확하게 해준다. 상형문자를 쓰기 위해서는 어느 정도 예술적 재능이 필요했기 때문에, 아무나 배울 수 없었다. 물론 상당히 복잡하기는 했지만, 놀랄 만큼 정교한 문자체계였다.

문자를 나열하는 방식은 문법규칙보다 미학적 효과에 따라 결정되었다. 예컨대, 생각의 순서와는 반대로 진행되더라도 키가 큰 글자부터 시작해 납작한 글자로 써나가야 한다.[2] 많은 경우 문자가 나열된 패턴을 전반적으로 인지해야만 문장의 의미를 파악할 수 있었다.[3]

상형문자는 거의 모든 생각을 표현할 수 있었지만, 그래도 몇몇 개념들은 그림에 기반하여 표현하기가 어려웠다. 이 문제를 해결하기 위해 이집트인들은 자음을 표현하는 25개 아이콘을 만들어낸다. 이로써 퍼즐놀이를 하지 않고도 단어를 소리내 읽을 수 있게 된다. 이것이 바로 알파벳의 원리다. 하지만 이집트 필경사들은 초보적인 알파벳을 역사상 최초로 발명해놓고도 거의 사용하지 않았다. 개별음소에 상응하는 적은 수의 기호만으로 글을 쓰는 것이 얼마나 유용하고 경제적인지 알지 못했다.

추상적인 기호가 아닌 구체적인 이미지에 기반한 문자를 사용하는 사람들은 훨씬 낙관적이지 않을까? 실제로 이집트의 창조신화는 바빌로니아에 비하면 훨씬 자비롭다. 초기왕조시대(BC 3100-2680)까지 거슬러 올라가는 가장 오래된 신화에 따르면, 상류이집트의 독수리여신 네크벳Nekhbet과 하류이집트의 코브라여신 와젯Wadjet이 혼돈 속에서 나와 함께 세상을 만들어 냈으며, 뒤이어 이집트인들을 만들어 나일강에 의지하여 살아가도록 했다.[4]

오늘날 독수리vulture는 남성성의 상징으로 여겨지지만, 고대 이집트인들은 독수리는 모두 여자라고 믿었다(그래서 어머니와 독수리를 의미하는 상형문자가 같다). 독수리는 또한 죽음의 현신으로 여겨졌는데, 이는 여신의 중요한 이미지다. 동물의 사체를 주로 먹는 독수리가 어떤 동물의 머리 위에서 맴돌면 곧 그 동물의 죽음이 머지 않았다는 뜻인데, 이는 마치 독수리에게 미래를 내다볼 수 있는 예지력이 있다는 인상을 심어주었다.

서양에서 뱀은 오랫동안 사악함과 유혹의 상징이었지만, 문명의 여명기에는 여성적 에너지를 지닌 긍정적인 표상이었다. 이집트인들은 뱀을 여자의 성적 희열, 더 나아가 생명과 밀접하게 연관된 자애와 생명력을 지닌 피조물로 여겼다. 꿈틀꿈틀 움직이는 뱀의 모습은 혼기에 찬 여자가 걸어가는 모습 또는 춤추는 모습을 연상시킨다. 섹스를 할 때에도 남자의 기계적인 피스톤운동에 비하면, 여자의 움직임은 뱀과 비슷하다. 그래서 몇몇 문화권에서는 오르가즘을, 똬리를 튼 뱀이 에너지를 내뿜는 것에 비유하기도 한다.

뱀은 또한 생명을 떠올리게 하는 세 가지 이미지와 닮았는데 구불구불 흐르는 강, 나무와 식물의 뿌리, 포유동물의 탯줄이다. 어머니·양육자라는 관념을 상징하는 데 탯줄만큼 적당한 이미지는 찾기 힘들다. 탯줄은 뱀 두 마리가

이집트 벽화에 등장하는
우로보로스

서로 얽혀있는 모양과 비슷하다. 태반의 구불구불한 혈관에서 뻗어나온 탯줄을 보면 뱀이 생명과 깊은 연관을 맺고 있다는 생각이 들 수밖에 없다.[*]

로마제국 동전에 등장하는 카두케우스

　더 나아가 뱀은 땅의 틈새나 균열부에 살며 어머니대지와 깊은 유대를 맺고 있다. 주기적으로 허물을 벗고 새롭게 시작하는 뱀의 행태는 죽지 않고 영원히 사는 피조물이라는 인상을 심어주었으며, 이로써 부활의 강력한 상징이 되었다. 우로보로스ouroboros는 자신의 꼬리를 물어 둥근 원 모양을 만든 뱀으로 신석기시대 다양한 문화에서 자주 볼 수 있는 문양이다. 고고학자들은 우로보로스가 여성의 순환하는 불변성을 상징한다고 있다고 설명한다. 이처럼 생명력을 연상시키는 뱀의 이미지는 우리 마음속에 깊이 뿌리내려있다. 뱀 두 마리가 얽혀 있는 카두케우스caduceus는 지금도 의술의 상징으로 사용되고 있다.

　마지막으로 뱀은 지혜를 상징한다. 뱀의 눈은 신비로운 예지력과 통찰력을 얻을 수 있는 통로다. 이집트에서 여신은 곧 자비로운 뱀과 동일시되었고, 그래서 여신을 의미하는 상형문자와 뱀을 의미하는 상형문자가 같았다. 파라오의 모든 머리장식에는 똬리를 튼 코브라 모양의 장식, 우라에우스uraeus가 있었는데 이것은 이집트왕권의 주요 상징이었다.

　중왕국시대(BC 2040-1600)는 문자문화가 좀더 확고하게 자리잡으면서, 남성적 원리의 창조신화가 인기를 얻으며 퍼

우라에우스

져나가기 시작해 여성적 원리에 기반한 기존의 창조신화와 병존했다. 하지만 이 둘은 물과 기름처럼 서로 어울리지 못했다. 또한 이 시기에 다양한 신들 중

● 1953년 제임스 왓슨과 프랜시스 크릭이 모든 생명의 근원이라 할 수 있는 DNA의 이중나선구조를 밝혀냈는데, 이 역시 두 마리 뱀이 얽혀있는 모양과 같다.

에서 서서히 신 하나가 부각되기 시작했는데, 그것은 바로 룩소르지방의 신 아몬Amon이었다. 룩소르의 위상이 커지면서 아몬은 태양신 라Ra의 권세까지 흡수하여 아몬라Amon-Ra가 된다. 아몬라는 숫양의 머리를 한 인간으로 현신하였다. 아몬이 부상하는 동안 여신들은 기존의 영역을 계속 관할하고 있었지만, 지위는 계속 추락했다.

초기왕조에서 중왕국시대로 바뀌는 동안에도 이집트는 여전히 농경에 뿌리를 내리고 있었다. 농민은 비옥한 삼각주의 진흙땅을 경작하여 재배한 농산물들을 지금과 같이 시장에 내다 팔았다. 왕권은 여전히 세습되었지만 봉건귀족들이 권력을 분점하고 있었다. 사회의 경제적 정치적 체제가 전혀 변하지 않았음에도 주요 신의 성별은 바뀌었다. 이 기간에 일어난 혁명적 변화는 문자커뮤니케이션의 중요성이 급격하게 증가했다는 것뿐이다.•

남성의 권력이 부각된 창조신화로 아툼Atum에 관한 이야기가 있다. 아툼은 자위를 하여 정액을 내뿜는데, 여기서 8 자녀가 탄생한다. 아툼까지 포함하여 이들 아홉 신을 엔네아드Ennead라고 하는데, 이들 신성가족이 세상을 창조한다. 아툼이 세상을 창조한다는 이 신화는 네크벳과 와젯이 함께 세상을 창조했다는 신화가 나온 뒤 1500년이 지난 뒤 생겨났다.

엔네아드의 아홉 신은 제각각 자연의 중요한 힘을 대표한다. 그중 하늘의 여신 눗Nut과 대지의 신 겝Geb이 교미하여 물리적 세계를 창조하고 거기에서 살아갈 생명들을 만들어낸다. 눗과 겝은 세 자녀를 낳는데, 첫째 딸 이시스Isis는 이집트의 대표적인 풍요의 여신이다. 그녀는 신성한 강을 따라 형성된 비옥한 검은 땅을 상징하며, 인간에게 농경기술을 전해준 장본인이기도 하다. 둘째 아들 오시리스Osiris는 강의 신으로, 누나 이시스와 연인이자 부부관계를 맺었다. 잘생기고 남자다운 오시리스는 만인의 추앙을 받았다. 셋째는 세트Seth로, 여러 전설에 따르면 오시리스를 질투한 사악한 동생이다.

• 그림에 기초한 이집트의 문자가 메소포타미아의 쐐기문자보다 좀더 우뇌 친화적이긴 했지만, 어떤 형태든 문자커뮤니케이션은 사회를 남성적 가치로 이끌어간다.

세트는 한창 왕성하게 활동하는 오시리스를 죽인 뒤 시체를 갈가리 찢어 숨겨놓았다. 슬픔에 빠진 이시스는 자신의 머리카락을 쥐어뜯고 얼굴을 할퀴며 오시리스의 유해를 찾아다녔다. 끊임없는 노력 끝에 그녀는 동쪽에서 오시리스의 유해를 찾아낸다. 이시스는 유해를 배에 싣고 이집트로 돌아와 그를 다시 살려낸다. 이로써 이시스는 대지는 물론 생명까지도 부활시킬 수 있는 여신으로서 명성을 얻는다. 이 신화에서는 결국 여성적인 사랑이 남성적인 죽음을 이겨낸다.

오시리스는 봄에 환생했는데, 그가 환생한 날에는 매년 이집트의 가장 중요한 종교예식이 열렸다. 하지만 가을이 되면 다시 저승으로 돌아가야 했다. 오시리스는 이처럼 삶과 죽음을 오갔으며, 저승에 가있는 동안은 죽은 자들의 왕 노릇을 했다.

이시스는 이러한 승리와 비극을 번갈아 겪는 와중에 (신화의 몇몇 판본에 따르면 남자의 정액을 받지도 않고) 아들 호루스Horus를 낳는다. 이시스 조각상은 대부분 어린 호루스를 안고 있는 것으로 묘사되는데, 이는 훨씬 후대에 제작된 어린 예수를 안고 있는 성모의 조각상을 떠올리게 한다. 호루스는 인간과 가장 가까운 존재로서 인간과 신들 사이를 중재했다. 이집트의 파라오들은 자신이 호루스의 현현이라고 선언함으로써 자신의 정통성을 주장하였다.

호루스를
안고 있는
이시스

이집트왕조가 성립된 이후 최초 1500년 동안 이러한 남신과 여신들이 어우러져 이집트의 종교적 토대를 마련했다. 벽화의 중심무대는 여전히 이시스와 오시리스가 차지하고 있었지만, 문자텍스트에서는 아몬이 홀로 권력을 확대해 가고 있었다. 결국 기원전 1700년에서 1550년까지 150년 동안 이집트문명에 중대한 변화가 일어난다.

파라오문명이 탄생하고 수천 년 동안 평화롭던 이곳에, 정체를 알 수 없는 어떤 집단이 동쪽사막에서 나일강 계곡으로 쳐들어왔다. 그들은 결국 왕국 하류이집트와 중류이집트를 장악한다. 이는 이집트역사에서 외래인이 토착민을 지배한 최초의 사건이다. 많은 역사학자들은 이 침입자들을 북쪽의 가나안에서 내려온 셈계 힉소스^{Hyksos}라고 추측한다. 힉소스는 쐐기문자를 알고 있었을 확률이 높다. 메소포타미아에는 이미 1500년 전부터 문자가 있었기 때문에, 이들도 메소포타미아 문자에 익숙했을 것으로 추정된다.[●]

100년이 조금 넘는 시간이 흐른 뒤 이집트는 힉소스를 몰아내는 데 성공하고, 다시 중류이집트와 하류이집트에 대한 통치권을 회복한다. 하지만 힉소스의 지배를 받은 이집트인들은 외래인들이 가져온 메소포타미아의 사상에 한껏 세례를 받은 상태였다. 힉소스를 몰아낸 뒤 시작된 신왕국시대(BC 1550-700)의 이집트 건축과 예술은 힉소스시대 이전의 양식과는 전혀 달랐다. 투트모세 1세, 투트모세 3세, 람세스 2세와 같은 위대한 파라오들이 나와 나일강 계곡에서 벗어나 동쪽과 남쪽으로 영향력을 넓혀나갔다. 이 정복군주들은 장엄한 기념물을 세워 자신이 확장한 영토를 공표했다.

신왕국에서 벌어진 이 모든 급격한 변화는 문자양식의 주요한 변화와 일치한다. 힉소스를 몰아낸 뒤 필경사들은 상형문자 대신 신관문자^{hieratic script}를 사용하는 경우가 많았는데, 이는 그림에서 가져온 고대 상형문자의 원리를 거의 폐기하고, 소리를 좇아 표기하는 문자였다. 미학적 고려는 이제 더 이상 문자를 배열하는 데 영향을 미치지 못했다. 이전에는 세로로 글을 쓰기도 했지만, 신왕국에서는 가로로 글을 썼다. 필경사들은 또한 단자음을 상징하는 그림문자를 추상문자로 바꾸었다. 이는 분명 진정한 알파벳체계로 나아가는 과정이었지만, 알 수 없는 이유로 더 이상은 진전되지 않았다.

기존의 그림문자 대신 선형적이고 추상적인 신관문자가 우위를 차지하는

● 하지만 힉소스의 문자기록물은 거의 전해내려오지 않는다. 그들을 몰아낸 후 이집트인들이 자신들의 역사에서 수치라 생각하여 그들의 유물들을 모조리 파괴해버렸을 것으로 추정된다.

동안 이집트문명에 가부장제가 깃들기 시작한다. 신왕국 초기 투트모세 3세는(BC1490-1426) 아몬을 다른 신들보다 높은 지위로 격상시킨다.* 또한 동물과 인간의 특징을 함께 지닌 키메라chimera 형태였던 이집트의 신들이 인간의 모습으로만 묘사되기 시작했다. 무엇보다도 이집트 전통에서는 도저히 나올 수 없는, 보이지 않는 형상이라는 개념이 등장한다. 다시 말해, 아몬은 형상이 없는 신이 되었다. 이집트의 문자가 그림에 기반한 기호에서 추상에 기반한 기호로 바뀌면서 아몬은 얼굴없는 신이 된다.

이 시기 이집트의 주요 여신들도 재편된다. 초기왕조에서는 네크벳(독수리), 와젯(코브라), 눗(하늘), 하토르(암소)가 최고의 지위를 누렸다. 이들은 출산, 다산, 아이들의 수호자였다. 그 다음 세대의 주요 여신 이시스는 그녀 자신이 다른 이의 아내, 어머니, 누이, 연인이었으며 여성성, 다산성, 모성이 가장 두드러진 특징이었다. 또한 부활이라는 테마를 구현하는 것을 볼 때 이시스는 자연의 순환을 신격화한 것이 분명해 보인다.

신왕국시대 성직자들은 이전에는 미미한 존재에 불과했던 한 여신을 최고의 여신 지위로 끌어올린다. 이는 형상이 없는 신의 등장 못지않게 놀라운 사건이었는데, 이 여신이 자연과 무관했기 때문이다. 그 주인공은 바로 마앗Maat이라는 이름의 '진리'의 여신이다. 마앗은 아몬과 마찬가지로 원래는 무수한 다산과 자연의 여신 중 하나였다. 아몬이 얼굴 없는 신이 된 시기와 마앗은 최고의 여신으로 등극한 시기는 일치한다.

마앗은 인간의 형상으로 묘사되었으며, 타조깃털이 그녀의 상징이었다. 기존의 전통에서 벗어난 또다른 눈

---

* 아몬이 부상할 때 이집트는 제국의 영토를 확장하는 중이었다. 어느 지방에 뿌리를 둔 신으로는 확장되는 이집트의 국가적 자아를 더 이상 충족시키기 어려웠을 것이다.

진실의 깃털을 머리에
꽂고 있는 마앗

한쪽 접시 위에 죽은 이의 심장을, 한쪽 접시 위에 마앗의 깃털을 올려놓고 죽은 이를 심판하는 모습

에 띄는 요소는 어느 신의 연인도 아니라는 사실이다. 마앗은 이따금씩 자웅동체의 형태로 묘사된다. 마앗이 관할하는 것은 여성성이나 다산성이 아닌 법, 진리, 질서, 정의와 같은 추상적인 가치다. 마앗은 사람이 죽으면 죽은 이의 심장을 정의의 저울 한쪽 접시에 올려놓고 반대쪽 접시에 자신의 타조깃털을 올려놓아 죽은 자의 도덕성을 잰다. 도덕적인 삶을 살았다면, 저울은 균형을 유지한다. 궁중의 식자층 사이에서는 마앗이 최고의 지위를 얻고 있었지만, 글을 모르는 민중들은 여전히 이시스를 숭배했으며, 봄이면 그녀의 부활의 은혜가 되풀이되기를 간절히 고대했다.

* * *

이러한 상황에서, 신왕국의 18대 왕조에 지극히 기괴한 파라오가 등장하여 일대 혼란을 일으킨다. 입술기형이라는 불운을 타고난 아멘호텝 4세Amenhotep IV는 어릴 때는 병약했으나 운 좋게도 10대에 이집트 최고의 권좌에 오르고 아름다운 여인 네페르티티Nefertiti와 왕실가족을 이룬다. 그는 파라오의 전통적인 오락거리였던 사냥, 전쟁, 정치에는 별로 관심이 없었고 오로지 이집트의 종교와 문자체계를 개혁하는 데 관심을 기울였다.

이 젊은 지배자는 아몬숭배를 경멸했다. 당시 사원의 성직자들은 과도한 부와 권력을 누리고 있었다. 주변의 만류에도 불구하고 그는 이집트의 만신전을 뒤덮고 있는 치장을 벗겨내는 일에 착수한다. 그는 먼저 아톤Aton이라는 무명의 신을 최고신으로 격상시킨 뒤 신하들에게 아톤만을 섬기라고 명령한다. 아톤은 경쟁자 아몬처럼 이미지가 없다. 하지만 아몬보다 훨씬 숭고하고 강력한 신으로 세상 모든 곳에 존재한다.

전통을 완전히 단절하고 싶어했던 아멘호텝 4세는 자신이 만들어낸 신 아톤에 복종한다는 뜻으로 자신의 이름을 아크나톤Akhenaton으로 바꾼다. 또한 예전의 신을 믿는 사람은 모두 처벌한다. 하지만 아톤이 마앗을 배우자로 선택했다고 밝힘으로써 현실과 어느 정도 타협을 하기도 한다.

많은 역사학자들이 아크나톤을 역사상 최초로 유일신숭배자라고 평가한다. 하지만 아톤에게 드리는 예배에 마앗이 늘 함께 등장했다는 사실은 아톤 숭배가 1신교 아니라는 것을 보여준다. 물론 마앗이 신석기시대 여신들처럼 살찐 엉덩이를 가지고 있는 것으로 묘사되지도 않고, 자연이 아닌 추상적 원리의 현현으로 묘사되기는 하지만, 이 남성적 유일신 체계 속에 여성적 원리가 보완적으로 작동했던 것은 분명하다.•

이러한 아크나톤의 전횡에 사제들은 한껏 몸을 낮춘다. 많은 이들이 젊은 파라오의 조치를 이단이라고 비난했다. 하지만 아크나톤은 자신의 개혁을 더 강하게 밀고 나가기 위해 아톤을 형상화하는 것을 엄격히 금지했으며, 필경 사들에게는 그림을 배제하고 더욱 간략화된 신관문자를 사용하라고 명령한다. 이것은 나중에 이집트학자들이 '후기이집트문자'라고 부르는 새로운 문자 체계가 된다.[5]

아크나톤의 새로운 종교가 강력한 저항에 부딪혔다는 증거는 곳곳에서

• 통치 후반기 아크나톤은 신전의 벽과 기둥에서 마앗의 이름을 표음문자로 표기한 것만 남겨두고 형상은 모조리 지워버리라고 명령한다.

아이들을 안고 아톤에게 예배드리는 아크나톤과 네페르티티

드러난다. 예컨대 벽화기록을 보면, 그를 에워싸고 있는 호위병의 숫자가 점점 늘어난다.[6]

안타깝게도 아크나톤은 자신의 새로운 종교가 어떤 결과를 초래할지 충분히 예상하지 못했다. 그는 칙령을 통해 일반인들의 삶에서 이시스의 존재를 지워버렸고, 오시리스가 사는 저승도 지워버렸다. 오랜 세월에 걸쳐 다듬어진 풍요로운 종교의례와 신앙을 거의 하루아침에 없애버렸다. 반면 아크나톤은 아톤을 숭배하라고 하면서도 아톤에 대한 어떠한 신화도 만들어내지 않았다. 또한 형상화도 금지했기에, 그림에 기반한 상형문자로는 아톤을 표시할 방법이 없었다.

아톤을 표시할 방법을 찾는 것이 개혁조치로 인해 야기된 맨 처음 풀어야 할 문제가 되었다. 어떠한 형상도 없는 신을 민중이 어떻게 섬길 수 있겠는가? 아크나톤은 결국 얼굴도 없고 형상도 없는 신을 빛을 뿜어내는 태양을 상징하는 텅 빈 원으로 표시하도록 허락한다.

사람들은 불만에 가득 찼다. 이전의 신화와 연관되어있던 장식, 맥락, 형상이 모조리 사라져버렸다. 이제 남은 것은 텅 빈 원에서 뻗어나오는 직선과 빈약한 신관문자로 쓰여진 찬송가밖에 없었다. 고대로부터 창조성의 배출구 역할을 하던 종교예술은 엄격하고, 제한된 새로운 국가종교에 의해 금지되었다.

이런 이유 때문인지, 고대이집트의 예술이 이 시기에 만개한다. 18대 왕조시대는 예술이 이집트역사상 정형화된 전통적인 규범에서 벗어난 유일한 시기다. 아크나톤 부부는 자신들이 예배하는 모습은 물론 일상적인 모습을 묘사하는 작품을 상당히 많이 의뢰한다. 이렇게 만들어진 그림과 조각들은 진짜 사람처럼 자연스럽고 생생한 모습을 보여준다.

1908년 텔엘아마르나Tel el Amarna에서 발견된 큰 문서보관소에서 아크나톤 통치시기에 작성된 정부문서들이 쏟아져나왔다. 아크나톤에 충성하며 이집트제국의 동쪽변방을 통치하던 지방의 제후들이 파라오에게 보낸 편지를 보면, 끊임없이 침탈하는 외세를 몰아내기 위해 군사를 지원해달라고 요청하는 내용이 많다. 하지만 이들 서한에서 드러나는 처절한 어조는 아크나톤이 그들의 요청에 전혀 응하지 않았다는 것을 보여준다.

텔엘아마르나의 서한들은 머리 없는 거인이 몰락을 향해 비틀거리며 나아가는 모습을 생생하게 보여준다. 17년 간 이어진 아크나톤의 억압통치가 끝난 뒤 왕권은 혈통이 다소 불분명한 어린 투탕카멘에게 넘어간다. 아크나톤에 불만을 품고 있던 자들의 부추김 속에서 어린 왕은 아톤 숭배의식을 완전히 없애버리고 아몬을 복권하도록 명령한다.

* * *

메소포타미아와 이집트는 거의 같은 시기에 문자를 발명한 이웃문명이라는 점에서 이 책의 가설을 테스트할 수 있는 소중한 기회를 제공한다. 지리적으로는 가까웠음에도, 이 두 문명이 여자를 대하는 태도는 문자의 형태만큼이나 달랐다.

우선 이집트는 즐길 수 있는 축제가 많았다. 진정한 의미의 에로틱예술을 최초로 만든 것도 이집트다. 신전이나 지하묘소에서 놀라울 정도로 해부학적으로 정확하게 그린 그림들이 발견된다. 심지어 죽은 자들도 사후의 삶에 활기를 불어넣어주기 위해서 섹스파트너가 될 수 있는 시녀들을 함께 묻기도 했다.[7]

그들의 종교는 의무나 도덕을 강요하기보다는 마술이나 구경거리를 제공하는 역할을 했다. 혼전순결에 대한 관념도 메소포타미아보다 훨씬 느슨해 성생활에 관대했으며 자유롭게 즐길 수 있었다. 신은 다양하고 수적으로 매우 많았으며, 인간과 동물이 합쳐진 모습으로 도처에 등장하였다. 사제들과 지배 계급에게는 아몬과 아톤이 최고의 신이었지만, 민중들은 위대한 어머니 이시스를 좋아했다. 이시스는 전쟁의 여신이 아닌 '풍요의 여신'이었으며, 오시리스 역시 전사가 아닌 '희생자'였다.* 어머니를 살해한 마르둑 같은 이야기는 이집트에서 찾아볼 수 없다.

메소포타미아에서는 여자들이 점차 권력을 잃어 갔지만, 이집트에서는 여전히 높은 지위를 유지했다. 역사학자 막스 뮐러Max Mueller는 이렇게 말한다.

"고대부터 현대에 이르기까지 나일계곡에 거주했던 이들만큼 여자에게 높은 법적 지위를 부여한 사람들은 없었다."[8]

이집트벽화를 보면, 이집트여자들은 공공장소에서 아무 거리낌없이 음식을 먹고 마셨으며, 길거리를 혼자 활보할 수 있었고, 무역이나 생산활동에 자유롭게 참여할 수 있었다. 고대그리스의 역사가들의 기록에 따르면, 이집트에서는 부부관계나 가정생활의 주도권을 남편이 아닌 아내가 쥐었다. 기원전 2세기 이집트를 방문한 그리스인 디오도로스 시쿨로스Diodorus Siculus는 결혼을 서약할 때 남편이 아내에게 순종을 맹세하는 모습을 보고 매우 특이하고 놀라운 이집트의 풍습이라고 기록한다.

이집트왕족들은 남매끼리 결혼하는 일이 많았는데 이는 다른 특별한 이유 때문이 아니라, 상속을 물려받기 위한 방편이었다. 이집트에서는 대부분 재산을 어머니가 딸에게 상속했기 때문이다.[9] 그래서 이집트 상형문자에서 '오빠'와 '누이'라는 단어와 '사랑하는 사람'과 '사랑받는 사람'을 의미하는 단어가 똑같다.

---

* 전쟁의 여신은 암사자의 머리를 한 여신 세크멧Sekhmet이지만, 이시스에 비하면 미미한 존재였다.

연애를 할 때도 여자가 대개 주도권을 차지했다. 이집트의 연애시나 연애편지를 보면 대부분 여자가 남자에게 쓴 것이다. 여자가 먼저 만나자고 하고, 구애를 하고, 청혼을 했다.[10]

메소포타미아는 전쟁, 법률, 과학, 도덕, 정복, 상업, 추상적 개념, 잔인성에서 탁월했다. 아들이 아버지를 공경해야 한다는 것을 법률로 정해 놓기도 했다. 이에 반해 이집트의 중시한 가치는 관능, 쾌락, 모성에 대한 존중이다. 이집트는 회화, 조각, 건축에서 탁월했다. 일반적으로 바빌로니아는 대장간에서 칼을 제련했고, 이집트는 정교한 장신구를 생산했다.

메소포타미아의 이슈타르Ishtar는 싸움과 섹스의 여신이고, 이집트의 이시스는 모성과 사랑과 다산의 여신이다. 마르둑은 거칠고 냉정한 반면 이집트의 다양한 신들은 친근하고 재미있는 모습을 하고 있다. 메소포타미아의 여자들은 예속상태로 추락했지만 이집트의 여자들은 서양의 전 역사를 통틀어 가장 높은 지위를 누렸다.

이처럼 정반대 상황이 펼쳐진 것은 어떻게 설명할 수 있을까? 많은 대답을 찾을 수는 있겠지만, 이 두 문화 사이에 존재하는 뚜렷한 차이는 문자의 형태다. 메소포타미아는 추상적이고 줄줄이 이어나가는 쐐기문자를 발명한 반면,

티아맛을 난도질하기 위해 뒤쫓는 마르둑과 다정한 이집트 가족. 메소포타미아의 예술작품이 이집트에 비해 매우 조잡하다는 것을 알 수 있다.

이집트인들은 구체적인 이미지를 본 딴 문자들을 전체적으로 파악해야 하는 문자를 발전시켜나갔다. 이러한 선택은 다시, 그들의 사고방식에 상당한 영향을 미쳤을 것이다.

이집트 여인들은 메소포타미아 여인들보다 나은 삶을 누렸음에도, 글을 읽을 줄 아는 사람이 늘어나면서 여자들의 권위가 추락하기 시작했다. 다른 문명들이 그러했듯이 이집트에서도 문자가 뿌리내릴수록 여신은 남신에게 자리를 빼앗겼다. 문자가 보편화되기 이전에는 이 남신과 여신은 성적 결합의 형태로 서로 동등한 지위를 누렸다. 하지만 다른 지중해 문명권과 마찬가지로 문자가 퍼져나가면서 여자들은 경제적, 정치적, 영적으로 누리던 우아한 지위를 잃고 추락했다.

문자는 고대사회에 너무나 소중한 선물이었다. 하지만 안타깝게도 진흙판 위에 새겨진 문자들의 정교한 나열 속에는 결코 달갑지 않은 악마-여성혐오가 숨어있었다. 남자와 여자 사이에 어떤 일이 일어났는지 이해해나가는 과정에서 메소포타미아와 이집트는 앞으로도 지속적으로 대립하는 두 축으로 등장할 것이다.

규칙적, 순차적, 선형적으로 나열된 추상적인 기호를 통해 정보를 전달하는 법을 배운 사람들은 균형 잡힌 중앙에서 우월적, 남성적 측면으로 기울기 시작한다. 물론 이러한 급진적 변화는 너무나 깊은 내면에서 미묘하게 발생했기 때문에 인류는 그러한 변화를 제대로 파악하지 못했다. 하지만 지금까지 우리는 상형문자와 쐐기문자에 대해서만 살펴봤을 뿐이다. 여자의 지위에 닥친 가장 극적인 변화는 아직 오지 않았다. 메소포타미아와 이집트의 중간에 위치한 사막 한가운데에서 서서히 폭풍의 기운이 살아나고 있었다.

8

CIVILIZATION vs DESERT

문명 vs 사막

THE ALPHABET
VERSUS
THE GODDESS

우리가 언어에 대해 생각해 볼 수 있게 된 것은,

언어를 문자로 기록하면서부터였다.

소리매체는 시각화가 불가능했기에

그때까지는 언어를 쓰는 사람과 언어현상을

완전히 분리하여 인식하지 못했다.

하지만 알파벳으로 작성된 기록에서는

언어라는 매체를 객관화할 수 있다.

그것은 누구든 온전히 재생산할 수 있는 것이었다...

언어는 더 이상 화자인 '나'의 기능이 아닌

독자적인 실체가 있는 기록이 되었다.

에릭 해이블록 Eric Haveloc[1]

문명 vs 사막

알파벳의 탄생

메소포타미아와 이집트의 중간지역에서 부상한 문자는—충분히 예상할 수 있는 일이지만—쐐기문자와 상형문자의 중간 형태를 띠었다. 당시 준유목 생활을 하던 미디안Midian은 낙타를 타고 상단활동을 벌이며 시나이반도의 험난한 지역을 떠돌았고, 세라이트Serite는 아카바만에서 구리를 채굴하였으며, 해상무역을 하던 페니키아는 레반트Levant지역의 굽은 연안을 따라 군락을 형성하고 있었다.

내륙에는 이후 성경에서 '젖과 꿀이 흐르는 땅'이라 묘사하는 가나안Canaan이 있었다. 온화한 기후와 비옥한 땅 덕분에 가나안의 계단식 테라스에는 올리브와 포도가 주렁주렁 열렸다. 가나안 북쪽에는 무시무시한 앗시리아가 도사리고 있었다. 지중해 연안에 위치한 우가릿Ugarit은 앗시리아의 주요 도시 중 하나로서 짧은 기간 번영을 누렸으나, 군사적으로 중요한 곳에 자리잡은 탓에 비참한 운명을 피해나가지 못했다. 가나안 남쪽 끝에는 전설 속에 등장하는 도시 예리코Jericho가 있었는데, 이곳은 주요 교역로 역할을 했다. 예리코성의 성벽에 올라 둘러보면 남쪽과 서쪽에는 사막밖에 보이지 않는 반면, 동쪽은 요르단 계곡과 접해있어 급격한 경사면을 이룬다.

이 지역에는 염소와 양에게 먹일 목초를 찾아 여러 유목민들이 무리지어 유랑하고 있었다. 메소포타미아와 이집트의 문헌은 이들을 하비루라고 일컬었는데, 이는 '더러운 여행자'라는 뜻이다. Habiru와 Hebrew가 매우 유사하다는 점에서 많은 학자들이 이들을 이스라엘의 조상일 것으로 추측하기도 한다.[2]

이집트와 메소포타미아가 세워진 후 2,000년 동안 이 지역에 자리잡았던 부족공동체 중 웅장함, 기술력, 경제력 측면에서 이집트와 메소포타미아와 겨룰 수 있을 만큼 크게 발전한 나라는 없었다. 이들의 건축에는 독창성도 없었고, 규모 또한 보잘것없었다. 과학도 존재하지 않았다. 오늘날 박물관에 가보면 이들의 유물은 한 구석에 밀려나있고, 중앙전시실에는 어김없이 이집트와 메소포타미아의 유물들이 차지하고 있는 것을 볼 수 있다. 이들의 정부형태 역시 원시적이었다. 지방의 작은 도시 정도에 불과한 국가를 통치한 별볼일없는 총독의 이름을 기억하는 사람도 없을 것이다. 이곳의 사제들은 아무렇지도 않게 메소포타미아나 이집트의 거대한 석상을 섬기는 종교를 그대로 가져다가 사용했다.

지금의 이스라엘, 요르단, 레바논, 시리아, 시나이반도에 퍼져있던 국가 이전 단계에서 소멸한 잡다한 부족들은 모두 망각 속으로 사라지고 말았지만, 이들이 남긴 유물 중 단 하나 놀라운 발명품이 있다. 그것은 지극히 단순한 형태의 문자 커뮤니케이션 기술로, 이후 사람들의 현실 인식방법을 바꾸고 젠더의식을 왜곡하고 역사의 발전방향을 바꾸는 등 엄청난 영향력을 발휘했다. 바로 지금도 우리가 쓰고 있는 '알파벳'이다.

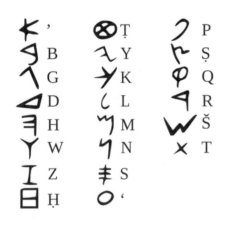

고대 페니키아의 알파벳

알파벳이 그토록 혁신적일 수 있었던 것은 누구나 쉽게 사용할 수 있었기 때문이다. 남들은 모르는 것을 자신들만 알고 있으면 이익이 되기 때문에, 이집트와 메소포타미아의 필경사들은 문자언어의 비밀을 자신들끼리만 공유했다. 권력이나 경제력과 무관하게, 글을 아는 사람은 그렇지 않은 사람들에 비해 상당한 혜택을 누렸다.

하지만 알파벳의 등장은 엘리트 식자층이 누리고 있던 헤게모니에 종말을 알렸다. 600여 개의 쐐기문자, 또는 6,000여 개의 상형문자를 문법에 맞게 배열한 복잡한 음절문자표를 보면 아무리 열정에 넘치는 학생들이라 해도 좌절할 수밖에 없었지만, 알파벳은 겨우 20개 남짓에 불과했다. 네 살만 되면 누구든 알파벳의 기초를 터득할 수 있다. 평균지능에 미치지 못하는 사람도 알파벳을 읽고 쓰는 법을 배울 수 있다. 소수의 특권층만 독점하던 기술에 이제 대중들도 접근할 수 있게 된 것이다.•

이때부터 종교의례도 두루마리 위에 쓰여진 글을 읽어 내려가며 진행하기 시작하였고, 따라서 의례를 진행하는 시종이 되기 위해서는 반드시 글을 알아야 했다. 이전까지만 해도 신의 이미지를 '보는' 것, 또는 의례를 관찰하는 것만으로도 시종이 될 자격이 주어졌지만, 알파벳이 출현하면서 신의 말씀을 기록한 글을 '읽을 줄' 알아야만 했다.

굳건하게 서있던 쐐기문자와 상형문자라는 거대한 두 기둥은 강성한 고대제국이 떠받치고 있었음에도 서서히 부서져나가기 시작하더니 마침내 모래처럼 시간 속에 흩어져버리고 말았다. 그들이 우뚝 서있던 자리에는 미천하지만 활력에 넘치는 민중들이 쓰는 알파벳이 모습을 드러냈다. 시간이 지나면서, 이 새로운 글쓰기 수단을 토대로 한 문화는 유일신을 확립하고, 법률로 사회를 다스리고, 민주주의 정치체제를 개척하고, 개인주의를 신성화하고, 화폐를 발명하고, 산문과 희곡과 철학을 창조해낸다.

하지만 이것만이 전부는 아니었다. 알파벳문명은—특히 문자가 문화 속에 완전히 자리잡고 난 이후에—자연을 파괴하고, 전쟁을 찬양하고, 제국주의를 뒷받침했

• 이 책에서 '알파벳'이란 30개 미만의 기호로 이루어진 문자체계를 의미하는 것으로, 그 형태와는 무관하다. 영어는 물론 한글도 전형적인 알파벳 문자라 할 수 있다. 페니키아 알파벳의 첫 두 글자가 알레프 aleph-베쓰beth인데 이는 히브리어(알레프-벳) 그리스어(알파-베타) 등으로 이어지며 알파-벳이라는 단어의 유래가 되었다.

으며, 성차별적 태도를 깊이 뿌리내리게 했다. 알파벳은 상당한 혜택을 가져다 준 것 못지않게, 궁극적으로 사람들을 서로 불신하게 만들고 분열시켜 놓았다. 인류역사에서 처음으로 내부의 이데올로기 갈등으로 인해 한 문명이 붕괴하는 사건을 초래하기도 했다. 이러한 혁신과 광기는 알파벳이 초래한 인지방식의 중대한 변화로 인해 발생한 것이다.

알파벳이 가져다준 빼놓을 수 없는 부수적 혜택은 지식을 체계화하는 것이었다. 사전, 일람표, 총서, 색인, 문서정리, 전화번호부, 주식시세표, 도서관 같은 것들은 알파벳이 없었다면 생각해내지 못했을 것들이다. 알파벳의 단순함은 자료를 용이하게 저장하고 검색할 수 있게 하였고, 바로 이러한 특징은 알파벳의 가장 경이로운 선물이라 할 수 있는 이론과학의 토대가 되었다.

알파벳의 추상성은 추상적 사고를 촉발한다. 알파벳을 사용하게 되면서 사람들은 실재하는 구체적인 대상을 넘어 보편적인 것을 추구하기 시작했다. 전혀 달라 보이는 사건들 사이에 관통하는 법칙을 밝혀내는 것은 이론과학의 본질이다. 관찰한 것을 기록하고 분류하는 알파벳이라는 간편한 수단을 활용하여 사람들은 자연의 작동방식을 탐구하기 시작했다.

이론과학자들이 처음 등장한 곳은 고대그리스다. 이후 알파벳을 수용한 여러 문화에서도 이론과학자들이 나왔는데, 이들은 다른 어떤 집단이나 요인보다도 인간의 조건을 변화시키는 데 훨씬 큰 역할을 한다. 흔히 '과거는 서막에 불과하다'고 말하지만, 고고학적 기록에서 '서구문명'이라고 알려진 드라마의 서막은 알파벳의 등장이라고 할 수 있다. 간단히 말해서 알파벳의 발명으로 인해 새로운 세상이 시작된 것이다.

* * *

알파벳은 뛰어난 활용성으로 명백한 혜택을 가져다주었지만, 인식에 미묘한 변화를 가져다주어 인간의 사고의 방향을 바꿨다. 앞서 설명한 것처럼 우리 인류는 생존을 위해 좌뇌·우뇌, 원뿔세포·막대세포, 오른손·왼손이라는 세 가지 이중전략을 계발해왔다. 이들 대립쌍은 각각 세계를 다른 방식으로 인지하고 반응하기 때문에 양쪽이 모두 조화를 이뤄 작동할 때에만 통합된 반응이 나온다. 하지만 알파벳은 이 대립쌍 중 한 쪽만을 강화한다. 물론 그 복잡한 신경언어학적 이유는 최근에 들어와서야 비로소 밝혀졌다.

어떠한 형태의 문자든 우뇌보다는 좌뇌의 기능을 강화한다. 그림문자나 상형문자처럼 형상에 기반한 커뮤니케이션보다 쐐기문자처럼 추상적 형태의 문자 커뮤니케이션은 그러한 경향을 더 강하게 밀어붙인다. 알파벳은 인류의 문자 중에서 가장 추상적인 형태로, 좌뇌의 기능에 거의 전적으로 의존한다. 알파벳 하나는 음가 하나만 상징한다. 이러한 글자들을 늘어놓아야만 의미가 드러난다. 사물의 형상에서 발전해나온 그림문자와 달리 알파벳은 그것이 상징하는 대상이나 행위와 조금도 닮지 않았다. '개'라는 단어에서 개의 모습은 찾을 수 없다.

물론 알파벳에서 상형문자의 흔적을 전혀 찾아낼 수 없는 것은 아니다. 예컨대 고대이집트인들은 지도나 그림에서 바다를 표시할 때 오늘날 알파벳 W와 비슷한 상형문자를 썼는데, 이 상형문자에서 알파벳 W가 나왔다. 그래서 W가 들어간 단어에는 출렁이는 액체상태를 묘사하는 단어들이 많다.

water(물), wave(파도), wet(젖은), wash(씻다), wade(굽이쳐 나가다)
wallow(출렁거리다), winnow(키질하다), womb(자궁), woman(여자)

하지만 우리는 더 이상 W에서 물을 직접 연상하지는 않는다. 단어 속에 들어 있는 W를 보고 우리 뇌는 복잡한 명령을 내리고, 입술은 이에 따라 W의 소리를 발음할 뿐이다. 알파벳은 오래전 구체적인 사물의 이미지에서 분리되었다. 초기에 뚜렷하게 남아있던 도상적 패턴은 완전히 사라져버렸다. 남아 있는 것이라곤, 썰물이 빠져나간 뒤 보이는 앙상한 통나무 기둥과 같은 기호뿐이다.

문자의 융통성은, 합의에 따라 정해진 규칙에 따라 나열할 때 명확하게 드러난다. d-o-g라는 세 글자를 늘어놓으면 영어독자들의 마음속에는 금세 눈앞에 개가 나타날 것이다. '개'라는 마음속 이미지는 원래 실제의 개를 보았을 때 생겨났고, 이후 시각적 이미지가 없는 dog이라는 '소리'에 연결되었을 것이다.

어떤 사회의 일원이 되어 알파벳이라는 신비로운 세계에 입문하는 것은 (대개 어린 시절) 전체적인 지각이 순식간에 일어나는 방식을 전혀 자연스럽지 않고 고도로 추상화된 새로운 '순차적' 인식으로 바꿔버린다. 이러한 과정에서 알파벳은 사용자 개개인의 잠재적인 수준에서 좌뇌의 영향력을 증폭하여 우뇌의 활동영역을 잠식한다.

문자를 읽을 때 막대세포는 원뿔세포만큼 중요한 역할을 하지 못한다. 읽고 쓰는 사람들이 늘어나면서 주로 펜을 쥐는 오른손은 커뮤니케이션에서 점차 중대한 역할을 하게 되었고, 이로써 문화는 더욱 남성화되었다. 글을 쓰는 사람이 남자든 여자든 상관없다. 남자든 여자든 모든 인류는 좌뇌에 복종할 수밖에 없는 운명에 처했다.

어떤 형태든 문자는 그것을 사용하는 사람의 지각방식에 극적인 변화를 초래한다. 쐐기문자나 상형문자에 기반한 문화에서 이러한 변화는 잠재의식 수준에서 우뇌의 여성적 가치의 하락으로 나타난다. 이들이 미친 영향을 산비탈이 무너져 눈이 조금 흘러내리는 것에 비유한다면, 알파벳의 도래는 모든 것을 뒤 덮어버리는 커다란 눈사태에 비유할 수 있다.

알파벳의 성적 편향성은 그것을 사용하는 사람들이 어떤 신화를 공유하는지 보면 쉽게 드러난다. 알파벳을 터득하게 되자, 남자여자 모두 자연이라는 '이미지'를 표상하는 우상이나 동물토템에 대한 숭배를 버리고 추상적인 '로고스'를 섬기기 시작했다. 이전까지 두려움과 경배의 대상이었던 신성한 이미지는 얼굴 없는 신이 대체했다. 알파벳을 쓰는 사람들의 신은 말할 것도 없이 남자였으며, 그는 지상의 만물들과 관련이 없었다. 그는 추상적이며 어디에도 존재하지 않지만 동시에 어디에서나 존재한다.

* * *

알파벳을 발명한 공로는 누구에게 있을까? 교과서는 전통적으로 페니키아인들이 알파벳을 발명했다고 말한다. 기원전 5세기 그리스 최초의 역사가 헤로도토스는 이렇게 썼다.

> "카드모스와 함께 온 페니키아인들은… 그리스에 수많은 문물을 가져다주었는데, 그 가운데 가장 중요한 것은 문자였다. 당시까지만 해도 그리스인들에게는 생소한 기술이었던 것으로 여겨진다."[3]

수십 세기가 지난 뒤 고고학자들은 기원전 1600년경 가나안 지역에서 사용된 초기 형태의 알파벳을 발견한다. 가나안은 페니키아와 밀접한 관계를 맺고 있었기에, 이 증거는 헤로도토스의 주장을 뒷받침하는 것으로 보인다.

그렇다면 페니키아와 가나안에 살았던 사람들은 누구일까? 페니키아는 그리스어로 '자주색'을 의미한다. 페니키아 해변에서만 잡히는 연체동물에서 이 색깔염료를 추출할 수 있었기 때문에 이런 이름이 붙었을 것이다. 당시 막강한 재력을 지닌 지배계급만 이 염료를 쓸 수 있었기에, 자주색은 지중해 연안에서 지배자를 상징하는 색으로 통용되었다. 이 '자주색 사람들'은 머지않아 배를 타고 바다를 누비며, 무역을 하고, 탐험에 나선다.

페니키아의 도시 티루스, 시돈, 비블로스, 아크레는 오늘날 레바논에서 이스라엘까지 이어지는 긴 해안을 따라 펼쳐져있었다. 그들은 해안에서 15킬로미터 이상 들어가는 곳은 자신들의 영토로 삼지 않았는데 가장 큰 이유는, 농경을 멸시했기 때문이다. 페니키아는 자신들의 근거지가 되는 항구를 중심으로 세력을 뻗어나가면서 식민지를 건설하고, 무역을 계속 발전시켜나갔다. 이로써 페니키아의 도시들은 지중해 연안을 따라 점을 찍듯이 퍼져나간다.

스페인 카디스, 프랑스 마르세유, 몰타의 부두를 거닐면 언제든 페니키아어를 들을 수 있었을 것이다. 기원전 5세기 페니키아는 북아프리카 해안에 위성제국을 건설한다. 오늘날 튀니지에 위치한 카르타고를 중심으로 퍼져나간 페니키아 위성제국은 마침내 레반트지역에 기반을 둔 원래 페니키아보다 훨씬 거대한 규모로 번성한다.

그러던 와중에 지중해 건너편 북쪽 해안에서는 로마가 부상한다. 기원전 264년부터 기원전 146년까지 로마와 카르타고 사이에 벌어진 세 번의 포에니 전쟁은 결국 로마의 승리로 끝난다. 로마의 장군 스키피오는 카르타고를 정복한 뒤, 모든 건물을 파괴하라는 명령을 내린다. 살아남은 카르타고인들은 모조리 노예로 팔아버렸다. 이러한 처참한 패배로 한때 지중해를 주름잡던 페니키아는 역사의 무대에서 완전히 사라져버렸고, 페니키아어도 사멸해버렸다.

알파벳을 발명한 사람들이라면 문화적으로도 월등히 뛰어나지 않았을까? 알파벳이라는 놀라운 문자시스템을 만들어낸 창조성이라면 또다른 중대한 진보를 이루지 않았을까? 하지만 페니키아인들이 이룩해낸 혁신은 오늘날 군함설계기술밖에 없는 것으로 여겨진다.

또한 알파벳을 만들어낸 장본인이니만큼 상당한 문자기록유산을 남기지 않았을까? 하지만 페니키아는 아무것도 남기지 않았다. 물론 책을 의미하는 그리스어·라틴어 어근 biblio가 페니키아의 주요 도시 비블로스^{Byblos}에서 나왔다는 사실을 보면, 당시 이들이 만들어낸 상당한 기록물이 존재했을지도 모른다. 그럼에도 지중해 주도권을 놓고 경쟁하던 그리스와 비교해보면, 페니키아의 문화가 너무도 빈약했다는 것은 부인하기 어렵다.•

일반적인 역사책에서 등장하는 페니키아인은 딱 두 명으로, 기원전 10세기 솔로몬과 동맹을 맺은 왕 히람^{King Hiram}과 2세기 카르타고의 명장 한니발

• 로마군은 카르타고를 파괴하면서 이곳에 위치한 거대한 도서관도 불태워버렸다. 그런 점에서 페니키아의 문자기록유산이 로마에 의해 파괴되었다고 주장할 수도 있을 것이다. 하지만 페니키아 식민지는 지중해 전역에 펼쳐져있었다. 페니키아에도 에우리피데스 같은 뛰어난 작가가 있었다면, 그의 작품이 어느 곳에서든 남아있어야 하지 않을까?

몰록

Hannibal뿐이다.

페니키아인들의 모습은 그들의 펜이 아닌 그들의 적 로마인들의 펜으로 가장 생생하게 전해져 내려온다. 카르타고 함락이 막바지 단계에 이르렀을 때 페니키아인들은 명문가 집안의 아이들 수백 명을 청동으로 만든 자신들이 섬기는 신 몰록Moloch의 거대한 배 안에 활활 타오르는 불 속으로 던져넣었다. 그들의 잔인한 신은 인간을 제물로 바쳐야만 기뻐했다. 인간이 애지중지 키우는 아이일수록 좋아했다.[4]

카르타고의 권력자들은 아이들을 산 채로 불태워 죽이라는 명령으로 자신들의 안위를 지키고자 했다. 실제로 카르타고에서 발굴된 아이들의 뼈와 재가 담겨있는 무수한 희생제례용 유골단지들은 이러한 기록에 신빙성을 더해준다.[5] 아이를 제물로 바치는 풍습을 보면 페니키아가 종교와 도덕 측면에서 그다지 높은 수준에 도달하지 못했다고 추측할 수 있다. 1885년《미국 고고학저널》창간호에 실린 논문에서는 페니키아인들에 대해 다음과 같이 정리한다.

> 지금까지 알려진 바, 페니키아인들은… 세상을 풍요롭게 만드는 아이디어를 하나도 가져다주지 않았다… 그들의 예술은… 예술이라고 부르기도 민망할 정도로 형편없다. 그들 오로지 교역에만 관심이 있었을 뿐이다. 그들의 건축, 조각, 그림에서 상상력이라곤 찾아볼 수 없다.

이러한 혹독한 평가가 나온 지 100년이 훨씬 지났음에도 이러한 판단을 수정해야 할 만큼 의미있는 발굴은 나오지 않았다.

곧 살펴보겠지만 알파벳의 도입은, 당대는 물론 그 이후에도 종교에 깊은 영향을 미쳤다. 하지만 페니키아에서는 어떠한 종교개혁도 발생하지 않았다. 그들이 섬기는 주요한 신은 가혹한 지배자이자 폭풍을 몰고 오는 남신과 무서운 전사이자 호색적인 여신이었다. 이는 비옥한 초승달 지역의 다른 신들과 비슷하다. 초기의 페니키아 부부신 엘^{El}과 아셰라^{Asherah}, 후대의 부부신 바알^{Baal}과 아스타르테^{Astarte}는 다른 지역의 남신-여신 부부와 별다른 차이가 없다.

인류의 역사발전에 중대한 영향을 미친 4대 문자로는 쐐기문자, 상형문자, 한자, 알파벳을 꼽는다. 쐐기문자, 상형문자, 한자를 토대로 발전한 문명은 제각각 독창적이었던 반면, 알파벳을 토대로 발전한 페니키아는 전혀 그렇지 않았다. 페니키아의 문화적 혁신을 찾아볼 수 없다는 점에서 몇몇 연구자들은 그들이 알파벳을 발명하지 않았을 수도 있다고 의심하기도 한다.

그렇다면 알파벳을 발명한 이들은 가나안사람들 아닐까? 그들이 알파벳을 발명하여 페니키아에 전해준 것은 아닐까? 하지만 이러한 시나리오를 뒷받침하는 역사적 고고학적 자료는 없다. 기원전 1450년 설립된 것으로 보이는 텔엘아마르나의 문헌보관소에는 가나안 지도자들이 아크나톤에게 보낸 서한이 상당히 많이 보관되어있는데, 이들은 모두 쐐기문자로 적혀있다. 가나안사람이 작성한 것으로 밝혀진 알파벳으로 작성된 문서도 드물게 존재하긴 하지만 문학적, 도덕적, 종교적, 철학적 사고 측면에서 수준이 전혀 높지 않다.

이집트인들이 알파벳의 '원리'를 발명했다는 이유로 알파벳은 이집트의 발명품이라고 주장하는 학자도 많다. 하지만 콥트문자를 채택하기 전까지 이집트에서 알파벳으로 적힌 기록물은 단 하나도 발견되지 않았다. 콥트문자는 셈

페니키아의 확장. 포에니Phoeni는 페니키아인을 의미한다. 오늘날 불사조Phoenix의 어원이 되었다.

어족의 알파벳이 출현한 후 2000년이나 지난 뒤 등장한 문자다.

페니키아, 가나안, 이집트는 알파벳이 탄생했을 것으로 추정되는 가장 유력한 후보지이긴 하지만, 가장 오래된 알파벳 기록물은 그 어느 곳도 아닌 시나이사막 한복판에서 발견되었다. 1905년 플린더스 피트리Sir Flinders Petrie는 여신을 모셨던 이집트 사원터에서 히브리문자와 닮은 문자를 발견한다. 이 문자는 사원터를 둘러싸고 있는 돌에 새겨져있었는데, 기원전 1800년경 작성된 것으로 추정되는 이 문자를 피트리는 원시 시나이알파벳Proto-sinaitic alphabet이라고 이름 붙였다.

이 원시 시나이알파벳이 지금까지 발견된 가장 오래된 알파벳이라는 주장에는 이론의 여지가 없다. 이 문자가 발견된 곳은 달 표면처럼 황량한 사막 한복판이다. 이렇다 할 도시도 없으며, 제국이 존재했던 흔적도 없으며, 물도 찾을 수 없으며, 그래서 식물도 거의 자라지 않는 곳이다. 그러한 곳에서 가장 오래된 알파벳이 새겨진 돌이 수천 년 동안 이글거리는 햇볕 아래 구워지고 있었던 것이다.

고대세계의 수많은 이국적인 지명들은 동방의 풍요로움과 격동적인 사건들을 떠오르게 한다. 이집트의 벽화와 상형문자는 룩소르, 멤피스, 카르낙의 장엄한 풍광을 호화롭게 기록한다. 우르, 우룩, 니네베 같은 바빌로니아의 도시들은 책략, 전투, 대관식과 같은 장면을 우리 마음속에 떠오르게 한다.

하지만 '시나이'라는 이름에서 연상되는 주요 사건은 하나밖에 없다. 야훼가 모세에게 히브리사람들을 위해 10계명을 내려준 것이다. 고대히브리 역사의 시작이라 할 수 있는 사건이 일어난 곳에서 가장 오래된 알파벳이 발견되었다는 사실은 마치 신화와 과학이 교차하는 듯, 기묘한 우연이라 할 수 있다.

성서에 따르면 시나이사건은 히브리사람들이 모두 유일신을 섬기게 된 계기다. 당시로서는 혁명적인 발상이었던 1신교는, 히브리인들이 후세에게 남겨준 가장 중요한 유산으로 여겨진다.

시나이사건은 유일신과 더불어 후세에게 또다른 혁명적인 발상을 남겨주었는데, 그것은 바로 인간이 맺는 어떠한 관계보다 우선하는 도덕률이 존재한다는 개념이다. 야훼가 선포한 10계명은 모든 사람에게 '보편적으로' 적용되는 율법이다. 왕도, 파라오도, 절대군주도 예외가 될 수 없다. 인간사회가 '힘센 사람 마음대로'라는 원리가 아닌 다른 어떤 원리 위에서 작동한다면, 어떤 사람이든 이에 따라야 한다. 드라콘법전, 솔론법전, 유스티니아누스법전, 마그나카르타, 미국헌법, 미란다원칙에 이르기까지 모든 법률의 근원은 시나이반도에서 일어난 10계명사건으로 거슬러 올라갈 수 있다.

하지만 땅도 없고, 권력도 없이, 돌멩이가 나뒹구는 황량한 사막을 방랑하는 유목인들이 어떻게 이러한 혁명적인 두 가지 관념을 만들어낸 것일까? 이 사건의 핵심은 야훼가 자신이 선택한 사람들에게 자신이 쓴 것을 '읽도록' 요구했다는 점이다. 종교에 접근하는 이 새로운 방식을 모든 이에게 강제하기 위해 그는 자신의 모습을 시각화하는 것을 철저히 금지하고, 형상을 갖는 그 어떠한 것도 섬기지 말라고 명령한다. 시나이사건 이후, 유일신은 모든 이미지를 배척하고 오직 글자로 기록된 것만 인정했다. 알파벳으로 쓰여진 최초의 책이 구약이란 사실은 절대 우연이 아니다. 그 이전에 알파벳이 사용된 문서는 존재하지 않는다.

물론 시나이사건 이전에 이집트의 아크나톤은 1신교를 도입했으며, 바빌로니아의 함무라비는 법률을 도입했다. 하지만 그들의 시도는 모두 실패했다. 그들이 통치하는 사회가 거의 문맹에 가까웠기 때문에 추상적 관념을 사람들에게 강제하는 것은 처음부터 실패할 수밖에 없는 운명이었다.

신비로울 정도로 놀라운 사실은, 어떻게 하나도 아닌 두 가지 혁명적인 관념이 문명의 중심에서 한참 벗어나있는 사막 한가운데에서, 그것도 생사의 기로 위에서 겨우 하루하루 살아가던 탈주노예들 집단에게—마치 사막의 신기루가 가물거리듯—나타난 것일까? 이것은 인류역사의 수수께끼라 할 수 있다.

어쩌면 알파벳은 이곳 시나이사막 한 가운데에서 발명되었을지도 모르는 일이다.

9

ELOHIM vs YAHWEH

엘로힘 vs 야훼

THE ALPHABET
VERSUS
THE GODDESS

내가 야훼다. 누가 또 있느냐?
나밖에 다른 신은 없다.

이사야 45장 5절

1신교, 명문화된 법, 알파벳,
이 세 가지가 역사상 같은 시점에 출현했다는 것은 결코 우연이 아니다...
이 세 가지 혁신의 추상성은 서로 추동하고 강화한다.

로버트 로건 Robert Logan[1]

엘로힘 vs 야훼

유일신의 명령

성서는 가장 오래된, 영향력있는 문자기록물로, 유대교 탄생과정에 대한 정보를 얻을 수 있는 1차 자료다. 성서는 1신교의 탄생 이야기를 인류의 머릿속에 지워지지 않는 기억으로 못 박았으며 서양문명의 종교적 신화적 도덕적 기틀이 되었다. 성서는 인간이 처한 조건을 묘사하는 유려한 표현방식 탓에 그 영적인 진리는 다양한 역사적 시기의 격동 속에서도 인류에게 공감을 불러 일으켰다.

이 신성한 경전은 오늘날 신약과 대비된다는 뜻에서 구약이라고 불린다. 유대인에게 성서는 유일한 책이었기 때문에 그 이름 자체가 '책Bible'이다(앞 장에서 이야기했듯이 페니키아의 도시 비블로스에서 온 말이다). 구약에서 맨 앞에 나오는 다섯 개 경전은 모세5경, 또는 토라Torah(히브리어로 '율법'이라는 뜻)라고 불리는데, 이는 서양문학과 전통의 근원이 된다.

토라에서 가장 오래된 기록물은 기원전 1000년에서 900년 사이에 처음 기록되었다.[2] 이후 1000년 동안 세 차례 대대적인 개정작업이 있었고, 다른 경전들이 추가되었다. 성서학자들은 토라를 분석하는 과정에서 최소한 4명 이상이 토라를 작성하는 데 참여했다는 사실을 밝혀낸다. 물론 이들은 함께 참여한 것이 아니라, 1000년이란 시간 안에서 각자 자신의 관점으로 과거의 사건을 진술했다. 학자들은 이들을 각각 J, E, P, R이라는 알파벳으로 명명했다.

J는 Jehovist Yahwist를 상징하는 글자로, 맨 처음 경전을 저술한 저자(또는 저자들)며 신을 단수명사 야훼Jehovah(Yahweh)라고 칭한다. E는 Elohist를 상징하는

글자로, 신을 복수명사 엘로힘^{Elohim}이라고 칭한다. E는 J가 작성한 창세기와 이집트탈출기를 개정하는데, J와 관점이 다르다. 또한 이들은 유대왕국의 역사를 경전에 삽입한다. P는 Priest를 상징하는 글자로, 사제(들)로 추정된다. 이들이 작성한 글에는 의례나 예배에서 쓰는 말투가 드러난다.

J, E, P 세 저자들은 기원전 7세기 이전에 성서를 작성하거나 개정했을 것으로 추정된다. R은 redactor를 상징하는 글자로, 기원전 430-400년 토라를 전면적으로 개정한 편집자(들)로 추정된다. 상황적으로 볼 때 R은 예언자 에즈라^{Prophet Ezra}일 것으로 추정되는데, 어쨌든 R은 기존 판본을 대대적으로 수정하면서 J와 E의 목소리가 어긋나 보이지 않도록 교묘히 짜깁기를 하고, 가끔은 상반된 관점과 진술을 일관된 것처럼 보이도록 다듬는다. 현대의 성서학자들은 면밀한 텍스트분석을 통해 J와 E의 관점이 상반된다는 것을 밝혀냈다. J가 E보다 최소 100년에서 500년까지 앞서 경전을 작성했을 것으로 추정된다.[3]

예수가 출현할 때쯤 유대왕국은 로마에 패망한 상태였고, 랍비들의 유일한 관심사는 혼란에 빠진 유대인들의 정체성을 지키는 것이었다. 따라서 랍비들은 구약을 더 이상 수정하지 못하도록 막아버린다. 하지만 새로운 상황에 맞게 성서를 재해석하고자 하는 새로운 세대의 요구는 막을 수 없었다. 결국 이후 학자들은 경전을 수정하는 대신 원래 기록에 방대한 주석을 다는 작업을 시작한다. 유대왕국 패망 이후 작성된 이러한 주석서 중에서 가장 유명한 책이 바로 지금도 널리 읽히는 《탈무드》다.

서기 367년 기독교도들은 신약을 정리하면서, 고대로부터 전해져 내려오는 히브리인들의 '책'도 자신들의 이야기 중 일부로 인정한다. 이후 이슬람교도들도 구약을 주요 경전으로 받아들인다. 구약을 지탱하는 세 가지 버팀목인 유일신, 법치, 도덕적으로 살라는 명령은 결국 유대교, 기독교, 이슬람교의 핵심가치이자, 서양의 보편적인 가치로 자리잡는다.

구약이 탄생한 상황을 최대한 면밀히 검토하고자 한다면, 알파벳이라는 문자가 그 메시지를 기록하는 수단을 제공했을 뿐만 아니라 그러한 메시지가 그때, 그곳에서 출현할 수밖에 없었던 근본적인 이유일지 모른다는 가설을 염두에 두어야 한다. 구전되던 이야기와 단편적 기록물들을 묶어 '토라'라고 하는 일관성있고 매끄러운 기록물로 처음 정리한 것은 대략 다윗왕 시기다. 물론 이 첫 판본은 현존하지 않는다. 하지만 이후 작성된 구약 판본들이 이 판본에 대해서 언급하고 있기 때문에 우리는 첫 판본의 존재를 짐작할 수 있다.

하지만 다윗시대 초판본도 수백 년 전에 일어난 일을 기록한 것이다. 실제로 히브리인들은 강한 구술전통으로 자신들의 이야기를 보존해왔을 것이다. 그리고 구술을 통해 전달하는 이야기는 지속적으로 변형되거나 각색될 수밖에 없다는 것을 깨닫고는 그것을 글자로 기록할 방법을 찾기 위해 상당한 씨름을 했을 것이다. 결국 다윗시대, 마침내 등장한 천재의 도움으로 히브리인들은 자신들의 이야기를 인류 역사상 영원히 존경받을 수 있을 만큼 탁월한 문체로 기록해낼 수 있게 된 것이다.[4]

* * *

건국에 관한 역사적 서술이나 신화는 모두 그 국가를 찬양하기 위해 만들어진다. 그래서 어느 나라든 자신들의 전통을 장엄하게 만들어주는 장치가 아니라면 패배나 굴욕을 당한 사건을 일부러 꾸며내지 않는다. 하지만 이집트 탈출기는 노예상태로 전락한 히브리인들 이야기에서 시작된다. 자신의 역사를 과장하는 일반적인 접근방식에서 한참 벗어난 이러한 이야기의 시작은 매우 기이하다.

이 기이한 서술에 설명하는 강력한 주장 중 하나는 이집트탈출 자체가 실제로 일어난 일이 아니라는 것이다. 이집트는 고대부터 파라오마다 통치기간 동안 벌어진 역사적 사건들을 꼼꼼히 돌에 기록해 놓는 전통이 있다. 그래서 극히 일부 기간을 제외하고, 이집트왕조의 연대기는 거의 빠짐없이 복원되어

있다. 하지만 이집트의 기록에서 히브리인들이 집단탈출했다는 내용은 어디에서도 찾아볼 수 없다. 이집트인들이 자신의 역사에서 일어난 그다지 떳떳하지 못한 사건을 모른 척하고 침묵한 것일까? 아니면 유목과 정착을 번갈아 하던 한 부족이 이집트탈출과 이스라엘 창건이라는 거대한 서사를 모조리 날조해낸 것일까?

의문은 여기서 멈추지 않는다. 다신과 신성한 왕권이라는 개념이 보편적으로 통용되던 시기에 어떻게 히브리인들만 유독 유일신과 법률에 의한 통치라는 새로운 깃발을 내걸 수 있었을까? 다른 신이 존재하지 않기 때문에 절대적일 수 있다는 유일신 개념은 어떻게 떠올린 것일까? 위대한 사상은 일반적으로 정착생활을 하는 사회에서 나오는데, 어떻게 뚜렷한 예술, 공예, 건축, 혁신적인 무기도 전혀 만들어내지 못한, 무엇보다도 정착지도 없이 유목생활을 하던 히브리인에게서 그러한 사상이 나올 수 있었을까? 어쨌든 낡은 삼베자루를 메고 사막에서 건너온 이 유목인들이 서양문명의 기틀을 제공했다는 것은 부인할 수 없는 사실이다.

신이 특정한 부족을 선택하여 자신의 백성으로 정한다는 것도 당시로서는 매우 파격적인 발상이었다. 고대세계에서 신은 언제나 땅과 함께하였다. 그래서 신이 통치하는 범위는 사람이 아닌 지역을 기준으로 설정되어있었다. 어느 부족이든 지역을 옮기면 그 때마다 그 지역을 다스리는 신의 이름을 익히고 그 지역의 의례를 따랐다. 물론 지역마다 많은 신이 있기 때문에 그 중에서 어떤 신을 선택할지는 전적으로 개인이 판단할 문제였다.

또 하나 불가사의한 수수께끼가 있다. 왜 야훼는 히브리인들에게 상형문자가 아닌 알파벳 형태로 쓰인 10계명을 주었을까? 모세는 어릴 적 이집트의 왕자가 되기 위한 교육을 받으며 자란 사람이다. 모세에게 익숙한 글은 어릴 때 배운 상형문자였을 것이다. 430년 동안 이집트에서 노예생활을 하였을 뿐만 아니라, 자신의 글도 가지고 있지 않던 히브리인들은 어떻게 야훼의 가르침을 읽어낼 수 있었을까?

사막의 뜨거운 열기처럼 아른거리며 떠오르는 또다른 관념은 이스라엘사람들이 강조하는 '정의'다. 당대의 다른 신앙체계와 히브리인들의 '책'이 두드러지게 다른 점은 바로 '공정성'을 주요 주제로 삼는다는 것이다. 토라는 경건하게 살고 글로 쓰인 법을 지키는 것을, 전쟁에서 이기거나 왕의 명예를 드높이거나 그 지역의 신에게 제물을 바치는 것보다 더 중요하다고 가르친다.

주먹을 들어올리는 것이 법이었던 시대에 '만인을 위한 정의'라는 개념은 너무나도 이상한 사회규범이었다. 아마도 올바른 삶을 강조하는 규범 때문에, 이스라엘에는 예언자라는 새로운 유형의 지도자들이 많이 나타난다. 성서에 기록된 예언자들은 스스로 예언을 받았다고 주장하면서 이스라엘사람들의 생활방식을 비판하며 사람들의 속된 충동과 끊임없이 맞서 싸운다.

그 당시 다른 문화에서 일반적인 영웅은 사냥꾼, 모험가, 전사, 마법사, 왕이었던 반면, 성서에 등장하는 주요한 인물은 불의와 불경을 꾸짖는 완고한 고집불통이다. 그들은 끊임없이 이스라엘사람들을 꾸짖으며, 야훼의 유일한 관심은 자신이 선택한 사람들이 진실되게 사느냐 하는 것이라는 사실을 끊임없이 일깨워준다. 그 당시까지만 해도 이런 신은 존재하지 않았다. 그나마 이와 유사한 신은 이집트의 여신 마앗이 유일했다.

예언자는 타고난 신분에 의해 선택되는 것이 아니었으며, 선출되거나 임명되는 것도 아니었으며, 특별히 뛰어난 재능이 있어야 하는 것도 아니었다. 영감을 받고 정당하게 행동을 하면 예언자가 될 수 있었다. 자신의 인격적인 힘만으로 카리스마를 발산하고 사람들에게 계율을 지키라고 강요했다. 이들 앞에서는 왕들도 몸을 낮추었고, 평민들은 그들의 판단을 두려워했다. 예언자들은 신앙을 버리고 우상을 숭배하고 타락한 삶을 사는 것을 비난했다. 부자의 오만함과 빈자의 곤궁함을 가차없이 책망했다.

이러한 엄격함은 주변의 무수한 종교들이 밀려들어와도 이스라엘사람들을 이교의 유혹에 넘어가지 않도록 막아주었다. 사실 이처럼 엄격함을 요구하는 종교는 일찍이 없었다. 덕분에 예언자들은 신이 '책'으로 남긴 원칙에 기반한 훈계와 설교만으로 이 젊은 나라를 험난한 사막 한 가운데에서 지탱해낸다. 군대로도, 경찰로도, 가혹한 처벌로도 달성하지 못한, 종교적 순수성을 지키는 놀라운 업적을 일궈낸 것이다.

아마도 당대의 통념에서 가장 멀리 벗어난 새로운 히브리신앙의 파격은 사후세계를 기약하지 않는다는 사실일 것이다. 예컨대 이집트인들은 죽은 자들이 모여서 사는 나라가 있다고 생각하였고, 이러한 관념은 문화적으로 깊이 투영되어있었다. 이에 반해 모세와 히브리인들은 (성서의 기록에 따르면) 오랜 세월 이집트문화에서 살다 왔음에도 죽은 이들의 삶에 대한 언급은 토라에 전혀 나타나지 않는다.

영생이라는 개념을 포기하는 것은 예언자들에게 틀림없이 골치아픈 문제를 안겨주었을 것이다. 이집트의 사제들은, 죽고 나면 저승세계의 감시자 아누비스^{Anubis}가 지켜보는 가운데 마앗이 신성한 정의의 저울로 죽은 자의 죄의 무게를 달 것이라고 사람들에게 겁을 줄 수 있었지만, 이스라엘에서는 저승을 인정하지 않는 탓에 예언자들이 그러한 협박을 할 수 없었다. 하지만 이스라엘사람들은 어느 면으로나 고대세계에서 가장 신앙이 깊었다. 이스라엘 예언자들은, 전지전능하고 준엄한 심판자가 지금 여기서 모든 행동을 지켜보고 있다고 믿게 만듦으로써 사람들이 율법을 따르도록 만들었다.

이집트, 바빌로니아, 그리스, 로마에는 '죄'를 의미하는 단어가 없었다. '죄'라는 단어와 개념을 만들어 전파하고 문명의 흐름을 바꾼 장본인이 바로 이스라엘사람들이다. 바빌로니아와 이집트 사람들은 인간의 모든 운명이 신의 손에 달려있다고 생각했다. 이에 반해 성서의 예언자들은 우리가 내리는 모든 결정이 자기 손에 달려있다고 주장한다. 그들은 '자유의지'라는 개념을 도입해 옳고그름을 판단해야 하는 고통을 개개인에게, 궁극적으로 개인의 양심에게 떠넘겼다.

이집트는 도덕적 규범을 정리해서 법전을 만들 생각을 하지 않았다. 이집트에서 제물의 수를 정하거나 신을 달래기 위한 중요한 의식을 거행할 때마다 사제에게 의지하는 것은 당연한 일이었다.* 메소포타미아와 고대그리스는 신들이 자신들의 종에 불과한 인간의 삶에는 관심이 없다고 생각했다. 만신전에 모여서 그보다 훨씬 유용한 일을 할 것이라고 생각했다. 신들도 종종 사소한 잘못을 저지르기 때문에, 사람들의 잘못에 대해서는 전혀 신경쓰지 않을 것이라고 생각했다. 그래서 이들 문화에서 교활함은 매우 높은 덕목으로 여겨졌다. 《오디세이아》에서 아테나는 오디세우스를 다음과 같이 칭찬한다.

> 틀림없이 교활하고 영특할 것이라 말하며, 웃으면서 손으로 그를 쓰다듬는다. 그의 간계는 모든 면에서 너무도 뛰어나 신이라고 하더라도 당해내지 못할 지경이다. 계산을 하는 데 뛰어나고, 끊임없이 남을 속이고, 자신의 땅에서도 간계와 거짓 이야기를 멈추려고 하지 않는 대담한 남자여. 이는 그대의 마음속 깊이 그런 일을 즐기고 있다는 뜻이리라.[5]

용기와 지략을 언급하긴 했지만, 오디세우스를 영웅으로 만든 핵심적인 자질은 바로 '부정직함'이다. 이스라엘에서는 이러한 이중성을 악으로 치부한다. 오디세우스가 유대인이었다면, 그는 죄인에 불과했을 것이다.

배우자도 가족도 없어 다른 곳에 전혀 신경쓸 필요가 없는 야훼는 자신이 선택한 사람들의 행동을 하나하나 살필 수 있었고, 실제로 그랬다. 연민은 다른 문화의 신전에서는 찾아보기 힘든 특성이었지만, 야훼는 정말 자신의 백성을 돌봤다. 과부나 고아를 등쳐먹거나, 낯선 이를 친절하게 대하지 않는 행동을 야훼는 모두 지켜보고 있으면서 천벌을 내렸다. 고대이스라엘사람들은 모두 야훼와 개인적으로 관계를 맺고 있었다. 인간에게 관심이 없는 마르둑, 아몬, 바알과는 달리 야훼는 일상에서 벌어지는 모든 일을 관장했고, 평범한 사람들의 일상에도 서슴없이 개입했다.

● 개인에 대한 사후심판은 이집트왕조 후대에 생겨난 관습이다. 마앗이 부상하고 신관문자가 상형문자를 대체하고 난 뒤 사후심판이라는 개념이 보편적으로 자리잡았다.

야훼는 이스라엘사람들 개개인에게 자신이 무엇을 바라는지 꼬치꼬치 상세하게 알 수 있도록 모두 글로 기록되었으며, 누구나 알았다. 유대 전통에서 남자는 무조건 글을 읽을 줄 알아야 했기 때문에 율법을 몰랐다는 것은 변명이 되지 못한다.

프리드리히 니체는 1888년 '신은 죽었다'고 선언했다. 신이 이제는 세상에 거의 관여하지 않는다는 사실을 깨달았기 때문이다. 니체는 사람들의 일상에서 신이 하던 역할을 과학, 철학, 심리학, 법률 등이 대신하게 되었다고 말한다. 하지만 3800년 전 비옥한 초승달 지대에서는 신을 섬기는 것이 인간의 중요한 활동이었다. 개개인에게 일어나는 일 중에 초자연적 힘과 관련되지 않은 것은 거의 존재하지 않았다. 당시 메소포타미아, 이집트, 히브리 말에 '종교'를 의미하는 단어 자체가 없었다. 종교와 일상이 하나였기 때문이다. 따라서 신을 숭배하는 방식을 바꾸는 것은 곧 혁명과 다름없었다.

인류가 출현한 시점으로 최대한 거슬러 올라가 종교가 발생한 과정을 돌아보자. 나무, 암석, 동굴, 숲, 잡목림, 강, 산 등 웅장한 자연물을 만나면 사람은 그곳에 신령이 머물고 있을 것이라는 느낌을 받는다. 사람들은 거기에 신전이나 제단을 세워 신령을 섬기는데, 이것이 점차 종교로 발전한다. 그래서 이러한 신성한 곳, 즉 성소聖所는 어느 종교에나 존재한다.

하지만 히브리문화에는 성소가 없다. 그런 것에 전혀 애착을 느끼지도 않았고 참배할 생각도 하지 않는다. 신에게 10계명이라는 계시를 받은 사건의 의미를 떠올려보면, 이 사건이 벌어진 시나이산 기슭에 최소한 사원이나 제단 같은 것을 지었어야 마땅할 것으로 여겨진다. 하지만 지금까지 그러한 흔적은 전혀 발견되지 않았다. 그래서 그 사건이 벌어진 곳이 정확히 어디인지 지금껏 밝혀지지 않았다.

이스라엘사람들이 특정한 장소를 신성시하지 않은 것은, 어쩌면 자신의 땅을 갖지 못하고 끊임없이 떠돌아다녔기 때문일지도 모른다. 어떤 장소도 신성하지 않았기에 그들이 믿는 신은 어느 한 곳에 매여 있지 않다. 그 덕분에 야훼는 기존의 신과 달리 어디에나 존재한다.

이스라엘사람들은 특정한 장소를 신성시하지 않는 대신, 시나이산에서 야훼가 내려준 10계명을 소중하게 여겼다. 10계명이 기록된 이 성스러운 야훼의 선물을 어디를 가나 늘 가지고 다녔다. 이 선물을 안전하게 보관하기 위해 나무궤짝을 만들어 가마처럼 메고 다녔는데, 이것이 바로 이스라엘사람들이 가장 신성하게 여기는 언약의 궤Ark of the Covenant다.

모세나 레위파 사제들이 독실한 회중들의 집회에서 언약의 궤를 열 때면, 사람들은 신이 곁에 다가왔다고 생각하여 경외심에 몸을 떨었다. 하지만 다른 종교의 영적인 성소와 이 궤 사이에는 닮은 점이 하나도 없었다. 궤 안에는 글자가 새겨진 두루마리밖에 없었다. 이미지나 형상이 아닌 글자로 쓰여진 말씀을 경배하는 종교는 일찍이 존재한 적이 없었다. 또한 신자에게 글을 깨우치도록 강요하는 최초의 종교였다. 토라를 읽는 것은 모든 유대인에게 가장 신성한 의무가 되었다.*

> 모세는 명하여 이르기를... 너희는 이 법을 온 이스라엘 앞에서 읽어 그들의 귀에 들려주어야 한다.(신명기 31장 10-11절)

형상을 보지 않고 글을 읽어 신을 섬긴다는 것은 기존의 관습과는 너무나 다른 급진적이고 파격적인 단절이었기 때문에, 처음에는 언약의 궤 속에 몇 가지 형상을 넣기도 했다. 예컨대 가장 잘 알려진 예가 바로 모세 자신이 만들어

---

* 전세계 어느 문화에서나 어른이 되기 위해서는 반드시 거쳐야 하는 통과의례가 있다. 당시 다른 문화권에서 일반적으로 요구하는 통과의례는 모두 물리적인 것이었던 반면(단식, 황야에서 살아남기, 사자 사냥, 고통스런 상해 견디기 등), 히브리사람들만 유별나게 문자의 복잡성을 다룰 줄 아는 능력을 검증하는 것을 통과의례로 삼았다. 남자아이는 13살이 되면 회중들 앞에서 토라를 낭독해야 한다. 바르미츠바Bar Mitzvah라고 불리는 이 유대인들의 성인식은 결혼식이나 장례식만큼 중요한 의식으로 여겨진다. (최근, 여자도 성인식에 참여할 수 있도록 허용하면서 바트미츠바Bat Mitzvah로 이름이 바뀌었다.) 하지만 이러한 성인식에 관한 언급은 토라에 한 마디도 나오지 않는다. 13살이 되면 종교적으로 어른이 된다는 기록은 2세기 처음 등장하였으며, 구체적인 성인식 의례는 중세시대에 보편화된 것으로 보인다.

유행시킨 청동뱀이다. 하지만 머지않아 이스라엘사람들은 모든 이미지를 파괴한다. '말씀'은 어떠한 형상, 상징, 조각상, 유물, 만다라와도 어울릴 수 없는 신성한 것이었기 때문이다.[•]

히브리를 제외한 세상의 모든 이들은 여전히 신성한 힘을 가진 신의 이미지에 몰두해있었다. 다산을 기원하는 부적, 토템기둥, 조각상들이 곳곳에서 만들어졌다. 시나이사막에서만 이러한 관습이 작동하지 않았다. 여기서 우리는 궁금하지 않을 수 없다. 고대히브리사람들이 눈에 보이는 우상을 버리고 눈에 보이지 않는 신성한 말씀의 세계로 도약할 수 있었던 것은 과연 무엇 때문일까?

그 답은 구약 속에 있다. 한 족속의 사람들이 살아온 역사를 정확하게 기록했다고 여겨지는 구약은 초자연적인 후광 속에 둘러싸여있었다. 그것은 노예상태에서 벗어난 것이나 홍해를 가른 기적을 담고 있기 때문이 아니다. 1신교나 법률에 의한 통치가 부상했다는 역사적 사실을 담고 있기 때문이 아니다.

언약의 궤

정의를 최고의 가치로 삼고 있기 때문이 아니다. 이 책이 신비로웠던 이유는 바로, 그것을 기록하는 데 문자가 수천 개가 아니라 고작 20여 개밖에 사용되지 않았기 때문이다. 지금까지 수수께끼처럼 펼쳐졌던 놀라운 혁신의 비밀은, 고대히브리인들이 알파벳이라는 문자시스템을 최초로 받아들인 사람들이라고 가정할 때 비로소 풀리기 시작한다.

[•] 기원후 75년경 플라비오 요세푸스Flavius Josephus가 쓴 《유대전쟁사》에는, 기원전 63년 로마가 예루살렘을 처음 함락했을 때 로마의 장군 폼페이우스가 야훼의 신전에 들어가는 최초의 이방인이 되고자 한껏 기대하는 장면이 나온다. 당시 이곳에 거대한 우상이 서있다고 알려져있었다. 우쭐하여 불가침의 성소에 들어섰을 때 폼페이우스는 놀라움에 움찔하고 만다. 신전 안에는 말 그대로 '아무것도' 없었기 때문이다.

10계명은 오늘날 영어와 크게 다르지 않은 알파벳 형태로 전해졌을 가능성이 높다. 고대히브리어의 추상적인 글자, 문법적 진행, 단자음 음소는 오늘날의 영어와 기본적으로 작동원리가 똑같다. 알파벳은 대중이 보편적으로 문자를 배울 수 있는 길을 열어주었다. 새롭게 등장한 파격적인 이 커뮤니케이션 기술은 문화적 지각방식을 뒤집어놓았다. 이 기술을 최초로 사용한 사람들이 바로 서양문명의 기초적인 토대를 제공한 사람들이다.

말소리는 상당한 힘을 가지고 있다. 예컨대, 가톨릭미사나 힌두교의례에서 낭랑히 울려 퍼지는 암송이나 송가를 듣고 있으면 가슴 깊은 곳에 반향이 일어나는 것을 느낄 수 있다. 하지만 신성한 경전이 등장했다는 것은, 이러한 말이 갖는 권위와 거룩함을 침묵하는 글로 대체해 버렸다는 뜻이다. 따라서 예배에서도 음향과 구체적인 이미지가 차지하는 비중이 크게 축소되었다.

고대인들에게 문자는 마법과도 같은 것이었다. 문자가 너무나도 보편적인 오늘날, 문자가 처음 등장했을 때 그것이 얼마나 큰 파장을 몰고 왔을지 상상하는 일은 쉽지 않다. 글에는 말에서 느낄 수 없는 무게와 엄숙함과 권위가 있다. 백날 맹세해봤자 한 번 서명하는 것만 못하다. 소문이 아무리 무성해도 한 장의 진술서만 못하다. 말이란 이처럼 값싼 것이다.

글은 본질적으로 불멸한다. 죽음을 피할 수 없다는 사실을 비로소 깨달은 영장류에게 자신의 자아를 생명이 유지되는 짧은 기간 너머로 투사할 수 있는 수단이 생겼다는 사실은 기적과도 같은 일이었다. 글의 이러한 특성은 혁명적인 이스라엘인들의 신앙체계에 사후의 삶에 대한 진술이 없는 이유를 설명해 줄지도 모른다.

당시 다른 종교에서는, 밝은 빛깔의 예복을 휘황찬란하게 차려입은 성직자들이 제물을 바치거나 행렬하는 의례를 인도했다. 공기 중에 가득한 향 내음, 가슴을 뛰게 만드는 음악과 춤은 사람들의 오감을 거의 마비시킬 만큼 자극적이었다. 이처럼 모든 감각기관이 동원되는 집단적인 경험은 우뇌에 적합한 것이다.

새로운 이스라엘의 신앙은 남자들에게 신성한 문서를 '읽으라고' 요구했다. 글자를 읽는 것은 단연코 좌뇌의 기능이다. 알파벳에 기초한 최초의 종교, 그리고 여기서 뻗어나간 종교들은 모두 우상을 내쫓았듯이 밝은 색깔도 모조리 내쫓는다. 더 나아가 종, 드럼, 춤, 향, 심벌즈도 모두 내쫓고, 심지어 이미지는 모조리 금지한다. 흰 종이 위에 검은 잉크로 적힌 성스러운 말씀을 읽고 신과 소통하듯, 이들은 흑백 옷만 입었다. (정통유대교도, 정통 이슬람교도는 지금도 어느 집단에 속하든 흑백 옷을 입는다. 초기 기독교도, 초기 프로테스탄트들도 흑백 옷만 입었다.) 예배자가 착용하는 숄과 야르물케yarmulke도 흰색과 검은색만 허용된다.

가나안, 이집트, 메소포타미아의 종교적 서사에 비교하면, 토라는 많은 부분에서 윤리적으로 온정적이고 개화된 태도를 취한다. 예컨대 전쟁에서 이기고 난 뒤에라도 적의 여인들을 겁탈하거나 노예로 삼지 말라고 말한다. 전사한 적의 미망인에게 죽은 남편을 애도할 수 있는 기회를 주라고 말한다. 결혼을 하여 아내로 들이지 않을 여자는 떠나갈 수 있도록 풀어주어야 하고(신명기 21:10-14), 노예는 7년이 지나면 풀어주어야 한다(신명기 15:12).

이처럼 새로운 이스라엘의 종교는 윤리적 측면에서 상당히 진보한 면이 있었지만, 인류역사에 최초로 '종교적 불관용'이라는 극단적인 개념도 선보인다. 즉, 다른 종교를 가진 사람을 혐오하는 것이다. 물론 이러한 태도 덕분에 그들의 종교, 그들의 정체성이 지금까지 살아남았을지도 모른다. 종교가 다른 사람들과도 결혼을 하고, 역경에 부딪힐 때마다 자신의 신앙을 버릴 수 있었다면 아마 그들은 역사의 페이지에서 사라져 버렸을지도 모른다. 실제로 그들의 종교적 열정은 어떠한 타협도 허용하지 않았다. 이스라엘사람들은 형상이나 이미지를 숭배하는 사람들을 멸시하였으며, 유일신을 믿지 않는 사람들보다 자신들이 훨씬 우월하다고 생각했다.

당시 일반적인 종교적 관념과 비교해보면 이스라엘사람들의 편견이 얼마나 극단적이었는지 알 수 있다. 다신교에는 다양한 서열이 있다. 국가신, 지방신, 가족신, 더 나아가 개개인마다 신이 있다. 따라서 사람들은 다른 사람의 신을 존중했고, 당연히 자신의 신 또한 존중받기를 바랐다. 고대인들 사이에도 황금률이 존재했던 것이다. 이스라엘사람들을 뺀 세상의 모든 사람들이 세상에 많은 신이 존재한다고 생각했으며, 따라서 다른 사람들의 종교를 가져다가 자신들의 종교로 편입시키고 교류하는 것은 아주 자연스러운 일이었다.

지혜와 정의의 신 토트^{Thoth} 숭배자들이 우주의 창조자이자 장인들의 신 프타^{Ptah}의 사원을 약탈하는 일은 한 차례도 기록된 적이 없다. 마르둑 신봉자들이 바알 숭배자들을 죽이려 한 적도 없다. 전쟁의 신 아레스 숭배자와 그에 못지않게 호전적인 아폴론 숭배자들이 싸운 일도 없다. 다신교는 기본적으로 관용이라는 태도 위에서만 성립한다. 신앙이 반드시 종교적 증오로 이어지는 것은 아니었다.

전쟁에 승리하더라도 패배한 나라의 신전이나 석상을 무너뜨리는 일은 거의 없었다. 그런 행동은 상대방에 대한 가혹한 적의를 보여주고자 할 때만 가끔 나타났다. 땅, 여자, 전리품을 차지하기 위해, 또는 악행에 대한 복수를 하기 위한 전쟁이 있었을 뿐, 1신교 이전 고대세계에서는 종교 때문에 전쟁한다는 것은 생각할 수 없는 일이었다.

이러한 종교적 괴리는 어떻게 설명할 수 있을까? 한 가지 그럴듯한 설명은, 1신교는 인간사회를 반영하지 않는다는 것이다. 인간은 무엇보다도 사회적 동물이다. 홀로 존재하는 신, 자신이 스스로 선택한 것도 아니고 주변에 아무도 없어서 혼자일 수밖에 없는 신은, 무리지어 사는 우리 인간과는 처한 상황이 전혀 다르다. 이스라엘의 신에게는 아내도, 자식도, 애미애비도 없다.

1신교는 사람들에게 새로운 방식으로 생각할 수 있는 길을 열어주었다. 어떠한 형상과도 무관한 유일신은 고도로 추상적인 개념이다. 추상성은 논리적 추론의 핵심적인 요소로, 논리적 추론은 사람들을 미신에서 벗어나게 한다.

야르물케(모자)를 쓰고 숄을 걸치고 쇼파르(숫양의 뿔로 만든 나팔)를 부는 유대인 남자. 현재는 검은색이 아닌 다른 색도 허용된다.

하지만 추상적인 신을 숭배하는 것은 끔찍한 댓가를 요구한다. 모든 사람이 신이 하나만 존재한다는 것에 동의하더라도, 집단마다 생각하는 신이 다르다면, 어떻게 할 것인가? 이 문제는 다신교 문화에서는 결코 볼 수 없었던 맹렬함과 투철함으로 무장한 잔인한 전사들을 낳는다. 1신교를 믿지 않는 세상에서는 외모가 다르거나 옷을 입는 방식이 다르거나 말이나 행동이 다르다는 이유로 서로 죽였지만, 1신교를 믿는 서양에서는 자신과 다른 '추상적인 관념'을 믿는다는 이유만으로 옆집사람을 증오하고 죽였다. 다른 마을의 말을 훔쳐오기 위해 습격하는 것은 그래도 납득할 수 있는 일이지만, 종교나 철학 같은 추상적 가치 때문에 서로 죽고 죽이는 것은 얼마나 어리석은 짓인가?

하느님, 예수, 알라의 이름으로 벌어진 종교전쟁으로 죽은 사람들, 또 처형된 사람들의 해골을 한 곳에 모아 놓으면, 아마도 거대한 산을 이룰 것이다. 유일신 신앙으로 인류가 치른 고통을 떠올려 보면, 1신교 이전의 다양한 종교들을 원시적이라고 마냥 단정해 버릴 수는 없을 것이다. 1신교는 인류를 계몽하는 데 상당한 기여를 했지만, 그 대신 우리가 지불한 댓가는 참혹하기 이를 데가 없다.

혁명적인 히브리신앙의 이 유별난 특징은 어떻게 설명할 수 있을까? 이러한 극단주의는 어떤 요인에서 생겨난 것일까? 추상적이고 선형적이며 순차적이고 환원주의적인 새로운 커뮤니케이션도구가 미치는 한 가지 영향은, 이것을 습득하는 과정에서 사람들을 좌뇌 중심으로 사고하게 만든다는 것이다. 즉, 남성중심적 세계관을 갖게 만든다. 이러한 사고방식의 대표적인 발현이 바로 자신의 대의가 옳다는 확고한 신념이다.

1신론은 매우 추상적인 관념이다. 알파벳은 잠재적으로 형상에 기반한 다른 신앙체계에 대해 참지 말라고 사람들을 부추긴다. 앞으로 역사를 훑어나가면서 알파벳문화가 우리 삶에 드리운 이와 같은 어두운 측면들을 많이 보게 될 것이다.

모세의 10계명

1. 너희에게는 나 말고 다른 신이 있어서는 안 된다.

2. 너희는 위로 하늘에 있는 것이든, 아래로 땅 위에 있는 것이든, 땅 아래로 물속에 있는 것이든 그 모습을 본뜬 어떤 신상도 만들어서는 안 된다. 너희는 그것들에게 경배하거나, 그것들을 섬겨서는 안 된다.

3. 야훼, 너의 하느님 이름을 망령되게 불러서는 안 된다.

4. 안식일을 기억하여 거룩하게 지켜라.

5. 아버지와 어머니를 공경하여라.

6. 살인해서는 안 된다.

7. 간음해서는 안 된다.

8. 도둑질해서는 안 된다.

9. 이웃에게 불리한 거짓 증언을 해서는 안 된다.

10. 이웃의 집을 탐내서는 안 된다.

10계명은 이스라엘 신앙의 핵심으로, 10계명에 구현된 윤리는 동시대 다른 문화에서 볼 수 있는 것보다 훨씬 세련된 것이다. 예컨대 아버지와 어머니를 모두 공경하라고 가르치는 계명은 가족에서 어머니의 중요성을 인식하고 있다는 뜻이다. 하지만 21세기 독자들의 눈에는 무언가 부족하다는 느낌이 들 것이다. 야훼는 10계명에서 타인을 사랑하라는 말을 하지 않는다. 이 계율은 레위기 19장 18절에 파묻혀있다. "너희는 네 이웃을 네 몸처럼 사랑하라."

다섯 번째 계명부터 마지막 계명까지 여섯 계명은 특별한 계율이 아니다. 구성원들이 부모를 공경하지 않거나 살인, 간통, 도둑질, 거짓말, 탐욕, 모략을 삼가지 않는다면, 어떠한 사회든 사회 자체가 유지되기 어렵기 때문이다. 하지만 첫 네 계명은 독특하다. 이들은 우뇌의 지각방식을 거부함으로써 알파벳에 기반한 좌뇌의 활용을 장려하는 것처럼 보인다.

첫 번째 계명 "너희 하느님은 나 야훼다. 바로 내가 너희를 이집트 땅 종살이하던 집에서 이끌어낸 하느님이다. 너희는 내 앞에서 다른 신을 모시지 못한다.(탈출기 20: 2-3)"의 진정한 의미는, 여신이 소멸했다는 것이다. 이 계명이 진실로 이야기하고자 하는 것은 다음과 같다.

> "나만이 유일한 신이다. 나는 남자이며, 아내도 연인도 있지 않으며 필요하지도 않다."

물론 구약은 야훼가 남자인지 여자인지 명백하게 언급하지 않는다. 하지만 성서에 등장하는 그의 이름, 야훼(아도나이)와 엘로힘 모두 히브리어에서 남성명사로 취급한다. 야훼를 지칭하는 단어들도 모두—Lord, Host, King, Ruler, Master—여지없이 남자다.•

첫 번째 계명은 여신을 언급하는 것을 용납하지 않겠다는 선언이다. 고대세계에서도 여신숭배가 가장 발달한 곳은 이집트였다. 모세와 함께 히브리사람들이 이집트에서 탈출했다면, 이 선언은 과거로부터 완전히 단절하겠다는 표현이다. 하지만 모든 생명이 남성적 원리와 여성적 원리의 결합에 의해 발생한다는 것을 모르는 사람이 없다는 사실을 떠올려보면, 여성의 가치를 완전히 배제해 버린 이 첫 번째 계명은 역사상 가장 극단적인 선언이라 할 수 있다.

두 번째 계명 역시 놀랍다. "너희는 위로 하늘에 있는 것이든, 아래로 땅 위에 있는 것이든, 땅 아래 물속에 있는 어떤 것이든 그 모양을 본떠 새긴 우상을 섬기지 못한다."(탈출기 20:4)

이미지를 만들지 말라는 명령은 토라 전체에 걸쳐 반복된다.

• 구약의 신 이름은 Yahweh·Adonai—Lord—주님, Elohim—God—하느님으로 번역된다(히브리어—영어—한국어). 유대교에서 영성이 지니는 여성적 측면을 부각하여 신을 셰키나Shekinah라고 부르기도 하는데, 이 말은 서기 1세기쯤 생겨난 것으로 토라에는 나오지 않는다.

그러므로 너희는 깊이 명심하여라… 그러니 너희는 남자의 모습이든 여자의 모습이든 일체 어떤 모습을 본떠 새긴 우상을 모시어 죄를 짓는 일이 없도록 하여라. 땅 위에 있는 어떤 짐승의 모습이나 공중에서 날개 치는 어떤 새의 모습이나, 땅 위를 기어 다니는 어떤 동물의 모습이나 땅 아래 물속에 있는 어떤 물고기의 모습도 안 된다. (신명기 4:15-18)

두 번째 계명은 전통적으로 우상숭배를 금지하는 계율로 여겨진다. 하지만 야훼가 자신의 형상을 만들지 말라고 말하는 것이라면 이 해석이 맞겠지만, 실제로 그는 세상의 그 어떤 것도 닮은 형상을 만들지 말라고 말한다. 하늘을 나는 새 그림이, 햇빛을 받아 반짝이며 물 위로 튀어오른 물고기 그림이 어떻게 그를 위협할 수 있는 것일까?

이 계명의 목적은 그림을 통해 정보를 전달하지 말라는 것이다. 채색화는 물론 단순한 드로잉도, 어떤 종류의 예술도 용납하지 않는다. 우리가 아는 역사에서, 이처럼 자연을 재현하는 미술을 금지하는 문화는 존재한 적이 없다.

우상을 만들지 말라는 것이 어떻게 올바른 삶을 살기 위한 두 번째 중요한 규율이 될 수 있을까? 10계명을 오늘날 중요한 순서에 따라 나열해 보라고 하면, 아마도 이 계명은 맨 끝으로 가고 여섯 번째 계명 "살인하지 말라"가 두 번째 자리에 올 것이다. 이는 곧 고대히브리사람들이, 예술이 살인보다 위험하다고 생각했다는 뜻이다.

구약에서는 종교적 불관용을 이미지에 대한 혐오로 표현한다. '우상'을 의미하는 idol이라는 단어는 라틴어 idolum에서 유래한 것인데, 이 라틴어는 '이미지'를 의미하는 그리스어 eidôlon에서 유래한 것이다. 타종교를 배척하는 히브리사람들의 극단적인 열정에 불을 지핀 것은 사실 이교도의 종교적 믿음이나 교리나 의례 때문이라기보다는 '형상'에 집착하는 이교도의 관습 때문이었다.

구약에 등장하는 예언자들과 독실한 신앙인들은 빠짐없이 우상숭배를 비난한다. 예컨대 열왕기하 10장 30절에서 야훼는 우상을 섬긴다는 이유로 바알 사제를 살해한 예후를 칭찬한다. 또 이스라엘사람들이 가나안을 침공하기 위해 준비할 때 야훼는 다음과 같이 지시한다.

> 그 땅에서 주민을 모조리 쫓아내고 돌에 조각한 우상과 쇳물을 부어 만든 우상을 깨뜨려버려라. 서낭당도 모조리 허물어버려라. (민수기 33:52)

이미지에 대한 이스라엘사람들의 이러한 강렬한 적개심은 어디서 나온 것일까? 알파벳의 엄청난 유용성을 깨달았으나, 자신들이 발견한 새로운 기술이 그림에 기반한 정보로 인해 확산되지 못한다고 생각했을 것이다. 이미지에 의존하지 않고 생각하는 법은 알파벳을 읽어내는 데 꼭 필요한 기술이었다. '우상을 만들지 말라'는 말은 곧 우뇌의 패턴인식을 금지하는 것이었다. 이에 따라 사람들은 모두 무의식적으로 위대한 어머니의 예술과 이미지에서 등을 돌리고, 180도 반대로 전능한 아버지의 글자 밑에서 보호를 받고 지시를 따랐다.

세 번째 계명은 야훼의 이름을 말하는 것을 금지한다. "너희는 주 하느님의 이름을 함부로 부르지 말라. 주는 자신의 이름을 함부로 부르는 자를 죄 없다고 하지 않을 것이다."

우상을 금지하는 명령 바로 다음에 나오는 이 계명은 형상보다 말의 우위를 강화한다. 하느님을 섬기기 위해 이미지를 사용할 수 없는 상황에서 그의 이름도 부르지 못한다면 사람들은 어떻게 신을 찬양할 수 있겠는가? 어쩔 수 없이 사용가능한 온갖 단어를 동원하고 새로운 표현들을 만들어내야 한다. 이러한 언어적 사고는 좌뇌의 활동영역이다.

창세기에서 야훼가 아담에게 처음 가르쳐준 것은 불을 피우거나 무기를 만드는 일이 아니었다. 이 최초의 인간에게 가르쳐준 것은 자신의 모든 피조물에 이름을 붙이는 것이었다. 이런 행위를 통해 야훼는 이름을 짓는 것이 인간에게 부여한 가장 강력한 힘이라는 것을 강조한다. 이름을 붙임으로써 아담

은 '만물을 지배하는 지위'를 얻는다. 이름은 의미와 질서를 안겨준다. 이름을
붙이는 것은 아는 것이고 아는 것은 지배하는 것이다.[*] 따라서 전지전능한 신
의 이름을 부르는 것은 불경한 것이 되고 만다.

네 번째 계명은 시간을 지키라는 명령이다. '안식일을 기억하여 거룩하게
지켜라. 엿새 동안 힘써 네 모든 생업에 종사하고 이렛날은 너희 하느님 야훼
앞에서 쉬어라.'

이렛날(7일)은 사실 자연에서 찾을 수 있는 자연스런 주기가 아니다. 물론
28일을 주기로 도는 달을 그믐, 상현, 보름, 하현으로 구분하면 7일이라는 숫
자가 나오긴 한다. 하지만 날이 흐릴 때는 달이 보이지 않고, 또한 그믐 때 3일
동안은 달이 보이지 않는다는 사실을 고려하면, 7이라는 숫자가 달의 주기에
서 나왔다고 말하기는 쉽지 않다.[**][6]

안식일 사이의 날을 세는 것은 신명기에 등장하는 시간과 관련된 계명 중
에서 가장 간단한 것에 속한다. 구약에 등장하는 계산은 매우 복잡하며, 때로
는 엄밀한 방정식을 요구하기도 한다.

> 너희는 6년 동안 밭에 씨를 뿌리고… 그 소출을 거두어라. 7년째 되는 해는… 땅
> 을 묵혀 밭에 씨를 뿌리지 말고, 포도 순을 치지도 마라… 너희는 또 일곱 해를 일
> 곱 번 해서, 안식년을 일곱 번 세어라. 이렇게 안식년을 일곱 번 맞아 49년이 지나
> 서 일곱째 달이 되거든 그 달 10일에 나팔소리를 크게 울려라. 50년이 되는 이 해
> 를 너희는 거룩한 해로 정하고 너희 땅에 사는 모든 사람에게 해방을 선포하여라.
> (레위기 25:3-10)

● 선사시대 동굴벽화가 그려진 장소를 방문해보면 경외감에 휩싸이지 않을 수 없다. 구석기시대의 예술가들
은 신기에 가까운 기술로 들소, 순록, 말의 이미지에 생명을 불어넣었고, 신비스런 방법으로 이들을 지배하
는 힘을 얻었다. 하지만 야훼는 아담에게 동물을 그리는 법을 가르쳐주지 않는다. 말에 기반한 새로운 종
교에서 권력을 불어넣어주는 것은 이제 이미지가 아닌, 말이다.

●● 오늘날 연구에 따르면, 대다수 사람들이 틀리지 않고 순서대로 기억할 수 있는 숫자는 최대 7개라고 한다.
이러한 원리로 전화번호는 7자리로 만든다.

희년jubilee은 노예도 풀려나는 즐거운 축제로, 학대받는 사람들조차 이런 수를 계산하는 데 상당한 관심이 있었을 것이다. 당시 사제계급은 물론, 모든 사회 구성원들에게 이처럼 복잡한 시간계산을 가르치는 문화는 없었다.

시간에 관한 율법은 정의라는 개념의 토대가 된다. 선형적 시간이라는 관념이 있어야만 이후 따라올 처벌이나 늦어지는 보상과 같은 것을 이해할 수 있기 때문이다. 문자가 없는 문화는 알파벳을 사용하는 문화만큼 '정의'라는 개념이 철저하지 않은데, 이는 시간을 선형적으로 인식하지 않았기 때문이다. '심판의 날'은 문자가 있는 문화에서만 존재한다. 문맹세계에서 죽음은 심판대에 서는 날이 아니라, 다른 세계로 가는 통로에 불과하다. 알파벳은 시간감각을 확장시켜, 미래의 어느 날 천벌을 받을 수 있다는 가능성을 더 또렷이 의식하도록 만들었다.

알파벳을 읽고 쓰게 되면서 사람들은 또한 역사—사건발생의 연대기—를 기록할 수 있다는 사실을 깨달았다. 구약성서에 포함된 사무엘기(사무엘 상·하)는

우상을 숭배하는 현장을 목격한 모세가 10계가 적힌 석판을 깨부수는 모습. Gustave Dore 1866

헤로도토스보다 몇 세기 전 인물 아히마오즈Ahimaoz가 쓴 역사책이다. 참고할 만한 자료가 하나도 없는 상태에서 심리적 통찰을 바탕으로 문학적인 문체로 극적인 걸작 역사드라마를 써냈다.

네 번째 계명은 윤리적인 일상과는 무관한 듯 보인다. 시간이 흐른다는 인식, 시간을 계산하고 시간을 기념하는 법을 가르칠 뿐이다. 관념적인 시간을 인식하는 것은 이후 등장하는 알파벳에 기반한 모든 문화에

서 매우 중요한 일이었다. 사람들은 해시계, 물시계, 진자, 톱니바퀴, 기어, 달력을 발명했으며, 이에 매료되었다. 마침내 손목시계가 등장하여 궁극적으로 모든 사람을 시간의 노예로 만들었다. 앞에서도 말했듯이 시간은 좌뇌의 핵심적 특성이다.

첫 4계명은 이처럼 추상적, 선형적, 순차적 사고능력을 강화한다. 알파벳 활용능력을 극대화하기 위한 기본적인 마음가짐을 갖도록 하는 것이다. 또한 알파벳을 배우면 거꾸로 첫 4계명에 대한 믿음이 강화된다. 다른 문화와 전혀 다른 행위규칙이 존재하는 것이다. 첫 4계명은 서양이 아닌 다른 문화권에서는 전혀 중요한 윤리적 요구가 되지 못했다.

당신이 모세라고 상상해 보자. 소수집단의 리더로서 구성원들을 하나로 뭉치게 하고 강한 단결을 이뤄낼 수 있는 신기술을 개발해냈다. 상당한 통찰력으로 이 새로운 인지수단을 사용하면 문화 자체에 돌이킬 수 없는 엄청난 영향력을 미칠 수 있다는 사실을 깨달았다. 하지만 이 새로운 수단을 배우라고 사람들을 설득하기가 쉽지 않다. 어떻게 할까? 문자에 마법의 광채를 부여하면 평범한 사람들의 관심도 끌어모을 수 있을 것이다.

문자는 처음 배우는 사람들에게 마법과 같은 느낌을 준다. 이러한 느낌에서 문자가 전지전능한 하느님의 창조물이라고 선언하는 것까지 가는 것은 멀지 않다. 신의 메시지는 암호로 되어있다. 이 암호를 이해하고 그 속에 감추어진 초자연적 힘을 해방시키려면 읽고 쓰는 법을 배워야 한다. 다른 정보 유통채널을 차단하려면 우상숭배, 즉 문자 이외의 정보전달수단을 금지하면 된다. 하느님에게 부여된 모든 이미지를 벗겨버리면 된다. 실제로 신을 어떤 식으로든 형상화하려는 시도는 중죄로 다뤄졌다. 야훼는 모세에게 이렇게 말한다.

나의 얼굴만은 보지 못한다. 나를 보고 나면 아무도 살아남지 못한다. (탈출기 33: 20)

이스라엘사람들은 신이 쓴 문자를 통해서만 신에 대해 알 수 있었다. 문자가 우상을 대신했다.

구약은 사회를 재편하는 강력한 사회적 도구였다. 혜택을 입는 사람이 있었으며 불이익을 당하는 사람도 있었다. 혜택을 본 사람은 일반대중, 가난한 사람들, 과부, 고아, 노예, 레위족 성직자들, 글을 아는 사람, 전사, 변호사, 재판관, 예언자, 농민, 장사치, 2중 결혼을 한 사람들, 그리고 남자들—아들, 아버지, 남편—이다. 알파벳문화, 법률, 논리, 정의, 윤리, 도덕성, 2원론, 민주주의, 양심, 개인주의가 높은 가치로 여겨졌다.

불이익을 당한 사람은 예술가, 성적 모험을 즐기는 사람, 강간피해자, 그리고 여자들—아내, 여자예언자, 여왕, 딸, 여자노예, 여사제—이다. 이미지, 아름다움, 자연, 통일성, 관용, 직관은 결정적으로 퇴락하고 만다. 유대교는 그로부터 지금까지 문자를 매개로 변치 않는 하느님을 숭배한다. 히브리사람들은 역사상 최초로 문자에 기반한 종교를 만들어냄으로써, 여신을 거부하고 시각예술을 배제하였다.

10

ABRAHAM vs MOSES

아브라함 vs 모세

THE ALPHABET
VERSUS
THE GODDESS

...그들 심장에 내 율법을 써넣어 깊이 새겨 넣어줄 것이다.

예레미야 31:33

엄청난 활력과 변화를 분출한 역사상 위대한 이종간 결합 중에
문자문화와 구술문화의 만남을 능가하는 사건은 없다.
귀가 할 일을 눈으로 대신할 수 있게 한 표음문자는,
사회적으로든 정치적으로든
가장 급격한 사회구조의 폭발을 초래했을 것이다.

마샬 맥루한 Marshall McLuhan[1]

아브라함 vs 모세

신화, 역사, 전설

기 원전 5세기 유대교의 탄생은 역사의 새 장을 열었다. 유대교 이전의 문
명은 사실 오늘날 서양인들의 눈에는 동떨어진 별세계처럼 보인다. 메
소포타미아 지역을 장악했던 후르리Hurrians나 미탄니Mitanni의 문화, 고대이집트
의 종교의식은 오늘날 현대인들의 눈에는 아무런 울림도 주지 못한다. 당시
사람들이 잠깐 관심을 보이는 것이 고작이었던 관념들을 히브리사람들은 자
신들의 대화 속에 주요 소재로 끌어들였으며, 더 나아가 놀라울 정도로 독창
적인 개념을 만들어내기도 했다. 수 세기 동안 갈고닦은 이러한 정신적 구조
물을 히브리사람들은 널리 퍼뜨렸고 마침내 서양인들의 의식 속에 심는데 성
공한다.

알파벳문화는 히브리인들이 신과 맺는 관계, 이웃과 맺는 관계를 완전히
바꾸어 놓았다. 글로 새겨진 경전은 그들에게 흔들리지 않는 믿음을 불어넣
었다. 수메르, 히타이트, 후르리, 크레타, 바빌로니아, 미탄니, 앗시리아, 페르시
아, 가나안, 이집트, 그리스, 페니키아, 로마 등 쟁쟁한 국가들이 명멸한 역사
의 한복판에서 히브리는 자신들의 신앙체계를 잃지 않고 끝까지 지켜낸 유일
한 고대인들이다. 더욱이 웬만해서는 종족 자체가 소멸할 수밖에 없는 긴 불
행의 역사를 뚫고 지금까지 그 정체성을 유지하고 있다는 사실을 떠올려보면
놀라울 수밖에 없다.•

• 물론 이집트, 그리스, 로마는 지금도 존재한다. 하지만 그들의 신앙이나 생활양식은 고대의 것과 완전히 다르다.

여전히 여신이 사람들의 마음속에 자리잡고 있던 시대에 유대교의 10계명이 공표되었다는 것은, 이 책의 주제와 관련하여 매우 중요한 사건이다. 어떠한 여신의 도움도 받지 않고 남신 혼자서 세상을 창조했다는 신화에 기반한 종교의 등장은 인류의 세계관에 근본적인 변화가 일어났다는 것을 알려준다.●

구약이 후대에도 계속 영향력을 유지할 수 있었던 주요한 이유는 쉽게 읽혔기 때문이다. 유대교를 믿지 않는 사람도 구약은 재미있는 문학처럼 읽을 수 있었다. 주인공들의 번민, 그들이 처한 곤경, 그에 대한 반응은 인간본성에 대한 깊은 이해가 반영되어있었다.

예컨대 사라는, 하느님이 자신의 남편 아브라함에게 '네 자손이 백사장의 모래알처럼 퍼져 새로운 국가의 기틀이 될 것'이라고 말하는 것을 엿듣고는 확신에 찬 하느님의 약속을 비웃는다. 이미 90살이나 된 그녀와 남편 사이에는 자식이 없었기 때문이다. 더욱이 야훼의 부름을 받고 가나안에 들어와 24년 동안 고생을 한 사라는 아직도 신의 약속을 믿는 바보 같은 남편에게 화를 낸다. 물론 네페르티티가 아크나톤의 편집증을 조롱했거나, 함무라비의 아내가 '눈에는 눈, 이에는 이'와 같은 법률이 너무한 거 아니냐고 따졌을지도 모르지만, 그러한 대화를 기록한 역사서나 문학은 존재하지 않는다.

그 당시 문자가 있다고 해도 사람의 내적 감정을 글로 표현한 문화는 없었다. 그 당시 글의 특징은 과장과 아첨이었다. 왕실의 필경사들은 지도자의 결점이나 실수를 기록하지 않았다. 파라오의 허세, 신하들과 사제들의 자기과시는 독자에게 공감을 끌어내지 못한다. 메소포타미아나 이집트의 전설과 신화들과 달리 구약은, 고매한 존재에 관한 이야기인 동시에 평범한 사람에 관한 이야기다. 고대히브리사람들의 글이 오늘날 우리의 마음을 사로잡는 것은 지도자의 실패, 또 자신들의 실패조차 거리낌없이 솔직하게 기록했기 때문이다.

미래에 족장이 되는 어린 요셉은 형제들의 잘못을 고자질한다. 야곱의 사

● 이집트의 신 아툼Atum과 프타Ptah도 여신의 도움을 받지 않고 생명을 창조했는데, 이 두 신을 모시는 의례에서는 여신들이 주요한 역할을 한다.

기, 노아의 음주, 다윗의 태만은 이들에 대한 경외심을 흩뜨린다. 국가를 세우는 과정을 기록하는 것은 국가에 대한 경외심을 높이기 위한 것인데, 구약은 왜 이러한 감추고 싶은 이야기까지 굳이 담았을까? 이러한 오점들을 그토록 오랜 세월 충실하게 기록한 것은 아마도 그것이 진실이라는 단순한 이유 때문일 것이다. 구약에서 종종 발견되는 주인공에 대한 비판적 묘사는, 역사상 최초의 객관적인 문학적 서술이라고 볼 수 있다. 객관성은 합리적 분석에서 나오고, 분석력은 좌뇌에서 발현되고, 좌뇌는 알파벳의 활용을 통해 발달한다.

구약은 시, 격언, 지혜문학에서 예언서, 계시록, 명시적 법률까지 다양한 문헌을 하나로 묶은 문집이다. 하지만 그 핵심은 역사적 서사물이다. 이 장에서는 구약의 연대기를 신화, 전설, 역사로 구분하고 분해하여 성서 이면에 숨어 있는 실세로서 알파벳이 어떤 역할을 하고 있는지 증거를 찾아보고자 한다.

창세기의 첫 부분—천지창조, 최초의 인류 아담과 이브의 시험과 시련, 노아의 홍수—을 나는 신화로 분류한다. 이 신화에 등장하는 다양한 요소들, 예컨대 에덴동산, 홍수, 바벨탑 등이 메소포타미아문명에서 가져온 것이라는 사실은 이미 밝혀졌다.

사사기부터 사무엘기까지는 기원전 900년부터 기원전 400년까지 존재했던 유대왕국의 성쇠를 상세하게 기록한 역사서다. 이 글을 쓴 사람(들)은 특히 사울, 다윗, 솔로몬의 통치시기에 대한 경의를 쏟아낸다. 도덕적 교훈을 상당히 담고 있음에도, 여기 등장하는 인물들은 모두 실존했던 사람들이다. 이에 대해 의문을 제기하는 역사학자는 거의 없다.

창세기 후반부부터 사사기 바로 앞에 있는 여호수아기까지는 유대의 족장들 이야기, 이집트에 끌려가 노예생활을 하다가 탈출하고 시나이산에서 계시를 받고 신과 계약을 맺고 40년 동안 광야를 헤매고 결국 가나안땅에 들어선 이야기를 한다. 하지만 이 이야기들을 뒷받침하는 역사적인 증거는 지금껏 하나도 발견되지 않았기 때문에 나는 이 부분을 전설로 간주한다.

부족의 탄생에 관한 이야기를 기록하라는 임무가 주어진다면, 당신은 틀림없이 우리문화와 다른 문화를 구분짓는 결정적 사건에서 이야기를 시작할 것이다. 결정적 사건 이후 지켜온 문화적 독자성을 서술하는 과정에서 우리 부족의 역사를 좀더 빛나게 하고 싶은 욕심이 생겨나고, 이때 떠올리는 것이 바로 창조신화다. 그리하여 결정적 사건 앞에 창조신화를 끼워넣게 된다. 실제로 시 형식으로 되어있는 창세기의 첫 부분은 저자 P(사제)가 기원전 600년경 만들어 넣은 것이라고 성서학자들은 추정한다.

이름 모를 구약의 저자들은 실제 역사와 신화와 전설을 교묘하게 접붙여놓아, 지금으로서는 어디가 그 경계인지 구분하기 어렵게 만들어놓았다. 아브라함, 요셉, 모세는 기적을 체험하는 전설 속 인물로 여겨지지만 사울, 다윗, 솔로몬처럼 실존했던 인물로 묘사되고 있다. 아브라함에 대한 묘사를 보면, 이야기 자체가 실제 현실을 묘사하는 것처럼 생생하고 복잡하게 얽혀있어 신화로 보이지 않는다. 일단 논의를 시작하기 위해 아브라함 이야기가 신화에서 전설로 넘어가는 지점이라고 가정해 보자.

* * *

유대인은 기원전 1800년경 칼데아의 우르에서 처음 집단을 형성했다. 바빌로니아의 6대왕 함무라비는 정복과 군사적 동맹을 통해 주변국가들을 병합하여 강대한 제국을 건설하였는데, 우르가 바로 제국의 중심부였다. 함무라비는 학문을 존중했고, 제국의 법전—그 유명한 함무라비법전—을 문자로 기록하여 반포하기도 했다. 모든 예술과 과학이 번영하고 진보하는 시기였다.

제국의 수도답게 우르에는 언어가 다른 여러 부족들이 모여 살았다. 거기서 우상을 만들어 먹고사는 테라^{Terah}라고 하는 남자가 살았다. 다양한 부족이 모여 사는 우르에는 다양한 종교들이 성행했고 따라서 테라의 사업은 번창했다. 뛰어난 손재주는 물론 정치적 통찰력까지 갖춘 덕분에 그는 존경을 받는다.

그가 하는 일은 사람들이 가져온 조잡한 그림을 보고 나무토막을 깎아 입체적인 조각상을 만들어주는 것이었다. 특정종교에 대한 신앙을 갖는 것은 이런 직업을 유지하는 데 방해가 되었을 것이다. (여러 신들이 경쟁하는 시대에 우상을 조각하는 사람들은 역사상 최초의 회의론자였을 확률이 높다.)

구약은 테라의 자손을 줄줄이 나열하는데, 그의 아내이름은 이야기하지 않는다. 이는 다소 이상해 보인다. 테라에게는 세 아들이 있었는데, 그 가운데 한 명이 바로 아브람―서양의 모든 종교의 시조가 되는 아브라함―이기 때문이다. 우르의 만개한 예술문화는 아브람에게 풍요로운 경험을 선사한다. 작가로서 누릴 수 있는 권한을 활용하여, 우르에서 자란 아브람의 삶이 어떠했을지 상상해보고자 한다.

아버지의 부와 사회적 위치 덕분에 이 조숙한 젊은이는 쐐기문자를 배울 수 있었다. 아버지의 작업장에 앉아 점토판에 글자를 새기며 글자를 익혔을 것이다. 다양한 외국인들이 찾아와 투박한 악센트로 아버지에게 신비스런 형상들을 만들어달라고 주문하는 모습을 지켜보았을 것이다. 하지만 배움이 깊어지면서 아브람은 아버지의 가게에 잔뜩 쌓여있는 우상들이 아무 의미없다는 것을 깨닫게 되고, 더 나아가 인간이 만들어낸 것에 신성한 영혼이 깃들어 있다고 믿는 사람들을 경멸하게 되었을 것이다. 아무 의미없는 나무토막이 다양한 신과 여신의 모습으로 탈바꿈하여 나가는 것을 매일 보면서 아브람은 우상숭배를 점점 혐오하게 되었을 것이다.

어느 시점이 되었을 때 알 수 없는 이유로 테라는 가족을 모두 데리고 우르를 떠나 서쪽 가나안을 향해 떠난다. 그가 이끄는 작은 집단에는 아브람의 아내 사래도 있었다. 구약은 일찌감치 "사래는 임신을 하지 못하는 몸으로 자식이 없었다"고 말한다(창세기11:30). 가나안에 도착한 지 얼마 지나지 않아 테라는 죽었고, 아브람은 일족의 우두머리가 된다.

아브람은 가족을 이끌고 다니며 유목생활을 하면서 상업으로 생계를 꾸렸다. 이따금씩 소를 먹이기 위해 가나안의 지주들에게 목초지를 빌리기도 했다. 이들은 다른 부족들과 어느 모로 보나 평화로운 공존관계를 유지했다. 하지만 가뭄으로 인해 기근이 들자, 아브람은 가나안을 떠나기로 하는데, 여기서 자신의 고향 우르로 돌아가는 대신 반대방향인 이집트로 향한다.

다양한 문화교류는 언제나 여행가, 모험가, 순례자들이 맡은 역할이다. 꽃가루를 옮기는 꿀벌처럼 어느 한 문화의 사고방식을 다른 문화로 실어 날랐다. 이집트에 체류하는 동안 아브람은 그곳 사람들이 쓰는 문자언어에 흥미를 느낀다. 자신이 어릴 적 배운 쐐기문자와는 전혀 다른 형태였기 때문이다. 예술가의 아들로서 그는 미학적으로 만들어진 이미지들을 이용해 생각을 전달하는 상형문자에 매료된다. 어느 정도 세월이 지난 뒤 그는 아내와 자신의 부족을 데리고 가나안에 살기 위해 되돌아온다.

이러한 여행은 아브람에게 다양한 사람들의 관습과 종교적 특성을 관찰할 수 있는 기회가 되었다. 세계를 무대로 시야를 넓힌 그에게 지역의 편협한 종교는 이제 눈에 들어오지 않았다. 문자언어에 익숙한 덕분에 아브람은 신에 대해 점점 추상적인 묵상을 하게 되었을 것이며, 마침내 세상에 신이 하나만 존재하며 그 신에게는 형상이 없을 것이라는 확신을 갖게 되었을 것이다.

아브람은 글쓰기 기술을 연마하면서 전혀 다른 두 가지 문자를 사용해 같은 목적을 달성할 수 있다는 것을 깨달았을 것이다. 그리고 이 두 문자보다 더 나은 표기방식을 고민했을지도 모른다. 당시 가나안사람들은 이미 단순화한 문자를 만들어 쓰고 있었다. 하지만 어느 사회나 그러하듯이 가나안의 귀족들은 이러한 혁신의 가치를 인정하지 않았다. 까다로운 아카드어를 습득한 가나안의 필경사들도 자신들의 기득권을 포기하려 하지 않았다. 텔엘아마르나의 문헌보관소에서 발견된 고고학적 기록에 따르면, 그들은 여전히 쐐기문자를 사용했다.

많은 고고학자들이 가나안이나 페니키아보다 히브리가 먼저 알파벳을 사용하지는 않았을 것이라고 주장한다. 구체적인 증거가 없기 때문이다. 히브리 같은 작은 부족들, 또는 비슷한 처지에 있던 힘없는 부족들은 상형문자든 쐐기문자든 고집하지 않았다. 그들은 끊임없이 이동해야 했으며, 다스릴 도시도 없었으며, 기념물을 만들거나 어디엔가 석조구조물을 세울 수 없었기 때문에, 후대를 위해서 문자기록을 남기지 않았을 것이다. 히브리문자에 돌에 새기는 글꼴이 없는 것도 바로 이 때문이다. 그들은 양피지나 동물의 가죽에 글을 썼을 것이고, 그래서 오늘날 그 증거가 하나도 남아있지 않을 것이다. 증거가 없다는 것이 없다는 증거가 아니라는 것을 명심해야 한다.

* * *

상인으로서, 용병으로서, 목동으로서 99년이라는 긴 세월을 순조롭게 살아온 아브람의 눈앞에 어느 날 신이 나타난다. 야훼의 목소리를 들은 것이다. 구약은 야훼가 아브람의 '눈앞에 나타났다'고 이야기하는데(창세기 17:1), 이는 아브람이 이미지숭배에서 문자숭배로 전환하는 시기의 인물이라는 것을 알려준다.

당시 가나안에는 다양한 종교들이 난립해있었다. 주요한 종교들이 섬기는 여신으로는 아낫, 아셰라, 아스타르테가 있었다. 가나안에서 발굴한 철기시대 신상 중 90퍼센트 이상이 여자의 모습이다.[2] 기원전 1500년경, 문자기록을 보면 신앙의 대상이 엘티로 바뀌었다는 사실을 알 수 있는데, 엘은 아셰라의 남편으로 야훼와 많은 부분에서 비슷한 신이다.

야훼가 홀로 아브람 앞에게 나타났을 때 야훼를 섬기는 사람은 한 명도 없는 상태였다. 야훼를 신봉하던 노아Noah나 므두셀라Methuselah는 이미 죽은 지 오래였다. 이후 야훼를 섬기는 사람은 역사적으로나 고고학적으로나 가나안은 물론 비옥한 초승달지대 어디에서도 찾아볼 수 없다.

아무도 섬기지 않는 신 야훼는 아무 신도 섬기지 않는 아브람 앞에 나타나 자신을 섬기라고 요구하면서, 그러면 장래에 그의 자손들이 모래알처럼 퍼져 가나안땅의 주인이 되게 해주겠노라고 약속한다. 하지만 야훼는 약속을 지키지 않는다.

24년이 지난 뒤 야훼가 다시 아브람 앞에 나타난다. 자신을 섬기겠다고 굳은 맹세를 하면 이전에 했던 약속을 이행하겠다고 제안한다.

"네 자손을 땅의 티끌만큼 불어나게 하리라. 땅의 티끌을 셀 수 있는 사람만이 네
자손도 셀 수 있을 것이다." (창세기 13:16)

야훼는 자신을 섬기겠다는 것을 말로만으로는 믿을 수 없으니 언약의 증표를
내놓으라고 요구한다. 음경의 포피를 잘라내 바치라는 것이다. 종교의 역사를
통틀어 가장 기이한 희생요구지만, 문화적 심리적 중심을 남성적 가치와 가부
장제로 옮기는 과정에서 나온 것이라고 해석할 수 있다.

그럼에도 이러한 요구는 매우 가혹한 의미를 갖는다. 여자에게는 없는 포
피를 잘라 바치라는 요구는 곧, 여자가 이 새로운 신앙에 능동적으로 참여할
수 있는 길을 근본적으로 봉쇄해버리는 것이기 때문이다. 희생제의에 참여할
수 없는 여자는 남자의 부속물이 되었고, 이로써 여자들의 힘과 영향력은 사
실상 거세당한다.

90살이 된 아브람은 당연히 질겁했을 것이다. 야훼와 계약을 맺는 조건으
로, 자신이 본보기를 보여야 한다는 것을 알았기 때문이다. 어쨌든 그는 신실
한 믿음과 할례라는 두 가지 조건을 받아들였고 야훼는 그에게 민족과 영토
라는 두 가지 선물을 주겠다고 약속한다.

아브람은 자신의 일족을 모아놓고 자신이 방금 신과 맺은 계약에 대해 이
야기한다. 새로운 신을 섬기기 위해선 할례를 해야 한다는 이야기를 했을 때
그곳에 있던 남자 가족들, 남자 하인들, 남자 노예들 머릿속에는 어떤 생각이
들었을까? 하지만 성서의 기록에 따르면 어쨌든 그들 모두 순순히 계약조건
에 따랐다고 한다. 자신과 계약을 맺은 증표로 야훼는, 아브람^Abram^은 아브라
함^Abraham^으로 사래^Sarai^는 사라^Sarah^로 이름을 바꿔준다. 이로써 이들은 최초의
이스라엘^Israel^사람이 된다.

놀랍게도 야훼와 아브라함의 언약은 '말'로 이루어졌다. 우르 지역에서 쐐
기문자가 사용된 지 1000년이 지난 시점이었음에도, 언약내용을 양피지에도
돌에도 기록하지 않았다. 올리브기름을 몇 개 선적했는지도 글로 기록하는 시

점이었다는 것을 고려하면, 야훼도 아브라함도 자신들이 맺은 이 중대한 계약을 문서로 기록하지 않았다는 것은 매우 이례적인 것으로 여겨진다.

야훼가 마침내 첫 번째 약속을 이행하자, 사라는 몹시 기뻐한다. 자신이 임신을 했다는 사실을 깨달은 사라는 비로소 야훼의 두 번째 열렬한 개종자가 된다. 그녀는 기쁨 속에서 이렇게 외친다.

> "신이 나에게 웃음을 주는구나. 나 같은 늙은이가 아이를 낳는다고 하면, 누구든 나처럼 기쁘지 않겠는가? 사라가 자식들에게 젖을 물리게 될 것이라고, 누가 아브라함에게 말할 엄두를 내었을까? 저 늙은 아브라함에게 아들을 낳아 줄 것이라고."

아브라함과 사라는 아들 이사악Isaac을 낳았고, 애지중지 키웠다. 하지만 야훼는 자신에 대한 믿음을 또 다시 시험하기 위해 이 아이를 제물로 바치라고 요구한다. 사라에게는 이야기조차 할 수 없었다. 아브라함은 자신이 섬기기로 한 신을 위해 이 끔찍스런 명령을 이행해야 한다고 생각하여, 야훼에 대한 충성이 외아들이나 아내에 대한 사랑보다 앞선다고 스스로 세뇌한다.

눈물을 흘리며 자신의 사랑스런 아이의 목을 베려는 순간 야훼는 그의 손을 멈추게 하고는 자신의 명령이 시험하기 위한 것이었을 뿐이라고 실토한다. 이 이야기에서 알 수 있는 사실은, 이처럼 중대한 사안에 사라는 아무런 영향도 미치지 못했다는 점이다.

지금 시각으로 볼 때는 이해하기 어렵지만 아이를 제물로 바치는 의례는, 냉혹한 논리로 따지면 타당성이 있는 관습이었다. 인류는 언제나 신에게 선처를 호소함으로써 자연의 예측할 수 없는 힘을 통제하고자 노력했다. 그리고 당시 평범한 인간들조차 무언가 주는 게 있어야 받을 수 있다는 '교환개념'은 상식에 속했다. 상대방 목에 걸린 구슬이 갖고 싶다면, 그 가치에 걸맞은 물건을 주어야 한다.

신에게 은총을 요구할 때도 이러한 교환개념은 그대로 적용되었고, 따라서 정말 가치있는 것을 내주어야 한다고 생각했다. 당시 인간의 가치기준에서 가장 소중하게 여겨지는 것은, 처음 낳은 아기였다. 그보다 소중한 것은 상상할 수 없었다. 부족의 운명을 상서로운 방향으로 바꾸고자 한다면, 그 댓가로 무엇을 포기해야 할까? 그 답은 모두 알고 있었다.

창세기의 야훼는 종종 가혹한 모습을 보이지만 이 문제에 관한 한 지극히 문명화된 관점을 드러냈다. "인간을 제물로 삼지 못한다"는 명령은 야훼가 보여주는 개화된 태도 중 하나다.

이사악은 성인이 된 후 레베카Rebecca와 결혼하여 쌍둥이 아들을 낳는다. 에서Esau가 먼저 나오고 뒤이어 야곱Jacob이 나왔다. 유대전통에 따라 상속권은 장자인 에서에게 돌아갔다.

이삭을 죽이려는 순간 나타나 아브라함을 말리는 천사.
1410년 티무르제국에서 제작된 이슬람 성화

하지만 구약에 따르면, 야곱은 형의 발꿈치를 붙잡고 자궁에서 나올 정도로 장자의 자리를 탐냈다. 어른이 되어서도 집착은 그대로 이어졌다. 에서는 야외활동을 즐기는 활기찬 청년으로 성장한 반면 야곱은 '주로 집 안에서 생활했다.(창세기 25:27)' 이 구절은 야곱이 흥미진진한 사냥보다는 집안에서 학문을 탐구하는 것을 더 좋아했다는 것을 알려준다.

야곱은 뛰어난 요리실력을 발휘하여 만든 맛있는 죽 한 그릇을 에서에게 주면서 장자

권과 맞바꾸자고 꼬드긴다. 나중에는 임종을 앞둔 아버지가 장자 에서를 축복하려 하자 아버지를 속여 축복을 가로챈다. 이로써 야훼가 아브라함에게 약속한 모래알 같은 자손들의 선조는 에서가 아닌 야곱이 차지한다.

야곱은 집을 나와 하란Haran으로 떠난다. 야곱은 하란에서 라헬Rachel을 만나 사랑에 빠진다. 당시의 관습에 따르면 남자는 신부를 데려오기 위해 지참금을 줘야 했다. (나중에 가부장제로 바뀌면서 여자쪽에서 신랑집안에 지참금을 주는 것으로 바뀐다.) 돈이 없는 야곱은 라헬의 집에 들어가 7년간 일을 하기로 한다. 하란은 우르의 문화에 영향을 받는 바빌로니아의 학문의 중심지였다. 야곱은 이 거대한 도시의 문화적 다양성에서 많은 것을 느꼈을 것이다. 할아버지 아브라함의 강렬한 호기심을 타고났을 확률이 높다.

야곱은 라헬의 아버지에게 속아 14년 동안 무상으로 일을 해주고 결국 그녀의 언니 레아Leah까지 아내로 맞이한다. 야곱은 두 아내를 데리고 가나안으로 돌아온다. 레아는 아들 여섯과 딸 하나를 낳는다. 레아가 출산을 끝낸 뒤, 라헬은 아들 요셉Joseph과 베냐민Benjamin을 낳는다. 라헬은 베냐민을 출산하다가 죽는다.

전승에 따르면 어린 요셉은 육체적인 일을 싫어했다. 그의 형제들은 농부로서 목동으로서 들판에 나가 일을 했는데, 요셉은 좋은 옷을 입고 집안에서 지냈다. 이처럼 남자답지 못한 요셉을 야곱은 가장 아꼈다. 농경사회에서 아버지는 밭을 갈고 아들은 우유를 짠다. 야곱은 왜 그런 아들을 애지중지했을까? 아마도 자신도 주로 집안에서 공부하기를 좋아하였기 때문에 자신과 닮은 아들을 편애했을지 모른다.

아버지의 귀여움을 독차지하는 버릇없는 요셉을 형제들은 당연히 좋아하지 않았다. 야곱이 온갖 색깔이 들어간 화려한 코트를 요셉에게만 주자, 형제들은 화가 치밀어 요셉을 죽이기로 공모한다. 어느 날 집에서 멀리 떨어진 들판에 요셉이 혼자 나와있는 것을 본 형제들은 그를 구덩이 속으로 밀어넣는다.

원래는 요셉을 죽일 계획이었지만, 마지막 순간에 마음에 약해져 살려준다.

어차피 그대로 둬도 들짐승에게 잡아먹히거나 탈수로 죽을 것이 뻔했기 때문이다. 형제들은 집으로 돌아오면서 요셉의 화려한 코트에 양의 피를 발라 야곱에게 보여주면서 요셉이 사나운 들짐승에 잡혀 먹혔다고 말한다. 슬픔에 잠긴 노인은 자신이 입고 있는 옷을 쥐어뜯었다.

들판을 헤매던 요셉은 미디안사람들에게 발견되었고, 그들은 이집트로 가는 상단에 요셉을 팔아넘긴다. 상단은 이집트에 도착한 뒤 요셉을 왕실의 경호대장 보디발Potiphar에게 팔아넘긴다. 보디발은 글을 읽고 쓸 줄 알았던 사람이었을 것이다. 요셉의 지적 재능을 눈여겨본 보디발은 마침내 자신의 재산을 관리하는 중책을 요셉에게 맡긴다. 구약에는 명시적으로 언급되어있지 않지만 요셉은 글을 쓰는 재능도 뛰어났을 것으로 보인다. 글을 모르는 사람에게 그런 책무를 맡기지는 않았을 것이기 때문이다.

모든 일이 순조롭게 풀려가는 듯할 때, 잘생긴 외모와 지적인 품성에 끌린 보디발의 아내가 요셉을 유혹한다. 하지만 요셉이 자신의 유혹을 끝내 뿌리치자, 보디발의 아내는 요셉이 자신을 강간하려고 했다고 거짓누명을 씌웠고, 이로써 목숨이 위태로운 상황에 빠진다.

결국 요셉은 왕실 지하감옥에 투옥된다. 여기서 요셉은 함께 감옥에 갇힌 동료죄수의 꿈을 해몽해주는데, 그의 해몽이 신박하게 들어맞는다. 이 일을 눈여겨본 간수가 파라오를 보좌하는 신하에게 요셉에 대해 이야기해준다. 나중에 요셉은 파라오의 기괴한 꿈을 해몽해주게 되고, 이로써 파라오의 가장 신뢰받는 신하가 된다. 꿈을 해몽하고 미래를 예지하는 능력과 영민한 판단력으로 요셉의 운명은 다시 한 번 극적으로 뒤바뀐 것이다. 요셉은 사실상 이집트에서 파라오 다음으로 강력한 권력자 위치에 올라선다.

파라오는 자기 신하들에게 '우리가 이처럼 신통력을 지닌 사람을 어디서 찾겠느냐?' 하고는 요셉에게 부탁하였다. '하느님께서 너에게 이 모든 것을 알려주셨으니 너만큼 슬기롭고 지혜로운 사람이 어디 있겠는가? 그러니 나의 온 왕궁을 네 수하에 두겠다. 내 백성은 다 네가 시키는 대로 따를 것이다. 내가 너보다 높은 것은 이 자리에 앉았다는 것뿐이다.' (창세기 41: 38-40)

요셉은 7년 동안 풍년이 들고 그 다음 7년 동안 심각한 가뭄이 이어질 것이라고 예언하면서, 기근을 대비하여 전국의 창고에 곡식을 넘치도록 저장해두어야 한다고 조언한다. 그의 예언대로 풍요로운 세월이 끝난 뒤 견디기 힘든 가뭄이 대지를 뒤덮는다. 곡식이 떨어져 견디기 힘든 농민들이 파라오에게 구호를 요청한다. 요셉은 농민들의 토지소유권을 넘겨받는 댓가로 저장해 둔 곡식을 나눠준다.

기근은 점점 심해져서 온 세상에 양식이 떨어지지 않은 곳이 없게 되었다. 이집트 땅뿐만 아니라 가나안땅에 사는 사람들도 기근으로 더 이상 버틸 수 없게 되었다. (창세기 47:13)

우리가, 우리 땅이 모두 어른께서 보시는 눈앞에서 어찌 죽을 수 있겠습니까? 우리 몸과 땅을 받으십시오. 우리와 우리 땅은 파라오의 종이 되겠습니다. 그 대신 씨앗을 주십시오. 그래야 우리가 죽지 않고 살 수 있습니다. 땅은 황폐해지지 않을 것입니다. 요셉은 이집트의 모든 토지를 파라오의 이름으로 사들였다. 기근이 심해지자 이집트사람들은 모든 땅을 팔았고, 그리하여 온 땅이 파라오의 것이 되었다. (창세기 47:19-20)

곡식을 얻는 댓가로 땅을 팔아야 했지만 어쨌든 이집트는 가나안보다 형편이 나았다. 야곱은 아들들에게 이집트에 가서 곡물을 사오라고 시킨다. 그의 형제들은 요셉을 보고도 알아보지 못했다. 요셉은 이미 형들을 용서한 상태였고, 원한도 남아있지 않았다. 요셉은 자신의 가족을 이집트로 이주시켜 먹여 살린다.

요셉은 오래 살면서 성공을 구가했다. 요셉이 죽은 뒤 곧이어 그를 후원했던 파라오도 죽는다. 새로운 파라오는 요셉 일족이 여전히 영향력을 누리는 것을 싫어하였고, 일련의 포고를 반포하여 히브리사람들의 지위를 끌어내린다. 히브리사람들을 모욕하기 위해서, 이집트사람들이 히브리사람들의 재산을 훔쳐도 처벌하지 않았다. 이것마저 성에 차지 않은 듯, 히브리사람들을 모조리 노예수용소에 몰아넣고 죽을 때까지 노역에 종사하도록 했다. 이처럼 가혹한 형벌을 내리고도 이집트왕실과 귀족들은 히브리사람들을 두려워했다.

왜 그랬을까? 지금까지 이 질문에 만족스러운 대답은 찾을 수 없었다. 이집트사람들은 수적으로 월등했을 뿐만 아니라, 히브리사람들은 노예에 불과했다. 도대체 히브리사람들은 어떤 능력을 가지고 있었기에, 주인들이 그토록 무서워한 것일까? 지금까지 이야기한 내용을 음미해보자. 신학자들은 요셉의 이야기를 도덕적 교훈을 전하는 우화라고 여긴다. 하지만 역사학자나 고고학자들의 눈에 이것은 단순한 우화가 아니다. 나는 여기에 새로운 해석을 덧붙여보겠다.

요셉 이야기는—어쨌든 그런 일이 실제로 있었다고 치면—이집트역사에서 어느 시기에 벌어진 것인지 알 수 없다. 이집트역사를 통틀어 요셉이라는 이름의 대신은 없을 뿐만 아니라, 한때 유력했으나 권력을 빼앗기고 노예가 된 히브리사람도 존재하지 않는다. 안타깝지만 구약에도 요셉을 중용한 파라오, 그를 증오한 파라오의 이름은 나오지 않는다. 오늘날 성서학자들은 요셉이 기원전 13세기에서 10세기 사이에 살았던 인물이라고 추정하지만, 이 역시 증거가 불확실하다.

요셉이 이집트에 노예로 팔려간 시기를, 관리보다는 정복에 능했던 힉소스가 이집트를 통치하던 기원전 17세기라고 가정해 보자. 또 비교적 고립된 상태에서 갈고닦아온 어떤 새로운 기술을 요셉이 가지고 있었으며, 그 기술이 제국을 통치하는 데 유용하다는 것을 힉소스인들이 깨달았다고 가정해 보자. 힉소스는 가나안 북부에서 발원한 셈족이었기 때문에, 이집트의 피지배인들보다는 자신들과 민족적으로 가까운 요셉을 좀더 신뢰했을지도 모른다.

실제로 고대이집트인들은 이민족을 야만인이라고 간주하며 멸시했다. 더욱이 노예에서 고위대신으로 급격하게 신분이 상승하는 것은 이집트역사에서 일어날 수 없는 일이다. 따라서 힉소스가 이집트를 정복한 시기에 요셉이 활동했다고 가정한다면, 요셉 이야기는 그나마 설득력을 갖는다.

요셉이 고위직으로 급상승할 수 있었던 것은, 요셉의 예언능력과 지적인 능력 못지않게 어떤 특별한 기술을 갖고 있었기 때문이라고 여겨진다. 메소포타미아와 이집트의 문자를 알고 있었다면 파라오에게 그의 능력은 더욱 돋보였을 것이다. 외국에서 온 사절과 대화할 수 있고, 또 여러 문자를 쓸 줄 아는 사람이라면 이방인이라도 매우 소중한 자산이었을 것이다.*

요셉이 힉소스족 파라오를 섬겼다면, 엑소더스Exodus(유대인들이 이집트를 탈출한 사건)는 학자들이 추측하는 시기보다 3-400년 앞서 일어났을 것이다. 실제로 엑소더스가 힉소스인들이 이집트를 통치하는 시기에 일어났다고 주장하는 학자들도 있다(e.g. Martin Bernal, Cyrus Gordon, Donald Redford).

구약은 이집트 사람들이 요셉을 극진히 사랑했다고 기록한다. 하지만 인간의 본성을 떠올려본다면, 당시 사람들이 느꼈을 감정은 사랑과는 거리가 멀었을 것이다. 어느 역사든 자신의 땅을 정부가 빼앗아가는 것을 좋아할 사람들은 없다. 요셉이 맡은 역할은 개인이 소유한 땅을 빼앗아 파라오의 땅으로 만드는 것이었다.

7년 가뭄이라는 고난 속에서 혁명의 씨는 이렇게 뿌려졌고, 이 씨앗은 의심할 여지없이 힉소스에서 온 정복자 파라오에 의해 더 빠르게 싹이 텄을 것이다. 그의 앞잡이 노릇을 하며 자신의 혈족까지 데려다가 잘 먹고 잘 사는 요셉이 눈에 가시처럼 보였을 것이다. 이처럼 소수가 권력이 독점하면 당연히 배제된 사람들 사이에선 질투와 분노가 나오기 마련이다.

• 급작스런 성공 뒤에 재앙을 경험하는 요셉가족의 이야기는 이후 유대인들이 맞이할 역사의 전형이 되는 것처럼 보인다. 8세기 칼리프의 유능한 신하로서 총애를 받던 유대인들, 15세기 스페인 왕을 받들던 유대인 재상들, 20세기 초 독일의 유대인들이 그러했다. 유대인들은 이처럼 어느 문화에서나 고위직에 올랐는데, 그 힘은 바로 문자를 다룰 줄 아는 재능이었다.

이렇게 요셉이 힉소스이집트에서 활동했다고 가정하면, 파라오가 죽고 난 뒤 히브리사람들에 대한 이집트인들의 태도가 왜 그토록 차갑게 돌아섰는지 이해할 수 있다. 힉소스파라오 밑에서 부역하며 막강한 권한을 누리던 외국인 대신이 핍박을 받는 피지배인들 사이에서 곱게 보일 리 없다. 힉소스에 맞선 이집트민중의 봉기가 한창일 때 요셉이 죽었다면, 히브리사람들은 자신들의 운명의 수레바퀴가 갑자기 불길한 방향으로 돌아섰다는 것을 분명히 느꼈을 것이다.

＊＊＊

힉소스를 몰아내고 새롭게 들어선 파라오와 새로운 내각은 힉소스에 부역한 이방인 조력자들을 희생양 삼아 민중의 분노를 잠재우고자 했을 것이다. 히브리인들을 노예로 만들고 나서도 파라오와 그의 신하들은 여전히 그들을 두려워했다. 왕실의 조언자들의 요청으로 파라오는 히브리여자가 처음 낳은 남자아이(장남)는 모두 죽인다는 칙령을 반포한다.

파라오의 칙령은 히브리노예촌에도 전해진다. 소식을 들은 레위족의 한 여자는 자신이 낳은 아기를 안타까운 심정으로 바구니에 담아 나일강에 띄워 보낸다. 바구니는 어느 갈대숲에 닿아 멈췄고, 마침 근처를 산책하던 파라오의 딸과 수행원들이 아기의 울음소리를 듣는다. 공주는 아기를 자신이 키우겠다고 하며 이름을 모세라고 짓는다.

모세는 이집트왕궁에서 왕자들과 함께 유년시절을 보내며, 전쟁술과 상형문자를 읽고 쓰는 방법을 배운다. 모세는 체격이 좋고 힘도 세서 운동에서는 다른 왕자들을 압도했다. 하지만 구약은 그에게 두 가지 문제가 있었다고 말한다. 언어장애와 성마른 기질이다. 말을 더듬는 바람에 남들 앞에서 말하는 것을 꺼렸다. 모세 스스로 '말이 느리고 혀가 둔한 사람'이라고 자신을 소개한다(탈출기4:10). 말하는 것이 미숙한 사람은 다른 형태의 커뮤니케이션에 더 관심을 갖기 마련인데, 그것은 바로 글쓰기다. 글에서는 더듬거릴 일이 없다.

어느 날 이 젊은 왕자는 한 감독관이 히브리노예를 때리는 것을 보고 멈추라고 명령한다. 노예감독은 왕실가족이 노예를 감싸고도는 것에 화가 나 모세에게 상관하지 말라고 이야기한다. 싸움이 벌어졌고, 모세는 감독을 죽인다. 자신이 한 일에 문책당할 것이 두려워진 모세는 왕국에서 도망을 쳐, 마침내 미디안땅에 다다른다. 들판에 버려진 요셉을 구해 주었던 바로 그 사람들이 모여 사는 곳이다.

마을에 들어서자마자 모세는 물을 마시러 우물에 간다. 거기서 몇몇 남자들이 물을 길으려고 하는 여자들에게 치근대는 것을 목격한다. 또 싸움이 벌어졌고, 모세가 그들을 제압한다. 이 소식을 듣고 미디안의 고위성직자 이쓰로Jethro는 이 이방인의 용기를 높이 사, 자신의 딸 치포라Zipporah와 결혼시킨다.

모세는 왕실생활을 포기하고 이곳에 정착해서 양떼를 치고 농사를 지으며 행복하게 산다. 장인 이쓰로를 돕기도 했는데, 따라서 당시 모세는 미디안사람들이 섬기는 난폭한 화산신 야베를 믿었을 것이다.[3]

미디안사람들은 많은 곳을 돌아다니며 중계무역을 하는 부족이다. 다양한 사람들의 관습을 직접 관찰하고 배울 수 있었다. 요셉이 가나안땅에서 아버지에게 배운 것과 비슷한 방식으로 미디안사람들도 다양한 문자로 글쓰기를 해보았을 가능성이 크다. 알파벳이 이 지역 어디에선가 처음 나왔다는 주장에 학자들도 모두 동의한다. 그리고 미디안사람들의 본거지는 피트리가 가장 오래된 알파벳을 발견했던, 바로 시나이반도였다.

어느 날 모세는 초자연적인 광경을 목격한다. 산비탈 위의 관목에 불이 붙었는데, 불꽃만 일어날 뿐 나무는 타지 않는 것이다. 갑자기 불꽃에서 천둥 같은 야훼의 목소리가 들려왔다. 자신이 선택한 백성이 여전히 이집트에 억류

● 이교도와 결혼은 히브리의 종교적 규범에서 벗어나는 것이다. 더구나 히브리의 족장이나 되는 사람이 이교도와 결혼했다는 것을 문자로 기록했다는 것은, 이것이 명백한 사실이기 때문일 것이다. 또한 야훼Yahweh와 야베Jahve 사이에 공통점이 많다. 실제로 이 두 신이 같은 신이라고 주장하는 사람도 많다. 프로이트가 대표적인 인물이다.

되어 고통을 받고 있는 동안, 더욱이 자신에 대한 신앙을 꺾지 않는다는 이유로 고통을 받는 동안 야훼는 이상하리만큼 모습을 보이지 않았다. 실제로 요셉이 죽은 뒤 인간 앞에 처음 나타난 것인데, 구약에 따르면 430년 만에 나타난 것이다.

야훼는 히브리인들을 해방시킬 지도자로 모세를 선택했다고 알려준다. 오랜 고통과 회개의 시간을 견딘 끝에 구원의 시간이 무르익은 것이다. 당황한 목동은 자신이 어떻게 그런 위업을 성취할 수 있겠느냐 물었고, 야훼는 이집트로 돌아가 파라오에게 직접 히브리사람들을 풀어달라고 요구하라고 말한다. 파라오가 거부하면 야훼 자신이 나서겠다고 약속한다. 이에 덧붙여 야훼는 아브라함과 맺은 약속, 즉 이스라엘사람들에게 땅을 주겠다는 약속도 지키겠다고 보증한다. 내키지 않았지만 모세는 짐을 싸서 아내를 남겨두고 영웅으로서의 길을 떠난다.

이집트왕실로 돌아갔을 때 수염이 덥수룩한 나이든 모세를 알아보는 사람은 아무도 없었다. 파라오를 알현할 기회를 얻은 모세는, 자신의 민족을 풀어주라고 청원하면서, 즉시 이행하지 않으면 큰 재앙이 찾아올 것이라고 경고한다. 모세의 예상치 못한 행동에 왕과 대신들은 깜짝 놀랐으나, 이는 곧 비웃음으로 바뀌었다. 이집트인들은 이렇게 물었다.

야훼가 제대로 된 신이라면 왜 그토록 오랜 시간 히브리인들의 기원을 무시하고 고통 속에 방치했는가? 왜 세계에서 가장 강력한 국가 이집트가 눈에 보이지도 않고, 지금껏 단 한 번도 기적을 일으켜 본 적 없는 사막의 신을 두려워해야 하는가? 게다가 대체 어떤 신이 자신의 의견을 전달하는 사신으로 말도 잘 못하는 늙은이를 보낸다는 말인가?

이 히브리인의 탄원은 터무니없었다. 파라오는 당연히 거절했다. 야훼는 이집트에 여러 차례 재앙을 내린다. 해충과 개구리가 이집트 전역을 덮치고, 종기가 사람과 동물에게 번지고, 가축이 병들어 죽고, 어둠이 뒤덮고, 나일강이 피로 변하는 등 재앙의 강도는 점점 세졌다. 그럼에도 파라오는 여전히 노예를 풀어주기를 거부한다.

마지막으로 모세는 죽음의 천사가 밤에 도시를 찾아와 처음 출산한 남자아이(장남)들을 모조리 죽일 것이라고 경고한다. 파라오는 자신이 초자연적인 존재와 맞서고 있다는 것을 깨달았지만, 고집을 꺾지 않는다. 모세는 황급히 히브리노예들이 모여 사는 곳으로 가서 양을 죽여 그 피로 자신의 집 문에 X표를 하라고 지시한다. 죽음의 천사는 X표가 된 집은 그냥 지나쳐갔다.

아침이 되자, 집집마다 곡소리가 울려 퍼지기 시작했다. 아이들이 밤새 죽어있었기 때문이다. 파라오 역시 이러한 저주에서 피해나갈 수 없었다. 슬픔에 잠긴 파라오는 모세를 불러들여 동족을 이끌고 즉시 이집트를 떠날 것을 명령한다. 환희에 찬 모세는 서둘러 히브리인들을 모아 이집트를 떠난다.

며칠간 쉬지 않고 이동한 그들은 갈대바다에 도착한다.* 갈 길이 막혀 버린 것이다. 새로운 지도자의 방향감각에 대한 의구심에 파라오가 이끄는 이집트군대가 뒤쫓아오고 있다는 소식이 덧붙여지면서 히브리인들은 엄청난 혼란 속에 빠진다. 파라오가 그들을 다시 노예로 만들겠다고 마음을 바꾼 것이다. 길을 가로막은 바다와 돌진해 오는 군대 사이에서 모세는 야훼에게 도움을 요청했고, 야훼는 물을 갈라 지나갈 수 있도록 해준다. 파라오의 군대가 쫓아오자 야훼는 갈라져있던 바닷물을 다시 무너뜨려 파라오와 그의 병사들을 수몰시켜버린다.

이처럼 고생스럽게 탈출을 하고 난 뒤 히브리사람들은 곧바로 가나안으로 가지 않고 황량한 사막을 40년 동안이나 방황한다. 시나이산 기슭에 도달했을 때, 모세는 언변이 뛰어난 자신의 형 아론Aaron에게 잠시 사람들을 통솔해

● 히브리어 성서에는 모세가 갈대바다Reed Sea를 건넜다고 나온다. Reed Sea가 오늘날 Red Sea(홍해)로 바뀐 이유를 설명하는 다양한 가설이 존재하지만, 번역과정에서 또는 인쇄과정에서 글자 하나가 빠졌을 것이라고 추정하는 사람이 많다.─옮긴이.

달라고 부탁하고, 형상이 없는 하느님을 다시 만나기 위해 산에 오른다. 모세의 깊은 신앙과 동포에 대한 사랑에 대한 보답으로 야훼는 히브리인들에게 귀중한 선물을 하사한다. 야훼가 직접 자신의 손가락으로 10계명 새긴 돌판 두 개다.(탈출기 32:15-16)*

야훼와 대화를 나눈 뒤 모세는 이 돌판을 들고 산에서 내려온다. 히브리인들 야영지로 돌아온 그는, 어린 암소 상을 세워놓고 무릎을 꿇고 경배하는 사람들의 모습을 보고는 대경실색한다. 모세가 오랜 시간 자리를 비운 사이, 지도자가 없는 상태에서 불안을 느낀 사람들은 자신들이 믿고 의지할 수 있는 우상을 만들어달라고 아론에게 끈질기게 요구한 것이다. 결국 그들은 갹출한 금붙이들을 모두 녹여서 금송아지를 만들었다.

우상숭배—야훼가 명백하게 금지한 관습—가 되살아난 광경을 보고 모세는 자신의 노력이 물거품이 되었다는 것을 깨닫고 휘몰아치는 분노에 돌판을 내리쳐 깨뜨려 버린다. 모세는 사나운 야수처럼 금송아지를 부수고, 아론을 비난하고 사람들을 꾸짖는다. 히브리 최초의 문자기록과 그들의 마지막 형상이 정면으로 충돌하면서 결국 둘 다 부서지고 만 것이다. 문자와 형상의 충돌을 아마도 이보다 극적으로 표현한 드라마는 없을 것이다.

이러한 소란을 지켜보던 야훼는 모세를 불러내, 깨진 돌판을 다시 만들라고 지시한다. 이후 40일 동안 밤낮없이 모세는 '밥 먹고 물 마실' 틈도 없이 쉬지 않고 야훼가 불러 주는 것을 돌판에 받아새긴다.(탈출기 34:27-28) 이 대목은 야훼가 모세에게 알파벳을 가르쳐주었다는 것을 암시한다.**

호된 책망을 받은 히브리사람들은 야훼가 내려준 계명을 지킬 것을 맹세하

---

* 야훼가 알레프-벳으로 10계명을 썼다는 이야기는 알파벳이 존재한다는 것을 언급한 인류 최초의 기록이다. 알파벳으로 작성된 가나안이나 페니키아의 기록에는 이 새로운 커뮤니케이션 형식을 혁명적으로 간주했다는 내용이 나오지 않는다. 그들의 신화에서도 알파벳의 탄생은 중요한 의미로 간주되지 않는다.

** 야훼와 운명적인 만남을 마치고 돌아왔을 때 모세의 얼굴에서 광채가 났다. 사람들은 감히 그를 쳐다보지 못했다. 모세는 이후 40년 동안 베일을 쓰고 살았다. 자신의 유일신처럼, 사람들에게 글자를 처음 가져다 준 사람 역시 그를 식별할 수 있는 가장 명확한 이미지—얼굴—를 가린 것이다.

고 자신들의 이름을 이스라엘로 바꾼다. 그들은 귀중한 돌판을 보관하기 위해 나무궤짝을 만들었고, 이를 어디로 가든 항상 가지고 다녔다. 야훼가 아브라함과 처음 맺은 언약 역시 문자로 새겨 구속력이 있는 계약처럼 받들었다. 모세의 지시에 따라 사람들을 모아놓고 언약의 궤를 열어 돌판을 보여주었다. 히브리인들은 야훼의 신성한 말씀 앞에서 경건한 태도를 취했다.•

히브리인들은 40년을 사막에서 떠돌며 가나안을 침략할 준비를 한다. 이집트에서 가나안까지 자동차로 가면 고작 2시간 30분밖에 걸리지 않는다. 이토록 가까운 거리를 가는 데 40년이나 걸린 이유는 무엇일까? 탈무드 학자들은 이렇게 대답한다. 포로생활을 오랫동안 지속한 탓에 이스라엘사람들에게 노예근성에 몸에 배어있다는 사실을 야훼는 깨닫는다. 굳건한 가나안사람들을 몰아내고 그 땅을 정복하려면 이러한 정신상태를 떨쳐버려야 한다.

야훼는 모세에게 시나이에서 두 세대 동안 머물라고 지시한다. 더 이상 노예의 속박에 대해 알지 못하는 세 번째 세대가 자라날 때까지 기다리라는 것이다. 이들이 자라나 군대의 주축이 되고, 이러한 군대가 새로운 나라를 건설할 것이다. 드디어 가나안의 최남단 전초기지가 시야에 들어오는 곳에 다다랐을 때 이제는 상당히 나이가 든 모세는 새로운 세대 여호수아Joshua에게 지휘권을 양도한다.

쇠약해진 모세는 그동안 히브리부족이 겪었던 중요한 사건들을 모두 두루마리에 기록하기 시작한다. 기록을 모두 완성한 다음 모세는 사람들에게 두루마리의 내용을 전체적으로, 섹션별로, 사건의 순서대로, 자주 읽어서 기억 속에 깊이 새겨 두라고 명령한다.••

• 4000년이 지난 지금도 이 전통은 계속 유지되고 있다. 유대교의 안식일과 축일에는 언약의 궤를 열고 랍비가 신성한 두루마리를 꺼내 회중들 속으로 들어간다. 두루마리 곁에 오면 예배자들은 거기에 입을 맞춰야 한다.
•• 오랜 세월 동안 사라져버렸다고 여겨진 이 두루마리는 기원전 421년 요시야Josiah 통치시기에 다시 발견되었으며, 이로써 오늘날 유대교 의례의 근간이 되었다. 하지만 이 두루마리의 진짜 작성자는 모세가 아니라 제사장 에즈라이며, 모세라는 이름을 사칭했을 뿐이라고 주장하는 학자들도 있다.

모세는 가나안땅에 들어서기 직전에 죽었고, 사막에 묻혔다. 사람들은 몹시 슬퍼했으며 깊이 애도했다. 야훼는 사람들이 그를 신으로 숭배할까 두려웠다. 그래서 그의 유골을 아무도 찾을 수 없는 곳에 아무 표식도 없이 매장해버렸다.

리더로서 역할을 떠맡은 여호수아는 사막에서 오랜 시간 단련된 히브리인들을 이끌고 국경을 넘는다. 방어시설이 잘 갖춰진 가나안 정착촌을 급습하여 성공적으로 접수해 나갔다. 젊은 나이에도 여호수아의 군사적 재능은 탁월했다. 야훼는 여호수아에게 가나안 정착촌을 차례차례 함락할 때마다 남자, 여자, 아이들을 모조리 칼로 베어 죽이되 숫처녀만은 살려두라고 명령한다. 그들은 장차 이스라엘민족의 아이를 낳을 이들이었기 때문이다.

하지만 구약을 보면 가나안사람들이 이스라엘사람들에게 전혀 적대적이지 않았다는 것을 곳곳에서 알 수 있다. 그들은 아브라함에게 목초지를 빌려주기도 했고, 야곱의 딸들과 결혼도 했으며, 이방인인 아브라함에게 헤브론에 있는 밭을 팔아 그 밭에 딸린 동굴에 사라를 매장할 수 있도록 편의를 봐주기도 했다. 그들은 기꺼이 이스라엘사람들과 어울려 살고자 했을 것이다. 그럼에도 그들은 우상을 섬기는 사람들이었고, 따라서 야훼는 그들을 가차없이 학살하라고 명령한다.

어느 측면에서 보면 이것은 영토를 빼앗기 위한 전쟁이라고 하기 어렵다. 이런 전쟁은 인류역사에서 무수히 일어난다. 전쟁에서 패한 자들을 가차없이 학살하는 일 역시 피로 뒤덮인 인류의 연대기에서 특별히 새로울 것도 없다. 이 사건이 특별히 잔혹하고 끔찍한 이유는 문자로 기록된 역사적 사건 중에서, 순전히 '종교적인 신념'에 사로잡혀 아무 힘없는 시민들을 하나도 남김없이 도륙한 최초의 사건이기 때문이다.

가나안-이스라엘 전쟁의 표면적 이유를 도식화하자면, 자신의 신을 형상을 통해 섬기는 가나안과 자신의 신을 문자를 통해 섬기는 이스라엘이 충돌한 것이다. 그림과 문자의 대결은 이후에도 끝없이 이어지지만, 그 첫 번째 대결에서 승자는 바로 문자였다.

11

YEAST vs PASSOVER

누룩 vs 페사흐

THE ALPHABET
VERSUS
THE GODDESS

사람들은 왜 여신을 숭배하던 시기를

(그 시기에 대해 언급하는 경우도 많지 않지만)

어둡고 혼란스럽고 신비롭고 사악한

'이교'의 시대라고 부르는 것일까?

질서와 이성의 빛은

왜 이후 나타난 남성적 종교와 함께

도래했을 것이라고 추정하는 것일까?

고고학적 연구에 따르면

법률, 정부체제, 의학, 농경, 건축, 야금술,

바퀴 달린 수레, 도자기, 직물, 문자가

모두 여신을 숭배하던 시기에 처음 생겨났다.

멀린 스톤 Merlin Stone[1]

누룩 vs 페사흐

권력쟁탈투쟁

히브리사람들이 이집트를 언제 탈출했느냐 하는 문제로 다시 돌아가 보자. 고대 이집트의 기록에서 이스라엘에 대한 언급이 최초로 등장하는 것은 기원전 1219년 즉위한 파라오 메르넵타 ^{Merneptah} 가 통치하던 시절이다. 당시 파라오가 가나안을 공격하여 그곳의 수많은 도시국가들을 파괴했다고 기록을 하는데, 여기서 '이스라엘'이라는 이름이 나온다. 따라서 이집트탈출은 이보다 훨씬 전에 일어났어야 한다.

학계에서는 이집트탈출이 기원전 13세기에서 11세기 사이에 일어났다고 보지만, 히브리국가의 탄생을 둘러싼 불가사의한 사건들을 과학적으로 설명하기 위해서는 이집트탈출 시점을 그보다 몇 세기 앞으로 옮겨야 한다.

정확한 시점을 추정하고자 할 때, 탈출기에 기록된 여러 기적은 중요한 단서가 될 수 있다. 신이 개입했든 안 했든, 어쨌든 그러한 자연재해는 실제로 일어났을 확률이 높다. 히브리인들이 모두 꾸며낸 이야기라고 치부할 수 없다. 어쨌든 지금보다는 과학적 소양이 부족했을 것이고, 따라서 그들이 관찰한 것을 자신들이 이해하는 방식으로 해석해놓았을 것이라고 가정하고 살펴봐야 한다. 예컨대 자신들 머리 위로 날아가는 비행기를 처음 본 오스트레일리아의 어떤 원주민들은, 자신들이 본 것을 정확히 묘사하면서도 그것을 초자연적인 영혼이라고 생각했다. 지중해의 고대인들도 마찬가지였을 것이다.

히브리인들이 성서에 기록한 사건들이 사실이라고 가정한다면, 이집트탈출의 시기에 맞춰 발생한 자연세계의 이변들에 대한 기록이 있는지 찾아야 한다. 플라톤 역시 그 당시 예로부터 내려오는 전설 속에 등장하는 '사라진 아틀란티스'라고 하는 고대문명 이야기를 우리에게 전한다. 한때 매우 진보된 문명의 섬이 있었는데, 갑자기 파멸적인 재앙을 만나 바다 밑으로 사라져 버렸다는 전설이다.[2] 하지만 실제로 고대 지중해에 커다란 천재지변이 있었던 사실이 밝혀지면서, 이것은 단순한 전설이 아닌 것으로 드러났다.

지질학자들의 연구에 따르면, 오늘날 활동하는 세인트헬렌스, 에트나, 크라카타우 화산을 모두 합친 것보다 더 큰 화산폭발이 기원전 1628년 경 그리스 남부 티라Thera섬에서 발생했다. 티라섬 한 가운데 물에 잠겨있는 직경 8킬로미터짜리 분화구를 조사하여 화산이 폭발시점을 추정해낸 것이다.[*3]

거대한 화산이 폭발하면서 불덩어리가 하늘 높이 치솟고 화산재, 광물, 암석이 사방으로 분출하며 하늘을 뒤덮었을 것이다. 이 거대한 화산폭발은 엄청난 해일과 지진을 유발했을 것이며 주변지역에 상당한 피해를 주었을 것이다. 특히 나일강 어귀의 삼각주 같은 저지대는 특히 큰 피해를 입었을 것이다. 이로 인한 혼란은 무정부상태를 초래했고, 이로써 미노스문명과 미케네문명이 무너지고 말았다. 화산재와 연기가 태양을 가려 온통 어둠으로 뒤덮인 세상에서 사람들은 두려움에 떨었다.

곡물은 시들었고, 유황 재가 떨어지면서 사람과 가축에게 역병과 종기가 돌았다. 방목지의 소들도 쓰러져 죽어 갔다. 개구리나 메뚜기 등의 생물학적 리듬과 번식주기는 대부분 태양의 주기에 영향을 받는데, 태양이 갑자기 흐려지면서 상당한 혼란이 초래되었을 것이다. 이로써 거대한 개구리와 해충 무리가 나타났을 것이다. 화산재에 함유되어있는 철 성분이 비와 함께 내리면서 강이 붉은 색으로 변하고, 수생생물들도 몰살당했다. 나일강이 피로 변했다

● 1980년 미국의 세인트헬렌스 화산이 폭발했을 때 1200킬로미터 떨어진 곳까지 하늘을 재로 뒤덮었다. 1888년 인도네시아의 크라카타우 화산이 폭발했을 때 그 폭발음은 3000킬로미터 밖에서도 들을 수 있었다. 이 화산폭발로 파도가 30미터 높이로 치솟았으며 3만 6,000명이 사망했다. 이탈리아 시칠리아섬에 있는 에트나 화산은 지금도 계속 용암을 분출하고 있다.

는 이야기가 나올 법하다.

이러한 혼란 속에서 사람들은 역사상 가장 큰 규모의 자연재해를 올바른 맥락 속에서 파악할 수 있는 여유가 없었을 것이다. 크레타섬의 지극히 안정적이었던 미노스문명조차 갑작스럽게 종말을 맞이해야 했다면, 화산폭발 지점에서 바람이 부는 방향으로 800킬로미터밖에 떨어져있지 않은 이집트는 어떤 상황이었을까? 그들은 갑작스럽게 닥쳐온 해일과 지진, 암흑의 잿빛구름 떼를 어떤 식으로 이해했을까?[4]

많은 고고학자들이 티라섬이 신화 속 아틀란티스라고 확신한다.[*5] 화산폭발은 지진을 유발하는데, 지진은 나무로 지은 집보다 돌로 지은 집에 더 큰 피해를 준다. 왕궁은 돌로 만들어져있기에, 지진이 발생했을 때 이집트의 왕실의 맏아들을 비롯해 왕실가족이 목숨을 잃었을 확률은 높은 반면, 파피루스 갈대와 진흙을 이용해 만든 보잘것없는 오두막에서 살던 노예들은 무사히 살아남았을 것이다. 더욱이 이집트에서는 티라섬의 화산폭발을 직접 볼 수 없었기 때문에 이러한 재앙이 신의 심판이라고 생각할 수 있다.

이집트의 공식적인 기록에서는 이 천재지변에 대한 언급이 나오지 않는다. 하지만 작성연대를 정확히 알 수 없는 이푸베르파피루스Ipuwer Papyrus에 이 때 재앙이 자세히 언급되어있다.

2:8 참으로, 도공의 회전원반처럼 땅이 돌아간다.

3:13 모든 게 폐허가 되었다!

7:14 집들이 순식간에 넘어졌다.

2:5-6 역병이 대지에 퍼졌다. 사방이 피다.

2:10 강은 핏빛이다.

• 사라진 아틀란티스에 대한 관심은 대단하여, 이 주제에 관한 책은 7,000권, 논문은 2만1,000편에 달한다. 이집트탈출사건과 티라의 화산폭발의 연관성을 최초로 주장한 사람은 아마추어 역사가 레온 포머런스 Leon Pomerance다. 오늘날 관광지로 유명한 산토리니 절벽도시가 바로 이 티라섬에 있다.

6:1 과일도 풀도 찾을 수 없다.

6:3 참으로, 곡식은 모든 곳에서 사라져 버렸다.

5:5 모든 동물들이 마음으로 눈물을 흘린다. 소가 신음한다…

4:3과 5:6 참으로, 군주의 아이들이 벽에 깔렸다.[6]

이집트탈출이 힉소스가 이집트를 지배하던 시기가 끝날 때쯤 일어났고, 그 시기에 티라화산이 폭발했다면, 성서의 기록은 역사적 근거를 가질 수 있다. 이러한 시나리오가 성립한다면, 히브리인들의 극적인 탈출에 대해 이집트인들이 아무런 기록도 남기지 않은 이유도 설명할 수 있다. 이렇게 연대기를 구성해보면, 아크나톤이 태양숭배 1신교를 제정한 것은 힉소스가 몰락하고 히브리인들이 탈출한 다음 몇 세기 지난 뒤 벌어진 일이 된다.

프로이트는 자신의 저서 《모세와 1신교》에서 히브리인들이 유일신개념을 갖게 된 것은 아크나톤의 유일신 비전을 여전히 추종하는 전직 '이집트 사제들' 때문일 것이라고 추측한다. 여기서 '이집트 사제들'의 대표 인물이 바로 모세. '모세'라는 이름은 셈족의 이름이 아니라 이집트인들의 이름이다.[7]

하지만 앞에서 살펴본 시나리오에 따르면 사정은 정반대로 흘렀을 가능성이 크다. 히브리인들이 이집트인들에게 영향을 준 것이다. 16대 힉소스왕조가 끝난 뒤, 1500년 동안 쓰여졌던 이집트의 문자에 대대적으로 개편작업이 처음으로 일어난다. 18대 왕조 초기에 등장하는 훨씬 단순화된 형태의 신관문자는, 힉소스통치시기에 조력자로 활동한 히브리인들이 들여온 낯선 추상문자와 결합하면서 생겨난 결과가 아닐까? 알파벳이 처음 발명된 시기는 힉소스통치기보다 앞선다. 외래의 조언자들이 가져온 새로운 방식의 문자와 유일신숭배가 파라오에게 영향을 미쳤을 가능성은 충분하다.*

● 아크나톤은 새로운 유일신의 이름을 짓기 위해 온갖 이름 고려했을 것이고 결국 아톤Aton이라는 이름을 선택했다. 당시 셈족은 하느님을 아돈Adon이라고 불렀으며, 지금 유대인들은 아도나이Adonai라고 부른다. 과연 우연일까?

자신의 말이 곧 법이 되고 탄생 자체가 신성하게 여겨지는 강력한 파라오 아크나톤도 유일신을 이집트에 정착시키는 데 실패했다. 그렇다면 사막을 방랑하는 보잘것없는 부족을 이끄는, 말도 더듬는 모세는 어떻게 무리를 설득하여 이름도 없고 이미지도 없는 신을 섬기게 할 수 있었을까? 어떻게 문자에 대한 애정과 존경을 불러일으켜, 자신의 부족에게 공정과 정의에 기초한 민주적이고 보편적인 율법을 받아들이게 할 수 있었을까? 그것은 바로, 알파벳에 대한 지식이 상당한 혜택을 제공했기 때문이었을 것이다.

* * *

인물의 특성과 업적 면에서 모세와 아브라함이 비슷해 보이는 것은, 원래 다른 이야기였던 것을 구약의 저자들이 하나로 이어놓았기 때문이다. 예를 들어 설명하자면 가나안에 쌍둥이 형제 둘이 살고 있다가 한 명은 그대로 가나안에 머물러있고, 다른 한 명은 고향을 떠나 이집트로 간 것이다. 이집트로 떠난 쌍둥이는 어마어마한 성공을 거두었으나 곧 모진 고통을 겪고, 다시 갑작스런 기적과 신의 현현으로 절정을 체험한다. 가나안으로 돌아와 오랫동안 잊고 있었던 형제와 재회하고, 함께 가나인을 정벌한 뒤 그 땅에 이스라엘이라는 이름을 붙인 것이다.

하지만 이집트에 갔던 쌍둥이는 그 사이에 무언가 중대한 변화를 겪는다. 이로 인해 가나안에 남아있던 형제는 더 이상 그를 편하게 대할 수 없었다. 이집트로 간 모험심 강한 형제는 새로운 형태의 문자커뮤니케이션을 통달하고 급진적인 사상에 심취했다. 또한 자신의 이야기를 담은 새로운 신성한 책을 가지고 돌아왔다. 고향에 머물러있던 형제들이 불만을 표출하자 이를 누그러뜨리기 위해, 이집트에서 온 형제는 아브라함이라는 남자에 관한 이야기를 지어내 자신들의 이야기에 편입시킨다. 아브라함은 가나안에 남아있던 사람들을 상징한다. 이 메타포를 통해 가나안에 남아있던 형제와 이집트에서 돌아온 형제가 비로소 대등한 관계가 된다. 이러한 해석에서 아브라함은 야훼의 약속

181

을, 모세는 약속의 실현을 상징한다.

이 쌍둥이이론은 초기 이스라엘의 역사를 이해하는 믿을 수 있는 접근방식으로 자리잡았다. 가나안히브리(아브라함)와 이집트히브리(모세)라고 하는 두 정치체제는 하나의 국가가 되기 위해 노력했지만 결국 실패로 끝이 난다. 그들은 머지않아 서로 원수가 되어 남북으로 갈라진다. 이집트와 시나이사막에 가까운 남쪽 왕국은 유일신의 급진성을 온전히 고수한 반면, 가나안 토착신앙과 윤리에 기반을 두었던 북쪽 왕국은 다신교와 여신숭배에 너그러운 태도를 유지했다.

아마도 이러한 분열은 성서에 존재하는 뚜렷이 다른 두 가지 목소리를 설명해 줄지도 모른다. 예컨대 J는 엄격한 1신주의적 견해를 찬양하는 반면, E는 다신주의적 관점을 견지한다. 이처럼 타협하기 힘든 견해 차이는 왕국을 분열하고 대립하게 만들었을 것이다. 아마도 이러한 사정이 아브라함과 모세를 도플갱어처럼 보이는 이유를 설명해 줄지도 모른다.

이 두 족장의 결정적인 차이는 알파벳을 구현하는 능력이 있느냐 없느냐 하는 것이다. 구약에서 글쓰기기술에 대한 이야기는 모세가 등장하고 난 뒤에야 비로소 나온다. 그 이후로 쓰기와 읽기에 관한 진술이 이야기의 흐름을 지배한다. 모세는 글로 기록된 율법에 따라 살았던 반면, 아브라함은 말로 맺은 언약에 의존해 살았다.•

모세 통치시기의 가장 결정적인 사건이 알파벳으로 쓰여진 복잡한 율법의 도입이라는 점을 고려할 때, 도덕적 교화를 목적으로 하는 신묘한 이야기들이 그를 중심으로 무수히 펼쳐질 것이라고 충분히 예상할 수 있다. 실제로 이러한 우화들은 이집트 탈출 후 사막방랑Wandering이 시작되면서 곧바로 쏟아져 나온다. 물론 이 이야기들의 궁극적인 목적은 여신, 여자, 이미지의 권력을 약화시키는 것이다.

• 문자가 등장하기 전 신의 이름은 구약에서 엘로힘Elohim으로 표시된다. 모세 앞에 나타난 신은 자신의 이름을 YHWH라는 글자로 밝힌다. YHWH는 자음만 표기하는 고대히브리어, 테트라그라마톤Tetragrammaton으로 '야훼'라고 읽는다.(탈출기 3:13-14)

40년 동안 사막을 방황하면서 히브리인들은 누룩도 넣지 않은 바짝 마른 빵 맞차^{matzah}를 먹으며 연명한다. 맞차는 사실 빵이라기보다는 납작하고 딱딱한 크래커에 가깝다. 구약에 따르면, 이집트를 황급히 빠져나와야 하는 상황에서 여자들이 빵 반죽을 부풀게 하는 누룩을 챙기지 못했고, 그래서 히브리인들은 사막에서 줄곧 맞차를 먹어야만 했다.(탈출기 12:39)

하지만 이집트를 떠날 때 모세는 히브인들에게 부유한 이집트인들의 집을 방문해 귀중품과 옷을 얻어오라고 지시한다.

> 이집트인들은 '우리 모두 죽게 생겼다'고 하며 히브리사람들에게 어서 떠나달라고 재촉하였다. 그래서 누룩을 넣지도 않은 밀가루반죽을 그릇째 옷에 싸매 어깨에 둘러메고 길을 나섰다. 이스라엘의 자손들은 모세가 일러준 대로 이집트인들에게 은붙이와 금붙이와 옷을 내놓으라고 했다… 이집트인들은 무엇이든 달라는 대로 다 내어주었고, 이로써 이집트인들의 물건을 마음껏 약탈했다. (탈출기 12:33-36)

귀중품을 챙길 시간이 있었음에도 기본적인 주식인 빵을 만드는 데 꼭 필요한 누룩을 챙기지 않았다는 것은 여자들의 직무유기로 여겨진다.

누룩^{yeast}은 빵을 부풀게 하는 효모균으로, '발아'와 '성장'을 상징한다. 발아는 아이의 성장, 흙을 뚫고 솟아나는 새싹, 남자의 성욕을 상징하는 발기와 연관되는 반면, 성장은 여성적인 개념이다. 빵의 재료가 되는 네 가지 요소—물, 소금, 곡물, 누룩—는 모두 여성의 상징이다. 오븐 안에서 천천히 부풀어 오르는 반죽을 어머니의 자궁 속에서 자라는 아이에 비유하기도 한다.(bun in the oven은 관용적으로 '뱃속 태아'를 의미한다.) 농경사회에서 반죽을 빚고 빵을 굽는 것은 풍요와 다산을 상징하는 행위였다. 어머니가 가족을 위해 곡식—농경의 신성한 선물—으로 만들어 굽는 빵은 대지와 가정과 사랑을 결합한 상징이었다.●

● 그리스신화에서는 수확의 여신 데메테르가 인간에게 빵 만드는 방법을 가르쳐 주었다고 말한다.

누룩을 넣은 빵을 거부한다는 것은 과연 무슨 의미일까? 이미 눈치 챈 사람들도 있겠지만, 바로 여자들의 문화적 기여를 교묘하게 평가절하하는 것이며 더 나아가 여신의 역할을 축소시키는 것이다. 이집트탈출을 기념하는 페사흐Passover(逾越節)는 지금도 유대인들에게 가장 중요한 명절로 남아있는데, 세계 도처에 흩어져 살면서도 유대인들은 일주일 정도 지속되는 이 기간 동안 누룩을 넣은 빵 대신 맛차를 먹는 풍습을 지키고 있다.

어떠한 부족, 문화, 종교에서나 풍요, 출산, 부활, 재생, 다시 찾아온 자연의 선물 등 여성적 주제에 감사하는 봄의 의례가 있다. 히브리인들에게 이집트탈출은, 새롭게 태어나 자신들의 종교적 원리에 다시 헌신할 수 있게 된 축복받은 사건이라 할 수 있다. 하지만 성서에서 페사흐와 관련하여 펼쳐지는 이야기들은 한결같이 '박탈'로 점철되어있다. 고난에 빠진 이들 앞에 남자신이 나타나 구원해주고, 그를 유일신으로 섬기겠다는 맹세를 하고, 또다시 고난의 행군을 이어나간다. 이 모든 과정이 남자의 윤리와 가치를 빛나게 한다.

자신들의 고유한 문화가 탄생하는 과정을 이야기하는 가장 중요한 신화에 여자가 단 한 명도 나오지 않으며, 부활, 섹스, 풍요, 땅의 생산성에 대한 언급 역시 한 번도 나오지 않는다.* 더욱이 10계명을 받은 것도 '사막을 방랑할 때'였다는 사실은, 가부장적 윤리에 대한 강박적인 집착을 의미한다. 어딘가에 정착해서 농사를 짓고 있는 동안 그런 일이 일어났다면, 그것은 자연스럽게 대지의 여신에 대한 감사로 이어졌을 것이다. 목동, 사냥꾼, 도살자가 주축이 되는 유목집단은 철저히 남성적 윤리를 기반으로 움직인다.

페사흐처럼 수천 년 동안 이어져 내려오는 유대인들의 또다른 기묘한 전통으로, 새신부의 머리를 밀어 버리는 풍습이 있다. 풍요롭게 영근 밀밭이 물결치는 모습을 보면 사람들은 대개 굽이치는 건강한 머리카락을 연상한다. 이로써 무성한 수풀은 관능과 연결되고 여인의 신비와도 연관된다. 곡식과 머리카

● 이 드라마에 등장하는 유일한 여자는 미리암이다. 초기에는 영웅적 행동과 용맹함을 보여주는 인물이지만, 자신의 생각을 이야기했다는 이유만으로 야훼는 그녀를 문둥병에 걸리게 한다.(민수기 12:10)

락이 물결치는 모습은 우리의 꿈, 시, 무의식 속에서 뒤엉켜있다.

젊은 여자들은 머리카락이 자신의 성적 매력을 높여준다는 것을 본능적으로 알고 있기에, 머리를 손질하는 데 상당한 시간과 노력을 기울인다. 10대 소녀를 키워본 부모라면, 사춘기 호르몬이 분비되기 시작하면서 머리모양에 얼마나 강박적으로 신경을 쓰는지 잘 알 것이다. (물론 남자에게도 이러한 변화가 나타나지만, 여자에 비해 훨씬 미약하다.)

이는 폐경기가 지난 여자들이 대부분 머리를 짧게 자른다는 사실로도 입증된다. 긴 머리는 관능성과 깊이 연관되어있으며, 머리를 기른다는 것은 잠재적인 배우자에게 자신의 수태가능성을 알리는 것이다.

구약에 등장하는 삼손은 그의 긴 머리카락에서 엄청난 힘을 얻는다. 팔레스타인의 여인 데릴라는 삼손이 잠들었을 때 머리카락을 잘라 그의 힘을 뺏는다. 물론 머리카락은 은유적인 상징일 뿐 데릴라가 자른 것은 신체의 '다른 부위'일 가능성이 높다. 일반적으로 남자의 힘은 테스토스테론과 관계가 있고, 따라서 남성성을 꺾기 위해서는 거세를 해야 한다. 하지만 이 이야기에서는 기묘하게도, 머리카락을 자른다.

삼손이 데릴라의 머리를 밀어버렸다면, 그녀의 여성성과 성적 매력은 심각하게 위축되었을 것이다. 이런 행동은 커다란 굴욕을 안겨준다. 여자의 힘은 물리적 능력보다는 관능성에서 나온다. 관능성은 남자에게 쾌락을 제공할 수 있으며 새로운 생명을 낳을 수 있다는 기대를 촉발하는 강력한 마법과도 같다.

실제로 항암치료로 인해 머리카락이 빠질 때 여자들은 한결같이 갑작스런 자존감 상실을 경험한다고 한다. 여자로서 성적 정체성이 훼손되기 때문이다. 제2차세계대전이 끝난 뒤, 자유프랑스를 끝까지 지켰던 시민들은 점령기간 동안 나치에 협조하거나 그들에게 편승한 젊은 여자들의 머리를 밀어 버렸다. 외국의 침략자들에게 몸을 판 댓가였다.

그렇다면 결혼을 하자마자 신부의 머리를 밀어 버리는 고대이스라엘의 규범은 무엇을 의미할까? 이러한 관습은 신랑에게는 전혀 적용되지 않았다. 머리를 밀어버린 기혼여자는 평생 가발이나 스카프를 쓰고 살아야 한다. 성적으로 왕성한 젊은 여자가 이런 일을 당한다면, 마치 삼손과 같은 기분을 느끼지 않을까?

서로 다른 환경에서 자란 남녀가 새롭게 가정을 꾸리고 한 집에 살게 되면 한 동안은 치열한 권력투쟁을 벌일 수밖에 없다. 이러한 관계를 제대로 시작하기도 전에 머리를 밀어버리는 것은 상징적으로 거세를 하는 것과도 같다.

개인적으로 소중한 머리카락과 같은 것을 통째로 잃어버리는 충격은 어쨌든 여자를 훨씬 의존적이고 유순하게 만들 것이다. 비유적으로나 실제로나 여자의 힘이 솟아나는 근원이자 강력한 상징을 제거해버림으로써 남자들은 아내를 자신에게 더욱 의존하게 만들 수 있다. 알파벳에 기반한 최초의 문화는 인류역사상 최초로 신부의 머리를 밀어버리는 기이한 풍습을 만들어냈다. 이러한 전통은 수천 년이 지난 오늘날까지도 정통유대교에서 전통으로 이어져 내려오고 있다.•[8]

위대한 어머니대지의 가장 관대한 행위는 땅에 묻힌 씨앗에서 곡물을 생산해내는 일이다. 40년 동안 사막을 방랑한 기록에서 음식에 관한 이야기는 거의 나오지 않지만 이스라엘사람들은 황야에서 배를 곯지 않는다. 구약에 기록된 가장 불가사의한 기적으로, 야훼가 자신의 권능으로 하늘에서 만나manna를 비처럼 내려 준 적이 있다. 만나는 매우 맛있었을 뿐만 아니라 계속 떨어져 모든 사람이 배불리 먹을 수 있었다.

먹을거리가 땅에서 솟아나지 않고 하늘에서 땅으로 떨어지는 것은, 정상적인 생물학적 질서를 거꾸로 뒤집어버린 것이다. 이전에 대지의 여신이 수행하던 주요한 기능을 하늘의 남신이 대신해버린 것이다. 인간을 먹여살리는 대지의 역할을 완전히 박탈해버림으로써 여신과 밀접하게 연관되어있던 대지는 이제 아무 쓸모없는 것이 되고 말았다. 이로써 새로운 이스라엘 종교는 땅, 흙,

---

• 두 번째 알파벳문화였던 그리스에서도 이와 비슷한 풍습이 발견된다. 기원전 4세기 에우리피데스의 희곡《히폴리토스》에서 아르테미스는 젊은 여인들에게 결혼식 전날 머리카락을 모조리 자르라고 명령한다.

'지저분한' 것을 배척하고 이와 대립되는 개념인 청결함에 집착하기 시작한다.

돼지는 우리와 친근한 영리한 동물로서 흙 속에서 신나게 뒹굴며 산다. 신명기는 이스라엘사람들에게 돼지를 키우거나 그 고기를 먹는 것을 금한다. 종교교리라는 이름으로 돼지를 집단적으로 식탁에서 배제하기로 선언한 것은 인류역사상 최초의 일이었다.

성서지상주의자들은 구약에서 돼지고기를 금한 것은 돼지 몸에 기생하는 선모충에 감염되는 것을 막기 위한 것이라고 주장한다. 하지만 돼지고기를 많이 먹는 문화권에서 이로 인해 문제를 겪었다는 이야기는 한 번도 나오지 않았다. 오히려 지구 반대편 동아시아에서는 돼지를 풍요의 상징으로 여기며 신성하게 여긴다. 로마를 멸망시킨 게르만족의 주식은 돼지고기 햄이었다. 가축화된 이 동물에 대한 이스라엘사람들의 혐오는 위생적인 근거만으로는 설명할 수 없는 것이다.

땅은 다양한 문화에서 어머니대지로 여겨졌다.* 흙에서 나뒹구는 것을 좋아하는 동물들은 전통적으로 여신의 보호를 받았다. 수많은 문화에서 다산과 풍요를 상징하는 돼지는 데메테르가 가장 좋아하는 동물이다. 데메테르 옆에는 암퇘지가 자주 그려진다. 또한 이집트의 예술가들은 풍요의 여신 이시스가 돼지의 등 위에서 출산하는 장면을 그리기도 했다.

야생에서 돼지무리를 이끄는 우두머리는 암퇘지다. 이는 돼지가 '가모장제'에 기반한 군집생활을 하는 동물이라는 것을 보여준다. 진흙에 뒹굴기를 좋아하며 빠르게 성장하며 번식력이 좋은 토실토실한 돼지보다 임신을 상징하는 동물로 적절한 동물은 찾기 힘들 것이다. 돼지를 금기시한 것은 여자의 힘

● 여신과 새로 쟁기질한 대지의 연관성은 그리스신화에 나오는 한 에피소드에서 잘 드러난다. 카드모스와 하르모니아의 결혼식축제에서 원래 농경을 관장하는 지모신이자 제우스의 어머니이기도 한 데메테르는 이아시온Iasion이라는 잘생긴 젊은이를 유혹해 새로 쟁기질 한 밭으로 데려 간다. 축축한 밭고랑에 누워 그들은 황급히 관계를 맺는다. 아무 일도 없었던 척하며 향연에 다시 끼어들려 할 때, 제우스는 그녀의 옆구리와 엉덩이에 흙이 묻어있는 것을 보았고, 결국 어떤 일이 있었는지 알아채고는 이아시온을 그 자리에서 죽여버린다. 그리스신화 말고도 씨를 뿌리기 위해 쟁기질한 밭고랑에서 섹스하는 의례는 초기문화에서 많이 볼 수 있다. 여신의 기운을 받아 수태하고자 염원했던 것이다.

을 약화시키는 또다른 방법이었을 것이다.

구약 이전에 의례를 집전하는 과정에 여자를 배재한 종교는 존재하지 않았다. 하지만 책에 의존한 최초의 종교, 그리고 여기서 유래한 문자에 기반한 종교는 주요 의례를 집전하는 과정에 여자가 참여하는 것을 완전히 금지한다. 문자가 급작스럽게 부상하면서 종교적 의례를 집전하는 데 필요한 영성은 오로지 남성의 전유물이 된다.●

구약이 나오기 전에 존재하던 다양한 창조신화의 핵심은 사실상 섹스였다. 티아맛과 압수, 우라누스와 가이아, 엘과 아셰라가 관계를 맺는다. 이집트의 신 아툼은 자위로 세상을 창조한다. 하지만 야훼는 세상을 창조한 과정에 대해 아무런 설명도 하지 않는다. 섹스를 하지도 않고, 무언가를 반죽해서 빚어내지도 않는다. Creation ex nihilo.(무에서 유를 창조해낸다.)

하지만 창조와 연관된 단어와 비유표현들은 대부분 섹스와 출산과 깊이 연관되어 있다.

> conception(계획의 구상-수태), gestation(구상-잉태), seminal(대단한-정액의)
> labor(노동-진통), prolific(다작의-다산의), produce(생산하다-출산하다),
> genesis(기원) genius(천재), ingenuity(독창성)
> *이 단어들 속에 들어있는 gen-은 탄생, 출산을 의미한다.

그래서 야훼는 섹스를 말로 표현된 '의지의 행위'로 대체한다. 이 혁명적 종교의 첫 번째 가르침의 첫 번째 문단에서 야훼는 "—있으라Let there be…"라고 명령을 하는데, 이는 모든 행위 위에 로고스(이성)를 올려놓는 것이다.

● 물론 예외적인 경우도 있다. 데보라, 훌다, 미리암 같은 예언자들은 의례를 집전했다.

12

ADAM vs EVE

아담 vs 이브

THE ALPHABET
VERSUS
THE GODDESS

아담과 이브가 그렇게 규정되었기 때문에,

인간의 역사와 사회적 관계도 그에 따라 만들어졌으며,

다른 가능성은 배제되었다.

존 필립스 John Phillip[1]

아담 vs 이브

여성혐오의 기원

일신과 율법에 따른 통치라는 혁신은 모든 여신을 갑작스럽게 추방하면서 남자와 여자의 관계에 심각한 혼란을 초래했다. 성서에도 이러한 혼란이 기록되어있다. 노예를 비롯하여 모든 개인이 존엄성이라는 새로운 윤리에 기반하여 대우받는 사회를 건설한다는 명분은, 여신숭배로 상징되는 여자의 권력을 폐기해야 할 필요성과 정면으로 충돌했다.

구약에 등장하는 여자들은 각자 다양한 개성을 가지고 있는 것으로 묘사된다. 예컨대 사라, 라헬, 미리암, 데보라, 유딧, 이세벨, 데릴라는 우리가 현실에서 쉽게 경험할 수 있는 평범한 인간의 특징들을 보여준다. 그럼에도 700페이지가 넘는 이 대작에서 여성의 지위의 몰락은 2페이지에서 시작되어, 사실상 3페이지로 끝난다. 우주를 창조한 뒤 가장 먼저 찾아온 골치아픈 문제로 남녀관계를 상정하고 이를 단숨에 정리해버리는 것은, 이 문제가 구약의 저자들에게 가장 시급한 과제였다는 것을 알려준다.

시대적으로 가장 앞선 구약의 저자 J와 E는 상반되는 두 가지 관점을 대표한다. 저자 J가 구약을 처음 기록한 뒤 100-500년 뒤에 나타난 저자 E는 신이 남자와 여자를 자신의 형상을 본떠 '동시에' 창조했다고 기술한다. 이는 남녀를 동등하게 보는 시각이다. 1신론과 우상숭배금지를 1-2계명으로 꼽을 만큼 중요한 주제로 여기는 구약에서, 엘로힘이 자신의 '내면'이 아닌 자신의 '형상'을 본떠 인간을 만들었다는 말은 저자 E가 이미지에 기반한 기존의 다신론에 다소 친화적인 관점을 가지고 있었다는 것을 보여준다.

타협을 모르는 완고한 1신론자 J는, 야훼가 처음부터 여자를 만들 생각이 없었다고 말한다. 하지만 아담을 '내조'해줄 적절한 파트너를 동물 중에서 찾기 어렵다는 것을 깨닫고는 뒤늦게 여자를 만든다. J는 야훼가 아담의 갈빗대 하나를 꺼내 이브를 빚었다고 말한다.

실제로 해부학적으로 인간에게 갈빗대 하나쯤은 없어도 상관없다. 인간은 24-26개의 갈빗대를 가지고 태어난다. 이 중 하나가 없다고 해도 건강이나 근육의 기능에 미치는 영향은 거의, 아니 전혀 없다. 야훼가 한쪽 눈이나 폐나 손으로 여자를 만들었다면 여자의 가치는 훨씬 커졌을 것이다. 야훼가 별로 중요하지 않은 갈빗대 하나로 여자를 만들었다는 사실은, 새로 도래할 알파벳 체제에서 이들이 맞이할 운명을 보여주는 하나의 징조와도 같았다.

간단한 천막집부터 거대한 신전에 이르기까지 사실상 모든 건물에는 인간의 갈비뼈와 비슷한 구조가 들어있다. 버팀목과 기둥에서 지주와 대들보까지, 건물의 웅장한 외형을 지탱하고 강화하는 역할을 한다. 하지만 전체 골조에서 갈비뼈 하나를 뺀다고 해서 전체적인 틀이 흔들리거나 무너지는 일은 없다.

아담의 갈빗대로 여자를 만들었다는 이야기를 통해 J는 이후 성서를 읽을 미래의 모든 독자들에게 잠재적으로 영향을 미친다. 이 이야기는 자연스럽게 여자의 존재이유는 남자를 내조하는 것일 뿐이라는 생각을 심어줄 수밖에 없다. 히브리보다 훨씬 남녀가 평등했던 문화인 수메르에서 '갈비뼈'를 의미하는 단어 ti는 생명을 의미하기도 한다. 이에 반해 성서에 사용된 히브리어에서 갈비뼈를 의미하는 단어 tsela는 '실수'를 의미하기도 한다. 이러한 맥락은 여자를 의도적으로 폄하하려는 것 아니었을까 하는 의심이 들게 만든다.[2]

여자가 등장한 뒤 J는 금지된 열매에 관한 이야기를 한다. 이 이야기는 사회에서 여자들이 차지하는 위상을 더욱 격하시킨다. 야훼는 최초의 남녀에게 자신이 만든 에덴동산에서 편히 살면서 기쁨을 만끽하며 살라고 하면서 단 하나 금기를 제시한다. 선과 악을 구별할 수 있는 지혜를 주는 나무의 열매를 먹지 말라고 하면서 이 열매를 따먹는 순간 '죽게 될 것'이라고 경고한다.

이 도덕우화에 뱀이 악당 역할로 등장하지만, 실제로 뱀은 이 드라마에서 진실을 말하는 유일한 등장인물이다. 뱀은 이브에게 지혜의 나무 열매를 먹어도 죽지 '않는다'고 알려준다. 뱀은 이렇게 말한다.

"그 나무열매를 따먹는 날, 너희 눈이 밝아져 하느님처럼 선과 악을 구별할 줄 알게 될 것이다."

놀라운 능력을 얻을 수 있다는 기대에 휩싸여 이브는 "그 열매를 따먹고 같이 사는 남편에게도 따준다. 남편도 받아먹는다.

전지전능한 야훼는 그 사실을 이미 알고 있으면서도 모르는 척 캐묻는다. 계율을 깬 아담을 추궁하자, 이 최초의 남자는 모든 것을 이브의 탓으로 돌린다. 이 최초의 여자 역시 뱀의 꾐에 넘어갔다고 핑계를 댄다. 세 피고를 앞에 세워놓고서 야훼는 먼저 뱀에게 저주를 내린다.

"나는 너를 여자와 원수가 되게 하리라."

뱀은 모든 고대문화에서 여신의 가장 강력한 상징이었다. 따라서 야훼의 첫 번째 처분은 고대세계와 단절하는 행위였다. 그 다음, 야훼는 이브에게 이렇게 말한다.

"너는 아기를 낳을 때 몹시 고생하리라. 고생하지 않고는 아기를 낳지 못하리라. 남편을 마음대로 주무르고 싶겠지만, 도리어 남편의 손아귀에 들리라."

이로써 이브, 그리고 이후에 태어날 모든 여자들은 아기를 낳으며 고통을 겪고 또 그 와중에 죽을 수도 있으며, 삶의 자유까지 영원히 잃어버리는 운명을 짊어지게 되었다. 나중에, 10계명의 마지막 계명에서 여자는 나귀, 집과 더불어 남자의 주요 재산목록 중 하나로 취급된다. 성서에서 아내를 의미하는 히브리어는 beulah인데, 이 단어는 '소유물'을 의미하기도 한다.[3] 마지막으로 야훼는 아담과 그의 모든 자손에게 먹을 것을 얻기 위해 일을 해야 하며, 마침내 죽을 것이라고 말한다.

"너는 흙이니 흙으로 돌아가리라."

이 창조신화가 전달하고자 하는 메시지는 분명하다. 이브가 계율을 어겼기 때문에 인간 전체가 고통과 노동과 괴로움과 죽음을 맞이하게 되었다는 것이다. 이전 문화에서 생명의 근원이라고 여겨지던 여자가 이제 인간에게 죽음을 안겨준 장본인이 되어 비난의 대상으로 전락한 것이다. 이러한 엄청난 반전은 이후 서양사회 전반에 엄청난 영향을 미친다.

이 셋 중에 이브에게 내려진 형벌이 가장 가혹하다. 지구에 사는 무수한 피조물 가운데 여자만이 엄청난 출산고통을 겪으며 이 과정에서 많이 죽는다. 여기다 자유도 영원히 잃는다.* 노예는 7년만 부리고 풀어주라고 명령하면서 (신명기 15:12), 여자는 죽을 때까지 남편 밑에서 예속상태로 살라고 하는 것은 무언가 형평에 맞지 않다. 더욱이 아담과 이브 모두 똑같이 신을 거역했다는 점에서 상당히 불공평한 처분이다. 더욱이 이브가 금기를 위반하고자 결정한 것은 마법의 열매를 먹기 '전', 그러니까 선과 악을 구별할 수 없을 때—행위능력 결여상태에서—이루어진 것이다.

에덴동산 이야기가 끝난 뒤 몇 단락 다음에는 카인이 아벨을 살해하는 이야기가 나온다. 카인은 (그의 어머니 이브가 열매를 따먹은 덕분에) 선과 악을 구별할

● 2장에서 나는 직립보행을 시작하면서 원시인류의 골반 용적이 더 이상 늘어날 수 없게 되었고, 이로 인해 지적 능력이 더 이상 발전할 수 없는 상황에 직면했다고 이야기했다. 태아의 뇌가 계속 커지면서 출산과정에서 많은 여자들이 죽었으나, 그 대신 인간은 가장 총명한 뇌를 생산할 수 있게 되었다. 우리는 높은 지능은 산모의 높은 사망률과 맞바꾼 것이다.

수 있었다. 하지만 야훼는 버르장머리 없는 어린 자식을 감싸고도는 부모처럼 카인을 연민으로 대한다. 어쨌든 야훼는 카인을 추방하는 처분을 내리지만 이 젊은이가 억울하다고 항변하자, 잠시 다시 생각을 하더니 누구도 그를 해치지 못하도록 이마에 표식을 찍어준다. 성서의 한 펼침면 안에 등장하는 이 두 가지 도덕적 우화에서 야훼는 남자의 살인보다 여자의 불복종을 훨씬 엄하게 다스리는 불공평한 심판의 면모를 유감없이 드러낸다.

야훼는 아담과 이브가 자신들의 죄를 인지하지 못하는 어린아이와 같다는 사실을 알고 있었다. 미성년자가 범죄를 저질렀을 때 판사는 피고의 미숙함을 고려한다. 그렇다면 야훼는 왜 그러한 상황을 고려하여 아담과 이브에 대한 처벌을 완화해주지 않았을까?

처벌에 대한 두려움이 궁금한 것을 못 참는 호기심을 압도했다면 인간의 역사는 결코 시작되지도 못했을 것이다. 호기심이라는 욕망은 지혜를 획득하도록 만드는 힘이다. 또한 구약 자체가 지혜를 추구하는 유대인 문화의 결실이다. 하지만 인간과 신의 최초의 상호작용에서 야훼는 여자의 호기심을 가장 큰 죄악이라고 낙인찍는다. 하지만 상당한 시간이 지난 뒤 신약은 인간의 극악한 죄 7가지를 나열하는데, 여기에는 호기심이 포함되어있지 않다.

여자의 '실수'로 인해 인류 최초의 부부는 에덴동산에서 쫓겨난 뒤, 아담은 이름 붙일 수 있는 '권력'을 행사하여 여자에게 '살아있는 만물의 어머니'라는 의미로 '이브'라는 이름을 지어 준다. 이브는 원래 위대한 어머니여신을 부를 때 사용하는 존칭이었다. 하지만 구약에서 이브는 이러한 신성함이 전혀 드러나지 않는다. 그녀 자신이 죽을 수밖에 없는 존재였기 때문이다. 이러한 교묘한 조작을 통해 여성성에서 신성함을 벗겨낸다.

'이브'라는 이름에는 많은 의미가 내포되어있다. 히브리어로 이브는 '하와 Haweh'다. J성서에 등장하는 신의 이름 Yahweh와 더불어 Haweh는 '있다'라는 의미의 히브리어 동사에서 파생된 단어다.[4] Heweh는 히브리어로 '뱀'을 의미하는 Hewya와 '지도하다'라는 뜻의 동사 Hawa와 비슷하다.[5]

창세기에서 여신—야훼의 배우자—은 전혀 언급되지 않는다. 하지만 여신이 존재한다는 암시는 곳곳에서 찾을 수 있다. 야훼는 자신을 '질투하는 신'이라고 말하는데(신명기4:24), 이것은 과연 누구를 질투한다는 의미일까? 또 아담과 이브가 지혜의 나무에서 과실을 따먹은 것을 안 뒤 야훼는 이렇게 말한다.

"이제 이 사람이 우리들처럼 선과 악을 알게 되었나니." (창세기3:22)

"Behold, the man is become as one of us, to know good and evil."

야훼가 자기 자신을 일컬으면서 '우리'라는 말을 쓴다. 이는 과연 어떤 이들을 가리키는 것일까? 1신교의 대전제는 신이 하나만 있다는 것인데, 어떻게 자기 자신을 가리키면서 '우리'라는 말을 쓸 수 있을까? '우리'에 속하는 또다른 신은 어디 있으며 누구일까? 그것은 아마도 위대한 어머니여신일 것이다.

이 창조신화가 전달하고자 하는 메시지는 분명하다. 이브가 계율을 어겼기 때문에 인간 전체가 고통과 노동과 괴로움과 죽음을 맞이하게 되었다는 것이다. 이전 문화에서 생명의 근원이라고 여겨지던 여자가 이제 인간에게 죽음을 안겨준 장본인이 되어 비난의 대상으로 전락한 것이다. 이러한 엄청난 반전은 이후 서양사회 전반에 엄청난 영향을 미친다.

구약에서 야훼와 그의 예언자들은 여신 아셰라를 거듭하여 매도한다. 아셰라는 원래 고대 가나안의 강력한 대모신^{Magna Mater}이었다. 그녀는 가나안 종교에서 가장 높은 지위를 차지하고 있었지만 그녀의 남편 엘이 점차 그녀의 권력을 빼앗기 시작하더니, 마침내 기원전 3000년경 엘이 가장 높은 지위에 오른다. 엘과 아셰라 사이에서 나온 딸 아스타르테는 바알과 결혼하여 세상을 통치하기 시작한다. 구약시대에 가나안을 지배하고 있던 신이 바로 바알과 아스타르테다. 하지만 야훼는 사람들이 아스타르테를 숭배하는 것보다 그녀의 어머니 아셰라를 섬기는 것에 더 화가 나있는 듯 보인다. 구약에서 아셰라 숭배를 비난하는 글은 40군데 나오는 반면, 아스타르테 숭배를 비난하는 글은

9군데밖에 나오지 않는다.[6]

여자를 갈비뼈로 만들었다거나 여자가 인간에게 고통에 안겨주었다는 창세기 이야기는 여전히 여신에 경의를 품고 있던 이스라엘사람들을 개종시키기 위한 의도로 만들어진 것으로 여겨진다. 이스라엘의 철기시대 유물 중에는 부적으로 사용된 여자형상이 상당히 많다. 남자를 형상화한 것은 거의 찾아볼 수 없다.[7]

이러한 사실은 이스라엘문화에 여성적 가치가 깊이 뿌리내려있었다는 것을 알려준다. 문자에 기반한 새로운 종교를 확산시키기 위해서는 여신숭배, 여자의 영향력, 이미지를 약화시켜야만 했으며, 여자를 말썽만 일으키는 무가치한 존재로 묘사하는 신성한 책(성경)은 이러한 과정에서 강력한 도구가 되었을 것이다.

아담과 이브를 에덴동산에서 추방한 뒤 야훼는 폭우, 홍수, 불기둥 등 일련의 파괴적인 기적을 일으킨다. 이는 대개 남자신들이 하는 일이다. 하지만 아브라함 앞에 나타난 이후 야훼는 기존에 남자신이 하는 일과 여자신이 하는 일을 모두 하기 시작한다. 예컨대 아브라함에게 그의 자손이 온 땅에 번성하여 바닷가의 모래알처럼, 밤하늘의 별처럼 무수히 번성할 것이라고 약속한 것은 여신이 할 일이다.

히브리인의 시조가 되는 최초의 족장 아브라함, 이사악, 야곱의 배우자 사라, 레아, 라헬은 모두 임신을 할 수 없는 여자들이다. 여자로서 자식을 낳을 수 없는 처지에 비관한 나머지 이들은 남편에게 하녀와 동침하도록 재촉하는데, 이는 하녀와 잠자리를 한 뒤 모두 자식을 낳았다는 것을 보여줌으로써 불임의 원인이 남자가 아닌 여자에게 있다는 것을 일깨워준다. 성서가 이야기하고자 했던 것은 히브리민족의 어머니들은 한결같이 문제가 있는 반면, 아버지들은 멀쩡했다는 사실이다.

당시 아이를 낳지 못하는 여자들은 당연히 여신을 찾았다. 하지만 구약에서는 이 일도 야훼가 도맡아 차지한다. J는 사라가 아이를 낳지 못한다는 말로 시작하여, 여자들이 불임이라는 말을 끊임없이 되풀이하여 강조한다.

> 아내가 아기를 낳지 못하였으므로 이사악은 야훼께 아기를 갖게 해달라고 빌었다.
> 야훼께서 그의 기도를 들어주시어 아내 리브가가 임신하였다. (창세기 25:21)

> 야훼께서는 레아가 남편에게 차별대우를 받는 것을 보시고 그의 태를 열어주셨
> 다. (창세기 29:31)

> 하느님께서는 라헬도 돌보시어 그의 기도를 들으시고 그의 태를 열어주셨다.
> (창세기 30:22)

이브 역시 자신의 수태에 야훼가 역할을 했다고 말한다.

> 야훼께서 나에게 아들을 주셨구나! (창세기 4:1)

임신은 눈에 보이는 가장 신비로운 현상으로, 전통적으로 여자, 여신의 소관
이었으나 이제 남자의 일로 여겨지기 시작했다.

＊＊＊

그때까지 존재했던 모든 종교에서 제1 남신은 제1 여신과 부부로서 함께 세
상을 다스렸다. 이러한 결합이 보편적인 상황이었다면, 많은 이들이 야훼의
배우자는 누구일까 궁금해 했을 것이다. 역사학자 틱바 프라이머켄스키^{Tikva}
^{Frymer-Kensky}가 지적하듯이 야훼의 배우자는 이스라엘민족이다. 모세 이후 예언
자들은 한결같이 야훼와 그가 선택한 민족의 관계를 '혼인'에 비유한다.

　　예레미야와 제2이사야는 시온^{Zion}을 이스라엘민족의 신비로운 영성의 상
징으로 삼는데, 시온은 아름다운 도시 예루살렘으로 인격화된다. '이스라엘',

'시온', '예루살렘'은 많은 경우 '신부', '아내', '배우자 '매춘부', '연인', '간통녀', '어머니', '딸'이라는 표현과 교차되어 쓰인다. 예레미야는 이스라엘을 '아름답고 고운', '나의 백성소녀', '방종한 아내'와 같은 말로 부르기도 한다. 예언자 아모스^{Amos}는 북왕국의 멸망을 슬퍼하며 북왕국을 '이스라엘처녀'라고 부른다. 호세아^{Hosea}는 이방인의 신들과 '간음'하는 이스라엘에 대한 야훼의 진노를 다음과 같이 묘사한다.

> 너희 어미를 고발하여라. 너희 어미는 이미 내 아내가 아니다. 나는 너희 어미의 지아비가 아니다. 그 얼굴에서 색욕을 지워버리고 그 젖가슴에서 음란을 떼어버리고 하여라. 그렇지 아니하면 세상에 태어나던 날처럼 알몸을 만들어 허허벌판에 내던져 메마른 땅을 헤매다가 목이 타 죽게 하리라…부끄러운 줄도 모르고 창녀짓을 한 계집이라. (호세아 2:4-7)

예언자들은 이스라엘에 재앙이 찾아왔을 때 그것을 외부의 신과 '간통'을 저지른 이스라엘민족에 대한 야훼의 응당한 처벌이라고 말했다.

아브라함으로부터 5세대 동인 야훼는 자신이 선택힌 사람들의 삶에 적극적으로 관여한다. 하지만 요셉이 죽은 뒤 야훼는 명백한 이유없이 그들을 방치한다. 그 사이 히브리인들은 이집트에 끌려가 노예가 되고 만다. 그들이 노예가 된 주요한 이유는 이집트의 종교를 받아들이기를 끝내 거부했기 때문이다. 이러한 단호함은 야훼를 기쁘게 했을 테지만, 히브리인들의 애원에도 430년간 야훼는 모른 척하다가 갑자기 모세를 통해 자신이 선택한 사람들에게 자유를 선사한다.

이러한 야훼의 행동은 프라이머켄스키가 말하는 '처벌하는 과정에서 지배자가 가하는 악몽'과 상당히 비슷하다.⁸ 변덕스러울 뿐만 아니라 끊임없이 투정을 부리는 남편, 모든 것을 자기마음대로 하려고 드는 남편의 모습이다. 여자는 오랜 시간 고통을 견디며 순종하고 인내하고 충성한다. 야훼는 자신의 아내 이스라엘에게 뭐든지 다 해줄 것처럼 약속을 하며 온갖 신경을 쓰는 척 하다가 갑자기 아무런 설명도 없이 아내를 버린다. 이집트에 끌려가 가혹한 약탈자의 먹잇감이 되어 비참하게 살아갈 때는 코빼기도 보이지 않는다.

이러한 시나리오는 전 역사를 통해 반복된다. 이 불운한 아내 이스라엘은 낯선 신을 숭배하는 이들로부터 정절을 지키고자 고통, 불행, 노예생활을 감내한다. 하지만 이스라엘은 자신에게 사랑한다고 고백한 야훼에게 자신을 괴롭힌 이민족을 왜 그대로 두는지, 왜 그들을 파멸시키지 않는지 묻지 않는다. 야훼의 예언자들과 랍비들의 복잡하고 알듯 말듯한 설명을 듣고 자기 자신을 책망할 뿐이다.

야훼의 입장에서 볼 때에도 앗시리아, 이집트, 로마와 같은 이방인들의 만행에 눈감는 것은 절대 나쁜 전략이 아니다. 낯선 신들에게 예배함으로써 교리를 어긴 자신의 아내를 자기 손에 피 한 방울 묻히지 않고 엄하게 처벌할 수 있기 때문이다. 하지만 이스라엘사람들에게 가해진 처벌은 그들이 저지른 죄에 비하면 터무니없이 부당한 것이었다.

여신을 이스라엘민족이 대체했다면 남녀 간의 섹스는 어떻게 묘사되었을까? 알파벳이 지배하는 새로운 체제에서 남자들은 자신의 욕구를 승화하는 법을 배운다. 남자들은 자신의 성욕을 '지혜'를 의미하는 여성명사 '소피아'에 투영한다. 그리스문화의 영향력이 유대문화에 스며들기 시작한 기원전 4세기가 되었을 때 남자들은 지식에 대한 욕구를 섹스에 비유하기 시작한다. 기원전 1세기《솔로몬의 지혜서》저자는 진리와 짝짓기하기 위해 몸부림친다.

나는 지혜를 건강이나 미모보다 더 사랑하며, 빛보다 지혜를 갖기를 선호하였다. 지혜에서 끊임없이 광채가 나오기 때문이다... 지혜는 해보다 아름답고 어떠한 별자리보다 빼어나며 빛과 견주어 보아도 그보다 더 밝음을 알 수 있다... 나는 지혜를 사랑하여 젊을 때부터 찾았으며 그를 아내로 맞이하려고 애를 썼다. 나는 그 아름다움 때문에 사랑에 빠졌다. (지혜서 7:7-8:2. 원문에서 '지혜wisdom'는 모두 여성대명사 she·her로 표기되어있다.)[9]

《잠언》의 저자도 마찬가지다.

> 지혜를 얻고 슬기를 깨쳐라. 내 입에서 떨어지는 말을 잊지 말고 그 말을 어기지 마라. 지혜를 저버리지 마라. 그 지혜가 너를 지켜줄 것이다. 슬기를 사랑하여라. 그 슬기가 너를 보살펴 줄 것이다... 지혜를 꽉 안아라. 그 지혜가 너를 높여줄 것이다. 슬기를 품어라. 슬기가 너를 존귀하게 해줄 것이다. 그녀가 네 머리에 화려한 면류관을 씌워줄 것이다. 눈부신 왕관을 씌워줄 것이다. (잠언4:5-9 원문에서 '지혜wisdom'와 '슬기discernment'는 모두 여성대명사 she·her로 표기되어있다.)

프라이머켄스키는 이렇게 이야기한다.

> 지혜를 여자로 형상화하는 것은 학문탐구가 발산하는 심원한 매력을 표현하려는 것이다. 배우고 싶어하는 욕망은 색욕이다. 사람 자체를 깊이 빨아들이고, 생명과 욕구도 남김없이 고갈시키는, (우리의 언어로 말하자면) 리비도를 대체하거나 억제하는 저항할 수 없는 유혹이다. 고대의 남자학자들은 지혜를 여자로 묘사함으로써 이러한 욕구의 강렬한 끌어당김을 표현했다. 하지만 이런 관능적 은유는 남자를 위한 것이었다. 이는 잠언 8장 4절에 명백하게 표현되어있다. "너희 남자들아, 내 말을 들어라. 아담의 아들들에게 내가 말하노니"[10]

지혜는 언제나 여자였던 반면, 그들이 추구한 지혜는 결코 여성적이지 않았다. 직관이나 예언과 같은 여성적 지식에는 전혀 관심이 없었다. 그들이 추구한 지혜는 오로지 책이었다. 알파벳문자가 중요해지면서 유대문화는 젊은 남자들에게 매력적인 젊은 여인들에게 관심을 거두고 글자에 몰두하라고 가르쳤다. 300만 년 동안 이어져 온 인간사회에서 가장 기묘한 일탈이 벌어졌다. 남자들 눈앞에 여자의 아름다움 대신 무미건조한 두루마리를 펼쳐놓은 것이다.

미묘하면서도 그다지 미묘하지 않은 구약과 이후 지혜문학의 은유는 이스라엘이 가나안 땅만 정복한 것이 아니라는 것을 알려준다. 알레프-베트는 여자의 영성을 파괴하고 여신을 추방해버렸다.

* * *

7장부터 지금까지 살펴본 유대인과 연관된 여섯 장을 다시 돌아보자. 역사상 새로운 커뮤니케이션 도구의 등장은 언제나 인류가 현실을 인식하는 방식에 큰 격변을 몰고 왔다. 인류학자들은 말이 출현한 시점을 원시인류와 현생인류를 구분하는 경계선으로 삼는다. 문자의 도입은 초기의 농경문화를 완전히 재편한다. 인쇄기, 좀더 최근에는 사진, 전보, 전화, 라디오, TV, 컴퓨터가 인류문명에 엄청난 변화를 몰고 왔다.

하지만 어떠한 정보전달 방식의 출현도 말이 출현했을 때만큼, 또 알파벳이 출현했을 때만큼 혁명적인 변화를 몰고 오지는 못했다. 보통사람들도 대부분 읽고 쓸 수 있도록 만든 알파벳이라는 도구는 오늘날 서구문명의 토대가 되었다. 알파벳을 누가 발명했는지 정확히 알아낼 수 있다면, 인류역사 초기에 일어난 많은 일들에 대해 설명할 수 있을 것이다.

히브리인들은 그리스인들보다 오래 전 사람들이다. 구약은 《일리아스》보다 오래 전 쓰여진 책이다. 모세는 위대한 율법가이자 야훼의 대변자였을 뿐만 아니라 최초의 문장가이기도 했다. 모세의 도전과 성취 덕분에 히브리인은 자신들의 역사와 자신들만의 독특한 유일신 사상, 율법에 의한 통치체제를 미래에 전할 수 있었다. 알파벳을 가나안에 전파하고, 그 다음 알파벳을 페니키아에게 가르치고, 그 다음 알파벳을 그리스에게 전파한 사람들이 바로 히브리인들일 것이라고 나는 추정한다. 이제 펼쳐질 서양의 역사는 말 그대로 His-story, 즉 야훼의 이야기일 뿐이다.

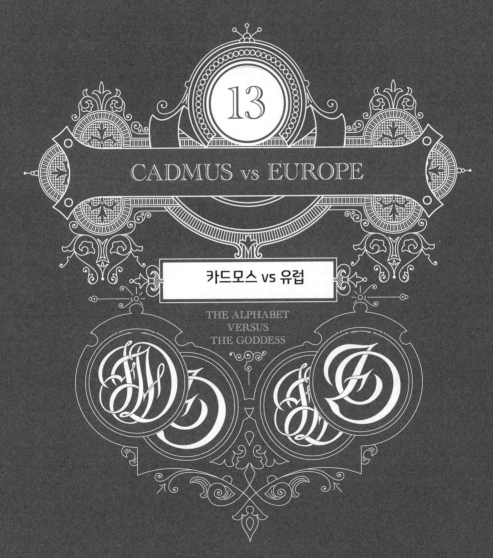

13

CADMUS vs EUROPE

카드모스 vs 유럽

THE ALPHABET
VERSUS
THE GODDESS

글자를 아는 것은 무엇을 이해하고자 하든, 가장 좋은 시작이다.

고대 그리스의 학생이 쓴 서판[1]

고립된 단어가 없는 것처럼 고립된 신화적 사건도 없다.

언어처럼 신화는 각각의 단편을 통해 그 모든 것을 말한다.

로베르토 칼랴소 Roberto Calasso[2]

카드모스 vs 유럽

강간하는 신들

ㅈ│ 금까지 서구문명의 특징을 만들어낸 법률, 예술, 도덕, 지식, 철학의 물
결은 전혀 다른 두 가지 문명의 물줄기가 합류하여 만들어낸 것이다.
우선 첫 번째 물줄기는 시나이사막에서 출발했으며, 두 번째 물줄기는 에게
해 위에 흩뿌려진 작은 군도에서 출발했다. 이 두 지역은 지형적으로나 정치
적으로나 많은 측면에서 상반된다. 하지만 한 가지 측면에서는 완전히 일치하
는데, 그것은 바로 여신에게 쏠려있던 권력을 찬탈한 역사다.

이스라엘과 그리스는 알파벳을 주저없이 받아들인 최초의 두 문명이다. 이
스라엘처럼 그리스도 여자에게서 권력을 빼앗기 위해 자신들의 신화-역사를
개작하기 시작한다. 알파벳이라는 새로운 혁명적 커뮤니케이션수단을 접한
문화는 극심한 혼란을 겪을 수밖에 없다. 그만큼 그리스인들의 과장과 허언은
히브리인들 못지않았다. 호메로스와 헤시오도스의 작품 속에도 구약 못지않
은 성차별과 여성혐오가 존재했다.

하지만 그리스의 여신들이 몰락한 과정을 추적하는 일은 그리스의 창조신
화보다는 그리스에 알파벳을 가져다준 신화적 영웅, 카드모스 왕자의 이야기
에서 출발하는 것이 좋을 듯하다.

이야기는 '강간'으로 시작한다. 페니키아 왕의 딸 에우로파는 시돈 해안에
서 꽃을 따고 있었다. 올림포스의 주신 제우스는 그녀의 미모와 순수함에 반
해 욕정을 느낀다. 제우스는 흰 소로 변신하여 온순한 체 하며 에우로파를 얕
은 바닷가로 유혹하였고, 거기서 그녀를 등에 올라타게 한다. 그녀가 등에 걸

터앉자마자 제우스는 본심을 드러내며 깊은 바다로 헤엄쳐나간다.[*]

겁에 질린 에우로파는 떨어지지 않기 위해 제우스의 목을 끌어안았다. 비명을 지르며 울고불고 애원을 했음에도 제우스는 아랑곳하지 않고 그녀를 태우고 바다를 가로질러 크레타섬까지 끌고 가 강간한다. 자신의 딸이 유괴되었다는 사실을 안 에우로파의 아버지는 괴로워하며 아들 5명에게 지중해를 샅샅이 뒤져 딸을 찾아오라고 명령한다. 이 중에서 그리스 지역을 맡은 왕자가 바로 카드모스다.

신화에 따르면, 카드모스는 에우로파를 찾으러 그리스에 오는 도중 우주적 대결에 휘말린다. 제우스와 거대한 뱀 티폰Typhon이 목숨을 걸고 한판 승부를 벌이고 있었다. 여기서 이기는 사람이 우주를 지배하는 싸움이었다. 티폰은 먼저 제우스의 힘줄을 끊어 제압했고, 자신들의 왕초가 무력해진 모습을 보고 다른 신들은 겁에 질려 도망쳐버렸다. 이때 보잘것없는 인간 카드모스가 싸움에 끼어든다. 카드모스는 온갖 감언이설과 음악으로 티폰을 방심하게 만들었으며, 그러는 사이 제우스는 힘줄을 소생시킨다. 카드모스는 재빨리 뒤로 몸을 숨겼고, 제우스는 무시무시한 번갯불로 괴수를 쳐죽인다.

이는 그리스신화에서 전례가 없는 사건이다. 헤라클레스처럼 초인간적인 힘을 가지고 있는 것도 아닌 평범한 인간이—더군다나 외국인이—우주적 규모의 전쟁에 개입해, 혼자 힘으로 올림포스 신들을 위기에서 구해주고 존경과 감사를 얻은 것이다.

이 이야기는 다양한 버전으로 전해지는데, 다른 한 버전에서 카드모스는 에우로파를 찾아 몇 개월 동안 그리스 전역을 떠돈다. 절망 속에서 신탁을 의뢰했는데, 신탁은 그에게 누이 찾는 일을 포기하고 대신 암소 한 마리를 잡으라고 한다. 그리고 계속 채찍질하여 암소를 걷게 하고, 결국 암소가 지쳐 쓰러

• 에우로파Europa는 에우로페Europe라고도 표기하는데 오늘날 유럽Europe이라는 지명이 여기서 유래한 것이다. 유럽문명, 즉 서양문명의 최초발상지가 메소포타미아·이집트문명의 직접적인 영향권 안에 있는 크레타라는 것을 보여준다.

지면 바로 그 곳에서 이 피조물을 잡아 제물로 바치는 제사를 지내라고 한다. 그 자리에서 카드모스는 강력한 왕이 될 것이라고 신탁은 예언한다. 카드모스는 원래 여행목적을 잊고 신탁을 따른다.

지친 암소는 테베라는 지역의 어느 샘 근처에 쓰러졌다. 카드모스는 그 자리에서 암소의 목을 딴다. 머지않아 무시무시한 뱀이 그 도시의 샘을 지키고 있어 지역주민들이 모두 불안에 떨며 살고 있다는 것을 알게 된다. 카드모스는 이 끔찍한 뱀과 맞서 싸워 죽인다. 그런 다음 미끈거리는 뱀을 살펴보다가 입을 벌려 독니들을 뽑아 가까운 들판에 심는다. 이렇게 심은 이빨에서 용맹한 전사들이 자라났다(여기서 독니는 글자를 상징하는 것으로 여겨진다). 테베사람들은 자신들을 구해준 이 페니키아의 왕자를 자신들의 왕으로 삼고 받든다.

기원전 5세기 헤로도토스는 신화적 상징을 빼고 이 이야기를 똑같이 되풀이한다. 오늘날 학자들도 페니키아에서 그리스로 알파벳이 전파되었다는 것은 정설로 여긴다. 하지만 카드모스 신화는 알파벳이 가부장제의 밀접하게 연관되어있다는 중요한 통찰을 고스란히 전해준다.

구약과 마찬가지로 카드모스 이야기에서도 뱀이 악역으로 등장한다. 문자가 출현하기 전, 꿈틀거리는 뱀은 여자의 성적 에너지와 권력을 상징했다. 고대세계에서 문자를 받아들일 때 남자영웅들이 지식이나 권력을 획득하기 위해 뱀을 처치하는 신화가 어김없이 등장한다.

바빌로니아의 마르둑은 바다뱀 모습을 한 티아맛Tiamat을 물리쳐 전능의 신이 되고, 이집트의 프타는 징그러운 뱀 아포프시스Apophsis를 물리치고, 가나안의 엘은 무시무시한 바다 괴물 얌Yam을 물리친다. 나중에 바알은 또다른 바다뱀 로탄Lotan을 죽인다. 알파벳을 인간에게 선물한 신 아폴론은 델포이신탁소를 지키는 무서운 암뱀 피톤Python을 죽이고 예언이라는 중요한 기능을 장악한다.

페르세우스는 수많은 뱀이 머리카락 대신 달려있는 여자 마법사 메두사Medusa를 죽인다. 메두사의 가장 강력한 무기는 자신의 이미지였다. 그녀를 보는 순간 남자들은 모두 돌로 변했다. 하지만 문자가 도래하는 시기에 메두사 역시 전 세계 암뱀들에게 닥친 운명에서 벗어날 수 없었다.

성서학자들에 따르면 시편 74장과 89장이 구약에서 가장 오래된 구절이라고 한다. 이 시가들은 창세기 이전에 일어난 이야기를 하는데, 여기서 야훼는 레비아단Leviathan(또는 라합Rahab)이라는 바다뱀을 죽이고 우주에 대한 지배권을 획득한다. 그렇다면 실제로 우주를 창조한 것은 야훼가 아닌 레비아단일 수 있고, 또는 그 전에 어떤 존재일 수 있다.

이 모든 신화에 카드모스는 미묘한 차이를 더한다. 뱀의 이빨을 뽑는 것이다. 실제로 거세에 대한 공포로 많은 남자들이 여자의 음문 바로 안쪽에 날카로운 이빨이 숨겨져있다고 상상한다. 이빨 달린 자궁vagina dentata은 피카소의 그림과 프로이트의 심리학에도 나온다. 또한 신경증적 불안을 달래고자 많은 남자들이 수시로 이를 연상시키는 천박한 농담을 내뱉기도 한다. 실제로 이빨이 존재하지 않는다는 사실은 중요하지 않다. 남자들의 악몽 속에는 분명히 존재하기 때문이다. 하지만 그리스신화에서, 그리스에 알파벳을 전해준 영웅 카드모스는 여자를 상징하는 토템의 무시무시한 이빨을 진짜 뽑아버린다.

앉아서 멱 감는 여자 Seated Bather
Pablo Picasso 1930

인간에게는 28개 이빨이 나고, 나중에 사랑니 4개가 더 난다. 알파벳에 포함되어있는 글자 수와 대략 비슷하다. 열을 맞춰 행진하는 병사들, 가지런히 자란 이빨들, 페이지를 가로지르는 깔끔하게 정렬된 알파벳 글자들, 이들은 서로 닮아있으며, 우리의 신화와 꿈속에서 연결되어있다.

은유적으로 글자는 이빨과 같은 역할을 한다. 글자는 전체적인 자연을 찢어 작은 조각으로 나눈다. 과학자들은 말을 활용하여 우주를 해부하고 소화하며, 법률가들은 말을 날카롭게 갈아서 사건을 법적 정의에 맞게 잘게 찢는다. 서양의 법적, 과학적, 철학적 탐구의 전통은 이러한 알파벳의 예리한 특성에 그 뿌리를 두고 있다. 음식물을 씹는 과정에서 이빨도 이와 비슷한 기능을 수행한다.

알파벳이 야기한 사고방식의 변화는 이러한 형태의 문자를 받아들인 문화의 모든 면에 스며든다. 언뜻 보기에는 아무 상관도 없어 보이는 곳에도 영향을 미친다. 그리스의 전투력을 획기적으로 높여준 핵심적인 전투기술 팔랑스phalanx를 대표적인 예로 들 수 있다. 적진을 향해 뒤죽박죽 달려들던 기존의 일반적인 전술을 버리고 장갑병사들이 방패를 들고 열을 맞춰 전진한다. 방패가 흐트러지지 않도록 진격하는 훈련을 반복하였는데, 적진에서 보면 딱딱한 외피로 무장한 거대한 절지동물이 금속성 소리를 내며 다가오는 것처럼 여겨졌을 것이다. 늘어선 방패는 이빨과 놀라울 정도로 비슷하다. 그리고 이들은 모두 나란히 늘어선 글자와 닮았다.

카드모스신화는 또한 다른 여성적 가치와도 관련을 맺는다. 이 페니키아의 영웅은 뱀의 이빨이 지혜와 힘의 원천이라는 것을 직관적으로 알고 있다. 깊은 수준에서 우리의 정신은 단단히 뿌리내리고 있는 이빨과 심오한 지혜와 연관되어있다. 알파벳문화권에서는 대부분 사랑니를 지혜의 이빨wisdom teeth이라고 한다. 지혜의 이빨을 형성하는 에나멜은 생명체가 만들어내는 물질 중에서 가장 단단하다. 그렇다면 왜 이 어금니에 추상적인 개념인 '지혜'라는 이름이 붙었을까?

대개 사람들은 이 어금니가 나중에 자란다는 데에서 그 이유를 유추한다. 사람은 이 어금니가 나는 18살 전후가 되어야 지혜를 터득할 만큼 성숙해진다는 것이다. 하지만 10대 부모들이라면 이런 해석에 전혀 동의하지 않을 것이다. '지혜'보다는 오히려 '충동'이나 '성욕' '무절제' 같은 이름을 붙이는 것이 훨씬 적절해 보일 것이다. 지혜는 사실 10대보다는 이빨이 모두 빠질 정도로 나이가 든 사람에게 나 어울리는 말이다.

이빨과 지혜는 여자의 직관을 통해 연결된다. 고대그리스의 델포이신탁소의 사제는 늘 여자가 맡았는데, 이들은 독사의 이빨에서 뽑은 독액을 마시는 전통이 있었다. 적절한 양을 마시면 환각상태를 유발하는데, 이는 보통사람은 경험할 수 없는 상태다.[3] 이들은 뱀의 독을—또한 다른 향정신성 약물을 섞어—마심으로써 신비로운 환각을 체험하고 예언의 능력을 얻었다.

또한 창세기를 다시 떠올려 보면 뱀은 '지혜의 나무'에 똬리를 틀고 있다. 이빨, 뱀, 여자, 지혜는 오래 전부터 하나였다.*

카드모스는 대지에 이빨을 '심는다.' 이러한 행동은 생명을 축복하는 성장 사이클을, 죽음의 사이클로 바꾸어 놓는다. 이 '씨'에서 자라난 것은 테베를 풍요롭게 할 곡물이 아니라 살인을 갈망하는 전사들이었다. 위대한 어머니대지에서 곡식이 주렁주렁 달리는 식물이 아닌 죽음에 집착하는 전사들이 자라나는 이 신화는, 사냥·도살자가 채집·양육자의 근원까지 침투해 들어갔다는 것을 보여준다.

* * *

카드모스가 테베의 왕이 된 후 신들은 그에게 배필이 될 여신을 선물한다. 그 여신은 바로 아레스와 아프로디테의 아름다운 딸 하르모니아Harmony였다. 신들이 카드모스에게 죽지 않는 아내를 주었다는 것은 카드모스가 가져다 준 선물, 즉 불멸의 알파벳의 가치에 대해서 고대그리스인들이 잘 알고 있었다는 뜻이다.

그리스신화에는 수많은 인간영웅이 등장한다. 헤라클레스, 페르세우스, 이아손, 오디세우스, 테세우스, 그밖에도 많다. 하지만 신들에게 이러한 보답을 받은 사람은 카드모스가 유일하다. 카드모스와 하르모니아의 결혼식이 진행되는 동안 제우스는 자신의 어머니 데메테르와 밭고랑 사이에서 정사를 벌인

• 미국 남서부 지역에 살던 어떤 인디언부족에게는 독사에게 물리는 통과의례풍습이 있었다. 독사에게 물리고도 살아남으면 세상의 이치를 이해하는 위대한 지혜를 터득한다고 믿었다.

이아시온을 죽여 자신의 어머니에게 창피를 준다. 제우스는 알파벳의 승리와 영광을 축하하는 자리에서 대지의 여신을 깎아내린 것이다.

* * *

카드모스 신화가 한 마리의 황소가 에우로파를 겁탈하는 장면에서 시작된다는 것을 떠올려보자. 이것은 알파벳이 도래하는 시기에 벌어진 재再신화화의 또다른 예라 할 수 있다. 뱀과 더불어 황소는 여신을 상징하는 가장 강력한 토템이다. 오늘날에는 이러한 관념이 기묘하게 느껴질지도 모른다. 황소의 널찍한 흉곽과 강인한 힘은 남성성의 정수처럼 보이기 때문이다. 콧김을 내뿜으며 발을 구르며 투우사를 향해 돌진하는 황소는 분명 남성성을 상징하는 것처럼 보인다. 하지만 황소의 머리를 정면에서 바라보면, 뿔과 두개골이 포유류 암컷의 생식기관과 놀랄 만큼 흡사하다는 사실을 알 수 있다.

고대에 동물을 도살하는 것은 일상적인 일이었다. 갓 잡은 동물의 몸에서 창자를 들어내고 씻고 손질하는 것은 어른이 되는 과정에서 가장 먼저 가르치는 기술이었다. 골반 안에 숨겨져있는 은밀한 입구와 복잡한 통로가 이어져 있는 경이로운 여자의 생식기관에 대해 모르는 사람은 별로 없었을 것이다.• 우주만물에 영혼이 있다고 믿는 애니미즘이 지배하던 시대에 사람들은 생명의 중심이라 할 수 있는 신비로운 자궁을 경배할 수 있는 토템을 찾았을 것이다. 그리하여 황소는 여신을 상징하는 토템이 된다.

고대신화에서 황소는 대개 땅 밑이나 바다 밑에 산다. 이곳은 모두 여신과 관련있는 장소다. 크레타의 왕 미노스의 아내 파시파이Pasiphae는 신들이 남편에게 제물로 쓰라고 준 흰 소와 사랑에 빠진다. 이 멋진 짐승의 처형을 연기하도록 꾀한 뒤, 위대한 장인 다이달로스Daedalus에게 자신이 들어 갈 수 있는 암소탈을 만들어달라고 부탁한다. 그녀는 이 탈을 쓰고 황소를 유혹하여 짝짓

• 지금은 정반대 상황이라 할 수 있다. 특히 도시생활을 하는 사람들은 몸속기관에 대해 잘 모른다.

기를 하는 데 성공한다.

하지만 신들은 이 추잡한 합일의 결실에 저주를 내린다. 파시파이가 출산한 것은 반은 사람, 반은 소인 끔찍한 피조물, 미노타우로스^{Minotaur}였다. 미노타우로스는 크노소스궁전 아래 깊은 미궁 속에 감금되어 살아야만 했지만, 살아있는 인간을 먹고 살았다. 미궁과 여자가 재생산을 하는 질 사이의 연관성은 고대로부터 내려오는 관념이다.

바다의 신 포세이돈은 전통적으로 여성적인 본질로 여겨지는 물을 관장한다. 바다 깊은 곳에도 많은 황소들이 살고 있다. 거대한 바다 밑에, 또 땅속 미궁에 사는 황소의 이미지는 여자의 생식기관을 떠오르게 한다. 카드모스를 그리스로 떠나게 한 계기가 된 사건은 황소가 두려움에 떠는 여인을 등에 태워 바다로 간 것이다. 처음에는 에우로파도 영겁의 세월 동안 여자와 깊은 관련을 맺어온 그 동물을 전혀 의심하지 않았다.

제우스는 여신숭배 문화가 뿌리내린 크레타섬에서 에우로파를 강간한다. 여성적 토템에 의한 에우로파의 겁탈은 분명한 알레고리를 내포한다. 바로 페니키아에서 그리스로 알파벳이 전파되었다는 사실을 상징하는 신화적인 사건이다. 알파벳의 도래와 더불어 여신을 상징하던 황소는 탐욕스런 남자의 성욕을 상징하는 동물로 탈바꿈한다. 20세기 피카소의 작품 속에서도 미노타우로스는 남자들을 먹어치우기보다는 여자들을 강간하는 데 훨씬 관심을 보인다.

Minotaur and Naked (Rape), Pablo Picasso 1933

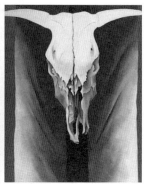

왼쪽부터 Grey Line With Black, Blue And Yellow, 1923. Black Iris 1926. Cow's Skull, 1931

20세기의 화가 조지아 오키프Georgia O'Keeffe는 매우 상이한 두 작품으로 유명하다. 그녀가 그린 육감적인 꽃들은 여자의 외음부를 떠오르게 한다. 풍성한 난초와 검은 아이리스는 대음순, 소음순, 클리토리스를 해부학적으로 정밀하게 묘사해 놓은 것과 같다. 그녀의 또다른 유명한 그림은 숫소의 두개골과 뿔을 정면에서 바라본 모습이다. 처음 보면, 이 뼈 그림은 관능적인 꽃 그림과는 전혀 무관한 것처럼 보인다.

하지만 좀더 자세히 들여다보면, 소의 뾰족한 입부분의 텅 빈 구멍이 볼록하게 튀어나온 두개골로 연결되고 해골 맨 위에서 뿔이 양쪽으로 뻗어나가는 모습은 질, 자궁, 난관으로 이루어지는 암컷 포유동물의 생식기관과 놀랍도록 흡사하다. 하얗게 표백된 소의 두개골 그림과 화려한 색깔의 꽃으로 표현한 여자의 보지는 고대로부터 맺어온 소와 여자의 연관성을 현대적인 방식으로 표현한 것이라고 볼 수 있다.

셈족의 알파벳은 그리스인들이 더듬거리며 실험해 온 초기의 선형 A-B 음절문자를 넘어 상당히 발전된 것이었다. 하지만 히브리문자는 모음이 없어 발음을 명확하게 알아내기 어려웠고, 이로 인해 여전히 읽기 어려웠다. 마침내 그리스인들은 모음을 표시하기 위해 새로운 글자 7개를 만들어내는 한편, 글자 수를 24개로 줄인다. 이렇게 완성된 새로운 그리스알파벳은 극도로 사용자친화적인 문자가 되었으며 이로써 글자를 해독할 수 있는 사람들의 비율이 급증했다.*

기원전 8세기 호메로스는 구전되어오던 서사시 《일리아스》를 문자로 기록한다.** 호메로스의 작품은 남성적 가치를 찬양하고 여성적 가치를 폄훼한다. 이 작품의 주요 소재는 남자의 행위이며, 이야기를 전반적으로 지배하는 의식은 남성-죽음이라는 관념이다. 남성적 영웅주의, 기만, 고통이 죽음과 전투 장면 묘사와 함께 생생하게 펼쳐진다. 여자는 매우 사소한 역할만 할 뿐, 사건의 흐름에는 별다른 영향을 미치지 못 한다. 이 작품을 관통하는 한 가지 약속은, 기꺼이 영웅적인 죽음을 택한 남자는 죽은 이후에도 이름이 남아 사람들에게 영원히 회자된다는 것이다. 이 약속은 지금까지 충실히 지켜지고 있다.

《일리아스》는 아카이아 그리스인들과 트로이인들의 전쟁에서 시작된다. 아킬레우스와 아가멤논이 포로로 잡은 젊은 여인 브리세이스 Briseis를 두고 누가 독점적인 섹스파트너로 삼을 것인지를 놓고 언쟁을 벌인다. 트로이의 명문가에서 태어난 브리세이스는 결국, 아가멤논의 기분에 자신의 운명을 맡길 수밖에 없는 미천한 여종이 되고 만다. 사실, 그리스가 트로이와 전쟁을 일으킨 표면상의 이유 역시 여자 때문이다. 트로이 왕자 파리스가 스파르타 왕 메넬라오스의 아내 헬레네를 납치했기 때문이다.

메넬라오스는 자신의 형 아가멤논을 찾아가 아내를 구해달라고 간청하였고, 이로써 전쟁이 시작된다. 하지만 역사학자들에 따르면 이 전쟁의 진짜 이유는 트로이를 점령하고자 한 그리스의 욕심이라고 말한다. 트로이가 동방교역로를 가로막고 있었기 때문이다. 하지만 호메로스는 그리스-트로이전쟁을

---

* 히브리알파벳에는 모음이 없고 자음만 있기 때문에 사실상 글자 하나하나가 음소를 상징하는 것이 아니라 음절syllabary을 상징한다. 자음만 있는 문자는 음소문자가 아닌 음절문자라 할 수 있다. 참고로, 모음 역시 셈족이 만들어냈다고 주장하는 학자도 있다.
●● 구전되어오던 이 서사시가 문자로 기록된 과정에 대해서는 밀번 패리Milburn Parry의 논문을 참고하라.

'현실정치'의 관점에서 이야기를 풀어나가기 보다는, 여자의 '이미지'를 둘러싼 전쟁으로 묘사한다. 16세기 영국의 극작가 크리스토퍼 말로^{Christopher Marlowe}의 표현처럼, 헬레네는 '배 1,000척을 바다에 띄울 만큼 아름다운 얼굴'을 가진 미녀였다.

포로로 잡은 여자를 차지하기 위해 싸우는 아킬레우스와 아가멤논의 모습은 그리스병사들의 사기를 떨어뜨렸다. 10년 동안 전쟁은 아무런 결론도 내지 못한 채 교착상태를 이어갔다. 이러한 상황을 타개하기 위해 오디세우스는 속임수를 쓰자고 제안한다. 그리스인들은 봉쇄를 풀고 모두 배에 승선하여 고국으로 돌아가는 척하면서, 트로이의 성문 앞에 나무로 만든 커다란 말을 평화의 선물로 남겨두었다. 물론 그 속에는 그리스전사들이 숨어있었다.•

트로이의 왕의 딸 카산드라^{Cassandra}는 아버지에게 목마를 성 안으로 들여서는 안 된다고 말하지만, 왕은 딸의 경고를 무시한다.•• 긴 전쟁에서 승리했다고 확신한 트로이인들은 목마를 성 안으로 끌고 들어온다. 성대한 잔치가 베풀어졌다. 목마 속에서 기다리고 있던 그리스전사들은 트로이인들이 모두 술에 취해 곯아떨어질 때까지 기다렸다. 결국 그들은 목마에서 몰래 나와 성문을 열었고, 바다에서 기다리고 있던 그리스군대가 트로이 성으로 밀고 들어왔다. 트로이는 순식간에 아수라장이 되었다.

조용히 인내하며 목마의 뱃속에서 때를 기다리는 전사의 이미지는 독특한 문학적 상상력을 자극한다. 뱃속에 있는 생명체는 기본적으로 임신을 떠올리게 한다. 하지만 이 이야기에서 탄생하는 것은 어머니 자궁에서 영양을 공급받는 태아가 아니라 '탄생'과 동시에 죽음을 집행하는 무장한 전사들이다.

이 이야기에는 또다른 성적 메타포도 존재한다. 트로이는 자신의 문을 열

• 트로이의 목마와 전쟁의 종결, 승전 후 트로이여자들을 노예로 쓰기 위해 끌고 오는 이야기는 《일리아스》에 나오지 않는다. 이 이야기는 베르길리우스의 《아이네이스》에서 나온다.
•• 카산드라는 미래를 예언할 수 있는 능력을 가지고 있었다. 어릴 적 델포이신탁소에 갔다가, 신성한 뱀이 뾰족한 혀를 그녀의 귓속에 찔러 넣었는데, 그 뒤 신성한 능력을 갖게 된 것이다. 인간이 예언능력을 갖게 된 것을 염려한 아폴론은 그녀에게 저주를 내린다. 아무도 그녀의 말을 믿지 않도록 한 것이다.

어 거대하고 딱딱한 목마를 성 안으로 들이는 여자, 은혜로운 선물인 줄 알았던 목마는 성을 파괴하는 '강간범'에 비유할 수 있다. 브리세이스를 독차지하지 못해 불만을 품는 아킬레우스부터, 트로이를 멸망시킨 후 트로이여자들을 노예로 끌고 가는 것까지 《일리아스》는 전체적으로 여자와 그들의 생식기를 지배하고자 하는 남자의 욕망에 관한 서사시로 읽을 수 있다.

《일리아스》는 그리스함대가 트로이로 항해할 수 있도록 바람을 불러오기 위해 아가멤논이 자신의 딸 이피게네이아^{Iphigenia}를 제물로 바치는 장면으로 시작하고, 트로이 왕 프리아모스가 자신의 딸 폴릭세나^{Polyxena}를 제물로 받치는 장면으로 끝이 난다. 이로써 이야기의 시작과 끝이 절묘하게 균형을 잡는다. 이피게네이아의 죽음은 아트레우스 집안에 비극적인 운명을 초래하는데, 머지않아 아가멤논은 아내 클리템네스트라에게 도끼로 살해당하고, 그녀 자신은 아들 오레스테스에게 살해당한다. 결국 이 긴 서사시는 자신의 딸을 제물로 바치는 아버지 이야기로 시작하여 자신의 어머니를 죽이는 아들 이야기로 끝이 난다.[•]

＊ ＊ ＊

《일리아스》가 쓰여지고 100년이 지나지 않은 시점에 완고한 농부 헤시오도스가 《신들의 계보^{Theogony}》를 짓는다.^{••} 알파벳으로 작성된 이 세 번째 책은 제목 그대로 신의 계보를 설명하는데, 악의에 찬 여성혐오를 여지없이 드러낸다. 예컨대 그리스신화에서 이브에 해당하는 판도라를 만든 것은 남자를 괴롭히기 위한 것이라고 설명한다. 허락도 없이 인간에게 불을 선사한 프로메테우스에게 어떤 벌을 줄까 고민하던 제우스가, 그에게 사악하고 짜증을 돋우는 여자를 만들어 벌을 주었다고 말한다.

● 　나중에 쓰여진 《오디세이아》는 《일리아스》에 비해 여자를 좀더 동정적인 시선으로 묘사한다.
●● 헤시오도스가 호메로스보다 앞선다고 믿는 학자들도 있다. '신통기'라는 이름으로 번역되었다.

여자라고 하는 지겨운 종족들, 종자들

그들과 함께 살아야 하는 남자들에게는 커다란 고통만 안겨줄 뿐

내조를 한다지만, 있으나 없으나 매한가지—꼭 필요한 것도 아니요.

웅장한 벌집에서 깽판만 치는 암펄들을

꿀벌들이 먹여 살리듯,

하루 종일 해가 질 때까지

남자들은 꿀을 모으고 벌집을 짓기 위해 쉴 새 없이 일한다.

그 동안 암펄들은 웅장한 벌집 안에만 머물면서

남이 일해서 벌어온 것으로 자기 배만 불린다.

그래서 여자는 남자에게 저주일 뿐이다.

제우스가 운명지어놓았듯—골치만 썩히는 여편네들.

불을 준 댓가로 제우스가 두 번째로 내린 저주가 바로 판도라다.[4]

제우스는 판도라를 우둔한 티탄족 에피메테우스에게 아내로 준다. 그리고 그에게 세상의 악을 담아 놓은 상자를 맡긴다. 상자에 손대지 말라는 남편의 지시를 어기고 판도라는 상자를 열었고, 온갖 악의 영령들이 세상으로 피져 나간다. 그날 이후 세상은 대혼란에 휩싸였다. 제우스는 지아비의 명령에 순종하지 않은 댓가로 판도라와 그녀의 모든 딸들에게 출산의 고통을 감내해야 하는 형벌을 내린다. 또한 신뢰할 수 없는 존재이기 때문에 그녀—그리고 앞으로 태어날 모든 여자들—는 아버지의 지배, 그 다음엔 남편의 지배를 받도록 한다.

판도라가 명령을 어기고 상자를 연 것은 지식을 얻고 싶었기 때문이다. 그녀가 저지른 죄와 그로 인해 받은 벌을 보면 에덴동산의 이브와 똑같다는 것을 알 수 있다. 이 두 이야기의 목적은 똑같다. 여자를 모욕하고, 위대한 어머니의 위상을 훼손하고, 남자가 여자를 지배할 구실을 만들어내는 것이다. 따라서 이러한 신화가 만들어지기 전 권력은 여자들 손에 있었다는 것을 알 수 있다. 그렇지 않다면 문화적인 인식을 바꾸기 위해 이처럼 창조신화까지 다시

쓸 필요는 없었을 것이다.•

문화적 인식을 뒤바꾼 또다른 신화 이야기가 있다. 제우스의 아내이자 권력과 번영의 여신인 헤라, 지혜와 승리의 여신 아테나, 사랑과 성욕의 여신 아프로디테, 이 세 여신이 서로 자신이 가장 아름답다고 주장하며 말싸움을 벌였다. 결론이 나지 않자 이들은 트로이의 젊은 왕자 파리스에게 찾아가 물어보기로 한다. 여신들은 제각각 은밀하게 파리스를 찾아가 자신을 선택해주면 선물을 주겠다고 꼬신다. 헤라는 권력과 부를, 아테나는 지혜와 군사적 능력을, 아프로디테는 성적 희열을 주겠다고 약속한다. 아직 애송이에 불과했던 파리스는 아프로디테를 선택하였고, 아프로디테는 성적 매력이 철철 넘치는 세상에서 가장 아름다운 여인 헬레네를 선물한다.

그리스신화에서 가장 강력한 곡식의 여신 데메테르가 이 뷰티콘테스트에 등장하지 않는 것은 주목할 만하다. 데메테르를 이들 세 여신과 갈라놓은 것은 '대지의 재생과 순환'을 평가절하하는 의미가 있다. 더욱이 시기심 많은 여학생들처럼 행동하는 세 여신은 자신들이 지닌 위엄과 권력을 하찮은 것으로 만들어버림으로써 스스로 지위를 깎아내린다.

이 세 여신—대모신의 후예들—의 탄생이야기는 너무도 기이하다. 이들은 모두 남신의 몸속에서 나왔다. 여자가 아닌 남자가 아이를 낳기 위해서는 이야기전개가 상당히 복잡해질 수밖에 없다. 실제로 이는 모두 여신에 대한 사회적 인식을 바꾸기 위해 의도적으로 남자들이 꾸며낸 것으로 여겨진다.

헤라는 티탄족 크로노스와 데메테르의 딸이다. 크로노스는 어머니 가이아의 지시에 따라 아버지 우라노스의 페니스를 낫으로 잘라 죽인다. 하지만 아버지를 살해한 죄로, 장차 자식 중 한 명이 그를 죽일 것이라는 신탁을 받

• 판도라Pandora는 모호한 이름이다. '모든 선물을 주는 자'라는 의미로 기도할 때 위대한 어머니를 부르는 경칭으로 자주 쓰이기도 하였지만, 반대로 '모든 선물을 가져간 자'를 의미하기도 했다. 헤시오도스는 두 번째 의미로 사용했다. 또한 '상자'를 의미하는 그리스어 pyxis는 여자의 질을 의미하는 속어로 쓰이기도 했기 때문에 판도라의 이야기는 성적인 메타포로 해석될 수 있다. 헤시오도스의 신화에는 이러한 투박한 말장난이 곳곳에 등장한다.

는다. 신탁이 실현될까 두려웠던 크로노스는 데메테르가 자식을 낳는 대로 모두 잡아먹는다.

헤라 역시 세상에 나와 숨을 들이마셔보기도 전에 아버지에게 잡아먹힌다. 크로노스와 데메테르 사이에서 태어난 아기들은 모두 같은 운명을 맞는다. 데메테르는 결국 아기를 하나라도 살리기 위해 마침내 아기 대신 4킬로그램짜리 돌을 옷감에 싸서 크로노스에게 준다. 크로노스는 돌을 삼키고는 아기를 삼켰다고 착각한다.

데메테르는 몰래 빼낸 아기를 비밀리에 키운다. 이 아기가 바로 제우스다. 제우스는 어른이 된 후 크로노스를 죽이고 아버지의 배를 가른다. 거기서 지금까지 삼켰던 자신의 형제들이 모두 쏟아져나온다. 헤라, 포세이돈, 헤파이스토스, 판, 하데스가 그렇게 태어난다. 이렇게 권력의 여신은 여자의 몸에서 태어나기는 했지만 남자의 몸속에서 자라 세상에 나왔다.

아테나 역시 유별난 방식으로 태어난다. 제우스의 첫 배우자는 정신, 측정, 질서를 관장하는 고대여신 메티스였다. 그녀의 힘에 탐이 난 제우스는, 자신의 욕망을 채우기 위해 아내를 통째로 삼켜버린다.* 그런데 메티스의 뱃속에는 그들의 딸 아테나가 자라고 있었다. 메티스는 죽었지만, 아테나는 제우스의 머리로 자리를 옮겨 계속 자랐다. 아기의 몸이 커지면서 제우스는 심한 두통을 앓았다. 제우스가 두통을 호소하자 프로메테우스는 제우스의 이마에 쐐기를 대고 커다란 해머로 내리친다. 이마가 갈라지면서 아테나가 튀어나왔는데, 그녀는 이미 완전히 성장한 상태였을 뿐만 아니라 완벽하게 무장까지 하고 있었다. 지혜의 여신은 이렇게 남자의 뇌에서 자라 세상에 나왔다.

아프로디테도 기이한 방식으로 태어난다. 크로노스는 자신의 아버지 우라노스의 페니스를 잘라서 바다에 버린다. 우라노스의 피와 정자가 바닷물과

● 그리스어로 메티스metis는 두 가지 의미를 지닌다. 하나는 '정신' 또는 '지혜'이고 다른 하나는 '아무것도 아닌 자'다. 첫 번째 의미가 원래의 것이고 두 번째 의미는 나중에 성차별주의자에 의해 덧붙여진 것으로 짐작된다.

섞였고, 이 혼합물은 바다 밑으로 가라앉는다. 그리고 이 혼합물에서 아프로디테가 생성된다. 수면 위로 솟구치는 자욱한 안개 속에서 이 성욕의 여신은 혼기에 들어선 처녀의 모습으로 태어난다. 헤시오도스는 포세이돈이 관장하는 물의 영역에서 태반이나 자궁도 없이 남자의 피와 정자와 거품이 섞인 혼합물에서 아프로디테가 잉태되었다고 말한다.

이 세 여신 헤라, 아테나, 아프로디테는 모두 여자의 생식기관이 아닌 남자의 몸에서 태어났을 뿐만 아니라, 어린 시절 어머니의 손에서 양육된 적이 없다. 결국 위대한 어머니를 상징하는 세 여신 모두 어머니 없이 나고 자랐다는 놀라운 역설을 낳았다!

새로운 신화는 지배계급의 필요에 따라 만들어져 문화 속에 전파된다. 생명을 창조하는 과정에서 차지하는 여자의 역할, 더 나아가 위대한 여신의 역할을 폄훼하기 위한 방법으로 여신이 남신의 몸에서 태어났다고 꾸미는 것보다 효과적인 방법이 있을까? 《일리아스》, 《신들의 계보》, 구약은 자연스러운 상식을 거꾸로 뒤집어 출산이 남자의 일이라고 주장한다.

구약과 《일리아스》는 서양문학의 근원과도 같은 역할을 한다. 실제로 교육을 받은 서양인들 중에 아담과 이브와 뱀 이야기, 트로이목마 이야기를 모르는 사람은 없다. 헤시오도스의 《신들의 계보》는 잘 알려진 책은 아니지만 그 내용은 다양한 작품에서 인용하기 때문에 많은 이들에게 친숙하다.

그렇다면 어린 나이에 이러한 '고전'을 배우는 것은 정신상태에 어떤 영향을 줄까? 이런 이야기를 배우면서 어린 여자아이들의 자존감은 위축되지 않을까? 이런 이야기를 배우면서 어린 남자아이들은 가부장제를 자연스러운 것을 받아들이고, 그러한 편향성을 더 드러내지는 않을까? 이 성차별주의자들의 교리를 읽다보면 위대한 어머니들의 고통스러운 비명소리가 들리는 듯하다.

14

HOMO vs HETERO-SEXUALITY

동성애 vs 이성애

THE ALPHABET
VERSUS
THE GODDESS

칼리뇨토스는 이오니스에게 남자든 여자든
세상에서 당신만큼 소중한 사람은 없다고 맹세했다...
하지만 그는 지금 남자와 사랑에 빠져버렸다.
이 불쌍한 여인은...
더 이상 마음속에 있지 않다.

멜레아그로스 Meleagros, 기원전 4세기 그리스 시인[1]

소년들의 땀은 여자들 화장품통에 있는 그 무엇보다 향기롭다.

아킬레우스 타티오스 Achhilles Tatius, 서기 2세기 그리스 작가[2]

동성애 vs 이성애
고대그리스의 이면

알파벳이 최초로 뿌리내린 두 문화는 여러 측면에서 근본적으로 달랐다. 이스라엘은 야훼가 준 문자의 순수성을 훼손한다고 생각하여 재현예술을 혐오했다. 이스라엘은 역사상 주요 문화 중에서 고유의 회화양식이 없는 유일한 문화다. 반면 그리스는 이미지를 중시했다. 그들은 이미지를 숭고한 예술의 경지로 끌어 올렸으며, 그들의 예술은 이후 서양의 미적인 판단기준이 되었다.

이스라엘은 섹스를 최대한 좁은 영역 속으로 밀어넣으려고 했다. 구약은 남편과 아내의 신성한 결합 이외의 모든 남녀관계를 혐오한다. 섹스에 대해서 말하는 것도 완전히 금지했으며, 이를 어기면 돌팔매로 처벌했다. 한편 그리스의 종교의식에서는 섹스가 중요한 기능을 했으며, 일반적으로 이에 대해 어떠한 구속도 하지 않았다. 섹스하는 모습을 그림으로 묘사하는 데에도 전혀 거리낌이 없었다. 지금 시각으로 보아도 그리스의 항아리에 그려진 그림들은 대개 포르노로 분류될 것이다.

고대그리스만큼 자신들의 성적 취향을 노골적으로 묘사한 문화는 인류역사상 없을 것이다. 이러한 다채로운 섹스가 곳곳에서 행해지던 고대그리스의 일상을 우리가 잘 알지 못했던 것은, 그보다 눈부신 시인, 변론가, 운동선수, 조각가, 극작가, 의사, 과학자, 논쟁가, 전략가, 생물학자, 기하학자, 엔지니어, 식물학자, 건축가, 정치가, 역사가, 천문학자, 신화작가, 철학자, 지도제작자, 수학자들을 살펴보기에도 벅찼기 때문일 것이다.

야훼와 제우스는 이 중요한 주제 위에 놓인 스펙트럼의 양끝에 서있다. 야훼는 어떠한 성적 충동도 내보이지 않으며, 인간여자를 임신시키지도 않는다. 제우스는 정반대로 하늘의 신들 가운데 가장 난잡하다. 성욕에 불타는 제우스의 온갖 난동을 그리스인들은 은근히 즐기는 것처럼 보인다. 제우스에 비교하면 엘, 아몬, 바알, 마르둑은 절제할 줄 아는 모범생에 불과하다. 야훼는 사랑의 전문가였지만 성욕은 전혀 느끼지 않는 것처럼 보인다.

이에 반해 제우스는 사랑할 줄은 모르면서, 끊임없이 성욕만 채우려고 하는 난봉꾼이다. 제우스는 달콤한 말과 부드러운 행동으로 상대방을 유혹하는 능력이 뛰어나다. 상대방이 유혹에 꿈쩍도 하지 않으면 속임수를 쓰고, 그래도 안 넘어오면 힘으로 제압한다. 오늘날 기준으로 보자면 제우스는 연쇄강간범으로 감옥에 들어갔을 것이다. 제우스는 나중에 아름다운 소년 가니메데스^{Ganymede}까지 유괴해서 겁탈한다.

비교종교학적 관점에서 볼 때, 강간범을 주신으로 모신 종교는 그리스 밖에서는 찾아볼 수 없다. 신의 행동을 그대로 모방했다가 감옥에 가거나 돌팔매질에 죽을 수 있다면, 그리스는 왜 그런 신을 섬긴 것일까? 제우스가 올림포스 산에서 펼쳐지는 드라마에서 비중이 적은 신일 뿐이라면 그나마 이해를 할 수 있을 테지만, 그는 팡테온에서 가장 존경받는 지배자였다. 아름다운 젊은 여인들을 겁탈하는 데에만 정신팔려있는 듯 보이는 이 신이 최고 지위에 오른 것은 급박한 문화적 요구가 있었기 때문일 것으로 여겨진다.

트로이의 왕자 가니메데스를
납치하는 제우스

파트로클로스의 팔에 붕대를 감아주는 아킬레우스.　　　　　　　소년을 애무하는 남자

　　이러한 왜곡은 그리스사회의 또다른 특징으로 인해 확대되었다. 그리스는 동성간 섹스를 장려한 최초의 문명이다. 호메로스는 남성간의 사랑(예컨대 아킬레우스^{Akhilleus}와 파트로클로스^{Patroklos}의 사랑)을 남녀 간의 사랑보다 훨씬 고상하고 순수한 것이라고 보았다. 플라톤의 《향연》에서도 동성애는 주요 토론주제이기도 했다. 레스보스의 사포^{Sappho}는 역사상 최초로 여자끼리 느끼는 성적 매력과 사랑을 찬미하기도 했다.

　　동성애를 개방적으로 포용하는 사회는 출생률하락으로 인해 쇠퇴할 위험이 높아지지만, 한편으로 문화가 만개한다. 기원전 8세기에서 4세기까지 그리스는 그야말로 오늘날까지 어느 사회도 달성하지 못한 활기차고 독창적인 문화를 꽃피웠다. 끊임없이 지속되는 살육과 전쟁으로 인해 남성의 사망률이 높았음에도 어떻게 이 특별한 시간, 특별한 장소에서 동성애가 널리 받아들여질 수 있었던 것일까?

　　동성에게 성적으로 끌리는 이유는 아직 밝혀지지 않고 있지만, 오늘날 과학적 연구결과에 따르면 유전적인 영향이 크게 작용하는 것으로 보인다.[3] 원인이 무엇이든 고대그리스인들이 진화의 방향을 거스르는 삶을 즐겼다는 사실은 몹시 기묘하다. 특히 그러한 쾌락이 집단의 존속을 해치는 결과로 이어질 수 있다는 점에서 보면 더욱 그렇다. 주변의 일반적인 문화들과는 상이한 문화적 위상을 갖도록 그리스사회에 압력을 가하는 강력한 어떤 힘이 존재했을지도 모른다.

이스라엘에서는 동성애가 절대 용납되지 않았다. 모세의 율법은 동성애를 '망측한 짓'이라고 규정한다. 성서에서 망측한 짓abomination이라는 말은 규범적으로 용납될 수 있는 선에서 벗어난 행위를 가리킬 때 등장한다. 아이를 생산하지 않는 섹스를 모조리 금지하는 것은, 적대적인 환경 속에서 민족적 정체성을 구축하기 애쓰는 신생소수민족에게 그나마 납득할 만한 조치라고 볼 수 있다. 그렇다면 그리스는 왜 이러한 태도를 취하지 않은 것일까? 그 이유는 아마도 이미지를 추방하라는 두 번째 계명이 그리스에는 없었기 때문일 것이다.

그리스인들은 이미지를 매우 가치있게 여겼기 때문에 우뇌로 정보를 인식하는 채널을 완전히 봉쇄하지 않았다. 알파벳이 들어오면서 그리스인들의 창조성은 봇물처럼 터져나왔고, 주체할 수 없을 만큼 예술적인 홍수가 범람하기 시작한다. 이스라엘과는 달리 그리스에서는 글과 그림이 모두 활짝 꽃피웠다. 그렇다면 그림을 통한 인식을 포기할 생각이 없었던 그리스에서는 어떻게 여신을 무력화했을까? 바로 강간범을 자신들의 주신으로 삼고 동성애의 미덕을 찬양하는 것이었다. 이러한 문화 속에서 여신은 무의식적으로 힘을 잃어갔다.

그리스가 오랜 시간 존속하고 전쟁에서도 병력을 끊임없이 동원한 것을 보면, 그들이 예술과 문학에서 동성애를 그토록 찬양했음에도 실제로는 양성애를 추구했다는 것을 알 수 있다. 그리스남자들은 결혼한 뒤에도 다른 여자는 물론 남자나 소년과도 바람을 피웠다. 처자식이 딸린 남자라고 해도, 남자들은 아내를 위해 정절을 바치지 않았다. 아내들은 자신이 남편의 유일한 선택이 아닐 수 있다는 걱정에 시달리며 살아야 했다.

여자는 남자의 애정을 차지하기 위해 다른 여자와 어떻게 경쟁해야 하는지 본능적으로 안다. 하지만 경쟁상대가 여자가 아니라 남자라면 어떻게 해야 할까?

기원전 4세기 찾아온 그리스문화의 처절한 몰락은 그리스문화를 꽃피우게 했던 바로 그 특유의 문화적 관습으로 인해 더 참혹했다. 《일리아스》에서 전쟁을 찬미한 것부터 공적인 삶에서 여자들을 배제한 것까지, 여성적 가치를 철저히 폄하하고 남성적 가치를 숭배한 문화적 관습이 파멸로 이어졌던 것이다. 도시국가들끼리 사소한 것으로 서로 다투지 않고 서로 힘을 합쳤다면, 남하하는 마케도니아를 물리칠 수 있었을지도 모른다. 불화와 반목으로 이미 쇠약해진 조그만 도시국가들을 정복하는 것은 식은죽먹기에 불과했다.

기원전 338년 테베 북쪽 카이로네아평원에서 벌어진 마케도니아와 그리스연합군의 마지막 대격돌이 벌어졌을 때, 그리스인들의 시체가 평원을 가득 메웠다고 한다. 그리스전사들은 두 명씩 짝을 이뤄 서로 등을 맞대고 필사적으로 싸우다가 장렬하게 전사한다. 카드모스가 귀중한 문자를 전해주고 왕이 되어 다스린 그 유명한 도시 테베를 지키기 위한 노력은 이로써 무참히 짓밟히고 만다.[4]

그리스사회에서 동성애와 양성애가 번성했던 이유는 과연 무엇일까? 아직도 만족할 만한 설명은 나오지 않고 있다. 또 그리스 이후 그러한 풍습을 가진 문화는 존재하지 않았다.* 그러한 풍습이 극에 달한 시기에 그리스의 지적 추구활동은 인류가 도달하기 어려울 만큼 높은 수준에서 번창했으며, 동시에 여신은 문화의 주변부로 추방당했다. 알파벳이 지닌 남성적인 문화가 이 모든 현상의 주요한 원인이 아니었을까 나는 의심한다.

● 그나마 고대그리스와 가장 유사했던 역사적 시기가 있는데, 바로 15세기 이탈리아의 르네상스시대다. 이 때에도 알파벳문화의 폭발적 확산, 남자예술가들의 절정에 달한 창조성, 여성의 완벽한 배재라는 3가지 요소가 똑같이 작동했다.

인류최초로 알파벳을 받아들인 두 문화는 비슷한 길을 걷지 않았을까? 아니다. 섹스와 이미지를 사랑하는 그리스와 이를 배척하는 이스라엘은 상극이었다. 이 두 문화는 서양문화에 가장 큰 근원이 되었음에도, 수백 년 동안 반목하고 대립하기만 했다. 서양문명은 제각각 극단적인 관념을 고집하는 완고한 두 '아버지' 밑에서 자란 정신분열증을 앓는 외동아들이라 할 수 있다.

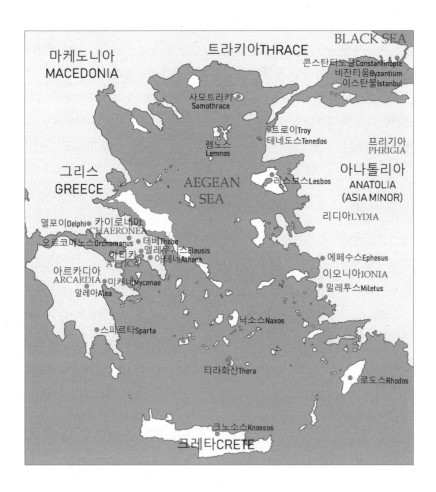

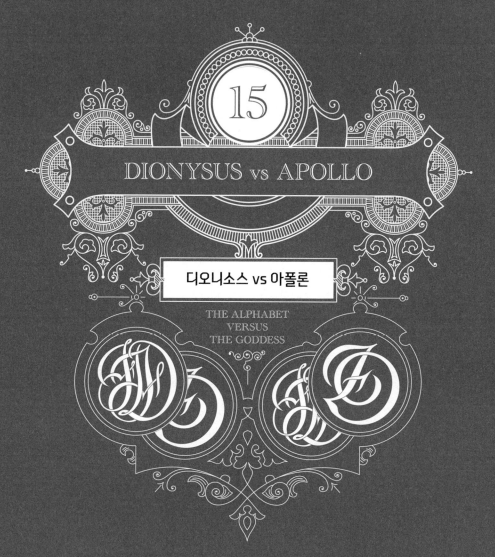

15

DIONYSUS vs APOLLO

디오니소스 vs 아폴론

THE ALPHABET
VERSUS
THE GODDESS

신은 미쳤다!

신의 본성 중 일부는 제정신이 아니다.

신이라는 관념이 지배하던 시절 그들이 주는 공포는

사람들에게 어떤 경험으로 다가왔을까?

발터 오토 Walter Otto[1]

디오니소스 vs 아폴론

여자뱀파이어들

기원전 8세기 호메로스가 《일리아스》를 알파벳으로 썼을 때, 그리스에는 700년 동안 전해 내려온 독특한 구술문화가 있었다. 이 시간 동안 그리스는 인간의 특정한 행동양식을 상징하는 다양한 신을 숭배했다. 가장 중요한 12신들이 모여있는 올림포스뿐만 아니라 수많은 나이아스^{naiad}(요정), 사티로스^{satyr}(반인반수), 님프^{nymph}(정령)들이 만신전을 가득 메우고 있었다. 이들을 등장인물 삼아 그리스인들은 재미있고 웅장한 무수한 드라마를 만들어낸다.

하지만 이러한 변화무쌍한 다양한 신을 가지고 있었음에도, 알파벳이 도래한 뒤 그리스인들은 올림포스산에 인간의 특징을 제대로 상징하는 신이 여전히 부족하다는 것을 깨닫는다. 마침내 그리스인들은 기원전 5세기 올림포스에서 불, 가족, 어린 아이들의 여신 헤스티아를 쫓아내고 그 자리에 포도주, 섹스, 춤의 신 디오니소스를 넣는다. 디오니소스는 한 마디로 인간의 광기를 상징하는 신이라 할 수 있다. 디오니소스 숭배의식이 역동적으로 성장한 시기는 그리스에서 알파벳과 합리성과 예술이 꽃피는 시기와 일치한다.

디오니소스는 제우스와 테베의 공주 세멜레 사이에서 태어났다. 제우스와 세멜레 이야기는 그리스에서 가부장제가 출현하는 과정을 우화적으로 보여준다. 한 번도 남자와 관계를 맺은 적이 없는 처녀 세멜레의 미모는 단숨에 제우스의 눈길을 사로잡는다. 헤라는 제우스가 또 한 차례 외도할 궁리를 하고 있다는 것을 감지하고 노파로 변장하여 세멜레를 찾아간다. 세멜레에게 곧 제우스와 첫 관계를 갖게 될 것이라고 경고하면서, 몸을 허락하기 전에 한 가지 요구를 하라고 조언한다. 그것은 바로 제우스에게 본래의 모습—이글거리는 번갯불을 들고 있는 완벽한 신의 모습—을 보여달라는 것이었다. 신의 모습을 보는 순간 인간은 죽는다는 것을 알고 있었기에 헤라는 속으로 미소를 지었다.

헤라의 말대로 곧 제우스가 뜨거운 정욕을 품고 세멜레의 침실을 찾는다. 자신을 순순히 받아들이지 않으면, 완력으로 정복할 것이라며 그녀를 협박했다. 남자는 페니스가 딱딱하게 발기되어있을 때 가장 연약하다는 역설적 진실을 활용하여 세멜레는 노파가 조언한 대로 소원을 들어달라고 요구한다. 제우스는 무슨 소원인지도 묻지 않고 다 들어주겠다고 하며 그녀에게 달려든다.

제우스는 뱀으로 변하여 그녀의 몸을 감싸고 애무하며 갈라진 혀로 몸을 핥았다. 제우스의 놀라운 테크닉에 황홀경에 빠진 세멜레는 소원을 말하는 것도 잊고 만다. 이 광경을 위에서 지켜보던 헤라는 아연실색하며 발을 구르는 수밖에 없었다. 그녀의 계략이 실패하고 만 것이다.

7달이 지난 뒤 세멜레의 자궁에선 아기가 무럭무럭 자라고 있었다. 자신을 다시 찾아온 제우스에게 자신의 운명에 대해 아무것도 모르던 세멜레는 잊고 있던 소원을 떠올린다. 올림포스의 가장 강력한 신으로서 원래 모습을 보여

세멜레의 죽음. Peter Paul Rubens c.1600

달라고 간청한 것이다. 제우스는 후광에 휩싸인 자신의 모습을 본 사람은 모두 죽는다고 설득했지만 세멜레는 고집을 꺾지 않았다.

결국 제우스는 체념하고 자신의 본래 모습을 보여준다. 제우스의 손에 들려져있던 번갯불에 세멜레는 그 자리에서 타 죽고 만다. 지극히 아름다웠던 그녀의 형상이 한 순간 불에 타 추하게 된 것을 본 제우스는 이례적으로 깊은 회한을 느끼며 그녀의 배를 갈라 태아를 꺼낸다. 어머니의 참혹한 죽음 속에서 가까스로 살아난 이 아기가 바로 디오니소스다.

제우스는 책략의 신 헤르메스를 불러 자신의 생식기 바로 밑 사타구니에 태아를 넣고 꿰매달라고 한다. 하지만 기묘한 위치선정으로 인해 태아는 계속 제우스의 달랑거리는 불알과 부비며 자라게 되었고, 이는 디오니소스의 본성에 강한 영향을 미친다. 결국 9달을 꽉 채우고 디오니소스는 세상에 나온다. (디오니소스는 그리스어로 '두 번dio 태어난 자nysos'라는 뜻이다.) 헤라, 아테나, 아프로디테와 마찬가지로 디오니소스 탄생과정에서도 출산이라는 여자의 가장 핵심적인 기능을 남자가 대체하는 것을 알 수 있다.

헤라는 처음부터 디오니소스를 싫어했다. 그녀가 디오니소스를 죽이려고 한다는 것을 눈치 챈 제우스는 아이를 먼 나라에 사는 왕과 왕비의 가정으로 피신시킨다. 하지만 머지않아 헤라는 디오니소스의 소재를 찾아냈고, 디오니소스와 그의 양부모에게 마법을 걸어 그들을 모두 미치게 만든다. 왕과 왕비는 죽고 디오니소스는 겨우 살아남지만, 헤라와 그녀의 협력자들을 피해 평생 쫓기며 살아가야만 하는 운명에 처한다. 더욱이 디오니소스는 자신의 삶을 완벽하게 통제하지도 못했다. 헤라의 마법으로 인해 주기적으로 광기가 찾아왔기 때문이다.

디오니소스가 상징하는 것은 달, 밤, 무화과나무, 습기, 죄의식을 느끼지 않는 섹스, 의식의 착란상태, 술을 마시고 춤과 음악을 즐기는 잔치다. 그가 수호하는 동물은 황소와 뱀이다. 그는 인간에게 포도를 재배하는 방법을 가르쳐 주었는데, 이것은 사실 인간에게 발효의 미스터리를 일깨워주기 위한 것이었다. 발효는 인간에게 진통제 역할도 하면서 환각제 역할도 하였다.

그는 또한 행운의 예감, 번쩍이는 통찰, 신성한 깨달음, 직관적인 지혜를 상징하는 신이다. 플루타르코스는 디오니소스에게 예언의 능력을 부여하기도 한다.[2] 디오니소스는 인간의 상상력을 찔러 창조적 영감이 터져나올 수 있도록 도와주기도 한다. 하지만 이러한 상태는 사실 광기가 충만한 상태와 종이한 장 차이에 불과하다.

광기는 극도로 비합리적인 상태다. 미친 것은 '균형을 잃은 상태'다. 순차적인 선형구조가 핵심인 알파벳은 좌뇌적 사고를 비대하게 촉진하며, 이로써 좌뇌가 우뇌를 압도하는 상태를 초래한다. 비유적으로 말하자면 양쪽 반구가 처리할 정보량을 한쪽에만 불균등하게 부과하는 것이다.

논리학을 집대성한 그리스인들이 동시에 광기를 최고의 신의 위치로 격상시켰다는 사실은 단순한 우연이 아니다. 디오니소스(광기)와 아폴론(이성)이 델포이신탁소를 번갈아 주재했다.* 고대인들은 예언, 직관, 정신착란과 같은 비이성적인 상태를 경외했으며, 비합리성은 전통적으로 여신이 주재하는 자리였다. 그런 면에서 디오니소스가 여자의 옷을 입고 있는 모습은 여성적 속성을 찬탈하기 위한 어설픈 술책으로 여겨진다.

디오니소스가 여신의 역할을 찬탈하기 위해 만들어진 신이라고 의심할 수 있는 또다른 단서는 그를 늘 따라다니는 사람들의 구성이다. 박해받는 이 영원한 청년을 끝까지 신봉하며 받들던 사람들은 대부분 여자들로 이들을 멘데르mender라고 불렀다. (mender는 그리스어로 '유모'를 의미한다.) 또한 마이나데스maenad라고 불리는 광적인 무당들과 온갖 예술의 신 뮤즈muse들이 그를 따라다녔다. 모두 여자들이다.

시, 음악, 몸짓, 무대미술이 모두 결합되어 만들어지는 예술—드라마—이 바로 디오니소스를 숭배하는 의례에서 탄생한 것이다. 드라마는 우뇌로 가장 잘

● 다른 버전의 신화에 따르면 델포이는 원래 여신 테미스Themis를 모시는 곳이었는데, 아폴론이 그곳을 강탈했다고 한다. 플루타르코스는 9개월 동안 아폴론이 델포이신탁소를 주재하고, 겨울에는 디오니소스가 주재했다고 기록한다.

감상할 수 있는 예술이다. 비극은 디오니소스의 비합리적인 본성을 표현한다. 《안티고네》,《햄릿》같은 연극은 무대에 시체로 널브러진 상태로 끝이 나지만, 그럼에도 비극은 사람들의 기분을 북돋아주는 여흥이었다. 사람들은 왜《메데이아》,《오이디푸스》,《리어왕》의 비통한 운명을 목격하고 난 뒤 카타르시스를 느끼는 것일까? 영웅의 절망이 왜 관객들의 환희로 바뀌는 것일까? 이러한 역설이 바로 디오니소스라는 불가사의의 핵심에 자리한다.

처음 무대공연을 할 때 배우들은 등장인물의 얼굴을 과장하여 그린 커다란 가면을 썼다. 오늘날 비극과 희극이라는 쌍둥이가면의 기원은 인간본성의 양면성을 상징하는 디오니소스 숭배까지 거슬러 올라간다. 항아리에 그림을 그린 그리스의 화가들은 다른 신들은 모두 옆얼굴을 그렸는데, 유독 디오니소스만은 정면으로 그렸다.[3] 디오니소스는 사람들을 놀라게 하는 '대면對面'의 신이었다. 또한 그는 얼굴과 몸을 빨간색으로 칠해 다른 신들과 구별되도록 표현하였다.[4] 그의 페르소나는 르네상스시대까지 사람들의 흥을 돋우는 역할을 하는 사람들에게까지 이어졌으며, 오늘날 할로윈이나 마디그라Mardi Gras 축제에 가면을 쓰고 사람들을 흥겹게 하는 전통에도 그대로 살아있다.

아폴론은 간결한 금언을 주는 신이다. 그의 신전에는 '너 자신을 알라' '지나침은 모자람만 못하다'라는 금언이 새겨져있었다. 반면 디오니소스 신전에서는 그럴 듯한 글귀 하나 찾을 수 없었다. 디오니소스 숭배의식에서 '말'과 '글'은 아무런 역할

젖가슴을 주렁주렁 달고 있는 여신 아르테미스와 포도알을 주렁주렁 달고 있는 디오니소스. 디오니소스를 통해 여신의 이미지를 가져오려는 의도를 엿볼 수 있다.

도 하지 못했다. 오로지 이미지만이 존재했다. 신들은 자신을 숭배하는 의식에 직접 모습을 드러내지 않는 것이 전통이었지만 디오니소스만은 예외였다. 술에 흠뻑 취한 사람들이 그를 형상화한 조각을 가마에 태워 축제 속으로 들여온다.[5]

한 가지 특이한 점은 디오니소스를 태운 가마행렬이 들어오기 전, 대개 거대한 남근상을 든 행렬들이 먼저 입장한다는 것이다. 디오니소스 축제는 성욕이 왕성한 젊은이들의 온갖 섹스를 축복했다. 실제로 디오니소스가 상징하는 동물이나 속성은 모두―돼지, 황소, 뮤즈, 달, 춤, 음악, 습기, 뱀, 섹스, 대지의 재생, 식물의 경작, 가면을 활용한 몸짓표현 등―원래 여신들이 관할하는 것이었다.

고대인들은 비합리성과 합리성을 동등한 것으로 여겼다. 문자가 등장하기 전 문명에서는 대부분 주술사(샤먼)가 족장보다 더 높은 존경을 받았다. 문자가 도래한 이후에는 거의 예외없이 비합리성은 악마로 간주되었다. 비합리성에 대한 편견이 우리 문화에 얼마나 깊이 뿌리내리고 있는지 돌아보기 위해서, 비합리성의 영역에 속하는 인간의 행동에 무엇이 있는지 몇 가지 살펴보자.

웃음은 비합리적이다. 믿음은 비합리적이다. 일몰을 감상하는 것도 비합리적이다. 이런 광경을 감상하는 데에는 뚜렷한 '합리적 목적'이 없다. 예술이나 아름다움을 감상하고 음미하는 것도 비합리적이다. 특정한 예술작품이 강렬하게 끌리는 이유를 논리는 완벽하게 설명하지 못한다. 경험은 본질적으로 말로 표현될 수 없다. 성욕도 비합리적이다. 누구든 사회적으로 전혀 적절하지 않은 상황에서 절대 그래서는 안 될 사람을 향해 주체할 수 없는 성욕이 치솟는 것을 느껴본 적이 있을 것이다. 사랑도 비합리적이다. 무수한 춤과 음악도 비합리성의 영역에 속한다.

애국가를 부를 때 목이 메는 것도 비합리적이고 스포츠경기에서 우리 팀이 이겼을 때 흥분의 도가니에 빠지는 것도 비합리적이다. 이타적인 행동은 모두 근본적으로 비합리적이다. 하지만 예술, 섹스, 사랑, 믿음, 음악, 춤, 이타주의, 애국심, 웃음을 우리 삶에서 모조리 없애버리고 싶어하는 사람은 없을 것이다. 바로 이러한 것들이 인간이 처한 조건에 다양한 변화와 재미를 가져다준다. 말 그대로 '살 맛'을 안겨주는 것들이다. 이처럼 비합리성은 합리성 못지않게 우리 삶에서 중요한 가치다.

디오니소스는 자신을 화나게 하는 남자들에게 '광기'라는 벌을 내렸다. 하지만 그러한 광기로 인해 피해보는 사람들은 대개 여자였다. 많은 남자들이 여자를 멸시하면서도 한편으로 두려워했던 그리스의 화려한 문화 속에서 여자들은 어떤 감정을 느꼈을까? 그리스신화에는 무서운 여자가 많이 등장한다. 렘노스섬의 여인들은 남편을 죽였다. 다나오스의 딸들 50명은 구혼자와 결혼한 뒤 곧바로 그들을 죽였다. 아마조네스는 남자를 증오했고, 마이나데스는 남자들을 갈가리 찢어 죽였다.

그리스신화에는 여자를 위협하는 수컷괴물보다 그리핀, 키메라, 스핑크스처럼 남자를 위협하는 암컷괴물들이 훨씬 많이 등장한다. 하지만 신화 속 수많은 팜므파탈이 누리는 권력과 현실 속 평범한 여자들의 처한 상황 사이에는 엄청난 격차가 있었다. 놀라울 것도 없지만, 그리스의 많은 여자들이 우울증에 시달렸다.

그리스신화에서도 디오니소스를 연모하던 많은 여자들이 자살로 생을 마감한다. 디오니소스에게 최초로 포도재배법을 전수받은 인간 이카리오스의 딸 에리고네Erigone는 목을 매달아 죽는다. 테세우스가 낙소스섬에 버리고 간 크레타의 공주 아리아드네Ariadne는 디오니소스의 신부가 된 뒤 목매달아 죽는다. 그녀의 딸 파이드라Phaedra도 목을 매단다.

그리스시대의 얼마나 많은 여자들이 자살을 했던지, 플루타르코스는 도시국가 밀레투스에

표범을 타고 행진하는 디오니소스. 앞에는 마이나데스, 뒤에는 사티로스가 따르고 있다. 티르소스tyrsos(지팡이)에 남자의 머리통이 매달려있다.

서 자살이 전염병처럼 번져나갔다고 말한다. 자살의 확산을 막기 위해 밀레투스의 왕은 제 손으로 목숨을 끊은 여자는 그 시체를 발가벗겨 거리에 끌고 다니도록 한다는 포고령을 내리기도 했다.[6]

디오니소스축제에서 신의 어두운 측면인 고통, 공포, 죽음을 실제로 경험하는 사람은 사실 남자가 아니라 여자였다. 오르코메노스에서는 나팔소리가 울리면 어린 소녀들이 일제히 죽을힘을 다해 달려나간다. 말 그대로 잡히면 죽기 때문이다. 디오니소스 신을 모시는 사제가 칼을 마구 휘두르며 그들을 뒤쫓는다. 그에게 잡히는 순간 그 자리에서 칼을 휘둘러 죽였다.[7] 아르카디아의 알레아에서는, 여자들을 세워놓고 채찍질하는 것으로 축제를 시작한다.[8] 테네도스섬에서는 신의 이름으로 아이들을 제물로 바친다.[9]

디오니소스 숭배가 급속하게 확대되기 이전에도 그리스는 아폴론과 그의 쌍둥이 누이 아르테미스 숭배를 통해 인간심리의 양면성을 표출했다. 바야흐로 서양에서 최초로 발생한 '음양'사상이라 할 수 있다. 아폴론은 태어나자마자 제우스의 귀여움을 독차지하는 아들이 된다. 빛과 이성의 신으로서 재판관, 법률가, 건축가, 엔지니어, 의사, 철학자의 수호신이다. '스스로 빛나는 자'라고 불리며 태양신이라고 알려져있는 그는 폴리스의 수호신이자 문화의 수호신이다. 인류에게 명석함과 정돈된 마음을 선사했다. 플라톤은 아폴론적 이상을 찬미했다.

하지만 아폴론은 상대방의 감정을 읽지 못하고 냉담했던 탓에 여자들 사이에서 인기가 없었다. 그는 무수히 처녀들을 유혹하기 위해 도전하지만 아무도 그녀의 유혹을 받아주는 이가 없었다. 여자들이 자신을 사랑하게 만들지도 못했다. 다프네Daphne라는 님프는 아폴론이 자신에게 다가오자 차라리 나무로 변해버리는 길을 택한다.

아폴론은 또한 알파벳의 신이니 만큼 소년·남자에게도 왕성한 성욕을 느껴 히아킨토스Hyacinth나 아드메토스Admetus 등과도 사도마조히즘적 관계를 맺는다. 학습을 주관하는 올림포스 신으로서 아폴론은 결코 웃지 않았다. 총명하지만 공격적이고 유머감각이 없고 오만한 그는 좌뇌의 가치를 구현하는 신이었다.

아르테미스는 오빠 못지않게 무뚝뚝하고 말수가 적었다. 홀로 모든 것을 처리하는 사납고 잔인한 여자사냥꾼으로서, 숲속의 모든 야생을 지배했고, 남자를 멀리하며 꿋꿋이 순결을 지켰다. 아르테미스는 출산하는 여자들의 수호신이었으며, 어린 새끼들이 건강하게, 팔다리가 곧게 자랄 수 있도록 지켜주었다.

디오니소스가 등장하면서 아르테미스는 남자들에게서는 점점 멀어졌지만 반대로, 위안을 받고 영감을 얻기 위해 그녀를 찾는 여자들은 점점 많아졌다. 엘레우시스에는 데메테르와 아르테미스를 함께 숭배하는 유명한 신전이 있었는데, 이곳에서 여자들만 참석하는 아르테미스를 위한 비밀의례가 시작되었다. 하지만 그 의식에 대한 자세한 내용은 알 수 없는데, 기록을 남기지 않았기 때문이다.

디오니소스라는 연약해 보이는 광기의 신이 나타나면서 아르테미스의 입지는 더욱 축소된다. 기원전 4세기에 이르러서는 인간의 양면성을 상징하는 신으로서 아폴론-아르테미스는 아폴론-디오니소스로 대체되었다. 디오니소스는 올림포스에 오르자마자 바로 아폴론 옆자리를 꿰차버렸다.

디오니소스축제라고 하면 흔히 남자들이 모여 먹고 마시고 즐기는 카니발을 떠올리지만, 오로지 즐거운 것만은 아니었다. 카니발carnival이라는 말은 라틴어 고기carne에서 파생된 말이다. 어둠이 내려앉은 시간 숲의 초목에 둘러싸인 곳에서 디오니소스의 마이나데스들은 포도주나 환각제에 취한 상태에서 광적으로 춤을 추었다. 그들은 새끼 야생동물들에게 자신의 젖을 빨리기도 하고 짐승과 섹스를 하기도 했다.

황홀경에 빠지면 그들은 제물로 바칠 것을 찾는데, 대개는 미리 말뚝에 묶어놓은 양이나 염소의 목을 땄지만 가끔은 축제를 즐기는 남자를 잡아다가 목을 따기도 했다. 환각상태에서 솟아나는 초인간적인 힘은 아무리 발버둥을 쳐도 이겨낼 수 없다. 동물이든 남자든 희생양으로 찍히면 즉각 달려들어 사지를 찢어 버리고 손톱으로 살점을 뜯어냈다. 정신착란 상태에서 그들은 제물의 피를 마시고 조각낸 시체의 살덩이를 마구 뜯어 먹었다. 해가 뜨기 시작할 때쯤이 되어서야 약기운이 빠지면서 넋을 잃었고, 서서히 이성을 찾기 시작했다.

이러한 잔혹한 의식은 문자 등장 이전에는 찾아볼 수 없었다. 디오니소스가 최고의 인기를 구가하던 때는 그리스의 문화가 절정에 달한 황금시대와 일치한다. 지금도 위인으로 여겨지는 솔론, 페리클레스, 크세노폰 등이 활약했던 바로 그 시대의 그리스인들이 디오니소스를 숭배하고 그를 기리는 축제에 참여했던 것이다. 희생양의 살점을 뜯고 그 피를 마셨다. 하지만 디오니소스는 역설적으로, 그 자신이 사냥꾼이기도 하고 사냥감이기도 했다.

디오니소스는 올림포스에서 유일하게 다른 신들에게 박해받는 신이었을 뿐만 아니라 죽는 신이었다. 디오니소스와 동일한 신으로 여겨지는 디오니소스자그레우스Dionysus Zagreus는 헤라의 명령을 받은 티탄들에게 붙잡혀 사지가 갈가리 찢겨진다.* 하지만 고대 여신들의 이야기를 그대로 이어받아, 봄이 되면 부활하는 힘을 가지고 있다. 바로 이러한 특징이 이전에 죽은 신들과 다른 점이었다.

디오니소스는 쾌락과 고통, 아름다움과 잔인함, 황홀경과 공포, 창조성과 광기의 마법사다. 인간 실존의 상반되는 두 본성을 보여주는 불가사의한 영혼이다. 그는 직관과 이성, 성聖과 속俗, 여성적 가치와 남성적 가치와 같은 상보성을 상징한다. 디오니소스는 동양의 음양이라는 상징과 가장 근접한 존재다. 환희의 신으로서 말로 표현할 수 없는 기쁨을 주고 관능적 충동을 마음껏 즐기도록 부추기면서도, 고통받고 죽음을 당하는 신으로서 부활을 통한 구원의 약속하기도 했다. 지적 연구에 매달리고 이성적인 분석에 골몰하던 그리스인들에게 디오니소스는 짜릿한 전율과 악마적 폭력의 축제를 선사했다.

---

* 티탄Titan은 매우 오래된 신의 족속이다. 그들은 가부장 질서 위에 세워진 올림포스시대보다 앞선 시대를 지배했던 신들로 이들 세계에선 여신이 더 큰 힘을 발휘한다.

사모트라키섬의 아리스타르코스Aristarchus는 기원전 3세기 인물로 호메로스의 작품을 연구했다. 그는 《일리아스》에서 포도주를 마시는 장면을 모두 찾아낸 뒤, 거기에 디오니소스에 대한 언급이 전혀 등장하지 않는다는 것을 밝혀낸다.[10] 아마도 기원전 8세기 호메로스가 이 시를 쓸 때는 디오니소스가 그다지 중요한 신이 아니었기 때문에 언급할 가치도 없었기 때문일 것이다. 《신들의 계보》에서도 디오니소스 신화에 대한 이야기가 나오지 않는다.

하지만 기원전 5세기 플루타르코스는 세련된 도시국가를 중심으로 그리스 전역에서 디오니소스를 숭배한다고 묘사한다. 기원전 403년 중요한 도시국가들이 이오니아알파벳을 공식문자로 채택하기로 합의하면서 글자를 읽을 수 있는 인구가 급속히 증가했는데, 바로 이 때 포도주의 신을 모시는 신전도 급속히 퍼져나갔다.[12]

물론 몇몇 개별적인 저항도 존재하긴 했지만 그리스인들은 대부분 이 두 번 태어난 신에게 복종해야 한다고 생각했다. 이 신을 거부하면 남자와 여자 모두 미치게 되고, 미쳐있는 동안 자신들의 아이들을 짐승으로 착각하여 잡아먹을 수 있다고 생각했다.

300만 년의 세월을 거치면서 남자-여자는 제각각 사냥·도살자-채집·양육자로서 본성을 갖춰왔다. 여자는 일반적으로 남자보다 친절하고 너그럽고 자애롭고 연민이 풍부하다고 여겨진다. 《일리아스》에 등장하는 여자들도 한결같이 인내하며 순종한다. 그럼에도 그리스신화에는 에리니에스Erinyes, 하르피이아Harpy, 세이렌Siren과 같은 무서운 여신들이 그토록 많이 등장하는 것일까?

실제로 그리스남자들은 자신의 아내들을 무서워했다. 디오니소스의 부름을 받는 순간 아내들이 쳇바퀴 도는 듯한 가정생활을 내팽개치고 아이들을 내다버린다고 생각했다. 또한 칠흑 같은 밤이 되면 디오니소스의 마법에 걸린 여자들끼리 길거리에서 만나 살해한 남편들의 시신을 뜯어먹는 피비린내 나는 축제를 벌인다고도 상상했다.

여자에 대한 이러한 공포심은 인류역사상 처음 나타난 것이었다. 그렇다면 그리스문화에 어떤 발작적인 요소가 이러한 망상을 하도록 영향을 미쳤을까? 그러한 관념을 초래한 것은 바로 알파벳이라고 나는 생각한다.

　종족이든, 민족이든, 국가든 한 집단이 다른 집단과 전쟁을 준비할 때는 상대방을 먼저 악마화하기 마련이다. 그리스가 알파벳을 받아들인 시기에 공공의 적은 여자였다. 물론 수백만 년 동안 축적해온 본성을 거슬러 여자들을 어느 날 갑자기 사악한 존재로 만드는 것은 어려운 일이다. 하지만 그리스는 여자를 미치게 만들 수 있는 능력을 가진 새로운 신을 만들어냄으로써 이 어려운 일을 해낸다. 여자들이 광기에 빠지는 순간, 초인적인 힘을 발휘하는 사악한 악마로 변한다. 남편은 물론 자식들까지 먹어치운다는 공포를 일반인들에게 심어주는 데 성공한 것이다.

　물론 디오니소스 숭배문화가 확산되었다고 해서 정말 남자를 잡아먹는 여자들이 생겨난 것은 아닐 것이다. 그럼에도 그러한 관념은 소일거리를 하는 평범한 여염집 아낙네들의 평화로운 풍경을, 피를 빨아먹는 뱀파이어들이 모의하는 풍경으로 바꿔버렸다. 디오니소스 숭배문화는 사실 여자를 미치게 만든 것이 아니라 남자를 미치게 만든 것이다. 그들이 들이킨 강력한 환각제는 발효된 포도주가 아니라 증류된 알파벳이었다.

＊＊＊

디오니소스 어머니의 이름 세멜레^{Semele}는 트라키아와 프리기아 지역의 언어로 '대지의 여신'을 의미한다.[11] 기존의 대지의 여신들은 출산이라는 기본적인 행위를 온전히 수행할 수 있었다. 하지만 세멜레는 헤라에게 속아 죽음을 맞이했고 태아마저 거의 죽음에 몰아넣고 말았다.* 어머니로서 비극적인 종말을 맞이한 것은 디오니소스를 아버지 제우스의 품에서 태어나도록 만들기 위한 극적인 장치다.

---

* 헤라는 그리스인들이 어머니대지 여신의 페르소나를 바꿔버린 또다른 예라 할 수 있다. 그녀는 원래 임산부의 수호신인데, 여기서는 임산부를 살해하는 역할을 한다.

디오니소스는 한 번도 본 적이 없는 자신의 어머니를 애도한다. 올림포스 12신이 되고 난 뒤, 제우스에게 세멜레를 하데스의 지하세계에서 부활시켜 올림포스에 있게 해달라고 간청한다. 제우스는 그의 간청을 들어준다. 세멜레에게 영생을 주었고, 올림포스산에서 영원히 머물 수 있도록 해주었다. 디오니소스는 더 나아가 제우스를 설득하여 세멜레가 자신의 옥좌 옆 자리에 앉을 수 있도록 했다.

이 아들과 어머니 신화는 훨씬 오래전부터 내려오던 딸과 어머니 신화를 떠올리게 한다. 데메테르는 자신의 딸 페르세포네를 지하세계의 신 하데스에게서 구해내는 데 성공하지만, 그럼에도 1년 중 절반은 지하세계에서 머무를 수밖에 없었다. 하지만 디오니소스는 신출내기에 불과함에도 자신의 어머니를 죽은 자의 땅으로부터 '영원히' 데리고 나온다.

농경이 도래한 뒤 5000년 동안 우리 인류는 봄마다 대지에 새로운 생명이 솟아나는 것을 위대한 어머니여신이 사랑하는 아들·연인·남매를 부활시키는 것에 비유해 왔다. 이난나와 두무지, 이시스와 오시리스, 이슈타르와 탐무즈, 아프로디테와 아도니스 이야기가 모두 이와 연관된 신화들이다. 히에로기모스(신성혼)라는 고대의 가장 성스러운 의식에서도 남자는 인간, 여자는 여신이었다.

하지만 그리스에서는 부활의 힘을 모두 남신이 차지했다. 자기 자신은 물론 대지도 부활시킬 수 있었다. 여기에는 '어머니'라는 가장 중요한 역할이 전혀 개입하지 않는다. 아들—남자신—이 신도 아닌 인간어머니 세멜레를 부활시키고 영생을 준다.

디오니소스 신화가 만들어진 이후 1000년이 지난 뒤 이 신화의 구조는 다시 한 번 활용된다. 인간어머니 마리아는 자신의 젊은 아들이 화창한 봄날 십자가에 못 박혀 죽어가는 모습을 안타까운 마음으로 지켜볼 수밖에 없다. 이제 그를 부활시킬 수 있는 사람은 아버지밖에 없다. 디오니소스는 오시리스 신화와 그리스도 이야기를 연결해주는 핵심고리 역할을 한다.

자식을 지키려는 어머니의 본능은 종종 자신을 지키려는 본능을 넘어서기도 한다. 하지만 디오니소스 신화 속 미친 어머니들은 자식을 잔인하게 죽인다. 인간의 온갖 범죄 중에서도 이보다 충격적이고 소름끼치고 모순적인 행동은 없을 것이다. 여자의 본성에 대한 인식을 이처럼 극단적으로 뒤바꾼 힘은 과연 무엇일까?

바로 알파벳이다. 새로운 커뮤니케이션수단이 몰고 온 파급효과가 그만큼 대단했다는 것이다. 디오니소스를 키우는 과정에 참여한 모든 여인들은 마치 천벌을 받듯 모두 비참하게 죽음을 맞이한다. 자신을 미치게 만든 신을 사랑한 여인들은 모두 고통을 당할 수밖에 없었다.

* * *

오늘날 테베 지역의 고대 신전 유적지를 발굴하는 과정에서 '디오니소스카드모스'라는 글자가 새겨진 주춧돌이 발굴되었다. 디오니소스와 카드모스? 이 둘은 어떤 관계가 있는 것일까?

디오니소스의 혈통이 밝혀지면서, 알파벳의 도래와 디오니소스 사이에 밀접한 연관성이 있다는 사실이 서서히 드러나기 시작한다. 디오니소스의 아버지는 분명 제우스다. 그렇다면 그의 어머니 세멜레는 누구에게서 태어났을까? 바로 카드모스와 하르모니아다!

그리스신화에서 신들은 두 가계에 저주를 내린다. 그중 하나가 잘 알려진 아트레우스Atreus 가문이다. 이 가문의 시조는 탄탈로스Tantalus로, 자신의 아들 펠롭스를 제물로 삼아 신들에게 만찬을 대접한다. 만찬테이블에 둘러앉은 신들은 그제서야 탄탈로스가 저지른 일을 깨닫는다. 신들은 아무 말도 하지 못하고 그냥 앉아 있었다.

결국 제우스가 정적을 깨며 탄탈로스와 그의 자손들에게 무시무시한 저주를 내린다. 이 가문의 불행한 후손들—아가멤논, 이피게네이아, 클리템네스트라, 오레스테스, 엘렉트라—은 우리에게 익숙한 비극의 주인공이 된다. 자주 되풀이되

는 주제이지만, 이것은 자식을 제물로 바치는 관습을 근절하기 위해 그리스인
들이 만들어낸 강력한 도덕적 신화다.

신들에게 저주를 받은 또다른 가문은 바로 테베의 카드모스 집안이다. 카
드모스는 아무런 죄도 저지르지 않았다. 오히려 그리스인들에게 무엇보다 소
중한 선물을 가져다주었을 뿐만 아니라 결정적인 순간 올림포스 신들을 구해
주기도 했다. 하지만 운명의 신들은 카드모스와 하르모니아의 자손들을 끊임
없이 괴롭혔다. 그들이 낳은 딸 네 명 모두 디오니소스 숭배와 밀접하게 연루
되면서 비극적 재앙을 맞는다.

카드모스와 하르모니아의 첫째 딸 아우토노에Autonoë에게는 악타이온이라
는 아들이 있었다. 뛰어난 사냥꾼이었던 그는 사냥을 하던 중 우연히 처녀신
아르테미스가 목욕하는 장면을 목격한다. 화가 난 아르테미스는 그의 사냥개
들에게 주문을 걸어, 주인의 사지를 갈가리 찢어버리게 한다.

둘째 딸 아가베Agave는 디오니소스축제에 마이나데스로 참여해 자신의 아
들을 죽여서 그 시체를 뜯어먹는다(이 이야기는 잠시 후 소개한다). 셋째 딸 이노Ino
는 세멜레가 죽었을 때 배에서 꺼낸 디오니소스를 제우스 몸에 넣기 전에 잠
깐 돌봐주었는데, 그 일 때문에 헤라는 그녀를 미치게 만든다. 미친 상태에서
참혹하게 자식을 죽였고, 정신을 차리고 난 뒤 아이의 시체를 품에 안고 절벽
에서 뛰어내려 스스로 목숨을 끊는다. 세멜레는 넷째 딸이다.

또한 세멜레의 어머니 하르모니아는 전쟁의 신 아레스의 딸이다. 알파벳과
전쟁의 결합이 수세대에 걸쳐 고통을 낳는다는 메타포는 단순히 신화에서만
머무는 것이 아니라 현실에서도 작동한다. 알파벳의 확산으로 인해 학문과 지
식의 커다란 진보가 일어날 때마다 어김없이 인류는 커다란 전쟁에 휩싸였다.
역사적으로 가장 번영한 시기로 여겨지는 고대그리스, 로마제국, 이탈리아 르
네상스, 영국 엘리자베스시대는 모두 전쟁으로 탄생했으며, 그러한 번영 밑에
는 끔찍한 광기가 맴돌고 있었다.

서구문명의 기틀을 마련한 로마제국의 역사는 칼리굴라, 네로와 같은 정

신 나간 군주들로 가득하다. 르네상스와 엘리자베스시대 역시 예술과 학문은 엄청난 발전을 이루었지만, 동시에 끔찍한 마녀사냥과 종교전쟁이 극에 달했다. 계몽주의 운동의 결실이라고 할 수 있는 프랑스혁명도 광기에 찬 자코뱅의 공포정치로 막을 내렸다. 20세기에는 이성의 모범국가 독일이 나치라는 미치광이집단을 낳았다.

지금 우리는 지식의 최전선을 달리는 엄청난 학문의 발전을 목격할 수 있다. 하지만 그와 동시에 우리 자신은 물론 지구라는 행성 자체를 멸망시킬 수도 있는 핵무기의 위협에 한발 더 가까이 다가서게 되었다. 미국은 어떤 적을 섬멸하고도 남을 만큼 엄청나게 많은 열핵무기를 비축해 놓음으로써 핵전쟁을 억제할 수 있다는 가정 하에 핵무기를 개발해왔는데, 이것을 상호확증파괴Mutual Assured Destruction 전략이라고 한다. 이 전략은 흔히 앞 글자만 따서 MAD라고 불리는데, 말 그대로 '미친' 전략이다.

기원전 4세기 알파벳의 승리가 절정에 이르렀을 때, 그토록 인류가 경외하는 그리스의 민주주의는 참혹하게 붕괴된다. 기원전 411년부터 386년까지 25년 동안 아테네는 이전까지 보지 못했던 매우 잔인한 방식으로 서로 죽고 죽이는 유혈사태에 휩싸인다. 이러한 비극의 원인은 바로 '추상적인' 정치적 신념의 충돌이었다. 이 기이한 혼란은 '문화적 광기'라는 말로 진단해도 틀리지 않을 것이다. 바로 이 시기에 소크라테스가 자신의 '이데아' 사상으로 사형을 선고받는다(BC399). 에우리피데스의 《바쿠스의 시녀들》도 이때 나온다(BC406). 이 작품의 줄거리를 잠깐 살펴보자.

* * *

펜테우스Pentheus는 아폴론의 이상을 구현하는 통치자가 되고자 노력했다. 법을 통한 사회질서유지를 최상의 가치로 여겼다. 그러던 어느 날 디오니소스가 자신이 다스리는 왕국에 들어왔다는 소식이 들려왔고, 걱정에 휩싸인다. 이윽고 디오니소스와 그의 난폭한 일행들이 자신의 몇몇 신하들을 개종시켰을 뿐만 아니라, 그의 아내와 어머니가 밤에 몰래 성을 빠져나가 디오니소스 의식에 참여했다는 사실까지 드러난다. 펜테우스는 당장 디오니소스를 체포하라고 명령한다.

현명한 예언자 티레시아스Tiresias는 불길한 일을 초래할 수 있다고 경고했으나, 펜테우스는 아랑곳하지 않고 디오니소스를 성의 지하감옥에 처넣는다. 실제로 디오니소스를 속박한 사슬과 감옥의 창살이 넝쿨로 변해 버리는 일이 벌어진다. 펜테우스는 이러한 현상을 속임수일 뿐이라고 일축해버린다. 티레시아스는 디오니소스가 진짜 신이라고 이야기하며 그에게 경배해야 한다고 간언한다. 펜테우스는 건방떠는 디오니소스를 자신의 눈앞에 데려오게 한다.

펜테우스는 디오니소스에게 '난 당신이 신이 아니라고 생각한다'고 되풀이해서 말하면서도, 자신의 어머니와 아내가 도대체 무엇에 홀려 그 집회에 참석했는지 이해할 수 없다고 속마음을 털어놓는다. 마술사에게 속임수를 말해 달라고 하는 사람처럼 펜테우스는 디오니소스에게 밤중에 여자들이 숲속에 모여 무슨 일을 하느냐고 묻는다.

디오니소스는 장난스럽게 웃으며 그건 비밀이라 알려줄 수는 없지만, 궁금하다면 직접 와서 볼 수 있도록 자리를 마련해 주겠다고 대답한다. 디오니소스는 펜테우스를 숲속 넓은 터가 보이는 곳으로 데리고 가 가장 높은 나뭇가지에 올라가 앉아 있으라고 말한다.

밤이 되자 디오니소스의 마이나데스들이 무리지어 나와 광란의 춤을 추기 시작했다. 펜테우스의 어머니와 아내(왕비)도 곧 그들 사이에 끼어서 춤을 추었다. 펜테우스는 그 광경을 지켜보며 놀라움을 감출 수 없었다. 여인들이 무아지경에 빠져들수록 불안해졌다.

광란의 절정에 이른 순간 여인 중 한 명이 높은 곳에 숨어서 지켜보는 펜테우스를 발견한다. 여인들은 으르렁대며 펜테우스가 올라가있는 나무를 주위로 몰려들었고, 미친듯이 손톱으로 나무껍질을 파내기 시작했다. 생명의 위협을 느낀 펜테우스는 도움을 구하며 고함을 쳤지만, 아무도 그 소리를 들

남자를 찢어죽이는 마이나데스

지 못했다. 도시와는 너무 멀리 떨어져있었기 때문이었다.

사나운 마이나데스들은 나무를 흔들기 시작했고, 펜테우스는 나뭇가지를 놓쳐 밑으로 떨어지고 말았다. 여인들이 달려들자 그는 어머니를 향해 소리쳤지만, 광란에 빠진 그녀는 아들을 알아보지 못했다. 그의 어머니는 사나운 힘으로 그의 몸통에서 팔을 뜯어냈고, 그의 머리를 뜯어내 자신의 티르소스 지팡이에 꽂았다. 그의 몸은 순식간에 여자들이 뜯어 먹어버렸다.

이 이야기의 더 충격적인 비밀은, 펜테우스의 어머니가 바로 카드모스와 하르모니아의 둘째 딸 아가베라는 것이다. 아가베는 디오니소스의 이모이고, 펜테우스는 디오니소스의 사촌형제다.

*　*　*

이 신화는 하나의 알레고리로 읽을 수 있다. 사람은 누구나 남성적 본성과 여성적 본성을 모두 가지고 있다. 또한 이러한 본성들에는 밝은 측면과 어두운 측면이 있다. 본성의 어두운 측면에서 나오는 메시지를 무시하는 것은 스스로 파멸을 재촉하는 것이다. 디오니소스를 무시한 댓가로, 펜테우스가 그랬듯이, 우리 심리는 '갈기갈기' 찢길 수 있다. 우리 정신에는 두 가지 측면—이성과 광기—가 존재하는데, 그 중 하나를 부정할 때 심각한 위험에 처할 수 있다.

신화에 따르면, 《바쿠스의 시녀들》의 배경은 바로 그리스에 알파벳이 최초로 전파된 테베다. 카드모스가 이 지역을 지배하던 뱀을 잔인하게 제압한 뒤, 인간의 가장 뛰어난 능력—이성—으로 만들어낸 문자로 기록된 법률에 기초하여 새로운 질서를 세운 곳이다. 디오니소스와 펜테우스가 모두 카드모스의 손자라는 것은 절묘하다. 집단에서 추방된 이방인 손자가 문자를 대표하는 손자를 파멸시키는 에우리피데스의 희곡은 지금도 여전히 의미있는 메시지를 제공한다.•

카드모스가문의 비극은 펜테우스의 죽음으로 끝나지 않는다. 펜테우스의 왕위는 아들 메노이케우스에게 넘어갔고, 메노이케우스는 딸 이오카스테에게 왕위를 물려준다. 이오카스테여왕과 라이오스왕 사이에서 태어난 아들이 바로 그 유명한 오이디푸스Oedipus다. 널리 알려진 바대로, 오이디푸스는 자신의 아버지를 죽이고, 암컷괴수 스핑크스를 총명함으로 물리치고, 자신의 어머니 이오카스테와 결혼할 수 있는 권리를 얻어 테베의 왕이 된다.

소포클레스의 테베 3부작 중 첫 번째 희곡 《오이디푸스왕》에서 오이디푸스는 자신의 아버지를 살해한 자를 열심히 찾는데, 그가 바로 자신이라는 끔찍한 사실을 밝혀낸다. 이오카스테는 자신이 결혼한 남자가 바로 자신의 아들이며, 또한 그 아들이 자신의 남편을 죽였다는 사실을 깨닫고는 목을 매 자살한다. 오이디푸스는 목을 맨 어머니가 차고 있던 브로치를 떼내어 자신의 눈을 찔러 장님이 된다. 그리고 그 길로 궁전을 떠나 비참한 떠돌이가 된다.

두 번째 희곡 《콜로노스의 오이디푸스》는 오이디푸스의 두 아들 에테오클레스와 폴리네이케스 사이에 벌어지는 참혹한 내전과 그들의 눈먼 아버지의 최후를 다룬다.

세 번째 희곡 《안티고네》는 카드모스가문의 마지막 여자의 죽음을 보여준다. 안티고네는 오이디푸스의 사랑하는 딸이다. 치욕적인 사건이 펼쳐진 후 이오카스테가 죽고 오이디푸스도 사라지고 난 뒤 이오카스테의 동생 크레온이 테베의 왕위를 차지한다. 오이디푸스의 아들 폴리네이케스는 외삼촌에게서 왕위를 뺏기 위해 적군을 이끌고 테베를 공격하다가 성벽 밖에서 죽는데, 크

• 에우리피데스는 또한 로마제국이 기독교로 개종할 것을 미리 통찰하고 있었다. 예수와 디오니소스는 모두 미천한 추종자들을 거느리고 다니는 추방당한 카리스마적 지도자다. 이 둘은 인간본성의 이해하기 어려운 측면을 상징한다. 이들은 모두 전통적인 합리성과 실용주의를 꺾고 승리를 거둔다.

레온은 아무도 그 시체를 땅에 묻지 못하도록 한다. 독수리가 그의 시체를 깨끗이 먹어치우는 모습을 테베인들에게 보여줌으로써, 아무도 반란을 꿈꾸지 못하도록 생각이었다. 안티고네는 삼촌의 포고령을 어기고 죽은 오빠의 시체를 가져와 땅에 묻었다. 분노한 크레온은 그녀를 감옥에 가두어 죽게 만든다.

법률은 카드모스가 전해준 알파벳의 가장 소중한 유산이다. 하지만 법률은 정의에 부합해야 하는데, 정의는 오랫동안 여자의 특성으로 간주되었다. 정의를 상징하는 이미지 역시 눈을 가린 채 저울을 들고 서있는 여신이다. 자비, 공정, 연민은 주로 우뇌와 관련된 특성이다. 법이 질서를 유지하고 공공의 혼란을 막는다고 해도 남성적 가치에만 의존할 경우, 제대로 기능하지 못할 뿐만 아니라 폭정의 도구가 되기도 한다.

안티고네 이야기는 제우스에게 납치된 자신의 여동생 에우로파를 찾아 그리스로 온 카드모스에서 시작된 이야기의 대서사시의 결말을 장식한다. 위험을 무릅쓴 모험은 카드모스에게 명예와 행운을 가져다주었다. 카드모스는 또한 로마의 시인 논노스Nonnus가 '정신의 선물'이라고 불렀던 문자를 그리스에 가져다주었다.[12]

카드모스가문은 아트레우스가문 못지않게 지독한 저주로 고통을 받았다. 6대에 걸친 카드모스가문에 속한 여자들은 예외없이, 남자들은 대부분 끔찍한 시련을 겪는다. 가문의 시조는 권력과 지혜를 상징하는 여성적 토템 뱀을 죽이고, 법률로 사회를 통치하는 데 꼭 필요한 도구인 문자를 그리스에 전해주었다. 하지만 그 혈통의 마지막 여자가, 영혼을 잃어버린 법률로 인해 희생당함으로써 가문이 끝나버리는 것은 '시적인' 정의의 실현이라고 볼 수 있다.

알파벳은 굉장한 선물이었지만, 알파벳이 몰고 온 저주는 온전히 여자들이 감당해야만 했다.

16

ATHENS vs SPARTA

아테네 vs 스파르타

THE ALPHABET
VERSUS
THE GODDESS

우리는 순차적 논리와 이성적 분석이 지배하는
그리스의 지적 전통을 상속받았다.
아리스토텔레스의 형식논리학이 문제가 아니다.
그리스로부터 물려받은 알파벳은 그 자체로
우리 뇌조직에 예상치 못한 역할을 수행하고 있다.

로버트 온스타인 Robert Ornstein[1]

아테네 vs 스파르타

법치와 화폐경제

알파벳을 사용하기 시작한 사회에서 가장 지배적인 역할을 하는 것은 바로 법률이다. 알파벳을 쓰지 않는 사회는 법보다는 관습과 금기에 의존한다. 예컨대 알파벳이 아닌 상형문자를 사용한 이집트와 중국은 인류문화 발생기에 상당한 기여를 했지만, 성문법이 없었다.

이스라엘은 10계명의 탄생을 자신들의 문화적 전통의 핵심적인 사건으로 기념한다. 그리스 역시 자신들의 법에 대단한 자부심을 지니고 있었지만, 문화적 르네상스의 발단이 되는 사건을 기념하는 신화는 가지고 있지 않다. 하지만 기원전 5세기 아테네는 비극이라는 예술형태를 통해서 자신들의 전통을 기슬러 올라가 설명하기 시작했다.

작가들은 신화를 통해 대중에게 오락거리를 제공할 뿐 아니라 대중을 교육하고자 하였다. 아이스킬로스는 오레스테이아 3부작(BC458)을 통해 그리스에 어떻게 사법제도가 설립되었는지 보여준다. 알파벳과 여신 사이의 치열한 투쟁을 보여주는 그의 작품에는 여성혐오사상이 넘쳐난다.

소포클레스의 테베 3부작이 카드모스가문의 몰락이야기라면, 오레스테이아 3부작은 아트레우스 가문의 몰락 이야기다. 앞 장에서도 말했듯이, 이 가문이 신들의 노여움을 사 저주를 받게 된 계기는 탄탈로스가 신들을 기쁘게 하기 위해 자신의 아들 펠롭스의 고기로 저녁만찬을 대접한 사건이다.

이 가문의 전통은 그 다음 대로 이어지는데, 탄탈로스의 두 아들 아트레우스와 티에스테스는 철천지원수였다. 아트레우스는 동생 티에스테스의 아들을 죽여서 만든 수육요리를, 티에스테스를 연회에 초대하여 대접한다.

그 다음 대로 넘어가 아트레우스의 아들 아가멤논은, 자신의 딸 이피게네이아를 제물로 바친다. 그의 아내 클리템네스트라는 딸을 죽인 것에 대한 복수로 트로이전쟁에서 돌아온 아가멤논을 도끼로 쳐죽인다. 이 사건이 바로 오레스테이아 3부작 중 첫 번째 희곡 《아가멤논》의 주요 소재다.

두 번째 희곡 《코이포로이》에서는 아가멤논과 클리템네스트라의 아들 오레스테스가 아버지를 죽인 것에 대한 복수로 어머니를 죽인다.

세 번째 희곡 《에우메니데스》는 오레스테스가, 모친살해라는 극악무도한 죄를 저지른 이는 누구든 끝까지 쫓아가 가차없이 처벌하는 에리니에스 여신들에게 쫓기는 이야기다. 여신들에게 쫓기던 오레스테스는 겁에 질려 델포이의 아폴론신전으로 피신한다. 사실, 오레스테스에게 어머니를 죽이라고 명령한 것은 아폴론이었다. 아폴론은 그리스문화에서 남성적 영향력을 상징하는 신이었다.

《에우메니데스》는 아폴론의 주문에 걸려 에리니에스들이 깊은 잠에 빠져있는 장면으로 시작한다. 오레스테스는 델포이 신전의 기둥을 붙잡고 아폴론에게 살려 달라고 간청한다. 아폴론은 누워있는 여신들 사이를 사뿐히 걸어나오면서 여신들에 대한 혐오를 마음껏 드러낸다.

자, 이것 보거라―
이 외설스런 광경을!―내가 그들을 잡아 잠에 취하게 만들었지.
그들은 나를 몸서리치게 하지.
이 태곳적 자손들에게 손을 댈 수 있는 자는―신이든, 남자든, 짐승이든 아무도 없어. 그야말로 영원한 처녀들이지.
파괴만을 위해 태어나, 땅 속 캄캄한 지옥, 죽음의 세계만을 헤집고 다니지.
그곳은 남자들은 물론, 올림포스의 남자신들에게도 끔찍한 곳이야.[2]

아폴론이 이토록 에리니에스를 혐오하는 이유는 그들이 고대세계에서 차지하고 있던 지위 때문이다. 에리니에스는 가장 초기에 만들어진 신들이기 때문에, 최근 만들어진 올림포스 신들이 통제할 수 없었다. 자신의 의지에 따라 순결을 지키는 에리니에스는 새로운 올림포스의 남성적 질서 속에 편입되기를 끝까지 거부했다.[•]

이들은 밤의 딸들로서 뱀처럼 날카로운 소리를 내며 무시무시한 분노를 표출한다. 에리니에스는 메소포타미아와 이집트의 신화까지 거슬러 올라가 근원을 찾을 수 있는데, 똬리를 틀고 있는 대지의 '어머니뱀Mother Snake'이 그들의 선조라 할 수 있다.

하지만 어머니뱀들은 신석기시대가 끝나면서 자취를 감추었다. 그럼에도 여전히 정의를 구현하는 데 영향력을 행사하는 에리니에스들은 좌뇌의 가치를 확산시키고자 하는 아폴론을 격노케 했다. 인간을 덮치는 자연의 광포한 힘을 제압하고 패퇴시킬 방법을 궁리하고 있던 아폴론에게 오레스테스 사건은 좋은 기회였다.

복수의 여신들이 깨어나 오레스테스를 내놓으라고 요구하자, 아폴론은 이를 거절하며 '오래된 이들'도 아테나의 판결을 따라야 한다고 말한다. 아테나는 새로운 아폴론의 질서를 대표하는 신이다. 여자라고는 해도 아테나는 제3자에 불과했다. 하지만 에리니에스는 아폴론의 그럴듯한 설득에 넘어가, 아테나가 자신들의 편을 들어줄 것이라고 믿으며 마지못해 그의 제안을 받아들인다.

아테나는 재판배심원으로 아테네인 12명을 선발한다. 에리니에스들은 오레스테스의 자백을 증거로 가지고 있었기 때문에 당연히 유죄가 선고될 것이라 확신했다. 오레스테스가 울먹이며 이야기했다.

● 에리니에스Erinyes는 복수명사로, 단수명사는 에리니스Erinys다. 살인자에게 복수하는 여신 티시포네 Tisiphone, 쉬지 않는 여신 알렉토Allect, 질투하는 여신 메가이라Megaera로 이루어진 에리니에스는, 로마신화에서는 '푸리아이Furiae'로 불린다. 서기 2세기부터 유대인들의 저술에도 릴리트Lilith라고 하는 복수의 여신이 등장한다. 릴리트는 이브 이전에 존재했던 최초의 여자로 아담의 권위에 복종하기를 거절했던 수수께끼 같은 인물로 그려진다.

"하지만 내가 어머니의 자식입니까?"

복수의 여신들은 분노에 차 외쳤다.

"천하의 배은망덕한 놈, 네 어미가 뱃속에서 네놈을 길렀다. 네 어미의 피를 받은 것을 부정하려는 것이냐?"

아폴론은, 어머니에게 어떠한 애정을 느꼈다고 하더라도 아버지에 대한 의무가 훨씬 앞선다고 주장하며 오레스테스를 변호했다. 아폴론은 어머니의 역할이 사소할 뿐이라고 주장한다.

내가 진실을 말할 테니—내 말이 맞는지 들어보소.
당신들이 아이의 애미라고 말하는 그 여인은
부모가 아니라, 씨앗이 크도록 도와주는 사람일 뿐,
새롭게 뿌린 씨앗이 그녀 몸 안에서 자라고 클 뿐이지.
그녀 위에 올라탄 자—'남자'가 생명의 근원이오.
여자는 낯선 이를 잠시 보관만 해주는 낯선 이에 불과하오.
신이 그 뿌리를 해치지 않는 한 새싹은 제 힘으로 살아날 것이오.[3]

아폴론의 주장에 따르면, 남자의 정액이 능동적인 생명이고 여자는 수동적인 그릇에 지나지 않는다. 따라서 어머니는 아들과 핏줄로 연결되어있지 않으며, 아들이 어미를 죽였다 해도 이는 낯선 이를 죽인 것보다 중대한 범죄로 다루어져서는 안 된다.

배심원들의 의견은 6대 6으로 팽팽하게 나뉘었고, 결국 최종판결은 아테나의 손으로 넘어간다. 아테나는 자신도 제우스의 머리에서 다 자란 상태로 태어났다면서, 어머니를 존중해야 한다는 것은 잘못된 관습이라고 주장하며 오레스테스 손을 들어준다. 아테나는 자신이 원래 제우스의 첫 번째 아내 메티스의 자궁에서 생겨났다는 사실을 빼먹음으로써, 편파적인 결론을 내린 것이다.

아폴론과 아테나는 가장 총명한 신이었다. 이 두 신이 어머니 따위는 누가 되든 중요치 않다고 생각했다면, 아이스킬로스의 걸작을 읽는 독자들은 어떤 생각을 했을까? 그들의 판단에 상당한 영향을 받을 수밖에 없을 것이다. 이제 오레스테스는 자유의 몸이 되어 아폴론과 함께 무대를 내려간다.

재판을 마친 뒤 아테나는 지하세계의 힘을 지닌 에리니에스에게 어머니를 죽인 사람들을 처벌하는 일은 그만두고 대신 자신과 함께 법의 수호자가 되는 것이 어떻겠냐고 설득한다. 재판결과로 크게 체면을 구긴 복수의 여신들은 내키지는 않지만 아테나의 제안을 따르기로 한다. 이로써 한때 여자를 위해 맹렬히 복수를 하던 이들이, 남자가 중심이 되는 새로운 체제를 만들기 위해 노력하는 총명한 여신에 의해 길들여지고 침묵하게 되고 만다. 에리니에스는 이제 가부장제를 지키는 복수의 여신들로 추락한다.

오레스테이아 3부작은 대중에게 법치가 어떻게 실현되었는지를 설명하면서, 여자를 헐뜯고 모성의 가치를 폄훼한다. 남자들과 마찬가지로 여자들도 이런 조작에 순응하였는데, 알파벳은 여자들에게도 똑같이 강력한 영향력을 발휘했기 때문이다. 글자를 모르는 여자들은 글을 아는 남자를 대할 때 불리한 위치에 처할 수밖에 없었다.

이것은 여자들이 글을 배운다고 해서 해결되는 문제가 아니었다. 알파벳 자체가 여성적 측면을 희생시키고 남성적 측면을 강화하는 특성을 가지고 있기 때문이다. 글을 배울수록 여자들은 자신만의 장점이 솟아나는 진정한 근원에서 괴리되어 남성적인 사회규범에 맞추어 살아야 하는 어색한 상황 속으로 빨려 들어갈 수밖에 없다. 자신들에게 은밀하게 영향을 미치는 무수한 결정과 사건들을 수동적으로 방관할 수밖에 없고, 이로써 여자들은 자신들이 가지고 있던 권력의 상당부분을 남성들에게 계속 넘겨줄 수밖에 없었다.

무시무시한 분노의 화신 에리니에스가 알파벳이 지배하는 가장 상징적인 영역이라 할 수 있는 법정에서 보여준 무기력하고 주저하는 모습은 이후 펼쳐질 알파벳이 지배하는 세상에서 굴종적으로 살아갈 수밖에 없는 여자의 모습을 전형적으로 보여준다. 에리니에스를 길들이는 이야기 《에우메니데스》는 여자들이 권력을 잃는 과정을 시적으로 보여주는 작품이다.

* * *

기원전 8세기, 문자가 전파되기 시작한 시점부터 그리스에서 여자들은 문화의 주변으로 밀려난다. 이러한 여자의 주변화 현상은 문화적으로 상반되었던 스파르타와 아테네에서 가장 극적으로 잘 드러난다.

스파르타는 군국주의 사회체제로 문자는 그다지 중요한 대접을 받지 못했다. 이 도시국가는 지금까지 기억할만한 극작가도 철학자도 역사가도 낳지 못했다. 에디스 해밀턴Edith Hamilton이 지적하듯 "스타르타는 예술, 문학, 과학과 관련하여 세상에 아무것도 남겨 놓지 않았다."[4]

스파르타의 법을 제정한 리쿠르고스Lycurgus는 그것을 글로 기록하지 않고 사람들에게 외우도록 했다. 더 나아가 플루타르코스의 기록에 따르면, 스파르타에는 법률을 글로 기록하면 안 된다는 법이 있었다.[5] 스파르타의 행실규범은 가혹한 처벌을 최고의 가치로 여겼다. 스파르타는 파시스트 성향을 지닌 소수의 지배자가 통치했다.

아테네는 이와 달리 역사상 위대한 사상가들로 넘쳐났다. 후세로서 다행스럽게도 그들은 자신들의 사상을 글로 남겼다. 아테네인들은 드라마, 문학, 철학을 사랑했다. 그들은 미학의 가치에 대해 최초로 논쟁한 사람들이었으며, 또 여자와 관련된 많은 가치들을 옹호했다. 이 도시는 또한 최초로 민주주의라는 실험이 펼쳐진 곳이다. 그들의 시각예술은 서양예술의 기준이 되었다.

이러한 차이를 놓고 보면, 아테네가 여자들에게 더 살기 좋았을 것이라고 흔히 생각할 것이다. 하지만 사실은 정반대였다. 아테네에서 여자들은 교육, 정부, 공공생활에서 완전히 배제되었다. 아테네의 법률을 만든 솔론Solon은 여자들에게 땅을 매매할 수 있는 권리를 주지 않았다.[6] 구약과 마찬가지로 솔론의 법전은 여자를 남자의 소유물로 보았다.[7] 아버지는 딸의 결혼을 파기할 수 있는 권리를 가지고 있었다.[8]

예술의 뮤즈들은 모두 여자였지만 그들이 자매들에게 영감을 주지는 못했다. 지금까지 전해지는 무수한 아테네의 예술작품 중 여자가 만든 것은 하나도 없다. 여자들이 만든 작품을 남자예술가들이 자신의 이름으로 발표한 것인지, 또는 성차별이 너무 심해 자신의 재능을 표현하려고 하는 여자가 아예 존재하지 않았는지 현재로서는 판단할 수 없다.

국가적으로 고난과 가혹함을 높은 가치로 떠받들던 스파르타는 의외로 매우 평등했다. 스파르타는 남자와 여자를 교육하는 방식이 거의 같았다. 스파르타의 여자들은 짧은 치마를 즐겨 입는 것으로 악명이 높다. 또한 젖가슴을 드러내놓고 다니기도 했으며, 운동경기에 출전해 마음껏 기량을 뽐내기도 했다. 이에 반해 아테네의 여인들은 발목까지 덮는 페플로스peplos을 입었다.[9]

미니스커트를 입고 달리기를 하는
스파르타 여인상

스파르타 남자들은 생명을 낳는 여자의 역할에 경의를 표했으며, 그것을 전사로서 자신들이 수행하는 역할과 동등하게 여겼다. 자신의 이름을 묘비에 새기기 위해서는 스파르타 남자는 전쟁에 나가 싸우다 죽어야 했는데, 아기를 낳다가 죽는 여자들도 똑같은 영예를 누렸다.[10]

스파르타 남자들은 전쟁에 출전하는 일이 많았기에 남자들이 자리를 비우면 여자들이 모든 일을 대신했다. 또한 재산을 소유할 수 있었으며, 마음대로 처분할 수도 있었다. 기원전 4세기 무렵에는 전체 스파르타의 영토 중 5분의 2를 여자들이 소유하고 있었다.[11] 아테네와 마찬가지로 처녀성, 순결, 정절이 요구되기는 했지만, 그 정도가 매우 낮았다. 물론 다른 계급의 남자의 아이

를 배어서는 안 된다는 제약이 있기는 했지만, 여러 남자의 아이를 낳아서 키
워도 아무 상관이 없었다.[12]

아테네와 스파르타는 이 책의 가설을 테스트할 수 있는 독특한 기회를 제
공한다. 그들은 모두 그리스인들이다. 그들이 섬기는 신도 똑같고 쓰는 말도
똑같았다. 동시대인들이었으며 모두 호전적이었다. 하지만 그들 사회에서 차
지하는 여자들의 지위는 무척 다르다. 이 두 도시국가의 눈에 띄는 유일한 차
이는 바로 알파벳에 대한 태도다.

* * *

이러한 인류역사상 가장 유명한 철학자 소크라테스, 플라톤, 아리스토텔레스
가 글과 여자의 권리에 대해 어떤 태도를 취하고 있었는지 살펴보면 문자가 문
화에 미치는 영향에 대해 쉽게 알 수 있다.

소크라테스는 서로 주고받는 문답식 커뮤니케이션을 선호했으며, 자신의 생
각을 글로 남기지 않았다. 그의 사상에 대해 우리가 알 수 있는 것은 그의 제
자였던 플라톤이 글로 기록했기 때문이다. 소크라테스는 글쓰기를 거부했는
데, 그는 글쓰기를 "자신이 아는 것을 다시 한 번 떠올리게 만드는" 단순한 메
커니즘에 불과하다고 생각했다.[13] 소크라테스는 진리를 탐구하기 위해 양쪽 뇌
를 모두 활용했다. 마주 앉아 대화를 주고받으면서 토론하는 것이 잉크병을 앞
에 놓고 혼자 논쟁하는 것보다 지혜에 도달하는 훨씬 나은 길이라고 확신했다.

소크라테스에 따르면, 글의 가장 큰 단점은 그 내용에 대해 질문할 수 없
다는 것이다. 플라톤의 《프로타고라스》를 보면, 소크라테스는 당대의 연설가
들을 비웃으면서 이렇게 말했다. "그들은 마치 파피루스 두루마리 같다. 그들
에게 질문을 던져도 답하지 못하고, 자기 자신에게도 질문할 줄도 모른다."[14]

대화를 지식을 전달하는 가장 중요한 수단이라고 생각했던 만큼, 소크라테
스가 여성적 가치에 우호적이었다는 것은 쉽게 추론할 수 있다. 그는 자신이
무녀 디오티마Diotima에게서 지식을 전수받았다고 공공연히 말하고 다녔다.[15]

플라톤의 《국가》에서 소크라테스는 이렇게 말한다.

> "남자와 여자가 다른 기술 또는 다른 직업에 적합한 것으로 밝혀진다면, 그에 따라 제각각 적합한 일을 맡겨야 할 것입니다. 하지만 남녀 사이에 명백한 차이가 여자는 아이를 배고 남자는 씨를 뿌리는 것밖에 없다면, 이것은 우리의 목표와 상관없는 차이일 뿐이라는 것을 인정해야 하며, 따라서 남자와 여자는 동일한 직업에 종사해야 할 것입니다."[16]

소크라테스는 어느 연회에서 유능한 젊은 곡예사의 묘기를 본 뒤 사색을 하며 이렇게 말한다.

> "이보게 친구, 이 소녀뿐 아니라 다른 여러 가지를 고려해볼 때, 여자의 재능이 남자에게 조금도 뒤지지 않는다는 결론을 추론해낼 수 있지 않겠나."[17]

플라톤 역시 토론을 했지만, 말의 부정확함보다는 내적인 독백을 더 좋아하여, 역사상 최초의 산문작가가 되었다. 역설적으로 플라톤은 추상적 사고를 미묘하게 자극하는 글쓰기의 수혜자였지만, 이 새로운 커뮤니케이션 방식에 너무나 깊이 빠져있던 탓에 이것이 자신의 총명함에 영감을 불어넣는다고 인식하지는 못했다. 플라톤은 오히려 소크라테스처럼 글쓰기를 의심하는 태도를 취한다.

《파이드로스》에서 플라톤은, 생각을 기호로 나타낸 것이 말이며, 그러한 말을 기호로 나타낸 것이 바로 글이라고 말한다. 따라서 글은 마음속에 들어있는 진리가 두 번이나 기호화되는 과정을 거쳐서 나온 것이기 때문에 진리와 거리가 멀다.[18] 플라톤은 구술세계에서 문자세계로 넘어오는 경계에 서있는 인물이다. 그가 글로 기록한 대화들은 말도 아니고 글도 아닌, 두 가지 요소가 혼재되어있는 것이다.

"그리스인들은 어떻게 깨어날 수 있었을까?"

역사학자 에릭 헤이블록Eric A. Havelock은 이렇게 묻는다. 미신적인 관습에 얽매여있던 사람들이 어떻게 자신을 자유의지를 지닌, 그리하여 자신만의 운명을 직접 선택할 수 있는 한 개인으로 인식하게 되었을까? 헤이블록은 이렇게 대답한다.

> "근본적인 대답은 커뮤니케이션 기술의 변화에서 찾을 수밖에 없다. 문자기호를 통해 기억을 되살릴 수 있다는 사실은, 말소리를 통해서만 떠올릴 수 있었던 정서적인 일체감을 글을 통해서도 느낄 수 있다는 것을 독자들에게 일깨워주었다."[19]

다시 말해, 좌뇌가 우뇌의 정보인지방식을 대체할 수 있다는, 적어도 문제가 되지 않는 수준에서 대체할 수 있다는 사실을 깨달은 것이다.

플라톤도 젠더문제에 대해서 이야기를 하는데, 그는 자신의 스승만큼 관대하지 않았다. 여자에 대한 플라톤의 견해는 시기별로 조금씩 달라지긴 했지만, 남자가 여자보다 사회적으로 우월적 위치에 서야 한다는 믿음은 거의 변함이 없었다. 《국가》에서 그는 여자가 국가의 수호자가 될 수 있다는 소크라테스의 견해에 동조한다. 하지만 그는 국가의 수호자를 여러 계층으로 나눠 남자를 여자 위에 놓는다.[20] 《법률》에서는 여자를 남자만큼 신뢰할 수 없는 존재라고 비하한다.[21]

플라톤은 여자들도 국가의 수호자가 될 수 있는 만큼 제대로 교육을 시켜야 한다고 말하면서, 한편으로 어머니로서 역할은 축소시켜야 한다고 말한다. 모성애는 그다지 중요한 것이 아니기 때문에 그가 주장한 이상사회에서는 아이가 태어나면 무조건 국가의 집단보육시설에서 양육한다. 플라톤은 혈연관계를 통한 부와 지위의 세습이 사회악의 근원이라고 믿었다. 그래서 자신의 아이가 누구인지 모르게 함으로써 모든 아이들을 동등하게 키워야 한다고 주장했다.

"남자와 여자는 보편적인 삶의 양식, 보편적인 교육, 보편적인 아이를 가져야 하며… 시민에 대한 보편적인 감시자가 되어야 한다."[22]

플라톤의 해법은 한마디로, 양육자라는 가장 기본적인 여자들의 역할을 제거해버림으로써 여자들을 남성화하는 것이다. 하지만 이러한 해법은 어디서나 처참한 실패로 이어질 수밖에 없기 때문에, 플라톤도《국가》에서 그러한 해법이 실현된 나라를 '유토피아(어디에도 없는 곳)'라고 불렀다.

플라톤은 동성애자였다. 그는《향연》에서 동성애를 찬미한다. 여기서 한 가지 기억해야 할 사실은, 플라톤은 남녀관계를 예찬하는 글을 쓴 적이 없다는 것이다. 더욱이 고압적인 태도로 모성의 무가치함을 설교했던 것을 떠올려보면, 그의 성적 취향이 여성혐오적 태도로 이어진 것은 아닐까 의심해볼 수 있다. 실제로 그는 평생 아내도 자식도 둔 적이 없다. 가족을 부양해야 하는 책임을 져본 적이 없는 사람이다.

이처럼 여자를 폄훼하는 태도는, 그리스인답지 않게 이미지를 배척하는 태도로 나타난다. 플라톤이 살던 시기는 그리스예술이 최고의 절정기에 달한 때다. 플라톤은《국가》10권에서 예술에 대해 이야기하는데, 구체적 이미지를 만들어내는 이들을 '돌팔이사기꾼'이라고 부르며 독설을 퍼붓는다. 그는 자신의 유토피아에서 예술가들을 모조리 추방한다.

재현미술은 진리에서 너무나 멀리 벗어나있다. 그것이 재현해내는 것은 대상의 아주 작은 부분에 불과하며, 그 작은 부분은 눈에 보이는 껍데기에 불과하다. 예컨대 화가는 구두수선공이나 목수와 같은 장인들이 가진 기술에 대해 전혀 모르고도 그들의 초상화를 그려낼 수 있다. 재능만 충분하다면, 가짜 목수를 그려놓고 아이들이나 순진한 사람들에게 얼핏 보여주고는 진짜 목수라고 속일 수도 있다.[23]

이미지에 대한 플라톤의 이러한 단호한 불신은 이집트, 메소포타미아, 미노아, 페니키아의 문화에서도 찾아볼 수 없는 것이었으며, 당대 그리스인들도 대부분 동조하지 않는 것이었다. 아마도 바다 건너편에서 알파벳을 사용하던 히브리사람들만이 그의 의견을 환영했을 것이다. (실제로 플라톤은 그리스 최초의 1 신론자였다.)

여자들에 대해 가장 악의적인 견해를 가지고 있는 철학자는 플라톤의 제자 아리스토텔레스다. 그의 수많은 이성적 논증들은 지금껏 서양사상의 기틀이 되었다. 고전연구자 프레드릭 케니언Frederic G. Kenyon은 이렇게 말한다.

> "아리스토텔레스에 의해 그리스는 말로 가르치는 세계에서 글로 가르치는 세계로 옮겨 갔다고 해도 과언이 아닐 것이다."[24]

하지만 아리스토텔레스는 자신의 지독한 여성혐오를 '과학'이라는 탈을 씌워 공공연하게 전파했다(물론 오늘날 관점에서 보면 '유사과학'에 불과하다). 아리스토텔레스는 인간은 태어날 때부터 동등하지 않기 때문에 어떤 사람은 주인이 되고 어떤 사람은 노예가 되는 것은 자연스러운 일이라고 주장하며 노예제를 옹호했다. 여자가 남자의 지배를 받는 것도 당연하다고 선언한다.

> "천성적으로 수컷은 우월하고 암컷은 열등하다. 어느 한쪽은 지배하고 다른 한쪽은 지배당한다. 이러한 원리는 당연히 우리 인류에게도 그대로 적용된다."[25]

아리스토텔레스와 같은 위대한 사상가가 여자는 불완전하다고 단언하면, 그런 주장에 반기를 들 수 있는 사람이 과연 있었을까?

이 위대한 세 철학자들이 평등주의에서 여성혐오로 급격히 미끄러져 내려간 것은, 수 세기에 걸쳐 구술전통에서 문자전통으로 옮겨간 그리스문화 속에서 여자의 지위가 점진적으로 약화된 과정을 압축해서 보여주는 듯하다.

* * *

그리스가 인류문화의 발전에 기여한 또다른 사건은 바로 화폐혁신이다. 기원전 7세기 리디아의 한 도시국가에서, 동전을 발행하면서 동전의 가치를 왕이 보장한다고 약속한다. 이러한 화폐제도가 성공하면서 그리스의 도시국가들도 재빨리 이 제도를 따라한다. 기원전 5세기 아테네는 이 혁신적인 제도를 한 단계 더 발전시킨다. 그들은 믿을 수 있는 은화 드라크마를 좀더 자유롭게 유통하기 위해 거스름돈으로 사용할 수 있는 작은 단위의 동전을 만들어낸다. 이 동전은 역사상 최초로 금이나 은이 아닌 구리로 만든 동전이었다.•

'가치'란 뜬구름과도 같은 추상적인 개념이다. 물건을 팔고 구리동전을 받은 아테네인들은 관념적 사고의 세계로 도약해야만 했다. 본원적인 가치가 존재하지 않는 새로운 동전, 둥그렇게 만든 작은 금속조각에 가상의 가치를 부여해야만 하기 때문이다. 원형극장에서 펼쳐지는 연극을 보면서 그것이 꾸며낸 이야기에 불과하다는 '불신'을 잠시 보류하듯이, 이제 상거래에서도 그러한 '불신'을 기꺼이 보류해야만 했다.

동물들은 물물교환을 하지 않는다. 어떤 동물이 다른 동물에게 원하는 것은 생명이 깃들어있는 살점과 힘줄밖에 없다. 하지만 영장류들은 엄지손가락을 갖게 되면서 넝쿨을 쥐고 과일을 잡을 수 있게 되었는데, 이는 곧 '쥐고 잡는' 것의 의미를 깊이 생각하게 만들어주었다. '내 것'이라는 말은 인간의 언어에서 가장 많은 분쟁을 유발하는 단어일 것이다. 생명이 없는 사물에 대해 개인적인 '소유권'을 주장할 수 있다는 사실은, 탐욕이라는 종잡을 수 없는 주제를 제대로 이해할 수 있는 중대한 계기를 마련해 주었다.

다른 이로부터 어떤 것을 획득하는 방법은 4가지가 있다. 소유자에게 선물로 달라고 하는 것, 소유자를 죽이고 뺏는 것, 훔치는 것, 다른 것과 바꾸는 것

• 동전銅錢이라는 말은 원래 '구리로 만든 돈copper coin'을 의미하지만, 여기서는 coin이라는 의미로 사용한다―옮긴이

이다. 가장 공정하면서 가장 덜 파괴적인 것은 마지막 방법이다. 다른 사람과 물건과 물건을 맞바꾸는 것은 인류의 일상사가 되었다. 물물교환은 인류가 생존해온 시간 중 거의 모든 시간 동안 활용된 유일한 거래방법이다.

물물교환이 복잡해지면서, 물물교환에 참여하는 이들은 가치를 대신할 수 있는 것을 찾았다. 문자 도래 이전에는 이러한 매개물로 소에서 바다고동껍질까지 온갖 물건들이 활용되었지만, 어쨌든 이들은 모두 어느 정도 효용성이 있는 것이었다. 소는 잡아먹을 수 있고 고동껍질은 장신구로 사용할 수 있었다.

농업혁명과 더불어 쏟아져나오기 시작한 잉여생산은 부의 양을 크게 늘렸다. 상인들은 단순한 교환이 아닌 중계사업에 활용할 수 있는 좀더 효율적인 거래수단을 원했다. 고고학자 데니스 슈만트베세라트Denise Schmandt-Besserat에 따르면 신석기시대 메소포타미아에서는 거래를 추적하기 위해 상인들이 진흙으로 빚어낸 다양한 모양의 토큰을 만들어 사용했다고 한다.[26] 이것이 바로 문자 탄생의 전조가 되었다. 모두 갖고 싶어하던 그것, 또 간편하게 들고 다닐 수 있는 그것을 찾아냄으로써 고대인들은 다음 단계로 넘어가는 중요한 발전을 이뤄냈다.

금과 은은 희소성과 내구성으로 인해 가장 이상적인 거래수단이 되었다. 금속동전만 있으면 뭐든지 사고팔 수 있었다. 이제 규격화해야 할 필요성이 제기되었고 이에 따라 상인들은 무게와 길이를 잴 수 있는 방법을 개발해냈다. 이로써 올리브기름 10통의 가치를 금화와 은화로 환산할 수 있게 되었다.

구약에서도 물물교환에 대한 이야기가 나올 때 '셰켈'이 등장한다. 셰켈shekel은 고대 메소포타미아와 이집트에서 금과 은의 무게를 잴 때 사용한 단위로, 어떤 물건을 사고 그 값에 해당하는 가치를 지불하는 기준으로 사용되었다. 어쨌든 셰켈은 그 자체로 본래적인 가치를 가진 '상품'이었다. 이러한 상황에서 아테네의 구리동전은 더 높은 추상성의 단계로 도약한다.

'화폐'란 그것을 소유한 사람에게, 다른 시간, 다른 장소에서라도 합의된 무게의 금을 지불하겠다는 '약속'이 되었다. 더욱이 그러한 보상을 받는 사람은 원래의 거래와는 아무 관련이 없는 사람이 될 수 있다. 문자의 발명과 마찬가지로 화폐는 소유라는 개념을 시간과 공간 넘어서는 추상적인 것으로 만들어준다.

돈을 찬양하거나 저주하는 사람은 많지만, 그것이 무엇인지 정확하게 이해하는 사람은 많지 않다. 돈이란 뭐니뭐니해도 커뮤니케이션의 한 형태다. "Money talks(돈이 모든 걸 말해준다)", "Put your money where your mouth is(말만 하지 말고 돈을 걸어라)" 같은 경구는 돈이 실제로 말과 같은 커뮤니케이션 기능을 한다는 통찰을 담고 있다.

돈으로 뭐든지 해결할 수 있다는 믿음은, 유일신이 뭐든 해결해 줄 것이라는 믿음과 쌍둥이라고 해도 과언이 아니다. 이 두 믿음은 긴밀하게 뒤엉켜 서양의 역사를 관통한다. 극심한 갈등이 벌어지는 시기에는 다소 수그러들기도 하지만, 알파벳문화의 역사는 한마디로 '돈'과 '신'에게 좀더 가까이 다가가고자 하는 몸부림이라 할 수 있다.

마침내 청교도는 이 두 가지 가치를 아무 죄의식 없이 추구할 수 있는 교리를 만들어낸다. 이들에게 profit은 곧 prophet이다('이윤'과 '예언자'의 발음이 똑같다). 눈에 보이지 않는 신을 믿는 추상적 도약을 한 사람들에게 손에 잡히지 않는 돈의 가치를 믿는 추상적 도약은 전혀 어려운 일이 아니었다.

화폐제도가 자리잡기 위해서는, 시간이 직선으로 흘러간다는 것을 사용자들이 명확하게 인식해야 한다. 동전을 쥐고 있는 사람은 손안에 금을 쥘 수 있는 기쁨을 이후 시간으로 연기했을 뿐이라는 사실을 이해한다. 본질적으로 구리동전처럼 '가치 없는' 화폐는 지연된 만족을 상징한다. 일렬로 문자가 이어지는 알파벳문화에 깊이 빠져있는 사람들만이 '시간은 돈'이라는 등식을 생각해 낼 수 있다.

사업가는 유일신을 섬기는 사제와 마찬가지로 마침내 숭고한 보이지 않는 손이 모든 부채를 깨끗이 청산해 줄 것이라는 확신에 가득 차 있다. 불가사의한 시장의 힘에 가격이 어떻게 반응하는지 설명하는 경제학강의는 신학강의 만큼이나 신비롭다. 미래의 트렌드를 예견하는 주식시장—어디에나 존재하는 동시에 어디에도 존재하지 않는 어떤 것—의 기능은 조물주의 전지전능함과 유사하다.

경제학에서 빚을 돌려받는 '변제' 또는 '상환'을 redemption이라고 하는데, 교회에서는 '구원'을 redemption이라고 한다. 빌려준 돈을 언젠가 돌려받을 수 있기를 기원하듯이 우리는 구원받기를 기원한다. 돈과 신에 대한 믿음을 하나로 묶어내기 위해 미국인들은 지폐에 In God We Trust(우리는 신을 믿는다)라는 문구를 새겨 넣었다.

추상적 관념, 수리추론, 선형적 사고는 좌뇌가 처리하는 정보이기에, 돈은 전통적으로 남자가 관리하는 영역이 되었다. 수백만 년 동안 남자는 짐승을 사냥했다. 알파벳이 등장하면서 남자들의 사냥목표는 짐승에서 돈으로 바뀐다. 알파벳은 더 나아가 관념적 사고의 수준을 한층 더 진전시켰다. 오늘날 정장을 차려입은 남자들은 털이 수북한 거대한 매머드 대신 돈을 잡아온다. '집에 고기를 가져오기 위해' 창과 방패가 아닌 서류가방과 노트북컴퓨터만 가지고 나가면 된다.

여자들의 인지방식은 구체적인 대상을 전체적으로 파악하는 데 초점이 맞춰져있기 때문에, 남자만큼 복잡하고 난해한 금융문제에 매력을 느끼지 못한다. 이것은 물론 일반론적인 이야기다. 과거나 현재나 남자들 못지않은, 또는 남자들보다 더 뛰어난 추상적인 사고능력을 가진 여자들도 있었다. 그럼에도 대다수 여자들은 금전적 가치에 대해 남자들과는 다른 태도를 보인다.

오늘날까지도 여자들은 이상적이거나 관념적인 것보다는 손에 잡을 수 있는 구체적인 것에 훨씬 호감을 갖는다. 눈으로 보고 만질 수 있는 것—다이아몬드, 사치품, 부동산—으로 돈을 비축해 두고자 한다. 이에 비해 남자들은 추상적이고 사변적인 계획에 집착한다. 돈에 대한 남녀의 커다란 시각차는 세계를 인지하는 데 그들이 주로 활용하는 뇌의 양반구의 특징을 그대로 반영한다.

17

LINGAM vs YONI

링감 vs 요니

THE ALPHABET
VERSUS
THE GODDESS

정숙한 아내는...

남편을 신처럼 받들어야 한다.

남편을 괴롭혀서는 안 된다.

그가 어떤 사람이든―

도덕관념이 전혀 없는 사람이라고 해도

남편은 신이다.

마누법전 ca. 300 B.C.[1]

링감 VS 요니

춤추는 힌두교

반구hemisphere라는 말은 구球의 반半을 의미한다. 이 말은 대개 두 가지 경우에만 사용되는데, 바로 뇌와 행성이다. 우리가 사는 행성 지구에는 상보적이면서도 상반되는 두 가지 문화가 반대편에 존재하는데, 바로 동양과 서양이다. 이들을 구별짓는 뚜렷한 특징은 뇌 피질에 있는 반구의 기능과 거의 일치한다.

전통적으로 서양은 외향적이고 2원론적인 반면 동양은 내향적이고 1원론적이다. 서양은 역사를 일련의 사건의 연속이라고 생각하는 반면, 동양은 순환하는 패턴으로 이해하는 경향이 있다. 서양의 의학은 기계적인 측면에 집중하는 반면, 동양의 의학은 총체적으로 접근한다. 서양은 여러 측면에서 주로 좌뇌의 가치를 구현하고, 동양은 주로 우뇌의 가치를 구현한다.

이 책의 논의는 서양문화에 초점이 맞춰져있지만 동양적 전통에 대한 설명을 생략한다면 문자의 획득과 여자의 지위변화 사이의 상관관계에 대한 논의는 불완전해지고 말 것이다. 인도에서 시작하여 동쪽으로 나아가보자.

고대인도에는 사티Sati라는 의식이 있는데, 남편이 죽으면 시체를 화장하는 불길 속으로 미망인을 넣어 태워 죽이는 풍습이다. 이러한 풍습의 영향으로 오늘날에도 불만을 품은 남편들이 아내에게 불을 붙이는 사건이 가끔 벌어지기도 한다. 물론 그런 행동의 구체적인 동기는 대부분 신부가 가지고 온 지참금에 대한 불만이다.

또한 '여아살해'는 예로부터 인도사회의 고질적인 문제였다. 또한 남자의 시선으로부터 여자를 격리하는 푸르다^{Purdah}라고 하는 힌두교풍습도 지금까지 다양한 형태로 이어지고 있다.

사티, 여아살해, 푸르다와 같은 관습이 생겨나기 전에 인도에는 모헨조다로라고 하는 도시가 있었다. 고대의 이 복합도시는 인도북서쪽에 흐르는 인더스강 유역에 자리잡고 있다. 1920년대 처음 발굴된 이곳은 기원전 2500년부터 기원전 1500년까지 수준높은 문화를 이룩하며 번영했던 것으로 추정된다. 도시 외벽의 길이가 5킬로미터에 달하는 이 도시는 큰 길을 중심으로 튼튼한 벽돌건물들이 줄지어 서있는데, 이곳에서 3만 5,000여 명이 거주했다. 모헨조다로와 쌍둥이처럼 닮은 도시가 하라파에도 있는데, 이 지역에서 번영한 도시유적들을 통틀어 인더스문명이라고 한다.

이집트나 메소포타미아보다 약 500년 뒤에 꽃을 피운 인더스문명은 다른 문명들과 함께 현대문명의 기원이 되었다. 이곳 주민들은 공예와 야금기술이 뛰어났으며, 하라파는 인더스강의 물을 멀리 들판으로 끌어다 쓸 수 있는 관개수로망까지 건설한 것으로 밝혀졌다. 기원전 3000년부터 이들은 배를 타고 수메르와 이집트까지 오가며 교역을 했다.[2]

인더스문명의 주요 도시들은 열등한 주거지들에 둘러싸여있었는데, 이곳

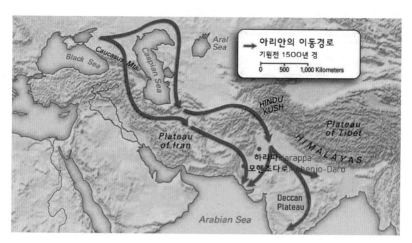

사람들은 자신들을 '나가'라고 불렀다. 나가Naga는 '뱀숭배자'라는 뜻으로, 실제로 이곳에서 뒤엉켜 있는 코브라 형상의 공예품들이 다량 출토된다.[3] 여기서 남쪽으로 내려가면 데칸고원이 있는데 이곳에는 피부색이 검은 드라비다 사람들이 살았다. 이들 사회는 모계상속원칙을 따랐는데, 이는 지금까지도 몇몇 지역에서 유지되어오고 있다.[4] 선사시대 드라비다인들이 거주하던 곳에서는 차탈휘위과 크노소스에서 발견된 것과 같은 황소뿔로 장식한 희생제단도 발굴된다. 인도 토착문화의 중심이 된 나무에 대한 신앙, 더 넓게는 모든 식물에 대한 깊은 경외심이 이 때부터 비롯되었다.

인더스계곡에 자리한 도시문명의 기이한 사실은, 이들 도시에서 거대한 궁전이나 사원 같은 건축물을 찾을 수 없다는 것이다. 도시의 가장 큰 건물은 벽돌로 지은 공중목욕탕이다. 하라파에서 발굴된 무덤을 보면 남자나 여자나 별 차이가 없이 지어졌다는 것을 알 수 있다.[5]

하라파문명의 특기할 만한 사실은 인류 최초의 링감-요니가 출토되었다는 사실이다. 링감과 요니는 각각 남녀의 성기를 추상적으로 표현한 신성한 돌조각상으로 생식력을 상징한다. 또한 인간을 닮은 무수한 유물들이 출토되었는데, 이는 어머니여신을 표현한 것으로 보인다.

이러한 고고학적 발굴과 도시화가 진행되지 않은 오지의 관습을 인류학적으로 연구한 결과를 종합해보면, 인도 어디에서나 한때 상대적으로 평등을 지향하는 여신숭배문화가 번창했었다는 사실을 알 수 있다.[6]

인더스계곡에 관개수로를 건설하고 수메르까지 항해를 했던 이 고등한 문명 사람들은 초기 산스크리트어를 사용했을 것으로 추정된다. 산스크리트sanskrit라는 말은 '신성하고 순수하다'는 뜻이다. 그들은 또한, 오늘날 베다Veda라고 불리는 종교와 철학에 대한 심오한 통찰력을

시바신을 상징하는 트리푼드라 tripundra가 그려져 있는 링감과 요니

담고 있는 서사시의 원작자로 추정된다. 초기 인도인들은 베다를 문자로 기록하지 않았을 것으로 추정된다. 베다에서도 가장 오래전에 작성된 부분에서 문자에 대한 언급이 전혀 등장하지 않는다.

하지만 이러한 사실은 기묘한 것인데, 모헨조다로와 하라파는 500개가 넘는 그림문자로 이루어진 고유한 형태의 문자체계를 발명하여 이미 사용하고 있었기 때문이다. 하지만 이들 문자들이 지금까지도 완전히 해독되지 않았다는 사실은, 당시에도 글자를 배우고 사용하는 일이 매우 어려웠을 것이라는 추론을 뒷받침한다.

기원전 1500년 무렵 인더스문명은 쇠퇴하기 시작한다. 비옥한 초승달지대에서 문명의 대혼란이 시작되면서 아리아 혈통의 억센 전사들이 거대한 산을 넘어 인도로 밀려들어오기 시작했기 때문이다. 이후 200년 동안 계속 밀고 들어온 아리아인들은 마침내 인도 전역을 정복했고, 이전 원주민들은 노예로 전락한다.

이 전사들을 따라 초보적인 형태의 알파벳도 전파되었을 것이다. 《블랙아테나》의 저자 마틴 버널Martin Bernal은 알파벳이 기원전 18세기경 그리스로 유입되었을 것이라고 추정한다. 《일리아스》는 이로부터 1000년 뒤 등장한다. 아리아족이 주축이었던 히타이트가 현재 페르시아와 터키 지역을 통일하고 난 뒤 아크나톤에게 외교문서를 보낸 것이 기원전 1450년이라면, 인도로 넘어온 아리아인들도 알파벳에 익숙한 상태였다고 추정할 수 있다. 침략자 대다수는 글을 몰랐다고 하더라도, 글을 아는 소수의 사제들이 존재했다면 변화를 일으키기에 충분했을 것이다. 장님들 동네에서는 애꾸눈이 왕이다.

아리아 침략자들은 이후 자신들이 가져온 셈족의 알파벳을 인도에서 발견한 산스크리트어에 맞게 고친다.* 이렇게 만들어진 브라미문자Brahmi script는 서서히 뿌리를 내렸고, 1000년 후 이 문자를 기반으로 한 문학이 꽃피기 시작

● 정확히 말하자면, 아리아인은 셈알파벳에서 파생된 아람알파벳을 가지고 들어와서 개량했다.

한다. 현재 발굴된 가장 오래된 브라미문자로 기록된 문서는 기원전 3세기 것인데, 그보다 오래된 문서도 존재했을 것이 틀림없다.

인더스문명의 자치체제가 아리아인들의 지배체제로 바뀌는 동안 베다는 구술을 통해 다음 세대로 전해졌을 것으로 여겨진다. 아리아인들은 이 고대의 서사시에 자신들의 세계관을 접목한다. 승리자는 늘 그랬듯이 자신들의 가치관을 피지배인들에게 강요한다. 그럼에도 베다를 주의 깊게 읽어보면, 알파벳문화에 기반한 호전적인 가부장사회가 대부분 문맹이었음에도 고도의 기술발달을 이룩한 평등한 농경사회를 전복시킨 역사적 사실을 암시하는 대목을 곳곳에서 찾을 수 있다. 마하바라타나 라마야나처럼 호전적, 영웅적 주제를 강조하는 서사시들은 아리아인들이 덧붙여서 만든 이야기일 확률이 높다.

리그베다는 인도의 가장 오래된 서사시로, 아리아 전사들과 알파벳문화가 인도로 들어오기 이전에 존재했던 문화의 일면을 간직하고 있다. 여자들은 상당한 권력은 물론 가장 중요한 재산소유권을 가지고 있었다. 그들은 자유롭게 축제나 종교의식에 참여할 수 있었고, 남편이 죽으면 다른 남자와 결혼할 수 있었다.[7] 마하바라타의 여주인공 드라파우디^{Drapaudi}는 5형제를 한꺼번에 남편으로 거느렸다.[8] 마하바라타가 리그베다보다 나중에 작성된 텍스트임에도 일처다부제가 등장한다는 사실은, 인더스문명이 망하고 아리아가 지배하는 인도로 넘어가는 베다시대(1600-500BC)에도 여자들이 많은 특권을 누렸다는 것을 알려준다.*

《우파니샤드》는 베다의 철학을 해설한 책으로, 다양한 저자들에 의해 쓰여졌다. 이 책에는 가장 현명한 사람으로 야즈나발키아^{Yajnavalkya}라는 남자와 가르기^{Gargi}라는 여자가 등장한다. 여자 현인이 등장한다는 사실은 매우 중요한 의미를 갖는데, 가부장사회에서는 이처럼 고귀한 지위를 여자에게 허락하지 않기 때문이다.

● 일처다부제는 실론(오늘날 스리랑카)에서 1859년까지 지속되었다. 히말라야나 티벳의 오지에는 일처다부제를 아직 유지하고 있는 소수민족들이 있다.

베다에는 다양한 창조신화가 등장하는데, 이는 베다가 두 가지 다른 문화를 포괄하고 있다는 것을 알려준다. 이중에서 가장 대표적인 신화는 상상력이 부족한 아리아인이 바빌로니아의 창조신화를 그대로 가져와 이름만 바꾼 것처럼 보인다. 폭풍과 비의 신 인드라Indra가 우주의 물을 다스리는 최초의 어머니 물뱀 브리트라Vritra를 죽인 다음 시체를 난도질한다는 것인데, 이는 마르둑이 티아맛을 살해하는 내용과 거의 똑같다.

또다른 창조신화에서는 창조주의 영예를 불의 신 아그니Agni에게 선사한다. 또다른 신화에서는 환각 성분이 있는 식물의 정기精氣, 소마Soma가 세상을 창조했다고 말한다. 하지만 베다의 창조신화 중에서 아리아 이전 시대의 특징이라 할 수 있는 온화함을 그대로 보존하고 있는 창조신화를 하나 찾을 수 있다. 이 신화는 생명력이 넘치는 단일한 '생산자'가 세상을 창조했다고 말한다.

이 생산자는 원래 남자와 여자가 꼭 껴안고 있는 형상을 하고 있었다. 교합을 하기 위해 이 생산자는 둘로 갈라진다.

…이로써 남편pati과 아내patni가 생겨났다. 따라서… 한쪽 자아는 전체의 절반에 불과하다… 따라서 이 빈 공간은 아내에 의해 채워진다. 남편은 아내와 결합을 했고 이로써 인간들이 태어난다. 아내는 곰곰이 생각한다. "서로 한 몸이었던 우리가 이제 또 어떻게 결합할 수 있을까? 내 몸을 숨기자." 아내는 암소가 되었다. 남편은 황소가 되었다. 그러고서 또 두 사람은 결합했다. 이로써 송아지들이 태어났다. 아내는 암말이 되었고 남편은 숫말이 되었다… 그러고 나서 망아지들이 태어났다.

이들은 매력적인 유혹의 춤을 계속 추면서 이 세상을 온갖 생명으로 채워놓았다. 그런 다음 이 생산자는 자랑스럽게 말한다.

"내가 세상을 창조했다. 이 모든 것들이 나로부터 나왔다."[9]

멋진 이야기 아닌가? 원죄도 없고, 누군가를 비난하지도 않고, 불복종도 없고, 치욕이나 타락도 없고, 처벌도 없다. 이 이야기를 들으며 불안에 휩싸이는 아이들도 없을 것이다. 뱀도 저주를 받지 않고, 여자가 만악의 근원이 되지도 않는다. 누구도 낙원에서 쫓겨나지 않는다. 무엇보다도 여기에는 살인이 없다. 또한 남자와 여자는 동등하다.

베다는 살아있는 만물이 신의 '피조물'이 아니라 그 자체로 신의 '현현'이라고 강조한다. 이러한 관념에는 2원론이 끼어들 틈이 없다. 인도에서 우주는 곧 신이다. 영성에 대한 힌두적 원리는 '나는 너'다. 이에 비해 서양문화에서 신은 인간의 이해를 뛰어넘는 지극히 위대한 존재이며, 그가 빚어낸 피조물과는 차원이 다른 존재이며, 모든 피조물의 존재 이유다. 이러한 유일신 개념은 '나와 너'라는 2원론을 필연적으로 전제한다.

힌두교에서는 눈에 보이는 모든 세계samsara가 현란한 이미지를 보여주는 스크린과 같다고 말한다. 진리는 스크린에 보이는 그림자가 아니라 스크린 뒤에 있는 절대자에게 있다. 절대자가 모든 것이다. 따라서 사람은 자고로 정신을 산만하게 하는 형상에 홀리지 않도록 노력해야 한다. 어쨌든 힌두교의 신은 '로고스'를 통해 자신을 드러내는 서양의 신과 달리, '이미지'를 통해 자신의 섭리를 드러낸다.

베다는 또한 인도의 고유한 사회체제 카스트caste를 정당화한다. 사람의 운명은 태어날 때부터 정해진다는 믿음을 개개인에게 심어주는 데 완벽히 성공하여, 수천 년 동안 누구도 벗어나지 못한 견고한 계급제도를 구축해낸다. 크샤트리아는 전사계급으로 원래 계급 피라미드에서 맨 꼭대기를 차지했다. 그들은 스스로 용맹한 존재라고 생각하여, 병들어 죽는 것을 수치로 여겼다.[10]

처음에는 크샤트리아가 종교의례도 주관했으나, 머지않아 브라민이라고 하는 보조계급을 만들어낸다.* 브라민은 종교의례만 전문적으로 담당하면

---

* 브라만Brahman은 영원불변한 우주의 근원이자 궁극적 실재를 의미하는 철학적 개념이다. 사제계급은 브라민Brahmin이다.

서 문자를 읽고 쓰는 귀중한 기술을 축적하며 꾸준히 권력을 장악해 나간다. 바이샤는 농부, 상인, 기능공이고 수드라는 노동계급이다. 가장 낮은 계급은 파리아라고 하는 부랑자들이 차지했다. 오늘날 불가촉천민들이 바로 이들이다.

**

기원전 1250년 인도를 대부분 정복한 전사계급은 자리를 잡고 농사를 짓고 가축을 키우며 살기 시작한다. 힌두교는 무수한 신들로 넘쳐 나는 만신전으로 발전했고 종교의식은 더 복잡해졌다. 브라민들은 젊은이들의 교육을 통제했고, 성직자들을 최상위 계급으로 올려놓았다. 결국 기원전 1000년에 이르렀을 때 브라민은 크샤트리아를 제치고 최고계급에 올라선다. 어떤 사회든 정보의 흐름을 통제하는 무리가 가장 높은 지위에 오를 수밖에 없다. 역사는 이후에도 여러 번 칼보다 펜의 우위를 입증한다.

　동양과 서양이라는 두 문화 사이에는 초기부터 두드러진 차이가 존재했다. 이스라엘과 그리스와 달리 아리아 사제들은 알파벳이 품고 있는 권력을 인지하고 있었으며, 그래서 읽고 쓰는 법을 아무에게나 가르치지 않았다. 구약에서는 일반인들에게 말씀을 읽으라고 명했고, 그리스에서는 남자들은 모두 《일리아스》를 읽도록 가르쳤다. 하지만 브라민들은 다른 이들의 글쓰기에 접근할 수 없도록 하는 엄격한 법을 만든다. 수드라가 베다를 낭송했다고 의심될 경우, 혀를 자르고, 문헌을 소지하고 있다가 걸리면 몸을 반토막냈다.[11]

　브라민의 영향력은 인도의 생활양식 전반에 스며들기 시작했다. 기존에 여자들이 누리던 자유도 사라지기 시작했다. 이전 문화와는 전혀 다른 '사티'라는 관습이 생겨났다. 물론 이전에 작성된 리그베다에도 사티에 대한 언급이 있지만, 거기엔 화장 직전에 장작더미 위에 누운 남편의 시체 옆에 잠시 누워 마지막 인사를 하라는 이야기가 전부였다.[12] 나중에 작성된 마하바라타는 남편을 화장할 때 아내도 함께 태우라고 명령한다.*

브라민은 또한 여자들은 교육을 받을 수 없게 만들었고 글을 읽고 쓰는 것도 금지했다. 마하바라타는 이렇게 말한다. "여자가 베다를 공부하는 것은 왕국에 망조가 들었다는 신호다."[13] 이후 '푸르다'라는 풍습이 확산되었고, 과부의 재혼은 당연히 금지되었다.[14]

인도문명은 성문법전 없이 2000년간 진화했다. 베다와 우파니샤드에는 수많은 경구와 종교적 지침이 들어있지만, 이들은 법전이라고 할 만한 것이 되지 못한다. 한때 꼬불꼬불했던 브라미문자의 획은 점차 간결한 삐침으로 단순화되었고, 기원전 300년 무렵 드디어 이들은 알파벳으로 기록한 마누법전을 만들었다. 그들이 아리아 혈통이라는 것을 다시 한번 일깨워 주듯이 마누법전은 바빌로니아의 함무라비법전과 놀라울 만큼 유사하다. '눈에는 눈, 이에는 이'라는 복수를 기본원리로 삼았으며, 다른 계급의 권익을 침해하며 줄기차게 브라민계급의 특권만 도모했다. 어떤 조항에서는 이렇게 선포한다.

"이 우주에 존재하는 것은 모두 브라민의 재산이다."[15]

어머니와 여신에게 경의를 표하는 구절도 많지만 이전 베다에서는 볼 수 없었던 여자를 폄훼하는 구절도 많이 나온다. "수치의 근원은 여자다. 갈등의 근원도 여자다. 세속적 존재의 근원도 여자다. 따라서 여자를 피하라."[16] 마누법전의 많은 구절들이 여자에게서 권력을 빼앗기 위해 설계된 것처럼 보인다.

* * *

"우리는 죽고 나면 어디로 가는 것일까?"

---

* 그리스의 역사가 스트라보는 기원전 3세기 알렉산드로스대왕이 인도를 침략할 때 함께 방문하였는데, 사티를 인도의 흔한 풍습이라고 기록한다. 오늘날 펀잡에 해당하는 지역의 브라민사제들은 이 제도의 정당성을 이야기하면서, 아내가 남편을 독살하지 못하게 하기 위한 풍습이라고 설명한다.

이는 모든 종교의 공통된 질문이다. 다양한 종교가 있지만 이에 대한 대답은 사실상 똑같다.

"이승과 똑같은 세상이 우리를 기다리고 있다."

그리스에서는 그곳을 하데스Hades라고 하고, 북유럽에서는 발할라Valhalla라고 하고, 구약에서는 스올Sheol이라고 한다. 힌두교는 이 질문에 매우 독특한 대답을 한다. 우리 영혼은 이 몸에서 저 몸으로 옮겨줄 뿐이다.

카르마karma의 원리에 따르면, 죽은 자는 저승에서 떠돌지 않고 이승으로 다시 돌아온다. 사후의 삶이란 존재하지 않으며 이승에서 살아갈 기회를 또 다시 얻는 것이다. 두 번째 삶이 끝나면 세 번째, 네 번째, 다섯 번째, 여섯 번째… 무한하게 이어지는데, 이러한 끝없는 환생을 '윤회'라고 한다. 유복한 왕자로 태어나든 비천한 파리아로 태어나든 그것은 전생에 쌓은 업業의 결과일 뿐이다. 이생에서 고난을 겪는 것은 전생에서 악행을 쌓았기 때문이다.

인과응보라는 카르마의 법칙은 비록 '숙명'의 언어로 드러나긴 하지만, 사람들에게 선행과 악행 사이에서 선택할 수 있는 기회를 준다. 어쩌면 더 좋은 조건으로 환생할 수 있다는 힌두교적 관념은 선한 행동을 쌓는積善 강력한 동기를 제공한다. 하지만 동시에 이생에서 자신이 타고난 지위를 바꾸려는 노력을 막는 강력한 마취제 역할도 한다.●

예컨대 가난한 가정에서 태어난 수드라는 성실히 선행을 쌓으면 왕으로 다시 태어날 수 있다는 믿음으로 현재의 고통을 견딘다. 한발 더 나아가, 수드라는 자신이 전생에 왕이었지만 악업을 쌓아 이생에 수드라로 태어났다고 상상할 수도 있다. 이러한 관념에서 이 가난한 수드라는 속세의 번뇌를 결연하

● 붓다는 카르마를 이해하는 것은 시간의 기원을 이해하는 것과 같다고 말한다. 이 책에서 설명하는 카르마의 원리는 매우 복잡하고 불가사의한 주제를 아주 간략하게 소개하는 것에 불과하다. (카르마는 한국어에서 업業 또는 업보業報로 번역된다.—옮긴이)

게 참고 견뎌낼 것이다.

카르마라는 관념은 불운한 운명에 처해진 여자들을 저항할 수 없도록 만든다. 윤회의 원리는 다음 생에 남자로 태어날 수 있다는 희망을 준다. 브라민은 남편의 말을 따르지 않는 아내는 자칼로 환생할 것이라고 겁을 주었다.[17]

인도로 외부세력이 이주, 또는 침략한 최초의 사건은 아리아인이 들어오기 1만 년 전에 일어났을 것으로 추정된다. 이들이 바로 농경에 기반한 인더스문명을 세웠을 것이라고 고고학자들은 말한다. 기원전 1500년, 이들이 들어왔던 똑같은 길목으로 새로운 아리아인들이 밀고 들어온다. 그들 역시 농경생활을 했지만 매우 호전적이었다. 하늘에 있는 남자신을 믿었으며, 무엇보다도 문자를 훨씬 잘 다루었다.

기원전 327년 알렉산드로스대왕이 인더스 강을 넘어 침공해 들어오기도 했지만 인도문명에는 별다른 영향을 미치지 못했다. 하지만 알렉산드로스는 그리스의 문자와 문법을 가져다준다. 약 1000년이 지난, 서기 700년 무렵에는 무슬림들이 밀려들어오기 시작한다. 무슬림 정복자들은 알파벳과 가혹한 가부장제를 기반으로 인도를 통치한다. 500년 이상 지속된 무슬림체제는 힌두교의 관습과 신앙에 상당한 영향을 미쳤을 것이다.

이처럼 아리아 전사들, 그리스의 여성혐오자들, 형상을 싫어하며 가혹한 가부장제를 강요한 무슬림들이 차례대로 난입하면서 고대인도의 평등주의는

섹스하는 힌두신들

끊임없이 유린된다. 그럼에도 고대인도의 여성친화적인 요소들은 여전히, 특히 남부지방에서, 그 흔적을 찾아볼 수 있다.

인도는 알파벳을 가장 늦게 받아들인 주요 고대문명이다. 따라서 이들의 종교에는 이미지들이 풍부하게 넘쳐난다. 남녀 모두 칼리Kali, 두르가Druga, 파르바티Parvati와 같은 여신들을 섬겼다. 인도신화에서 문자를 가르쳐 준 것은 여신 사라스바티Sarasvati다.[18] 최고의 신 시바Shiva는 남자로 시간의 순환에 따라 세상을 파괴하고 창조하는데, 아브라함, 모세, 루터가 섬기는 신과 달리 시바는 '춤꾼'이었다.

서양의 종교와 달리 힌두교는 풍만한 여신들과 이국적인 남신들이 기쁨 속에서 섹스하는 장면을 묘사하는 조각들을 상당히 많이 만들었다. 카마수트라와 탄트라는 섹스를 성스러운 행위라고 당당하게 칭송한다. 생명에너지이자 섹스에너지인 쿤달리니Kundalini는 왼쪽 발가락에 똬리를 틀고 있다가 뱀처럼 몸을 휘감으면서 오른쪽 뇌까지 올라간다. 힌두미술에서 여자는 적극적인 섹스의 주체로 등장한다. 힌두교는 이러한 평범한 모습을 신성하게 여긴다.

소는 인더스문명에서 시작되어 지금까지도 인도의 가장 강력한 토템으로 자리잡고 있다. 소는 죽이지 않아도 우리에게 먹을거리를 주는 동물이다. 성별이 없는 브라만, 성을 노골적으로 묘사하는 예술, 자연숭배, 영성을 수련하기 위한 요가 등은 한때 우뇌의 가치를 강조하는 문화가 존재했다는 것을 알려준다. 힌두문화에서 흔히 볼 수 있는 남자의 페니스를 형상화한 링감과 여자의 음부를 형상화한 요니 조각상은 남자와 여자의 생식력을 동등하게 바라보는 관점을 보여준다. 인도에 남성적인 좌뇌의 가치를 주입하고자 노력했던 아리아, 그리스, 이슬람의 시도는 부분적으로 성공을 거두었을 뿐이다.

히말라야가 북동쪽이 아닌 북서쪽에 자리잡고 있었다면, 그래서 서쪽보다 동쪽에서 영향을 자주 받았다면, 오늘날 인도의 문화는 어떤 모습이 되었을까? 다음 장에서 살펴보고자 한다.

18

REINCARNATION vs NIRVANA

윤회 vs 열반

THE ALPHABET
VERSUS
THE GODDESS

무명無明에서 카르마業報가 나오고,
카르마에서 의식이 나오고,
의식에서 이름과 형상이 나오고,
이름과 형상에서 6관觀이 나오고,
6관에서 접촉이 나오고,
접촉에서 감각이 나오고,
감각에서 욕망이 나오고,
욕망에서 집착이 나오고,
집착에서 존재가 나오고,
존재에서 탄생이 나오고,
탄생에서 노화와 죽음, 슬픔,
회한, 고난, 비탄, 절망이 나온다.

붓다의 12연기[1]

윤회 vs 열반

붓다의 깨달음

동양은 수수께끼로 가득하다. 이 장에서는 그 수수께끼 중 하나인 붓다에 대해서 이야기하고자 한다. 붓다는 기원전 533년 깨달음을 얻은 뒤 불법을 설파하기 시작한다. 귀족, 브라민, 여자, 노동자들이 그의 설법을 듣기 위해 몰려들었다. 불교는 그후 인도 전역으로 급속도로 퍼져나갔다. 이때까지 새로운 종교가 이토록 짧은 시간에 그토록 많은 이들을 개종시킨 적은 없었다.

하지만 이렇게 들불처럼 퍼져나가던 불교는 자신이 태어난 땅에서 믿기지 않을 정도로 급격히 쇠락한다. 힌두교의 박해도, 종교재판도, 이교도를 화형시키는 일도 없었지만 서기 500년쯤 불교는 거의 소멸해버린다. 무슬림들이 인도를 점령했을 때 불교를 믿는 사람은 이미 찾아볼 수 없는 상태였다. 오늘날 인도에서 불교를 믿는 사람은 전체 인구 중 1퍼센트도 되지 않는다고 한다.

불교는 발상지 인도에서 껍데기만 남긴 채 시들어버렸지만, 몬순처럼 동쪽을 향해 뻗어나갔다. 오늘날 중국, 라오스, 티벳, 버마, 한국, 일본, 스리랑카, 타이완, 베트남, 태국, 캄보디아, 몽골, 인도네시아, 싱가포르 등 토착문화에 맞춰 조금씩 달라지기는 했지만, 붓다의 가르침은 지금까지 받들어지고 있다.

어떻게 이런 일이 벌어진 것일까? 가장 고귀하고 뛰어난 사람들을 신자로 거느렸던 인도의 한 현자가 만들어낸 종교는 어떻게 1000년도 되지 않아 그 발상지에서 사멸해버린 것일까? 혜성처럼 번성했다가 급전직하한 이유는 무엇일까? 또 그러한 종교가 동방의 온갖 나라에서는 환대를 받은 이유는 무엇

일까? 수수께끼 중의 수수께끼다. 이 질문에 대한 대답을 찾기 전에 붓다 이
야기를 먼저 해야 한다.

브라민사제들의 배척으로 산스크리트어는 기원전 500년경 사멸하고 만다.
이로써 산스크리트어는 베다의 성스러운 이야기를 담고 있는 언어로서만 기
능하게 된다. 이제 사람들은 자신들이 사는 지역의 방언을 사용하기 시작한
다. 이런 언어적 변화는 인도사회의 새로운 중대한 발전, 즉 알파벳의 사용의
증가와 시기적으로 일치한다.

어떠한 종교든 사회적 필요에 따라 유기적으로 변화하고 진화한다. 1000
년이 지난 뒤 이름을 알 수 없는 무수한 브라민사제들 덕분에 의례는 더 은밀
해지고, 신들은 무수히 많아졌으며, 이러저러한 미신들도 생겨났고, 교리 자체
도 서로 모순되는 아수라장이 펼쳐졌다. 몇몇 힌두교 예배의식은 고통을 초래
할 정도로 복잡해졌다. 힌두교는 대대적인 개혁을 요구하고 있었다.

기원전 6세기에는 합리적인 사상가들이 등장한다. 그들은 베다를 숭배하
는 신앙과 의례에 의문을 던지며 힌두교의 권위에 도전했다. 논리적 사고가
융성하는 것과 더불어 초인적인 수행관습이 유행하기 시작한다. 이것은 사제
를 통하지 않고 직접 신과 합일하는 경험을 하고자 하는 노력이었다. 육체적
욕구를 모두 부정함으로써 영성의 지고한 상태에 도달할 수 있다고 주장하
는 자이나Jaina('완전히 깨달은 자'라는 뜻)들도 있었는데, 극단적인 경우에는 굶어
죽는 것을 위대한 승리라고 여기기도 했다.[2] 이처럼 엄격한 교리에도 많은 사
람들이 추종했다.

금욕주의와는 반대로 감각을 통해서만 신과 교감할 수 있다고 주장하는
박티신앙Bhakti cult도 상당한 인기를 누렸다. 이들은 자신의 기분을 투사할 수 있
는 신을 선택한 뒤, 우뇌의 경험적 통로를 활용하여 황홀경에 이르는 것을 목
표로 삼았는데, 이들의 의례에서는 원초적인 에너지를 마구 분출하는 춤, 노
래, 고함지르기, 섹스가 행해졌다.

알파벳이 도래하면서 이성의 역할이 비대해지는 상황은 자연스럽게 감각

의 지혜를 찬양하고자 하는 정반대 유행을 촉발했다. 인도에서 합리주의, 자이나교, 박티신앙을 촉진한 숨은 동인은 바로 알파벳이라고 나는 생각한다. 그리고 이러한 모든 상황은 새로운 종교—불교—가 출현할 수 있는 토양이 된다.

기원전 563년 고타마 싯다르타는 히말라야 기슭에 자리 잡은 작은 왕국의 고귀한 집안에서 태어났다. 젊은 왕자로서 그는 세속적 즐거움을 만끽했으며, 사랑하는 아름다운 공주와 결혼했다. 그들은 곧 예쁜 아들을 낳았다. 듬직한 어른이 되어가는 붓다를 보며 그의 아버지는 장차 왕국을 이끌어갈 자신의 아들의 모습에 흡족함을 느꼈다.

하지만 이 목가적인 생활은 오래 지속되지 못했다. 29살이 되었을 때 싯다르타는 왕궁 바깥에 나가 보통사람들의 곤궁한 처지를 눈여겨보는 일이 잦아졌다. 고통, 가난, 질병, 노화는 이 잘생긴 왕자의 가슴을 아리게 만들었고, 그는 거대한 슬픔에 잠기고 말았다. 그는 스스로 묻고 또 물었다. 그 물음은 떨쳐낼 수 없는 주문처럼 늘 그를 괴롭혔다.

"세상에 괴로움은 왜 존재하는 것일까?"

심각한 내적 혼란에 휩싸인 그는 해답을 찾기로 결심한다. 어느 날 밤 아내와 아이가 평화롭게 잠들어있을 때 그는 홀로 집을 빠져나온다.

싯다르타는 숲 속을 떠돌다 수행하고 있는 금욕주의자들을 만난다. 이 성스러운 사람들은 답을 알 것이라고 확신했던 그는 곧바로 질문을 던졌다. 그들은 심오한 말로 답변을 하면서 자신들 무리에 들어와 문하생이 되어 수행을 하다보면 해답을 찾게 될 것이라고 말했다. 싯다르타는 왕실에서 입던 화려한 옷을 벗어버리고, 기꺼이 탁발수도승이 되기로 선택한다. 그는 진리에 최대한 빠르게 닿기 위해 누구보다 혹독한 고행의 길을 걷는다. 들짐승들에게 뜯어먹으라고 버려진 부패한 사람시체 곁에서 잠을 자는 등, 제정신으로는 할 수 없는 극한상황으로 자신을 몰아넣었다. 싯다르타는 이렇게 말한다.

이를 물고 혀를 입천장에 붙인 뒤, 마음으로 마음을 억제하고 분쇄하고 태워버리면 어떻게 될까 생각했다. (나는 그렇게 했다.) 겨드랑이에 땀이 찼다… 그런 다음, 숨을 참고 무아의 경지를 체험하면 어떻게 될까 생각했다. 나는 입과 코로 들이쉬고 내쉬던 숨을 멈췄다. 그렇게 하자 내 귀에서 거친 바람소리가 났다… 마치 힘센 사람이 날카로운 칼끝으로 머리를 찌르는 것 같았다… 그런 다음, 매일 손을 오므려 담을 수 있을 정도의 음식만 먹으면 어떻게 될까 생각했다… 내 몸은 극도로 여위어 갔다. 먹는 음식이 거의 없었던 탓에 내가 앉은 자리에는 낙타 발자국 같은 모양이 났다. 먹는 음식이 거의 없었던 탓에 내 등뼈는 구부릴 때나 꼿꼿이 세울 때나 일렬로 세워놓은 물렛가락 같았다… 먹는 음식이 거의 없었던 탓에 변을 보려고 하다가 앞으로 고꾸라졌다. 먹는 음식이 거의 없었던 탓에 손으로 팔다리를 문지르면 흐느적거리는 털들이 빠지기도 했다.[3]

빈사상태에 있는 그를 어떤 젊은 여자가 발견하고는 체력이 회복될 때까지 정성스럽게 돌봐주었다.

이러한 극단적인 고행으로도 원하는 답을 얻지 못한 싯다르타는 다른 방법을 시도한다. 그는 보리수 아래 앉아 명상을 시작하면서, 인간이 고통을 겪는 이유를 찾기 전까지는 일어나지 않겠다고 다짐한다. 한 전승에 따르면, 그는 7년 동안 차가운 겨울비를 맞고 타는 듯한 여름의 햇볕을 맞으면서도 미동도 하지 않았다고 한다. 오래도록 명상하는 모습을 본 사람들이 그에게 경의를 표하기 위해, 또 그가 명상 끝에 내뱉는 지혜의 말씀을 듣기 위해 하나둘 모여들기 시작했다.

실제로 명상을 시도해보면 마음속 원숭이들이 주의를 뺏기 위해 재잘거리는 듯한 소리가 들린다. 싯다르타는 순전히 의지력으로 마음을 산만하게 만드는 내면의 목소리들을 물리쳤다고 말한다. 모든 것이 고요해졌을 때 그는 끝없이 이어지는 윤회를 차분하게 관찰했다. 탄생, 고통, 상실, 죽음, 다시 탄생, 고통, 상실, 죽음, 다시 탄생, 고통, 상실, 죽음… 이 개개의 과정들이 끝도 없는 행렬을 이루며 그의 내면의 눈앞을 지나갔다.

그는 마침내 '눈물의 바다'라고 스스로 이름 붙인 이 세상으로 끝없이 되돌아오게 하는 힘이 바로 '카르마'라는 무심한 자연법칙이라는 사실을 깨닫는다. 욕망은 필연적으로 이기심을 낳고, 이기심은 이어 더한 욕망과 번뇌를 낳는다. 이것이 삶, 탄생, 죽음의 영원한 순환과정이다. 아주 경미한 악행을 저지른 사람이라고 하더라도 사람은 다시 태어나야 할 운명에 처한다. 누구든 카르마의 수레바퀴 위에서 영원히 내려올 수 없는 것이다.

이러한 고통의 사슬의 정체를 깨달은 싯다르타는 이 사이클을 부술 수 있는 방법을 찾는 데 집중한다. 결국 궁극적인 원인은 탄생에서 비롯하고, 여기서 모든 욕망들이 시작된다고 결론을 내린다. 일단 세상에 태어나면 사람은 이 세상에 남고 싶어한다. 삶이 끝나기를 바라는 사람은 없다. 말기 암환자든, 절망적인 가난 속에서 허우적거리는 사람이든, 나이가 들어 몸이 쇠약해진 사람이든 삶에 끈질기게 매달린다.

이러한 집착을 유발하는 요인은 바로 '자아'다. 사람들은 자신이 남과 다르다고 생각한다. 개체성이라는 개념에 대한 흔들리지 않는 확신은 환영을 낳는다. 이러한 환영, 즉 자아가 스스로 만들어낸 갑옷을 갖춰 입고 나면, 그것은 깨어있는 매 순간 단 한 명의 존재인 나 자신만을 고려하게 된다.

싯다르타는 자아를 어떤 것으로도 숨을 멈추게 할 수 없는 이기적인 말썽꾸러기라고 간주한다. 자신의 몸을 지탱하기 위해 이 말썽꾸러기는 음식과 물을 요구한다. 안락함을 위해 재산을 탐내며, 자신의 정체성을 확인하기 위해 타인과의 관계를 갈망한다. 모든 욕망 가운데 성욕이 가장 치명적인데, 섹스는 윤회하는 영혼들이 번민으로 가득한 이생으로 돌아올 수 있는 그릇으로 사용할 육신을 끝없이 만들어내는 행위이기 때문이다. 카르마 사이클을 계속 돌릴 수 있도록 가장 큰 기여하는 것이 바로 섹스다.

간단히 정리하자면, 우리 내면에 있는 영혼과 세상 전체의 영혼이 합일하는 것을 가로막는 것은 바로 자아다. 자기만 아는 자아가 이 두 영혼 사이에 끼어서 이 둘이 실제로 하나라는 것을 인식하지 못하도록 방해하는 것이다.

싯다르타는 이 둘의 결합에서 오는 지고한 기쁨을 얻기 위해서는 자아가 스스로 소멸하게끔 설득해야 한다는 것을 깨닫는다. 전혀 간단한 일이 아니다. 자아의 소멸은 곧 무명에서 깨어날 수 있는 길을 열어준다. '깨어난 자'는 자아를 분별하지 않으며, 모든 자아가 제각각 분할할 수 없는 전체의 일부라는 사실을 이해한다. 가장 깊은 수준에서 '모든 존재가 하나'라는 사실을 이해하는 것이 바로 궁극적인 '깨달음'이다. 깨달음의 세계에서 증오는 자연스럽게 사라진다. 깨달음을 얻은 사람은 살아있는 모든 것을 사랑으로 대한다. 욕망과 무지 속에서 자아가 쏟아내는 온갖 번뇌도 한 순간에 사라진다.

깨달음에 도달하면 카르마의 수레바퀴가 돌아가는 속도도 느려진다. 자아를 던져버린 행복한 이들은 윤회라는 헛된 망상에 사로잡히지 않고 카르마의 수레바퀴에서 내려온다. 이것이 바로 해탈이다. '열반'의 경지에 도달하는 것이다. 열반nirvana은 산스크리트어로 '소멸'이라는 뜻이다.

싯다르타는 이제 '붓다'로 변신한다. 붓다Buddha 佛陀란 '깨어난 자'라는 뜻이다. 그는 이제 거부할 수 없는 윤회의 사슬에서 풀려났지만, 자신의 통찰을 다른 이들에게 나눠야 한다는 의무를 느꼈다. 그는 보디사트바Boddhisattva로 이 땅에 머물며 중생과 함께하며 그들을 가르치기로 마음먹는다. 보디사트바(보리살타:보살)는 '인간의 몸을 가지고 있으면서 깨달은 자'를 의미하는 말로 마침내 붓다가 될 사람을 의미한다. 한 전승에 따르면, 그가 내적인 여정을 끝내고 현세로 돌아와 몸을 일으켰을 때 군중들이 작은 꽃을 들고 조용히 자신을 에워싸고 있는 것을 발견한다. 그들은 신비로운 미소를 지으며 그에게 절을 했다.

싯다르타는 아무 말도 하지 않고 수행만 했지만, 그가 깨달음을 얻었다는 소식은 빠르게 퍼져나간다. 곧 구름처럼 많은 사람들이 그의 가르침을 듣기 위해 몰려들었다. 종교지도자로서 이보다 당황스러운 역설에 직면하기는 어려울 것이다. 적막함 속에서 치열하게 자기 내면을 들여다봄으로써만이 얻을 수 있는, 말로 설명하기 힘든 통찰을 어떻게 사람들에게 전해줄 수 있겠는가?

붓다는 마지못해 설법을 시작한다.

붓다는 끈기있게 설명을 이어나갔다. 사람이 고통을 겪는 것은 모든 것이 변하기 때문이다. 사람은 누구나 사라지고 말 덧없는 세계에 살고 있지만, 그러한 진실을 대면하지 않고자 노력한다. 사람들은 영원할 수 없는 것을 붙잡고 매달린다. 부모는 자식에 집착하고, 여자는 자신의 외모에 집착하고, 남자는 지위를 빼앗기지 않을까 걱정한다. 사랑, 인기, 돈, 젊음, 건강, 재산, 명예, 궁극적으로 삶 자체도 시들고 변하고 사라질 수밖에 없는 것이다. 고통과 상실에 무심해질 수만 있다면 번뇌는 멈출 것이다. 욕망하지 않는 자만이 자유로워질 것이다. 그 댓가로—붓다는 이 댓가가 사소한 것이라고 말한다—관계와 열정이 주는 기쁨에도 무심해질 것이다.

이로서 붓다는 인류 최초로 무신론 종교를 세운다. 불교에는 섬겨야 할 신이 없다. 초자연적 영역에 사는 온갖 힌두의 신들을 모조리 내친다. 신은 모두 인간들이 거대한 망상 속에서 만들어낸 잡다한 요괴에 불과하다고 붓다는 말한다. 거룩한 의례, 사제, 기도, 악마, 천사, 신앙, 예배, 희생, 헌신, 기원, 정령, 화신 등 모든 것이 쓸데없는 것이다. 종교적 위계나 신분은 사제들이 자신들을 위해 만든 것에 불과하다. 붓다는 자신의 가르침을 기록으로 남겨 공표하자는 유혹도 모조리 뿌리친다. 권위를 드리운 문자기록은 예외없이 독단과 전횡의 도구로 타락할 수밖에 없다고 말한다.

소크라테스와 마찬가지로 붓다도 문자의 가치를 폄하했다. 붓다는 제자들에게 자신의 가르침을 받아적지 말라고 했다. 문자가 사회를 혁명적으로 바꾸고 있던 시대에 그는 말로 비유하고 대화하며 문답하는 것을 좋아했다. 자신의 가르침을 머리로 기억하여 후대에 직접 말로 전해주라고 한다.

붓다의 교리를 보면 상당히 간결하다는 것을 알 수 있다. 그는 먼저 네 가지 고귀한 진리四聖諦를 자세히 설명한다. 그런 다음 깨달음의 길로 나아가고자 하는 이들이 기본적인 주춧돌로 삼을 수 있는 다섯 가지 계율五戒을 제시한다. 본격적으로 수도생활을 할 수 없는, 세속을 떠나지 못하는 사람들에게는 올바르고 경건한 삶을 살아갈 수 있는 여덟 가지 길八正道을 제시한다. 이처럼 목록으로 간결하게 정리된 붓다의 교리는 기존의 길고 장황하고 이해하기 힘든 베다, 우파니샤드, 라마야나 등 무수한 힌두교의 문헌보다 훨씬 신선하게 여겨졌을 것이다.

***

이제 잠깐 이 교리들을 이 책의 주제 측면에서 살펴보자. 혼란을 막기 위해 여기서는 붓다가 직접 말한 것으로 전해지는 가르침만 이야기하고자 한다. 나중에 다듬거나 덧붙인 것으로 확인된 것들은 제외한다.

왕궁에서 성장한 싯다르타는 당연히 문자라는 새로운 기술을 일찍이 접할 수 있었을 것이다. 탐구심이 대단했던 사람이었기에, 이른 나이에 읽고 쓰는 법을 터득했을 것이다. 깨달음을 얻고 난 뒤 문자를 헛된 것으로 여겼다고 하더라도, 글을 습득하는 과정에서 훈련한 선형적 인지방식은 세계를 인식하는 과정에 강한 영향을 미쳤을 것이다. 깨달음을 얻고 난 뒤 만들어진 붓다의 교리는 열반을 체험한 개인적 경험에서 만들어진 것이다. 글자만으로 이루어진 내러티브로는 자신이 경험한 통찰의 진정한 모습을 전달할 수 없다는 것을 싯다르타는 알고 있었다. 그럼에도 고대의 뛰어난 모든 현자들과 마찬가지로 붓다는, 은유와 직접적인 대화를 통해 자신이 깨달은 진리의 본질을 설명했다.

붓다는 깨달음을 전하는 한 가지 방법이 바로 자신의 행동이라고 생각했다. 그가 공손하게 행동하면 다른 이들도 그를 따르기 위해 노력할 것이다. 그는 다정하고 관대하고 자비롭고 용감했다. 증오를 사랑으로 바꾸라고 조언했다. 비폭력은 그가 주장한 교리의 초석이었다. 붓다는 평등의 원리를 설파했다. 실제로 카스트를 철폐해야 한다고 직접 주장하지는 않았지만, 누구에게나 똑같이 가르침을 베풂으로써 브라민사제들의 심기를 불편하게 만들었다. 한번은 매춘부와 함께 저녁을 먹어 제자들에게 공분을 사기도 했다.[4]

붓다에게는 '선택받은' 사람도, 특권을 가진 계급도, 왕의 신성한 권력도 없었다. 그의 보편적인 해방의 메시지는 자신이 그랬던 것처럼, 치열한 개인적 노력을 통해 누구나 깨달음을 얻을 수 있다는 것이었다. 자신도 위대한 진리를 깨달은 한 인간에 불과할 뿐이라고 붓다는 제자들에게 말했다.

그러한 다정함에도 불구하고, 붓다는 대답할 수 없는 문제에 대해서는 질문을 하지 못하게 했다. 세상이 어떻게 창조되었는지, 영혼의 본질이 무엇인지, 무한이란 무엇을 의미하는지 고민하는 것은 우리가 처한 실존에 대한 관심을 분산시킬 뿐이라고 생각했다. 그의 관심은 오로지 내적인 명상을 통해 세상과 합일을 이루는 것이었다. 이러한 삿된 문제들은 '성찰의 정글, 사막, 인형극, 몸부림, 뒤엉킴'이라고 불렀다.[5] 힌두교라는 습기로 가득한 온실에서 붓다의 메시지는 극도로 건조해 보였다.

붓다의 본래 가르침에는 무수한 여성적 모티브가 존재한다. 비폭력, 만인의 평등, 모든 것을 보듬는 사랑, 수평적 사회계층, 남자사제의 권위의 박탈이 바로 그러한 것들이다. 종파를 막론하고 불교에서 받드는 최고의 가치는 지혜와 자비인데, 이 두 개념은 전통적으로 여성적 원리와 연관된 것이다.* 하지만 섹스에 대해서는 매우 엄격했다. 붓다는 성욕이 새로운 출생으로 이어져 카르마의 수레바퀴를 굴러가게 만드는 것이라고 가르친다.

"나 자신 출생으로 생겨난 존재로서 출생의 섭리를 따르고자 한다면… 또한 출생의 본성의 비참함을 보았다면, 태어나지 않는 것, 열반이라는 지고의 평화를 찾고자 한다면 어떻게 하겠는가?"[6]

붓다의 첫 설법stura의 첫 번째 주제가 바로 섹스에 내재하는 본질적 위험에 관한 것이었다. 붓다가 총애하는 제자 아난다는 여자와 이야기를 할 때 어느 정도 거리를 두는 게 좋을지 묻는다.

● 유대의 사제들은 신성한 문자에 대한 지식을 통해 얻는 지혜가 가장 좋다고 믿었다. 반면 붓다는 지혜를 얻는 최상의 방법은 직접적인 경험과 직관이라고 믿었다.

"스승님, 여자들 앞에서는 어떻게 처신해야 하는지요?"

"아난다야, 그들을 보지 않으면 된다."

"하지만 보아야만 한다면, 어떻게 해야 합니까?"

"아난다야, 말을 하지 말거라."

"하지만 스승님, 여자들이 우리에게 말을 걸면 어떻게 해야 합니까?"

"아난다야, 정신을 똑바로 차리고 있거라."[7]

여자는 붓다의 제자가 될 수 없었다. 또 남자들도 붓다의 제자가 되기 위해서는 독신으로 살며 순결을 지킬 것을 맹세해야 했다. 자비의 영혼이라고 할 수 있는 이 온화한 남자가 띄운 연꽃잎 위에, 여자는 탐욕과 무지와 연결되어 있다는 메시지가 자리잡고 있었다. 고통을 끝내기 위해 탄생을 부정해야 한다는 그의 연역적 추론은, 여성성의 핵심을 제거해버림으로써 얻어낼 수 있는 결론이었다.

아기의 탄생은 인간이 살아가면서 경험할 수 있는 가장 기쁜 사건이라고 할 수 있다. 육체적으로는 괴로울 수 있지만, 아기를 낳는 것은 많은 여자에게 신비에 가까운 사건이다. 조막만한 손으로 자신의 손가락을 움켜쥐는 이 작은 생명체를 보며 경이로운 전율을 느끼지 않을 사람이 얼마나 있겠는가? 누에고치처럼 보자기에 싼 아기를 품안에 안고 있을 때 느낄 수 있는 것보다 더 큰 행복이 세상에 존재할까?

붓다는 어떻게 우리 삶에서 펼쳐지는 다양한 경험들을 모두 본질적으로 고통스럽고 끔찍한 것이라고 보게 되었을까? 어떻게 '태어나지 않는 것'이 가장 좋다고 말한 것일까?[8] 여자의 가장 본래적인 능력이라 할 수 있는 출산을 어떻게 세상의 모든 고통의 근원이라고 말한 것일까?

아침 일찍 파도가 밀려오는 해변을 거닐 때 고통과 슬픔은 어디에 있는 것일까? 봄날 화사하게 피어난 개나리를 볼 때, 즐거운 명절에 가족과 함께 모여 맛있는 식사를 할 때 고통과 슬픔은 어디에 있는 것일까? 맡은 일을 온전히 끝마쳤을 때, 책을 읽으며 몰입할 때, 좋은 친구와 여유롭게 점심을 같이 먹을 때 느끼는 기쁨은 과연 무엇이란 말인가? 사랑하는 사람과 섹스를 하고 난 뒤 팔다리를 서로 휘감고 있는 동안 느껴지는 충만한 감정을 거부할 사람이 어디 있겠는가?

이러한 기쁨들이 엄연히 존재함에도 붓다는 우리 삶의 주된 경험은 상실과 박탈이라는 통찰에 깊이 꽂혀 우울한 질문 속으로 빨려 들어간다. 그렇다면 붓다에게 기쁨이란 과연 무엇일까?

붓다의 가르침을 따르는 사람들은 붓다가 불행한 사람이 아니었다는 점을 먼저 이야기한다. 붓다는 '집착'이 괴로움을 낳는다고 말했다. 하지만 집착이 없는 정진은 가능할까? 집착을 갖지 않는다면 과연 어떤 사람이 깨달음을 얻을 수 있겠는가? 그것은 인간이 사는 세상에서 일어날 수 없는 일이다.

또한 '4가지 고귀한 진리'에는 기쁨에 대한 이야기가 없다. 오로지 괴로움 Dukkha—고苦집集멸滅도道—에 대해 이야기할 뿐이다. 고통은 무엇인가, 고통은 왜 생기는가, 고통은 어떻게 피할 수 있는가. 그래서 붓다의 견해는 흔히 자살을 옹호하는 것으로 오해받기도 한다. 실제로 그의 제자들 중에서도 자살이 해탈의 길이라고 주장하는 사람이 있었다.* 하지만 실제로 세상사람들에게 물어보면—붓다의 추종자에게는 믿기 어려운 결과일지도 모르겠지만—대부분 인생을 살아가면서 느끼는 슬픔보다 기쁨이 훨씬 크다는 주장에 동의할 것이다.

붓다 스스로 강조했듯이 붓다는 신이 아닌 인간일 뿐이다. 따라서 붓다의 슬픔이 어디서 비롯된 것인지 따져보는 것은 전혀 신성모독의 죄가 되지 않으리라. 정서발달의 측면에서 유아가 겪을 수 있는 가장 큰 상실은 어머니로부터 분리되는 것이다. 이러한 상실은 치유되지 않는 깊은 상처를 남길 수 있다. 붓다의 출생을 설명하는 이야기는 다양하지만, 한 가지 사실은 공통된다. 어머니가 그를 낳다가 죽었다는 사실이다.

● 한 제자가 붓다에게 자살이 현명한 선택이 될 수 있느냐고 물었다. 붓다는 소용없는 짓이라고 대답했다. 정화되지 못한 영혼은 윤회의 바퀴를 타고 또다른 육신으로 태어날 뿐이다.

전해지는 이야기에 따르면 싯다르타는 아버지와 이모의 손에 키워졌다. 그의 생애는 출생트라우마birth trauma—어머니의 상실—를 겪는 사람이 겪는 전형적인 삶의 경로와 꼭 들어맞는다. 싯다르타는 풍요로운 재물, 특권, 가족 속에서 성장한다. 영혼의 핵심을 잠식해 들어가는 불치의 슬픔을 지닌 이 남자는 사랑하는 아내, 자애로운 아버지, 예쁜 아들(그들도 모두 싯타르타를 사랑했다)을 버리고, 고통의 근원을 찾기 위해 과도하게 자신을 학대하는 삶으로 뛰어든다.

그러한 탐험으로 얻어낸 결론이 바로 '탄생이 곧 고통의 근원'이라는 것이다. 출생과정에서 어머니를 잃는 비극적 경험은, 그가 왜 그토록 강렬하게 고통의 이유를 알아내고 싶어 했는지 또 그가 왜 그런 결론에 다다랐는지 어느 정도 설명해준다.

이러한 추론을 뒷받침해주는 근거도 있다. 싯다르타의 어머니의 이름은 마야Maya인데, 산스크리트어로 환영illusion이라는 뜻이다. 한 번도 본 적이 없는 어머니는 아이에게 실제로 환영처럼 존재한다. 어린 시절 어머니를 잃은 남자가 만들어낸 신앙체계에서 출생에 대한 지극히 부정적인 견해가 주요 교리로 자리잡은 것은 결코 우연이 아니다.

붓다는 80세까지 살았다. 그리고 그의 가르침은 그가 살아있을 때나 죽은 이후에나 커다란 영향을 미쳤다. 살아있는 모든 것에 자비를 베푼 그의 행동은 다양한 에피소드를 통해 전해진다. 붓다의 어록을 보면, 그는 누구보다도 관대하고 현명한 사람이었다는 것을 알 수 있다. 하지만 한 가지 이해되지 않는 불협화음이 거슬린다. 자신이 세운 종교에 처음부터 여자는 받아들이지 않았다는 사실이다.

자신을 키워줬을 뿐만 아니라 가족의 의무를 충실히 한 이모가 이 마을 저 마을 다니며 탁발하는 그의 제자들 무리에 동참하고 싶다고 청한 적이 있다. 붓다는 그녀의 청을 단호히 거절하며 자신의 공동체에 받아줄 수 없다고 퉁명스럽게 대답한다. 그녀가 울면서 간청했지만 냉정하게 외면하고는 등을 돌려, 가던 길을 계속 간다.

무작정 무리를 따라간 그녀는, 다음 마을에 도착했을 때 아난다에게 대신 말 좀 해달라고 부탁한다. 아난다는 붓다에게 가서 여자는 승단에 참여할 수 없느냐고 물었고, 붓다는 안 된다고 했다. 아난다는 거듭하여 물었고 붓다는 거듭하여 안 된다고 말했다. 스승의 완고함에 화가 치솟은 아난다는 붓다를 비난한다. 자신을 길러준 여인이, 제대로 서있지도 못하는 노인네가, 먼 길을 걷느라 발이 퉁퉁 부어 있는데 문 밖에서 들어오지도 못한 채 서있게 하는 것이 말이 되느냐고 따진다.

결국 붓다는 어쩔 수 없는 심정으로 자신의 고집을 꺾는다. 대신 그녀에게 8가지 조건을 제시한다. 가장 첫 번째 조건은 비구니는 비구가 나타났을 때 일어나 예의를 표해야 한다는 것이었다. 입문한 지 아무리 오래된 비구니라 하더라도 비구에게 무조건—이제 갓 입문한 신참 비구라도—예를 표해야 한다. 나머지 7가지 조건 역시 여자를 승가 안에서 제2계급으로 묶어두는 것이었다.

이런 이야기들은 뭔가 뒤틀린 듯 보인다. 이 사람이 정말 모든 인간이 소중하다고 선언하며 평등을 자신의 주요한 설법 주제로 삼았던 그 사람인가? 이 사람이 브라민사제들의 특권을 경멸한 바로 그 붓다인가? 정말 사랑과 자비를 설파한 붓다가 자신을 키워주었던 이모를 그렇게 모질게 대했을까? 보통 사람이라면, 길가에 돌아다니는 개가 쫓아와도 그보다는 잘 해주었을 것이다. 아니 근본적으로, 이 이야기는 사실일까?

붓다가 죽은 뒤 그의 제자들은 그의 가르침을 지켜 나갈 것이라고 다짐한다. 자주 되풀이되는 일화 중 하나는 이러한 일이 얼마나 어려웠는지 보여준다. 그가 세상을 떠난 뒤 제자들이 여전히 슬픔에 잠겨있을 때 어떤 비구 하나가 자리에서 벌떡 일어나 무리를 향해 이렇게 소리친다.

"이봐, 이걸로 충분해! 울지도 말고 한탄하지도 말라구! 우리는 위대한 스라마나沙門 한 사람을 잃은 것뿐이야. 사실 그가 살아서 '이건 옳다, 이건 그르다' 할 때마다 짜증나지 않았나? 이제 우리는 마음대로 모든 걸 할 수 있게 된 거야!"[9]

붓다의 유골에서 연기가 가시기도 전에, 수정주의자가 벌써 등장한 것이다. 붓다에게 좀더 헌신적이었던 제자들은 그의 가르침을 그대로 보존하기 위해 체계가 잡힌 승단을 세우는 데 나선다.

붓다가 열반한 직후, 우두머리 수행자들은 붓다의 설법을 직접 들었던 비구들의 기억을 신뢰하였고 이를 바탕으로 새로운 입문자들을 가르쳤다. 그들은 붓다의 말씀을 날마다 암송했다. 이런 식으로 붓다의 말씀은 첫 세대에서 다음 세대로 온전히 전수되었을 것이다. 그들은 더 많은 이들이 암송에 참여할수록 붓다의 메시지를 더 온전히 보존할 수 있다고 생각했다. 붓다의 말씀은 마침내 그가 죽고 300년이 지난 뒤에야 문자형태로 처음 기록된다.

붓다의 말씀을 모은 팔리어 경전은 붓다가 죽은 지 500년이 지난 뒤에야 만들어진다. 500년은 정말 긴 시간이다. 팔리경전이 만들어진 이후 2000년 동안 불교는 무수한 종파로 갈라졌다. 문자로 기록된 뒤에도 이런 일이 벌어졌다면, 그것이 말로만 전해지던 시간에는 어떠했을까?

붓다의 시대에도 학자들은 일반적으로 문자를 사용했다. 붓다의 긴 설법을 기억하기 위해 자신이 들은 내용을 적어둔 사람이 전혀 없지는 않았을 것이다. 수백 년이 흐르면서, 더 많은 수행자들이 글에 의존하게 되면서, 알게 모르게 붓다의 메시지는 끊임없이 변형되었을 것이다.

브라미문자로 붓다의 가르침을 기록하는 과정에서 상당한 남성적 원리가 주입되었을 것이다. 알파벳을 쓴다는 것 자체가 인지방식과 전체적인 문화적 가치를 남성중심으로 바꾸기 때문이다. 기나긴 세월 동안 붓다의 메시지를 전승하는 과정에 여자들도 함께 참여할 수 있었다면, 또는 '여자들만' 전승에 참여했다면, 오늘날 팔리경전은 전혀 다른 모습으로 남아있을지도 모른다. 붓다가 자신의 이모를 매몰차게 내쳤다는 이야기는 그의 고귀한 인격과는 상당히 모순된다. 그래서 이 이야기는 후대에 덧붙여졌을 것이라고 의심하지 않을 수 없는 것이다.

* * *

붓다가 원래 설파한 것을 그대로 유지한다면, 불교는 대중이 따르기 어려운 종교가 되었을 것이다. 열반에 이르기 위해 너무나 긴 시간과 노력을 쏟아야 하기 때문이다. 결국 대중은 좀더 쉽고 편한 길을 선택하기 마련이다. 붓다를 신으로 섬기는 것이다.

신을 믿지 않는 인본주의 철학자 붓다는 결국 자신이 신이 되는, 원치 않는 운명을 맞이한다. 또한 실제로 많은 불교승려들이 붓다를 신격화하려고 노력했는데, 그 이유 중 하나는, 불교를 신성한 알파벳 텍스트에 기반한 가부장적 종교로 바꾸기 위한 것이었다.

힌두교는 무수한 신들의 이국적인 이미지로 넘쳐난다. 팔리경전에 따르면, 이미지는 우상숭배를 낳고 깨달음을 얻기 위한 자기수행을 산만하게 만들 수 있다고 생각하여 붓다는 이미지를 멸시하고 금했다고 한다. 하지만 우리 눈앞에 펼쳐진 현실은 환영에 불과하기 때문에 그것에 초연해지는 법을 터득하라는 붓다의 가르침에 비춰볼 때, 붓다가 이미지를 금지했다는 것은 이상해 보인다. 고통과 죽음에 무심해지는 법을 터득할 수 있다면, 눈앞에 펼쳐진 그림이나 조각에 무심해지는 법을 터득하는 것은 전혀 어려운 일이 아닐 것이다.

붓다가 이미지를 금했다는 이야기 역시 훨씬 나중에 어떤 편찬자가 덧붙인 것일 가능성이 크다. 또한 구전되는 이야기를 문자로 기록할 때 발생하는 가치의 변화에도 상당한 영향을 받았을 것이다. 정보를 선형적 순차적 형태로 인지하는 방식에 익숙해지다보면 이미지를 하찮게 여기는 마음이 깃들 수밖에 없다. 간결하고 명확한 알파벳은 그것을 읽는 사람들에게 꾸밈이 없는, 형상이 없는 종교를 믿도록 부추긴다. 알파벳은 또한 가부장제를 낳는다. 붓다 사후 불교는 힌두교의 '프로테스탄트 종교개혁'과 같은 운동이 되었을 것이다.

붓다의 교리는 여성적 원리에 기반하고 있지만 섹스에 대한 혐오, 여자에 대한 의심, 출생에 대한 부정적 태도를 담고 있다. 이러한 관점에서 출발한 종교가 젠더문제에서 상당한 혼란을 겪는 것은 충분히 예견된 일이었다. 불교가 본질적으로 여성적인 종교가 아니었다면, 당시 인도에 몰아닥친 문자와 가부장제라는 거대한 물결에 휩쓸려버리지 않고 지금까지도 인도에서 계속 번영을 누렸을지도 모른다. 또한 초창기에 불교가 인기를 누릴 수 있었던 것도, 알파벳이 도래한 초창기에 나타나는 의식의 변화에 부응했기 때문이 아닐까 나는 의심한다.

하지만 불교는 어쨌든 알파벳을 포용하는 데 실패했고, 이는 인도에서 불교가 쇠퇴하는 주요한 요인이 된다. 불교는 마침내 500년이 지난 뒤에야 이 문화적 신기술을 적극적으로 포용하기 시작하지만, 이미 늦은 상황이었다. 이후 불교는 인도바깥으로 퍼져나가는데, 불교가 안정적으로 정착한 나라들은 사람들이 대부분 글자를 모르거나 알파벳이 아닌 다른 문자를 쓰는 곳이다. 지금까지 불교는 알파벳 기반 사회에서 성공을 거둔 적이 없다. 붓다시대에 인도는 알파벳이 퍼져나갈 수 있는 동쪽한계선이었다.

불교가 처음 출현했을 때 브라민사제들은 무수한 신자들이 새로운 종교로 개종하는 것을 보고 반격을 준비한다. 붓다가 죽고 난 뒤 200년이 지나지 않아 그들은 가장 효과적인 가부장제의 무기, 성문법으로 붓다의 교리를 공격한다. 위로부터 민중들에게 강요한 마누법전은 알파벳으로 작성되었다. 남자만이 법을 만들고 해석하고 집행하고 판결을 내릴 수 있었다.

결국 보편적 사랑, 만인의 평등, 세상에 대한 초연을 가르친 불교는 문자로 무장하고 다시 활력을 찾은 힌두교의 상대가 될 수 없었다. 말과 글이 경쟁할 때, 결론이 어떨지는 뻔하다. 상당히 자비롭고 문명화된 방식이긴 했지만 알파벳의 거침없는 타격에 불교는 소멸할 수밖에 없었다. 힌두교도들은 불교도를 죽이지 않았다. 불교 스스로 카르마의 수레바퀴에서 내려와 열반에 들었을 뿐이다. 그리하여 자신이 태어난 발생지에서 불교의 빛은 맥없이 꺼지고 만다.

19

YIN vs YANG

음 vs 양

THE ALPHABET
VERSUS
THE GODDESS

천 번 말로 설명해봤자
한 번 보여주는 것만 못하다.

중국 속담

음 vs 양
한자의 원리

○ 양을 상징하는 기호는 남자와 여자의 평등과
□ 상보성을 표현한다. 두 개의 물방울이 머리
에서 꼬리까지 서로 부드럽게 휘감으면서 상대편
의 영역으로 깊숙이 파고든다. 물방울 머리에는 상
대영역의 정수를 담은 작은 원이 있다. 서로 상대편
영역의 씨를 품고 있는 것이다.

하지만 역설적으로 이러한 문화 위에서 중국은 세계에서 가장 엄격한 가
부장제 문화를 일궈냈다. 중국역사의 대부분, 특히 최근 1000년 동안 중국에
서 여자의 지위는 말할 수 없이 비참했다. 일부다처제는 사회적 규범으로 자
리잡았으며, 본처(정실부인)가 아닌 나머지 아내들(후실, 소실, 측실, 첩)은 사실상
노예와 비슷한 대우를 받았다. 본처의 가장 중요한 역할은 '아들'을 낳는 것
이었다. 여자아이들은 날 때부터 정숙한 아내가 되기 위한 교육을 받았다. 개
인의 인격을 말살하고 남편에게 머리를 조아리며 자신의 낮은 지위를 순순히
받아들이게끔 세뇌했다.

더 나아가 남편들은 터무니없는 이유로 결혼을 무효화할 수 있었다. 예컨
대 아내가 너무 말이 많다는 이유만으로도 이혼을 선언할 수 있다.[1] 반면 아
내는 남편에게 어떠한 경우에도 이혼을 요구할 수 없다. 남편에게 이혼을 당
해—소박맞고—부모의 집으로 돌아가는 것은, 가문의 수치로 여겨졌다.

산더미처럼 쏟아져나오는 고고학적 증거들은 문자 도래 이전 중국에 평등한 문화가 존재했다는 것을 보여준다. 여자들이 훨씬 더 높은 지위를 향유하던 때가 있었다는 뜻이다. 실제로 고대사회의 평등문화를 보여주는 증거를 파괴하고 뿌리 뽑기 위해 남자 엘리트들은 끊임없이 노력했다. 하지만 그러한 작업은 완벽할 수 없었다. 그 단서들은 대개 신화나 말 속에 숨겨져있다.

예컨대 중국의 신화나 민담에서 "사람들이 애미는 알고 애비는 모를 때"라는 말로 '아주 오래 전'을 일컫는데, 이는 모계시대가 존재했다는 것을 암시하는 비밀스러운 코드라 할 수 있다.●2 또한 중국의 문자에도 그 흔적이 남아있다. 예컨대 문자를 획득한 문화에는 가문을 상징하는 '성'이 존재하는데, 고대 중국의 성은 기본적으로 여자女를 기반으로 만들어진다.3 문자가 등장하기 전부터 가부장제가 확고하게 뿌리내리고 있었다면, 과연 남자들은 아들에게 물려줄 성을 만들 때 女를 토대로 만들었을까?

姬　姜　嫣　嬴　姒　姞　姚　妘

지　쟝　졔이　잉　쓰　지　야오　윈

춘추전국시대 이전에 생겨난 중국 최초의 8성. 모두 女를 포함하고 있다.

그밖에도 단서는 매우 많다. '아내'를 의미하는 고대 중국의 문자는 '동등하다'라는 뜻이었다.4 '여자' 위에 '지붕'을 씌우면 '평안'을 의미한다(安). 고대에는 결혼한 뒤에도 여자들은 자신의 이름을 그대로 유지했다.5 이러한 소소한 사실들은 문자가 사용되기 시작한 무렵에도 여자와 남자의 권력이 상당히 비슷하게 유지되고 있었다는 것을 보여준다. 하지만 그 뒤 변화가 나타나기 시작한다.

● 지금도 중국에는 나시納西족처럼 모계문화를 그대로 간직한 채 살아가는 소수민족들이 있다.

＊＊＊

말의 특성은 그것을 문자로 기록한 형태에 상당한 영향을 미친다. 영어의 경우 명사, 동사, 형용사, 부사, 전치사 등 단어마다 문장에서 수행하는 기능을 어느 정도 식별할 수 있게끔 도와주는 일정한 음성적 패턴이 존재한다(예컨대 -tion, -ity는 명사, -ic, -ous는 형용사 -ate, -ize는 동사를 표시한다—옮긴이). 물론 소리로 구별하기 힘든 단어도 존재하지만(here·hear, bear·bare), 어쨌든 단어는 일반적으로 하나의 의미만을 지닌다. '어머니'라고 말하면 그것은 무조건 '어머니'를 의미하지, 문장에서 위치를 바꾼다거나 억양을 바꾼다고 해서 의미가 달라지지 않는다. '어머니?', '어머니!', '어머니…'는 모두 어머니를 가리킬 뿐이다.

영어가 뛰어난 점은 음소를 다양하게 조합하여 만들어낸 50만 개가 넘는 단어를 활용하여 인간이 생각해 낼 수 있는 거의 모든 것을 말로 표현할 수 있다는 사실이다. 이러한 메커니즘은 히말라야 산맥 서쪽에 존재하는 언어집단에서는 예외없이 작동한다.

하지만 중국어는 다르다. 중국어에는 품사를 구별할 수 있는 요소가 없다. 중국어는 400-800개의 단음절이 존재하는데(방언에 따라 숫자는 달라진다) 이 단음절이 곧 단어를 구성한다. 여기서 '단어'란 정확하게 말해서, 의미가 정해져 있는 워드word가 아닌 단어를 구성하는 소리 보커블vocable을 말한다. 보커블의 특징은, 그 자체로 의미를 갖지 않고 문장 안에서 어디에 놓이느냐에 따라 의미가 달라진다는 것이다.•

그래서 중국어에는 word를 의미하는 단어 자체가 존재하지 않는다. 중국어에는 '단어'라는 개념이 없다! 보커블은 그것이 문장 안에 놓이는 위치(통사

• 중국어는 인간의 청각적 패턴인식능력을 가장 많이 활용하는 언어라 할 수 있다. 단어의 선형적, 순차적 흐름을 쫓아가며 의미를 파악하는 언어와 달리, 중국어는 전체를 들어야만 부분의 의미를 파악할 수 있다. 물론 다른 언어들도 어느 정도까지는 전체를 들어야 부분의 의미를 제대로 파악할 수 있겠지만, 중국어만큼 음소의 관계와 패턴이 중요하지는 않다.

론)와 더불어, 소리낼 때 노래를 부르듯이 넣는 높낮이(성조)를 통해 의미가 결정된다. 보커블마다 적게는 4가지, 많게는 9가지 성조가 존재한다. 400-800개의 단음절에 성조를 적용하면 보커블은 수천 개로 늘어난다.

패턴을 인식하는 것과 음악성은 우뇌의 기능이다. 중국인들은 말할 때 뉘앙스를 강조하기 위해 손짓과 얼굴표정을 유난히 많이 쓰는 것을 볼 수 있는데, 이 역시 우뇌의 기능이다. 성조와 문맥에 변화를 줌으로써 중국어는 하나의 보커블을 명사로도 동사로도 형용사로도 부사로도 사용한다. 예컨대 yi라는 보커블에는 69가지 의미가 있고, shi라는 보커블에는 59가지 의미가 있다.* 단음절만으로 단어를 만들어내는 데에는 한계가 있지만, 그럼에도 성조를 부여하여 가짓수를 늘리고, 문장 안에서 다양한 품사로 활용함으로써 상당히 폭넓은 의미와 생각을 표현해낸다.

또한 중국인들이 사용하는 문자는 서양에서 쓰는 문자와 전혀 다르다. 지금까지 발견된 가장 오래된 중국문자는 기원전 1500년경 거북등껍질과 뼈에 새긴 것이다. 따라서 지금은 남아있지 않지만 그 이전부터 문자가 사용되었을 것이라고 추측할 수 있다. 하지만 기원전 1500년은 히말라야 산맥 너머 지중해연안에서 알파벳이 처음 출현한 때와 일치한다.

오늘날 중국의 문헌학자들은 고대에 기록된 문서들도 어렵지 않게 읽어내는데, 이것은 한자가 생성될 당시부터 지금까지 거의 달라지지 않았기 때문이다. 수천 년 전 만들어진 글자가 별다른 수정도 없이 지금까지 그대로 쓰인다는 사실은, 한자가 상당히 잘 만들어진 문자라는 것을 입증해준다.

히브리인들은 소리를 추상적인 기호로 표시하는 경제적인 길을 선택한 반면, 중국인들은 머릿속 생각을 구체적인 이미지로 변환하는 길을 선택했다. 알파벳이 아닌 그림문자를 선택한 것은 아마도 서양과 다른 방향으로 역사의 물줄기를 바꾼 결정적인 계기가 되었을지도 모른다.

---

* yi: 伊, 衣, 依, 醫, 儀, 夷, 遺, 疑, 已, 以, 宜, 意, 椅, 議, 異 등 / shi: 尸, 失, 師, 詩, 施, 十, 石, 識, 實, 食, 史, 使, 始 등. ─옮긴이

중국에는 다양한 방언이 존재한다. 지역마다 너무 차이가 심해서 서로 알아듣지 못하는 경우도 많다. 하지만 중국문화가 지배한 곳에서는 모두 똑같은 문자를 사용하였기 때문에 글로 소통하는 데에는 문제가 없다.

이것은 알파벳과 상반되는 특징이다. 알파벳의 기본적인 작동원리는 3500년 동안 사실상 바뀌지 않았다. 인간이 낼 수 있는 소리(음소) 43개를 글자로 표시하는 것이다. 글자 자체가 많지 않기 때문에 알파벳은 누구든 쉽게 습득할 수 있다. 하지만 이러한 특징은 다른 언어집단 사이의 커뮤니케이션을 어렵게 만들기도 한다. 언어에 따라 글자를 다양하게 활용할 수 있기 때문이다. 예컨대 포르투갈사람이 쓴 글을 독일사람에게 읽어보라고 주면 익숙한 알파벳으로 쓰여졌음에도 무슨 말인지 파악하지 못한다.

갑골문 1300BC

한자에는 품사나 문법적인 규칙이 표시되어있지도 않으며 알파벳처럼 소리가 표시되어있지도 않다. 가장 기본적인 명사나 동사 역할을 하는 '기초한자'들은 더 많은 문자를 만들어내는 재료가 된다. 이러한 기초한자部首는 총 216개이며, 가장 복잡한 글자는 이 기초한자가 8개까지 결합하여 만들어낸다. 한자를 읽기 위해서는 글자 안에 들어있는 기초한자를 '전체적으로' 파악해야 한다.

이처럼 한자는 대부분 기초한자들을 조합하여 만들어내지만, 이것은 문자를 일렬로 나열하는 '스펠링'과는 전혀 다르다. 각각의 기초한자들이 차지하고 있는 공간과 다른 기초한자들과 어울림을 전체적으로 인지해야 하기 때문에, 이 과정에는 좌뇌의 분석능력보다 우뇌의 종합능력이 훨씬 많이 요구된다. 알파벳으로 이러한 효과를 만들어내려면 문자를 한 줄로 길게 늘어뜨려야 할 것이다.

말이든 몸짓이든 글이든, 언어는 하나의 생각 다음에 다른 생각을 일렬로 나열한다. 한자도 다른 어떤 문자들과 다름없이 순차적으로 읽어나가야 한다. 하지만 옆으로 뻗어나가는 알파벳과 달리 한자는 전통적으로 위에서 아래로 쓴다. 이러한 차이는 글자가 전달하는 정보를 인지하는 방식에 영향을 미친다.

예컨대 알파벳으로 쓴 글에서도 위에서 아래로 정보를 나열하는 비슷한 방식이 있다. 바로 '목록'이다. 목록의 장점은 개별항목들의 총체적인 연관성을 한눈에 명확하게 파악할 수 있도록 도와준다는 것이다. 이는 우뇌의 전체적 지각방식을 자극하며, 각 항목들을 좀더 쉽게 관계지을 수 있도록 도와준다. 레스토랑의 메뉴판은 요리를 목록으로 제시하는데, 이는 전체적으로 어떤 메뉴가 있는지 파악하고 그 중에서 고를 수 있게 해준다. 극장공연프로그램 역시 이러한 이유로 목록으로 제시된다.

수직으로 나열된 목록을 수평으로 배열하면 전체와 부분의 관계를 파악하기 어려워진다. 예컨대 전화번호부를 수평으로 나열하면 사용하기 어려워진다. 위아래로 훑어보는 것은 전체적인 공간을 한 번에 인지하는 데 유리한 반면, 옆으로 훑어보는 것은 순서대로 이어지는 시간을 추적하는 데 유리하다. 수직 열을 좇는 것은 기본적으로 우뇌의 기능이며, 수평 행을 좇는 것은 주로 좌뇌의 기능이다.

인간은 지구에 수직으로 서있다. '대화'라고 하는 집중적인 상호작용을 하는 동안 우리는 눈을 아래위로 빠르게 굴리며 상대방에게서 비언어적 메시지를 확보한다. 신발, 서있는 자세, 옷차림, 머리모양 등은 대화를 하면서 상황을 판단하는 데 중요한 요소가 된다. 영어에서도 누군가를 살피고 관찰하고 평가할 때는 across와 같은 수평적인 움직임이 아닌 up, down, over, under처럼 수직적인 움직임을 나타내는 말을 사용한다(look over, size up, underestimate 등). 사냥을 할 때는 옆으로 시선이 움직이는 반면, 대화할 때는 위아래로 시선이 움직인다.

한자는 통합성, 총체성, 동시성, 구체성이 중요한데 이는 모두 여성적인 원리다. 이와 반대로 선형적인 알파벳은 남성적인 원리에 의존한다. 이를 뒷받침하는 증거는 중국인의 시간에 대한 인식에서도 찾을 수 있다. 중국어에는 과거, 현재, 미래를 표시하는 시제가 없다. 가정법 대과거도 없다. 외국어를 공부할 때 가장 골치아픈 문제가 되는 동사의 '변형'도 존재하지 않는다. 중국문화에는 '주'나 '요일' 같은 시간개념도 없다.

한자가 우뇌를 자극하는 또다른 특징은 글자의 '형태'가 중시되는 전통이다. 서예(캘리그라피)는 전통적으로 고급예술로 여겨졌다. 이와 달리 서양에서는 글을 읽을 때 글꼴에는 거의 신경쓰지 않았다. 서양에서는 글의 내용이 형태를 압도하는 반면 동양에서는 내용과 형태를 분리할 수 없다. 한자를 제대로 쓰려면 예술가가 되어야 한다.

시각적인 예술성뿐만 아니라, 복잡한 개념을 표현할 때 한자는 '시적인 감각'에 의존한다. 다양한 기초한자를 조합하여 만들어내는 한자는 시적인 은유를 감상할 수 있는 기회를 제공한다. 예컨대 '가을'을 의미하는 한자는 '곡식'과 '불'을 결합하여 만들어낸다. 이처럼 전혀 다른 두 이미지를 합쳐 명징한 개념을 증류해 낸다.

동양과 서양의 문자에서 우뇌-좌뇌 의존성을 검증한 과학연구가 있다. 어린 시절 영어와 중국어를 배워 두 가지 언어를 모두 읽고 쓸 수 있는 사람들 중에서 한쪽 반구에 손상을 입은 이들을 대상으로 실험을 했다. 좌뇌에 손상을 입은 오른손잡이들은 말하는 능력을 잃었으며, 영어는 쓰고 읽지 못하는 반면 한자는 여전히 어느 정도는 쓰고 읽을 수 있었다. 반대로 우뇌에 손상을 입은 오른손잡이들은 말은 할 수 있었으며, 영어는 쓸 수 있는 반면 한자는 쓰

는 데 곤란을 겪었다.[6]

이러한 상당한 차이에도 불구하고, 한자에서 비언어적 요소들의 역할은 크게 줄어들었다. 한자는 원래 소리가 아닌 형상에 기초해 만들어졌음에도 서예가 발달하면서 고도로 양식화되고 추상화되었다. 여전히 한자는 세로로 작성되었지만 정보를 일관성있게 연결하기 위해서는 순차적으로 읽어나가야 했다.

중국어를 읽기 위해서는 어느 정도 환원주의적 접근방식이 요구된다. 한자는 한번에 총체적으로 인식되지만, 자신이 알지 못하는 글자인 경우, 잠시 멈춰 그 글자를 구성하는 요소들을 분해해봐야 한다. 한쪽 끝에 말을 놓고 다른 한쪽 끝에 알파벳을 놓을 때 좌우반구의 영향력의 크기는 다음과 같다.

한자는 결국 알파벳만큼 강렬하지는 않더라도 어느 정도는 남성적 영향력을 발휘했을 것이다.

어떤 문자든 문화 내 성정치학에 상당한 영향을 미친다. 문자와 함께 도래한 문화적 인식의 변화가 고대중국에 가부장제를 촉진한 주요한 요인인 것은 분명하지만, 서양의 알파벳보다는 훨씬 우뇌 중심적인 한자는 남자들이 권력을 활용하는 방식에 다소 미묘한 영향을 미친다. 이는 동양과 서양의 역사발전에 상당히 큰 차이를 낳는다.

좌뇌중심의 알파벳문화는 공격적으로 전쟁하고 정복하고 탐험하는 데 집중한 반면, 한자를 쓰는 사람들은 자신의 영토를 높은 장벽으로 에워싸 오랑캐들의 침략을 막고 그들의 탐험을 좌절시키는 데 집중했다. 알파벳문화는 극도로 2원론적 문자형태로 인해 자신들의 믿음을 다른 이에게 주입하고자 열을 올렸다. 서양에서는 종교적인 박해와 전쟁이 끝없이 벌어졌던 것과 달리, 한자문화권에서는 종교를 포용하는 전통이 강하다.

여자를 상징하는 뱀은 알파벳문화에서 저주, 억압, 정복의 대상일 뿐이지만, 한자문화권에서는 추앙받고 사랑받는 숭배의 상징이 되었다. 바로 권력과 행운을 가져다주는 상서로운 '용'이다. 뱀보다는 공룡에 가까운 서양의 용은 영웅이 처치하는 괴물에 불과하다.

오늘날 서양문화의 기틀이 된 5가지 추상적인 개념—형상이 없는 신, 성문법, 사변철학, 수학, 이론과학—은 한자문화권에서 제대로 발전하지 못한다. 한자문화권에서는 '형상 없는 신'이라는 개념 자체에 관심이 없다. 법보다는 관습에 의존하며, 사변철학보다는 실용적인 문제에 집중한다. 사변철학이 발전하지 못한 결과 고등수학과 이론과학의 기틀을 세우지 못했다.

알파벳 본연의 환원주의적 특성으로 인해 알파벳문화는 통합에 대한 의지가 부족하다. 갈라진 영토, 까다롭게 따지는 정치체제, 분파주의적 종교집단 등 자꾸만 자신과 남을 구분하고 쪼개려는 습성은 그들이 사용하는 문자의 특성을 그대로 반영한다. 자기만의 방언과 문자, 정치적 종교적 이데올로기를 고집하며 끝없이 갈등하고 전쟁을 벌이는 역사는 서양의 운명과도 같다. 하나의 정부가 그들을 통치하는 것은 어쩌면 영원히 불가능할 것이다.

한자문화권은 방대한 사람들이 하나의 통일정부 아래 장기간 문화적 안정성을 유지했다. 물론 이곳에서도 많은 갈등이 존재했으나, 서로 다른 말을 쓰는 사람들이 하나의 왕조 안에서 살아가는 경우가 많았다. 말이 다르다고 해도 같은 문자를 썼기 때문에 그다지 큰 문제는 되지 않았다. 그래서 한자문화권에서는 바벨탑 이야기가 나올 수 없었다.

알파벳문화의 복잡하고 추상적 사유와 호전성이 결합하면서 결국 이들은 한자문화권을 침탈하고

청동거울 뒷면에 새겨진 하늘을
나는 용. 8세기 당나라

식민화한다. 제국주의시절 알파벳문화권은 정복욕에 불타는 남자, 한자문화권은 박해받는 여자 역할을 했다.

역사발전에 영향을 미치는 중요한 문화적 요인 중 하나는 '개인'이라는 개념을 이해하는 능력이다. 스펠링spelling이라고 하는 알파벳 특유의 환원주의적 측면은 자연, 신, 정부, 타인으로부터 자신을 분리시켜 볼 수 있도록 한다. 하지만 한자는 특유의 패턴인식 측면으로 인해 사람들 사이의 그물망을 더 깊이 인식하도록 만든다. 패턴인식 접근방식은 개인을 거대한 조직, 제도, 관습에서 벗어날 수 없도록 만든다. 한자는 실존적 불안을 느끼지 않도록 보호해주는 한편 예절, 관습, 풍습에 얽매인 보수적인 사회에서 개인이 벗어나지 못하도록 만든다.

동서양이 처음 맞부딪힌 1회전에서 서양은 완승을 거두었지만, 그 과정에서 서양은 영혼의 상당한 부분을 상실하고 말았다. 언어는 운명이다. 아이가 어떤 말을 배우느냐에 따라 생각하는 방식은 달라진다. 서양문명의 흥망이 알파벳의 끝없는 변화를 반영하듯, 한자의 통일성과 연속성은 중국문명의 특성을 상징적으로 보여준다. 음양처럼 알파벳과 한자는 상반되는 동시에 상보적인 문화다. 뇌의 반구처럼 온전함을 획득하기 위해선 상대편의 자원과 전망에 서로 의존해야 한다. 알파벳문화와 한자문화, 서양과 동양, 좌뇌와 우뇌는 인간이 다음 단계로 진화해나가기 위한 중요한 자원이다.

20

LAOZI vs CONFUCIUS

노자 vs 공자

THE ALPHABET
VERSUS
THE GODDESS

어머니의 원리로 다스리면 나라가 오래 가느니.

노자[1]

아버지가 살아계실 때는 그 아들의 뜻을 관찰하고,

아버지가 돌아가셨을 때는 그 아들의 행동을 관찰하라.

3년 동안 아버지의 행실을 고치지 않아야만,

진정한 효자라 할 수 있다.

공자[2]

노자 vs 공자

유교, 도교, 불교

기 원전 6세기 문자의 촉수가 중국인들의 정신을 휘감기 시작하자, 변화
　　의 드라마가 비로소 시작된다. 바로 이때 중국의 양대 철학체계라 할
수 있는 도교와 유교가 등장한 것이다. 이 두 철학의 창시자 노자와 공자는
동시대 사람이다. 도교는 과거로부터 내려온 평등을 추구하며 여성적인 관점
을 대표하는 반면, 유교는 남성적 권위를 옹호하는 미래의 교리를 대표한다.

도교는 어머니 '자연'을 삶의 지표로 삼은 반면, 유교는 아버지 '문화'를 권
유했다. 도교와 유교에는 애초에 신이라는 개념 자체가 없다. 이 두 철학사상
은 인본주의적이며, 삶에 대한 실용적 가르침을 추구한다. 제각각 여자, 문자,
이미지에 대한 주장이 뚜렷하다.

노자는 여성적 본질의 신비를 흐르는 물에 비유하며 '도'에 관한 알듯말듯
한 설명으로 풀어놓는다.

> 커다란 도는 널리 퍼져있어서, 왼쪽과 오른쪽을 모두 포함한다.
> 만물이 도에 의지하여 생겨나지만 드러내 말하지 않으며,
> 일을 이루고도 자신을 내세우지 않는다.
> 萬大道氾兮, 其可左右. 物恃之以生而不辭, 功成不名有.[3]

이와 반대로 공자는 위계질서에 의존하여 세상을 바라본다. 사회적 위계의
기본토대는 가족이다. 하지만 공자의 철학에서 가족은 아내의 복종 위에 존

재한다. 유교는 사회를 인위적으로 통제해야 한다는 '양'의 철학인 반면, 도교는 아무것도 통제하려고 해서는 안 된다는 '음'의 철학이다. 지혜를 얻으려면 유교는 이성적으로 사고하고 고전을 탐독하라고 말하는 반면, 도교는 직관을 따르라고 말한다.

유교보다 조금 먼저 등장한 도교의 창시자 노자는 신비에 싸여있는 인물이다. 심지어 그가 실제로 존재했던 사람인지 아닌지도 분명하지 않다. 전설에 따르면 노자는 주나라의 왕실도서관에서 사서로 일했다고 한다. 나이가 들었을 때 그는 왕실의 아첨꾼들의 궤변에 환멸을 느끼며 책 속에서 지낸 세월이 덧없다고 결론을 내린다. 그는 존경받는 관직에서 물러나 자연 속에서 은거하며 살겠다고 마음먹는다. 그는 자신의 물건을 대부분 그대로 남겨둔 채 물소 등에 올라탄다.

짐을 싸들고 도시를 빠져나가려고 하는 노자를 본 성문지기는, 그가 주나라를 영원히 떠나려 한다는 것을 눈치챈다. 성문지기는 떠나는 그에게 왕실도서관 사서로서 살면서 무엇을 배웠는지 알려달라고 한다. 노자는 친절하게도 《도덕경》을 지어 그에게 준다. 《도덕경》은 겨우 5,000자로 이루어진 역사상 가장 짧은 교리서라고 할 수 있다. 시와 은유로 채워져있지만, 서양에서 소중하게 여기는 주제들을 매우 기묘한 방식으로 포괄하고 있다.

여기서 성문을 나가는 주름투성이의 늙은이는 인간의 쭈글쭈글한 우뇌의 현현이라고 볼 수 있다. 우뇌는 자신을 말로 드러내지 못한다. 말은 좌뇌가 담당하는 기능이기 때문이다. 오른손을 흔들며 잘난체하는 좌뇌가 언제나 이야기를 만들어낸다. 하지만 기원전 6세기 문자가 없는 사회에서 문자기반 사회로 바뀌어 가던 그 시점에 우뇌는 침묵을 깨고 여성적 특성을 찬양한다.

도道는 기본적으로 '자연의 길'을 의미한다. 여름날 대지에 쏟아진 빗방울들이 흘러 웅덩이가 되고 개울이 되는 것이 바로 도다. 또 이 물줄기들이 시내가 되어 강으로 모이고 바다로 흘러들어가는 것도 도다. 바다에서 눈에 보이지 않게 피어오르는 수증기가 구름을 만드는 것도 도다. 그렇게 만들어진 적 란운이 공기와 마찰하며 대지 위에 소중한 물을 다시 뿌려주는 것도 도다. 한여름 쏟아지는 빗물이 우리 얼굴을 타고 흘러내려 다시 개울이 되고 시내를 이루는 것도 도다. 우리는 이처럼 도에 깊이 젖어서 사는 것이다.

세상을 인위적인 범주로 구분하는 탓에 우리는 도를 제대로 파악하지 못한다. 문화적 관습의 베일을 벗는 것만으로도 우리는 도의 흐름 한 가운데 있다는 사실을 깨달을 수 있다. 우리의 육체를 구성하는 모든 세포와 섬유소도 도의 일부이기에, 우리는 해초처럼 그 흐름 속에서 부드럽게 이리저리 흔들리며 살아가면 된다. 이러한 자연의 리듬 속에서 살며 이를 거스르지 않는다면 정치, 제도, 남녀관계에 이르기까지 모든 것이 '도'라는 강물 속에서 평온하게 살아갈 수 있을 것이다. 노자에 따르면, 이것은 너무도 쉬운 일이다. 좌뇌가 그토록 공을 들여 고안해낸 온갖 책략들을 버리기만 하면 된다. 그것들은 '자연의 길' 속에 존재하는 것이 아니기 때문이다.

노자는 도를 이해하는 것을 방해하는 가장 큰 장애물로서 언어를 손꼽는다. 《도덕경》을 시작하는 첫 두 행은 다음과 같다.

> 도라고 말할 수 있는 도는 진정한 도가 아니다.
> 이름 붙일 수 있는 이름은 영원한 이름이 아니다.
> 道可道非常道
> 名可名非常名

뒤에서 노자는 이렇게 말하기도 한다.

> 아는 이는 말하지 않고, 말하는 이는 알지 못한다.
> 知者不言, 言者不知.[4]
> 성인은 아무것도 하지 않으며 그 안에 머물고, 말없이 가르친다.

聖人處無爲之事, 行不言之敎.[5]

다시 말해 침묵이 지혜의 전제조건이라는 뜻이다. 우뇌가 말을 할 수 있다면, 바로 이런 이야기를 했을 것이다. 도는 이성적 사고를 초월한다. 노자에 따르면, 지식과 지혜는 다르다. 생각이란 마음의 책략으로, 의견이 되고 결국 논쟁에 휘말릴 수밖에 없다. 지식인들은 논쟁을 좋아하기 때문에 사회에 중대한 위협이 된다고 노자는 말한다.

[성인은] 싸우지 않으니 천하가 싸움을 걸 수 없다.
夫唯不爭, 故天下莫能與之爭.[6]

성문법은 노자에게 재난에 불과하다. 법이 확산될수록 범법자도 늘어난다고 지적한다. 개개인들이 도의 흐름 속에서 살아갈 수 있다면, 법은 물론 법률가들도 필요없다. "벼룩을 고소해봤자 물리기나 할 뿐이다." "소송에서 이긴다고 해도 돈만 날릴 뿐이다." 도가사상가들이 늘 하는 말이다.[7] 법은 인간이 자연세계에 인위적으로 부과한 정신적 구조물에 불과하다.

노자는 복잡한 도시에 사는 사람들에게 경고한다. 노자는 발명, 책략, 진보 등과 같은 모든 문화적인 개념들이 사람들이 진정한 길을 찾고 사색하는 데 방해가 될 뿐이라고 생각한다. 하지만 그렇다고 해서 《도덕경》이 무조건 자연으로 돌아가자고 말하는 것은 아니다. 노자는 인간이 사회적 동물이라는 것을 인정한다. 어쩔 수 없이 함께 살아야 하는 사람들에게 서로 어떻게 처신해야 하는지 조언하기도 한다.

《도덕경》은 사실 성문지기뿐만 아니라 주나라의 왕에게도 주는 가르침이었다. 도를 제대로 직관하는 지도자는 집단을 올바르게 이끌 수 있다고 가르친다. 물론 《도덕경》에 어떻게 정치를 해야 하는지 이야기하는 구체적인 조언은 들어있지 않다. 현명한 지도자라면 위기가 닥쳐도 사회를 일부러 고치려 하지 않는다. 어떠한 행동도 방해만 될 뿐이다. 그보다는 자기 자신의 삶을 도의 흐름 속에 맡길 것이다. 곧 다른 이들도 그의 행동을 본받을 것이며, 공명하는 소리굽쇠처럼 사회 전체가 그에 맞춰 움직일 것이다. 갈등은 조화 속에 사그라들 것이다.

> 언제나 백성들을 순진하게 두고 욕심을 버리게 하여,
> 꾀있는 자들이 감히 행하지 못하게 하라.
> 무위로 행하면, 다스려지지 않는 것이 없다.
> 常使民無知無欲, 使夫智者不敢爲也. 爲無爲, 則無不治.[8]

서로 인접한 나라들에 대해, 노자는 교류를 제한하라고 조언한다. 외국과 관계를 맺다보면 외교정책을 수립해야 하고, 외교정책은 결국 전쟁을 야기한다. 노자는 평화주의 원리를 다음과 같이 천명한다.

> 무릇 훌륭한 군대는 조짐이 안 좋은 도구이니,
> 만물이 종종 이것을 싫어하여, 길이 있는 이는 머무르지 않느다.
> 군자가 머무를 땐 왼쪽을 귀하게 여기고 군대를 쓸 땐 오른쪽을 귀하게 여긴다.
> 夫佳兵者, 不祥之器, 物或惡之, 故有道者不處. 君子居則貴左, 用兵則貴右.[9]

토마스 제퍼슨보다 무려 2500년이나 앞서 노자는 가장 작은 정부가 가장 좋은 정부라고 주장한다. 아담 스미스보다도 2500년이나 앞서 노자는 자유방임주의적 경제활동을 옹호한다. 자연스럽게 일어나는 산업과 시민들의 자발적인 참여가 정부의 간섭으로 인해 야기되는 경제적 왜곡현상을 바로잡는다고 주장한다. 결국 노자가 말하는 '도'는 오늘날 경제학에서 말하는 '시장의 힘'과 같다. 이러한 수동성은 도교와 자본주의를 움직이는 '보이지 않는 손'이다.

노자는 음의 원리가 양의 원리보다 강하며, 여자는 정적이기 때문에 남자보다 우월하다고 말한다. 물은 가장 부드럽고 바위는 가장 단단하지만, 파도가 바위를 부수는 법이다. 높은 절벽은 쉼없이 물결치는 바다 앞에 굳건히 서 있는 듯 보이지만 결국에는 가루가 되고 만다. 백사장을 거닐어보면 누구나 확인할 수 있는 사실이다.

좌뇌는 도에 반발한다. 읽지도 말고, 토론하지도 말고, 말하지도 말고, 심지어 생각하지도 말고 어떻게 도를 이해할 수 있다는 말인가? 노자는 직관에 의지하라고 권한다. 직관은 우뇌의 지고지순한 여성적 원리다.

우리는 노자가 어떻게 자랐는지 전혀 알지 못한다. 그가 누구와 사랑을 했는지 또는 결혼을 했는지도 알 수 없다. 어쩌면 그는 여자였을지도 모른다. 아니 한 명이 아니라 여러 명의 여자였을지도 모른다. 도교는 우뇌가 하고 싶은 말을 가장 잘 말로 표현해낸 철학이기 때문이다. 도교철학은 나오자마자 많은 이들의 마음을 사로잡았을 것이다.

도교는 언어의 제단 위에 자신의 몸을 아낌없이 희생했다. 도를 훼손하는 문자라는 커뮤니케이션도구를 활용해 그것을 표현했기 때문이다. 문자가 우리의 인지방식 자체를 오염시킨다는 것을 우뇌는 직관적으로 알고 있다.

하지만 오늘날 주식투자자, 사업가, 군인처럼 '도'와는 거리가 멀 것 같은 사람들이 《도덕경》을 읽으며 지혜를 찾는 시대가 다시 도래했다. 《도덕경》은 우뇌로 사고하던 고대인들이 자신들의 지혜를 먼 미래세대를 위해 남겨준 최후의 기록일 것이다.

* * *

전해 내려오는 이야기에 따르면, 나이든 노자가 은거하고 있는 곳에 공자가 직접 찾아와 지혜를 구했다고 한다. 가난한 집안에서 태어났지만 정치적인 야심에 불타는 성실한 교사였던 공자는, 당시 여러나라를 옮겨다니며 자신의 새로운 철학을 받아들이도록 봉건영주들을 설득하고 있었다. 노자는 공자의 논리적인 주장을 조용히 듣기만 할 뿐 말은 거의 하지 않았다. 두 사람이 의견이 일치하는 부분은 거의 존재하지 않았을 것이다.

공자철학의 출발점은 남녀 사이의 불균형한 관계에서 시작된다. 남자는 우선 자신의 욕망을 다스릴 줄 알아야 하고, 그 다음 아내를 다스릴 줄 알아야 하고, 그 다음 자식을 다스릴 줄 알아야 한다. 가족 안에 이러한 지배-종속관계가 확립되지 않으면, 그보다 큰 사회는 지탱될 수 없다고 믿었다. 공자철학에서는 남자만이 재산을 관리할 수 있고, 여자는 어떠한 재산도 소유할 수 없다. 공자는 가족 안에서 아버지와 아들의 관계가 가장 중요하다고 말한다. 그 다음 중요한 관계는 형과 아우의 관계다.

공자의 가르침에서도 '도'가 자주 나오는데, 그가 말하는 도는 노자와는 전혀 달리 가족의 수직계층화를 정당화하는 근원적 이유를 지칭하는 것에 불과하다.

노자에 대해서는 알려진 것이 거의 없는 반면, 공자의 삶은 매우 자세하게 기록되어있다. 공자는 귀족 가문의 아들이지만, 아버지는 공자가 어린 시절 죽었으며, 어머니에 대한 언급은 없다.* 공자는 19살에 결혼했지만, 4년 뒤 이혼한다. 그의 아들이름은 기록되어있지만, 그의 아내이름은 기록되어있지 않다는 것도 의미심장하다.

공자의 결혼생활은 불운했을 것으로 보인다. 이혼 뒤 다시는 여자와 인연을 맺고자 하지 않았기 때문이다. 공자는 스스로 스승이라고 칭하며, 젊은 남자들을 제자로 받아들였다. 이들은 공자가 세상을 뜰 때까지 제자로서, 또 벗으로서 그의 곁을 지켰다. 나중에 공자는, 자신이 3000명이 넘는 제자를 가르쳤으며, 이 중 많은 수가 고위관리로 발탁되었다고 말한다. 물론 그중에 여자는 한 명도 없다.

한 일화에서는 제자들이 공자에게, 행실이 매우 음험하지만 지적 호기심이

---

* 공자의 어머니는 공자를 낳다가 죽었을지도 모른다. 또다른 전승에 따르면 공자의 어머니는 무당 안징재顔徵在로 16살에 공자를 낳아 홀로 외아들을 길렀다고 한다.

많은 여자 위나라 영공靈公의 부인이 만나뵙고 싶어한다고 전한다. 공자는 처음에는 거절했으나, 여자라고 하더라도 영향력 있는 인물과 관계를 맺어두는 것이 좋겠다고 판단하여 만남을 수락한다. 그 둘이 만남을 갖는 동안 못마땅한 제자들은 무슨 일이 벌어지는 것 아닐까 몹시 초조해한다. 공자는 제자들에게 그녀의 얼굴을 '쳐다보는 것조차' 삼갔다고 말하며 안심시킨다.[10]

공자는 높은 덕을 갖춘 '군자君子superior man'라는 개념을 끝없이 강조한다. 군자는 과연 '누구'보다 우월하다는 것일까? 군자와 대비되는 '소인小人'이라는 개념 자체가 여자를 염두에 둔 것은 아닌지 의심하지 않을 수 없다.

공자의 삶을 여실히 보여주는 일화가 있다. 위나라의 촉망받는 군주와 면담을 앞두고 있을 때 제자 자로가 공자에게, 중책을 맡으면 어떤 일을 우선할 것인지 묻는다. 공자는 이렇게 대답한다.

"이름을 바로잡겠다."
正名[11]

이 짧은 대답을 통해, 언어의 오염이 사회혼란을 유발하는 중대한 문제라고 생각했다는 것을 알 수 있다. 이름에 현혹되지 말고 신경쓰지 말라는 노자 《도덕경》 첫 구절과는 극명하게 대비된다. 이름을 붙이는 것은 좌뇌의 특권이다. 신분, 지위, 아버지의 성을 따르는 것은 가부장문화의 가장 기본요소다.

공자는 지혜에 이르는 가장 좋은 길은 고전에 기록된 성인의 예를 따르는 것이라고 가르친다. 군자라면 마땅히 고전을 통달하고, 토론과 논쟁으로 지혜를 갈고 닦아야 한다. 독서와 논쟁은 군자로서 실천하는 삶을 준비하기 위한 주요한 두 가지 방법이다. 이를 통해 올바른 예의범절과 합당한 품행을 습득할 수 있다. 공자가 저술과 편찬에 관여한 책 다섯 권(5경)과 공자의 문하생들이 공자에 관해 쓴 책 네 권(4서)을 통해 공자는 고결한 품성의 자비롭고 지혜로운 자는 어떠해야 하는지 거듭하여 말한다. 공자사상의 핵심원리는 황금률을 부정적 방식으로 뒤집은 것이다.

> 남들이 나에게 하지 않기를 바라는 것은, 남에게도 하지 말라.
> 己所不欲 勿施於人 [12]

제자가 그의 철학을 한 글자로 표현할 수 있겠느냐고 묻자, 공자는 이렇게 대답한다

> "恕 (서: 남의 입장에 서라)" [13]

하지만 이 단순한 철학적 명제는 여자에게는 적용되지 않는다. 그가 꿈꾸는 이상적인 사회는 아내는 남편에게, 딸은 아버지에게, 어머니는 아들에게 무조건 복종하는 세상이다. 공자는 '이러한 법도가 사라지면 혼란이 찾아온다'고 말한다. [14]

섹스와 관련한 주제에 대해서 공자는 점잖고 엄격한 태도로 어떠한 열정도 드러내지 않는다. 공자는 남자들에게 이렇게 경고한다.

> 젊을 때엔 혈기가 안정되지 않았으니 여색을 경계해야 한다.
> 少之時 血氣未定 戒之在色 [15]

인간관계의 다양한 주제에 대해 공자는 무수한 말을 했는데, 인간의 가장 보편적인 감정인 사랑에 대해서는 유난히 침묵을 지켰다. 남녀관계에 대한 언급은 단 한 줄 찾을 수 있을 뿐이다.

> 진심으로 여자와 소인은 대하기 어렵다. 가까이하면 불손하고, 멀리하면 원망한다.
> 唯女子與小人 爲難養也 近之則不遜 遠之則怨 [16]

유교는 가족, 하늘, 정부, 동료, 친구, 적, 조상과 어떻게 관계를 맺어야 하는지 알려주는 윤리적인 지침으로 환영받았다. 그러한 총체적인 규범체계에서 여자에 대한 내용은 단 한 줄뿐이고, 게다가 그 한 줄이 아무 근거도 없는 여성혐오발언에 불과하다는 것은 참으로 이상하다. 어쩌면 공자의 가르침이 온전히 전해지지 않았을지도 모른다. 불교와 마찬가지로, 공자의 가르침 역시 다른 사람들의 손을 거쳐 전해지고 있기 때문이다.

공자는 20대에 가르치는 일을 시작해 73세에 죽었다. 그의 제자, 또는 그의 제자의 제자는 공자가 죽은 뒤 30-50년 뒤 그와 나눈 대화를 회상하여 책으로 기록했는데, 이것이 바로 《논어》다. 그렇다면 공자가 젊은 시절 말했던 내용은 70년이 지난 뒤 글로 기록된 것이다. 그의 제자들은 스승이 말한 것을 그대로 성실히 기록했다고 주장하지만, 1863년 게티즈버그에서 링컨이 했던 연설을 들었다고 해서 1930년이 되어서도 온전히 기억하는 사람이 있을까? 또 공자의 말씀을 문자로 기록한 이 남자들이 정말 있는 그대로 기록했다고 어떻게 확신할 수 있는가? 자신들의 입맛에 맞는 가르침은 강조하고, 어떤 부분은 편집하고, 자신의 생각과 맞지 않는 부분은 빼버리지는 않았을까? 어쨌든 우리는 문자의 위엄과 횡포에 의존하여 오래전에 있었던 일을 들여다 볼 수밖에 없다.

* * *

도교와 유교는 두 개의 싸인곡선처럼 중국의 긴 역사 속에서 서로 얽혀 왔다. 각각의 추종자들은 서로 헐뜯고 비난했다. 예컨대 도교를 부흥시키기 위해 힘을 기울인 장자(기원전 370년-?)는 유교의 올바른 삶을 조롱한다.

> 천하를 있는 그대로 둔다는 말은 들었어도 천하를 다스린다는 말은 듣지 못했다.
> 聞在宥天下 不聞治天下也[17]

유학자들은 "새나 들짐승과 더불어 살 수는 없지 않은가"라는 공자의 이야기로 장자를 조롱했다.[18] 이 두 사상은 시기와 장소에 따라 번갈아가며 득세했다. 이 두 사상이 균형을 유지할 수 있었던 데에는 다양한 사회적 힘이 작용했겠지만, 나는 '문자'와 '여성의 권리'라는 두 가지 힘이 크게 영향을 미쳤다고 생각하며 여기서 살펴보고자 한다.

공자가 살아있는 동안 그의 사회적 영향력은 실로 미미했다. 그가 죽고 나서도 300년 동안 그의 가르침을 받드는 소수의 추종자들 외에는 그의 삶과 가르침을 주목하는 사람은 거의 없었다. 그러던 중 기원전 3세기 이사李斯라는 재상이 글을 쉽게 쓰고 읽을 수 있도록 상형문자를 표준화한다. 이러한 개혁으로 글을 아는 사람들이 급격히 늘어났고, 때마침 공자의 가르침이 관심의 대상으로 떠오른다. 이 두 가지 사건은 곧바로 여성의 권리 축소로 이어졌고, 이는 돌이킬 수 없는 변화가 된다. 문자의 확산과 유교의 보급과 여권의 축소가 동시에 발생했다는 것은 매우 주목할 만한 사실이다.

이사는 진나라의 재상이다. 법가철학을 기반으로 군현제 국가를 세우고자 했던 진시황은 봉건제를 옹호하는 유교가 확산되는 것을 두려워했다. 결국 공자와 관련한 책을 모조리 불태우라고 명령한다. 진나라가 멸망한 뒤 한나라가 중국의 패권을 장악한다. 한나라의 7대 왕 무제는 유교의 신봉자로서 분서갱유로 국가적 보물들이 사라졌다고 안타까워한다. 비통해하는 황제 앞에 열정을 가진 유학자들이 찾아와 자신이 공자의 가르침을 전부 기억하고 있다고 주장한다. 황제는 이 자칭 '전문가'들을 모아 600년 전 세상을 떠난 남자의 어록을 복원케 한다. (기록에 따르면 이 전문가들 중 여자는 한 명도 없었다.)

수 년 동안 진행된 프로젝트는 마침내 사라진 공자의 가르침을 다시 '복원'하여 황제 앞에 바친다. 황제는 이렇게 만들어진 텍스트를 바탕으로 유교를 국교로 선포한다. 바로 이 텍스트는 이후 유교의 모든 논의의 기본자료가 된다. 결국 우리는 이것이 공자의 실제 견해인지 확신할 수 없다. 600년 전 일어난 일을 아무리 객관적인 시선으로 바라보고 진술한다고 하더라도, 당시 기원전 1세기의 정치사상과 성별문화에 따라 왜곡될 수밖에 없다. 더욱이 대화나 기억을 문자로 기록할 때 근본적인 변형이 일어나는 것까지 고려한다면, 유교의 텍스트들이 정말 공자의 생각을 제대로 담고 있는 것인지 의심하지 않을 수 없다.

어쨌든 여자의 지위는 점차 쇠퇴했다. 이사가 문자를 통일하기 전에는 실제로 지체높은 여자들의 전기를 기록한 문헌이 상당수 존재했는데, 문자개혁 이후 그러한 기록물은 급격히 감소한다.[19] 유교를 국교로 선포한 뒤, 여자의 전기는 아예 사라진다(물론 남자의 전기는 계속 출간된다). 남성적 가치가 지배하는 사회의 특징이라 할 수 있는 노예제도가 점차 확산되었다.

이사의 노력으로 초기에는 문자가 부흥하는 듯 했으나, 진나라가 곧 붕괴하면서 전쟁이 벌어지고 혼란이 다시 찾아오면서 문자는 힘을 잃는다. 이러한 중국의 '암흑시대'에 중국문화의 본래적인 여성적 가치가 다시 고개를 들었다. 도교추종자들이 유교추종자들을 점차 압도하기 시작한다.

유교가 결정적으로 쇠락한 또다른 사건은, 서기 1세기 서쪽에서 불교가 들어온 것이다. 많은 유교신봉자들이 불교에 귀의했다. 불교가 급속하게 확산되어나가는 와중에도 도교는 별다른 영향을 받지 않는다. 도교는 줄곧 주요 정치철학으로서 영향력을 발휘했으며, 당나라(618-907) 때는 지배적인 사상이 되기도 한다. 유교는 망각 속에서 사라지는 듯했다. 하지만 바로 그때 혁명이 일어난다.

* * *

목판인쇄술은 몇 세기 전 발명된 기술이기는 했지만, 널리 보급되지는 못한 상태였다. 송나라가 지배하던 923년 인쇄기술이 혁신적으로 개선되면서 널리 보급되기 시작한다. 중국인들은 이제 복잡한 한자를 붓으로 일일이 써내려가야 하는 고역에서 해방될 수 있었다. 인쇄목판은 몇 번이고 거듭하여 사용할 수 있었고, 간편하고, 비용도 저렴했다.

5대10국 중 하나인 남당의 마지막 황제 이욱李煜은 이 새로운 커뮤니케이션기술에 매료되어 모든 고전을 목판으로 인쇄하라고 명령한다. 하지만 이 일은 매우 힘든 작업이었다. 한자의 엄청난 수를 고려하면 인쇄공이 다뤄야 하는 목판블록은 어마어마했을 것이다. 그럼에도 수십 년에 걸친 작업 끝에 고전을 접할 수 있는 기회는 수천 배로 늘어난다.

중국에서 글을 쓸 때 가장 흔히 사용한 매체는 대나무를 얇게 썬 '죽간'이었다. 따라서 이때까지 '문헌'이라고 하면 매우 무거운 것이었다. 공자처럼 제자들을 몰고 이 나라 저 나라를 여행하던 사상가들은 엄청난 양의 죽간을 손수레에 실어 끌고 다녀야 했다. 말 그대로 고전들은 엄청나게 무거웠다. 그래서 학자가 되기 위해서는 문자를 해독할 수 있는 날카로운 정신 못지않게 강인한 체력도 겸비해야 했다.

105년 중국인들은 세계최초로 린넨(아마포)을 활용하여 '종이'라는 새로운 물건을 발명한다. 하지만 생산량이 미미해 사회에 별다른 영향을 미치지 못하다가, 10세기 송나라에 이르러 인쇄기술이 발달하면서 종이수요도 폭발적으로 증가한다. 종이를 생산하는 과정이 개선되고 생산속도도 빨라진다. 인쇄술과 제지술의 발달에 힘입어 '가벼운' 책이 쏟아져나왔다. 물론 저자권법도 없었기에 가격도 쌌다. 오늘날 화폐가치로 2-3,000원 정도면, 당시 중국고전을 모두 구비할 수 있었다.[20]

제지술과 인쇄술의 발전 덕분에 송나라에는 르네상스가 활짝 꽃핀다. 글을 읽는 사람들이 늘어나자, 우아하고 세련된 시, 도자기, 그림이 쏟아져나오기 시작한다. 책이 보급되면서 중국인들의 관념적 사고의 수준도 높아졌다. 이때 실질적인 성문법이 처음 제정되었다.

이 시기 인류역사상 최초로 '종이화폐'라는 개념이 나온다. 970년 송나라 황제의 인쇄소에서 지폐를 찍어내기 시작한다. 하지만 경제지식이 없던 시절 이 새로운 지불수단은 역사상 최초의 인플레이션이라는 재앙을 초래하였고, 이후 가혹한 경기침체를 몰고 왔다. 중국인들은 자신들이 만들어낸 새로운 통화를 '날아가는 돈飛錢'이라고 자조하며 서둘러 폐지하고 과거의 물물교환경제로 회귀한다.

인쇄술의 발전과 이로 인한 문자의 급격한 확산은 소멸 직전에 놓여있던 공자의 가르침을 되살린다. 1700년 전 죽은 공자의 철학이 멋지게 재기에 성공했을 뿐만 아니라, 다시 한 번 중국의 주요 사상으로 떠오른다. 송나라의 위대한 철학자 주희(1130-1200)는 한무제가 다시 편찬한 판본을 완전히 뒤집는다. 논리적으로 연결되지 않는 텍스트의 흐름을 일관성있고 선형적으로 쉽게 이해할 수 있는 텍스트로 바꾸어 놓은 것이다. 이 과정에서 어떤 부분은 강조하고, 어떤 부분은 삭제해버린다. 주희의 해석(신유학)은 권위를 얻었고, 20세기 마오쩌둥의 혁명이 성공하기 전까지 중국사회를 지배했다.

주희는 공자의 사상을 자신의 상품으로 만들어버렸다. 그는 음-양사상을 서양논리학 특유의 2원론적 흑-백개념으로 해석한다. 또한 형상도 이름도 없는, 그가 '절대자'라고 부르는 신의 존재를 가정한다. 절대자는 인격을 갖지 않는 '법 중의 법'으로 자신의 존재를 세상에 드러낸다. 주희는 "자연은 법에 불과하다"고 선언한다.[21] 말로 표현할 수 없는 '도'는 이제 성문법이 되었다.

주희의 사상과 이스라엘 유일신 사상은 놀랍도록 유사하다. 2원론, 형상없는 신, 그 신의 계시는 글자로 새겨진 법전으로 나타난다. 10계명과 마찬가지로 유학자들은 공자의 가르침을 돌에 새겨, 백성들에게 읽게 만들었다. 주희는 철저한 공자의 가부장제를 지지했다. 도교의 평등주의적인 사상은 배척했다.

이러한 태도는 문화적 관습으로 드러나기 시작한다. 구석기시대에는 가족들이 모닥불을 가운데 놓고 둘러앉아 함께 밥을 먹었다. 친구, 동반자를 의미하는 companion은 라틴어 com(함께)+pan(빵)에서 나온 말로 '빵을 나눠먹는 사이'를 의미한다. 하지만 남자를 우월한 위치에 올려놓는 유교의 법도에서 남편은 아내와 함께 밥을 먹으면 안 된다. 남편에게는 편안하게 밥을 먹을 수 있도록 독상을 차려주고, 나머지 가족들은 별도로 구석에서 함께 밥을 먹기 시작했다.

여자에 대한 유학자들의 태도를 가장 극명하게 보여주는 중국의 여성혐오 풍습은 바로 '전족'이다. 어린 여자아이의 발을 린넨으로 단단히 동여매 발을 밑으로 휘어지게 만든다. 결국 발이 접혀서 발톱으로 바닥을 짚으며 걸어야 하기 때문에 제대로 걸을 수 없다. 귀족의 성인여자들은 대부분 걸을 수 없었고, 대부분 하녀들의 부축을 받아야만 움직일 수 있었다. 이 기이한 풍습이 시작된 것은 중국남자들이 이러한 기형적인 작은 발에 성적 매력을 느꼈기 때문이라고 한다.

우리 인간이 동물과 다른 뚜렷한 특징 중 하나는 바로 직립보행이다. 이것은 우리 몸의 무게를 지탱하며 균형을 잡아주는 '발'이라고 하는 좁은 플랫폼 덕분에 획득한 특성이다. 꼿꼿하게 서있는 모습만으로도 우리는 인간에게서 우아함을 느낄 수 있다. 뛰어난 춤, 파도타기, 스키, 피겨스케이팅처럼 두 발로 멋지게 균형을 잡는 모습에서 우리는 황홀함을 느낀다. 누군가를 독립적인 인간이라고 할 때 우리는 흔히 '자기 두 발로 설 수 있는 사람'이라고 말한다. 그렇게 설 수 있는 능력을 뺏는 것은 육체적으로나 심리적으로나 인간을 무기력하게 만드는 것이다.

중국의 가부장제의 상징과도 같은 전족은 언제 시작된 풍습일까? 전족에 대한 최초의 언급은 970년 남당의 황제 이욱의 궁중실록에 나온다.[22] 중국의 5000년 역사에서 인쇄술이 사회구조를 지배하기 시작한 순간과 정확히 일치한다. 바로 이때 유교가 도교를 압도하기 시작했고, 엄격한 가부장적 가치가 평등주의를 대체하기 시작했다. 실질적인 효력을 가진 보편적인 성문법이 제정되었을 뿐만 아니라 형상없는 유일신이라는 개념이 사회적으로 확산되었다. 지폐를 처음 실험했던 것도 바로 이 무렵이다.

정상 발의 모양과 전족으로 변형된 발의 모양.
발을 반으로 접고 발가락도 밑으로 접어넣어 접힌 살점 사이에서 악취가 난다.

이러한 다양한 사건이 일어났던 바로 그 시기에, 남자들은 비틀거리는 여자에게 성욕을 느꼈다. 그 어떤 시간, 그 어떤 장소, 그 어떤 문화에서도 볼 수 없던 관습이 이 때 만들어진 것은 과연 우연의 일치일 뿐일까?

여자의 아름다움에 대한 중국남자들의 인식이 이처럼 급작스럽게 바뀐 것은 과연 무엇 때문일까? 무엇 때문에 남자들은 이처럼 가학적인 성향을 띠게 된 것일까?

굳이 거창한 요인을 찾을 필요는 없다. 인쇄술은 활자 위에 종이를 찍어 누르는 기술이다. 활판 위에 잉크를 먹이고 그 위에 종이를 놓은 다음 무거운 쇠덩이로 압박하여 종이에 잉크가 스며들게 하는 기술이다. 전족의 원리도 기본적으로 같다. 천천히 지속적인 압박을 하여 오랜 시간을 걸쳐 어린 여자아이의 발을 변형시킨다. 여자에게 가해진 폭력이 문자를 확산시킨 기술과 작동원리는 기묘할 정도로 비슷하다.

여기서 눈길을 끄는 또다른 우연의 일치가 있다. 여자아이들의 발을 싸는 데 사용한 린넨(아마포)은 바로 종이를 만드는 재료다. 10세기 중국에서 대대적으로 확산된 문자는 당시 누구도 깨닫지 못한 교묘한 방식으로 여자를 불구로 만들었다. 종이를 묶어 책을 만드는 것book-binding과 발을 묶어 전족을 만드는 것foot-binding은, '문자의 확산'이라는 사건에 의해 나란히 발생한 결과라고 봐야 할 것이다.

* * *

종이와 인쇄술의 발명은 도교에도 상당한 영향을 미친다. 또한 인도에서 전래된 불교 역시 노자철학에 적지 않은 영향을 미친다. 도교의 철학적 전제는 불교와 상당부분 닮아갔고, 시간이 지나면서 중국의 많은 토착신앙들이 이 새로운 외래종교의 특성들을 흉내내며 변형되어 불교의 일부로 자리잡는다.

하지만 중국의 불교는 인도의 불교와 상당히 달랐다. 히말라야산맥을 넘는 과정에서 여러 변화를 겪는다. 인도에서는 인간에 불과했던 붓다가 중국에서는 신이 된다. 인도에서는 평범한 인간에 불과했던 그의 제자들이 중국에서는 성인으로 추앙받는다.

유교, 도교, 불교는 교리적으로 상당한 차이가 있었음에도, 모든 것을 통합적으로 사고하는 중국의 정신 속에서 사이좋게 공존했다. 중국에서는 공자의 법에 따라 사회생활을 하고, 도교사원에 가서 예배를 하고, 집에 와서는 불교 경전을 암송하는 일이 흔했다. 그러면서도 전혀 거리낌을 느끼지 않았다. 서양인들의 눈으로는 이해하기 어려운 것일지도 모른다.

한자로 번역된 불교경전을 접한 뒤, 도가철학자들도 자신들의 성인들과 지도자들의 경구들을 모아 경전을 만드는 작업에 착수한다. 이 경전은 1016년 완성된다. 또한 불교를 본떠 사제단을 만든다. 대부분 남자였으며, 여자들이 설 자리는 점점 사라졌다. 하지만 이러한 흐름의 결정적인 수치는 노자를 신으로 받들기 시작한 것이다. 10세기부터 노자를 섬기는 사원들이 곳곳에 생겨난다. 어두침침한 사찰 안에서 사제들이 경전을 낭송하며 정교하게 짠 의례를 거행한다. 무위자연의 세상과는 한참 먼 것이었다. 하지만 그들은 여기서 만족하지 않고 전혀 예상치도 못한 결정을 내린다. 도교사제들도 불교수행자들처럼 평생 독신으로 살며 수절하라고 명령한 것이다.[22]

잠시 이 희한한 문화적 전환에 대해 잠시 돌아보자. 노자철학은 말이든 글이든 언어를 경계하라고 조언하는 간결한 경구로 시작하는 작은 책에서 출발한다. 하지만 1500년 뒤 노자를 추종하는 젊은 남자들은 도에 관한 정보를 집대성했다는 두꺼운 책을 펼쳐놓고 거기에 새겨진 글자들만 바라보았다. 사람들은 고통을 덜어주고 위안을 달라며 노자를 향해 기도했다. 노자는 그런 일은 아무 쓸데없는 짓이라고 말하지 않았던가. 하지만 10세기 노자의 원래 가르침을 가장 극단적으로 훼손한 조치는 바로 남자만으로 이루어진 위계조직을 만들고 그들에게 섹스를 하지 못하도록 금지한 것이다.

도는 길이다. 자연은 스스로 자신을 완성하기 위해 끝없이 흐른다. 도는 추운 겨울 어둠 속으로 움츠러드는 나무와 같고, 따뜻한 봄날 촉촉한 흙을 뚫고 움트는 여리고 보드라운 새싹과 같다. 노자의 가르침을 한 줄로 요약하면 '둑을 만들지 말라'는 것이다. 도교의 상징은 태극이다. 음과 양이 결합하여 그 둘을 합친 것보다 더 큰 하나를 만들어낸다. 이러한 원리가 우리 삶에서 가장 구체적으로 드러나는 예가 바로 정자와 난자의 합일이다.

노자가 5,000자로《도덕경》을 쓴 지 1600년이 지났다고 하지만, 도교의 지도자들은 어떻게 갑자기 그의 가르침을 '흐름을 멈추라!'라는 의미로 해석할 수 있었을까? 도교는 자연을 묵상하라고 권유하는데, 물고기도 새도 포유동물도 금욕생활을 하지 않는다. 자연을 제대로 관찰한다면 자연스러운 흐름에 따라 정자를 방출하지 말고 죽을 때까지 고환 속에 담아두어야 한다는 결론은 절대 나올 수 없다.

제단, 사원, 금욕, 성문법, 남성중심 위계질서는 문자가 몰고 온 남성화 영향이 얼마나 극단적인 것인지 보여준다. 인쇄술은 중국사회의 흐름을 바꾸어 놓았다. 기형적인 발과 말라죽은 정자는 이러한 상황에서 발생한 생명력을 잃은 두 가지 부작용에 불과하다.

* * *

도교와 유교는, 젠더에 관한 입장과 마찬가지로 이미지에 대해서도 매우 상반된 태도를 취했다. 특히 인간의 얼굴과 몸을 재현하는 미술에서 극단적인 차이를 보였다. 중국의 관습을 제대로 이해하기 위해서는, 이러한 이미지가 왜 문화의 스펙트럼 속에서 가장 흔한 것이 되었는지 간략하게 살펴볼 필요가 있다.

다리, 가슴, 엉덩이, 발목, 턱수염 등은 흔히 성욕을 자극하는 신체부위라고 여겨지지만, 이런 곳보다 성욕을 자극하는 부위는 바로 얼굴이다. 나른한 미소, 눈썹의 움직임, 혀의 놀림은 말보다 더 많은 메시지를 전한다. 여자들이 상당한 돈과 시간을 들여 화장을 하고 세심하게 보석과 장신구를 선택하여 자신의 용모를 돋보이게 하려고 노력하는 것은, 얼굴이 얼마나 중요한지 알기 때문이다.

어떤 문화든 예외없이 남자의 얼굴보다는 여자의 얼굴의 아름다움에 더 많은 가치를 부여한다. 미녀와 야수 이야기나, 록산느와 시라노 이야기에서도 볼 수 있듯이 남자는 일반적으로 시각을 통해 사랑에 빠지고 여자는 청각을 통해 사랑에 빠진다. 아름다움을 구성하는 요소가 무엇인지는 파악하기 어렵지만, 남자든 여자든 어떤 얼굴이 아름답고 어떤 얼굴이 아름답지 않은지 판단하는 기준에는 상당한 합의가 존재한다.

얼굴 다음으로, 인간의 성욕을 자극하는 요소는 전체적 형상이다. 남자는 체격, 여자는 몸매다. 남자든 여자든 가슴, 허리, 허벅지 등 다양한 신체부위를 이루는 곡선이나 각도는 시각적으로 상대방에게 성적 흥분을 유발한다. 물론 이것 역시 어떤 요소가 그런 감정을 유발하는지 이성적으로 분석하고 설명하기는 어렵다.

다양한 문화의 예술가들이 아름다운 여자의 얼굴과 형상을 충실히 재현해내고자 노력했다. 여자를 형상화한 조각상은 신석기문명에서 예외없이 출토된다. 메소포타미아, 이집트, 인도, 미노아, 그리스, 로마, 유럽, 어디에서나 여자의 얼굴과 몸은 지금까지도 끊임없이 재현되고 있다. 그런데 중국에서는 이러한 미술이 매우 일찍이 자취를 감춘다. 그 이후 여자의 얼굴이나 몸을 형상화하는 미술은 오늘날까지 사실상 존재하지 않았다. 왜 그런 것일까?

도교는 물고기, 새, 동물들의 형상을 표현하는 것을 장려했다. 자연을 중시하는 도교 덕분에 중국의 풍경화는 매우 독특한 미술장르로 발전해나간다. 가끔 이런 풍경화 속에 사람이 등장하기도 하지만 사람은 대개 중요하지 않은 요소로 그려진다. 대부분 얼굴도 알아볼 수 없을 정도로 작게 그려지며, 얼굴을 알아볼 수 있는 경우에도 그들은 대부분 노인이다. 인물을 묘사하는 방식 역시 서양의 표현기법과 완전히 다르다.

이처럼 도교는 아름다운 여자의 얼굴과 몸에 대한 열정을 여성적 자연을 향한 열정으로 바꾸어 놓았다. 실제로 '도' 자체가 여성적 힘을 집약한 것이기 때문이다. 《도덕경》에는 고유명사가 하나도 나오지 않는다. 이러한 연장선상에서 도교의 예술은 특정한 개인의 아름다움을 찬미하지 않는다.

유교는 서예와 사군자라는 고도의 관념적인 예술을 장려했다. 이 지고한 가부장적 예술형태에서는 여자의 얼굴이나 몸의 아름다움을 표현하는 것은 처음부터 용납되지 않았다. 남자는 아름다운 여자를 보고 싶어한다. 남자의 신경계가 그렇게 진화해 왔기 때문이다. 한편으로 여자들 역시 다른 아름다운 여자의 모습을 보며 상당한 즐거움을 얻는다. 오늘날 여성잡지를 떠올려보면 그 사실을 금방 납득할 수 있을 것이다.

아름다운 여자를 그림이나 형상으로 재현하지 않는 문화에서 여자들은 자신의 잠재적인 가치와 능력을 확인할 수 있는 기회를 갖기 힘들다. 중국에서 여자를 그리는 것을 명시적으로 금지한 적은 없지만, 유교적 도덕은 사회적 관습을 줄곧 통제하고 있었다. 이러한 사회에서 젊은 여자의 얼굴이나 몸을 형상화하는 것은 금기에 가까웠다.

도교와 유교가 확산되기 전 중국인들도 풍만한 여자의 몸을 조각한 신을 섬겼다. 유교가 확산되면서 이 형상들은 사라지기 시작한다. 하지만 문자가 보편화되기 전 사회 전반에 퍼져있던 여신의 영향력은 쉽게 사그라들지 않았고, 이후 등장한 문화적 독재자들도 사람들의 마음속에 자리잡은 여신을 완전히 몰아낼 수 없었다.

은유적으로 말하자면, 유교의 추종자들이 활판을 찍어누르고 여자의 발을 인정사정없이 조이자 여신은 좀더 은밀한 방법으로 자신의 모습을 드러내기 시작한다. 그녀는 머지않아 어디서나 볼 수 있는 이미지로 환생한다. 전세계를 통틀어 가장 위대한 여신의 온화한 표정이 중국문화 속에 깊숙히 스며들기 시작한다. 도시든 시골이든 그녀의 이미지는 어디서나 사람들의 주목을 받고 사랑을 받았다. 물론 사람들은 그것을 여신이라고 생각하지 않았다. 가혹한 가부장제 유교문화 속에서 그것을 여신이라고 인식할 수도 없었다. 모두들 그 여신을 '붓다'라고 불렀기 때문이다.

붓다는 의심할 여지없이 인도에 실존했던 한 인간이다. 그의 가르침이 아시아 전역에 퍼져나가면서, 곳곳에 사원이 세워지고 그의 불상이 만들어졌다. 문자가 문화적으로 강력한 영향력을 행사하지 못한 라오스, 티벳, 태국, 베트남, 인도네시아와 같은 나라에서 붓다는, 어깨가 넓고 허리가 가늘고 탄탄한 근육을 가진 남자로 표현되었다. 때로는 춤을 추는 모습으로 표현되기도 한다.

하지만 문자가 강력한 영향력을 발휘한 중국에서 붓다는 가만히 앉아있는 모습으로 표현된다. 그의 어깨는 다소곳하고 둥글다. 배는 불룩하며, 젖가슴도 있는 것처럼 묘사된다. 남자다운 근육은 거의 드러나지 않으며 허리둘레도 매우 커 적어도 과체중, 또는 비만으로 묘사된다. 둥글고 도톰한 얼굴에 관능적인 입술, 모나리자와 같은 오묘한 표정을 짓고 있다. 고대 서양의 엄격한 남신의 모습과는 달리, 중년의 어머니들이 풍기는 전형적인 자비심의 빛을 발산한다. 차분하고, 고요하고, 정적이며, 수동적이며, 관조적이며, 애정이 가득

간다라석불 3세기. 티벳청동불 12세기. 신라금동불 6세기

하고, 따듯한 모성으로 감싸준다. 10세기 이후 제작된 중국의 불상들은 특히 자상한 어머니의 모습을 하고 있다.

서양의 신들과 달리 붓다는 인간에게 벌을 내리거나, 복수를 하거나, 모험을 하거나, 번갯불을 집어던지거나, 괴수를 제압하거나, 험상궂은 얼굴을 하지 않는다. 그것은 그의, 아니 그녀의 전형적인 모습이 아니다. 극단으로 치닫는 유교적 가부장제 속에서 중국인들은 인도의 비쩍 마른 고행자를 넉넉하게 살이 찐 자비로운 여신으로 바꾸어 놓음으로써 여신을 향한 자신들의 사랑을 승화했다. 이러한 신성한 트랜스젠더의 구체적인 선례로는 관세음보살이 있다. 관세음보살은 대자대비의 여신으로 원래 남신이지만 여신으로 성별을 전환하면서 남녀 한몸이 되었다고 묘사된다.

아시아 전역에 통용되는 일반적인 법칙으로, 가부장적인 사회일수록 붓다는 여자의 모습으로 묘사된다. 반대로 평등한 사회일수록 붓다는 남자답게 묘사된다. 중국에서 가부장제를 정착시키고 여자를 모질게 다루는 밑바탕이 되었던 공자의 가르침을 높이 받드는 나라가 또 있었으니 바로 한국과 일본이다. 세련된 이들 두 나라는 문자 측면에서는 중국을 능가했다. 고대 아시아문명 중에서 중국의 한자를 들여와 사용하면서도 그 위에 자신들만의 선형적인 알파벳을 만들어 사용한 유일한 나라다. 물론 서양의 알파벳과는 전혀 다른 모양을 하고 있지만 엄연히 소리를 표기하는 알파벳이다. 한국과 일본 역시 알파벳이 정착되는 동안 가부장제가 훨씬 가혹해진다.

중국과 마찬가지로 이들 나라의 불상도 지극히 여성적인 모습을 띤다. 한국과 일본의 불상과 인도네시아, 필리핀, 티벳의 불상을 비교해 보면 그 차이가 매우 크다는 것을 알 수 있다. 여자가 여전히 존중받고 문자가 별다른 문화적 영향력을 미치지 못한 곳에서 붓다는 남자다운 모습으로 묘사된다. 문자가 발달한 중국, 한국, 일본의 가부장들은 여성적 가치를 가혹하게 억압했지만, 위대한 여신의 정신과 형상마저 사라지게 할 수는 없었다. 물론 남장을 하고 지낼 수밖에 없었지만 말이다.

＊＊＊

지금까지 이어진 여덟 장을 한 번 정리하고 넘어가는 것이 도움이 될 듯하다. 기원전 6-5세기, 온갖 새로운 사상들이 그리스에서 중국에 이르는 광활한 지역에서 갑자기 출현한다. 자이나교, 금욕주의, 유물론, 소피스트, 이성주의, 법치주의 등이 등장했고, 이러한 혼란 속에서 인도에서는 박티신앙, 그리스에서는 디오니소스 숭배가 널리 퍼져나갔다. 역사학자들은 이 놀라운 시기를 '축의 시대Axial Age'라는 말로 부르는데, 바로 이 시기에 역사상 가장 중요한 종교 지도자들이 동시다발적으로 등장한다.

이사야, 소크라테스, 조로아스터는 모두 서양의 사상 속에 뚜렷한 흔적을 남겼다.* 이와 동시대에 인도에서는 붓다, 중국에서는 노자, 공자가 출현했다. 이들 여섯 명은 지금도 엄청난 수의 추종자들을 거느린 철학 또는 종교의 시조가 되었다. 이들 사이에는 또다른 특별한 공통점이 있다. 이들은 관념적인 사상체계를 발전시키거나 정교화했다. 이들이 만들어낸 사상체계를 이해하기 위해서는 상당한 지적 능력이 뒷받침되어야 한다. 이들은 모두 글을 아는 사람들이었으며, 여자와 관계를 맺는 것보다 남자들 간의 회합을 가치있게 여기거나 고독을 즐겼다.

서양의 알파벳과 동양의 한자는 모두 기원전 6-5세기 보편적인 문자로 자리잡았으며, 이전에 존재했던 문자들은 대부분 사라진다. 이러한 문자가 축의 시대를 가능케 한 근본적인 이유라고 설명하는 사람도 있다. 그 자체로 추상적 사고의 결정체라고 할 수 있는 문자를 사용하게 되면서 영적인 지도자들이 고도의 의식수준에 올라설 수 있게 되었고, 이로써 복잡한 관념적 사상체계가 출현했다는 것이다. 여성주의 역사학자들은 이 지점에서 골치아픈 문제와 마주친다.

● 조로아스터Zoroaster는 페르시아의 1신론을 확립한 입법자다. 짜라투스트라Zarathushtra라고도 한다.

"왜 이들 영적지도자들의 메시지에는 여성혐오가 그토록 깊이 스며있을까?"

이에 대한 대답은 이렇다.

"문자에는 기본적으로 반여성적anti-female 특성이 내재한다. 문자에 집착하는 남자일수록 성차별주의자가 되는 경향이 있다."

하지만 여자를 사랑하고 여자를 가족으로 두고 있는 대다수의 남자들은, 다른 사람들이 글로 남긴 교리를 수행하고 전파하기 위해 평범한 삶을 집어던지는 선택은 하지 않을 것이다.

여신이 사람들의 마음속에서 영향력을 잃어가기 시작할 때, 이 6명의 영적지도자들이 등장해 세상을 이해하는 새로운 방식을 선포한다. 그들은 저마다 영적 깨달음에 이르기 위한 새로운 수단, 방향, 논리, 길, 체계, 법을 제시한다.

인간 조건의 침전물을 휘저어 표면 위로 그토록 독특한 여섯 인간을 동시에 떠오르게 할 수 있었던 강력한 힘은 바로 문자였다. 하지만 이들은 안타깝게도 여자와 관련해서는 물을 흐려놓았다. 너무도 철저히 물을 흐려놓은 탓에 2500년이 지난 뒤에야 겨우 몇몇 여자와 남자들이 이 흙탕물 속에 무엇이 있는지 겨우 알아내기 시작했다.

이제 동쪽 끝까지 달려왔으니 다시 서쪽으로 방향을 돌려보자. 바야흐로 후기 고대그리스문명이 한창 펼쳐지고 있는 아테네, 로마, 예루살렘이 기다리고 있다.

21

ORPHISM vs JUDAISM

오르페우스교 vs 유대교

THE ALPHABET
VERSUS
THE GODDESS

하지만 오, 그대, 로마여,

최고의 권력으로 나라를 다스리는 법을 배우라.

그대의 위대한 예술은 세상을 영원토록 평화롭게 하리라.

무릎 꿇은 적들은 용서하고

교만한 자들은 땅에 처박아라.

베르길리우스 《아이네이스》 6, 848

모든 면에서 이 두 전통[히브리종교와 헬레니즘철학]은 상당히 다르다.

전혀 다른 선조에서 유래하였으며, 자신만의 영역과 시간 속에서 성장했다.

모든 면에서 이들은 다르지만, 단 한 가지 공통점이 있다.

이들은 모두 처음부터 글을 통해 깊이있는 정보를 습득했다.

실제로 이 두 문화는 우리가 오늘날 '알파벳'이라고 부르는

기이하면서도 강력한 기술을 사용하고 있었던 것이다.

데이비드 에이브럼 David Abramn[1]

오르페우스교 vs 유대교

모든 길은 로마로

기│원전 338년 카이로네아전투에서 마케도니아에게 패한 뒤 그리스는 역 사의 중심에서 밀려난다. 그리스를 정복한 필리포스 2세^{Phillip II}는 새로 운 백성들에게 보수적인 사회체제를 강제하였고 이로써 고대그리스의 분출 하는 역동성과 창조성은 사그라든다. 그럼에도 필리포스 2세는 상상력이 넘 치는 그리스문화를 경외하여 아리스토텔레스를 자신의 총명한 아들 알렉산 드로스의 개인교사로 채용한다. 그리스 최고의 현자가 알렉산드로스를 보 필했으나, 안타깝게도 그가 제국을 통치하는 시기에는 기억할 만한 시인, 극 작가, 역사가, 철학자가 나오지 않았다. 고대그리스의 황금시대에 불을 붙였 던 성냥은, 북쪽에서 내려온 정복자의 금속방패에는 아무리 그어도 불이 붙 지 않았다.

서양의 지식에 목말라있던 인도의 왕 빈두사라^{Bindusara}는 알렉산드로스 사 후 시리아 지역을 통치하던 안티오코스 1세^{Antiochus I}에게 편지를 쓴다. 빈두사 라는 그리스철학자를 보내주면 철학자에게 후한 보수를 지급할 뿐만 아니라, 그를 보내준 사람에게도 상당한 보상을 하겠다고 제안한다. 안티오코스 1세 는 인도로 보낼 철학자를 찾기 위해 부지런히 수소문을 했는데, 당혹스럽게도 자신의 왕국에 추천할 만한 철학자가 한 명도 없다는 것을 깨닫는다.[2]

문자의 영향력이 감소하자 신기하게도 여자들의 운명은 급격히 향상된다. 대부분 문맹에 농사를 짓고 살던 마케도니아인들은 아테네의 민주주의 같은 복잡한 개념은 바로 쓰레기통에 넣고 왕정으로 통일해버린다. 이로써 아테네의 여자들은 자신의 재산과 부를 소유할 수 있는 권리를 되찾았고, 남자들과도 자유롭게 어울릴 수 있게 되었다. 이전에는 허용되지 않던 직업에도 마음대로 종사할 수 있게 되었다.

기원전 323년 불과 33살 나이로 알렉산드로스대왕이 사망하자, 그가 지휘하던 장군들 사이에 치열한 권력다툼이 일어난다. 결국 젊은 정복군주가 일궈낸 거대한 헬레니즘제국은 네 개로 쪼개지고 만다. 여신의 전통이 강한 이집트지역에 세워진 프톨레마이오스에서 여자들의 권익은 더욱 크게 향상된다. 기원전 100년경 알렉산드리아에서 작성된 결혼계약서를 보면 남자와 여자가 거의 동등한 지위를 가지고 있다는 것이 잘 드러난다.

알렉산드로스의 아들 알렉산드로스 재임 7년, 프톨레마이오스 총독 재임 14년 2번째 달에.

헤라클리데스와 데메트리아의 결혼서약.

헤라클리데스는 레프티네스 코스와 필로티스의 딸 데메트리아 코스를 법적 아내로 받아들인다. 헤라클리데스는 자유롭다. 데메트리아도 자유롭다. 데메트리아는 이 결혼을 위해 1000드라크마Drachma에 상당하는 옷과 장신구를 가져온다. 헤라클리데스는 자유민 아내가 마땅히 누려야 할 모든 것을 데메트리아에게 제공한다. 레프티네스와 헤라클리데스가 가장 적합하다고 여기는 장소를 선택하여 그곳에서 우리는 함께 살 것이다.

데메트리아가 남편 헤라클리데스에게 치욕이 될 수 있는 부정이나 속임수를 쓰다가 발각되는 경우, 헤라클리데스는 아내가 가져온 것을 모두 몰수할 수 있다. 하지만 그러기 위해서 헤라클리데스는 자신과 아내가 모두 인정하는 증인 세 사람 앞에서 아내의 죄를 입증해야 한다. 헤라클리데스 역시 다른 여자를 집안에 들여 아내에게 모욕을 주거나, 다른 여자에게서 자식을 낳거나, 어떤 구실로든 데메트리아에게 부정이나 속임수를 쓰면 안 된다. 이 경우에도 마찬가지로 데메트리아는 자신과 남편이 모두 인정하는 증인 세 사람 앞에서 남편의 죄를 입증해야 한다. 헤라클리데스의 부정이 입증되면, 아내가 가져온 1000드라크마를 돌려주어야 할 뿐만 아니라 이에 더해 벌금으로 1000드라크마를 더 주어야 한다… 데메트리아는 물론 데메트리아가 고용한 이들은, 헤라클리데스에게 노동의 댓가를 청구할 권리가 있다. 땅이든 바다든 그가 가진 재산에서 정당한 댓가를 취할 수 있다. 이는 법적판결과 같은 효력을 갖는다.[3]

이러한 직접적인 쌍방계약은 플라톤의 아테네에서는 꿈도 꿀 수 없는 것이었다.

마케도니아의 승리는 짧게 끝났다. 100년도 되지 않아, 유럽문명의 주도권은 이제 로마에서 농사를 지으며 살던 전사들의 굳은살 박인 손으로 넘어갔다. 나가는 전투마다 무조건 이기는 천하무적 로마인들은 마침내 오늘날 서양의 전통을 마련하는 데 기여한 기존의 국가들을 모조리 정복해버린다. 그들은 그리스인들이 만들어낸 '자유'라는 개념을 확장하여 '공화국'이라는 실체를 만들어낸다. 공화국을 의미하는 republic이라는 단어는 '공공의 것'을 의미하는 라틴어 res publica에서 유래한 말이다. 물론 로마인들이 생각하는 '공공'이라는 개념에는 어른이고 남자이며 지주인 사람만 포함되었다.

공화국 안에서 상당한 특권을 누릴 수 있었던 이들은 이에 보답하기 위해 공화국에 열정적으로 충성했다. 그들은 거대한 군단을 꾸려 유럽의 변방, 소아시아, 아프리카 등지로 정복전쟁을 떠났다. 로마시대 역사기록은 모두 로마에서 공식적으로 기록한 것이기에 정복자의 편견이 많이 개입되어있다. 그들에게 정복당한 이들이 자신의 입장에서 기록을 남겼다면, 로마인들은 무자비하고 야만적인 살인마로 묘사되었을 것이다.

하지만 로마인들은 기존의 야만인들과는 아주 미묘한 차이가 있었는데, 그들은 글을 아는 야만인이었다. 로마가 성공할 수 있었던 중요한 요인 중 하나는, 자신이 정복한 땅에 사는 남자들에게 무조건 글을 가르치는 정책을 열정적으로 밀어붙였던 것이다. 로마인들은 그리스문자를 본떠 자신들만의 간결한 알파벳을 만들었는데, 바로 이 라틴알파벳이 그들의 공리주의적 목적을 달성할 확률을 크게 높여줬다.•

헬레니즘제국의 잔존세력들을 완전히 물리치고 난 뒤 전리품을 정리하는 와중에 로마인들은 그리스문화의 가치를 깨닫는다. 로마인들은 아무 거리낌 없이 그리스인들의 관습, 종교, 전통을 그대로 가져온다. 로마인들은 심지어 자신들이 호메로스시대 트로이전쟁에서 패배한 트로이인들의 후예라는 신화까지 만들어내 그리스인들을 우상화하기도 하였다.

로마인들은 매우 실용적인 사람들이었다. 민주주의 같은 추상적 개념이 유지되기 위해서는 창조적인 시민사상가들이 많아야 한다. 하지만 로마에 그러한 비판적인 대중은 많지 않았고, 결국 로마인들의 공화정실험은 400년 만에 막을 내린다. 기원전 49년 카이사르가 원로원의 명령을 무시하고 군대를 이끌고 루비콘강을 건너 로마로 진격했을 때, 부패한 로마입법부가 가지고 있던 약간의 도덕적 권위도 모두 무너져내린다.

공화정을 뒤엎고 들어선 제정은 원래 좋은 의도에서 시작된 것이다. 역사는 율리우스 카이사르를 현명한 독재자로 평가해왔지만, 그는 권력을 독점함으로써 로마의 법을 불구로 만들었다. 황제는 법률을 무시하고 법 위에 군림할 수 있다는 모범을 스스로 만들어냈다. 말로 설명하기 어려울 정도로 황제들의 잔악한 폭정은 계속 이어졌으며, 황제들은 자신의 행위에 대해 전혀 책임지지 않았다. "권력은 부패한다. 절대권력은 절대 부패한다."라는 존 달버그 액턴John Dalberg-Action의 경구는 로마시대에 딱 들어맞는 말이었다.

물론 카이사르가 암살당한 뒤 집권한 몇몇 황제들은 플라톤이 말한 철인

• 로마의 도시 폼페이Pompeii는 서기 79년 화산폭발로 인해 매몰되는 바람에 도시의 원형이 그대로 보존되었는데, 이곳에서 하층민들이 벽에 써놓은 낙서들이 여기저기서 발견되었다. 이는 로마의 식민지정책이 상당 수준 성공했다는 것을 보여준다.

통치자로서 본보기가 되기 위해 노력했지만 이런 황제들은 로마 역사 전체를 볼 때, 예외에 불과하다. 유혈쿠데타를 통한 왕위찬탈이 하도 자주 일어나서, 로마시민들은 궁중에서 무슨 일이 일어나든 신경조차 쓰지 않게 되었다. 로마제국의 원로원은 아예 자줏빛 옷을 입은 남자가 쿠데타를 통해 신이 될 수 있다고 선언했다. 로마는 제국의 시민들에게 이것이 황제가 신이 되기 위한 과정일 뿐이라고 가르쳤다.

제국의 중심부는 끝없는 권력투쟁으로 혼란에 혼란을 거듭했지만, 지극히 효율적인 로마의 군사제도는 변경에서 잇단 성공을 거두었다. 지속적인 전쟁 승리를 덕분에 경제의 기틀이 되는 엄청난 자본과 값싼 노예들이 제국 안으로 끊임없이 흘러들어왔다. 관리해야 할 노예가 계속 늘어나자 로마의 귀족들은 더더욱 공포정치에 의존한다. 자신의 통제에서 벗어나는 이들을 매우 잔인하게 처형하는 모습을 공개적으로 보여줌으로써 노예들을 길들이고자 했는데, 그중에서 가장 효과가 좋은 방법이 바로 십자가에 매달아 말려죽이는 것이었다. 지극히 고통스럽고 모욕적인 방식으로 고문하고 죽이는 이 처형방식은 노예들의 폭동을 억제하는 데 매우 효과적이었다.

로마는 점점 극단과 역설의 제국으로 치닫고 있었다. 거대한 제국의 영토에서 로마의 법률에 따라 사는 시민들은 대부분 상거래와 투기적인 사업으로 번영을 누렸다. 하지만 그러한 시민들도 어느 순간 권력에 위협이 된다고 여겨지는 순간, 로마의 통치자들은 가차없이 싹을 잘라버렸다.

팍스로마나Pax Romana(로마 아래 평화)는 그리스의 실험보다 훨씬 오래 지속되었다. 로마제국의 광활한 영토만큼 인구 역시 이전의 그리스보다 엄청나게 많았다. 하지만 역사적으로 로마제국이 이룩한 혁신과 진보는 그다지 찾아보기 어렵다. 법, 공학, 건축 같은 분야에서는 고대그리스의 수준을 넘어서 상당한 발전을 이룩했지만 예술, 과학, 의학, 철학분야는 그리스의 수준에 도달하지 못했다. 로마에도 철학을 탐구하는 사람이 있었지만 소크라테스, 플라톤, 아리스토텔레스에 버금가는 수준의 철학자는 한 명도 나오지 않았다. 조각 역시

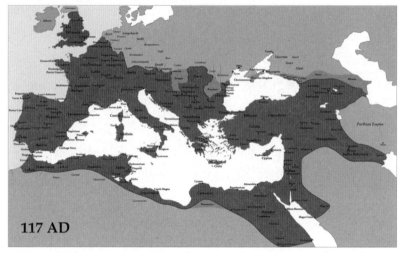

117 AD

절정기 로마제국의 영토는 325만 제곱킬로미터에 달하였으며 인구는 6,000만 명에 달했다.

대놓고 그리스의 조각을 모방할 뿐이었기에 페이디아스, 프락시텔레스, 리시 포스 같은 독창적인 작품은 전혀 나오지 못했다. 아이스킬로스, 소포클레스, 에우리피데스 같은 고대그리스의 작품은 오늘날 관객들도 공감할 수 있을 만큼 탁월하지만, 로마에서는 이러한 작품이 하나도 나오지 않았다. 그나마 눈에 띄는 로마의 과학자로 루크레티우스가 있지만, 에우클레이데스, 아르키메데스, 에라토스테네스에 비하면 수준이 떨어진다.

이처럼 창조성이 빈곤했음에도 (어쩌면 창조성이 빈곤했기 때문에) 로마는 그리스가 유일하게 갖지 못했던 기술을 소유할 수 있었다. 바로 탁월하고 효율적인 조직관리술이다. 인류역사에서 관료주의는 오롯이 로마가 발명해냈다고 해도 틀린 말은 아닐 것이다. 그 방대한 지역과 무수한 민족들을 무려 600년 동안이나 아무 탈 없이 통제하고 관리했다. 로마인들의 빈틈없는 실용성은 이론이나 희곡작품보다는 지금까지도 멀쩡하게 남아있는 도로나 수로를 통해 입증되고 있다.

종교적인 문제에서도 로마인들은 그리스의 신화나 종교적 의례를 그대로 모방함으로써 자신들의 빈곤한 상상력을 대체했다. 기원전 4세기, 그들은 올림포스의 모든 신들을 이름만 바꿔서 그대로 가지고 왔다. 처음부터 다른 문화의 신화를 수용하는 데 거리낌이 없었기 때문에, 로마의 권력자들은 다른 민족의 신앙에 매우 관용적인 태도를 취했다.

새롭게 정복한 이들의 불만을 달래고 그들을 더 빠르게 동화시키기 위해 로마는 시민권을 주었다. 로마의 시민이 됨으로써 주어지는 법적, 상업적, 교육적 기회는 오히려 로마제국에 병합되지 못한 사람들이 부러워하는 영광스러운 선물이었기 때문이다.

그리스는 종교와 세속의 영역을 엄격히 구분했던 반면 로마는 종교와 국가를 거의 구분하지 않았다. 로마가 피정복민들에게 요구하는 것은 단순했다. 로마는 새로운 통치자가 권좌에 오르면 그의 초상을 제국 전역에 관리들을 통해 배포했는데, 이 초상 앞에 공개적으로 예의를 갖춰 인사를 하는 것이 전부였다. 이것은 로마의 신들을 인정하고 황제가 성스러운 존재라는 주장에 동의한다는 뜻이었고, 로마제국에 충성하겠다는 의미였다. 그렇다고 해서 피지배인들이 믿던 원래의 종교를 부정하거나 금지하지도 않았다. 로마인들이 제시하는 조건은 지극히 타당하고 합리적인 것이었기에 소수민족들이 제국 안에 편입되는 것을 거부할 명분이 없었다.

이러한 조건을 거부한 유일한 이들이 있었으니 그들이 바로 유대인들이다. '성서'를 따르는 이 고상한 민족의 유별난 고집을 익히 알고 있던 로마제국은 이들만은 특별히 예외로 인정해 준다. 어쨌든 유대인들은 로마제국 안에서 자신들의 유일신을 믿으며 살아갈 수 있었다. 더 나아가 형상을 금기시하는 유대인들의 풍습을 존중하여 이 지역을 통치하는 로마총독들은 유대군중 사이로 행진할 때 황제의 초상을 보이지 않게 가렸다.

그리스에서 유행했던 디오니소스 숭배문화 역시 로마에 그대로 전해진다. 로마인들은 디오니소스를 가져오는 과정에서 미묘하게 균형을 이루고 있던 디오니소스의 상반된 본성을 완전히 구분되는 두 신으로 쪼갠다.

한 쪽은 향락이라는 특성만 강조된 신 바쿠스[Bacchus]다. 비이성적 황홀경, 발작적인 찬양, 난잡한 섹스 등으로 표출되는 오래된 다산의 신은 대중 속으로 파고들었고, 특히 제국의 쇠퇴기에 상당한 인기를 누린다. (살을 파먹는 것처럼 잔혹한 디오니소스의 특성은 그리스에서 전파되는 과정에서 거의 배제된다. 오늘날 영어에서 bacchanal은 술 마시고 흥청대는 것을 의미한다.)

나머지 한 쪽은 두 번 태어난 젊은 신으로서 인간의 슬픔을 거두어줄 것이라고 약속한 영적인 신이다. 디오니소스는 만신전에서는 유일하게 괴롭힘을 당하는 신이자, 죽었다가 다시 살아나는 신이다. 이러한 영적인 면은 광기와 방탕으로 점철된 자신의 반쪽 바쿠스를 버리고 떨어져나와 반신반인 오르페우스[Orpheus]가 된다.

오르페우스도 사실, 로마인들이 만들어낸 신이 아니다. 그리스신화에 이미 존재하고 있었지만, 거의 알려지지 않은 신이다. 호메로스도 거의 언급하지 않았고, 헤시오도스는 한번도 언급하지 않았다. 로마인들이 그리스신화에서 발굴해내기 전에는 거의 알려지지 않은 신이다. 사지를 찢기는 그리스의 디오니소스는 로마로 건너와 온화한 시인이자 음악가 오르페우스로 변신한다.

오르페우스는 다른 그리스로마 신들에게는 볼 수 없는 인간의 기본적인 두 가지 감정을 표현한다. 바로 연민과 사랑이다. 그는 평화를 사랑하는 양치기였는데, 그가 연주하는 음악은 너무도 신성하여 흉포한 야수조차 달랠 수 있었다. 인간의 관대하고 낭만적인 측면을 보여주는 오르페우스는, 그리스의 섬세한 연극 대신 야만적인 검투사들이 원형극장 안에서 혈투를 벌이던 시절 여성적 가치를 구현한다. 여자들은 당연히 오르페우스신앙에 매료되었다.[4]

오르페우스와 디오니소스 모두 음악과 춤을 이용해 숭배자들을 다른 차원의 세계로 끌고 가는 능력이 있었다. 젊고 잘생긴 이 두 신화 속 인물의 또다른 두드러진 공통점은 죽음을 맞이하는 방식이다. 광기에 휩싸인 마이나드들이 오르페우스에게 달려들어 사지를 찢어 죽이는데, 이는 티탄들의 손에 죽는 디오니소스의 운명을 떠올리게 만든다. 그리스로마의 신 중에 이들 말고

죽는 신은 없다. 또한 이들이 죽는 방식은 매우 섬뜩하다.[•]

계층과 종파를 막론하고 자비로운 오르페우스 숭배에 점점 많은 이들이 몰려들기 시작했다.[5] 오르페우스신앙Orphism은 신도들에게 단순하고 정직하게 살면서 연민을 베풀라고 권했다. 바쿠스의 방종, 무절제, 타락과는 달리 오르페우스는 고결하고 기품있는 도덕성을 약속하였기 때문에 많은 지지자를 모을 수 있었다. 또한 신이라고는 하지만 악마처럼 행동하는 황제에 대해 환멸을 느끼는 사람들이 많아지면서 오르페우스는 더욱 인기를 끌었다.

오르페우스를 숭배하는 신비로운 의례는 구원과, 사후에 더 나은 삶을 약속했다. 이 신비의례의 핵심은 디오니소스를 상징하는 소의 피를 마시고 그 살을 먹는 것이다. 디오니소스의 고통, 죽음, 부활을 기념하는 것이다. 숭배자들은 이런 행위로 디오니소스의 정수를 흡입할 수 있다고 믿었다.[6] 오르페우스 숭배자들은 동시대인들 사이에서 흔히 비난의 여지가 없는 모범시민으로 그려졌다. 그들의 교리에서 하데스는 점차 변화를 겪다가 나중에는 낙원처럼 아름다운 곳으로 그려진다.

*　*　*

기원전 1세기 다양한 민족들이 로마제국의 일원이 되면서 왕성한 사상의 교류가 촉진된다. 글자를 터득하고 교육을 받는 것이 높이 평가받는 행위로 자리잡았다. 그리스알파벳과 라틴알파벳은 세상의 근간이 되었고, 2원론과 객관적인 사고는 잠재의식 속에 깊이 뿌리내린다. 이 시기를 거치면서 인간이 사는 세상은 선한 힘과 악한 힘이 싸우는 투쟁의 장이라는 관념이 널리 퍼진다.

• 오르페우스의 가장 유명한 이야기로, 사고로 죽은 사랑하는 아내 에우리디케Eurydice를 데려오기 위해 지하세계로 들어가는 사건이 있다. 그는 하데스에게서 아내를 놓아 주겠다는 약속을 받아낸다. 하지만 하데스는 한 가지 조건을 거는데, 지하세계에서 빠져나갈 때 아내가 바짝 그를 따라가겠지만, 절대 뒤를 돌아보아서는 안 된다고 말한다. 오르페우스는 지하세계를 빠져나와 햇살 속에 들어서는 순간 뒤돌아 에우리디케를 본다. 하지만 명령을 어겼다는 이유로 신들은 에우리디케를 지하세계로 다시 끌고 가 영원히 나오지 못하게 한다. 물론 오르페우스는 실패했지만, 여기서 핵심은 디오니소스와 마찬가지로 지하세계의 신에게 탄원하여 죽은 사람을 부활시킬 수 있다는 사실이다.

고대그리스인들은 신들의 실수나 오점, 디오니소스의 광기에 사로잡힌 신도들의 행위에 '악'이라는 꼬리표를 붙이지 않기 위해 상당한 노력을 했지만, 오르페우스를 신봉하는 보수적인 로마인들은 그러한 행위를 용납하지 않았다. 디오니소스의 이중적 본성을 오르페우스와 바쿠스라는 양극단의 신으로 쪼개 놓는데, 이 두 신은 곧 등장할 그리스도와 사탄이라는 이분법과 놀라울 정도로 비슷하다.

로마제국 체제 속에서 교육을 받은 사람들이 점점 늘어나면서 지적이고 합리적인 분석과 계산이 전반적으로 확산되었다. 이로써 각 지방마다 또는 부족마다 존재하던 신에 대한 믿음은 계속 약화되었다. 신전 앞에서 아무리 공을 들인다고 해도 아무 소용이 없다는 것을 깨달은 지식인들은 종잡을 수 없는 인간의 운명을 좀더 제대로 설명해줄 수 있는 신앙체계를 궁리한다. 번잡한 일상사 너머에 이미지없는 관념적 형상이 존재한다는 플라톤철학이 다시 주목을 받는다. 최고의 신이지만 자신은 전혀 움직이지 않으면서 세상이 움직이도록 동력을 제공하기만 하는 아리스토텔레스의 프라임무버Prime Mover도 다시 주목을 받는다.

'초연한 신'이라는 개념은, 신은 인간사에 개입하지 않는다는 스토아철학으로 발전한다. 이들은 누구나 자신의 운명을 불만을 갖지 않고 받아들여야 한다고 가르친다. 플라톤과 아리스토텔레스의 신은 야훼와 달리 인간이 기원한다고 들어주지 않는다. 아니 인간이 뭐라고 하든 전혀 관심이 없다. 인간이 바르게 살기 위해 따라야 할 기준은 오직 황금률이다. 스토아학파의 대표적인 철학자 에픽테토스는 이렇게 말한다.

"자신이 원치 않는 일을 남에게 강요하지 말라."[7]

하지만 그리스철학은 매우 지적이었기에 대다수 로마인들의 영적 갈망을 채워줄 수 없었다. 철학자들의 신은 너무나 냉담하고, 비인간적이고 추상적이었

다. 많은 로마인들이 신플라톤철학과 스토아철학을 오르페우스신앙과 접목
시키고자 노력했다. 그들은 철학적 테마에 생명을 불어넣어 살아있는 것으로
만들고 싶어했다.

오르페우스신앙과 더불어 드높아진 영성에 대한 이해는 새로운 종교가 등
장할 수 있는 초석이 되었다. 또다른 새로운 신이 도래하고 있었던 것이다. 기
원전 40년 시인 베르길리우스Virgil는 이렇게 썼다.

> "이제… 위대한 세기가 새롭게 시작한다… 그대, 사랑스런 루키나여, 한 아이의 탄
> 생에 미소 지어라. 그 아이 아래서 쇠의 무리들은 처음으로 태어나기를 멈추고, 황
> 금의 종족이 온 세상에 솟아나리라!"**8**

오르페우스신앙이 기존의 크레타, 이집트, 메소포타미아, 미케네, 그리스, 로
마의 신앙과 구별되는 또다른 핵심적인 특징은, 오르페우스가 지었다고 하는
시가 포함되어있는 알파벳으로 쓰여진 성스러운 경전이 존재했다는 것이다.

＊ ＊ ＊

오르페우스 숭배와 더불어 1세기 로마인들에 깊은 인상을 심어준 또다른 종
교가 있었으니 그것은 바로 유대교Judaism다. 유대교가 특별히 주목을 받은 것
은 유대교의 독특한 윤리구조, 유대인들의 근면과 지적 능력, 가족을 중시하
고 병자나 약자를 돌보고 이들을 위해 자선하는 풍토 때문이다.

노예가 폭증하면서 로마사회를 지탱하는 구조에 상당한 왜곡이 발생하고
토대가 흔들리기 시작했다. 로마인이 최고의 종족이라는 주장에 많은 비로마
인들이 의문을 제기하기 시작했다. 그들은 진정, 노예의 생사여탈권을 마음대
로 휘두를 만한 자격을 갖추고 있는가? 제국에 불만을 품은 이들 사이에서 개
개인의 존엄성을 중시하는 유대교에 대한 관심은 점차 높아졌다.

사실, 유대인들은 로마관료제에서 상당히 중추적인 역할을 차지하고 있었다.

역사학자 폴 존슨Paul Johnson에 따르면, 유대인은 로마제국시민 중 12퍼센트나 차지했다. 그들은 대도시에서 모여 살았으며, 제국의 상거래 네트워크에서 핵심적인 지위를 차지하고 있었다. 유대인들은 대부분 글을 읽고 썼기 때문에 광대한 로마제국의 관료제를 유지하는 데 중요한 역할을 수행할 수 있는 가장 이상적인 관료 배출집단이었다.

더 나아가 로마제국의 지식인계급에서 유대인들은 압도적인 다수를 차지하고 있었다. 율법과도 같은 종교, 신성한 책, 기묘한 음식금기를 끝내 포기하지 않고 끈질기게 살아나는 이 종족에 대한 이방인들의 일반적인 감정은 수천 년 전이나 지금이나 거의 다르지 않다. 질투, 존경, 증오, 호기심이 뒤섞인 복합적인 감정이다.

* * *

유대교는 당시 유일한 1신론 신앙이었지만, 그 자체가 단일하지는 않았다. 예루살렘에 사는 유대인들은 신앙의 정통성을 강조했지만, 바깥에 사는 유대인들은 훨씬 세계시민적인 시각을 가지고 있었다. 유럽에 살고 있던 유대인들은 정직하고 경건한 사람들이 편협하고 빈곤한 로마제국의 국교를 대신할 수 있는 보편적인 종교를 갈구하고 있다는 것을 잘 알고 있었다.

이러한 틈새시장을 파악한 유대인들은 이방인들에게 자신들의 종교를 소개하고 개종하도록 독려한다. 유대교를 세계종교로 만들 수 있다는 희망을 본 것이다. 하지만 이방인들을 개종시키는 데 한 가지 장애물이 있었는데, 그것은 바로 할례라고 하는 끔찍한 통과의례였다. 그래서 이들은 할례를 받지 않은 신자들을 위해 신을 두려워하는 자God-fearer라는 새로운 신자계층을 만들어낸다.

신을 두려워하는 자들은 유대교의 의례나 생활양식에 참여할 수 있었지만, 2센티미터의 포피를 포기하지 못한 댓가로 '선택받은 자'는 되지 못했다. 하지만 유대교가 확산되고 신자가 늘어나면서 포경수술을 받으려는 사람도 점점 늘어난다. 급기야 로마황제는 유대교가 확산되는 것을 막기 위해 유대인이 아닌 사람이 할례를 받는 것을 심각한 범죄로 규정한다.[9]

* * *

신을 두려워하는 자들과 유대인들을 빼면, 로마인들은 다채로운 형상을 즐기며 다신교적 신앙을 찬미했다. 하지만 로마인들에게 중요한 것은 사실, 종교가 아니라 형상이었다. 로마인들은 생활의 모든 면면을 형상으로 표현하였다. 집, 광장, 신전 곳곳을 조각상, 모자이크, 그림으로 장식했다.

그리스인들도 이미지를 사랑했지만 살아있는 사람의 얼굴을 조각상에 새기지는 않았다. 또한 침착하고 차분한 조각상을 이상적으로 생각했다. 하지만 로마에서는 그러한 규범은 아무 의미가 없었다. 부자들은 예술가를 고용하여 대리석으로 자신의 조각상을 만들었다. 자신을 돌에 새겨 영원토록 남기고 싶다는 욕망으로 로마인들은 그 어떤 문화보다도 아낌없이 예술가들을 후원했다. 그들은 영혼을 포착하는 데 문자보다 예술이 훨씬 뛰어나다고 생각했다. 생애를 기록하는 전기는 그 당시 인기있는 예술형식이 아니었다.

일반적으로 로마의 남자들은 모성을 찬미했다. 로마의 창조신화에도 로물루스와 레무스에게 젖을 먹이는 암늑대가 등장한다. 로마제국 통치기간 동안 여자의 지위는 현저히 개선되었다. 독재체제가 빈번히 되풀이되는 상황에서도 로마인들은 '민주주의' 아테네가 여자에게 부과했던 엄격한 규정들을 대부분 철폐했다. 여자들은 점차 자신의 삶을 스스로 책임지는 주체가 되었다. 이혼절차도 훨씬 평등해졌다. 딸의 결혼을 무효화할 수 있는 아버지의 법적 권리도 폐기되었다.[10] 117년부터 138년까지 통치한 하드리아누스황제는 여자가 재산과 노예를 소유할 수 있고, 계약당사자가 될 수 있으며, 직접 금전거래를 할 수 있다고 선언한다.

로마제국 후기에는 여자들이 정부의 고위직에 오르기도 하였고 거의 모든 직종이 여자들에게 개방되었다. 시인 유베날리스Juvenal는 운동선수로 또 검투

사로 뛰는 여자들의 모습에 전율을 느낀다.[11] 마르티알리스Martial는 서커스에서 여자들이 야수, 특히 사자와 싸우는 모습을 상세히 묘사한다.[12] 카토Cato는 여자들에게 너무나 많은 권리가 주어졌다면서, 이러다가는 남자가 여자의 지배를 받게 될 것이라고 주장하기도 했다.[13] 예술이 만들어 낸 이미지가 넘쳐나는 체제 속에서 로마의 여자들은 상당한 특권을 누렸다. 물론 과다한 조각상은 사상의 빈곤을 감추기 위한 것일 때가 많다.

400년 동안 통치를 이어온 로마는 이제 아이디어가 고갈된 듯한 상태에 처한다. 로마군단의 깃발은 여전히 제국의 변경에서 맹위를 떨치고 있었지만, 제국의 중심부는 영적인 진공상태로 빠져들고 있었다. 이러한 혼란의 소용돌이는 계급을 막론하고 모두들 기대하고 갈망하는 새로운 종교를 만들어낸다. 물론 그 시작이 유대지방이라는 것은 당시에 아무도 알지 못했다. 엄청난 먹구름이 몰려들더니 억수같은 비가 쏟아졌고 마침내 천둥번개가 골고다라고 하는 언덕에 내리꽂았다.

이후 400년이 흐른 뒤 잔해들이 가라앉자, 세상의 풍경은 완전히 바뀌어버렸다. 현실에 대한 완전히 새로운 패러다임이 고전적인 패러다임을 대체했다. 화려한 형상은 새로운 종교의 추종자들 사이에 혐오의 대상으로 전락했다. 그들은 역사상 전례가 없을 정도로 이미지를 혐오하고 탄압했다. 수명을 다하지도 않은 무수한 조각상들을 무너뜨렸고, 코와 귀, 팔다리를 박살내었다. 예술작품에 대한 홀로코스트는 너무도 철저히 이루어진 탓에 이때 살아남은 작품은 극소수에 불과했다. 로마제국에서 힘들게 쌓아 올린 여자들의 권리도 새로운 종교에 휩쓸려 짧은 생을 마감하고 역사 속으로 흩어지고 만다.

22

JESUS vs CHRIST

예수 vs 그리스도

THE ALPHABET
VERSUS
THE GODDESS

나는 알파이자 오메가이며,

처음이자 마지막이며,

시작이자 끝이다.

요한계시록 22장 13절

주여, 당신이 세상에 계실 때,

당신은 여자를 업신여기기는커녕

늘 여자를 도와주며 불쌍히 여기셨습니다.

아빌라의 테레사 Teresa of Avila, 16세기 가르멜 수녀[1]

예수 vs 그리스도

시간의 종말

마케도니아제국을 무너뜨리고 로마가 차지한 영토 중에서 로마에 대한 저항과 독립운동이 가장 극심하게 일어난 곳은 유대인들이 사는 지역이었다. 기원전 43년 로마는 이 골치 아픈 지역의 통치를 헤롯^{Herod}에게 맡긴다. 유대인이 아니었던 헤롯은 잔인하고 변덕스런 네로황제와 위대한 건축가이자 건설자였던 하드리아누스황제를 합쳐 놓은 듯한 인물이었다.

헤롯은 자신이 통지하는 지역을 발전시키고자 하는 마음으로 예루살렘성전을 재건하는 작업에 착수한다. 기원전 1000년 솔로몬왕이 건립한 예루살렘성전은 기원전 597년 앗시리아의 정복자 나부쿠두리우추르^{Nebuchadrezzar}(느브갓네살)왕에 의해 완전히 파괴되었다. 이후 바빌론으로 끌려가 70년 동안 노예생활을 하다가 예루살렘으로 돌아온 유대인들은 성전을 복원하기 위해 노력했으나, 부족한 자원으로 인해 아주 초라한 성전을 짓는 것으로 만족할 수밖에 없었다.

헤롯이 새롭게 건설한 예루살렘성전은 고대세계의 불가사의 중 하나로 꼽힐 만큼 웅장하고 거대했다. 2만3,000여 제곱미터 면적에 자리한 복합 건물로 총 길이 1.5킬로미터에 달하는 장벽으로 둘러싸여있었다. 헤르쿨라네움의 제우스신전, 에페수스의 아르테미스신전과 어깨를 나란히 할 수 있는 건축물이 예루살렘에 세워진 것이다.

웅장한 성전은 주변에 살던 유대인들을 모두 예루살렘으로 끌어당기는 역할을 했으나, 한편으로 유대교에 위기를 가져오는 역할도 했다. 매년 페사흐가 돌아올 때마다 예루살렘은 순례자들로 넘쳐났는데, 이때마다 로마의 점령

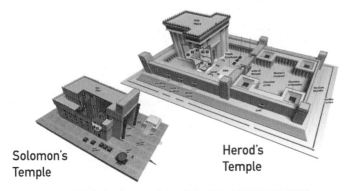

솔로몬성전과 헤롯성전의 크기비교. 산헤드린도 이 성전 안에서 열렸다.

에 저항해야 한다고 군중을 선동하는 일이 발생했다. 폭동이 일어날 것에 대비하여 로마의 지배자들은 주로 그리스인들로 이뤄진 군대를 대폭 증강하여 성전 주변 방위를 강화했다. 유대인들의 환심을 사고자 벌인 사업이 오히려 일촉즉발의 위태로운 사태를 몰고 온 것이다.

로마제국을 뒷받침하는 정교한 관료제는 계급의식을 고취하였으며, 헬레니즘문화 역시 엘리트의식을 고취하는 측면이 있었다. 예루살렘성전의 사제들 역시 스스로 엘리트라고 자부했다. 그럼에도 로마는 헬레니즘의 수준높은 철학적, 미학적 유산과 문자 전통을 전파하는 유익한 역할을 했다. 하지만 유대인들에게는 이런 것들이 아무 의미가 없었다. 그리스인들의 사상과 의례는 모세의 10계명을 훼손할 뿐이었다.*

외세의 유혹은 유대사회에 그다지 새로운 일이 아니었지만 그리스문화는 너무도 매혹적이었다. 성전을 관리하던 사제들도 유대교가 그동안 거부해오던 이교도의 예배형식을 조금씩 수용하기 시작한다. 야훼는 모세에게 문자만을 통해 자신을 숭배하라고 명령했지만 예루살렘성전의 희생제례는 갈수록 복잡해졌다. 마침내 정교한 의례가 토라를 강독하는 것보다 더 중요한 요소가 된다.

● 기원전 1세기 알렉산드리아의 필론Philo of Alexandria은 헬레니즘을 처음으로 받아들인 유대철학자로서, 이 두 가지 상반된 문화를 융합하고자 노력했다. 유대역사에서나 서양역사에서나 필론이 이처럼 각주에서나 언급된다는 사실은, 별다른 성공을 거두지 못했다는 뜻이다.

레위기를 보면 야훼 역시 동물을 제물로 바치라고 요구하는 대목이 나오지만, 그동안 희생제례는 유대교에서 그다지 중요한 것으로 여겨지지 않았다. 하지만 웅장한 헤롯성전이 완성되면서 희생제례가 본격적으로 거행되었고, 동물의 목을 따는 기술이 매우 효율적이고 정교한 의례로 자리잡는다.

알렉산드리아에서 예루살렘으로 순례를 왔던 아리스테아스Aristeas가 집으로 부친 편지에 따르면, 예루살렘성전에서는 매일 사제 700명이 제각각 무수한 동물들을 제물로 바치는 의식을 거행했다고 한다.[2] 향연이 펼쳐지면 무수한 뿔피리 소리와 공포에 질린 동물들의 비명소리가 뒤섞이면서 엄청난 불협화음이 성전을 뒤덮었다. 신전바닥은 피로 흥건하여 소름이 돋았고 희생제물을 불에 그슬리면서 악취가 진동했다. 소박했던 이전 시대와는 너무나 다른 광경이 펼쳐졌다.

모세와 아브라함의 신은 어디에도 없으면서도 어디에나 있는 존재였지만, 헤롯시대에는 많은 이들이 예루살렘성전의 지성소 안에 신이 거처한다고 생각했다. 이러한 믿음이 퍼지면서 사제들의 종교적 권위는 갈수록 높아졌고, 예루살렘성전의 고위사제들은 황금기를 맞이한다. 이들 사제들은 유대교 교파 중 사두개Sadducees라고 불리는데, 이들은 유대인들의 원로회의 산헤드린Sanhedrin도 장악하며 절대적인 권력을 누리고 있었다.

이러한 상황은 헤롯이 의도한 것이 아니었다. 헤롯은 유대인이 아니었기에 거대한 성전만 지어주고 유대인들 스스로 운영해 나가기를 바랐을 뿐이다. 하지만 그의 선택은 유대교에 엄청난 변화를 몰고 오는 결과를 낳고 만다.

기원전 1세기 로마의 속주들은 안정을 잃어갔다. 부유한 소수의 방탕한 생활과 핍박받는 다수의 불행 사이의 격차가 계속 커지면서 사회는 위험한 상황으로 치달았다. 반란의 분위기가 고조되었다. 기원전 4년, 로마는 대중을 선동한 죄로 갈릴리에서 유대인 2,000명을 십자가에 매단다. 사람들에게 경각심을 주고자 이들이 죽고 난 뒤에도 시신을 십자가 위에서 그대로 썩어가게 내버려두었다.[3] 민중의 불만은 높아졌고 폭동의 움직임은 점차 고조되었다.

유대인들은 점차 자신들의 오래된 신앙이 어디로 향해 가고 있는지 돌아보기 시작한다. 유대교 근본주의를 고집하는 사제들로 이루어진 사두개와 달리, 중산층 상인과 지식인들은 훨씬 유연하고 관대한 태도를 취하며 토라를 탈무드와 같은 새로운 지혜의 책으로 재해석해냄으로써 유대교를 개혁하고자 했다. 상당한 지적 에너지를 쏟아 모세의 율법을 당대 현실에 맞게 해석해내고자 했던 이들은 바리새Pharisees교파라고 불렸다. 하지만 안타깝게도 이들 역시 율법과 경전의 자구와 같은 너무나 사소한 차이에 연연하는 것처럼 보였다.

암울한 상황 속에서 유대인들의 집단적인 갈망은, 기원전 6세기 제2이사야가 남긴 구절에 관심을 갖게 만든다. 언젠가 구세주가 나타날 것이라는 최초의 예언이다.

"우리에게 한 아기가 태어날 것이오. 아들이 주어질 것이라. 그는 우리의 통치자가 될 것이오. 그의 이름은 탁월한 경륜가, 용사이신 하느님, 영원한 아버지, 평화의 왕이라 불릴 것이다." (이사야9:6)

기원전 100년 무렵 다니엘이 작성한 글에서도 이 약속이 나오는데, 여기서는 야훼가 자신의 백성들 사이에 자신의 대리자로서 '사람의 아들'을 보낼 것이라고 예언한다. 당시 유행한《에녹의 서》에서도 이러한 예언이 반복된다. 야훼가 보낸 구세주 '메시아'가 도래하여 사회적 불평등을 단박에 일소해 줄 것이라는 기대가 사람들 사이에서 점차 무르익고 있었다.

메시아의 출현을 고대하는 이들은 꾸준히 세력을 얻어 갔다. 심지어 곧 도래할 구세주를 영접하기 위해, 세속의 삶을 모두 버리고 외딴 사막에 모여 사는 유대교도들도 나타났는데, 이들은 에세네Essenes교파라고 불렸다. 그들은 이집트에서 탈출하여 40년 동안 광야를 방랑하던 시절의 엄격한 삶을 다시 재현하며 경건한 공동체 삶을 꾸려나갔다. 또한 메시아가 이 땅에 강림하면 자신들을 이끌고 사악한 자들과 최후의 전쟁(아마겟돈)을 벌일 것이라고 믿었기에, 자체적으로 군사훈련을 실시했다. 선과 악이 맞붙는 궁극적인 전쟁에서 야훼의 병사가 되기 위해 준비한 것이다.

예수가 오기 전 10년 동안 유대교는 바야흐로 혼돈의 상황이었다. 사두개, 바리새, 에세네를 비롯하여 무수한 분파들이 출현하여 세력을 넓히고 주도권을 잡기 위해 치열하게 경쟁했다. 물론 그러한 상황에서도 당시 다른 종교들에 비하면 유대교는 전반적으로 매우 인도주의적인 교리를 추구하는 선진적인 종교였다. 특히 가난한 자에 대한 연민 같은 것은 이집트, 메소포타미아, 그리스, 로마에 이르기까지 어떠한 종교도, 어떠한 정치체제도 고려하지 않는 주제였다. 혜택 받지 못한 이들을 돌보는 데 신경을 쓰는 이들은 그 당시 찾아볼 수 없었다. 하지만 유대인들은 달랐다. 그들은 과부, 고아, 노인들을 돕기 위해 헌금을 냈다.

이러한 전통이 유대교에 계속 유지되어 온 것은, 공정함을 강조하는 지도자들이 주기적으로 등장했기 때문이다. 유대인의 역사에서는 잊혀질 만하면 핍박받는 사람들을 옹호하는 이들이 여기저기 나타난다. 그런 이유로, 나자렛의 예수Jesus of Nazareth라는 카리스마적인 믿음의 치유사가 갈릴리해안을 돌아다니며 설교를 하기 시작했을 때에도 유대인들은 그다지 관심을 갖지 않았다.

갈릴리는 역사적으로 혁명가의 산실이었다. 누구든 '갈릴리 출신'이라는 꼬리표가 붙으면 그것은 곧 그의 정치적 종교적 성향을 보여주는 것으로 인식되었다. 유대인으로서 로마의 정치가이자 역사가로 성공한 요세푸스는 갈릴리인들을 가리켜 "날 때부터 투사"라고 말한다. 노동계급 집안에서 태어나 유대전통에 따른 교육을 받고 자란 예수 역시 그러한 기질이 넘쳐났다. 또한 사회적으로 취약한 처지에 놓인 사람들에 대한 그의 연민은 갈릴리지방에서 높은 인기를 가져다주었다.

문자를 발명하고 그 다음 알파벳을 발명하면서, 서양문화는 지속적으로 좌뇌를 향해 나아갔다. 하지만 예수가 말을 할 때 그의 언어는 반대방향으로 흘러갔다. 예수는 목동이 양을 이끌듯이 자신의 추종자들을 이끌고 뇌들보를 건너 우뇌로 되돌아온다. 그는 제자들에게 우뇌에서 생겨나는 지식을 받아들이라고 가르친다. 왼뿔세포로 '탐구'하지 말고 막대세포로 '관조'하라고 가르친다. 왼손을 써 주먹을 막되, 되받아치기 위해 오른손으로 주먹을 쥐어서는 안 된다고 조언한다. 예수의 메시지는 의미를 알 수 없는 신비처럼 다가왔다. 금언과 비유로 이루어진 그의 가르침은 좌뇌보다는 우뇌에 가까운 것이었다.

예수가 설교를 한 대상은 유대인들이었지만, 그 주제는 보편적이었다. 이사야, 호세아, 아모스 같은 전통적인 히브리 예언자들과 마찬가지로 예수는 재물, 권력, 위세, 혈연에 아무런 관심이 없었다.

예수는 창세기 J버전보다는 좀더 평등한 관점에서 저술한 E버전을 좋아했다. 예수가 아담과 이브를 언급한 것은 단 한 번밖에 없다. 이브가 야훼의 명령을 어겼던 사건을 단 한 번 언급했을 뿐이다. 예수는 사회의 위계질서에 반대한다고 공공연하게 외치고 다녔다. 그의 눈에는 가난한 자들, 불구자들, 여자들, 노예를 소유한 부유한 남자들 모두 똑같았다. 말뿐만 아니라 행동으로도 인도주의적 신념을 실천했다. 당대의 무수한 정치적 종교적 개혁가들과 달리 예수는 무력폭동을 선동하지 않았다.

"누가 오른뺨을 치거든 왼뺨마저 돌려 대어주어라" (마태오5:39)

서양역사에서 부당한 공격을 받았을 때 비폭력을 행하라고 주장한 최초의 인물이다. 예수의 관심은 힘에 의존한 승리가 아닌, 오로지 영혼의 승리에 있었다.

호메로스는 용기를 강조했고, 모세는 율법을 강조했고, 플라톤은 지식을 강조했지만, 예수는 자비와 연민을 강조했다. 구약의 레위기는 자그마치 613가지나 되는 율법을 일일이 열거하는 책으로, 실제로 유대인들은 이처럼 복잡하고 때로는 서로 모순되는 온갖 훈령에 따라 생활을 하려고 노력했다. 하지만 예수는 이러한 끝없는 규정과 금지사항 중에서 딱 하나만 강조한다. 어

느 바리새 율법학자가 계율 중 무엇이 가장 중요하다고 생각하는지 묻자 예
수는 이렇게 대답한다.

> '네 마음을 다하고 목숨을 다하고 뜻을 다하여 주님이신 너희 하느님을 사랑하여
> 라.' 이것이 가장 크고 첫째가는 계명이고, '네 이웃을 네 몸같이 사랑하여라'한 둘
> 째 계명도 이에 못지않게 중요하다. 이 두 계명이 모든 율법과 예언서의 골자다. (
> 마태오 22:37-40)

재현미술을 금지한 10계의 두 번째 계명을 훨씬 인간적인 계명으로 대체한
예수의 대답은 그야말로 인식의 혁명이었다.[4] 문자에 의존했던 주요 인물 중
에 이전까지는 이웃에 대한 조건 없는 사랑을 최상의 원리라고 말한 사람은
없었다.

구약의 예언자들은 모두 형상을 만드는 것을 저주한다. 구약의 많은 구절들
이 형상을 만드는 행위를 마치 배교자들의 극악무도한 범죄처럼 취급한다. 하
지만 예수는 예술가들을 절대 멸시하지 않는다. 예수는 오히려 율법학자들을
율법에 의존하여 자기 잇속을 챙기는 '위선자'라고 비난한다. 예수가 '율법학자'
라고 지칭하는 사람은 글을 쓰는 이들을 의미하고 '위선자'라고 지칭하는 사람
은 탈무드를 연구하는 지적 수준이 높은 바리새 학자들을 의미했다. 빵을 먹
기 전 반드시 손을 씻으라는 율법을 따르지 않는다고 바리새들이 예수의 제자
들을 비난하자, 예수는 의례에 신경쓰지 말고 진리에나 신경쓰라고 훈계한다.

> 율법학자들과 바리새사람들은… 율법이라는 무거운 짐을 꾸려 남의 어깨에 메워

● 예수와 동시대에 살았던 현자 힐렐Hillel the Elder 역시 비슷한 주장을 펼친다. 어떤 이방인이 한 발로 선
  채, 자신이 한 발로 서있는 동안 토라를 전부 설명해 줄 수 있느냐고 묻는다. 힐렐도 한 발로 서서 질문에
  대답한다. "네가 싫어하는 것은 네 이웃에게 행하지 말라. 이것이 토라의 전부다. 나머지는 모두 주석일 뿐
  이다. 가서 공부하여라."

놓고는, 자기들은 손가락 하나 까딱하려 하지 않는다… 잔치에 가면 맨 윗자리에만 앉으려 하고 회당에서는 제일 높은 자리만 찾으며… 율법학자들과 바리새사람들아, 너희 같은 위선자들은 화를 입을 것이다… 너희 같은 눈먼 인도자들은 화를 입을 것이다… 이 어리석고 눈먼 놈들아… 정의, 자비, 신의 같은 진정 중요한 율법은 왜 대수롭지 않게 여기지 않느냐?… 겉으로만 올바른 사람처럼 보일 뿐, 속은 위선과 사악함으로 가득 찬… 너희가 바로 선지자들을 죽인 놈들의 후손이다… 그러니 너희 조상이 시작한 일을 마저 하여라. 이 뱀 같은 자식들아, 독사 같은 족속들아! (마태오 23:1-33) [●]

예수는 바리새를 분개하게 만든다. 하지만 유대인이 어찌 율법에 전혀 관심이 없을 수 있겠는가? 예수는 오랜 세월 이어진 과다한 율법해석이 토라를 불투명한 베일 속에 가리도록 만들었다고 생각했다. 또한 율법학자라는 사람들이 율법의 해석을 독점하면서 율법은 더욱 신비로운 대상이 되었고, 이로써 보통 사람들은 그들의 조언에 의지해 살아가게끔 만들었다.

예수는 이러한 지나친 율법주의가 남자로만 이루어진 선택받은 사제계급에게 권력을 가져다준다는 것을 알았다. 그는 제자들에게 자신이 곧 진리이며, 그 어떤 사람도 그 어떤 문서도 자신의 진리와 진리를 구하는 사람들 사이에 놓일 수 없다고 선언했다. 안티고네처럼 그는 제자들에게 더 높은 곳의 부름을 받들어야 한다고 일깨워준다. 그는 추종자들에게 모든 선입견을 버리라고 강조한다. 사회적 관습을 벗어 버리면, 율법으로 정의할 수 없는 살아있는 지식을 깨우칠 수 있다.

질서를 상징하는 법은, 알파벳문화의 가장 남성적인 결정체라 할 수 있다. 법을 정의할 때는 잘못 이해하지 않도록 정교하게 언어를 구사해야 한다. 예수는 율법학자의 언어를 구사하지 않았으며 철학자들의 논쟁에도 참여하지 않았

● 이 단락에 등장하는 욕설은 이것이 진짜 예수가 한 말인지 의심케 하지만, 다른 구절들과 비교해 볼 때 예수가 실제로 한 말로 여겨진다. 율법주의에 대한 예수의 혐오를 뒷받침한다.

다. 예수는 법 없이도 사람들 스스로 살아갈 수 있다고 생각했다. 그는 마음과 영혼을 이끄는 목동이었다. 지배계급의 언어가 아닌, 쉽게 연상할 수 있는 시각적 정서적 금언과 비유를 활용하여 마치 시를 읊듯이 자신의 견해를 표현했다. 3장에서 이야기했듯이 풍부한 비유와 금언과 우화는 우뇌에서 솟아난다.

돈은 예수의 영적 삶에서 아무런 역할도 하지 못했다. 예수는 재물이 영적인 삶과 아무 상관이 없다고 단언한다. 더 나아가 재물이 악한 것이라는 주장에 대해서도 반박한다.

> "온 세상을 얻는다 해도 제 영혼을 잃고 이윤을 얻는다면 무슨 소용이 있겠느냐? 사람의 영혼을 무엇과 바꿀 수 있다는 말이냐?" (마태오 16:26)

늘 자비로운 태도로 가르침을 전파하던 예수가 폭력을 행사한 적이 한번 있는데, 바로 성전 밖에서 환전을 해주는 상인들의 탁자를 엎어버린 것이다.

예수의 가르침은 특히 여자들을 사로잡는다. 그는 다정하고 존중하는 마음으로 여자들을 대했다. 병약한 노파에게도 매춘부에게도, 간통을 저지른 부인에게도 마찬가지였다. 사회를 지배하는 가부장적 종교에서 주변적인 역할밖에 하지 못하는 여자들의 마음속에 예수의 메시지는 깊은 울림을 전했다. 바리새들이 이혼에 대해 어떻게 생각하는지 묻자 예수는 놀라운 대답을 내놓는다.

> 처음부터 창조주께서 사람을 남자와 여자로 만드셨다는 것과 또 '그러므로 남자는 부모를 떠나 제 아내와 합하여 한 몸을 이루리라' 하신 말씀을 아직 읽어보지 못하였느냐? 따라서 그들은 이제 둘이 아니라 한 몸이다. 그러니 하느님께서 짝지어 주신 것을 사람이 갈라놓아서는 안 된다. (마태오19:4-6)

언뜻 보기에 이혼을 허용하지 않는 예수의 견해는 여자에게 불리한 것처럼 보이지만 1세기 유대지방에서는 상황이 달랐다. 당시 유대율법에서 여자는 이혼을 하고 싶어도 할 수 없었던 반면, 남자는 아내를 쉽게 버릴 수 있었다. 예컨대 불임은 여자 잘못이라고 여겨졌기 때문에, 아이를 낳지 못한다는 이유만으로도 아내와 이혼을 선언할 수 있었다. 당대의 또다른 현자 힐렐은 요리 솜씨가 마음에 들지 않는다는 이유만으로도 아내와 이혼할 수 있다고 가르쳤다.[5] 1세기 벤 시라크^{Ben Sirach}는 이렇게 쓴다.

> 시키는 대로 하지 않는 여자는 인연을 끊고 내버려라. (집회서25:26)

이혼이 남편에게 유리했기 때문에, 예수의 확고한 입장은 결혼한 여자들의 지지를 받았다. 특히 나이든 여자들은 남편이 젊은 아내를 들이기 위해 어떤 구실을 만들어 자신을 버리지 않을까 늘 걱정했는데, 이러한 예수의 가르침은 상당한 위안과 안도감을 주었을 것이다.

산상수훈에서 예수는 누구나 선과 악을 구분할 수 있는 능력과 책임이 있다고 가르친다. 법률, 돈, 권력을 멸시하고 사랑, 연민, 자유의지, 비폭력을 옹호한 예수의 가르침은 이전 서양의 종교에서 볼 수 없던, 여성적인 덕목을 우위에 놓는 것이었다.

***

예수는 물론 그의 제자들도 예수의 가르침을 글로 남기지 않는다. 복음서는 나중에 등장한다. 예수는 제자들에게 자신의 중요한 가르침을 '기억하라'고만 말했다. 그의 성장배경과 당시 문화를 고려할 때 예수는 왜 문자를 활용하지 않는 길을 선택했을까? 붓다도 아무것도 쓰지 않았고, 피타고라스도 그러했고, 소크라테스도 그러했다.* 이들은 모두 문자가 가파르게 확산되던 시기

---

* 피타고라스를 추종하던 사람들은 윤회, 정화, 만물의 근원은 숫자라는 과학적 인식을 믿었다. 피타고라스는 자신의 가르침을 글로 기록하지 말라고 지시한다. 피타고라스 추종자들은 스스로 아쿠스마티코스 acousmatic(들은 것을 따르는 사람들)라고 불렀다. 피타고라스는 여자도 적극적으로 제자로 받아들였으며 남자와 동등하게 대우했다.

에 살았다. 이 특별한 스승들은 '메시지는 글로 쓰여지는 순간 변한다'는 통찰을 공유하고 있었던 것이다. 붓다, 피타고라스, 소크라테스, 예수는 또한 남녀 간의 평등에 가까운 상태를 옹호했다.

모세는 이스라엘사람들에게 문자로 기록한 야훼의 율법을 읽고 순종하라고 명령했다. 반면 예수는 문서화된 교리는 전혀 제시하지 않고, 그저 자신을 믿으라고만 요구한다. 예수가 스스로 자신이 야훼의 아들이라고 주장했는지는 정확하게 알 수 없지만, 복음서를 면밀히 읽어보면 예수는 자신이 야훼의 아들이라고 생각했을 것으로 추정된다.

율법, 예루살렘성전, 자신의 신성에 관한 급진적인 태도로 인해 예수는 결국 유대교 공동체는 물론 로마제국 정부와도 충돌하는 길을 걷게 된다. 예수의 초기추종자들은 유대인들이었다. 어쨌든 야훼의 위대한 선물—율법—을 받아들인 사람들이다. 하지만 예수는, 진리는 토라를 공부한다고 얻을 수 있는 것이 아니라 자신을 믿음으로써 얻을 수 있는 것이라고 끊임없이 말한다.

> 나는 이 세상에 빛으로서 왔나니, 누구든지 나를 믿는 사람은 어둠 속에서 살지 않을 것이다. (요한복음 12:46)

자신이 신이라는 것을 입증하기 위해서 태양을 멈추게 한다면, 그를 믿는 일은 너무나 쉬운 일이 될 것이다. 예수는 그러한 기적을 보여주지 않고 자신을 직접 만나 이야기해보고 스스로 결정하라고 요구한다. 자신의 말과 자신의 존재만으로도 충분히 믿음을 줄 수 있다고 확신했던 것이다.

유대인들은 대부분 예수를 단순히 계시를 받은 선지자 정도라고 생각했다. 어느 모로 보나 이 미천한 목수의 아들을, 보이지 않는 것이 가장 존재의 핵심이라 할 수 있는 전지전능한 야훼의 고귀한 아들이라고 믿는 것은 유대인 사회에서 남의 말에 쉽게 넘어가는 무지몽매함을 공표하는 것과 다름이 없었다.● 예수 자신도 이렇게 경고한다.

> 거짓선지자가 여기저기 나타나 많은 사람들을 속일 것이다. (마태오24:11)

더욱이 그를 추종하기 위해서는 기존의 종교를 버려야 했다. 모세의 율법을 저버려야 했기 때문이다. 예수는 또한 로마정부의 요주의 인물이었기 때문에, 그를 추종하는 것은 곧 처벌받을 위험을 감수하는 것이었다. 예수는 믿음이 모든 것을 앞서야 한다고 요구했지만, 그를 따르기 위해서는 유대인의 삶에서 가장 핵심이 되는 가족에 대한 사랑과 의무를 포기해야 했다.

> 누구든지 나에게 오는 사람은, 자신의 부모, 아내, 자식, 형제자매는 물론 자신의 목숨마저 미워하지 않으면 내 제자가 될 수 없다. (루크14:26)

이런 까다로운 요구를 따르는 댓가로 예수는 무엇을 주겠다고 약속했을까? 조만간 도래할 하느님의 나라에서 좋은 자리에 앉게 해줄 것이라고 약속한다. 좌뇌적 세계관을 완전히 뒤집는 가장 극단적인 주장—선형적인 시간의 종말이 가까이 다가왔다는 예언—위에서 상당히 매력적인 약속으로 여겨졌다.

　시간은 좌뇌의 가장 본질적 특성이다. 좌뇌의 모든 기능은 시간의 흐름 위에서 작동한다. 우리는 나의 시간, 즉 삶이 언젠가 끝난다는 것을 안다. 그런데 예수는 모든 시간—우리 삶은 물론 시간이 지배하는 세상 전체—이 곧 끝난다고 예언한다. 그야말로 종말이 다가온 것이다. 지금 이 세상이 사라진 자리에는 '영원'이라 불리는 질적으로 전혀 다른 종류의 시간이 시작된다. 영원이라는 시간은 그 속에서 아무 일도 일어나지 않는다는 점에서 우리가 아는 시간과 다르다. 아기를 갖거나, 상을 타거나, 프로젝트를 완료하거나, 늙거나, 죽거나 하는 일

● 오늘날 많은 이들이 당대 유대인들이 예수를 죽였다고 비난하지만, 지금 누구라도 그 시대에 살았다면, 모두 마찬가지 생각을 했을 것이다.

은 일어나지 않는다. 이 새로운 하늘의 왕국에서는 걱정하거나 다툴 일도 없다. 전쟁도 없고, 섹스도 없고, 법도 없고, 가난도 없고, 결혼도 없다.

종교는 빙하시대 이후 줄곧 인간실존에 중요한 역할을 해 왔지만, 변화무쌍한 다채로운 신앙체계 속에서 시간 자체가 끝날 것이라고 말하는 종교는 존재한 적이 없었다. 물론 다른 문화에서 세상의 종말을 이야기하는 종교가 있기는 했지만, 모든 면에서 현 세상과 유사한 새로운 시대가 다시 열릴 것이라고 가정한다. 힌두교는 겁^{Kalpas}이라고 하는 헤아릴 수 없이 긴 시간이 순환한다고 믿는다. 중국문화는 시간이 선형적이라는 전제에서 출발하지 않기 때문에 시간의 종말이라는 개념 자체가 없다. 폴리네시아, 이누이트, 아스텍, 아프리카에서는 시간이 순환한다고 믿는다. 이집트와 메소포타미아는 사후에 어떤 일이 일어나는지 설명하기는 하지만 물리적인 세계 자체가 끝난다는 관념은 없다. '영원'이라는 개념은 근본적으로 새로운 것이었다.

시간감각을 강화하는 알파벳문화는 이스라엘과 그리스에 선형적인 시간이라는 인식을 강력하게 뿌리박아놓았다. 고대그리스에는 창조신화만 있을 뿐, 멸망에 관한 이야기는 없다.$^{\bullet}$ 플라톤과 아리스토텔레스는 뚜렷이 구분되는 '시대'가 존재하며 각 시대마다 시작과 끝이 있다고 주장했다. 현세는 그러한 시대 중 하나이며, 이 시대가 끝나면 얼마가 될지 알 수 없는 시간이 흐른 뒤 새로운 시대가 시작된다고 말한다. 이에 비해 선형적인 유대인들은 시작이 있으면 중간이 있고, 따라서 끝도 있을 것이라고 가정했다. 종말이라는 개념은 기원전 500년경 에제키엘^{Ezekiel}의 예언에서 처음 나타난다.

하지만 예수의 종말론 비전은 희망적인 메시지를 담고 있다. 현세에서 새로운 왕국으로 넘어가는 사이에는 '심판의 날'이 끼어있다. 이때 로마제국 통치 하에서 누리는 모든 신민들의 사회적 지위는 완전히 뒤집어진다. 온유하고 착한 이들이 땅을 차지하고, 첫째가 마지막이 되고 마지막이 첫째가 된다. 노예

● 우주가 궁극적으로 멸망할 것이라고 믿는 그리스 사상가도 소수 있기는 했지만, 주류는 아니었다.

가 주인이 되고 주인은 벌을 받는다. 부자는 응분의 댓가를 치른다.

> 부자가 하느님 나라에 들어가는 것보다는 낙타가 바늘귀로 빠져나가는 것이 더 쉬
> 울 것이다. (마태오19:24)

현실의 불평등을 완전히 뒤바꿔놓을 것이라는 약속은 학대받는 하층계급에게 엄청난 지지와 호응을 얻었다. 성서의 초기 예언자들도 이와 비슷한 경고를 했지만, 그것은 유대인들에게만 해당하는 메시지에 불과했다. 하지만 예수가 살던 시대에는 훨씬 많은 군중들이 귀기울이고 있었다. 팍스로마나라는 체제가 이미 오랜 시간 지속되면서 로마제국은 시민들에게 보편적인 전망을 할 수 있는 소양을 심어놓은 상태였다.

세상의 종말이 가까이 왔다는 예언을 듣고 전율을 느끼는 사람이 점점 많아졌다. 지금 우리가 살고 있는 물리적 실재, 이 세상은 곧 소멸된다. 시간도 멈춘다. 배는 곧 떠난다. 이 배에 몸을 싣는 이들은 모두 구원을 받을 것이다. 변치 않는 천상의 행복을 누리며 영원히 자유롭게 평온한 삶을 살아갈 것이다. 이 배를 놓친 사람은 말로 표현할 수 없을 만큼 끔찍한 고초를 당할 것이다. 배에 올라타기 위해 지불해야 하는 뱃삯은 '예수가 신'이라는 혁명적인 믿음을 받아들이는 것이다. 그것이 전부다. 그 외에는 어떠한 계약조건도 없다.

세상의 끝이 임박했다는 예수의 주장에, 그의 가르침을 직접 들은 사람들은 물론 그의 주장에 대해 이야기를 들은 사람들은 수수께끼를 빨리 풀어야 한다는 압박감을 느꼈을 것이다.

예수는 과연 메시아일까 아닐까?*

---

* 메시아Messiah는 히브리어로 '기름부음을 받은 자'라는 뜻이다. 이스라엘에서는 전통적으로 왕, 대제사장, 선지자에게 기름을 붓는 의식을 행한다. 메시아를 그리스어로 번역한 것이 그리스도Christ다.—옮긴이

23

APOSTLE vs PAUL

사도 vs 바울

THE ALPHABET
VERSUS
THE GODDESS

책이 없으면 교리도 없고,
교리가 없으면 책도 없다.

토마스 드 퀸시 Thomas De Quincey[1]

사도바울은
로마제국이라는 이방인들의 세계에
기독교를 전파하면서,
그리스도의 십자가와 그 고통의 승화가
예수의 주요메시지라고 주장했다.

카렌 암스트롱 Karen Armstrong[2]

사도 vs 바울

기독교의 형성

예수가 살아있는 동안 세상에 미친 영향력은 물수제비를 뜰 때 수면 위에 퍼지는 파문과도 비슷했다. 돌멩이가 튕기면서 잠시 생겨났다가 덧없이 사라지는 동심원은 강물의 방향, 수량, 속도에 아무런 영향도 미치지 못한다. 하지만 한 편의 드라마와도 같은 그의 죽음은 마침내 역사 전체의 흐름을 바꾸었고, 인류문화에 엄청난 영향을 미친다. 시간의 종말을 예언했던 나자렛 출신 목수는 세상의 달력을 새롭게 짜는 데 영감을 주었고, 그가 탄생한 날은 새로운 시대의 시작을 알리는 기점이 되었다.

예수가 제자의 배신으로 인해 재판을 받고 십자가에 못 박혔다는 이야기는 서양문화의 핵심적인 도덕적 우화로 자리잡는다. 스스로 야훼의 아들이라고 주장하던 이가 그토록 젊은 나이에 고통스럽고 치욕적인 방식으로 죽은 사건은, 예수의 명성을 떨어뜨리고 로마제국의 위상은 높여줄 것이라고 여겨졌다. 어쨌든 골고다에서 죽어가는 그의 모습을 지켜본 사람들은 이 거룩한 인간을 보호해줄 것이라 믿었던 신성한 방패가 로마제국이라는 세속적인 권력 앞에서 얼마나 무참히 박살나는지 두 눈으로 똑똑히 목격했다. 하지만 그가 죽은 이후까지 이어지는 흥미진진한 사건들은 그의 제자들, 이후 개종자들에게 끝없이 영감과 이야깃거리를 제공했으며 이는 전혀 예상치 못한 결과를 가져온다.

'예수의 삶'과 '그리스도의 죽음' 사이에 놓인 불일치는 이제 막 싹트는 종교에 최초의 분열을 가져온다. 예수는 살아있는 동안 지극히 현명하고 관대한 스승으로써, 그가 말과 행동으로 찬미한 사랑, 관용, 평등, 연민은 대부분 여성친화적인 개념이었다. 하지만 예수가 죽고 부활한 사건은 기괴한 안개 속에서 펼쳐진 종교적 미스터리로, 그의 죽음을 둘러싼 고통, 수난, 복종은 남성적 교리로 뭉쳐있다.

자신의 아기를 돌보는 성모마리아는 영혼의 치유자로서 평안하고 행복에 겨운 모습으로 후광에 둘러싸여있지만, 결국 후광이 아닌 가시관을 쓰고 죽어가는 아들 앞에서는 무기력하게 그 모습을 바라볼 수밖에 없는 비참한 어머니의 모습으로 변하고 만다. 사랑과 자애를 축복한 예수의 삶은 많은 이들에게 깊은 영감을 주었지만, 참혹한 고통을 의식하며 십자가 위에서 서서히 죽어간 그의 결말은 뗄 수 없는 것이 되었다. 손에 박힌 못, 매서운 채찍, 십자가는 수세기 동안 사람들의 머릿속을 떠나지 않았으며, 무수한 이들을 잠 못 들게 만들었다.

초기기독교는 이처럼 상반된 동시에 상보적인 인간조건의 양상에서 드러나는 모순과 싸워야 했다. 또한 여성적 신조와 남성적 교리는 이후 2000년 동안 기독교가 유지되어오는 와중에도 번갈아가며 주도권을 잡았다. 이러한 변화 역시 알파벳과 밀접하게 관련이 있다. 알파벳이 힘을 발휘하고 이미지가 경시될 때 남성적 교리가 주도권을 잡고, 이미지가 문자보다 영향력을 발휘할 때 여성적 신조가 주도권을 잡았다.

* * *

예수가 로마인들에게 가혹한 취급을 받는 동안 제자들의 마음속에는 스승에 대한 의구심이 깃들기 시작한다. 십자가에 못 박혀 죽은 뒤 그들은 예수의 시체를 매장한다. 3일 후 인간으로 죽은 예수가 신 그리스도로 변모하는데, 이러한 드라마를 완성하기 위한 매우 파격적인 아이디어가 도입된다. 바로 부활—기독교의 핵심주제—이다. 부활은 예수의 신성한 혈통을 입증해주는 사건이다.

어느 종교에서든 상상 속에서 꾸며낸 이야기들이 무수히 등장하지만, 살과 피로 이루어진 인간이 죽음에서 살아나 다시 인간의 형상으로 되살아난다는 내용은 찾아볼 수 없다. 이전 사람들은 죽음을 이승의 끝이라고 생각했다. 하지만 기독교는 인간의 모습을 한 신이 죽음을 이기고 돌아와 자신의 제자들을 다시 만났다고 이야기한다. 역사학자 일레인 페이글스Elaine Pagels는 이렇게 쓴다.

"다른 종교들은 탄생과 죽음의 순환을 찬미한다. 기독교는 역사상 단 한 번 이 순환이 뒤집혀 죽은 사람이 되살아난 순간이 단 한 번 있었다고 주장한다!"[3]

그리스도의 부활 소식은 로마제국 전역으로 빠르게 퍼져나간다. 그 놀라운 전파속도는 이전까지는 전혀 볼 수 없었던 것이라고 역사학자들은 말한다. 이러한 현상이 발생한 이유를 찾기 위해 그리스도의 마지막 날들에 어떤 일들이 벌어졌는지 신학자들은 상당한 연구를 했다. 나는 이 문제와 더불어, 한 가지 더 궁금한 것이 있다. 1세기 역사학자들은 거의 주목조차 하지 않던 이 유대인 치유자의 이야기는, 유대지역의 정치상황과 무관한 사람들, 더 나아가 유대인들을 좋아하지도 않는 사람들의 마음을 어떻게 움직일 수 있었던 것일까?

믿는 자들은 당연히 이 사건 자체가 하느님의 섭리를 보여줬기 때문이라고 대답할 것이다. 하지만 이 갓 난 종교가 그토록 방대한 지역으로 삽시간에 퍼져나갈 수 있었던 데에는 몇 가지 현실적인 요인이 작동했을 것이다.

그 중 하나는, 어떤 주제에 대해 되풀이하여 이야기하고 싶어하는 인간의 욕구다. 이러한 욕구는 문명 이전부터 내려오던 것으로 제임스 프레이저는《황금가지》를 통해, 프로이트는《토템과 타부》를 통해 살아남은 수렵·채집부족들이 자신들의 집단적인 죄의식을 어떤 방식으로 떨쳐냈는지 추론한다. 또 이러한 과정이 선사시대에 어떻게 종교적인 의례로 자리잡게 되었는지 이야기한다.

한 가지 가설을 소개하자면, 주술사는 자신이 속한 부족의 특정한 정신을 구현하는 동물을 토템으로 정한다. (여러 문화에서 가장 많이 선택되는 토템은 곰이다.) 사냥꾼들은 대개 1년에 한 번씩 실제로 이 동물을 사로잡아, 말뚝에 매어 놓고는 그 동물이 닿을까 말까 하는 거리를 두고 원을 그린다(이것을 주술의 원 magic circle이라고 부른다). 부족원들이 한 명씩 주술의 원 앞에 바짝 다가가, 자신이 지난해 어떤 금기를 어겼는지 어떤 잘못을 저질렀는지 이야기한다. 사납게 으르렁거리며 공격하려고 하는 무서운 동물 앞에서 자신의 잘못을 털어놓는 것이다. 이 때 나머지 부족원들은 그 이야기가 들리지 않는 거리 밖으로 물러나있다.

이렇게 모든 부족원들이 돌아가면서 잘못을 고백하고 나면, 부족원들은 모두 동물 주위를 돌면서 춤을 춘다. 격렬한 음악과 환각물질의 도움을 받아 부족원들은 서서히 광란의 상태에 빠져든다. 어느 순간 주술사는 갑작스럽게 음악을 멈추도록 하는데, 음악이 멈추는 순간 부족민들은 미친 듯이 비명을 질러대며 다함께 토템을 향해 달려든다. 순식간에 죽음이 마을을 뒤덮고 난장판이 벌어진다. 모든 사람이 참여하여 피범벅이 되기 때문에 토템의 죽음에 대해 누구도 전적으로 책임을 질 필요가 없다.*

이러한 살육이 끝나면 희생된 동물의 살을 먹고 피를 마시는 축제가 펼쳐진다. 부족의 잘못과 죄책감을 거두어간 동물을 구성원들이 모두 나눠먹는다. 토템의 죽음은 신이 내려준 선물이다. 희생제의에 참가한 이들의 죄는 모두 씻겨지고 깨끗해진 양심으로 새로운 해를 시작할 수 있었다. 부족의 유대감도 커진다. 공포스럽지만 신성한 혈투 속에서 참가자들은 하나가 되었다.

이러한 의례는 다양한 문화에서 광범위하게 펼쳐졌다. 역사상 존재했던 다양한 신앙 속에서 이러한 의례의 흔적은 무수히 찾아볼 수 있다. 킹구(티아맛의

---

* 로마의 원로들은 율리우스 카이사르의 암살을 모의하면서 동시에 그를 찌르자고 합의한다. 마찬가지로 총살을 할 때에도 사수는 여러 명으로 구성한다. 이 두 가지 예만 보더라도 이러한 희생제례가 어떻게 개인의 죄책감을 완화해주는지 보여준다.

아들), 오시리스, 디오니소스, 그리스도 모두 이러한 희생제의 전통의 연속선 상 위에 존재한다. 시간이 흐르면서 토템은 동물이 아닌 인간의 형상을 취하기 시작한다. 성서에 등장하는 희생양, 유대인들의 속죄일^{Yom Kippur}, 가톨릭의 고해성사 모두 이러한 황홀한 관습의 화석화된 유물이다.

농경사회에서 이러한 의식은, 춘분이 되어 들판을 소생시키는 어머니대지의 부활을 알리는 형식으로 이어진다. 부활은 봄의 본질이기에, 땅의 기운이 다시 살아나는 것은 죽음을 초월하고자 하는 인간의 갈망으로 연결된다. 위대한 어머니를 달래고 그녀의 호의를 얻기 위해 농경민들은 그녀에게 제물을 바치는데, 대부분 그 제물은 동물이었지만, 가끔은 사람, 대개 건장한 젊은 남자를 바치기도 한다. 다음해 대지에서 곡물이 자라날 수 있도록 자발적으로 생명을 포기하는 인간은, 다른 사람들의 죄를 사해 주기 위해 희생되는 토템동물과 비슷한 역할을 한다. '불멸에 대한 동경'과 '죄의 사함'이라는 두 가지 강렬한 요인이 산 제물로 바쳐지는 고독한 인간에게 하나로 얽히는 것이다.

대지를 깨우는 과정에서 위대한 어머니는 또한 이미 죽은 이에게 생명을 되돌려준다. 그의 환생은 봄이 오는 것과 일치한다. 죽은 토템동물은 위대한 어머니의 '부활한 아들'이 된다. 탐무즈, 오시리스, 아도니스, 아티스 신화에서 위대한 어머니는 사랑하는 오빠·아들·연인·남편을 되살려낸다.

이타주의, 수난, 재생이라는 주제를 가진 신의 희생은 모든 고대인들의 상상력을 사로잡았다. 지중해 지역의 종교 중에서 이러한 비전에 전혀 관심을 두지 않은 종교는 단 하나 유대교밖에 없었다. 이스라엘사람들은 다른 이들을 살리기 위해 신이 죽어야 한다는 생각에 동의하지 않았다.[●]

고대그리스는 그리스인들이 알파벳의 알파-오메가를 열정적으로 받아들

● 프로메테우스는 다수의 이익을 위해 자신을 희생한 순교자 신의 원형이다. 그는 제우스에게서 불을 훔쳐 인간에게 주었고, 제우스는 그를 바위에 영원히 묶어 놓았다. 매일 복수의 독수리가 나타나 그의 간을 쪼아 먹었다. 해가 지면 독수리는 간을 조금 남겨놓고 날아가버린다. 밤새 프로메테우스의 간은 다시 채워지고 다음날 독수리가 다시 찾아오면서 시련은 새롭게 시작된다. 이 신화에서 밤은 겨울을 상징하고, 간의 소생은 소모되어 버린 뒤 되살아나는 대지의 선물을 상징한다.

였기에 존재할 수 있었던 문명이다. 문자는 합리성을 크게 증진하지만 한편으로 고립감과 죄의식을 안겨준다. 개인주의는 창조성을 높여주지만, 공동체적 유대로부터 개개인을 떼어놓는다.

헬레니즘문화로 무장한 로마제국에서 논리, 이성, 문자가 비약적으로 발전했던 만큼 집단적인 불안심리도 상당히 높아졌다. 충분히 예상할 수 있는 일이지만, 불안, 죄의식, 광기는 곧 모습을 드러내기 시작한다. 주술에서 논리로 넘어가는 전환점에서 인류는 익숙한 쪽에 매달렸다. 예수가 등장했던 시기 오르페우스신앙의 인기가 갑작스럽게 치솟은 것도, 신의 죽음을 통해 구원과 속죄를 받고자 하는 무수한 사람들의 바람이 표출된 결과로 여겨진다.

* * *

기독교가 급속도로 전파된 또다른 요인으로 물고기가 있다. 메소포타미아, 이집트, 유대, 그리스, 로마에서 종교적 상징으로 물고기는 한 번도 등장한 적이 없다. 구약이나 《일리아스》에서 선호하는 희생제물은 염소, 숫양, 어린양, 수소다. 송어나 연어가 제단에 올라간 기록은 한번도 나오지 않는다. 지중해, 나일강, 티그리스강, 유프라테스강 등 모든 문명은 바다나 강과 가까운 지역에서 발전했으며, 또한 물고기가 그들의 일상적인 양식이었다는 점을 고려할 때, 왜 그들은 물고기를 희생제물로 바칠 생각을 하지 않았을까?

심해의 피조물에서도 육지동물처럼 여러모로 상징성을 찾을 수 있었다. 상어는 표범, 독수리, 사자만큼 사납고 용감한 육식동물이다. 그런데 왜 상어 신은 없을까? 고대이집트의 만신전에는 마치 동물원과도 같이 거의 모든 종들이 도열해있다. 인간의 몸에 새, 암소, 사자, 뱀, 원숭이 머리가 달려있다. 이집트문명에서 나일강이 얼마나 소중한 존재였는지 떠올려보면 이러한 키메라들 가운데 적어도 하나는 아가미가 달려있어야 하지 않을까? 심지어 벌, 개미, 나비, 쇠똥구리를 신성시하는 고대인들도 있었다. 그런데 왜 물고기를 숭배하는 이들은 없었을까?

그리스는 바다의 신 포세이돈을 높이 섬겼다. 그런데 왜 포세이돈은 가오리나 오징어가 아닌 말이나 소를 타고 바다를 관할할까? 돌고래는 해안에 사는 사람들의 신화에 가끔 등장하기는 하지만 물고기가 아니다. 바다를 대표할 수 있는 더 흔한 물고기들은 얼마든지 많다. 지금도 이들 지역을 가보면 물고기를 잡는 것이 삶을 꾸려나가는 데 얼마나 중요한 일인지 알 수 있다. 고대에서도 마찬가지였을 것이다.

기독교가 생겨나면서 물고기에 대한 관념은 완전히 달라진다. 베드로, 안드레아, 야고보, 요한은 직업이 어부였다. 또한 빵 다섯 개와 물고기 두 마리로 군중을 먹이는 기적부터 그리스도 자신이 부활한 뒤 물고기를 먹었다는 이야기까지 예수의 에피소드에는 물고기가 많이 등장한다. 그리스도는 또한 '사람을 낚는 어부'라고 일컬어진다.

물고기를 의미하는 그리스어ΙΧΘΥΣ(익튀스)는 'Ιησως Χριστος Θεου Υιος Σωτερ(하느님의 아들 구세주 예수그리스도)'라는 말의 첫 글자와 일치하여, 물고기 그림은 기독교를 상징하는 최초의 문양으로 사용된다. 십자가가 기독교의 상징이 된 것은 오랜 세월이 지난 뒤 일이다. 이 새로운 종교에서 물고기가 높은 위상을 차지하게 된 것은 과연 무엇 때문일까?

예수가 태어난 시절, 세상은 기대와 동시에 공포에 휩싸여있었다. 그 시대를 이해하기 위해서는 약간의 배경지식이 필요하다. 인류의 초기문명에서 사람들은 거의 예외없이 자신의 내적 불안과 갈망을 밤하늘에 펼쳐진 별빛에 투사했다. 반짝이는 별들, 그리고 그러한 별들을 연결해 만들어낸 형상은 곧 신이 된다. 별들을 묶어 만들어낸 12궁도는 이미 신석기시대에 아일랜드에서 인도까지 거의 모든 서양의 원시문명들이 공유하고 있었다. 이스라엘 역시 예외가 아니었다. '행운을 빈다'라는 뜻의 히브리어 인사 마즐토브 mazel tov는 원래 '당신의 별이 호의를 베풀기 바란다'는 뜻이다.[4]

현대과학은 점성학을 초자연적인 믿음으로 취급한다. 하지만 온갖 과학적 근거에도 점성학의 인기는 지금도 시들지 않고 있다. 하물며 고대에는 어떠했을까? 매일 아침 별점운세를 확인하는 것과는 비교도 할 수 없을 만큼, 별자리에 대한 미신적 믿음은 막대한 영향력을 발휘했다. 점성술사의 지위는 매우 높았으며, 모든 군주 곁에는 공식적인 점성술사들이 항상 조언을 해주었다. 별들의 운행이 상서롭지 못하면, 군사작전을 자체를 취소하기도 했다. 일상적인 삶의 부침이 괴로워하던 일반인들 역시 점성술사를 찾아가 예언을 구하고 마음의 안정을 찾았다.

점성술을 통해 미래를 내다볼 수 있다는 믿음에 비춰볼 때, 기원전 1세기 이미 예고되어있던 우주적 사변은 사람들을 얼마나 흥분하게 만들었을지 상상할 수 있을 것이다. 태양은 2000년 넘게 양자리를 지나고 있었다.* 그리스도가 도래하는 시기 태양은 바야흐로 새로운 궁, 물고기자리로 들어서려고 하는 시점이었다. 2000년마다 한 번씩 일어나는 이 경이로운 점성학적 사변은 사람들에게 깊은 영향을 미쳤다. 이 사태를 어떤 이들은 공포로, 어떤 이들은 희망으로 받아들였다.

더욱이 무수한 점쟁이들이 새로 펼쳐질 물고기자리시대에 대한 온갖 예언을 퍼뜨리고 다니며 사람들의 불안감을 부채질했다. 그래서 기원전 27년부터 기원후 14년까지 로마를 통치한 아우구스투스 황제는 점성학을 전면 금지하는 명령을 내리기도 한다. 점성학은 충분히 사회질서를 교란하고 제국의 신민들을 동요시킬 수 있었기 때문이다.[5]

예수의 탄생과 함께 시작된 물고기자리시대의 도래는 이제 막 탄생한 새로운 종교가 로마제국의 수많은 시민들 사이에 어떻게 그토록 삽시간에 퍼져나갈 수 있었는지 조금이나마 설명해준다. 기독교가 확산되면서 여기저기 자주 눈에 띄기 시작한 물고기문양은, 그 이전 어떤 종교에서도 물고기를 주요 상징으로 사용하지 않았다는 사실에 비춰볼 때, 기독교와 물고기자리 시대 사이에 어떤 연관성이 있다는 강력한 증표와도 같았다.

● 지구의 축이 기울어져있기 때문에 발생하는 분점세차운동으로 인해, 적도에서 볼 때 태양은 서서히 12궁을 통과하는 것처럼 보인다. 궁 하나를 완전히 지나가는 데에는 2,160년이 걸린다.

* * *

기독교는 1세기 로마제국에 가장 큰 영향력을 발휘한 두 힘, 헬레니즘과 유대교가 결합하여 생겨난 종교다. 예수가 유대인이었다는 이유로 전통적으로 학자들은 기독교의 뿌리를 구약의 예언에서만 찾으려고 했다. 하지만 그리스도의 이야기는 이교도의 신앙 오르페우스·디오니소스 신화와 매우 깊이 공명한다.

이에 대한 연구가 그동안 없었던 것은, 교회가 이교도의 신앙을 위험한 적으로 보았기 때문이다. 그리스도가 십자가에 못 박힌 특별한 사건이 이전에 존재하던 신화적 믿음과 연결되어있다고 할 때, 기독교만의 고유함을 주장할 근거는 심각하게 훼손될 것이다. 하지만 기독교는 유대교에 이어, 역사적인 사건을 토대로 성립된 두 번째 종교라는 것은 변치 않는 사실이다.

유대인과 그리스인, 유대교와 오르페우스교, 알레프-벳과 알파-베타는 서양문화의 영적인 '부모'다. 기독교는 오이디푸스처럼 자신의 두 부모를 물리치고 서양의 주요 종교로 자리매김한다. 이 새로운 종교는 자신의 부모에게서 가장 좋은 요소만 뽑아 조합해냄으로써 결정적인 승리를 거둔다. 신의 존재를 느끼게 하는 의례와 문자기록, 신화와 역사, 신비와 율법—공존할 수 없을 것처럼 보이는 상반된 속성들—을 하나의 신조 속에 자연스럽게 봉합한다.

적대하던 이전의 두 종교는 저마다 뛰어넘을 수 없는 결점을 지니고 있는 탓에 '보편적인 종교'라는 망토를 걸칠 수 없었다. 유대교는 편협했다. 남자 개종자에게 '할례'라고 하는 고통스런 통과의례를 끝까지 요구했다. 오래전 만들어진 시대착오적인 율법을 따르도록 강요했다. 모세가 제시한 613가지 율법은 대부분, 이미 로마시대의 삶과도 동떨어진 것이었다.

그럼에도 유대교가 로마시대 상당한 영향력을 발휘했던 것은, 그 교리가 책으로 쓰여져있어 누

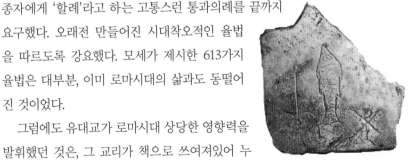

초기 기독교의 상징으로 사용된
물고기, 닻, 키로십자가

구든 읽을 수 있었기 때문이다. 이 책의 권위는 막강했는데, 의례나 사제의 설교와 달리 누구도 바꿀 수 없었기 때문이다. 또한 자신들이 야훼의 선택을 받은 민족이라는 자부심은 배타적인 엘리트주의로 이어졌고, 이는 유대교가 보편적인 종교로 발전할 수 있는 길을 가로막았다.

오르페우스교는 '다른 이들의 죄를 대속하기 위해 죽는 온화한 젊은 남자신'이라는 고대로부터 내려온 주제의 최신 변주곡이었다. 야훼와 달리 오르페우스는 영원한 생명을 약속한다. 초기기독교도들이 예배를 드리던 로마의 카타콤에 가보면 오르페우스와 구별하기 어려울 정도로 비슷한 형상의 그리스도 그림을 볼 수 있다.

하지만 오르페우스교는 배타적이고 비밀스러운 종교였다는 것이 가장 큰 단점이었다. 다른 이의 초대에 의해서만 입회할 수 있었으며, 예배과정에서 일어난 일을 외부인에게 말하면 안 되었다. 이들에게도 경전이 있었는데, 철저하게 비밀로 부쳐졌다. 오르페우스 경전이나 이와 관련한 자료는 지금까지 온전하게 전해지는 것이 없다.

예수가 탄생할 무렵 오르페우스교는 그리스에서 가장 성행하는 종교였으며, 로마제국 전역에서 개종자를 급속도로 늘려가고 있었다. 그 뒤를 좇아 세력을 넓히는 종교는 유대교였다. 로마제국 곳곳에 흩어져 살던 유대인들은 열정적으로 이방인들을 개종시키기 위해 노력했다. 하지만 어느 종교도 모든 사

오르페우스(A.D.1세기)와 그리스도(A.D. 425년경)

회계층에 호소할 수 있는 메시지를 내놓지는 못했다. '모든 사람에게 모든 것'
이 될 수 있는 신조가 등장하기에 더없이 좋은 타이밍이었다. 이 때 마침 사울
이라는 남자가 나타난다.

사울은 오늘날 터키에 속하는 타르수스에서 태어나 온전히 헬레니즘 문화
속에서 자라난 유대인이다. 그의 아버지는 1세기 로마제국이 지배하는 지중
해 연안의 드넓은 시장을 무대로 무역을 하여 크게 성공한 상인이었다. 다양
한 사상과 물건이 모여드는 이 교역의 중심지에서 사울은 오르페우스교에 대
한 이야기를 들었을 것이다.

사울은 어릴 적부터 매우 총명하고 박식하여, 학문적 호기심도 강한 반면
신에 대한 탐구심도 강하였으며, 그리스신화에도 깊이 심취했다. 독실한 바리
새였던 그의 아버지는 자신의 아들이 유대인의 영혼을 내팽개칠까 두려워 사
울을 예루살렘에 있는 바리새고등학교로 보낸다. 영적 의미를 찾고자 하는 강
렬한 탐구심과 논리에 대한 열정이 빛을 발하면서 그는 이곳에서 바리새 율
법해석에 깊이 몰두한다.

사울은 열정적인 바리새파 옹호자로 거듭났다. 예루살렘을 떠나, 유대지역
의 오지를 돌아다니며 다른 유대인들과 끊임없이 논쟁을 벌이며 바리새의 율
법해석을 전파하기 위해 애썼다. 이러한 활동 중에 이 젊은 광신자는 당시 바
리새와 가장 대척점에 서있던 무리들—바로 갈릴리의 카리스마, 믿음의 치유자 예수와
그를 따르는 추종자들—과 마주쳤을 가능성이 매우 크다.

그리스도가 십자가에서 죽은 뒤 곧이어 유대인들은 폭동을 일으킨다. 폭
동의 여파로, 로마당국은 의심스러운 교리에 대해 무조건 적대적으로 취급하
기 시작한다. 부활한 인간을 중심으로 뭉친 새로운 종파는 당연히 불순분자
들이었다. 로마당국은 이 새로운 종파를 뿌리 뽑을 적임자를 찾아내는데, 그
가 바로 사울이다. 가혹한 탄압자로 거듭난 사울은, 기독교 최초의 순교자 스
테파노를 돌로 쳐죽일 때 그의 불순행위를 증언한다.

어느 날 다마스쿠스로 가던 중 사울은 '해보다 더 눈부신 빛'을 보고는 그

만 말에서 굴러 떨어진다. 땅바닥에 누워있는 그의 눈앞에 그리스도가 나타났다.

> "사울아, 사울아, 너는 어찌하여 나를 핍박하느냐? 가시 돋친 채찍에다 발길질을 하다가는 너만 다칠 뿐이다." (사도행전 26:14)

이 놀라운 신의 현현을 경험하고 정신을 차렸을 때 그는 완전히 새로운 사람으로 태어난다. 타르수스의 사울은 이름을 바울로 이름을 바꾸고 적들의 종교로 개종한다.●

아무것도 글로 기록하지 않은 예수와 달리 바울은 중요한 것은 무조건 글로 남겨야 한다고 생각했다. (물론 전부 자신이 직접 쓴 것은 아니다. 대부분 제자에게 받아적도록 하고, 받아적은 글에 가끔 주석을 덧붙였다.) 바울은 예수가 추구한 가치를 충실히 따랐지만, 여자와 형상에 관해서는 관점이 상당히 달랐다.

복음서에는 여자를 불편하게 느끼지 않는 예수의 모습이 무수히 등장한다. 사마리아 여자와 대화를 나누고, 간통을 해 돌로 쳐죽임을 당하게 된 여자를 구하고, 카나의 혼인잔치에서 거리낌없이 행동하고, 막달라 마리아와 친근한 관계를 유지하고, 용서를 구하는 창녀나 혈루증으로 괴로워하는 여자를 측은히 여긴다. 예수는 여자들 앞에서 자연스럽게 행동한다.

반면 바울은 여자와 관계를 맺는 데 상당히 어려움을 겪었던 것으로 보인다. 바울은 일찍이 결혼을 했을 것으로 여겨지는데, 그가 남긴 어떠한 자전적 기록에도 혼인관계가 왜 끝났는지 이야기하지 않는다. 개종한 뒤에는 그리스도의 소명을 자신만의 기준으로 해석해낸 뒤, 그것을 전파하기 위해 죽을 때까지 남자들과 함께 여행을 한다. 포교여행 초기에는 여자들이 중요한 역할

● 바울은 그리스도의 환영을 보고 나서 3년 동안 소아시아와 아라비아 지역을 여행한다. 이곳은 키벨레Cybele와 그녀의 아들이자 배우자인 아티스Attis를 숭배하는 신앙이 성행했다. 아티스는 사지가 나무에 묶인 채 죽임을 당하지만, 3일 후 어머니의 도움으로 부활한다.

을 했는데 이 때에도 바울은 가끔 여자들의 공을 칭찬하는 말만 할 뿐 친근하게 다가서지 않는다. 전도사업과 관련한 일이 아니라면 여자와 말을 섞는 일은 거의 없다.

바울의 글에는 사랑이라는 단어가 두드러지게 많이 등장한다. 하느님도 사랑이고, 그리스도도 사랑이다.

> 사랑이 없으면 나는… 아무것도 아닙니다… 모든 재산을 남에게 나눠준다 하더라도… 사랑이 없으면 아무 소득이 없는 것입니다. 사랑은 오래 참습니다. 사랑은 친절합니다. 사랑은 시기하지 않습니다. 사랑은 자랑하지 않습니다. 사랑은 교만하지 않습니다.… 믿음과 희망과 사랑, 이 세 가지는 언제까지나 남아있을 것입니다. 이 중에서 가장 위대한 것은 사랑입니다. (고린도전서 13:1-13)

사랑은 사실, 어떤 언어에서든 모호한 단어다. 그리스어, 히브리어, 영어에서 이 단어는 상당히 많은 의미로 사용된다. 어떤 여자도 제대로 사랑할 능력이 없는 것처럼 보이는 바울이 이 거창한 사랑에 대해 이토록 길게 말할 수 있다는 사실은 모순처럼 보인다. 하지만 어떤 여자에게 헌신히는 것에 비히면 홀로 독방에 앉아 이 거창하고 추상적인 개념에 대해 글을 쓰는 것은 너무나 쉬운 일이다. 바울의 관심사는 오로지 이 새로운 운동을 확산시키는 것이었으며, 동시에 그 과정에서 여자의 영향력이 커지지 않도록 제한하는 것이었다.

> 남자의 머리는 그리스도요 여자의 머리는 남자요 그리스도의 머리는 하느님입니다. (고린도전서 11:3)

> 여자들은 교회집회에서 말할 권리가 없으니 말하지 마십시오. 율법에도 있듯이 여자들은 남자에게 복종해야 합니다. 알고 싶은 것이 있으면 집에 돌아가서 남편들에게 물어보도록 하십시오. 여자가 교회집회에서 말하는 것은 자기에게 수치가 됩

니다. (고린도전서 14:34-35)

그리스도께서… 교회의 머리가 되는 것처럼 남편은 아내의 주인이 된다… 아내는 매사에 남편에게 순종할지니라. (에베소서 5:23-24)

여자는 조용히 복종하는 가운데 배워야 한다. 나는 여자가 남을 가르치거나 남자를 지배하는 것을 허락하지 않는다. 여자는 자고로 침묵을 지켜야 한다. (디모데전서 2:11-12)

노예든 사기꾼이든 범죄자든 어떤 민족에 속하든 그리스도를 받아들이기만 하면, 회중 앞에 나설 권위를 인정받고 또 회중 앞에서 가르칠 수 있는 자격을 얻었다. 하지만 여자에게만은 이 특권이 허락되지 않았다. 이러한 예외적 조항에서 바울의 교리는 모든 이의 평등을 주장한 예수의 핵심적인 가르침과 충돌한다. 바울은 이브의 죄를 언급하며 그녀를 맹비난함으로써 자신의 주장을 정당화한다.

예수가 죽고 난 뒤 10년 동안 여자들은 교회에서 상당한 역할을 한다. 바울은 몇몇 편지에서 여자들의 공에 감사함을 표현하기도 한다. 하지만 그것은 형식적인 존중이었을 뿐이다. 그는 교회에서 여자를 하찮은 존재로 전락시킨다. 바울의 말은 그대로 이 새로운 종교의 교리가 되어, 지극히 사소한 종교의 례조차 여자는 집전할 수 없게 된다.

예수의 구술메시지를 문자메시지로 바꾼 것 역시 여자들의 지위를 추락시키는 중요한 역할을 했을 것이라고 여겨진다. 참으로 역설적인 것은, 오늘날 기독교의 기틀을 만든 바울이 예수가 그토록 비난했던 전형적인 바리새 율법학자였다는 사실이다.

바울은 예수를 직접 만난 적은 없지만 새로운 종교를 전도하는 데 예수의 진짜 제자들보다 훨씬 적합한 인물이었다. 자신의 아버지가 물려준 독실한 유대교 신앙과 절연하고 유대교 질서에서 빠져나와 고대그리스의 신화와 토라를 접목한다. 바울은 예수를 야훼의 독생자라고 설교한다.

바울의 천재적 일면은, 기독교가 신뢰받는 종교가 되기 위해서는 신성한 텍스트를 가지고 있어야 한다고 생각했던 것이다. 그는 수많은 편지를 썼는데, 이 편지들은 실제로 교리에 관한 내용을 담고 있다. 4대복음은 예수가 죽고 난 뒤 30년 이상 지난 뒤 기록된 문서다(복음서는 서기 60년에서 110년 사이에 기록되었다). 이에 반해 신약성서에 수록된 바울이 쓴 편지들은 40-50년에 쓰여진 것으로, 기독교에 대한 최초의 문서는 모두 바울이 쓴 것이다. 결국 그의 서간 문은 이후 예수에 관한 모든 글에 엄청난 영향을 미친다.

예수가 십자가에 못 박히고 난 뒤 많은 저술가들이 예수의 이야기를 직접 들은 사람들의 회고담이나 또는 다른 사람을 통해 전해들은 온갖 이야기들을 모아서 문서로 기록하기 시작한다. 이러한 기록은 천이나 가죽 두루마리 형태로 여기저기 돌아다녔다. 이들은 이후 좀더 완전한 '복음'을 쓰기 위한 기초자료가 된다. 복음^{福音}이란 Gospel을 번역한 말로 원래 '좋은 소식'이라는 뜻이다. 예수의 말씀과 그가 행한 기적을 알려주는 글을 통해 비신자들을 개종시키고자 하는 뜻에서 이렇게 이름을 붙였을 것이다.

하지만 예수의 원래 제자였던 12사도 중에는 복음서를 쓴 사람이 한 명도 없다. 마르코라는 신비스러운 인물은 늙은 베드로를 수행하는 제자였을 가능성이 높은데, 그렇다면 베드로가 기억하는 수십 년 전 예수의 가르침들을 받아적어 복음을 만들었을 것이다. 베드로는 언변이 좋은 사람이 아니었기에 그가 한 말에 기초해 만든 복음은 사실, 인용할 만큼 날카롭지 못하다.•

• 예수를 추종하는 이들은 매우 많았지만 이들 중 12명은 예수가 직접 뽑은 제자라고 하여 특별히 대우한다. 물론 성서에는 이들 12명이 특별한 존재였다고 기록되어있지 않으며, 몇 명을 제외하고는 거의 언급되지도 않는다. 12사도는 예수 사후 고대이스라엘에 존재했던 12부족을 고려하여 정통교단이 만들어낸 교리로 추정된다. 신약성경에서 이들 12명은 사도apostle라고 표기되며 이들을 뺀 나머지 추종자들은 제자disciple 라고 표기된다. 예수를 직접 만난 적 없는 바울은 기독교 교리를 만드는 과정에서 자신을 '이방인의 사도' 라고 주장하며 스스로 사도바울 Paul the Apostle이라고 부른다.

마르코는 뒤늦게 예수의 추종자가 된 유대인으로서 바울의 가르침에 깊이 영향받아 자신의 복음을 완성하였다는 사실을 숨기지 않는다. 그는 이방인들을 개종할 목적으로 베드로의 아람어 구술을 그리스어로 번역해서 적는다. 번역은 늘 그러하듯 원문의 의미를 온전히 전하지 못한다. 마르코의 복음 역시 예외가 되지 못했을 것이다. 폴 존슨Paul Johnson은 이렇게 쓴다.

> [마르코는] 역사상 한 번도 성공한 적이 없던 임무에 도전한다. 제대로 글을 써본 적도 없는 아마추어 신학자로서, 명석함과는 거리가 먼 베드로가 뒤죽박죽 쏟아내는 이야기를 글로 받아적고 정리하는 임무였다.[6]

마르코가 작성한 그리스어 복음은 이방인들 사이에 돌아다니기 시작했고, 또 몇몇 이들은 그것을 필사하기 시작한다. 이 지루한 작업에 뛰어들 만큼 열정적이었던 사람들은 분명, 그리스도의 사명에 대한 확신이 있었을 것이고 그리스어에도 능통했을 것이다. 어떤 언어를 안다는 것은 그 문화에서 영향을 받는다는 것이다. 인간의 본성은 당연히, 단순한 필사에 만족하지 못한다. 원래 텍스트를 자기 나름으로 윤색하고 개선하고 싶어한다. 결국 그리스신화가 예수 이야기 속에 계속 스며든다.

더욱이 복음을 쓰고 필사하는 사람들은 오늘날 역사학자나 문헌학자들처럼 제목 하나 글 한 줄에 정확성을 기하는 사람들이 아니었다. 비록 이름은 남아있지 않지만, 그들은 모두 나름대로 성령을 입은 복음의 전도사들이었다. 이렇게 자신의 말과 행동이 끊임없이 변형되어 기록되는 모습을 보았다면 예수는 큰 상실감을 느꼈을 것이다. (이러한 일은 예수보다 먼저 세상에 왔던 피타고라스, 소크라테스, 붓다, 노자에게도 똑같이 일어났다.)

마르코의 복음을 1차 자료 삼아 작성한 새로운 복음 중에 루크와 마태오가 있다. (이 때문에 마르코, 루크, 마태오, 이 세 복음서는 내용도 상당히 비슷하고 예수를 바라보는 관점을 공유한다. 그래서 오늘날 '공관共觀복음서'라고 불린다.) 루크와 마태오의 복음서는 바울이 죽고 난 뒤 완성되었다. 예수가 죽은 지 70-90년이 지난 시점이었다. 그럼에도 초기 교회는 바울의 독특한 해석을 철저히 따랐다. 기독교 역사학자 윌슨A. N. Wilson은 이렇게 말한다.

> 신약에 실린 첫 세 복음서는 예수라는 한 인물을 바울이라는 사람의 관점으로 해석하는 남자들이 쓴 것이다. 그런 의미에서 이 세 복음서는 역사를 기록한 것이 아니라 타르수스의 바울의 생각을 기록한 것이다.[7]

공관복음은 예수의 탄생과 유년시절에 관해서는 서로 다르게 이야기한다. 또한 12살부터 30살까지 삶에 대해서는 아무런 내용도 없다. 역사상 가장 유명하다고 할 수 있는 이 인물의 전기에는, 성장과정에서 가장 중요할 것으로 여겨지는 18년 동안의 행적이 알 수 없는 이유로 전기작가들의 시야에서 완전히 누락되어있다. 세 전기작가는 모두 예수가 세상을 떠나는 해부터 이야기를 시작한다.* 더 나아가 이 세 명 모두 기독교의 가장 핵심적인 사건이라 할 수 있는 그리스도의 마지막 날 벌어진 일에 대해 상세하게 알지 못하고 있는 것처럼 보인다.

마지막 복음서의 저자 요한 역시 어떤 인물인지 밝혀진 것이 없다(사도요한과는 다른 인물이다). 그의 복음서는 예수가 체포되고 재판을 받고 십자가에 매달리고 이후 부활에 이르기까지 상세한 내용을 담고 있다. 다른 세 복음서와 달리 요한은 예수의 죽음을 둘러싼 사건들을 구약에 등장하는 이야기, 비유, 예언과 연관지어 설명한다. 그리스도 이야기를 읽으며 독자들이 오르페우스·디오니소스·아도니스·아티스·오시리스·탐무즈·킹구와 같은 이교도의 신들을 떠올리지 않도록 하기 위해 노력하는 모습이 역력하게 드러난다.

---

* 요한복음은 마르코(마가), 루크(누가), 마태오(마태)의 복음과 달리 그리스도가 십자가에 매달리기 3년 전(31살)부터 이야기를 시작한다.

　　요한복음이 가장 관심을 갖고 깊이 묘사하는 사건은 바로 예수가 이 땅에서 떠나는 마지막 나날들이다. 그리스도의 십자가형은 특히 바울의 사상에서 중심을 차지한다. 바울의 교리는 '예수가 십자가에 못 박혀 죽었다'는 것이 핵심이다. (그래서 윌슨은 바울의 기독교를 Christianity가 아니라 Cross-tianity라고 비꼬기도 한다.)[8] 그런 점에서 요한 역시 바울에게 영향을 받았다는 것이 분명해 보인다. 로마인들에게 보내는 편지에서 바울은 고통을 찬미하며 고통이 기쁨보다 우월하다고 주장한다. 이처럼 바울이 이해하는 인간의 본성은 기본적으로 암울하다.

　　성서에 쓰여있듯이, 올바른 사람은 없습니다. 단 한 사람도 없습니다. (로마서3:10)

바울은 구술로 내려오던 이야기를 문자기록으로 전환한 사람이다. 구술전통은 사랑과 돌봄에 초점을 맞췄던 반면, 문자기록은 수난과 죽음에 초점을 맞췄다. 이렇게 초점을 바꿔버린 사람은 바로 바울이었으며, 그런 의미에서 오늘날 기독교를 창시한 사람은 바울이라고 해도 결코 과장은 아닐 것이다.

　　실제로 바울이 없었다면 기독교는 탄생할 수 없었다. 예수의 추종자 중에서 유일한 이론가였기 때문이다. 2000년 뒤 등장한 또다른 탁월한 혁명전도사 블라디미르 일리치 레닌처럼, 바울은 엄청난 자제력과 총명함과 단호함과 이론적 철저함으로 무장한 사람이었다. 그는 부활이라는 불가해한 현상을 사람들이 어떻게 받아들일지 완벽하게 파악하였으며, 그것을 내세워 거의 혼자 힘으로 예수의 목회를 전세계 무대로 전파했다.

사도바울은 오늘날, 오른손에는 큰 칼을 들고 왼손에는 성경을 들고 있는 모습으로 묘사된다. 선교와 순교를 상징한다.

물론 그러한 사역을 하기 위해서는 몇 가지 거대한 장애물들을 넘어서야 했다. 그 중 첫 번째 장애물은 예수가 유대인이라는 사실이다. 그리스인들은 대부분 유대인을 싫어했으며, 로마인들은 그리스의 가치, 문화, 신을 예찬했다. 당시에도 로마의 문헌에는 유대인과 그들의 문화를 혐오하는 언급을 쉽게 찾을 수 있었다.

바울은 토라의 율법이 지나치게 엄격하다는 것을 잘 알고 있었다. 특히 유대인이 아닌 이상, 개종을 하기 위해선 할례를 해야 한다는 요구를 받아들이기 힘들다는 것도 잘 알고 있었다. 마취제도 항생제도 없는 시대에 멀쩡한 살을 잘라내는 것은 염증, 괴저, 심각하면 사망으로 이어질 수 있었다. 마침내 바울은 날카로운 펜촉을 휘둘러 유대교를 떠받치고 있는 거대한 바위를 부순다. 율법과 할례를 믿음과, 사후세계에 대한 약속으로 대체한다.

바울의 천재성은 또한 인간이 가장 두려워하는 것—죽음—이라는 개념을 효과적으로 활용했다는 것이다. 바울은 유대교나 그리스의 하데스신앙이 내세우지 않는 약속을 과감하게 내건다. 기독교로 개종하면 무조건 부활한다는 약속이다. 그리스도의 신성을 믿기만 하면 누구나 부활해 천국에 간다고 선전한다. 유대교도 그리스로마의 다신교도 주지 못하는 어마어마한 보상을 제시한 것이다(구원을 약속하는 오르페우스신앙은 유일한 예외였다).

또다른 바울의 혁신적인 교리해석은 '선택받은 민족'이라는 개념이다. 유대인들이 그토록 오랫동안 자신들의 정체성을 유지해올 수 있었던 가장 큰 이유는 야훼에게 선택받았다는 자부심 때문이라고 바울은 생각했다. 이에 반해, 다신교의 가장 큰 단점은 신들 사이에서, 또 그 신봉자들 사이에서 끝없는 세력의 부침이 일어난다는 것이다. 아폴론을 믿다가도 어느 순간 아르테미스를 섬기도 하고, 다른 문화에서 새로운 종교가 들어오면 그것이 유행을 타고 성행하기도 한다. 다신교에서는 신자들이 자신을 버리든 말든 신들이 신경쓰지 않는다.

바울이 고심했던 딜레마는 새로운 개종자에게 줄 특별한 선물을 마련하는 동시에, 누구나 이 새로운 종교를 선택할 수 있도록 문을 열어놓는 방책이었다. 그 해법은 계시처럼 머릿속에 떠올랐다. 기독교는 누구나 믿을 수 있다는 포용성을 강조하는 한편 '선택받은 민족'이라는 유대교의 배타성을 그대로 가져오는 것이었다.

미천한 인간에게도 신을 선택할 수 있는 기회가 있다. 사회적 지위와는 무관하게 누구나 그리스도를 선택할 수 있다. 자신이 '선택'하는 순간 하느님이 선택한 집단의 일원으로 '뽑히는' 것이다. 다만 그 댓가로 개종자는 이전에 맺었던 인연과 유대를 끊어야 한다. 이러한 교리 덕분에 사회적으로 힘없는 자들이 대거 기독교로 개종했고, 이들은 실제로 교회 안에서 엄청난 특권의식을 느낄 수 있었다.

타락하고 방탕한 삶을 산 범죄자도 죽기 전에 그리스도의 신성을 인정하고 믿으면 과거의 모든 죄를 용서받을 수 있다고 선전했다. 과거에 개인이 저지른 죄를 그토록 손쉽게 면제해 주는 종교는 이때까지 존재하지 않았다. 그래서 콘스탄티누스황제처럼 죽기 바로 전에 세례를 받는 경우가 많았다.

바울은 또한 머지않아 그리스도가 눈을 뜨지 못할 정도로 번쩍이는 빛처럼 재림할 것이라고 철썩같이 믿었다. 예수의 재림과 동반한 천상의 환호 속에 모든 사물과 모든 생명이 무릎을 꿇는다. 이승의 지위, 재산, 권력을 상징하는 온갖 장식품들이 의미를 잃는다. 바울은 세계의 종말이 눈앞에 다가왔다고 확신했다.

> 이제 때가 얼마 남지 않았으니 이제부터는 아내가 있는 사람은 아내가 없는 사람처럼 살고… 물건을 산 사람은 그 물건이 자기 것이 아닌 것처럼 생각하고… 우리가 보는 이 세상은 사라져가고 있기 때문입니다… 마라나타! 주여 어서 오소서.
> (고린도전서7:29-31)

이렇게 설계된 교리 안에서, 여자는 설 곳이 없다. 출산은 기독교에서 아무런 의미도 없다. 빠르게 다가오는 대혼란 속에서 모두 죽고 그중 일부만 다시 살아날 판인데, 친밀한 관계를 맺고 혈통을 이어나가는 것에 누가 관심을 갖겠는가?

바울은 이교도들에게 야훼를 선보이면서 1신론 개념도 손질한다. 아직 부족적 전통을 완전히 벗어버리지 못한 당시 서양문명의 눈높이에서 볼 때, 가족이 없는 신이란 받아들이기 어려운 것이었다. 바울은 형상이 없는 은둔자 신이라는 원래의 개념은 유지하면서, 그에게 가족을 붙여준다. 개정된 야훼는 인간 여자 마리아를 통해 아들을 낳는다. 디오니소스의 어머니 세멜레가 올림포스 주신의 아기를 밴 것을 그대로 벤치마킹한 것이다. 물론 그리스로마 신화에서 세멜레 말고도 신과 인간이 통정을 해 아기를 낳는 이야기는 흔한 것이었다.•

유일신 야훼를 독실한 기독교도 핵가족의 가장으로 바꾸고 나니 예상치 못한 문제가 발생했다. 기독교는 더 이상 1신교가 아니라는 지적을 받게 된 것이다. 결국 바울은 이러한 지적을 피하기 위해 세상에서 가장 복잡하고 납득하기 어려운 논리를 꾸며낸다. 예수가 하느님의 아들인 동시에 하느님 자신이라는 주장이다. 이러한 기이한 신학적 해설은, 이후 여러 세기에 걸쳐 무수한 사람들이 서로 쳐죽이는 비참한 살육전의 씨앗이 된다. 예수와 그의 아버지가 같은가 다른가 하는 문제는 지금까지도 풀리지 않는 논쟁으로 남아 있다.

바울은 다신론적 딜레마를 해결하는 것에서 한걸음 더 나아가, 또다른 실체를 하나 더 만들어 아버지와 아들 쌍에 끼워넣는다. 바로 '성령'이다. 바울

• 오늘날 성서연구자들의 모임 예수세미나Jesus Seminar는 신약을 면밀히 연구한 결과를 바탕으로 복음서에 기록된 예수의 말씀 중에서 예수가 진짜 했을 법한 말을 가려내는 작업을 했다. 이들의 판단에 따르면, 예수가 자신이 하느님의 아들이라고 말한 것은 예수가 진짜로 한 말이 아니다. 또한 예수가 스스로 사람의 아들이라고 말한 것도 (이 말은 자신이 하느님의 아들이라는 것을 거꾸로 암시한다) 예수가 진짜로 한 말이 아니다. 천사 가브리엘이 숫처녀 마리아를 찾아가 하느님의 씨를 받아 예수를 잉태하였다는 소식을 전하는 '수태고지'는 루크의 복음에만 등장할 뿐 다른 공관복음에는 나오지 않는다.

이 왜 세 번째 실체를 끼워넣는 기묘한 선택을 했는지는, 비유를 통해 쉽게 설명할 수 있다. 누군가 3조각으로 찢은 사진을 두 조각만 건네주었다고 해보자. 한 조각에는 남자가 있고 다른 조각에는 어린 소년이 있다. 남자가 아이의 어깨를 한쪽 팔로 감싸고 있는 모습을 볼 때, 이 둘은 아버지와 아들이다. 그렇다면 누구나 나머지 한 조각에는 엄마가 있을 것이라고 예상할 것이다.

바울은 이 자리에 여자가 들어오는 것을 허용하고 싶지 않았다. 성스러운 아버지와 성스러운 아들이 있고 나머지 한 조각은 여자가 아니라 성스러운 영혼이 차지한다. 아버지와 아들은 남자다. 영혼을 의미하는 그리스어 pneuma는 남성도 아니고 여성도 아닌 중성명사다. 이러한 3위1체는 기독교에서 여신을 완전히 무력화하는 절묘한 한 수였다.• 성모는 바울에 의해 공기 중에 흩어지고 만다. 3위1체에서 밀려난 인간의 어머니, 진짜 어머니들은 교회에서 뒤치다꺼리나 하는 사소한 역할로 밀려날 수밖에 없었다.

바울은 이렇게 경직된 로마의 국교를 대체할 수 있는 신비로우면서도 개인적이면서도 보편적인 종교를 완성해낸다. 가톨릭catholic은 그리스어로 '보편적인'이라는 뜻이다. 이러한 보편주의에도 불구하고, 또 초기교회에서 여자들이 상당한 역할을 했음에도 불구하고, 여자들은 이 새롭게 탄생한 보편적인 종교에서 부수적인 역할만 맡게 된다. 기독교는 아버지 유대교와 어머니 오르페우스교 사이에서 태어난 종교로, 그 출산을 도운 산파는 바로 바울이었다.

• 영혼에 해당하는 히브리어 ruah('숨'을 의미한다)는 여성명사다. 이 히브리어는 그리스어 pneuma로 옮겨지면서 여성성을 잃고 중성명사가 된다. 이 그리스어는 다시 라틴어 spiritus로 옮겨지면서 남성명사가 된다. ruah, pneuma, spirit 모두 '영혼'을 의미하는 동시에 '숨'을 의미한다.

24

ORTHODOX vs GNOSTICISM

정통교단 vs 영지주의

THE ALPHABET
VERSUS
THE GODDESS

우리는 밤낮으로 성서를 읽는다.
당신은 검은색을 읽지만 나는 흰색을 읽는다.

윌리엄 블레이크 William Blake[1]

정통교단 vs 영지주의

교리전쟁

그리스도가 십자가에 매달린 뒤 200년이 지났을 때, 새로운 종교의 추종자들 사이에서 치열한 논쟁이 벌어진다. 무수한 분열과 재결합 끝에, 크게 두 집단으로 세력이 형성된다. 정통교단과 영지주의다. 기본적인 믿음과 의례 측면에서는 두 세력 모두 영락없이 기독교도였지만, 그들은 절대 타협할 수 없는 양극단에 서있었다. 정통교단과 영지주의의 가장 첨예한 대립은 기독교의 문헌기록에 대한 태도에서 나타났다.

"급하게 만들어진 복음서가 기독교에 관한 정보를 온전히 담고 있는 것일까?"

정통교단은 단호하게 그렇다고 대답했으나 영지주의는 수긍하지 않았다. 영지주의는 복음서가 중요한 입문서 역할은 하지만 그것이 전부가 아니라고 주장한다. 대중에게는 공개하지 않고 몇몇 제자들하고만 공유한 예수의 비밀스러운 지식이 존재한다고 생각했다. 정통교단은, 예수가 말하고자 했던 것은 모조리 신성한 두루마리 속에 기록되어있다는 주장을 절대 꺾지 않았다. 이 두 집단을 대표하는 주요 인물들은 구술문화와 문자문화의 대립에서 늘 나타나는 태도와 특성을 그대로 보여준다.

4세기 말, 영지주의자들은 정통교단이 곧 자신들의 공동체를 박살낼 것이라고 예상한 듯하다. 그들은 엄청난 양의 영지주의 복음서들을 커다란 진흙 항아리에 담아 나일강 상류에 있는 나지함마디 ^{Nag Hammadi} 지역에 묻어 놓는다.

이러한 행동을 감행했던 사람들은 분명히 미래를 예지하고 있었던 게 분명하다. 실제로 정통교단은 영지주의가 역사상 존재했다는 흔적조차 남지 않을 만큼 영지주의문서들을 모조리 발본색원하여 철저하게 파괴해버린다. 그래서 1945년 나지함마디문서가 발굴되기 전까지 영지주의에 대해 알려진 것이라고는, 영지주의에 반박하는 정통교단의 주장을 통해 간접적으로 추론할 수 있는 것이 전부였다.

초기교회는 전도사업을 하기 위한 험난한 노력 속에서 제대로 된 체계를 갖추지 못했다. 교회를 이끌어가는 지도부도 없었기 때문에, 예배를 보는 방식도 정해진 것이 없었으며 사제와 평신도의 구분도 뚜렷하지 않았다. 사도바울은 이러한 상태를 심각한 병폐라고 인식하여, 기독교의 표준교리를 만들어 보급함으로써 이 문제를 개선하려고 한다.

또한 자신이 예수에게 비밀스러운 가르침을 받았다고 주장하는 몇몇 사람들이 찾아오기도 하는데, 바울은 그들을 모두 내쳤다. 그러한 주장을 받아들이는 것은 기독교를 보편적인 종교로 만드는 데 방해가 될 것이 뻔했기 때문이다. 그는 메시지를 최대한 간결하게 만들기 위해 노력했다. 그래야만 출신이나 배경을 막론하고 최대한 많은 이들을 개종시킬 수 있기 때문이다. 이러한 바울의 교리가 고스란히 정통교단을 형성한다.

기독교가 자리를 잡아가는 과정에서 바울을 계승한 정통교단 지도자들은 영지주의자들을 철천지원수처럼 증오한다. 오히려 이교도에 대한 비난은 애교수준이었다. 폴 존슨은 이렇게 말한다.

초기기독교 논쟁에는 악의적인 괴벨스식 선동의 법칙이 작동했다. 더 목소리 높여 비방하고 더 큰 거짓으로 공격하라… 첫 2세기를 거치는 동안 독설의 어휘들은 끊임없이 쌓여가며 기독교 전체를 암울하게 만들었다… 맹독을 품은 뱀처럼 사납게 물어뜯는 갈등은 마치 기독교의 풍토병과도 같았는데, 이는 초기기독교 신앙이 근본적으로 얼마나 불안정했는지 반증한다.[2]

사실, 악의적이고 사나운 공격은 대부분 정통교단이 영지주의를 향해 일방적으로 쏟아부은 것이다. 영지주의자들은 정통교단이 왜 그토록 자신들을 증오하는지 이해하지 못했다. 어쨌든 그들도 예수의 가르침대로 이웃을 제 몸같이 사랑하고자 노력하는 기독교도들 아닌가?

바울이 그토록 영지주의를 경계하고 증오했던 이유는 임박한 시간의 종말이 언제 올 지 알 수 없었기 때문이다. 가브리엘의 나팔소리가 언제 울려 퍼질지 아무도 몰랐다. 그 때까지는 누군가가 하느님을 대신하여 부모역할을 해야 했다. 바울은 그러한 역할을 할 사람으로 주교bishop라고 하는 특별한 사제계급이 필요하다고 주장한다. 주교는 평신도들의 영적인 삶을 감시하는 책무를 진다. 물론 이 모든 계급은 예수가 재림할 때까지 한시적으로만 존재하는 것이다.

바울은 교회 안에 명령권이 체계적으로 작동할 수 있도록 피라미드 형태의 계급체제를 세우고, 이를 오로지 남자로만 채워야 한다고 주장한다. 최상층에는 예수가 앉고 그 아래층에는 (가롯 유다를 뺀) 11사도와 자신이 앉는다. 그는 예수의 측근이 아니었음에도 이 계급을 차지한 반면, 예수의 긴밀한 측근이었던 막달라 마리아는 여기서 쫓겨난다. 2계급에 속한 12사도는 각각 주교를 한 명씩 선정한다. 주교는 교회에서 3계급에 속한다. 주교는 자신의 후계자를 각각 한 명씩 선정한다. 이런 식으로 12 사도의 혈통을 교회를 통해 영원히 이어나간다. 클레멘스 1세(30?-101)는 첫 번째 편지에서 이렇게 말한다.

> 우리 사도들도, 우리 주 예수그리스도의 이름으로, 주교를 지명하는 과정에 논란이 발생할 수 있다는 것을 안다. 이러한 이유로, 온전한 선견지명을 가지고 위에 언급한 사람들을 임명한 것이며, 또한 이들이 사망하면 또다른 믿을 만한 사람이 그 직위를 물려받아야 한다는 결의를 내린 것이다.[3]

● 당시 신도들의 박수로 주교를 임명하기도 했다. 밀라노의 암브로시우스Ambrose가 그렇게 선출되었다.

서양세계에서 주교는 자신이 관할하는 영토에서 종교적인 문제에 관한한 절대적인 권위를 행사한다. 특히 로마의 주교는 각 지역의 주교들을 관할하는 주교들의 황제, 즉 교황이라는 이름으로 자신의 권위를 꾸준히 강화시켜 나간다. 마침내 교황은 속세에서 그리스도의 대리자 지위를 갖게 된다.

수천 년 동안 지극히 당연한 것으로 여겨졌던 여자들의 영성은, 알파벳텍스트에 기반한 이 새로운 종교의 품 안에서 의심스러운 대상으로 전락한다. 서기 200년, 정통교단은 공식적으로 여자가 교회 전면에 드러나지 않도록 완전히 몰아내는 데 성공했으며[4] 신약에 등장하는 여신에 대한 언급이나 비유들을 모조리 찾아내 삭제해 버린다.[*5]

영지주의자들은 예수가 생전에 남겼던 원래의 메시지에 부합하는 평등한 교회공동체를 만들고자 노력했다. 남자와 여자, 돈 많은 사람과 가난한 사람, 배운 사람과 못 배운 사람을 전혀 구분하지 않았으며, 스스로 이러한 실천을 자랑스럽게 여겼다. 예배를 집전하는 사람도 투표를 통해 뽑았다. 투표의 결과는 하느님의 뜻이기 때문에 투표에서 뽑힌 이는 신성한 영적 임무를 수행하도록 선택받은 것이다.

초기 영지주의자들은 자신들의 집회를 사랑의 연회Agapé라고 불렀다. 집회가 끝나면 예배자들은 늘 상대방의 입이나 볼에 입을 맞추며 '평화의 키스'를 나누었다. 영지주의자들의 이런 행동이나 유연한 예배형식은 보수적인 정통교단을 분개하게 만들었다.

일반적으로 정통교단은, 아담을 주인으로 삼고 이브를 원죄를 짓고 순종하는 내조자로 묘사하는 창세기 J버전을 지지한다. 영지주의는 조물주가(또는 조물주들이) 자신의 이미지를 본떠 남자와 여자를 모두 창조하였다는 창세기의 E버전을 지지한다. 정통교단은 춤을 악마에게 영감 받은 행동이라고 믿고 춤추는 것을 금지한다. 반면 영지주의는 춤을 영적인 운동이라고 생각하

● 여신도들이 회중 앞에 나와 찬송가를 부르거나 성가대에 참여하는 것은 가능했지만 4세기 중반 이마저도 모두 금지되었고, 성가대는 남자로 채워졌다.

여 자연스럽게 춤을 추는 것을 장려한다. 영지주의의 복음 빌립보서에서 예수는 이렇게 말한다.

> "춤추는 자는 우주와 한 몸이다."―"아멘"
> "춤추지 않는 자는 만물의 이치를 깨닫지 못한다."―"아멘"
> "이제 나를 따라 춤을 추면, 지금 말하고 있는 나 속에서 네 자신을 발견할 것이다."―"아멘"[6]

이 두 분파 사이의 또다른 대립은 그리스도 사건을 해석하는 방식이었다. 정통교단은 십자가 위에서 죽은 피와 살로 이루어진 인간이 3일 뒤 다시 살아났다고 주장한다. 말주변이 뛰어난 정통교단 저술가 테르툴리아누스Tertullianus(180년경)는 부활한 그리스도에 대해 "든든한 뼈대 위에 피로 물들어있고 신경조직이 퍼져있고 혈관이 뒤엉켜 있는 육신, 육신을 가지고 세상에 태어났다가…죽은, 틀림없는 인간"이라고 주장하며 이것을 믿어야 한다고 주장한다.[7] 그는 마지막에 이렇게 경고한다.

> "육신의 부활을 부정하는 자는 이단이다. 기독교도가 아니다."[8]

영지주의는 예수그리스도가 십자가에 매달려 죽고 부활한 것은 '상징적인 사건'일 뿐이라고 생각한다. 정통교단이 이 사건을 문자 그대로 받아들이는 것을 보고 그들은 '지능이 떨어지는 사람들의 믿음'이라고 말한다. 또한 정통교단의 주장에 뻔히 보이는 모순들에 대해서도 지적한다.[9] 예컨대 예수가 진정 신이라면, 어떻게 그가 인간의 고통에 괴로워할 수 있었는가?

영지주의자들은 그리스도가 올바른 삶을 살도록 인도해주는 가이드 역할을 할 뿐이라고 생각했다. 종교역사학자 일레인 페이겔스Elaine Pagels가 지적하듯, 정통교단은 복음서를 '한 인간의 역사'라고 주장한 반면 영지주의는 '의미

있는 신화'를 담고 있는 기록물로 받아들였다.[10]

정통교단에게 '문자'기록은 곧 신성한 계시였다. 영지주의 전통에서 영적인 가르침은 '말'을 통해 전달된다. 영지주의의 궁극적 목표는 영지靈智를 얻어 스스로 그리스도가 되는 것이다. 정통교단이 보기에 이런 영지주의의 주장은 오만불손하기 짝이 없는 것이었다. 영지주의는 사제가 베푸는 세례를 받는 순간 모든 죄가 용서된다는 주장이 도대체 말이 되느냐고 정통교단을 조롱했다. 영지주의에도 세례가 있었지만, 이는 진리를 찾아가는 험난한 여정을 나서는 출발점 정도로만 여겨졌다.

영지주의는 그리스도의 가르침이 두 개의 층위로 이루어져있다고 믿는다. 예수의 가르침에 익숙하지 않은 순박한 대중에게는 복음서만으로도 충분한 가르침을 전해줄 수 있다. 여기서 중요한 것은 그보다 차원이 높은 지혜들이 존재한다는 것이다. 예수가 처음부터 모든 사람이 자신의 가르침을 이해할 수 있다고 생각했다면 생략, 암시, 비유가 뒤섞인 혼란스러운 방식으로 메시지를 제시하지 않았을 것이라고 영지주의는 주장한다. 그들은 자신들의 주장을 뒷받침하는 근거로 "부름받은 사람은 많으나, 뽑힌 사람은 적다."(마태오 22:14)라는 예수의 말을 제시한다.

> "너희에게는 하느님 나라의 신비를 알려주었지만 저 밖에 있는 사람들에게는 모든 것을 비유로 들려줄 것이다. 보고 또 보아도 알아보지 못하고 듣고 또 들어도 알아듣지 못할 것이다" (마르코 4:11-12)

서양역사를 돌아보면 주기적으로 신비주의 종교가 번성했다는 것을 알 수 있다. 엘레우시스, 디오니소스, 오르페우스로 이어지는 신앙은 저마다 비밀스러운 지식을 품고 있다고 주장한다. 수피, 카발라, 장미십자회와 같은 신비주의 비밀결사들이 늘 존재했다. 지금도 끊이지 않고 나오는 프리메이슨이나 엘크협회Elks Lodge의 비밀입회식, 비밀악수법에 관한 이야기들 역시 이러한 비밀신앙의 희미한 유물이라 할 수 있다. 물론 이들이 문화의 중심에 선 적은 없다. 알파벳으로 기록된 교리(구약, 신약, 꾸란)들이 언제나 '말'에 의존하는 이들을 압도했다.

기독교의 양 날개라 할 수 있는 영지주의와 정통교단은 그리스도가 십자가에 매달린 뒤 100년도 지나기 전에 주도권을 잡기 위한 싸움을 시작하였고, 이들의 싸움은 갈수록 격화되었다. 뛰어난 지도자들과 탁월한 논쟁가들의 활약에 힘입어 이들은 비슷한 세력을 유지하였다. 하지만 313년, 로마의 황제 콘스탄티누스가 기독교를 국교로 공인하면서 교회의 운영을 정통교단에게 맡기는데, 이로써 균형이 깨지고 만다.

군인으로서 콘스탄티누스는 전제적으로 교회를 운영하는 정통교단을 좋아했다. 그는 정통교단이 쇠락해 가는 로마의 군사적 역량을 소생시키는 데 도움이 될 것이라 믿었다. 그의 십자가에는 '이 표식으로 정복하라'라는 글귀가 새겨져있었다. 물론 예수의 가르침과는 아무 상관도 없는 말이었다.

정통교단은 자신들의 교리를 지키기 위한 경찰과 군대를 만들어달라고 황제에게 청원했고, 마침내 콘스탄티노스는 그 요구를 들어준다. 정통교단은 이 기회를 최대한 활용하여 자신들의 운명을 바꾼다. 이교도의 신전은 물론, 이교도와 연관된 형상은 모조리 파괴한다. 당연히 이교도행사는 모두 금지되었다. 유대교도 절대 예외가 아니었다. 당시 로마제국에는 불교를 믿는 이들도 있었는데, 이들도 모두 추방해버린다.

하지만 가장 잔인하고 악랄한 칼날은, 같은 기독교도였던 영지주의자들을 위해 아껴두고 있었다. 정통교단 교도들은 군대와 함께 영지주의자들이 많이 사는 마을을 찾아다니며 잔인하게 약탈하고 파괴한다. 367년 정통교단은 영지주의 복음서를 모조리 불태우라고 지시한다. 영지주의가 다시 싹이 날 수 없도록 가차없이 뿌리를 뽑아버린 뒤, 정통교단 권력자들은 자신들만이 교회의 진정한 가부장이라고 선언한다. 정통교단 지도자들은 이후 성인으로 추대되었고, 영지주의는 이단으로 낙인찍힌다. 기독교가 국교가 된 지 100년 만에 영지주의는 흔적도 없이 역사에서 사라진다.

정통교단의 승리는 서양문화에서 중요한 전환점이 된다. 영지주의와 정통교단의 갈등은 심원한 사상적 투쟁으로 표출되었지만, 실제로 그 핵심은 문자와 형상의 투쟁이었다. '정통교단'을 의미하는 orthodox는 그리스어 ortho-doxy에서 온 말로 '올바른 생각'을 의미한다. 이 책의 주제와 관련하여 해석한다면 문자의 나열을 따라 생각하는 '선형적 사고'라고 할 수 있다. '영지'를 의미하는 gnosis는 그리스어로 '직관을 통한 앎'을 의미한다. (그리스인들은 경험을 통해 얻는 지식은 episteme, 직관을 통해 얻는 지식은 gnosis라고 구분한다. gnosis는 영어 know의 어원이다. 번역어 영지靈智는 '영험한 지식'이라는 뜻이다.—옮긴이)

초기교회 성립과정에서 벌어진 최초의 분열은 우리 뇌의 두 반구의 기능과 일치한다. 좌뇌적 사고를 하는 사람들은 남자가 중심이 되는 가부장제, 죄의식, 교리, 복종을 중시하고 그리스도 이야기를 문자 그대로 믿었다. 우뇌적 사고를 하는 사람들은 직관을 중시하며 평등한 관계를 즐기며 예수의 삶과 죽음을 신화적으로 해석했다.

정통교단은 여성혐오자들을 끊임없이 양산했다. 영지주의는 평등주의와 여성적 가치를 강조하는 웅변가들을 주기적으로 배출했다. 역사를 돌아보면, 일반적으로 책으로 무장한 집단이 말을 통한 가르침에 의존하는 집단을 일방적으로 압도한다.

정통교단이 자신의 존립을 위협하는 영지주의를 어떻게 학살했는지, 여자들이 어렵게 얻어낸 결실들이 어떻게 날아가버렸는지, 정통교단이 승리하면서 이미지가 어떻게 무참히 짓밟혔는지 좀더 자세히 이해하기 위해 영지주의와 정통교단의 몇몇 주요 인물들에 대해 살펴보자.

* * *

역사기록에 가장 먼저 등장한 주요한 영지주의자로 마르키온^{Marcion}이 있다. 강력한 카리스마를 지닌 그는 서기 120년부터 140년까지 왕성하게 활동했다. 당시 급속도로 퍼져나가는 복음서를 가리켜 그는 멍청이들과 사기꾼들이나 좋아할 형편없는 작품이라고 비난한다. 마르코복음, 마태오복음, 요한복음에는 너무나 많은 허위내용이 들어있기 때문에 아무 가치도 없다고 주장한다. 바울의 서한 7통과 루크복음과 사도행전의 지극히 일부만을 제대로 된 내용을 담고 있다고 인정했다. 또한 구약은 완전히 폐기해야 한다고 주장한다. 마르키온은 노여움에 찬 야훼를 극도로 싫어했다.

마르키온은 금욕적인 생활을 하였으나 독신으로 살며 수절해야 한다고 주장하지는 않았다. 이미지를 금하지도 않았다. 마르키온을 추종하는 이들은 창세기에 등장하는 뱀을 인간에게 도움을 주는 여성인도자라고 해석하여 뱀의 신성한 형상을 자신들의 상징으로 삼았다. 뛰어난 웅변가였던 마르키온은 평등한 기독교를 주창하여 상당히 많은 여자신도들이 따랐다. 그가 직접 작성한 문헌은 남아있지 않다. 그의 존재에 대해 우리가 알 수 있는 내용은 정통교단에서 그를 향해 퍼부은 비난 속에 등장하는 것이 전부다.

특히 정통교단의 심기를 건드린 것은 마르키온이 문자를 공격했다는 사실이었다. 마르키온을 따르는 이들이 점차 늘어나자 정통교단은 늦게나마 넘쳐나는 복음서를 검열하고 통제해야 할 필요성을 느낀다. 더 나아가 자신들의 교리에 맞는 텍스트만 선별해 정통교단의 정전으로 삼아야겠다는 생각을 하게 된다. 영지주의는 문자 텍스트에 그다지 관심이 없었기 때문에 정통교단의 이러한 작업이 결정적인 전환점이 될 수 있다는 사실을 인식하지 못했다.

그리스도가 죽은 뒤 30-110년 뒤 그 현장에 있지도 않았던 사람들이 작성하고, 예수는 알지도 못했던 그리스어로 기록

영지주의에서는 신을 아이온Aeon이라고 한다. 영성과 물질계가 합일되어있는 온전한 궁극의 아이온 아브라삭스 Abrasax와 물질계를 창조한 아이온 데미우고로스Demi-urge. 머리는 수탉, 몸은 사람, 다리는 뱀으로 되어 있으며 오른손에는 도리깨, 왼손에는 방패를 들고 있는 아브라삭스의 형상은 당시 유대인들이 상상하는 야훼의 모습이기도 하다.

한 문서들 중에서 추리고 선별하고, 누군지도 모르는 편집자들이 수정한 문서가 오늘날 그리스도에 대한 유일한 기록으로 간주되는 신약이다. 367년 이렇게 완성된 신약은 이후 1700년 동안—지금까지—기독교도들의 '신성한' 문서로 전해져 내려온다.

영지주의를 반박한 최초의 정통교단 이론가는 오리게네스^{Oregenes}(185?-254?)다. 동정녀의 잉태, 예수의 외모변신^{Transfiguration}, 부활과 같은 신비로운 사건의 근거가 되는 전제를 제시하고, 비유적 해석을 기반으로 복잡한 주장을 세운다. 박식하며 열정적이었던 그는 이단 철학자들과 공개적으로 토론을 벌였으며, 독창적인 추론을 통해 (본질적으로 신비로운) 자신의 전제가 논박할 수 없는 명확한 사실이라는 것을 '증명'한다.

또한 새로운 기독교 패러다임은 기존의 고대철학들과는 전혀 연관성이 없다고 주장한다. 오리게네스는 하느님이 영적으로 뛰어난 이들만 구원한다는 영지주의의 주장은 말도 안 된다고 반박한다. 바울과 마찬가지로 교회는 단순해야 하며 누구나 쉽게 다가갈 수 있어야 한다고 확신했다.

오리게네스는 성적 충동을 억제할수록 구원에 가까워질 수 있다고 믿었다. 그는 경건함과 수절하는 삶을 긴밀하게 연관지은 최초의 기독교 이론가였다. 그에게 섹스는 삶에서 그저 지나가버리는 덧없는 순간에 불과했다. 기독교도라면 짐승의 욕망을 뛰어넘어 남자도 아니고 여자도 아닌 숭고한 양성상태에 이르러야 한다.

오리게네스는 이러한 양성인간을 '제3인류'라고 불렀는데, 곧 도래할 하늘나라에서 모든 영혼은 제3인류가 된다.[11] 오리게네스의 또다른 눈에 띄는 주장은, 순교를 궁극적인 자유의지의 실천이라고 찬미하는 것이다. 그는 섹스를 거부하고 죽음을 포용할 때 구원을 받을 가능성이 커진다고 가르친다.

그는 히브리어를 알아서, 성서원본을 읽을 수 있었다. 며칠간 서재에 들어가 나오지 않기도 했다. 오리게네스는 6,000권에 달하는 책을 썼다. 그가 쏟아낸 엄청난 글을 보며 히에로니무스는 이렇게 불평한다.

세상에 오리게네스의 작품을 모두 읽은 사람이 있겠는가?[12]

하지만 오리게네스의 개인적인 삶을 보면 그가 사회적으로 적응하지 못하는 사람이었다는 것을 알 수 있다. 그는 청년시절 마태오복음에 나오는 한 구절에 매우 집착했다.

처음부터 고자로 태어난 사람도 있고 사람의 손으로 고자가 된 사람도 있고 또 하늘나라를 위하여 스스로 고자가 된 사람도 있다. (마태오19:12)

그는 '제3인류'에 합류함으로써 정통교단의 신조를 더욱 잘 받들 수 있다는 생각에 스스로 거세한다. 역사학자 에드워드 기번 Edward Gibbon은 이에 대해 무미건조하게 한 마디 촌평을 한다.

오리게네스는 늘 성서를 비유적으로 해석했는데, 안타깝게도 이 대목에서만 쓰여진 것을 곧이곧대로 받아들였다.[13]

오리게네스는 자주 금식을 했으며, 맨 땅에서도 자고, 신발도 신지 않고 다녔으며, (때로는 옷도 입지 않고 다녔으며) 주기적으로 자신을 추위 속에 내몰았다. 그는 이브를 남편의 종으로 부리는 창세기의 J버전을 끔찍이 사랑하여 늘 이 이야기를 하고 다녔다. 그가 남긴 저작은 이후 200년 동안 기독교학자들에게 깊은 영향을 미친다.

오리게네스는 살아있는 동안 정통교단의 탁월한 옹호자이자 전략가로 명성이 높았다. 하지만 뜨거운 열정으로 혁명을 위해 자기 한 몸을 불사른 지식인들과 마찬가지로, 훨씬 보수적인 권력이 세워진 뒤 그의 명예는 추락한다. 문제는 그가 열정적으로 옹호했던 자유의지가, 평신도들의 생각과 행동을 철저히 감시하고자 하는 교단 권력자들의 의도와 맞지 않았기 때문이다. 5세기 말 교황에 오른 아나스타시우스1세^{Anastasius I}는 오리게네스의 주장을 '불손한 견해'라고 평가절하한다.[14] 553년 콘스탄티노플 공의회는 그의 가르침을 모조리 '파문'한다.

오리게네스는 물론 부인했지만, 그의 가르침은 증오에서 우러나는 여성혐오로 가득 차 있었다. 이러한 가르침은 기독교의 기본적인 태도를 형성하는 과정에서 상당한 영향력을 발휘했다.

영지주의의 또다른 카리스마적인 예언자로 몬타누스^{Montanus}가 있다(150년경). 그는 점차 세속화되어가며 권력을 독점하는 정통교단의 주교들을 거침없이 비판했다. 기독교적 금욕사상을 되찾고 예언의 권리를 평신도들에게 돌려줄 것을 요구했다.

몬타누스와 그의 추종자들은 문자를 바람직한 것으로 보지 않았다. 글을 읽는 수동적 행위는 능동적인 종교적 체험을 가져다주지 못한다고 생각했다. 그들은 복음서를 음식에 비유해 설명했다. 음식에 대한 설명을 글로 읽는 것과 음식을 진짜로 먹는 것이 다르듯 복음서를 읽는 것과 복음을 체험하는 것을 혼동해서는 안 된다고 주장한다. 몬타누스는 입으로 소리 내 말하고 마음껏 소리를 지름으로써 도달할 수 있는 황홀상태만이 기독교의 본질에 대한 통찰을 가져다준다고 믿었다.

몬타누스의 가장 가까운 추종자들은 대부분 여자였으며, 여자들은 모든 신앙활동에서 두드러진 역할을 했다. 특히 프리스킬라^{Priscilla}와 막시밀라^{Maximilla}라는 두 여자가 매우 중요한 역할을 했다. 이들은 종교적 무아지경으로 신도들을 몰아넣는 영적인 능력을 지니고 있었다.

발렌티누스^{Valentinus}는 가장 뛰어난 영지주의자이자 정통교단 기독교도들이 가장 두려워하는 존재였다(140년경). 고결한 삶으로 명성이 높았던 그는 상당히 많은 추종자들을 몰고 다녔다. 발렌티누스는 성욕과 기독교신앙은 무관하다고 생각했다. 그는 결혼을 했고, 아이들을 키웠으며, 일을 했다. 그러면서도 성직자로서 활동했는데, 타고난 달변으로 무수한 군중들을 끌어 모았다.

발렌티누스의 핵심메시지는 기독교도는 모두 동등하다는 것이다. 성별, 분파, 사회계층과 무관하게 서로 사랑하고 도와야 한다고 강조했다. 발렌티누스는 창세기 E버전에 등장하는 "우리 모습을 닮은 사람을 만들자!(창세기 1:26)"라는 대목을 들어 하느님을 아버지신과 어머니신이 결합해있는 존재라고 가르친다. 발렌티누스에 따르면, 우리 인류는 남성적인 정신nous과 여성적인 지혜epinoia가 결합하여 생겨난 산물이다. 그는 이 한 쌍을 '제1아버지'와 '만물의 어머니'라고 불렀다.[15] 충분히 예상할 수 있는 일이지만 무수한 여자들이 그가 이끄는 기독교공동체에 몰려들었다.

발렌티누스는 에덴동산에서 추방된 사건을 인류가 의식상태로 '추락한' 것을 상징적으로 보여주는 우화라고 간주한다. 갑작스럽게 세속적인 지식을 깨달으면서 우리는 신과 교감할 수 있는 능력을 상실한 것이다. 따라서 영지주의 스승들은 신자들이 원래의 신성한 관계를 되돌릴 수 있도록 도와주는 역할을 해야 한다고 생각했다.

정통교단은 발렌티누스가 자신들에게 허락도 구하지 않고 성찬식을 했다고 문제를 삼는다. 영지주의를 끊임없이 물고 늘어지는 것으로 유명했던 리옹의 주교 이레나이우스Irenaeus(180년경)는 발렌티누스를 자신의 주요 공격대상으로 삼았다. 복음서는 예수를 직접 영접한 제자들이 쓴 것이라고 주장하면서 그 진실성을 의심해서는 안 된다고 주장했다. (물론 우리는 이제 그의 주장이 거짓말이라는 것을 알고 있다.)

이레나이우스가 발렌티누스를 그토록 증오했던 것은, 자신의 수하에 있던 사제의 아내가 그들 집회로 넘어갔기 때문이다. '이단'에 불과한 놈들에게 도대체 왜 그토록 많은 여자들이 이끌리는지 이해할 수 없었던 이레나이우스는, 발렌티누스의 남자들이 최음제를 사용해 성적으로 여자들을 유혹한다고 주장하며 그들을 악마의 집단으로 몰아갔다. 무엇보다도 여자가 예배를 집전하고 세례를 줄 수 있도록 허용하는 발렌티누스 집단의 행태가 가장 못마땅했다.

영지주의자들에게 가장 골치아픈 적은 테르툴리아누스였다. 카르타고에서 법률가로 활동하던 그는 중년에 기독교로 개종하여 열렬한 정통교단의 옹호자가 된다. 특히 엄청난 필력으로 여자에 대한 혐오를 마구 쏟아냈다.

> 이 이단 여자들—얼마나 뻔뻔스럽고 파렴치한가!—에게는 겸양을 찾을 수 없다. 어디 감히 사람을 가르치려들고, 말대꾸를 하고, 마귀를 쫓아내는 의식을 하고, 예배를 집전하고, 아니 세례까지 준다니 이게 도대체 말이 되는 소리인가![16]

> 당신들은 모두 이브라는 것을 아는가 모르는가? 당신들 성에 내린 하느님이 내린 형벌은 지금 이 시대에도 그대로 살아있다… 여자는 악마가 들어오는 문이다… 어리석은 여자들… 예수가 죽은 것은 바로 당신들 때문이다.[17]

그는 모든 형상에 반대했으며, 기독교도라 해도 화가나 조각가들은 가차없이 몰아붙였다. 공공장소에서 여자를 형상화한 것은 모조리 없애야 한다고 주장했으며, 신자들에게 딸들은 모두 베일을 씌워서 내보내라고 말했다. 더 나아가 철학적 질문을 가차없이 폄하했으며, 세상에 대해 어떠한 호기심도 갖지 말라고 주장했다.

> "아테네는 예루살렘에 무슨 의미가 있는가? 학교는 교회와 무슨 상관인가?"[18]

그는 정통교단의 입장을 아무 의심하지 말고 무조건 받아들이라고 요구한다.

> "하느님의 아들이 죽었다. 이해되지 않는 일이기 때문에 믿으라는 것이다. 그분이 죽은 뒤 묻혔다가 다시 살아났다. 불가능한 일이기 때문에 확실한 것이다!"[19]

테르툴리아누스는 정통교단을 옹호하는 가장 강력한 목소리였다. 신의 영감을 받아 지어졌다는 그의 글들은 이후 수 세기 동안 이교도들을 개종시키는 데 큰 영향을 미친다. 테르툴리아누스는 또한 올곧은 사람이었다.*

하지만 나이가 들면서 테르툴리아누스는 정통교단의 사제들이 드러내는 허례와 탐욕을 목격하고, 또 기독교정신이 점점 희박해져 가는 교회를 목격한다. 그 당시 이미 주교직을 사고파는 일은 흔했으며, 이를 통해 교회와 주교들은 많은 돈을 벌었다.

마침내 테르툴리아누스는 자신이 그토록 열렬히 지지하던 정통교단에 반기를 들고 교회의 위계체제를 비난한다. 기독교 역사상 최초의 프로테스탄트가 탄생한 것이다. 그동안 무수한 영지주의 기독교도들을 파문의 위험으로 몰아넣었던 그가 이번에는 교황을 '간통녀들의 목자'라고 힐난하며 스스로 파문의 대상이 된다.[20]

테르툴리아누스의 충격적인 반전은 몬타누스의 영지주의 교회에 귀의한 것이다. 몬타누스야말로 그리스도의 정신을 가장 잘 구현하고 있다는 것을 뒤늦게 깨달았다고 한다.

히에로니무스Jerome(340-400?) 역시 방대한 저술을 통해 정통교단의 입장을 지지했다. 폴 존슨은 그를 '하느님의 광인'이라고 불렀다.

"히에로니무스는 섹스를 가장 큰 장애라고 여겼다."[21]

히에로니무스는 자전적인 일화를 통해, 자신이 느꼈던 강렬한 욕정과 이러한 사악함에서 벗어나기 위해 스스로 어떤 형벌을 내렸는지 이야기한다. 육체의 유혹을 떨쳐내기 위해 그는 사막에 은둔하는 고행자집단에 들어간다.

날이면 날마다 나는 울부짖고 탄식했다. 내 의지와 상관없이 쓰러져 잠이 들 때 앙

---

* 공정성을 따지는 것은 뚜렷한 좌뇌의 특징이다. 공정성보다 '너는 너대로, 나는 나대로'를 즐기는 태도는 우뇌적 사고다. 그래서 비틀즈의 'Let It Be'에 영감을 준 것은 Father God(하느님)이 아니라 Mother Mary(마리아)다.

상한 뼈가 땅바닥에 부딪혔다. 먹는 것, 마시는 것에 대해선 아무 이야기도 하지 않았다… 하지만 지옥에 대한 두려움 속에서 스스로 감옥에 들어갔음에도, 춤추는 여인들이 내 주변을 에워싸는 환영이 계속 보였다. 내 얼굴은 허기로 창백해졌지만, 내 차가운 몸속에서는 여전히 내적인 열정이 끊임없이 타올랐다. 살아있는 것이 아니라 죽은 것과 마찬가지였음에도 타오르는 욕정은 계속 끓어올랐다.[22]

사막에서 수행을 하는 동안 그는 경건함과 총명함으로 윗사람들의 총애를 받는다. 그는 수도원으로 뽑혀갔으며, 나중에 교황의 비서로 임명되어 로마로 간다. 엄청난 권력을 행사할 수 있게 된 것이다. 고상한 교황청의 분위기에 재빨리 적응한 그는 구약과 신약의 이야기에 대한 자신의 독특한 해석을 퍼뜨리기 시작했다. 히에로니무스는 에덴동산을 순결의 낙원에 비유한다. 이곳을 아담과 이브는 원죄로 더럽혔으며, 이들에게 내려진 끔찍한 형벌은 다름 아닌 욕정이다. 히에로니무스는 이렇게 말한다.

"결혼은 간통보다 손톱만큼 죄가 작을 뿐이다."[23]

섹스를 죄악시하면서도 히에로니무스는 부유한 귀부인들을 자신의 추종자로 끌어 모으기 위해 노력했다. 마치 사랑하는 여인을 쫓듯이 열정적으로 그녀들을 쫓아다녔는데, 이 모든 것은 순결을 지키는 금욕생활을 하도록 설득하기 위한 것이었다. 히에로니무스는 이러한 목적을 이루기 위해 유혹하는 듯한 언어를 구사했다. 예컨대 에우스토치움Eustochium이라는 여인에게 보낸 편지에서 그는 이렇게 쓴다.

처녀성은 생각만으로도 잃어버릴 수 있습니다… 눈물로 당신의 침대와 소파를 적시는 한이 있더라도, 자신만의 방을 만들어 자기 몸을 보호하세요. 그곳으로 남편이 찾아오도록 하세요… 잠이 당신을 덮치면, 그가 벽 뒤에서 나타나 구멍으로 손을 넣어 당신의 배를 만질 것입니다. 그럴 때마다 일어나 소리치세요. "이제 사랑은 지켜워요." 그러면 그는 이렇게 대답할 것입니다. "나의 누이, 나의 신부는 울타리 두른 동산이요, 봉해 둔 샘이로다."[24]

히에로니무스가 의도하지는 않았지만, 이 편지는 세상에 널리 퍼진다. 많은 이들이 그 내용을 터무니없다고 생각했으며, 그의 성직을 박탈할 것을 요구한다.

결국 384년 에우스토치움의 동생 블라이실라[Blaesilla]를 가르치는 과정에서 사고가 터진다. 히에로니무스는 이 매력적인 20살 여인을 개인적으로 접견하는 데 상당히 많은 시간을 할애하며 수도자가 되라고 끈질기게 설득한다. 결국 엄청난 압박 속에서 괴로워하던 그녀는 급기야 졸도까지 한다. 젊고 생기발랄한 아이가 갑자기 우울하고 쇠약해지자 그녀의 부모는 히에로니무스에게 깊은 분노를 느끼며, 교황에게 직접 사건을 해결해 달라며 탄원한다. 교황이 적절한 조치를 결정하지 못하고 머뭇거리는 사이 블라이실라는 거식증으로 죽고 만다.

이 사건은 엄청난 여파를 몰고 왔다. 히에로니무스는 자리에서 쫓겨났을 뿐만 아니라 로마를 떠나야 했다. 이후 34년 동안 성지(유대지역)를 배회하다가 삶을 마감한다. 살 날이 얼마 남지 않았을 때 그는 동굴에서 살았다. 블라이실라의 언니 에우스토치움과 그녀의 어머니가 결국 그의 설득에 넘어가 안락한 삶을 포기하고 그의 동굴로 찾아온다. 두 여인은 기력이 쇠한 히에로니무스를 곁에서 돌보았다. 히에로니무스는 그들에게 씻지도 말고 머리를 빗지도 말고 누더기를 걸치라고 명령한다.[25]

이처럼 생각과 행동이 극단적이었던 히에로니무스를 유별난 기인일 뿐이라고 치부할 수도 있겠지만, 그의 생각은 기독교에 실로 엄청난 영향을 미쳤다. 구약과 신약을 라틴어로 번역한 사람이 바로 그였기 때문이다. 그가 번역한 불가타본은 공인 라틴어성경으로 종교개혁 때까지 사용되었다. 번역이란 원본에 얼마나 충실할 것인지, 번역자의 판단에 따라 결과물이 크게 달라지는 예술형식이다. 섹스, 임신, 모성에 대한 히에로니무스의 태도는 그가 성서를 번역하는 과정에서 상당부분 반영되었으며, 이후 기독교사상가들에게 깊은 영향을 미친다. 그리고 이들이 초기교회의 기틀을 세운다.

신약을 읽는 사람이 점점 늘어나면서 히에로니무스의 위상도 함께 높아졌고, 실제로 로마에는 독신생활이 유행처럼 번지기 시작한다. 타키투스황제(200-275)가 '타락의 소굴'이라고 부른 바로 그 로마가 정절의 도시로 변모한 것이다. 사제에게 섹스를 금하는 규범은 존재하지 않았으나 386년 로마교회는 모든 사제에게 순결을 지키며 독신으로 살라는 칙령을 반포한다.

교회의 권위에 버팀목이 된 또다른 사제로 아우렐리우스 아우구스티누스 Aurelius Augustinus가 있다. 그는 성직자들 사이에 인기가 별로 없던 북아프리카 히포교구의 젊은 주교였다. 로마, 안티옥, 알렉산드리아, 콘스탄티노플처럼 밝게 빛나는 기독교 세계의 별에 비하면 히포는 희미한 별에 지나지 않았다. 이러한 변두리의 주교가 당시 그토록 엄청난 권위를 발휘할 수 있었던 것은 무수한 저작을 펼쳐냈기 때문이다. 이는 4세기 말 5세기 초 문자의 영향력이 얼마나 대단했는지 보여준다.

아우구스티누스는 354년 카르타고에서 태어났다. 그의 어머니는 기독교도였고, 아버지는 자유주의적인 이교도였다. 중산층 가정에서 특별할 것 없는 교육을 받고 자랐음에도 그는 뛰어난 작가가 된다. 그는 이렇게 쓰기도 했다.

"나는 발전하기 위해 글을 쓰고, 글을 쓰기 때문에 발전한다."[26]

아우구스티누스는 인류 역사상 최초의 심리적 자서전 《고백록》을 쓴다. 지금까지 무수히 많은 독자들이 읽은 이 책에서 그는 자신의 성적 충동에 대해 솔직하게 고백한다.

내 몸이 태어난 지 16년째 되었을 때… 불같이 타오르는 정욕의 광기가 나를 사로잡았다. 나의 보이지 않는 적은 나를 짓밟고 유혹했다. 나는 나 자신에게 족쇄를 채

왔지만, 족쇄가 부서질까 늘 두려웠다.[27]

아우구스티누스는 32살 로마에 있는 동안 인생을 바꾸는 비전[vision]을 체험한 뒤, 약혼을 깨고, 남은 삶을 교회에 바치기로 마음먹는다. 그는 육신의 세계를 포기하고, 로마를 떠나 북아프리카의 도시 히포 근처 사막에 한 가운데 있는 수도원에서 고독하게 살아간다. 아우구스티누스는 자신의 성욕과 씨름하면서, 자신을 끊임없이 유혹하는 근원을 여자의 외음부[pudenda]라고 규정하면서, 이것을 '수치스런 부위'라고 부른다. 성적 충동은 자신의 의도와 달리 불쑥불쑥 솟아나 고통을 주는 것이기에 그는 성욕을 사탄이 조종한다고 생각했다.

아우구스티누스의 경건함, 총명함, 글을 쓰는 능력에 깊은 인상을 받은 히포의 늙은 주교는 그가 개심한 지 얼마 되지는 않지만, 금욕적인 삶을 그만두고 자신의 뒤를 이어 주교의 자리를 맡아 달라고 설득한다. 아우구스티누스는 그 제안을 받아들인다. 오지이기는 하지만 주교라는 직책을 받침대 삼아, 자신이 쓴 글을 지렛대 삼아 아우구스티누스는 세상을 움직인다. 그는 이후 1000년 동안 기독교를 확장시킬 청사진을 제시한다. 그는 더 나아가 기독교가 정경으로 삼은 텍스트에 대한 자신만의 해석에 기반하여 논란이 될 만한 몇 가지 새로운 교리를 추가한다.

《자유의지에 관하여》에서 그는 악의 존재와 하느님의 자비가 모순되지 않음을 설명하는데, 여기서 그는 '자유의지는 곧 악마'라는 충격적인 결론을 내린다. 인간은 기본적으로 타락했기 때문에 선택을 할수록 악을 선택하게 된다는 주장이다. 이브의 변절과 아담의 불복종으로 인해 인간의 판단력은 영원히 망가졌으며, 따라서 인류는 스스로를 통치할 능력이 없다. 모든 인간은 도덕적으로 무능하다.

"인간은 타락으로 인해 병들고, 괴로워하고, 무기력하고, 돌이킬 수 없는 해를 입었다."[28]

아우구스티누스는 또한 먼 미래까지 영향을 미칠 원죄에 관한 또다른 교리를 만들어낸다. 아담이 불복종을 한 것에 대한 형벌로 하느님은 아담의 정액을 오염시킨다. 섹스를 하는 동안 아담은 오염된 정액을 방사하여 배우자를 오염시키고, 결국 태아도 오염시킨다. 다음 세대에서 카인과 아벨도 아내를 통해 똑같은 일을 벌인다. 인류의 원죄는 남자의 정액에서 나와 '수치스러운 부위'를 통해 세상 밖에 나온다. 인간의 모든 아기는 오염되어있을 수밖에 없다. 결국 모든 인류가 죄 지은 자로 태어나는 것이다. 이러한 역병에 오염되지 않은 유일한 예외가 존재하는데, 그가 바로 예수그리스도다. 그는 순결함 속에서 잉태되었기 때문이다. 아우구스티누스는 이렇게 말한다.

> "정액은… 그 자체가 죽음의 사슬에 묶여있어… 죄로 인해 발생한 해로움을 전한다."[29]

아우구스티누스는 그럼에도 자비로운 하느님이 우리에게 구원받을 수 있는 은총을 내려 주었다고 주장한다. 그 방법은 바로 출생과 동시에 정통교단이 선발한 사제에게 세례를 받는 것이다. 세례를 받으면 원죄가 깨끗이 사해진다. 세례를 받은 아이가 자라나 어른이 되고 이 어른이 다시 악에 빠져들어 죄를 짓는다면, 그 때에도 역시 정통교단 사제를 찾아가 고해성사를 하면 죄지은 상태로 되돌아가는 것을 막을 수 있다.

이러한 아우구스티누스는의 주장은 결국, 기독교도들의 영혼을 책임지는 가장 핵심적인 대리인이 바로 교회라는 강력한 교리를 제공한다. 이로써 교회를 통하지 않고 신의 나라에 들어가는 입장권을 얻을 수 있는 방법은 사라진다.●

● 원죄는 아우구스티누스가 만들어낸 완전히 새로운 독창적인 개념이다. 붓다의 카르마業과 비슷하다. 하지만 붓다는 '어떠한 외부의 도움도 받지 않고' 혼자 힘으로 올바른 삶을 선택함으로써 카르마에서 벗어날 수 있다고 말한다.

신약에서 예수는 원죄에 대해 전혀 언급하지 않는다. 또한 섹스와 죄를 연결짓지도 않는다. 예수는 특히 눈먼 소경을 보고, 그가 눈 먼 것은 부모의 죄 탓이 아니라고 말한다(요한복음9:1-7). 바울도 아담의 불복종이 육신의 나약함을 보여준다고 말했을 뿐, 그로 인해 미래에 태어날 모든 세대가 죄를 뒤집어써야 한다고 생각하지는 않았다. 우리에게 어떤 벌을 내릴까 고민하는 조물주의 모습을 만들어낸 장본인은 바로 아우구스티누스다. 그는 사실상 완전히 새로운 신화를 만들어내, 전반적으로 여성적 가치를 추구하던 예수의 메시지를 완전히 뒤집어버린다.

합리적인 사람들이 보기에, 아우구스티누스의 원죄교리는 위험하고 광신적인 이단의 주장에 불과했다. 하지만 서구기독교세계에서 가장 영향력있는 성직자라는 그의 명성 탓에, 아무도 그에게 맞설 생각을 하지 못했다. 더욱이 이 히포의 주교는 신학적인 논쟁을, 수단방법을 가리지 않고 이겨야 하는 전쟁처럼 수행했다. 자신의 주장에 이의를 제기하는 사람은 단순히 자존심에 상처를 입는 수준으로 끝내지 않고, 쓰디쓴 고통을 맛보게 했다.

실제로 영국의 수도사 펠라기우스Pelagius는 아우구스티누스의 교리에 반기를 든다. 그는 가혹한 분노의 하느님이 아닌 선한 하느님을 전제한다. 하느님은 인간을 위해 10계명과 율법을 주었으며, 독생자를 주었고, 세례받을 수 있는 정화수를 선사하였다. 무수한 동물 가운데 인간에게만 악을 부여함으로써 자신의 완벽한 창조를 스스로 훼손하는 일은 하지 않았을 것이라고 펠리디우스는 주장한다. 원죄 같은 것은 없다. 죄를 지은 자만 벌을 받을 뿐이다.

상황이 급박하다는 것을 알고 펠라기우스는 로마로 직접 간다. 고위성직자들과 귀족들을 찾아다니며 교황청에서 아우구스티누스의 극단주의적 견해를 받아들이지 않도록 해달라고 열정적으로 로비활동을 한다. 아우구스티누스는 절대 가만히 당하고만 있을 사람이 아니었다. 로마로 스파이를 파견해 이 영국수도사의 평판에 흠집이 될 만한 불미스런 이야기들을 퍼뜨린다. 또한 양측은 자유의지가 원죄의 볼모인가 아닌가라는 주제를 놓고 격렬하게 논쟁을 벌인다. 417년에는 이 문제 때문에 거리에서 소요사태가 발생하기도 한다.

어쨌든 이 문제에 대해 로마교황청은 결론을 내릴 수밖에 없었다. 의결이 임박하자, 아우구스티누스는 값비싼 아라비아 말 80마리를 은밀히 로마로 보내 주요 귀족들과 고위성직자들에게 나눠준다. 결국 아우구스티누스는 '전쟁'에서 승리한다. 펠라기우스는 바티칸의 복도에서 쫓겨나 로마에서 추방되었으며, 419년에는 파문을 당한다. 여기에서 만족할 아우구스티누스가 아니었다. 431년 에페수스공의회는 교회의 세례와 고해성사를 통해 구원을 받지 않고도 도덕적으로 고결해질 수 있다는 펠라기우스의 주장을 이단으로 규정한다. 아우구스티누스는 이런 말로 자신의 승리를 축하한다.

"로마에서 공표했으니, 논쟁은 끝난 것이다."[30]

아우구스티누스는 초기에 등장한 무수한 카리스마적인 설교자 중에서도 가장 독보적인 존재였다. 열정적인 헌신과 단호함으로 무수한 글을 써냄으로써 정통교단의 권위를 굳건히 세우는 혁혁한 공로를 세운다. 폴 존슨은 이렇게 평가한다.

아우구스티누스는 기독교제국을 완성한 어둠의 천재였다. 교회-국가 연합체제의 이데올로기를 마련했으며 중세인들의 정신세계를 직조했다. 기독교신학의 기반을 구축한 바울에 이어, 기독교의 형태를 만드는 데 가장 중요한 역할을 한 인물이다.[31]

이렇게 만들어진 원죄라는 개념은 지금도 우리 문화에 엄청난 영향력을 발휘하고 있다. 일요일 아침 라디오나 TV에서 나오는 온갖 교회의 설교방송을 잠시 들어보면, 한결같이 인류 최초의 부부가 저지른 실수로 인해 우리 인간은 오직 죄인일 뿐이고 우리 앞에는 절망밖에 존재하지 않는다고 강변하는 것을 알 수 있다. 1600년 전 아우구스티누스의 개인적인 성경해석이 오늘날 명백한 사실로 받아들여지고 있는 것이다. 어떻게 하면 최대한 많은 사람들이 자신의 종교를 '선택'하도록 만들 수 있을까 궁리하며 만들어진 교리가 이제 우리에게 '선택'은 존재하지 않는다고 가르치고 있다.

아우구스티누스의 완고한 교리는 기쁨을 전하는 예수의 메시지에 그늘을 드리운다. 예수는 용서와 자비를 설교했으나, 아우구스티누스는 반대자들을 절대 용서하지 않고 끝까지 보복했다. 변절자들은 교단에 절대 참여하지 못하게 해야 한다고 주장한다. 도나투스파가 반란을 일으켰을 때도 아우구스티누스는 가차없이 그들을 무력으로 짓밟는다. 예수는 원수를 사랑하라고 말했지만 '이단에게 고문을 할 수 있느냐'는 문제를 놓고 논쟁이 벌어졌을 때 아우구스티누스는 이렇게 조언한다.

> 가혹함은 처벌할 때보다 심문할 때 더 필요한 덕목이다… 일반적으로 심문을 할 때 훨씬 엄격하게 다스려야 한다. 이로써 죄가 만천하에 드러난 다음에야 관대함을 보여줄 수 있는 것이다.[32]

예수는 누가 오른쪽 뺨을 치거든 왼쪽 뺨마저 돌려대라고 말했다. 아우구스티누스는 일찍이 교회가 폭력을 사용하는 것을 정당화했다. 예수는 두려움을 넘어서라고 가르쳤다. 아우구스티누스는 "이교도들과 마찬가지로 기독교도들 역시 대부분 두려움에만 반응한다"라고 쓴다.[33] 겁을 주어 신도를 통제해야 한다는 뜻이다. 예수는 수단이 목적을 정당화한다고 가르쳤다. 아우구스티누스는 목적이 수단을 정당화한다고 생각했다. 자신의 목적을 달성하기 위해 스파이를 고용하고 경찰과 거래하고 밀고자를 회유했다.

영지주의 문서인 토마스복음에는 사도들이 예수에게 어떻게 도灩를 이룰 수 있느냐고 묻는 장면이 나온다. 그는 "거짓을 말하지 말라. 네가 싫어하는 일을 남에게 하지 말라."고 대답한다. 아우구스티누스는 자신의 정치적 목적에 맞게 진리를 바꾸는 것을 부끄러워하지 않는 사람이었다.

신약에 나오는 예수가 여자들을 대하는 모습을 보면, 그의 깊은 연민을 엿볼 수 있다. 하지만 아우구스티누스는 여자가 남자보다 도덕적으로 나약하다고 공언하며, 모든 여자는 이브와 다름없이 남자를 유혹하는 요부들이기 때문에 그들을 남자가 지배하는 것이 마땅하다고 말한다.

예수가 목회를 시작한 후 400년 동안 기독교는 극적인 변화를 겪는다. 예수가 창시한 것을 아우구스티누스는 완전히 뒤집어 놓았다. 정통교단의 주요 옹호자들—바울, 오리게네스, 이레나이우스, 테르툴리아누스, 히에로니무스, 아우구스티누스—은 여자와 섹스를 폄훼했다. 모든 형상을 적대시했으며, 문자에 심취했다. 이에 반해 영지주의의 주요 옹호자들—마르키온, 발렌티누스, 몬타누스, 펠라기우스—은 평등을 중시했다. 형상을 사악하게 여기는 사람은 없었다. 섹스를 부도덕한 행위라고 주장하지 않았다. 글보다는 말로서 진정한 진리를 전달할 수 있다고 생각했다.

새롭게 탄생한 종교로 개종한 경건한 기독교도들은 이 양쪽 교파에 골고루 퍼져있었다. 신실함과 공정함은 이 두 교파를 움직이는 원동력이었다. 여자가 중심을 이루는 평등한 체제가 쇠퇴하고 남자가 지배하는 위계체제가 득세하는 과정은, 초기 역사에서 여신의 종교를 가부장제가 어떻게 무너뜨렸는지 충분히 짐작할 수 있는 기회를 제공한다. 물론 이러한 상관관계가 인과관계를 입증하는 것은 아니다.

그러나 함무라비의 철필에서 아우구스티누스의 깃펜까지 이어지는 기간 동안, 문자가 상당한 선물을 인류사회에 가져다줄 때마다 그에 걸맞게 여자와 이미지에 대한 역사적 범죄가 발생했던 것은 분명한 사실이다. 이러한 범죄의 주요한 용의자는 범죄현장에 잉크로 얼룩진 지문을 남겨 놓았다.

25

MARTYRDOM vs CONVERSION

순교 vs 개종

THE ALPHABET
VERSUS
THE GODDESS

짐승을 데려오고,

십자가를 가져오고,

불을 가져오고,

고문도구를 가져오라.

나는 죽는 순간 육신에서 벗어날 것이다.

나는 그리스도 안에서 안식한다.

따라서 함께 싸우고 함께 씨름하고 함께 신음하자.

오리게네스 Origen[1]

초기 기독교의 순교자들은 대부분

이후 교회에서 이단자로 분류되었다.

폴 존슨 Paul Johnson[2]

순교 VS 개종

100-500

기독교는 엄청난 권력과 아름다움을 간직한 종교다. 2000년 역사 동안 서양문명은 기독교에 온갖 찬란한 예복을 입혀 치장을 했다. 기독교는 율법을 모르는 자에게 율법을, 아픈 자에게는 구조를, 절망하는 자에게는 위안을, 영혼에는 양식을, 궁리하는 자에게는 답을, 가난한 자에게는 자선을, 혼란에 빠진 자에게는 질서를 주었다. 기독교의 신성한 문헌 속에 담겨있는 메시지는 많은 추종자들에게 저급한 충동을 물리치라고 설득했다.

기독교의 의례는 산문에 장엄함을, 신성함에 영광을 불어넣었다. 기독교의 미술, 음악, 건축은 형언하기 어려운 경외감으로 많은 이들을 사로잡았다. 봄마다 부활하는 예수 이야기는 인간의 가장 기본적인 두 가지 바람이라 할 수있는 불안의 종식과 영생에 대한 소망을 대중에게 안겨주었다.

서양의 문명과 예절이 난폭한 오랑캐들의 말발굽에 잔인하게 짓밟히던 시기에도 기독교는 믿음, 소망, 사랑이라는 원리를 지켰다. 문자와 학문이 말살위기에 처했을 때도 기독교는 굳건히 횃불을 들었다. 하지만 기독교가 번성하면서, 일찍이 인간사회에는 존재하지 않던 기이한 일탈현상이 나타나기 시작한다. 바로 집단자살이다.

2세기 초 인류역사상 최초로 보통사람들이 추상적 관념에 대한 확신을 지키기 위해 집단으로 목숨을 끊는 사건이 발생한다. 이렇게 목숨을 끊는 사람들은 martyr순교자라고 불렸는데, 이는 그리스어로 '증인'을 의미한다. 2세기에는 집단순교mass martyrdom가 흔한 일처럼 벌어진다.

이전에는 드물게 자식을 살리기 위해 목숨을 바치는 어머니들이 있었다. 가끔은 동료를 보호하기 위해 대신 죽는 군인도 있었다. 가족, 부족, 부대, 더 나아가 도시를 지키기 위해 기꺼이 죽음을 선택하는 경우도 있었다. 사랑에 빠진 젊은이들이 달빛에 취하여 자살만이 자신을 구원해줄 수 있다는 상념에 사로잡히기도 했다. 하지만 이것은 모두 고립된 개인들의 개인적인 행동에 불과했다. 또한 자식, 친구, 동료, 연인, 가정 등 죽음으로써 지키고자 하는 대상이 구체적이었다.

문자가 없는 원시부족을 연구하거나 고고학적 유적을 발굴해보면 철학적, 신학적 원리를 지키기 위해 '순교'를 선택하는 경우는 한 번도 발견된 적이 없다. 이러한 궁극의 자기보존의 원리에서 벗어난 유일한 이들이 바로 유대인과 그리스인, 알파벳을 사용한 두 문화다. 그들은 끊임없이 죽음으로써 '이상'을 지켰다. 그리스인들은 페르시아의 전제군주 크세르크세스Xerxes의 침략에 맞서 '자유를 수호하기 위해' 연합했고, 유대인들은 마카베오Maccabeus의 영도 아래 자신들의 종교활동을 보장받기 위해 죽음을 각오하고 싸웠다.

하지만 이러한 역사 역시 자신들의 보금자리를 지키고자 한 것이었다. 기독교가 본격적으로 확산되기 전에는 세계 어디에서도—메소포타미아, 이집트, 페르시아, 그리스, 인도, 중국—손에 잡히지 않는 관념에 대한 믿음을 지키기 위해 상당수 사람들이 고문을 견디고 죽음을 받아들인 사례는 찾아볼 수 없다. 살아있는 생명이라면 모두 간직한 생존본능은 무엇으로도 대체할 수 없는 것이다. 그렇다면 초기 기독교도들에게 가장 근원적인 이 생리회로가 작동할 수 없도록 차단한 특별한 상황은 무엇일까?

예수가 죽고 나서 몇 년 동안 유대인들은 상상할 수 없었던 일을 저지른다. 로마에 맞서 반란을 일으킨 것이다. 당대 사람들의 눈에 이 반란은 달걀로 바위를 때리는 것처럼 보였지만, 시간이 지나면서 로마제국에게 유대지역은 미국에게 베트남 같은 곳이었다는 사실이 드러난다.

유대지역의 반란은 크게 세 번 발발한다(66년, 113년, 132년).* 이처럼 끈질기게 오랜 세월 이어지는 유대인들의 반란을 로마의 장군들은 과소평가했으나, 이곳을 직접 통치하는 점령군의 상황은 매우 달랐다. 집요한 도시게릴라들의 공격에 무적의 전쟁기계 로마군도 상당한 피해를 입었기 때문이다.

로마는 유대지역에 병력을 증강하는 한편, 더 이상 제국의 영토를 확대하지 않는 방향으로 정책을 바꾼다.³ 일단 로마제국 내에서 반란이 발발하자, 로마제국 주변을 떠돌던 야만인들도 대담해져 갔다. 로마의 상징과도 같던 호전적이고 공세적인 태도는 미묘하게 수세적인 자세로 바뀔 수밖에 없었다. 제국이 한순간에 무너질 수 있다는 사실을 깨달은 로마는 좀더 강압적인 통치방식을 강화한다.

로마에 맞선 세 차례의 반란을 선동한 것은 유대인 우익 열심당원들이었다. 그들은 반란이 유대인들에게 죽음, 파괴, 추방을 초래할 것이라는 사실을 잘 알고 있었다. 앞에서 말했듯이 유대인들은 실제로 로마제국 안에서 상당한 특권을 누리며 살았다. 그럼에도 반란을 도모하여 스스로 거의 종족이 말살될 수 있는 지경까지 몰아간다.

로마가 정복하기 전 이 지역은 유대인 혈통의 하스몬왕조가 지배했는데, 이들 역시 자신들끼리 죽고 죽이는 동족상잔의 전쟁을 끊임없이 벌였다. 스스로 죽음을 획책하는 이러한 유대인들의 잔악함은 가히 문화적 광기로 여겨지는데, 로마의 지배 아래에서도 일종의 민족적 자살을 추구하는 광기가 다시 발현된 것이라고 볼 수 있다.

이러한 기질은 기독교에도 고스란히 전해진다. 초기 기독교도들은 세상을 새롭게 재편하는 것을 자신들의 임무라고 믿으며 이교적 가치, 로마적인 모든 것, 보편적인 권위를 모조리 부정한다. 세련된 로마인들은 처음에 이 새로운 종파를 일종의 일탈이라고만 여겼다.

● 이러한 반란을 기록한 요세푸스의 추산에 따르면, 로마인들이 살육한 유대인의 수는 150만 명에 달한다. 이것은 과장된 수치일 수 있지만, 상당히 참혹하고 야만적인 사건이었음에는 틀림없다.

로마의 역사가 수에토니우스Suetonius는 기독교도들을 '타락한 자들'이라고 불렀으며,[4] 타키투스Tacitus는 기독교를 '치명적인 미신'이라고 규정했다.[5] 마르쿠스 아우렐리우스Marcus Aurelius 황제는 죽음에 집착하는 등 잘못된 방향으로 자신을 드러내보이고 싶어하는 병적인 관심종자들이라고 폄훼한다.[6] 로마인들에게 기독교도들은 로마의 신들을 부정하고 군역을 거부하며 황제에 경의를 표하지 않는 무신론적 평화주의자들로 비춰졌다.

기독교도들은 유대전통에서 '진리 안에서 사는 것이 숭고한 삶의 소망'이라는 관념을 물려받아 신앙의 근본적인 신조로 삼는다. 기독교도들은 자선기관을 설립하여 가난한 자를 돕고, 병들고 불우한 이들을 보살폈다. 그들의 경건함은 로마의 국교에 염증을 느끼고 있던 많은 이들에게 고귀한 본성을 자극했다.

고대그리스의 전성시대와 마찬가지로, 로마 역시 문자와 이성의 황금기가 도래하자 광기가 출현한다. 로마공화정시대에는 통치자에게서나 대중에게서나 광기를 찾아보기 어려웠다. 하지만 기원전 1세기 제국이 시작되면서 로마에는 광기가 빈번히 모습을 드러내기 시작한다.

칼리굴라황제는 자신이 타는 말을 신이라고 선언하려고 했다. 네로황제는 자신의 어머니를 죽인 뒤 자신이 들어있던 자궁을 보고 싶다며 배를 가르라고 명령한다. 하드리아누스황제는 자신의 연인 역할을 하던 소년 안티노우스가 죽자 그를 신으로 숭배하라고 명령한다. 하지만 이러한 일화들은 더할 나위 없이 기묘한 집단적인 광기의 출현을 예고하는 전주곡에 불과했다.

유대인들의 반란에 고무된 초기 기독교도들은 로마 신들의 권위를 인정하려 들지 않았다. 유대인들을 완전히 굴복시키지 못하여 정치적으로 상당한 곤욕을 치른 로마인들은 이들의 움직임을 예사롭게 지나치지 않았다. 무대는 준비되어 있었다. 겉으로는 그리스도의 신성 대 주피터의 전능의 대결이었지만, 이 대결을 배후에서 조종한 것은 바로 사람의 살을 뜯어먹는 화신 디오니소스였다.

로마의 수천 개 법정에서 낮고 단조로운 어조로 재판이 이루어지는 동안 법정 밖에서는 디오니소스의 마이나드들이 티르소스 지팡이를 들고 뱅뱅 도는 죽음의 춤을 추기 시작했다. 히브리가 금지하고, 그리스가 폐기하고, 로마가 불법화한 인간을 제물로 바치는 의식이 다시 등장한 것이다.

디오니소스신화에서 살을 뜯어먹고 피를 마시는 행위는 대부분 상징적인 것에 불과했다. 그리스에서는 산 사람의 살을 뜯어먹는 육식동물의 행동을 흉내내기만 했을 뿐 실제로 사람을 잡아먹지는 않았다. 사자나 표범의 가죽을 뒤집어쓰고, 인간을 올려놓아야 할 제단에 동물을 대신 올려놓았다.

그리스에서는 상상에 불과했던 이러한 일이 로마의 원형극장에서는 현실로 벌어졌다. 흥분한 군중들 앞에서 기독교도들은 사자와 표범들에게 갈가리 뜯겨져 잡아먹혔다. 군중들은 마치 자신들이 인육을 뜯어먹는 것처럼 행동했다. 새로운 대중적 종교에서 하느님은 자신의 독생자를 희생시켰고, 하느님의 독생자는 인간의 조건을 개선하기 위해 기꺼이 고난받고 죽었다. 그리스도의 희생을 본받아 기독교도들은 기꺼이 이 대살육의 향연에 몸을 던졌다.

이그나티우스Ignatius는 순교를 위해 로마로 향하는 죄수선 위에서, 친구들을 향해 제발 자신을 말리지 말라고 간청하는 편지를 쓴다.

나는 모든 기독교도에게 이 글을 씁니다. 모든 이들에게 경고합니다. 나는 기꺼이 하느님을 위해 죽을 것입니다. 나를 막지 말아주십시오. 나에게 '불합리한 친절' 따위는 베풀지 말아주시기를 간청합니다. 내가 짐승에게 잡아먹힘으로써 하느님에게 이를 수 있도록 해주시길 바랍니다. 나는 하느님의 밀입니다. 야수의 이빨에 빻아져 그리스도의 순결한 빵이 될 것입니다⋯ 부탁드립니다⋯ 내 몸에 불을 붙여주십시오. 십자가에 못 박아 주십시오. 야수와 맞서도록 해주십시오. 갈가리 찢기고 잘리고 뼈가 바스러지고, 사지가 토막나고, 온 육신이 으스러지도록 내버려 두십시오⋯ 나는 오직 예수그리스도에게 이를 뿐입니다.[7]

190년 기독교를 소탕하라는 로마황제의 명령을 받고 안토니우스Antonius가 소아시아 총독으로 부임한다. 그는 기독교도로 의심되는 이들을 재판에 회부하여, 황제의 신성함을 인정하고 경의를 표하면 석방해주고 이를 받아들이지 않으면 고문과 죽음을 면치 못할 것이라고 공표한다. 그런데 놀랍게도, 기독교도 수백 명이 몰려와 그에게 순교할 수 있게 해달라고 간청하는 일어 벌어진다. 안토니우스는 하도 어이가 없어 이들을 대부분 쫓아버린다.

"불쌍한 중생들 같으니라구! 그렇게 죽고 싶으면 밧줄에 목을 매달든가 절벽에서 뛰어내리거라."[8]

이런 일은 한두 번 발생한 사건이 아니었다. 로마제국 전역에서 죽여달라고 찾아오는 기독교도들이 출몰했다. 북아프리카에 보관되어있던 로마제국의 재판기록에서도 이와 비슷한 이야기가 기록되어 있다. 로마총독 사투르니누스Saturninus는 기독교도라는 혐의로 재판을 받는 남자 9명과 여자 3명을 살려주려고 마음먹었다.

"너희들이 제정신을 차린다면, 우리의 주인 황제께서 용서를 해주실 것이다… 우리도 종교를 믿는 사람이다. 우리 종교는 단순하다. 우리 주 황제의 전능함을 믿는다고 선서하고 만수무강을 빌기만 하면 된다. 너희들도 그렇게만 하면 된다."

그들이 단호하게 거절하자, 사투르니누스는 다시 묻는다.

"시간을 두고 생각해보지 않겠는가?"
"그 문제에 관해서라면 생각할 필요도 없습니다."

피고 중 한 명이었던 스페라투스는 이렇게 대답했다. 이런 대답을 듣고도 사투르니누스는 재판을 30일 보류하며 기독교도들에게 기회를 준다. 하지만 30일 뒤 열린 재판에서도 그들은 전혀 물러서지 않았고, 사투리누스는 사형 선고를 내릴 수밖에 없었다.

> "스페라투스, 나르잘루스, 키티누스, 도나타, 베스티아, 세쿤다를 비롯한 이들은 자신들이 기독교 의례에 따라 살아왔다고 고백하였고, 또한 로마의 관습으로 되돌아갈 수 있는 기회를 주었음에도 이를 완고히 거부했으므로, 이에 따라 그들의 목을 칼로 벨 것을 선고한다."

선고가 내려지자마자 스페라투스와 나르잘루스는 이렇게 외쳤다.

> "오, 하느님 감사합니다!"
> "오늘 드디어 우리는 천상의 순교자가 됩니다. 하느님께 감사드립니다!"[9]

신기하게도 인간제물이 늘어날수록 기독교신도는 줄어들기는커녕 늘어났다. 이러한 흐름을 파악한 교회의 지도자들은 신도들에게 순교할 수 있는 기회가 오면 대의를 위해 과감히 목숨을 버리라고 부추겼다. 테르툴리아누스는 '순교자의 피가 교회를 성장시키는 씨앗이 된다'고 확신하였으며, 그래서 더욱 로마 당국을 조롱하고 자극하여 기독교를 더 탄압하도록 유도했다.

***

로마제국을 연구하는 역사학자들은 동시에 진행되는 두 가지 이야기를 해야 한다. 먼저 강력한 법률, 시민사회, 예술, 공학, 군사제도의 흥망성쇠를 개괄적으로 살펴야 한다. 팍스로마나는 그 광활함에도 서양문명이 기존에 경험하지 못했던 안정을 가져다주었다. 서양세계가 공유하는 공동체의식, 번영, 위생관념, 질서의식은 대부분 로마제국에서 유래한 것이다.

로마제국이 절정기에 다다랐을 때 기독교라는 종교의 출현은 매우 특별하다. 놀랍게도 이 신생종교는 로마를 지배하던 원래 종교들을 모조리 물리쳤을 뿐만 아니라, 로마제국보다 오래 살아남았다. 에드워드 기번Edward Gibbon은 예수의 탄생과 사망을 전후한 시기를 이렇게 묘사한다.

세계역사에서 인류가 가장 행복하고 가장 번영을 누린 시대를 꼽아보라고 한다면, 누구든 주저 없이 네르바가 황제에 오른 96년부터 아우렐리우스황제가 죽는 180년까지라고 말할 것이다. 이 기간은 아마도 위대한 시민들의 행복실현이 정부의 유일한 목적이었던 역사상 전무후무한 시기일 것이다.[10]

로마제국의 성쇠와 새로운 종교의 폭발적인 성장을 살펴보면 여기에 몇 가지 놀랄 만한 우연의 일치를 찾을 수 있다.

로마의 문화는 뚜렷이 구분할 수 있는 몇 단계를 거친다. 로마가 공화정을 유지하던 400년 동안은 법률과 민주주의가 가장 두드러진 특징이라 할 수 있다. 이 오랜 기간 동안 로마의 예술은 보잘것없었다. 공화정을 깨고 제국이 된 후 400년 동안 로마의 예술은 르네상스를 맞이한다. 제국의 윤리적 규범은 쇠퇴한 반면, 키케로, 리비우스, 오비디우스, 베르길리우스, 테렌티우스 등 무수한 이들이 창조적인 예술을 꽃 피웠다.

이 위대한 작가들이 나올 수 있었던 것은, 라틴문자의 우아한 단순성과 팍스로마나의 안정성에 기인한다. 로마가 통치하는 동안 많은 이들이 읽고 쓰는 법을 배웠다. 이집트에서 파피루스가, 그리스에서 교사들이 들어왔고, 또한 제국 각지에서 온갖 지식이 로마 중심부로 쏟아져 들어왔다. 예수가 활동하던 시점에 출간되는 책의 양은 기록적으로 증가한다.[11] 1세기경 알렉산드리아 대도서관은 53만2,000권의 책을 소장하고 있었다. 물론 이것이 가장 큰 규모이기는 하지만, 이에 못지않은 도서관들이 로마 각지에 있었다.

또한 부유한 로마인들은 책을 수집하는 데 열정적이었다. 제각각 노예필경사들을 두고 쉴 새 없이 베껴서 책을 만들어냈다. 세네카에 따르면, "부자들의 저택에는 욕실만큼 개인도서관이 흔했다."[12] 산문으로 이루어진 최초의 로맨스와 모험담도 이때 등장한다.[13]

기번은 기독교가 급속도로 확산될 수 있었던 5가지 요인을 꼽는다. 그 중하나가 바로 문자를 읽을 줄 아는 엄청난 인구의 존재다. 체계적인 문자교육을 성공적으로 실시하고 있던 로마제국은 최초의 알파벳 기반 종교인 기독교에게 기회의 땅이었다. 씨앗만 심으면 삽시간에 그 광대한 영역을 뒤덮을 수 있었다. 바울과 그에게 영향을 받은 복음서의 저자들이 부지런히 씨앗을 만들어내고 싶었다. 글을 전혀 모르고 살다가 문자라는 새로운 혁신적인 커뮤니케이션수단을 습득한 사람들은 모두 기독교의 잠재적인 개종자가 되었다.

믿음을 위해 생명을 포기하라고 부추기는 이 새로운 종교가 갑작스럽게 출현한 시점은, 실용적이고 분별력있는 로마의 문학, 철학, 공학, 법률과 군사적위업이 절정을 누리고 있을 때였다. 로마의 기록문화가 최절정에 달했을 때, 기본전제부터 비합리적이고 반이성적인 종교가 혜성처럼 나타나 로마를 뒤덮기 시작했다는 사실은, 기묘한 우연이 아닐 수 없다.

우리는 이와 비슷한 우연을 400년 전 그리스에서 본 적이 있다. 소크라테스, 플라톤, 아리스토텔레스로 대표되는 이성과 논리가 만개한 황금시대에, 한편에서는 황홀경 속에서 진행되는 디오니소스 숭배의식이 널리 확산되고있었다. 알파벳이 급속도로 확산되면서 좌뇌의 가치로 급작스럽게 쏠리는 경험을 한 인류는 이러한 쏠림을 만회하기 위해 '광기'라고 규정할 수밖에 없는문화적으로 기이한 행태를 보이기 시작한다.

물론 기독교를 미친 종교라고 할 수는 없지만, 신앙을 지키기 위해 죽음도불사한 초기 기독교도들의 소름끼치는 행동은 집단광기로 볼 수밖에 없다.[•]

● 오늘날 누군가 새로운 종교를 위해 목숨을 바치려고 한다면, 사람들은 당연히 미쳤다고 생각할 것이다.

이성과 광기는—물론, 어깨를 나란히 하고 싶어하지는 않겠지만—2인3각 경주처럼 함께 전진한다.

*** *

알파벳이 종교적 신념의 변화에 어떤 역할을 하는지는, 이집트에서 일어난 사건이 가장 잘 보여줄 것이다. 2세기 이집트사람들은 급속도로, 그리고 열정적으로 기독교로 개종한다.[14] 이는 많은 역사학자들이 주목할 만큼 특이한 현상이었다. 어쨌든 이집트는 장엄한 고대문명의 전통이 숨쉬는 곳이니, 그만큼 변화를 쉽게 받아들이지는 않을 것으로 여겨지기 때문이다.

당시 시점에서 이미 3000년이라는 엄청난 역사를 가지고 있던 이집트는 다양한 이민족의 침략과 지배받았음에도 오시리스, 이시스, 아몬, 마앗, 아누비스와 같은 자신들의 고유한 신들에 대한 믿음을 간직하고 있었다. 실제로 이집트를 정복한 이민족들이 오히려 이집트의 신과 신화에 매료되는 경우가 많았다. 그래서 이집트 지역에 진출하는 나라는 모두 이집트의 영향을 받았다. 오시리스는 그리스로 건너가 디오니소스, 아티스, 아도니스가 되었고, 마앗은 아테나와 미네르바로 탈바꿈하고, 이시스는 데메테르와 키벨레의 원형이 된다. 이러한 이집트인들이 2세기 말 돌연 자신들의 고대 신을 버리고 이민족의 새로운 종교를 받아들인다. 그 이민족은 다른 누구도 아닌 유대인이다.

당시 유대인들은 이집트의 주요 소수민족이었다. 알렉산드리아에서는 인구의 5분의 1을 차지했다.[15] 유대인들의 형상 없는 절제된 종교는 이집트의 종교와는 정반대의 것이었다. 이집트인들이 유대인들을 싫어했다는 것은 기록으로도 남아있다. 유대의 신이 이집트의 무수한 장남들을 죽이고, 파라오도 죽였다고 믿으며 이를 기념하는 명절 페사흐를 유대인들이 매년 지킨다는 사실은 이집트인들 사이에서도 유명했다. 이집트인들에게는 굴욕적으로 느껴질 수 있는 일이었다.

이 같은 사건을 기념하는 유대인이 주인공인 종교로 개종할 사람은 과연 얼마나 있었을까? 하지만 이집트인들은 당시 어디에서도 볼 수 없는 열정으로 새로운 종교를 적극적으로 받아들인다. 이집트인들은 왜 자신들의 풍요로운 만신전을 포기하고, 자신들의 사제를 공격하고, 심지어 자신들의 신전을 파괴하면서까지 십자가에 매달린 유대인 예언자가 이야기 중심에 서있는 새로운 종교로 개종한 것일까?

혁신을 낳은 사회는 그 혁신으로 파멸한다는 앨프레드 노스 화이트헤드 Alfred North Whitehead의 주장은 문자에도 그대로 적용할 수 있다. 기원전 2세기 지중해와 접해있는 지역에서 알파벳을 쓰지 않는 지역은 이집트가 유일했다. 이집트는 알파벳을 받아들이는 것을 완고하게 거부했다. 대신 신관문자를 더욱 간결하게 개량한 '민중문자'라는 글자를 만들어낸다. 민중문자는 음소를 단위로 하는 알파벳과 달리 음절을 단위로 하는 문자였다.

하지만 결국 끊임없이 밀려들어오는 알파벳의 침탈을 막아내지 못하고 이집트인들은 민중문자에 알파벳의 원리를 가미한 '콥트'라는 문자체계를 만들어낸다. 거의 하룻밤 사이에 성가신 상형문자와 신관문자는 자취를 감췄고, 민중문자도 콥트문자로 대체된다. 알파벳문자가 새롭게 자리잡기 위해 경쟁하던 시점에 가장 오래된 알파벳문화를 지닌 유대인들이 만들어낸 새로운 종교가 이집트를 휩쓴 것은 단순히 우연의 일치일까?

복음서가 상형문자로 쓰였다면 기독교는 결코 이집트에 뿌리내리지 못했을 것이다. 실제로 복음서는 신관문자나 민중문자로 번역된 적이 없다. 오직 콥트어로만 번역되었다. 그래서 콥트는 기독교와 긴밀하게 연관을 맺게 된다. 콥트는 이집트의 알파벳을 의미하기도 하지만 이집트의 기독교를 의미하기도 한다.

한때 세계에서 여자들이 가장 평등하게 대우받던 곳이 이집트였지만, 기독교가 전파되면서 평등문화도 종말을 고한다. 오리게네스의 스승인 알렉산드리아의 클레멘스Clement는 이집트에서 여자들의 권리를 모두 폐지한다고 선언한다. 그가 들고 있는 콥트문자로 쓰여진 복음서에는, 예수가 "나는 여자들의 모든 업적을 파괴하러 이 땅에 왔다"고 말했다고 쓰여있었다.[16] 이러한 상징조작은 콥트교회의 여성혐오 정서가 얼마나 극심했는지 보여준다.

* * *

기독교가 로마의 국교가 된 뒤 교회의 아버지들敎父은 우상파괴를 명령한다. 광신자들이 커다란 망치와 칼을 휘두르며 거리로 헤집고 다니면서 2000년 동안 축적되어온 고대문화를 대표하는 귀중한 조각상과 그림들을 모조리 파괴했다. 프락시텔레스Praxiteles, 파이디아스Pheidias, 리시포스Lysippus의 작품들이 모두 이 때 파괴된다. 스핑크스의 코를 떼어내고 밀로의 비너스에서 두 팔을 잘라낸 이들도 기독교 광신도들이었을 것이다.•[17]

대리석 조각상과 그림을 박살내고 그림을 난도질한 이들은 그것이 종교적인 작품이든 세속적인 작품이든 구분하지 않았다. 실제로 교부들은 이교도 신은 물론, 일체의 형상을 모조리 제거하라고 명령했다. 그 이유는 모세가 10계명으로 모든 형상을 금지한 것과 똑같다. 좌뇌로 이해되는 문자메시지가 세상을 지배하기 위해서는 우뇌로 인식되는 이미지를 세상에서 완전히 없애야 한다.

초기 기독교에서 여자들이 상당수 자리를 차지했음에도 여자들의 권리는 공격대상이 되었다. 초창기에 여자들은 남자들과 함께 중요한 의례를 집전했고, 회중의 기도를 이끌었다. 그들은 새롭게 탄생한 교회를 키웠으며, 자신의 재산을 교회에 기증했고, 열정적으로 선교활동을 했으며, 심지어 교회를 위해 목숨을 끊는 경우도 많았다. 이 새로운 종교는 여성적 원리에 기초한 것이기에 여자들은 계속 중심적인 역할을 할 수 있었으며, 또 실제로 그랬다. 하지만 이 모든 상황은 예수가 한 말을 문자로 박제하면서 급변한다. 잉크가 마르면

• 이러한 주제에 관한 책들은 조각상에서 코나 귀를 떼어내면 우상의 힘을 파괴할 수 있다고 가르쳤다. 실제로 스핑크스를 비롯하여 고대조각상에 코가 없는 경우가 많은데, 기독교도들의 소행일 것으로 여겨진다.

서, 여자들은 2등 지위로 추락하고 만다.

신약의 위상이 높아질수록 여자의 권리는 대폭 축소되고, 이미지는 말살되었다. 380년 필레의 이시스신전이 폐쇄된다. 390년에는 대주교 테오필루스의 지시에 따라 기독교 광신도무리가 알렉산드리아의 대도서관을 모조리 불태워버렸다. 기독교가 출현하기 이전에 저술된 이교도들의 고대문헌이 소장되어있다는 이유 때문이었다. 391년 에페수스의 아르테미스신전이 약탈당한다. 425년 테오도시우스2세는 팔레스타인 지역의 모든 유대교회당을 폐쇄한다. 529년 유스티니아누스1세는 아테네의 아카데미를 해체한다. 사랑과 관용에서 탄생한 기독교는 이제 옹졸하고 포악한 종교가 되고 말았다.

415년 봄, 여자들이 처한 운명의 변화를 압축해서 보여주는 상징적인 사건이 발생한다. 당대의 국제도시 알렉산드리아에는 신플라톤학파의 거두이자 수학자로서 유명했던 히파티아Hypatia가 살았다. 그녀는 또한 오르페우스 교파를 지지하는 주요 인물이었다.[18] 그녀의 품위, 미모, 유창한 화법은 남녀를 막론하고 많은 학생들을 불러 모았다. 히파티아는 고대그리스의 전통을 한 몸에 담아낸, 지혜와 학문과 과학의 화신과도 같은 존재였다.

알렉산드리아의 대주교 키릴Cyril of Alexandria은 히파티아의 위상과 영향력을 못마땅하게 생각했다. 키릴은 니트리아 수도사들에게 그녀를 납치해오라고 시킨다. 수도사들은 그녀가 지나가는 길목에 매복해있다가 길을 막고 마차에서 그녀를 끌어내 교회로 끌고 갔다. 그녀의 옷을 모두 벗기고 손과 발을 사방으로 벌려 묶었다. 그리고 수도사들은 굴껍질로 살가죽을 벗겨내는 고문을 했다. 살점을 파내 뼈가 드러날 때까지 고문은 계속되었다. 그녀가 죽자 수도사들은 사지를 잡아당겨 시체를 갈가리 찢어 버렸다.

이러한 고문과 사지절단은 남자를 제물로 삼는 신화 속의 마이나드들을 떠올리게 한다. 알파벳 텍스트에 기초한 가부장적 패러다임이 급속히 부상하면서, 마이나드와 그들의 제물이 되는 이들의 성별이 뒤바뀐 것이다.

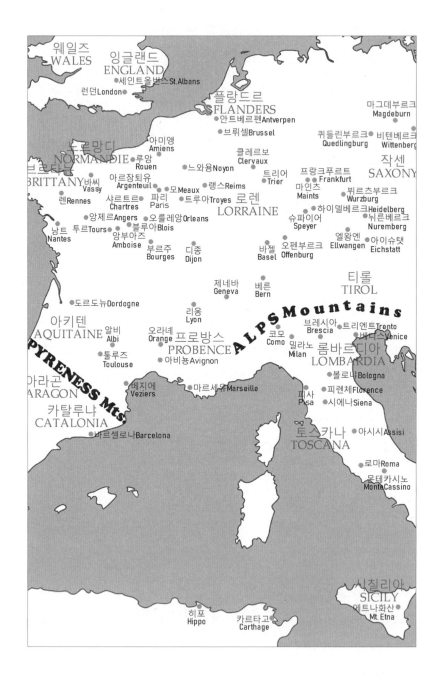

26

MARIA vs TRINITY

마리아 vs 3위1체

THE ALPHABET
VERSUS
THE GODDESS

곤경에 처한 이를 동정하라.

친절하고 관대하고 겸손하게 행동하라...

그대에게 어떤 잘못을 했든 용서하라...

남자다움과 유쾌함을 잃지 말라.

존경과 사랑으로 여자를 보호하라.

그러면 젊은 남자의 명예는 드높여질지니.

언제나 한결 같으라. 이는 남자의 본분이다.

진실한 사랑을 배신하는 자는 존경받을 수 없다.

중세시대 작가 볼프람 폰 에셴바흐 Wolfram von Eschenbach의 기사도 규범[1]

그대는 매일 단식하고, 매일 기도하고, 매일 일하고, 매일 글을 읽어야 한다.

수도사는 한 수도원장 아래서, 수많은 형제와 공동체를 이루며 살아야 한다.

성 콜룸바노 St. Columban, 585년[2]

마리아 vs 3위1체

500-1000

○주의 어떤 관찰자가 캄캄한 극장에 혼자 앉아 인류의 드라마가 전개되는 것을 보고 있다고 가정해 보자. 무대에는 로마제국의 현란한 장관이 펼쳐지고 있다. 토가를 입은 사람들, 수도복을 입은 사람들, 머리에 월계관을 쓴 사람들, 주교관을 쓴 사람들이 스포트라이트를 받으며 무대의 중심에 서있다. 그러던 중 410년 영원할 것 같던 도시 로마에 야만인들의 쳐들어와 약탈하고 방화하고 폐허로 만든다. 찬란하던 로마의 빛은 잿빛으로 변한다. 불에 타버린 폐허 속에는 누더기를 걸친 생존자들보다도 무리지어 거리를 배회하는 털 빠진 개들이 훨씬 자주 눈에 띤다.

476년 무대는 완전히 어둠 속에 잠긴다. 이런 암전 속에서도 관찰자는 무대 위에서 어떤 움직임이 이어지고 있다는 사실을 안다. 무대장치를 이리저리 옮기는 소리, 투덜대는 소리, 소곤대는 소리가 들려온다. 어둠 속에서도 상당히 많은 일이 벌어지고 있다는 것을 분명히 알 수 있지만 캄캄해서 무슨 일이 벌어지는지는 보이지 않는다. 이러한 암전상황은 500년 동안 지속된다.

불이 다시 켜졌을 때 무대는 완전히 달라져있다. 우아한 기둥장식과 반구돔은 사라졌고, 도로와 수로는 고대세계의 흔적으로만 남아있다. 다분히 폐쇄적으로 운영되는 작은 도시와 마을에 사람들이 모여 산다. 도시나 마을은 뿔뿔이 흩어져있으며, 로마시대처럼 광활한 지역을 연결해주는 상업이나 교류는 거의 없다. 여행은 극도로 위험한 일이 되었다. 도시나 마을을 벗어난 지역은 산적떼들이 지배하는 위험한 곳이다.

시민의 권리는 완전히 붕괴된 상태다. 모든 사람이 더럽고, 모든 것이 검댕을 뒤집어쓰고 있는 듯 잿빛이다. 사람들이 쓰는 말이 낯설다. 라틴어나 그리스어가 아니다. 지역마다 고유의 방언들을 사용한다. 제대로 발달되지 않은 투박한 억양이 귀에 꽂힌다.

등장인물들은 빨간색, 검은색, 갈색 옷을 입고 있다. 공동체에 막강한 영향을 미치는 교회의 성직자들은 양피지 위에 새긴 글자처럼 검은 옷을 입었다. 땅을 바둑판 모양으로 나눠 이를 소유하고 관리하며, 전쟁이 터지면 나가서 싸우는 귀족들은 빨간 옷을 입었다. 변변치 못한 생활을 영위하기 위해 밭에 나가 부지런히 일하는 농노들은 볼품없는 갈색 옷을 입었다.

인구의 대다수를 차지하는 농노들은 이승에서 목숨을 부지하기 위해 귀족에게 의지해야 했으며, 저승에서 영혼을 구원받기 위해 성직자에게 의지해야 했다. 보호자이자 압제자인 이들에게 농노들은 얼마 안 되는 곡물수확량 중 상당부분을 바쳐야 했다.

역사학자들이 이 시대를 암흑시대라고 부르는 이유는 단 한 가지 때문이다. 로마제국의 몰락 이후 예기치 못한 역사의 반전이 일어난다. 알파벳의 씨앗을 뿌리기 위해 노력했던 로마제국이 몰락하자마자 끊임없는 침략과 혼돈에 시달리던 서유럽의 세속적인 공간에서 알파벳이 시들어버린 것이다. 교회에서만 문자전통이 겨우 유지되었다. 영국의 역사학자 케네스 클락Kenneth Clark은 이 500년 동안 평민은 물론 왕도 귀족도 대부분 글을 읽지 못했을 것이라고 추정한다.[3] 칠흑 같은 문맹이 유럽 전역을 뒤덮은 것이다.

암흑시대는 마치 블랙홀처럼 모든 것을 빨아들였다. 이 기간 동안 주목할 만한 과학적, 문학적, 철학적 사고는 단 하나도 출현하지 않았다. 글로 기록된 것이 없기 때문에 암흑시대의 삶이 어떤 모습이었는지는 정확하게 파악하기도 어렵다. 다만, 당시 삶이 매우 불안정했을 것이라고 추론할 뿐이다. 야만적인 풍습, 무지, 미신이 지배했던 것으로 보인다. 토마스 홉스Thomas Hobbes의 말을 빌리자면, 그들의 삶은 "불결하고, 거칠고, 짧았다."

이러한 야만의 시대에는 당연히 강한 자가 약한 자를 짓밟고, 여성적 가치도 억압당했을 것이라고 많은 이들이 생각한다. 하지만 정말 그랬다면, 10세기가 되어 역사의 무대에 (희미하긴 하지만) 문자가 다시 빛나기 시작할 때 온갖 음유시인들이 여자들을 찬미하는 노래를 불렀다는 사실을 설명하기 어려워진다. 더욱이 이 캄캄한 암흑시대의 자궁에서 기사도시대Age of Chivalry가 출현한다. 기사도시대의 남자들의 가장 큰 열망은 아름다운 성fair sex, 즉 여성을 보호하고 그들에게 봉사하는 것이었다.

독일에는 '여성에 대한 찬미'라는 뜻의 프라우엔롭Frauenlob을 자신의 이름으로 쓰는 탁월한 음유시인이 있었다.[4] 프랑스에서는 쇠사슬로 짠 갑옷을 입은 기사들이 왕국의 여자들의 명예를 지키겠다는 맹세를 했다. 오랜 세월 말로 전해져내려온―나중에 문자로 기록된―기사도규범은 남자들에게 "모든 여자에게 봉사하고 경의를 표하라"고 요구하며 이를 위해 "어떠한 고통과 수고도 아끼지 말라"고 명령한다.[5]

서양의 역사에서 무수한 격동의 시기가 있었지만, 여자들의 안녕이 이처럼 오랫동안 최고의 가치로 받들어진 적은 없다. 500년부터 1000년까지 극도의 혼돈과 암울함이 드리워져있던 기간이었지만, 남녀 간의 평등은 거의 균형에 다다라있었다. 역사학자 도리스 스텐턴Doris Stenton은 이렇게 말한다.

"지금까지 남아있는 증거는… 현대 이전의 어떤 시대와 비교해 보더라도 여자들이 남편이나 남자형제들과 훨씬 평등한 동반자 역할을 했다는 것을 보여준다."[6]

* * *

기사도정신에 영감을 받아 생겨난 신화도 있다. 방랑하는 음유시인들의 노래를 통해 전해져 내려온 아더왕과 용감한 기사들의 이야기는 기사도시대의 윤리를 보여준다. 12세기 크레티엥 드트루아Chrétien de Troyes와 13세기 윌리엄 맘즈

버리^{William of Malmsbury}를 통해 전해진 신화의 파편들은 (물론 그것이 정말 하나의 신화였는지는 알 수 없다) 15세기 토마스 말로리^{Thomas Malory}에 의해 일관성있는 하나의 이야기가 된다.

아더왕이 통치하던 시대는 정의와 도덕이 바로선 시대로 그려지고, 카멜롯은 평등한 세상으로 그려진다. 아더왕시대의 윤리는 '아더왕과 원탁의 기사'라는 말 속에 함축되어있다. 왕을 비롯하여 누구도 남보다 높은 자리에 앉을 수 없다. 둥근 원탁에는 높고 낮음이 없기 때문이다.

무엇보다 이 구술문화는 남자들에게 '예의바르게' 행동하는 법을 가르친다. 남자들에게 기대하는 행위규범은 크레티엥 드트루아의 이야기에 등장하는 란슬롯 이야기에서 찾아볼 수 있다.

"완벽한 연인이라 할 수 있는 그는 여왕에게 기쁨을 주고자 언제나 충직하게, 신속하게, 즐거운 마음으로 소임을 다한다."

아더왕이 가장 신뢰하는 조언자는 마법사 멀린이다. 마법사는 쉽게 말해 샤먼이다. 샤먼은 구술문화시대에 사회적으로 존경을 받는 이들이다. 알파벳문화가 다시 도래하면서 마법사들은 다시 악마와 같은 존재로 전락하고, 나중에는 성별도 바뀌어 16-17세기가 되면 무시무시한 '마녀'로 그려진다.

아더왕의 기사가 되기 위해서는 오랜 시간 엄격한 수련을 통해 검술, 무술, 자제력 등을 길러야 한다. 하지만 이에 더해 춤도 배워야 하고 악기연주도 배워야 한다. 왕국의 주군과 귀부인들을 지키기 위해 전쟁에 나갈 때가 아니면, 기사들은 친절하고 정중한 태도로 신분에 맞는 의무를 다해야 했다. 모든 기사들이 이렇게 고귀한 이상에 부합하여 살지 않았다고 하더라도, 여성친화적인 군사규범의 독특성은 여전히 빛이 발한다.

문자를 모르는 귀족들이 보여주는 여자에 대한 사랑과 존중은, 성배를 찾는 무수한 신화 속에서 상징적으로 드러난다. 성배^{Grail}는 예수가 마지막 만찬에서 포도주를 마신 잔으로, 예수가 십자가에 매달렸을 때 예수의 피를 이 잔에 받았다고 전해진다. 성배는 글을 몰랐던 서유럽의 귀족 기독교도들의 상상력을 자극했다.

한 가지 흥미로운 사실은, 비잔티움(콘스탄티노플)의 지식인들이나 문자를 아는 교회의 높은 사람들은 성배에 전혀 관심을 보이지 않았다는 것이다. 또한 중세가 끝나고 문자가 도래하자 서유럽에서도 성배에 대한 관심은 완전히 사라진다.

성배는 액체를 담는 그릇으로, 여성의 원형적 상징archetypal symbol이다. 수메르시대에는 여신에게 술을 바칠 때 여자의 성기모양으로 만든 술잔을 사용했다.[7] 이러한 술잔은 여신에게 경외심을 표현하는 가장 신성한 물건 중 하나였다. 고대그리스인들은 남자신들이 트로이의 헬레네의 젖가슴으로 최초의 잔을 만들었다고 생각했다.[8] 지금도 우리는 무의식적으로 어머니의 젖과 여자의 외음부를 다양한 형태의 잔이나 그릇과 연관시킨다.

암흑시대에는 물고기 대신 성배가 기독교의 상징으로 사용되었다. 잃어버린 성배를 찾고자 하는 남자들의 집념은 문자를 모르는 사람들 사이에 생겨난 어떤 방향성을 보여준다. 문자의 빛이 꺼지기 전 기독교 정통교단의 지도자들—바울, 테르툴리아누스, 히에로니무스, 아우구스티누스—은 불굴의 노력을 기울여 원죄, 죄의식, 수난을 중심주제로 하는 종교를 만들어 냈다. 500년이 지난 10세기에 빛이 다시 들어왔을 때 유럽인들은 출산과 여성성에 상당한 경외심을 가지고 있었고, 이러한 관념은 기독교에도 상당한 변화를 가져온다. 누구도 예상치 못한 '여신'이 갑자기 등장하여 전유럽에 퍼져나가기 시작한 것이다.

마리아는 원래 기독교에서 3위1체 다음으로 올 만한, 즉 4번째로 중요한 위상을 가질 만한 후보는 아니었다. 바울은 예수의 어머니에 대해 언급한 적이 없다. 복음서의 저자들도 그녀에 대해서는 거의 언급하지 않았다. 그녀의 출생과 사망에 대해 정확히 아는 사람은 없다. 더욱이 마르코복음 3장 31-35절과 마태오복음 12장 46-50절에서 예수는 심지어 자신의 어머니를 사람들 앞에서 면박주기도 한다. 또한 마리아가 처녀로서 예수를 잉태했다는 이야기는 마태오복음 1장18-25절에만 등장할 뿐이다. 하지만 이전에 존재한 대지의 여신들처럼, 마리아는 그리스도의 삶에서 가장 중요한 두 사건, 즉 탄생과 죽음에서 중요한 역할을 한다.

4세기, 문자로 기록된 문서들을 가려 정전을 만들면서 초기의 성직자들은 온갖 이교집단의 다신들이 부르는 유혹의 노랫소리가 기독교에 침투하지 못하도록 완전히 차단하는 데 성공했다고 확신했다. 바울이 고안해낸 성부, 성자, 성령으로 이루어진 3위1체의 종교에는 여신이 끼어들 틈이 없었다. 그를 이은 교부들의 가장 중요한 임무 역시 이교의 여신들이 교회 안으로 들어오지 못하도록 제압하는 것이었다. 아우구스티누스는 어머니대지 여신을 숭배하는 것을 '음란하고… 기괴하며… 사악하다'고 여겼다.[9]

기독교 교리에는 결단코 신성한 여자가 끼어들 틈이 없었다. 하지만 암흑시대가 시작되면서 유럽의 기독교세계에서 마리아를 향한 신앙이 갑자기 꽃을 피운다. 600년경에는 아테나를 섬기기 위해 지었던 파르테논신전을 마리아를 섬기는 신전으로 다시 봉헌한다. 이교의 여신을 위해 지어졌던 다른 신전들도 대부분 마리아를 섬기는 신전으로 바뀐다.

지중해를 중심으로 탄생한 기독교 이전의 종교들은 한결같이 가장 중심이 되는 신을 위한 거대한 기념물을 세웠다. 마르둑에게는 지구라트, 아톤에게는 고대도시 아케타톤, 제우스에게는 헤르쿨라네움신전, 야훼에게는 예루살렘성전이 있었다. 이들은 모두 웅장한 석조건축물을 지어 최고의 신에게 경의를 표하고자 하는 인간의 보편적인 충동을 보여준다. 중세의 가장 눈에 띄는 예술적 성취는 높은 첨탑으로 유럽의 하늘을 찌르는 수많은 고딕양식의 대성당을 들 수 있다. 이 거대한 석조건축물보다 중세의 시대정신을 더 잘 표현하는 것은 없을 것이다.

하지만 중세인들이 웅장한 대성당을 지은 것은, 3위1체에 속하는 남자신을 기리기 위한 것이 아니었다. 프랑스에서 가장 웅장한 네 곳의 대성당—파리, 샤르트르, 랭스, 아미앵—의 이름은 모두 노트르담^{Notre Dame}인데 이는 '성모마리아'라는 뜻이다. 피렌체의 산타마리아^{Santa Maria} 델 피오레 성당과 콘스탄티노플의 성소피아^{Saint Sophia} 성당, 뮌헨의 프라우엔키르헤^{Frauenkirche}성당도 모두 마리아를 위한 기념물이다. 시민지도자들은 물론 교회의 지도자들도 이 엄청난 건축물들을 그리스도가 아닌 그의 인간 어머니에게 바치는 데 동의한 것이다.

프랑스에서만 해도 100여 개 교회와 80여 개 대성당이 마리아 이름으로 지어졌다.[10] 대부분 11세기 이후 완성되었지만, 그러한 건축물을 세우고자 하는 계획은 암흑시대 말에 세워졌다. 마리아의 미덕을 칭송하는 복음서는 존재하지 않지만, 유럽의 풍경을 아름답게 수놓는 하늘 높이 치솟은 돌로 만든 '성서'들은 한결같이 그녀를 기리고자 하는 민중의 마음을 표현한다.

신약에는 예수가 살아있을 때 벌어진 다양한 일화들을 상세하게 묘사하지만, 그의 외모에 대해서는 조금도 이야기하지 않는다. 그가 키가 컸는지 작았는지, 말랐는지 뚱뚱했는지, 피부가 희었는지 거무스름했는지 모른다. 이 좌뇌에 초점을 맞춘 텍스트는 예수의 얼굴을 상상할 수 있는 어떠한 단서도 제공하지 않는다. 결국 이전의 아몬이나 야훼처럼 예수도 얼굴 없는 신이 되었다.

인간의 몸으로 탄생한 신이라면, 누구든 그 '형상'에 가장 먼저 관심을 가졌을 것이다. 외모에 대해 묘사하는 것을 빼놓는다는 것은 말이 되지 않는다. 어쨌든 기독교도들은 오로지 하얀 종이에 찍힌 검은 잉크들의 나열을 통해서만 그를 이해해야만 하는 처지에 놓였다.•

하지만 문자를 알지 못하는 유럽에서 등장한 마리아는 신약에 나오는 카나의 혼인잔치에서 아들에게 단호하게 훈계하는 고집 센 여인과는 다르다. 예수와 달리 암흑시대의 마리아는 거의 말을 하지 않는다. 그녀는 핵심을 찌르는 비유도 의미심장한 금언도 하지 않는다. 그녀의 메시지는 그녀의 '형상'을 통해 전달될 뿐이다. 종교행렬 맨 앞에 서거나, 집, 상점, 교회, 교차로의 벽면

• 무수한 생생한 은유와 풍부한 비유가 등장함에도, 복음서에는 색깔용어가 등장하지 않는다. 이는 우뇌의 작동을 최대한 억제하고 좌뇌만을 최대한 사용하게 만들기 위해 의도적으로 삭제한 것이다.

을 장식하고 있는 모습만 보여줄 뿐이다. 더욱이 서유럽 전체에 퍼져있는 성모의 모습은 신기하게도 모두 비슷한 모습을 띠고 있다.

성모마리아에 대한 신앙이 퍼져나가는 동안 이전에는 볼 수 없던 새로운 현상이 유럽 전역에서 나타난다. 마리아의 환영을 보았다는 사람들이 여기저기서 나타나는 것이다(물론 마리아는 눈앞에 나타나서도 아무 말도 하지 않는다). 기독교가 처음 세워지고 전파된 최초 400년 동안에는 이러한 현상이 나타나지 않았다. 통계적으로 볼 때 교육을 받은 성직자들보다 무지한 양치기나 글을 모르는 농노처녀들이 성모의 환영을 더 자주 목격한 것으로 여겨진다. 교회 역시, 글자를 모르는 사람일수록 성모를 목격했다는 증언을 공식적으로 더 쉽게 인정해 줬을지도 모른다.●

구약에서 야훼는 자신의 목소리를 '듣고' 그것을 기록한 글을 '읽을' 수 있는 사람들을 선택했다. 중세사람들은 성모를 환영으로 '시각화'한다. 이 암흑의 세기 동안 마리아를 목격했다는 사람은 넘쳐났지만, 성부나 성령을 목격했다는 사람은 한 명도 없었다. 예수를 목격했다는 사람은 가끔 나왔다. 알파벳문화에서는 남신을 '말'을 통해 이해했던 반면 문맹세계에서는 여신을 '이미지'를 통해 본다. 중세시대 마리아숭배가 확산된 것은 알파벳문화가 붕괴된 것과 직접 연관이 있는 것으로 여겨진다.

암흑시대가 시작될 때, 세속적인 예술은 사실상 소멸된 상태였다. 두 번째 계명으로 우상을 금지한 이후 그레고리오 대교황Pope Gregorius the Great(590-604)은 성가신 문제에 직면한다. 방대한 지역을 관할하는 최고성직자로서 글을 모르는 사람들에게 어떻게 기독교교리를 전파할 것인가? 더욱이 그림이나 조각을 이용하지 못하는 상황에서 이는 매우 어려운 과제였다. 성서를 문자 그대로 엄격하게 해석하는 이들의 완고한 반대를 뚫고 대교황은 두 번째 계명을 무효라고 선포한다.

● 지금까지 성모마리아를 목격했다는 주장을 교회가 공식적으로 인정한 것만 2만 1,000건이 넘는다.

"글을 아는 사람에게 문자가 하는 역할을 글을 모르는 사람들에게 그림이 할 수 있다."[11]

이미지의 힘을 깨달은 교회는 787년 그레고리오 대교황의 포고를 수정한다.

"그림을 그리는 것은 화가의 일이고, 신도를 이끌고 절차를 집행하는 것은 성직자의 일이다."[12]

교회가 의뢰한 최초의 그림에는, 새로 임명된 교황이 교황이라는 지위를 상징하는 물건을 받아드는 모습이 담겼다. 그런데 이 상징물을 내려주는 이는 하느님도 예수도 베드로도 아닌, 여황제처럼 왕관을 쓰고 예복을 입고 있는 성모마리아다.

신약에서 지혜로운 가르침을 베풀고 용기있는 행동을 보여주는 예수의 모습은 기독교미술에서 거의 등장하지 않는다. 가톨릭에서 예수는 아무 힘도 없는 아기이거나 십자가에 매달려 죽은 남자의 모습으로 그려질 뿐이다. 두 경우 모두 그의 어머니가 곁에서 예수를 돌본다. 탄생과 죽음은 인류역사에서 여신이 관할하는 영역인데, 마리아도 여기서 벗어나지 않는다.

성모숭배가 확산되면서 기독교의 성격 자체가 변한다. 마리아와 성인들에 대한 헌신은 바울, 히에로니무스, 아우구스티누스가 다져놓은 남성적인 정통교단의 신조를 기초부터 흔들어놓았다. 그리스로마 종교에서 천상의 영역은 수많은 신들로 분주했다. 성모마리아의 시대에도 하늘나라는 성인들로 붐볐다. 10세기에 이미 성인으로 인정된 사람이 수천 명을 넘어섰다.

3위1체라는 단서가 붙기는 하지만, 그래도 유일신을 고수하는 기독교는 일찍부터 다신교와 치열하게 싸웠고, 4세기에는 이 투쟁에서 완전히 승리를 거둔 듯 보였다. 하지만 문맹의 시대가 오자 다신교는 다시 민중들의 상상력을 자극했다. 글을 아는 남자로만 이루어진 사제단은 제단 앞에서 남성적인 3위

1체의 신에게 기도를 드린 반면, 글을 모르는 대중들은 예배석에 앉아 성모와 성인들의 형상을 그리며 공명하는 소리에 취해 묵상을 했다.

교부들은 무의식적으로 마리아숭배가 기독교에 위협이 될 수 있다는 것을 인식하고 있었다. 그래서 마리아에게 이전의 여신들이 지니고 있던 본질적 특성은 부여하지는 않는다. 이전의 여신들은 한결같이 다산의 상징이자 대지의 주인인 반면, 성모마리아는 이러한 개념과 연관되지 않도록 완전히 차단한다. 교부들은 그녀에게 '대지의 여왕'이나 '지하세계의 여왕'이 아닌 '하늘의 여왕'이라는 영예로운 호칭을 선사한다. 야훼가 아담에게 이야기했듯이, 이름을 붙이는 것은 곧 그것을 지배하는 것이다. 남성 중심의 교회질서에서 마리아는 하느님의 어머니Mother of God로서 경배될 뿐, 어머니하느님God the Mother으로 경배되지 않는다. 또한 그녀에게 '섹스'와 '출산'이라는 이미지가 스며들지 않도록 하기 위해 상반된 두 가지 측면을 강조한다. '동정녀'와 '어머니'라는 개념이다.

하지만 사람들은 마리아를 문자가 도래하기 이전 농경문명에서 숭배하던 고대 여신의 환생으로 인식했다. 이를 입증하는 것이 바로 검은 성모상이다. 스페인에서 러시아까지 유럽 전역에 펼쳐져있던 무수한 중세의 교회들이 저마다 검은 성모상을 가장 신성한 경배의 대상으로 삼았다.

오늘날 로마가톨릭의 공식적인 설명은, 수백 년 동안 양초연기에 그을려 성모상이 까맣게 되었을 뿐이라는 것이다. 하지만 자세히 보면 이러한 설명이 타당하지 않다는 것을 알 수 있다. 성모의 옷은 피부만큼 까맣지 않기 때문이다. 그을린 것이 아니라면 이것은 어떻게 설명해야 할까? 대부분 하얀 피부, 파란 눈, 금발을 지닌 코카서스인들이 하느님의 어머니를 흑인으로 묘사한 것일까?

자연의 색깔은 무한한 다양성으로 우리를 매혹시키지만, 검은색은 그러한 스펙트럼에 끼지 않는 유일한 색이다. 검은색은 밤의 색이며, 땅의 그늘이다. 밤의 외투이자 깊은 동굴의 담요다. 이전의 문화에서 주요 남자신을 상징하는 가장 인기있는 토템은 태양과 빛이었던 반면, 여신은 달과 밤이었다. matter,

검은 성모상. 왼쪽부터 스페인 카탈루냐 718. 폴란드 5-8세기. 크로아티아 15세기

matrix, mother는 '물질'을 의미하는 라틴어 materia에서 나온 말이다. 세상을 만드는 물질도, 형태를 잡아주는 매트릭스도, 만물을 생성하는 어머니도 가장 근원적인 물질이 되는 대지와 깊은 연관을 맺는다. 대지는 햇빛과 대립하는 개념이다.

고대이집트에서 이시스는 나일강 삼각주에 쌓인 검은 흙으로 상징되었다. 2세기 로마의 극작가 아풀레이우스Apuleius는 이시스를 검은 망토를 걸친 모습으로 묘사한다. 로마의 위대한 어머니대지신 키벨레Cybele는 현세에 거대한 검은 돌로 나타난다. 에페수스의 아르테미스신전은 이집트를 뺀 나머지 지역에서 가장 유명한 여신을 숭배하는 신전이었는데, 이 신전에 서있는 아르테미스의 석상 역시 검은색이었다. 문맹의 시대에 검은 마리아는 더욱 여성스러운 모습을 상징한다. 물론 알파벳이 인간의 커뮤니케이션을 다시 장악하기 시작하자, 검은 마리아는 자취를 감춘다.

물은 오래 전부터 여성의 전형적인 상징이었다. 실제로 거의 모든 창조신화는 무정한 물을 상징하는 어머니여신이 우주를 창조했다고 이야기한다. 수메르의 남무와 티아맛, 인도의 브리타스와 다누, 구약성서에 등장하는 테홈과

라합이 바로 이러한 물을 상징하는 여신이다.* 이시스는 다양한 이름으로 불렸는데, 그중 가장 유명한 것은 '바다의 별'이다. 마리아라는 이름도 그 자체로 '물'을 의미한다. la mer(프랑스어), maritime(라틴어), marine(영어)는 모두 '바다'를 의미하는 말로 Maria와 같은 어원을 공유한다.

민중 사이에서 빠르게 퍼져나가는 마리아의 인기를 교회는 인정할 수밖에 없었다. 중세시대 바티칸은 8월 15일을 성모승천대축일로 지정한다. 이날은 공교롭게도 기독교 이전 여신시대에 아르테미스를 기리는 날과 일치한다. 한발 더 나아가 프랑스와 영국에서는 3월 15일 '성모의 날'에 1년이 시작하는 달력을 새로 만들기도 했다.

마리아의 치솟는 인기를 견제해야 한다는 무의식적인 압박을 느낀 교회의 지도자들은 순수한 악을 상징하는 인물을 고안해낸다. 그 결과 탄생한 것이 바로 '악마'다. 악마는 수메르, 이집트, 크레타, 그리스, 로마의 북적대는 만신전에서 찾아볼 수 없던 신이다. 어두운 면이 있는 신도 있기는 했지만, 홀로 모든 악을 대표하는 신은 존재하지 않았다.

토라에는 악마에 해당하는 존재가 등장하지 않는다. 예수의 예언이나 바울의 글에서 바알제붑Beelzebub이 언급되기는 하지만 전혀 중요한 존재가 아니다. 복음서의 저자들도 드물게 언급할 뿐이다. 뒤늦게 교부들이 그의 이름을 떠들어대기 시작했지만 중세말기에 이르기까지 그는 특별히 형상화되지 않았다. 누구도 악마를 본 적이 없기 때문에, 오늘날 떠올리는 전형적인 외모—빨간색, 뿔, 꼬리, 삼지창, 갈라진 발굽—는 모두 그것을 만들어 낸 사람들의 관념에서 나온 것이다.

빨간색은 영장류가 나무 위로 기어올라간 이후 줄곧 여자를 상징하는 색깔이 되었다. 땅에서 멀어지면서 후각이 퇴화하자 시각으로 성적인 신호를 주고받아야 했는데, 강렬한 빨간색만큼 효과적인 것은 없었다. 수많은 종 가운

● 테홈Tehom은 창세기 1장2절에 등장하는데, 깊음the deep으로 번역되어있다. 라합Rahab은 바다의 신으로 욥기 26장12절에 나온다.—옮긴이

데 유일하게 암컷 영장류만이 엉덩이와 외음부를 빨갛게 부풀어오르게 함으로써 발정기가 시작되었음을 알린다. 이 색깔의 특별한 파장은 수컷 영장류의 뇌 속에 신경전달물질을 폭포수처럼 흘러넘치게 하며, 이로써 수컷은 짝짓기를 할 수 있다는 기대로 흥분한다.

이러한 원시적인 성적 기폭제는 유전을 통해 인간 남자의 뇌 속 깊이 뿌리내렸다. 빨간색은 지금도 성적 감정을 촉발한다. 시대와 문화를 막론하고 여자들이 가장 선호하는 립스틱은 빨간색이다. 주홍글씨부터 숫처녀의 첫경험에 이르기까지 빨간색은 줄곧 섹스와 연관된 색깔이었다. 빨간색은 또한 피, 생명, 열정의 색이다. 악마를 제외하고 서양의 신 중에서 빨간색으로 그려지는 신은 디오니소스밖에 없다.

뿔은 소와 같은 동물의 상징이다. 13장에서 설명했듯이 뿔이 달린 황소의 두개골은 암컷 포유동물의 자궁과 나팔관의 모양과 매우 비슷하다. 또한 악마를 그린 중세의 그림을 보면 악마의 긴 꼬리 끝을 화살표 끝에 달린 쐐기처럼 그린 것을 볼 수 있는데, 이는 뱀머리를 떠오르게 한다.

기독교 이전에 삼지창은 물과 바다를 관장하는 포세이돈과 연관된 상징이었다. (물은 원래 어머니여신들이 관장하는 영역이다.) 삼지창은 오랜 세월 물고기를 잡는 도구로 사용되었다. 하루종일 지옥 불을 감시하는 악마에게 삼지창을 쥐어준 것은, 물의 상징과 불의 이미지를 어설프게 꿰어맞춘 조잡한 상상력의 산물이다. 물론 건초더미를 치울 때에도 삼지창을 사용했으나, 아무리 생각해도 지옥에서 건초더미를 치워야 할 일은 없을 듯하다.* (나중에는 악마가 삼지창이 아니라 쇠스랑을 들고 있는 것으로 묘사되기도 한다.)

갈라진 발굽은 여자들의 힘의 원천이 되는 상징을 저주의 상징으로 바꿔버린 교부들의 신의 한수였다. 진흙에서 뒹구는 돼지는 여신을 위해 바치는 동물이었다. 그리고 돼지의 발자국은 앞쪽이 갈라진 긴 타원형처럼 생겼는데,

---

* 지옥을 의미하는 hell이라는 단어는 게르만 신화에 등장하는 헬Hel이라는 여신의 이름에서 가져온 것이다.

이는 여자를 상징하는 보편적인 도형과 매우 닮아있다.

인간의 정신에 자의식이 출현하면서 원시인들은 바위나 동굴벽에 여자를 상징하는 '벌바사인vulva sign'을 남긴다. 벌바사인의 가장 흔한 형태는 타원을 그리고 한 가운데에 밑에서 위로 갈라진 홈을 그려넣는 것이다. 벌바사인은 유럽, 메소포타미아, 하라파, 크레타 등 구석기유적에서 보편적으로 발굴된다.

기이한 우연이지만, 알파벳에 기반한 종교는 대지의 여신을 상징하는 고대의 표식을 다시 불러낸다. 하지만 그것은 이제 가장 사악한 신의 발자국이 되었다. 이처럼 악마는, 남자로 그려지기는 하지만 사실은 기존의 여신을 상징하는 것들을 뒤섞어 놓은 것이다. 그는 마리아를 대항할 적수로 만들어진 존재다. 결국 교회는 자신들의 기득권을 지키기 위해 높아져가는 여자들의 위상에 대한 남자들의 공포, 여신의 부활에 대한 남자들의 공포를 적극적으로 자극하고 활용했다.

여자들은 중세시대 종교적인 삶에서 상당히 중요한 역할을 했다. 지역교구에서는 대부분 남자보다 여자들이 높은 권위를 행사했다. 어둠의 시대에는 여자들이 중요한 예배를 집전했다. 5세기에서 12세기까지 카타리파Cathars와 발도파Waldensian는 여자를 사제로 임명했다.

4세기 교리가 완성되면서 나온 사제들의 금혼문제도 암흑시대가 시작하면서 증발해버렸다. 성직자들도 아내와 자식을 가질 수 있었다. 이단에 대해서도 무척 관대했다. 야만적이었을 것이라고 여겨지는 이 시대에 마녀나 이단이라는 이유로 처벌하는 일은 극히 드물었다.

* * *

기독교가 형성되는 400년 동안은 극단적인 고행이 주요한 요소로 여겨지지 않았다. 몇몇 은둔자들만이 육체의 유혹을 뿌리치기 위해 사람들의 발길이 닿지 않는 척박한 환경에 홀로 기거하며 명상하는 삶을 살았을 뿐이었다.

6세기 이탈리아에서 누르시아의 베네딕토Benedict of Nursia라는 젊은 귀족이 한 여자에게 버림을 받는다. 상심한 베네딕토는 로마 근교 몬테카시노에서 소박하게 독신으로 살아가기로 결심한다. 그레고리오 대교황은 베네딕토가 여자를 잊기 위해 얼마나 용맹스럽게 싸웠는지 이야기한다.

> 사악한 영령이 그의 마음속에 집어넣는 그녀에 대한 기억, 그 기억으로 인해 이 하느님의 종의 영혼은 뜨거운 욕정이 불길처럼 활활 타올랐고… 결국 그는 쾌락에 이끌려 황야의 삶을 포기하고자 하는 유혹에 거의 넘어갈 상태에 접어들었다. 하지만 갑자기 하느님의 은총에 힘입어 그는 정신을 차린다. 곁에 가시덤불과 쐐기풀이 무성하게 자란 모습이 눈에 들어왔다. 그는 옷을 벗은 뒤 덤불 한가운데로 몸을 던졌다. 오랜 시간 덤불 속에서 몸부림을 치다 일어났을 때 그의 살갗은 온통 고통스런 상처로 뒤덮여있었다. 이로써 그는 육신의 상처로 영혼의 상처를 치유할 수 있었다.[13]

529년 베네딕토는 자신과 비슷한 기질의 사람들을 모아 함께 수련을 시작한다. 이것이 바로 지금까지 이어지는 특별한 사회운동의 기원이 되는 베네딕토 수도원의 출발이다.

수도원이 커지자 베네딕토는 이 거대한 남자집단이 발휘할 수 있는 힘을 자기 마음대로 활용할 수 있다는 것을 깨닫는다. 수도사는 아내나 가족의 제약을 받지 않으며, 일반적인 일꾼과 달리 임금을 지급할 필요도 없다. 수도원에 입회하는 순간 복종할 것을 맹세하고, 궁핍한 삶도 인내하며, 신앙생활뿐만 아니라 일도 열심히 해야 한다. 마침내 이들은 유럽 전역에 젊고 혈기왕성

구석기시대 바위에 새겨진 다양한 벌바사인

한 남자들로 이루어진 비군사적 공동노동집단이 된다. 성베네딕토는 "게으름은 영혼의 적"이라고 말하며 수도사들은 무조건 하루에 6시간 이상 일하라고 명령한다.[14] 이런 명령은 인류역사상 처음 나온 것이었다.

율리우스 카이사르는 폴란드에서 스페인까지 걸어서 가는데, 한 번도 햇빛을 직접 맞지 않고 갈 수 있다고 말했다. 기원전 1세기의 유럽은 울창한 숲과 습지로 뒤덮여있었기 때문이다. 소작농들은 이 무성한 초목을 없앨 수 없었다. 수도원운동이 시작될 즈음에도 유럽은 대부분 농사를 짓기에 적당한 지역이 아니었다. 하지만 수도원이 곳곳에 생겨난 뒤에는 많은 곳에서 수평선을 볼 수 있게 되었다. 이처럼 이전에는 꿈도 꾸지 못했던 대대적인 삼림벌채작업을 수도원이 해낸 것이다.

몇 백 년 동안 베네딕토의 엄격한 금욕주의는 열광적인 추종자들을 끌어들였다. 남자들이 수도원으로 몰려들었고, 수도원은 유럽의 자연풍경뿐만 아니라 사회적인 풍경도 새롭게 바꿔놓았다.

수도원이 처음 생겨났을 때는 주로 영적인 동기에 이끌려 사람들이 수도원에 들어갔다. 세상사에 지친 이들, 나이든 이들, 속세와 거리를 두고 평온하게 명상을 하면서 살 수 있는 피난처를 찾는 사람들이 모여들었다. 하지만 수도원운동이 크게 성공하고 영향력과 명망을 얻기 시작하자 이제 전혀 다른 이유로 이 소명에 관심을 갖는 사람들이 나타나기 시작한다. 강력한 세속의 권력기관이 부재한 상황에서, 지역마다 자리잡은 수도원이 이전에 정부가 맡았던 가부장 역할을 대신하기 시작한 것이다. 지역수도원의 일원이 되는 것은 정치적으로 유리한 일이 되었다. 과거에는 자식을 다른 가문과 혼인시킴으로써 권력과 부를 얻고자 했던 것처럼, 중세에는 자식들을 수도원에 넣고자 하는 부모들이 많았다.

수도원이 설립되고 난 뒤 곧이어 여자들도 이와 비슷한 기관을 만들어 달라고 교회에 요구한다. 이로써 그리스도의 신부bride, 수녀들이 탄생했고, 수녀원은 곧 번성하기 시작한다. 많은 경우 수도원과 연계되어 운영되었다. 이렇게 수도원과 수녀원을 같이 운영하는 곳의 수장은 대부분, 특히 북유럽의 경우, 수녀가 맡았다.

남자들이 신부를 사가는 관습이 사라지고 신부 쪽에서 지참금을 지급하는 가부장적 관습이 봉건사회에서 자리잡기 시작하자, 부모들은 경제적 부담을 피하기 위해 딸을 낳자마자 수녀원에 집어넣기 시작한다. 수녀원은 곧 수용인원의 한계를 넘어섰고, 수녀원에 들어가기 위한 경쟁이 치열해지자 교회는 한 발 더 나아가 언뜻 보기에도 불합리한 칙령을 반포한다. 어린 딸이 아직 그 의미를 이해하기도 전에, 평생 수절하며 독신으로 살겠다는 서약을 부모가 대신 할 수 있도록 한 것이다. 이로써 자신의 의지와는 상관없이 수녀원에 갇혀 살게 된 수녀들이 생겨난다. 수녀로서 삶을 견디기 힘들어하며 괴로워하는 여자들이 많았다.

수도원 또한 어린 남자아이들을 위해서도 비슷한 제도를 마련했는데, 이들을 오블라띠oblate라고 한다. 아직 걷지도 못하는 어린 아기들을 놓고 수도사의 삶을 살겠다는 맹세를 부모가 대신 하는 것이다. 실제로 아주 어릴 때부터 수도원의 높은 벽 안에서 양육되어 평생 여자를 한 번도 보지 못한 수도사들이 생겨났다. 13세기 독일의 수도사 하이스터바흐의 카에사리우스Caesarius of Heisterbach는 생애 최초로 수도원 밖으로 나온 10대 오블라띠의 에피소드를 기록으로 남겼다. 수도원장을 수행하며 말을 타고 시골길을 가던 한 오블라띠가 앞에서 걸어오는 젊은 처녀를 보고는 너무 놀라 눈을 떼지 못하는 바람에 말에서 떨어질 뻔한다. 놀라움 속에서 수도원장을 돌아보며 묻는다.

　"저것은 무엇입니까?"

수도원장은 이렇게 대답했다.

　"신경쓰지 마라. 여자는 악마다."

전혀 예상치 못한 대답을 듣고는 여자가 사라진 방향을 돌아보며 골똘히 생각을 하더니 그는 이렇게 중얼거렸다.

"이상하네. 지금까지 내가 본 것 중에서 가장 아름다운 것이라고 생각했는데."[15]

하층민에게 수도원은 농노의 삶이라는 고역에서 벗어날 수 있는 도피처였다. 또한 지역민병대로 징병되지 않기 위해서 수도원에 들어가는 사람도 많았다. 하지만 수도원이 세속적인 삶의 쾌락을 기꺼이 포기할 수 있도록 유도하는 가장 중요한 동기는 바로 신분상승이었다. 중세시대에 농노로 태어나면 아무리 똑똑하더라도 평생 농노로 살아야 했다. 귀족이 모든 땅을 소유하고 있었으며, 계급 사이를 갈라놓은 틈은 건널 수 없었다. 하지만 교회는 실력으로만 평가받는 사회였기에, 야망에 가득 찬 젊은이들에게 신분상승의 꿈을 실현할 수 있는 기회를 제공했다.

문자는 교회 안에서 높은 계급으로 올라가는 열쇠였다. 수도원은 문자를 가르치는 유일한 기관이었다. 유럽의 모든 책은 수도원이 소장하고 있었기 때문이다. 문자를 습득하기 위해 치러야 하는 댓가는 수절하는 것이다. 참으로 기묘한 거래다! 이러한 거래보다 문자와 섹스가 상극이라는 것을 보여주는 예는 없을 것이다.

세상에서 가장 창조적인 힘은 종족을 보존하기 위한 투쟁에서 나온다. 연어는 산란을 위해 물길을 거슬러 수천 킬로미터를 헤엄치며 급류를 뚫고 올라간다. 바다코끼리들은 암컷과 교미하기 위해 죽음을 무릅쓰고 치열하게 싸운다. 수컷 사마귀는 암컷이 자신의 몸을 씹어 먹는 동안에도 암컷과 교미를 하는 데 온 정신을 쏟는다. 성적 충동은 인간에게도 막강한 영향력을 발휘한다.

불교승려들은 독신으로 생활하면서도, 속세를 돌아다니며 시주를 받는다. 구약에서는 독신을 고수하는 이들을 배척했다. 그리스에서는 금욕하고 수절하는 이들을 못마땅하게 생각했으며, 로마는 그런 사람들을 아예 법으로 처벌했다. 이 점에서는 로마인이나 야만인들이나 마찬가지였다. 중세까지만 해도 사제나 주교들은 대부분 독신생활을 하지 않았다. 모든 측면을 고려할 때 중세는 정욕의 시대라고 해도 과언이 아니다. 그러한 시대에도 문자를 탐독하는 수도원은 입회자에게 수절을 요구했다.

우생학적 견지에서 보자면, 누구보다 총명하고 지적 호기심이 풍부한 수도사들이 유전자를 퍼뜨리지 못하게 하는 교회의 조치는 재앙과 다름이 없다. 교회가 그러한 지식인들에게 '생육하고 번성하라'고 권장했다면 중세 암흑기는 그토록 길게 유지되지 않았을 것이다. 자연은 영겁의 시간 동안 무수한 시행착오를 통해 가장 총명한 인간들이 살아남아 우월한 유전자를 퍼뜨릴 수 있도록, 가혹하지만 극도로 정교한 시스템을 만들어냈다. 하지만 수도원운동의 가장 기본적인 전제조건이 되는 독신주의는 자연이 만들어놓은 시스템을 무력화시켜버렸다.

유전자 풀에서 가장 고귀하고 이타적이고 총명한 남자와 여자들을 걷어내버리는 이 반혁명적이며 비정상적인 사회개조 프로그램은 의심할 여지없이 인류의 르네상스가 다가오는 것을 최대한 늦추는 역할을 했다. 19세기 빅토리아시대 남자 인류학자들이 고대의 여신문명을 단순히 '다산숭배'라는 말로 비하했듯이, 20세기 여자 인류학자들은 중세의 수도원운동을 '불임숭배'라는 말로 표현했다. 엄격한 가부장제와 섹스를 금지하는 수도원운동은 어쨌든 아더왕신화, 마리아숭배, 기사도윤리 등으로 상징되는 '여자가 사회의 중심으로 활동하는 문맹사회'에 반발하는 소수자들의 운동이었다.

* * *

수도자의 삶을 규정하는 4가지 요소—시간, 언행, 웃음, 두발—는 수도원운동이 좌뇌의 역할을 강화하는데 초점을 맞춘다는 것을 보여준다. 10계명의 4번째 계명은 시간의 선형적 특성을 신성화한다. 수도원은 더 나아가 서양문화의 가장 뚜렷한 특징이라 할 수 있는 시간을 조각조각 나누어 연결할 수 있고 반복할 수 있다는 개념을 만들어낸다. 하나로 이어져있는 '하루'라는 시간을 시와 분으로 처음 나눈 곳이 바로 수도원이다. 정확한 시간간격을 두고 기도를 하도록 배치함으로써 수도원장은 수도사들에게 인간이 만든 시간단위를 몸에 익히도록 강제했다.

낮에는 햇빛의 각도를 보고 하루에서 언제쯤 되었는지 판단할 수 있지만 밤이 되면 시간을 파악하기가 다소 어렵다. 이런 점을 활용해 수도원은 밤을 동일한 시간단위로 나누고, 햇빛이나 별빛을 보지 않고도 정확하게 시간을 계산해낼 수 있도록 수도사들을 파블로프의 개처럼 훈련시켰다. 매일 자정에는 조과matins, 새벽3시에는 찬과lauds라는 기도일정을 진행했는데, 수도사들은 잠을 자다가도 이 시간이 되면 졸린 눈을 비비며 몸을 일으켜세웠다. 이는 좌뇌의 시간좌표 탐지기능을 강화하는 훈련이었다.•

수도원의 침묵서약은 커뮤니케이션에 기여하는 우뇌의 기능을 무력화한다. 표면적으로는 속세에 관심을 갖지 못하게 함으로써 오로지 신만 생각하도록 유도하기 위한 것이었지만, 침묵은 글을 읽고 쓰는 것과 결합하면서 좌뇌의 기능에 더욱 의지하게끔 유도한다. 더욱이 드물게나마 대화를 하게 될 경우에도 상대방을 직접 쳐다보지 말고 시선을 아래로 향하도록 하여 커뮤니케이션에 시각정보가 개입하는 것을 최소화했다. 또한 수련자들은 절대 웃음을 보이면 안 된다. 농담, 익살, 웃음, 장난은 모두 우뇌가 개입하고 우뇌의 작용을 촉진하는 행동인데, 이런 행동은 철저히 금지했다.

수도원의 지도자들은 또한 머리카락과 섹스의 관련성을 인지했다. 수도원에 들어오면 남자는 '체발'을 한다. 체발이란 머리 한 가운데를 삭발하는 것이다. 이로써 주변머리만 둥그렇게 남는 기이한 모습이 된다. 이는 남성적 활력의 상징으로 여겨지는 머리 위 왕관을 빼앗는 것이기도 하며, 또한 성적 능력을 상실한 노인의 머리모양을 인위적으로 부여하는 것이기도 하다.

• 분단위까지 시간을 분할하는 최초의 톱니바퀴 시계는 1348년 세인트올번스에 있는 수도원에 최초로 설치되었다. 시계는 원래 수도사들에게 기도시간을 알려주기 위해 만들어진 물건이다.

수녀들에게는 훨씬 억압적인 조치가 취해졌다. 원래부터 머리가 없는 것처럼 보이게 만들기 위해서 수도원마다 온갖 기묘한 덮개를 만들어 씌웠다. 대개 풀을 먹여 빳빳하고 각이 진 새하얀 덮개로 머리를 완전히 가리도록 했는데, 이는 부드럽고 어둡고 물결치며 윤기나는 자연스러운 인간의 특성과 정반대되는 특성을 일부러 구현해낸 것이다.

머리카락에서 성적 암시를 떠올리지 못하도록 하기 위해 수도원이 기울인 극단적인 노력을 보면, 역설적으로 머리카락을 드러내는 것이 우뇌를 통제하는 데 얼마나 방해가 되는지 보여준다. 행동심리학은 20세기에 생겨났지만, 수도원을 운영하던 이들은 이미 1000년 전 좌뇌·우뇌의 작용에 대해 깊이있게 이해하고 있었을 뿐만 아니라 이를 통제하기 위한 정교한 기법들을 만들어 사용하고 있었다.

* * *

수도원은 중세시대 여자들의 지위를 떨어뜨리는 데 다른 어떤 사회제도보다 큰 영향을 미쳤다. 자연은 주의깊은 보정을 통해 남녀 출생비율을 비슷한 수준으로 유지해오면서, 남녀가 서로 짝을 찾을 수 있게 하였다. 주기적으로 발발하는 전쟁은 남자의 수를 큰 폭으로 줄인다. 여자들 또한 출산과정에서 많이 죽기 때문에 남녀성비는 효과적으로 균형이 맞춰졌다. 이러한 상황에서 확산되는 수도원은 성비의 균형을 깨는 예상치 못한 변수로 자리잡는다.

남자 하나가 종교에 귀의하면 여자 한 명이 가정을 이룰 수 없게 된다. 하지만 성적 충동은 단순한 서약만으로 억누를 수 있는 것이 아니다. 또한 앞서 이야기했듯이 모든 수도사들이 영적인 이유만으로 수도원에 들어간 것도 아니었고, 성욕을 억제할 만큼 자제력이 강한 것도 아니었다. 결국 많은 수도사들이 가까운 동네의 여자들과 은밀하게 밀월을 즐겼다. 수도사들은 그들을 설거지부인cleaning lady이라고 불렀다. 성직자들 스스로 수도사들의 무절제한 '오입질'을 비난하는 글을 쓰기도 했을 만큼 이러한 일탈은 심각하고 흔한 것이었다.

도덕적인 문제를 제쳐놓고라도, 이러한 일탈은 기독교에서 주장하는 신성한 결혼의 가치를 조롱하는 것이었다. 남자와 여자는 한 집에 살면서 성욕을 서로 충족시키고, 아이들은 뜰에서 즐겁게 뛰어논다. 이는 인간사회에서 오래 전부터 내려오는 가장 보편적인 가정의 모습이다. 하지만 이 '설거지부인'은 시간의 탄생 이후 이전의 어떤 주부와도 달랐다. 그들은 가정에 대한 어떠한 권리도 인정받지 못했기 때문이다. 수도사는 혼외자와 관계를 맺고 아무리 많은 아이들을 낳는다 해도 아이를 부양할 어떠한 법적 의무도 지지 않았다. 수도원의 규칙에 따라 수도사는 사적으로 재산을 소유할 수 없었기 때문에, 그의 내연녀는 그가 죽더라도 유산을 한푼도 받지 못했다.

실제로 수도사들은 엄청난 사생아를 산란하듯 쏟아냈다. 1018년 격노 속에서 진행된 파비아공의회는 성직자의 피를 받고 태어난 아이는 종신노예로 살아가야 할 것이며 어떤 유산도 받지 물려받지 못할 것이라고 선포한다.[16] 콘스탄티노플의 총대주교이자 연대기작가였던 포티우스Photius(820-891)는 이렇게 말한다.

"이런 풍습으로 인해, 우리는 아버지가 누군지 모르는 무수한 아이들을 보게 되었다."[17]

사회에 도덕적 모범이 되어야 할 곳에서 오입질이 흔하게 벌어지니, 일반인들역시 아무렇지 않게 그러한 일을 따라했다. 이로써 결혼제도는 큰 위기를 맞는다. 또한 엄청난 사생아의 출산은 중세의 문화에 심각한 불안을 초래했다. 법적 지위도 갖추지 못한 채 사생아로 태어나 자란 남자들은 무력으로 권력을 잡는 것만이 성공할 수 있는 길이라고 생각했다.

실제로 중세역사를 수놓은 위인들은 대부분 서출이다. 아더왕, 가웨인, 롤랑, 정복왕 윌리엄이 대표적인 인물이며, 프루아사르Froissart의 《연대기》에 등장하는 수많은 기사들도 서출이다. 사생아로 태어난 남자들은 대개 도적떼가 되거나, 그들의 아버지처럼 수도원에 들어갔다. 사생아로 태어난 여자들은 평생 천한 일을 하거나 노예로 살며 근근이 생계를 이어가야 했다. 물론 그들의 어머니처럼 다시 설거지부인이 되는 이들도 있었고, 더 나아가 아예 매춘부로 나서는 이들도 있었다. 이들은 지역정부가 도저히 손을 쓸 수 없을 만큼 심각한 사회적 병폐를 초래했다.

암흑시대 말기에 만들어진 기독교의 참회규정서에는 매춘에 적용되는 고해성사가 없다. 죄목에 없는 것은 매춘이 중세시대 그다지 큰 문제가 아니었기 때문이라고 생각할 수도 있지만, 실상은 전혀 그렇지 않았다. 오히려 툴루즈, 아비뇽, 프랑크푸르트, 뉘른베르크를 비롯한 많은 도시들이 매춘을 합법화할 것인지를 놓고 심각하게 고민했다. 별다른 대책을 내놓을 수 없는 상황에서 한 성직자는 "정숙한 여인들이 외출할 엄두조차 내지 못한다"고 한탄하기도 하고, 1177년 클레르보의 수도원장 앙리는 "고대의 소돔이 그 폐허 속에서 다시 솟아나고 있다"고 허탈해하기도 한다.[18]

많은 고위성직자들이 이처럼 분개하고 한탄하기는 했어도, 이것이 엄격한 수절을 요구하는 교회로 인해 발생한 문제라는 사실을 인지하지는 못했다. 넘쳐나는 매춘과 사생아로 인해 중세 말기 유럽의 공중도덕은 완전히 붕괴된 상태였다.

* * *

로마가 몰락한 뒤 수 세기를 거치는 동안 이미지가 사회에서 차지하는 역할은 크게 달라졌다. 6세기, 기독교세계는 비잔티움의 총대주교가 이끄는 동방정(통)교회와 로마의 교황을 수장으로 하는 서방가톨릭교회로 나뉘어 세력싸움을 시작한다. 이 두 진영 간의 갈등은 점차 커졌고, 마침내 1054년 동서대분열 Great Schism 때 갈라선다. 서유럽이 중세 암흑 속에서 시들어가는 동안, 비잔티움은 그리스로마의 문화적 예술적 전통을 계승하여 발전시켜나갔다.

　8세기 비잔티움의 학식이 높은 성직계급에서 이미지를 증오하는 근본주의 교파가 생겨난다. 이들은 스스로 성상파괴자^{iconoclast}라고 부르며, 조각상과 그림에 대한 전면전을 벌일 것을 천명한다. 문제는, 이들을 지지하는 사람이 비잔티움제국의 황제에 오르면서 심각해진다. 레온3세는 726년 성화가 그려져있는 교회 벽에 회칠을 하고, 성모마리아를 형상화한 조각상을 파괴하라고 명령한다.

　비잔티움사람들은 황제의 독단적인 포고령에 반발하여 반란을 일으킨다. 성가족이 그려진 성화를 파괴하려는 병사들을 향해 경건한 기독교도들이 달려들었다. 병사들도 상당수가 명령을 따르지 않고 반란에 동참했다. 군대가 말을 듣지 않자 성상파괴자들은 직접 민병대를 조직했다. 건달과 폭력배들이 모여들었다. 교회의 모자이크, 벽화, 스테인드글라스가 그들 손에 무참히 파괴되었다.

　처음에는 종교적인 형상만 찾아다니며 파괴하던 이들이 이제 세속적인 미술작품들도 파괴하기 시작했다. 급기야 화가, 조각가, 공예가들을 공격하기 시작했다. 나중에는 예술을 사랑한다는 이유만으로 사람들을 죽였다. 저항하는 수도사는 눈알을 뽑고 혀를 잘랐다. 767년 성상파괴자들은 자신을 지원해달라는 요청을 거절했다는 이유로 동방교회 총대주교의 머리를 잘랐다.

　성상파괴운동은 서유럽으로 전파되지 않았다. 다행스럽게도 서유럽에서는 글자를 아는 인구가 매우 적었기 때문이다. 문자해독률이 높은 기독교집단만이 이 광기에 사로잡혔다. 예술가들은 목숨을 구하기 위해 비잔티움을 빠져나와 카롤루스대제^{Charlemagne}의 궁정으로 도망쳤다. 궁정신하들조차 대부분 문맹이었던 이곳에서 예술가들은 커다란 환대를 받았다.

　성상파괴운동의 불길은 50년 동안 사납게 타올랐으나 마침내 797년, 자신의 아들인 콘스탄티노스 6세의 눈알을 뽑아버린 비정한 어머니 이리니^{Irene}가 황제에 오르면서 진압된다. 대중의 확고한 지지를 바탕으로 그녀는 레온 3세의 성상파괴포고령을 폐기한다.

＊＊＊

몇 년이 지난 800년, 크리스마스에 유럽에서 가장 강력한 군주였던 카롤루스는 서툴게 봉합된 로마제국의 황제로 즉위한다. 이 사건은 중세시대가 끝으로 향하는 발단이 된다. 카롤루스대제는 튜튼족 혈통으로 건장하고 키가 크며 잘생긴 인물이었다. 그는 황제로서 갖추어야 할 미덕을 모두 갖추고 있었다. 용맹스런 전사였을 뿐 아니라 수완 좋은 정치가이자 신중한 행정가였다. 개인적으로는 예언과 점을 믿지 않았음에도 주술사가 자신의 왕국에 해를 미치지는 않을 것이라고 하며 수용한다. 과부와 고아들을 위해 구빈원을 설치하기도 한다.

또한 비잔티움에서 벌어지는 광란의 소용돌이에서 빠져나온 수많은 예술가들을 고용하여 자신의 왕국을 아름답게 장식하도록 했다. 사랑하는 딸들을 떠나보내기 싫어 딸들에게 마음대로 섹스에 탐닉하도록 허용하면서 다만 결혼해서 자신을 떠나지 말라고 부탁한다. (그 자신도 아내가 많았다). 딸들은 아버지의 부탁대로 아빠 없는 예쁜 손자손녀들을 그의 품에 한가득 안겨주었다.

카롤루스는 이전의 중세시대 왕들과는 달리, 자신의 왕국이 신비로운 글을 쓰고 읽는 기술을 비밀리에 간직하고 있는 성직자들에게 볼모로 잡혀있다는 사실을 알고 있었다. 이러한 상황을 뒤집기 위해 유럽에서 학식이 가장 뛰어난 사람을 찾아 저 멀리 영국 요크에서 데리고 온다. 그가 바로 수도사 앨퀸Alcuin이다. 그의 도움을 받아 로마제국 이후 사라진 '종교와 무관한' 학교들을 다시 세운다. 학교를 향해 달려가는 아이들의 밝은 웃음소리가 다시 유럽의 아침을 열기 시작했다.

카롤루스는 자신이 직접 신하와 백성에게 모범이 되어야겠다고 생각하여 글을 배우기로 결심한다. 글을 읽는 법은 그럭저럭 익혔지만 쓰는 것은 도무지 노력해도 되지 않았다. 전해 내려오는 이야기에 따르면, 그는 날마다 일과를 끝낸 뒤 자신이 가장 존경하는 성직자를 데리고 개인공간으로 가서 글쓰기를 배웠다고 한다. 하지만 거듭된 노력에도 글을 쓰는 것을 익히지 못했고, 마침내 자신이 배울 수 없는 일이라고 포기했다고 한다.

하지만 자신이 글을 배울 수 없다면, 자신보다 동기가 부족한 신하들에게 글을 배우라고 어떻게 설득할 수 있겠는가? 그래서 카롤루스는 그 성직자에게 기독교세계에서 가장 학식이 풍부한 사람들을 소집하여 문자를 개량하라고 지시한다. 이것이 바로 알파벳 읽기와 쓰기 방식을 단순하고 명확하게 만든 '카롤링거문자개혁'이다.

텍스트^{text}라는 말은 태피스트리를 의미하는 라틴어 textura에서 나온 말이다. 실제로 중세 초기 필사본들을 보면 책보다는 태피스트리를 보고 있는 듯한 느낌이 든다. 고딕시대에는 띄어쓰기를 하지 않아 모든 글자들을 붙여서 썼기 때문에 글을 읽어내기가 어려웠다. 카롤링거문자개혁은 글자마다 한 칸씩 띄고, 단어는 두 칸씩 띄고, 문장은 세 칸씩 띄어 써야 한다는 규칙을 만들어냈다. 또한 단락을 시작하는 첫줄은 들여 쓰고, 마침표나 쉼표와 같은 구두점을 찍어 독자들에게 언제 띄어 읽어야 할지, 언제 숨을 쉬어야 할지 알려주었다. 더 나아가 기존의 문자와는 다른, 훨씬 읽기 쉽고 쓰기 쉬운 '소문자'를 만들어낸다(이때까지 알파벳에는 대문자만 존재했다). 1200년 전 실시된 카롤링거문자개혁은 알파벳에 가해진 마지막 대규모 수정작업이 되었다.

이러한 개혁을 통해 글을 읽는 것은 훨씬 쉬워졌고, 이로써 문자에 대한 관심이 유럽전역으로 확산된다. 하지만 안타깝게도 9-10세기 바이킹들이 쳐들어와 이제 막 자리를 잡아가고 있던 교육기관들을 쑥대밭으로 만들어 놓는다. 더욱이 혹한, 홍수, 가뭄으로 이어지는 극심한 기후변화가 유럽을 뒤덮는다. 카롤루스대제 이후 서서히 싹을 틔우던 카롤링거르네상스$^{Carolingian\ renaissance}$는 결국 소멸되고 만다.

그러는 와중에 이후 서양의 역사에 엄청난 영향을 몰고 올 혼란이 지중해의 남동쪽 구석에서 벌어지고 있었다. 다음 장에서 간략하게 살펴볼 주제다.

27

SUNNIS vs SHIAS

순니 vs 쉬아

THE ALPHABET
VERSUS
THE GODDESS

그대[무함마드]는

이 성서가 계시되기 이전에는

글을 읽은 적이 없으며,

그대의 바른손으로 글을 써본 적도 없다.

그런 적이 있다면 불신자들은 마땅히 의심할 것이라.

꾸란 29장 48절

순니 vs 쉬아

이슬람의 탄생

아라비아사막을 방랑하던 유목민들은, 사막의 북쪽 끝 하늘에서 펼쳐진 고대세계의 찬란한 유성들의 소나기에 아무런 영향도 받지 않은 채 원래 삶의 양식을 계속 유지했다. 긴밀한 유대로 이어진 대가족을 중심으로 무리를 형성한 이들은, 척박한 땅에서 부족한 자원을 차지하기 위해 다른 부족들과 끝없이 경쟁하며 살아야 했다. 중앙정부 같은 것도 없었고, 예술도 거의 존재하지 않았으며, 모두 문맹이었다. 떠도는 음유시인들이 가끔씩 찾아와 재미있는 무용담과 연애시를 들려주기도 했다.

해마다 열리는 부족모임은 이들에게 가장 큰 행사였다. 재주나 기개를 겨루는 일도 있었고 시를 짓는 시합도 있었다. 시합에서 이기는 사람은 찬사를 한몸에 받았다. 여자는 어디든 자유롭게 돌아다닐 수 있었으며, 재산을 소유할 수 있었다. 모계상속이 부족의 기본적인 규범이었다. 이미지는 드물게 존재했지만 높은 평가를 받았다.

기원전 1000년경 이스라엘사람들이 구약을 필사하기 시작했을 때, 아라비아사막 남쪽에는 발전된 문명을 이룩한 사바왕국Sabaean kingdom이 있었다. 거대한 관개시설과 웅장한 건축물을 지었고, 독특한 알파벳을 사용했다. 하지만 문자는 뿌리를 내리지 못했고, 사바왕국은 사막의 모래에 묻히고 말았다. 고고학자들과 고문해석자들의 발굴 덕분에 사바왕국의 일부 흔적이 가까스로 알려지게 되었을 뿐이다. 막강한 힘을 발휘하던 시바의 여왕Queen of Sheba만이 세월 속에 사라진 사바왕국의 존재를 알려주는 유일한 역사적 인물이다.

흥미롭게도 예수의 탄생 이후 1000년 동안, 서유럽과 아라비아의 역사는 정반대 방향으로 흐른다. 찬란한 로마시대로 시작하여 암흑시대로 막을 내린 서유럽과는 달리, 아라비아는 암흑시대에서 시작하여 문자를 습득하고 찬란한 문화를 이룩한다.

＊＊＊

유럽이 잠에 빠져있던 569년 아라비아반도의 건조한 고원에 자리잡은 먼지 투성이 도시 메카에서 예언자 무함마드가 탄생한다. 고아였던 그는 총명했지만 글을 배우지 못했다. 사막을 횡단하는 상단으로 일하는 삼촌을 따라 여러 곳을 여행하면서 다양한 문화를 경험할 수 있었다. 또한 상술을 금방 터득했다. 25살이 되었을 때 그보다 15살이 많고, 5명의 자식을 둔 미망인 카디자 Khadija의 선택을 받아 그의 남편이 된다. 무함마드는 가족에 지극히 헌신적인 사람이었으며, 아이들을 무척 사랑하여 틈이 날 때마다 고아들을 입양했다.

카디자는 재주가 뛰어난 여인으로, 사업체를 직접 운영했다. 그녀는 무함마드의 가장 좋은 친구이자 사업의 조언자이자 영혼의 동반자였다. 일부다처가 허용되는 사회였지만 그녀가 죽기 전까지 26년 동안 무함마드는 다른 아내를 들이지 않았다. 모든 면에서 그는 카디자를 사랑하고 존중하고 아꼈다. 아브라함을 제외한다면, 이처럼 한 사람을 지극히 사랑하는 모습은 어떤 종교의 창시자도 보여주지 못한 것이다.

무함마드 탄생 이전 아랍인들은 거석숭배를 기반으로 여러 신을 믿었다. 주요한 숭배의 대상은 카아바 kaaba라고 하는 커다란 정육면체 검은 돌이다. 이 돌은 메카에 있는데, 이곳은 무함마드가 태어나기 훨씬 전부터 아랍인들의 성지였다. 이 메카의 성소는 네 개의 석상이 둘러싸고 있었다. 두 석상은 알라흐 al-Lah와 알라트 al-Lat라는 남신과 여신으로 초자연적 세계를 함께 다스리는 신성부부를 형상화한 것이고, 두 석상은 모두 여신으로 '강대한 자'라는 뜻의 알우자 al-Uzza와 '운명의 여신'이라는 뜻의 마나흐 Manah다. 남성적인 미

덕이 강하다고 알려진 이 문화에서 이들 석상은 한때 여신숭배가 존재했다는 것을 알려준다.[1]

하지만 이 신들에 관한 신화는 오래전 사라져 이들의 특징이나 위업이나 성격은 전해 내려오지 않는다. 그럼에도 여신숭배가 아랍인들의 오래된 관습이었다는 것은 분명히 보여준다. 무함마드가 세상에 나오기 1000년 전 아랍인들의 생활을 기록한 헤로도토스에 따르면, 태양을 상징하는 여신 알라트가 아랍인들의 주신이었다.[2] 알라트의 다른 이름 알랍바al-Rabba가 군주를 의미한다는 사실은 그녀의 높은 위상을 입증해준다. 이슬람교의 출현한 뒤에도 카아바를 관리하는 성직자들은 '나이 든 여인의 아들들'이라고 불렸다.[3]

이슬람교가 뿌리를 내린 뒤, 무슬림들은 무함마드가 등장하기 이전 시대를 '무지의 시대'라고 불렀다. 자신들의 수치라고 여기는 시대의 흔적을 모조리 없애버리는 데 너무도 열정적이었던 탓에, 그 이전의 종교들의 유물은 거의 남아있지 않다.

무함마드는 무수한 여행을 하는 와중에 유대인들과 영지주의 기독교도들과 접촉할 수 있는 기회를 갖는다. 그는 이 두 집단의 단단한 결속을 몹시 부

무슬림이라면 일생에 꼭 한 번은 가야 한다는 제 1의 성지 카아바. 전세계 무슬림들이 매일 다섯 번씩 이 검은 돌을 향해 절한다.

러워했다. 아랍인들에게는 볼 수 없는 속성이었기 때문이다. 그는 이러한 영적인 굳건함이 그들이 믿는 성스러운 문헌에서 나온다고 생각했다. 이 두 집단의 믿음을 보면서 아랍인들이 처해있는 문맹, 우상숭배, 정치적 분열은 절망적일 만큼 시대에 뒤쳐진 것으로 보였다.

40살이 다가올 때 무함마드는 좀더 자주 세속의 일을 등지고 메카에 있는 히라산 동굴에 들어가 시간을 보냈다. 이곳에서 그는 이따금씩 오랜 시간 명상을 했다. 610년 어느 날 밤 홀로 동굴에 있을 때 그는 신의 현현을 체험한다. 이 예언자의 말을 직접 들어보자.

> 내가 잠들어있는 동안, 글이 쓰여진 비단 천을 들고 낯선 남자가 나타나 내게 말했다. "읽어라." 나는 "못 읽습니다"라고 말했다. 그가 비단 천으로 내 목을 조였다. '나는 이제 죽었구나' 생각했다. 그러더니 나를 풀어주고는 다시 말했다. "읽어라!"… 그리하여 나는 큰소리로 읽었고, 마침내 남자는 나를 떠났다. 나는 잠에서 깨어났다. 하지만 그 글은 내 마음속에 새겨져있었다. 나는 길을 나섰다. 산을 내려오는 도중에 하늘에서 말하는 소리가 들려왔다. "오, 무함마드야! 너는 알라의 메신저이며, 나는 대천사 가브리엘이다."[4]

전율과 황홀의 신비에 사로잡힌 무함마드는 아랍인들에게 계시를 전하는 메신저로 자신이 알라에 의해 선택되었다는 사실을 깨닫는다. 무함마드는 기꺼이 귀를 기울이는 사람들에게 하늘에 온전한 상태로 존재하는 알라의 계시를 알렸다. 또 대천사 가브리엘이 무수한 사람 중에서 자신을 선택했고, 그가 나타나 단번에 글을 읽게 해주었다는 사실을 말했다.

그가 전하는 신비로운 체험은 믿을 수밖에 없는 진실로 들렸으며, 신에게 계시를 받았다는 말들은 너무나 아름다웠다. 그를 따르는 추종자들은 점점 불어났고, 그들 앞에서 암송을 했다. 소수였지만 글을 아는 사람들은 이 예언자의 독특한 시적 표현들을 양피지에 받아적는 '영리한' 작업을 시작한다.

무함마드의 메시지는 급진적이었다. 그는 청중에게 알라는 지고하며, 유일하고, 전지전능하다고 가르치면서 아랍인들이 다른 신들—당시는 주로 여신들이었다—을 섬기는 것은 용납받지 못한다고 말했다. 여신을 버리는 댓가로, 무함마드는 이전 종교에는 없던 매우 중요한 개념을 약속한다. 바로 사후의 삶이다. 알라는 자신만을 믿는 사람은 누구든 낙원에 갈 수 있지만, 다른 신들에 대한 숭배를 고집하는 불신자들은 지옥에 떨어질 것이라고 말한다.

이슬람에 귀의하기 위해서는 알라에 대한 충성을 맹세하고, 예언자 무함마드의 말씀을 하루에 다섯 번씩 읽거나 암송해야 하며, 기부를 통해 가난한 이들을 돕고, 단식을 하고, 매년 한 번씩 메카로 순례를 가야 한다(이러한 순례를 하즈hajj라고 한다). 이 다섯 가지 임무를 '이슬람의 다섯 기둥'이라고 한다. 이슬람Islam은 '(신에게) 귀의하다'라는 뜻이고, 무슬림Muslim은 '(신에게) 귀의한 자'라는 뜻이다.

예언자 무함마드는 알라의 눈에는 모든 사람이 동등하다고 가르쳤다. 여자도 재산을 가질 수 있고, 적법한 직업을 가지고 소득을 관리할 수 있으며, 법적으로도 남자와 동등하다(꾸란 4:4, 4: 32).

무함마드는 이미지를 배척했다. 카아바를 에워싸고 있는 무표정한 돌상을 예로 들며 우상숭배를 비난했다. 하지만 더 많은 개종자들을 확보하기 위한 전략적 양보로서, 카아바는 알라를 위한 성소라고 설명함으로써 검은 돌에 입을 맞추는 이슬람교 이전의 관습을 계속 유지할 수 있도록 한다. 하지만 그가 전하는 메시지의 핵심은 남신과 여신이 뒤섞여있는 다신교 우상들을 버리고, 알파벳을 통해 무함마드에게 이미지 없는 유일신이 전해준 계시를 따르라는 것이었다.

* * *

세상에 엄청난 영향을 미쳤다는 측면에서 무함마드의 영적 체험epiphany은 역사상 매우 중요한 사건이라 할 수 있다. 대천사 가브리엘과의 만남에서 가장 중심이 되는 기적은 순간적으로 문자를 깨우고 신성한 말씀을 읽을 수 있게 되었다는 것이다. 훗날 이슬람교 주해자들은 무함마드가 순식간에 문자를 습득하게 된 것은 그 체험의 신성한 본질을 드러내주는 것이라고 주장한다. 글을 모르는 남자가 하느님의 은총으로 글을 읽는 능력을 선물받은 것이다.

알파벳의 존귀한 가치는 알라가 무함마드에게 전한 첫 메시지에서 뚜렷이 드러난다.

> 만물을 창조하신 주님의 이름으로 읽으라.
> 그분은 정액 한 방울로 인간을 창조하셨노라.
> 읽으라, 주님은 가장 은혜로운 분으로
> 연필을 쓰는 것을 가르쳐주셨으며
> 인간이 알지 못하는 것도 가르쳐주셨노라. (꾸란 96:1-5)●

첫 줄에서 알라는 우주를 창조했으며, 둘째 줄에서 인류를 창조했으며, 셋째 줄에서 영원한 자연을 창조했다. 이러한 찬란한 목록을 마무리하는 것은 바로… 문자다.

전승에 따르면, 예언자 무함마드는 양피지에 직접 글을 남긴 적이 없다. 그렇다면 그의 말은 어떻게 책으로 남겨질 수 있었을까? 누가 그의 말을 기록했을까? 언제 그 일은 마무리되었을까? 그들은 어떤 사람이었을까? 그처럼 세심한 작업에 착수하기 전에 누가, 무엇이 그들에게 영향을 미쳤을까? 예언자 무함마드는 언제나 너무나 거대한 그림자를 드리웠기 때문에 이슬람교의 학자들은 기독교에서 그랬던 것만큼 이 문제에 깊이 파고들지 못했다.

무함마드가 살아있는 동안, 글을 아는 몇몇 아랍인들이 그가 낭송하는 성

● '읽어라'는 '암송하라' 또는 '선포하라'로도 번역할 수 있다.

스러운 말씀을 받아적기 시작했다. '암송', '낭독', '읽기'라는 의미의 꾸란은 114개 챕터sura로 이루어져있다. 무함마드의 계시를 받아쓴 사람은 여러 명이다. 그들은 양피지, 가죽, 야자나무 잎, 죽은 낙타의 희고 평평한 견갑골에 무함마드의 말을 적었다. 당시에는 기록을 보관할 곳도, 도서관도 없었으며 가장 기초적인 문헌정리 시스템도 존재하지 않았다. 당연히 필사한 글은 뒤섞일 수밖에 없었다. 이러한 혼란은 후대의 아랍학자들도 해결할 수 없는 문제였으며, 결국 말씀을 순서대로 분류하는 일을 포기한다. 결국 말씀은 날짜순이 아닌 길이 순으로 정리된다.

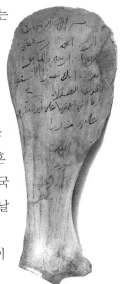

낙타의 견갑골에
잉크로 새겨진 꾸란

결국 꾸란은 가장 긴 글부터 시작하여 짧은 글로 끝이 난다. 문제는 이로써 초기말씀은 꾸란 뒤로 가고 후기 말씀이 꾸란 앞에 놓였다는 것이다. (학자들은 짧은 글일수록 초기에 나온 것이며 긴 글일수록 후대에 나온 것이라고 추정한다). 선형적 내러티브에 익숙한 서양의 독자들에게 꾸란의 이러한 측면은 줄곧 혼란을 유발했다.

문제를 더 복잡하게 만드는 것은, 무함마드의 말을 기록한 것이라고 하는 여러 텍스트들이 그가 살아있는 시절부터 돌아다녔다는 사실이다. 그의 삶은 과감한 행동과 극적인 사건으로 가득 차있었지만, 자신의 말을 기록한 텍스트를 고치고 수정하는 데에는 전혀 시간을 쓰지 않았다.

무함마드의 말을 주로 받아적은 사람은 자이드 이븐 사비트Zaid ibn Thabit다. 그는 누구보다 일찍 무함마드에 귀의하여 충성한 사람이었다. 자이드가 어떻게 그 복잡한 아랍어문법을 터득할 수 있었는지는 알 수 없다.

더 나아가 그가 '산문'으로 옮겨적은 무함마드의 시적인 말(대개 무아지경에서 내뱉는 말)은 오늘날 최고의 아름다운 문학작품이라고 칭송받고 있다. 이러한 까다로운 임무를 수행하기 위해 그는 어떤 준비를 하고 공부를 했을까? 사실

6세기에는 아랍어로 쓰인 산문 자체가 존재하지 않았던 시절이다. 그나마 드물게 존재하는 글들은 연애나 모험을 찬미하는 시밖에 없었다. 꾸란은 아랍어로 작성된 최초의 산문이었으며, 지금도 사실상 모든 무슬림들이 최고의 아랍어 산문이라고 생각한다.

하지만 당시에는 자이드를 비롯한 많은 필사자들이 혼신의 힘을 기울여 남겨놓은 문자기록보다, 이 말씀을 암송하여 사람들에게 전하는 쿠라qurra라고 하는 이들이 훨씬 큰 인기를 끌었다. 쿠라는 남녀 누구나 할 수 있었는데, 이들은 자신이 외운 꾸란말씀에 새로운 계시를 덧붙여 사람들 앞에서 낭송함으로써 무함마드의 목소리를 수백 배 증폭시켜 퍼트렸다. 쿠라는 성인으로 추앙받았으며, 아무 순서 없이 모아놓은 글보다 훨씬 가치있다고 여겨졌다.

632년 무함마드가 죽자, 자이드는 25년 동안 축적한 다양한 텍스트와 구술전승을 모아 정리하기 시작한다. 야자나무 잎, 흰 돌, 그리고 '사람의 마음속'에 흩어져있던 기록들을 모아 추려내고 정리하는 작업을 한다. 자이드는 무함마드와 절친한 사이였기 때문에, 그가 직접 편찬해낸 문헌은 다른 문헌들보다 훨씬 믿을 수 있었다. 그가 만들어낸 꾸란은 최초의 꾸란이자, 가장 권위있는 꾸란이었다. 하지만 안타깝게도 이 꾸란은 현재 전해지지 않는다.

무함마드 사후 쿠라는 꾸란을 전수하는 가장 중요한 임무를 맡게 된다. 무함마드와 동시대에 살았던 쿠라들이 고령으로 죽기 시작하자, 자이드의 꾸란이 이 새로운 종교의 중심무대에 서게 된다. 이제 문자가 그 말을 기억하여 전해주는 쿠라의 명성과 어깨를 나란히 하게 된 것이다. 자연스럽게, 문자를 읽을 수 있는 능력이 무척 중요해진다. 자신들의 말로 기록된 신성한 텍스트가 존재한다는 사실에 영감을 받아 이슬람으로 귀화하는 사람들이 점점 늘어났으며, 그만큼 글을 배우고자 하는 갈망은 더욱 커졌다.

하지만 문자의 구조적 특성으로 인해 글을 아는 사람은 쉽게 늘지 않았다. 6세기 아랍어는 여전히 진화하는 과정에 있었다. 자이드가 쓴 글에는 모음이 없었으며, 남성명사와 여성명사, 능동태동사와 수동태동사를 구별할 수 있는 발음을 표기하지 못했다.[5] 더욱이 아랍어 알파벳 자음 몇 개는 모양을 구분하기 힘든 것도 있었다. 그래서 스펠링 때문에 해석이 달라지는 경우도 많았다. 이러한 문제로 인해 몇몇 단어와 구에 대한 해석이 사람들마다 제각각 달랐다. 글을 읽는 사람이나 쓰는 사람이나 무함마드가 실제로 한 말에 자신의 편견을 투사할 수 있는 여지가 있었던 것이다.

651년 3대 칼리프 우스만Uthman은 여기저기 돌아다니는 꾸란 속에 무수한 왜곡이 담겨있다는 현실을 개탄하며 이미 상당히 나이가 든 자이드에게 꾸란을 바로잡으라고 명령한다. 그리고 그를 도와 작업을 진행할 세 역사가를 선발하여 붙여준다. 그들이 누구인지는 알 수 없지만, 무함마드를 추종하는 일원에 속한 적이 없는 사람들이었다는 것은 분명하다. 어쨌든 종교적으로나 학문적으로나 당시에 가장 뛰어나고 열정적인 이들이었을 것이다.

오랜 시간 노력 끝에 자이드가 이끄는 팀은 무함마드의 말씀을 다시 정리한 새로운 꾸란을 칼리프에게 바친다. 우스만은 더이상 꾸란을 바꿀 수 없도록 새 꾸란을 정경으로 공인한다. 칼리프는 다른 텍스트들은 모두 파기하라고 명령하였고, 새롭게 제작한 공인 꾸란을 주요 이슬람도시로 내려보내면서 모든 꾸란을 이것으로 바꾸라고 지시한다. 꾸란의 아름다움, 그 독창성과 완결성은 이 책이 매우 비범한 개인의 작품이라는 것을 알려준다.

하지만 이 책의 편찬자들이 원래 그 책을 쓴 사람들과 똑같이 하느님의 영감을 받았다는 증거는 없다. 무함마드가 최초로 설법을 한 지 41년이 지난 시점에서 그의 말을 정확하게 재구성하려고 노력했다고 하더라도, 글쓰기에 대한 열정이—이 책에서 내가 줄곧 주장해온 대로—여자에 대한 편찬자들의 개인적인 관점에 거꾸로 영향을 미쳤을지도 모른다. 무함마드의 신성한 말씀에 가부장제의 씨앗이 뿌려진 것도 바로 이 시점이라고 여겨진다. 물론 이러한 미묘한 변화가 의식적으로 이루어졌다고는 생각하지 않는다. 새로운 꾸란의 편찬자들이 추상적인 글꼴과 관념적인 신학의 아름다움에 매료된 네 남자였기에 이는 불가피한 변화였을 것으로 여겨진다.

오늘날 아랍의 역사학자 앨버트 후라니^{Albert Hourani}는 이렇게 쓴다.

> 다양한 버전의 꾸란을 수집하여 보편적으로 받아들여지는 텍스트를 만들고 그
> 것을 구성하는 학자들의 작업은 무함마드의 사후에도 여전히 지속되었다. 이 작
> 업은 그의 세 번째 계승자 우스만이 통치하던 시기(644-56)에 마무리되었다고 보
> 는 관점이 우세하지만, 그보다 뒤에 완성되었다고 보는 이들도 있다. 또한 이 과정
> 에서 텍스트에 예언자 무함마드가 하지 않은 말도 끼워넣었다고 비난하는 무슬림
> 분파도 있다.[6]

아랍인들은 알라의 계시가 쓰여진 글을 경배했다. 무함마드는 일찍이 꾸란을
직접 읽는 이들은 알라가 각별히 눈여겨볼 것이라고 말했다.

> "지식을 찾아 집을 떠나는 자는 하느님의 길을 걷는 것이다."
> "학자의 잉크는 순교자의 피보다 성스럽다."[7]

그전까지는 문자를 익혀야 할 아무런 이유도 없었던 베두인 사람들이 갑자기
전기에 감전이라도 된 듯 깨어났다. 이슬람 전역에 학교가 문을 열었으며, 학
교에서는 오로지 이 책 하나만 가르쳤다.

유일신을 찬양하는, 알파벳으로 쓰여진 이 책은 아랍인들에게 단일한 목
적을 안겨주었다. 주변의 오랑캐들을 개종시켜야 한다는 것이었다. 새로운 종
교적 열정은 그들 속에 잠자고 있던 호전적 기질을 일깨웠다. 지구 끝까지 뻗
어나갈 기세로 주변지역을 정복해나갔다. 물론 그들의 새로운 종교는 상당한
호소력을 지니고 있었다. 무함마드가 처음 계시를 받고 나서 몇 백 년도 지
나지 않아 스페인, 프랑스남부, 이집트, 소아시아, 페르시아, 인도, 아프가니스
탄, 인도네시아까지 광범위한 지역에서 무수한 이들이 이슬람으로 개종했다.

무슬림은 새롭게 정복한 지역 사람들에게 아주 단순한 선택권을 주었다.

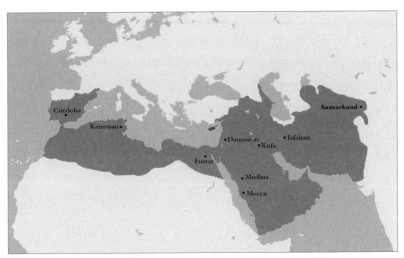

이슬람제국의 최대 영토 (750년 우마이야왕조)

참수냐? 개종이냐? 당연히 자신의 머리를 내놓은 사람은 거의 없었다. 더욱이 개종을 선택하는 이들 역시 상당수는 마음에서 우러나는 자발적인 선택이었다. 많은 지역의 주민들이 망설임 없이 단체로 이슬람에 귀의하기도 했다. 유럽 중부지역에서 기독교와 유대교 사이에서 고민하던 다신교도들에게 남쪽에서 전해오는 이슬람교는 또다른 훌륭한 선택지가 되었다.

실제로 많은 이들이, 하느님이 정말 존재한다면 용맹한 아랍인들 편에 서 있을 것이라고 생각했다. 또한 아랍인들의 새로운 신앙이 기존의 두 종교보다 훨씬 뛰어난 것처럼 보였다. 위계적인 사제계급도 없이 민주적으로 운영되는 초기 이슬람교는 상당히 매력적인 종교였다. 이슬람의 성직자 이맘imam은 결혼도 하고 가족도 꾸리고 세속적인 직업도 가지고 있었다. 더욱이 이슬람이 내세우는 기본교리는 '관용'과 '평등'이다. 의례도 매우 간소해 따르기 쉬웠다. 이슬람은 말 그대로 민중의 종교였다.

더 많은 사람들이 신앙에 귀의하면서, 글을 읽고자 하는 무슬림들의 욕망은 더욱 커져 간다. 이러한 흐름을 촉진하는 또다른 사건이 발생한다. 712년 아랍군이 중국의 비단길 길목에 위치한 전략적 요충지 사마르칸트를 점령하는데, 여기서 전리품으로 '종이'라는 진귀한 물건을 발견한 것이다. 자신들의 방언으로 쓴 신성한 경전과 손쉽게 사용할 수 있는 종이라는 매체가 결합하면서 마침내 이슬람세계에 황금시대가 펼쳐질 토대가 마련된다. 글을 쓰기 위해 희고 평평한 낙타의 견갑골을 모으는 수고를 할 필요가 사라졌다. 책은 곧 넘쳐나기 시작했고, 예배를 드리는 모스크는 곧 도서관이 되었다. 794년 처음 제지공장이 세워졌는데, 이후 100년이 지났을 때 바그다드에만 서점이 100곳 넘게 있었고 도서관도 수십 곳이 운영되고 있었다.

786년 칼리프의 자리에 오른 하룬 알 라시드^{Harun ar-Rashid}(766-809)는 이슬람세계의 카롤루스대제였다. 학문에 정진한 현명한 통치자로서 그는 황금시대를 열었다. 이후 500년 동안 시, 과학, 의학, 수학, 건축, 철학은 마법의 양탄자 위에 올라탄 듯 높은 수준으로 발전해 나갔다. 지식의 습득을 최고의 이상으로 여기는 너그러운 그들의 종교는 문예부흥의 든든한 받침목이 되었다. 하지만 이 눈부신 황금시대에도 끝까지 소외된 두 집단이 있었으니, 그들은 바로 미술가들과 여자들이다.

무슬림은 전쟁에 나가서 지는 법이 없었다. 하지만 이로 인해 이슬람사회는 갈수록 복잡해졌고, 또한 알라의 사랑을 전하는 무함마드의 가르침도 거의 잊혀지고 있었다. 9-10세기 무수한 이민족들이 사는 방대한 영토를 다스리는 일은, 6세기 부족 간의 갈등을 무마하는 일과는 차원이 달랐다. 이슬람세계의 헤게모니가 점점 커지면서 온갖 분쟁이 발생했고, 그러한 분쟁을 해결하기 위한 근거를 모두 꾸란에 찾았다. 하지만 단순한 옛 시대에 만들어진 이 문헌에서 명쾌한 해답을 얻기는 어려웠다. 이러한 문제를 해결하기 위해 유대인들이 토라를 참고하여 《탈무드》를 만들어낸 것처럼, 아랍인들도 꾸란의 논지를 명확하게 만들어 주는 또 다른 책을 만들어낸다.

이슬람사회에는 일찍이 무함마드의 생애에 관한 다양한 구술전승이 전해지고 있었다. 이런 이야기들을 하디스^{Hadith}라고 하는데, 여기에는 무함마드는 물론 그의 아내들, 친구들, 친지들, 적들, 자식들에 관한 상세한 내용이 들어있다. 더욱이 많은 하디스들이 꾸란의 내용을 좀더 명확하고 풍요롭고 재미있게 이해할 수 있도록 만들어주었다. 이러한 구술전승 중 극히 일부가 무함마드가 말씀을 전하기 시작하고 나서 첫 150년 동안 문자로 기록되었다.

꾸란은 곳곳에서 시민적 공정성을 강조하지만, 그것을 법적으로 강제하기 위해서는 법전이 필요했다. 아부 하니파 이븐 사비트^{Abu Hanifa ibn Thabit}(699-767)는 샤리아^{shari'a}라고 하는 최초의 포괄적인 민법을 편찬한다. 하지만 샤리아만으로는 이슬람사회에 벌어지는 온갖 분쟁을 완전히 해결할 수는 없었다. 결국 이슬람세계 곳곳에 위치한 법정에서 소송당사자들은 자신의 주장을 뒷받침하기 위해 샤리아보다 하디스를 인용하기 시작했는데, 하디스의 수는 계속 늘어났다.

온갖 하디스가 우후죽순처럼 쏟아져나온 결과, 마침내 어떠한 관점이든 하디스로 모두 정당화할 수 있는 지경에 이른다. 722년에는 쿠파에 사는 이븐 아비 알 아우자^{Ibn Abi al-Awja}라는 사람은 처형당하기 전 자신이 꾸며낸 하디스가 4,000개가 넘는다고 자백하기도 했다.[8] 예언자 무함마드에 관한 이야기가 끝도 없이 조작되어 쏟아져나오는 것을 막기 위해 칼리프들은 온갖 방책을 세우고 실행했음에도 모두 실패하고 만다.

히라산에서 무함마드가 신의 계시를 받고 나서 150년이 지난 870년, 알 부카리^{al Bukhari}라는 종교학자는 민간에서 대를 이어 전해 내려오는 이야기를 채록하는 일에 혼신의 힘을 쏟는다. 이슬람의 종교와 문자에 대한 열렬한 애정으로 그는 구술전승 60만 개를 수집했다고 주장하며, 이 중에서 7,375개를 추려 '올바른 책'이라는 뜻의 《사히흐^{Sahih}》를 출간한다. 사람들은 이 책을 '하디스'라고 불렀다. 그는 예언자 무함마드나 그의 가까운 친지들에게 직접 들은 이야기로 거슬러 올라갈 수 있는 것만 추려냈다고 주장했다.

하지만 150년이 지난 시점에서 알 부카리는 어떤 기준으로 무엇은 빼고 무엇은 선택할 것인지 판단했을까? 편집과정에서 정말 자신의 편견을 완전히 배제했을까? 그가 선별한 하디스에는 여자를 평등하게 대한 무함마드의 생전 모습과는 모순되는 이야기들이 많이 들어있다. 아내 카디자를 소중히 여기고, 사랑하는 딸 파티마의 머리를 헝클어뜨리며 장난을 치는 남자가, 이 책에서 주장하듯이 정말 여자를 '거대한 재앙'이라고 말했을까?[9]

한 전승에 따르면 무함마드는 설교를 하는 도중 아기가 울면 젊은 엄마들을 배려하여 설교를 짧게 줄였다고 한다.[10] 카디자가 죽은 뒤 무함마드와 결혼한 아이샤Aisha는, 세상에 가장 소중한 세 가지로 무함마드가 여자, 향기, 기도를 꼽았다고 전한다.[11] 다른 전승에 따르면 "세상에서 가장 소중한 것은 고결한 여인"이라고 말했다고도 한다.[12] 이런 사람이 하디스에서는, 여자들은 대부분 지옥에 떨어질 것이라고 말했다고 말한다. 같은 사람의 말이라고 여겨지는가?

물론 알 부카리의 하디스에도 본질적으로 여자를 평등하게 대하는 무함마드의 모습을 엿볼 수 있는 이야기가 나오기는 하지만, 꾸란보다 훨씬 가부장적인 모습으로 그려진다. 이미지에 대해서도 하디스는 꾸란보다 훨씬 강경한 노선을 취한다. 예컨대 꾸란에는 조각상을 금지하는 내용만 나오는데, 하디스에서는 무함마드가 조각상뿐만 아니라 그림까지 금지했다고 전한다.

많은 이슬람학자들은 오래전부터, 무함마드가 말했다고 전해지는 이러한 말씀들이 후대의 율법가-저술가-신학자들이 삽입했을 것이라고 의심한다. 알 부카리가 폐기한 59만 2,725개에 달하는 전승에는 그가 남겨놓은 전승보다 여자를 존중하는 내용이 많이 담겨있을 것이다.

오랜 세월을 거치면서 알 부카리의 하디스는 점점 위상이 높아졌다. 오늘날 순니파에게 알 부카리의 하디스는 논란의 대상이 될 수 없는 절대적인 경전으로 받아들여지고 있다. 앨버트 후라니는 이렇게 말한다.

"서양의 학자들은 대부분, 또 오늘날 무슬림들도 일부는 부카리의 업적을 회의적인 시선으로 바라보며… 절대적이라 여겨지는 하디스 중 많은 내용이 권위와 교리에 대한 자신의 입장을 정당화하기 위해 만들어낸 것으로 간주한다.”[13]

더 많은 아랍인들이 문자의 구조물 속에 둘러싸이면서, 문자의 치명적인 부작용에 둔감해졌다. 알 부카리의 하디스가 출간된 지 100년이 지난 9세기 말, 문헌으로 기록된 하디스는 드디어 이슬람의 구술전승을 대체하기 시작하였고, 바로 이 시점부터 여자의 권리와 이미지의 가치도 급속도로 추락한다.

중국에서 들어온 종이의 확산, 최초의 법전 샤리아의 편찬, 하디스를 기록한 《사히흐》의 보급 등을 통해 글을 읽을 줄 아는 남자들이 급격히 늘어나면서, 여자들은 이제 얼굴에 베일을 쓰지 않고는 밖에 나설 수 없는 상황까지 내몰린다. 문맹시대에는 전혀 존재하지 않던 이 독특한 관습은 아랍알파벳과 더불어 퍼져나갔다. 베일을 쓰는 관습은 이제 무슬림여자들의 마음속에 깊이 스며들어, 목욕을 하다가 누군가의 눈에 띄었을 때에도 몸이 아닌 얼굴부터 가릴 정도로 내면화되었다.[14]

인간의 얼굴을 인식하는 것은 우뇌의 기능이다. 여자들의 얼굴을 가리는 행위는, 여자들조차 서로 얼굴을 보지 못하게 함으로써 그들의 우뇌를 쓰지 못하게 만든다. 당연히 여자가 발휘할 수 있는 집단적 힘은 크게 약화된다. 이제 남자들은 아내와 '겸상'도 하지 않았다. 부부는 더 이상 빵을 나눠먹는 사이com-pan-ion가 아니었다.

750년부터는 중상류층에서 여자들을 하렘harem('금지된'이라는 뜻)이라는 공간에 격리하는 풍습이 퍼져나가기 시작한다. 이슬람사회는 전반적으로 개방적이고 관대했음에도 여자들에게만큼은 전혀 새로운 금기목록들을 계속 만들어내고 있었다.

무함마드시대에는 여자와 남자가 모스크 안에서 함께 기도를 드렸다. 후대에 장막으로 남자와 여자를 분리하더니, 더 나아가 여자들을 모스크 뒤쪽으로 밀어냈다. 더 후대에 가서는 모스크에서 여자들을 모조리 쫓아냈고, 남자가 없을 때에만 들어와서 기도할 수 있도록 허용했다. 나중에는 여자는 아예 모스크에 들어가지 못하게 막아버리는 분파도 생겨났다.[15] 영성에 관해서는 수천 년 동안 아무런 논란의 대상도 되지 않던 여자들이 이제 예배를 집전하고 개입할 수 있는 권리는 물론, 예배에 참석할 수 있는 권리조차 모두 박탈당한 것이다.

아랍에 문자가 처음 보급될 때는 남녀 모두 읽고 쓰는 법을 배웠지만, 문자가 사회생활의 필수적인 기술로 자리잡은 750년에는 글을 배울 수 있는 기회를 여자에게 거의 주지 않았다. 하지만 그 마저도 절망할 일이 아니었다. 마침내 남자들은 여자들이 시장에 물건을 사러 나가는 일마저 금지해버린다.

이 기이한 제약이 어떤 의미인지 선뜻 이해가 되지 않는다면, 물건을 산다는 일이 무슨 의미인지 먼저 살펴보아야 할 것이다. 오래 전 영장류에서 원시인류가 분화되어 나올 때, 남자는 사냥을 하고 여자는 일상적으로 채집활동을 했다. 여자는 독립적이고 자율적이었으며 남자와 동등한 지위를 누렸다. 여자는 자유롭게 집 주변을 돌아다니며 과일, 야채, 곡식 등을 찾았을 뿐만 아니라, 가족이 사는 동굴이나 움집이나 천막을 꾸미거나 보강할 수 있는 물건들도 구해왔다.

원시인류의 다 큰 암컷들은 예외없이 이렇게 채집활동을 했다. 하지만 도시가 세워지고 화폐가 도입되면서, 필요한 물건들을 늘어놓고 파는 시장이 생겨났고, 이로써 채집활동은 크게 단순화된다. 수백만 년을 이어져 내려온 채집활동은 '장을 보는 것'으로 변모했으며, 이 일은 여전히 여자가 수행하는 가장 주요한 일상적 활동으로 이어져 내려왔다.

수백만 년 동안 이어져 내려온 여자들의 기본적인 생산활동을 폐기한 8세기의 아랍 남자들의 행동을 우리는 어떻게 설명할 수 있을까? 실제로 해보면 알겠지만, 장 보는 것은 남자들에게 쉬운 일이 아니다. 그렇다면 장 보는 일은 누가 했을까?

당연히 이 일을 대신해 줄 수 있는 사람들이 있었다. 그들은 바로 '거세된'

남자노예들이다. 여자들을 대신해서 장 보는 일을 할 남자를 만들어내기 위해 이슬람세계에서는 노예들을 거세하는 풍습이 퍼져나갔다. 이들이 시장이나 장터를 다니며 생계에 필요한 물품들을 구입해온 것이다.

꾸란 어디에도 여자가 집 밖을 나가서는 안 된다는 구절은 등장하지 않는다. 또, 이슬람 이전 아랍에 그러한 제약이 있었던 것도 아니다. 어떤 전승에 따르면 무함마드는 오히려 여자들에게 "너희가 원하는 대로 집 밖에 나가도 된다"라고 말하기도 했다.[16] 하지만 여자의 지위는 끝없이 추락하여 14세기 이집트의 율법학자 이븐 알 하지Ibn al-Haji(1250-1336)는 이렇게 쓴다.

> 몇몇 독실한 장로들은 (하느님이 그들과 함께 하시길) 여자가 집 밖으로 나갈 수 있는 것은 세 가 지 경우밖에 없다고 말한다. 신랑의 집으로 옮겨갈 때, 자신의 부모가 죽었을 때, 자신의 무덤으로 들어갈 때.[17]

문자와 이미지, 알파벳과 여신이 충돌한 흔적은 이슬람세계의 풍습 곳곳에서 찾아볼 수 있다. 이 책의 주제를 다시 말하자면, 문자가 군림하기 시작하면 재현미술과 여자는 함께 비참한 운명을 맞이한다. 가부장제가 굳건해지면서 여성성은 신성에서 완전히 배제되었으며 기본적인 권리마저 빼앗겼다. 여자들은 베일을 뒤집어써야 했을 뿐만 아니라 집 안에 격리되었다. 억눌린 창작욕구는 카펫무늬, 쇠창살에 들어가는 문양, 캘리그라피를 통해 솟구쳐 나왔고, 이들은 극도로 세련되고 화려한 예술로 발전한다.

이슬람은 페르시아, 인도, 몽골제국에도 전파되었지만, 그들은 이미지를 금지하는 규범을 받아들이지 않았다. 그들은 이슬람을 받아들이면서도 아름다운 재현미술을 그대로 유지했으며, 다른 종교에 훨씬 관대했으며, 모든 시민에게 권리를 부여했다. 여자들도 훨씬 많은 교육을 받을 수 있었고 사회에 더 많은 기여를 할 수 있었으며, 얼굴을 베일로 가려야 하는 일도 없었다. 이곳에서는 무함마드의 딸 파티마가 신성한 존재로 여겨지며 대중의 사랑을 받기도 했다.

200년이 흐른 뒤 이슬람은 크게 두 분파로 쪼개진다. 순니파와 쉬아파다. 이들이 싸우고 갈라선 문제는, 기독교가 만들어진 뒤 200년 동안 영지주의와 정통교단이 그토록 싸웠던 것과 전혀 다르지 않다. 순니파는 문자를 곧이곧대로 해석하는 이들로, 꾸란과 하디스가 궁극적인 진리의 결정체라고 주장한 반면, 쉬아파는 세대마다 사람들이 꾸란을 새롭게 해석할 수 있으며 책에 기록된 것만 아니라 구전되는 지혜에도 진리가 있다고 믿었다.

쉬아파는 자신들의 계보를 무함마드의 딸 파티마의 후손에서 찾는다. 충분히 예상할 수 있는 일이지만, 순니파가 쉬아파보다 여자의 권리를 훨씬 엄격하게 제한한다. 쉬아파들은 여자들에게 경의를 표현하기 위해 인상적인 구조물을 세우기도 했다. (오늘날 이란을 비롯한 몇몇 국가를 뺀 나머지 이슬람국가들은 모두 순니파가 장악하고 있다.—옮긴이)

* * *

유럽으로 되돌아가기 전에, 반드시 짚고 넘어가야 하는 이슬람사회의 젠더와 관련한 이슈가 있다. 이슬람의 몇몇 교파에서 실시하는 어린 여자아이의 성기를 절제하는 할례의식이다.

물론, 외부로 드러난 섹스기관을 변형하고자 하는 인간의 욕구는 새로운 것이 아니다. 원시부족들은 생식기를 장식하기 위해 구리로 만든 고리나 상아를 주렁주렁 달기도 하고 세심하게 상처를 내거나 문신을 새기기도 했다. 이러한 풍습은 어쨌든 이성을 유혹하는 데 유리한 위치에 설 수 있다는 믿음으로 고통을 감수하는 것이다. 페니스의 포피를 절단하는 풍습은 기원전 2200년경 만들어진 이집트의 사카라 벽화에서도 확인할 수 있다. 히브리인과 무슬림은 각각 이러한 '할례'를 야훼와 알라와 계약을 맺기 위한 중요한 조건이라고 주장한다.

남자와 여자의 성기절제를 모두 '할례'라고 부르지만, 그것을 잘라내는 부위는 엄연히 다르기 때문에 절대 같은 비중으로 비교해서는 안 된다. 남자의 경우, 페니스의 포피를 잘라낸다고 해서 성행위의 쾌락이 사그라들지 않는다. 이에 반해 여자의 성기절제는 쾌락을 느끼는 말단신경이 밀집되어있는 조직을 잘라내는 것이다. 소음순만을 제거하는 경우도 있지만, 대음순과 클리토리스까지 잘라내는 경우도 있다. (클리토리스를 자르는 것은 남자의 귀두를 자르는 것과 같다.) 극단적인 경우에는, 성적 흥분을 느낄 수 있는 신경말단이 밀집되어있는 외부조직을 모조리 잘라내고 오줌과 생리혈이 나올 수 있는 작은 구멍만 남겨놓고 질을 꿰매어 버리기도 한다.

이렇게 꿰맨 구멍은 결혼 첫날밤 남편이 페니스를 밀어넣거나 손가락을 찔러서 힘으로 찢는다(여의치 않으면 칼로 자르기도 한다). '할례'라는 이름으로 가해지는 이러한 잔혹행위는 여자들에게 극심한 고통이 안겨주며, 따라서 이러한 경험을 한 이들은 당연히 섹스를 피하게 된다. 결국 이들에게 섹스는 모두 강간이나 다름없는 행위가 된다.

남자나 여자나 생식기는 배뇨기능을 겸한다. 따라서 폭력적인 여자의 생식기 변형 관습은 많은 경우 요도감염을 유발하며, 이로써 신장이 손상되는 결과를 낳는다. 요독증은 식욕감퇴, 피로, 무기력, 어지럼증, 구토, 오한 등을 유발하는데, 이러한 증상은 여자들을 더욱 순종적으로 보이게 만들었을 것이다.

인간이 가진 가장 강력한 섹스 수행기관은 바로 뇌다. 눈앞에 보이는 모습, 향기, 소리, 생각은 생식기관을 언제든 긴장상태로 이끌 수 있다. 뇌에 성적인 자극을 촉발하는 것은 바로 에스트로겐이나 테스토스테론과 같은 호르몬이다. 수백만 년에 걸쳐 자연에 의해 정교하게 구축된 이 복잡한 과정은 종의 연속성을 보장한다.

남자를 거세할 때는 고환을 제거한다. 테스토스테론을 분비하는 고환이 없으면 성적 자극이 오더라도 대부분 뇌가 반응하지 않는다. 반면 에스트로겐은 난소에서 생산한다. 여자의 생식기를 절단한다고 해도 뇌는 그대로 유지되는 것이다. 따라서 할례를 받은 여자라고 해도 여전히 성적으로 자극을 받고 흥분을 느낄 수 있다. 다만 몸이 망가져 그것을 충족시키지 못할 뿐이다. 이는 남자를 거세하는 것보다 훨씬 잔인한 짓이다.

지금도 여자의 성기를 절제하는 풍습이 많은 이슬람국가에서 행해지고 있다. 파키스탄, 중동을 비롯하여 사하라사막 남쪽에 위치한 무수한 아프리카 부족들이 이러한 악습을 이어가고 있다. 이는 다른 세계종교 문화권에서는 사실상 존재하지 않는 관습이다.

정신분석학자 브루노 베텔하임Bruno Bettelheim은 피정복자들이 정복자의 관습을 받아들이는 현상에 주목한다. 제2차세계대전 중 나치의 강제수용소에서 살아남은 그는, 수용소에 갇힌 많은 이들이 나치의 행동을 따라하는 모습을 목격했다. 자신을 고문한 사람들의 거드름피우는 행동을 따라하고, 파수병들의 기장을 본뜬 것을 만들어 자기 옷에 달기도 하며, 더 나아가 자신이 마치 나치군인인 것처럼 동료수용자들을 괴롭히기도 했다. 압도적인 무기력 속에서 발동하는 일종의 심리적 방어기제다. 자신보다 무력한 상황에 처한 자들을 강압적으로 지배함으로써 자신의 훼손된 자아를 조금이나마 강화할 수 있는 것이다. 이러한 현상은 감옥 안에서 죄수들 사이에서, 또 다양한 억압받는 집단 안에서 흔히 나타나는 것으로 보고된다.

7-8세기 아랍군이 아프리카를 점령한 이후 아프리카에서 아랍은 줄곧 지배세력으로 군림했다. 아랍인들은 다른 지역의 피지배인들은 상대적으로 평등하게 대우하고 통치했지만, 북부 유럽인들과 서서히 노예무역을 시작하는 상황이었던 만큼 아프리카 사람들은 동물처럼 취급한다. 15세기에 유럽이 아프리카 노예무역에 본격적으로 뛰어들기 시작했을 때에도 유럽인들은 대개 경험 많은 아랍의 노예상인에게 노예를 구입했다.

결국 많은 아프리카 부족들이 나치의 강제수용소와 비슷한 조건에서 이슬람교를 흡수한다. 고등한 문화를 지닌 아랍인들 앞에서 무기력할 수밖에 없는 아프리카의 남자들은 자신보다 약자인 여자들에게 성기절제라는 고통을

부과한다. 이로써 아프리카 여인들의 영혼은 치욕의 사다리에서 더 밑으로 굴러 떨어지고 말았다.[*]

여자의 성기를 절제하는 풍습이 이슬람 이전에도 존재했다고 주장하는 인류학자도 있지만, 고대의 역사기록에서는 이에 대한 언급을 전혀 찾을 수 없다. 수메르, 크레타, 이집트, 에트루리아, 인도 등 고대문명이 남긴 화병, 사원, 고분벽화 등에 그려진 고대인의 일상이나 종교적 행사를 샅샅이 뒤져보아도 이와 관련한 장면은 나오지 않는다. 헤로도토스나 스트라보와 같은 고대그리스의 역사학자, 지리학자들이 이러한 관습이 존재한다는 이야기를 들었다면, 분명히 기록으로 남겼을 것이다. 결론적으로 말하자면, 여자의 성기절제는 비교적 근래에 생겨난 관습이다.

몇몇 고립지역을 제외하면, 이 관습은 남자들이 꾸란을 읽을 수 있게 된 사회에서 주로 행해지고 있다. 하지만 꾸란에는 여자의 성기절제에 대한 이야기가 전혀 나오지 않는다. 몇몇 이슬람학자들은 그 근거를 하디스에서 찾

● 20세기 초까지 내려온 중국의 전족풍습도 이러한 현상의 또다른 사례로 볼 수 있다. 남성의 성적 취향에 순응하기 위해 어린 딸의 발을 묶는 일은 어머니가 도맡아서 했다.

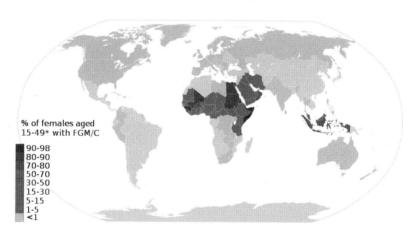

% of females aged
15-49* with FGM/C

90-98
80-90
70-80
50-70
30-50
15-30
5-15
1-5
<1

15-49세 여성 중 FGM(Female genital mutilation)을 경험한 인구비율. 2016년 UNISEF 조사

기도 하는데, 이는 앞에서도 이야기했듯이 많은 학자들이 가짜라고 의심하는 것이다.

무함마드는 공정하고 친절하고 상냥한 남자였다. 그는 강자들의 전횡에 맞서 힘없는 자들을 보호하기 위해 한평생을 바쳤다. 자신이 고아로 자랐던 만큼 그는 특히 아이들을 진심어린 애정으로 보살폈다. 예언자 무함마드의 말씀을 주의 깊게 읽어보면, 그가 어린아이들을 해치는 일을 하라고 가르칠 리 없다는 것을 알게 될 것이다.

이 관습의 배후에는 알파벳에 대한 광신이 숨겨져있다고 나는 생각한다. 이는 여자의 성기를 도려내는 관습이 시행되는 지역의 지리적 분포로도 뒷받침할 수 있다. 이 관습은 구전을 중시하는 쉬아파보다 엄격한 문자적 해석을 중시하는 순니파 지역에서 좀더 일상적으로, 철저하게 시행된다. 또한 고대 카르타고(튀니지), 메소포타미아(이라크), 페르시아(이란), 이집트처럼, 문자가 오랜 전통으로 확립된 곳보다 비교적 최근 문자를 받아들인 아프리카 부족들이 사는 지역에서 여자 성기절제가 극심하게 벌어지고 있다.

특히 아라비아반도와 가까운 동아프리카 지역에서 더 흔하고 가혹하게 성기절제 풍습이 이어지고 있다. 아라비아반도와 멀리 떨어져있을수록 여자들이 이 관습으로 고통받을 위험은 줄어든다. 예컨대 쿵!Kung족처럼 아프리카 남단에 사는 부족에서는 이 관습이 거의 존재하지 않는다. 단순한 우연일까? 여자의 생식활동 자체를 파괴하는 듯한, 진화를 거스르는 이 기묘한 관습은 알파벳을 새롭게 접한 사회에서만 행해진다.

여자의 생식기를 도려내는 것을 떠올리면 끔찍하긴 하지만, 여성학대에 관한 한 이슬람세계를 지구상 최악의 악당이라고 말하기는 아직 이르다. 아프리카의 저 멀리 북쪽하늘에는 훨씬 끔찍한 상황이 여자들 앞에 펼쳐질 준비를 하고 있었다. 알파벳에 힘입어 솟구쳐 일어난 새로운 유럽문화가 바로 그 주인공이다.

28

THEOLOGY vs PHILOSOPHY

신학 vs 철학

THE ALPHABET
VERSUS
THE GODDESS

최근 하느님은 '연약한 성'을 통해 자신의 권능을 드러내었다...
이 하녀들을 하느님은 예언의 능력으로 충만케 하였다.

《게르만족 연대기》1200년[1]

주 하느님,

늙은 여인이 명민한 남자보다 더 잘 이해하는 것은

대체 무슨 조화입니까?

람프레히트 본 레겐스부르크 Lamprecht von Regensburg, 1250년[2]

신학 vs 철학

1000-1300

첫 번째 1000년이 막바지에 다다르자 기독교세계는 다시 심판의 날이 다가왔다는 초조함에 휩싸였다. 바울이 '임박한 예수의 재림'을 그토록 열렬히 고대했던 것처럼, 그동안에도 많은 이들이 간간히 출현하여 예수의 재림이 다가왔다고 선동했지만 그런 일은 일어나지 않았다. 아무 일 없이 세월이 흘렀고, 사람들은 불안을 느끼며 가끔 하늘을 쳐다보기는 했지만 일상은 계속 유지되어 나갔다.

종말론은 기독교의 주요 교리였던 만큼, 서기 1000년 새해가 열리기 전날 밤은 매우 특별했다. 밀레나리언Millenarian이라고 불리는 1000년왕국 신봉자들은 999년 12월 31일 밤 인간에게 '유예된 시간'이 비로소 끝나고 가브리엘의 나팔소리가 온 세상에 울려퍼지며 심판의 날이 시작될 것이라고 선동했다.

하지만 새로운 1000년의 전환점은 아무런 일도 일어나지 않고 지나갔다. 여기저기서 시끄럽게 울리는 조종소리가 잠잠해지자, 1000년왕국을 확신하던 이들은 혼돈에 빠져들었다. 물론 그들은 그럼에도 자신들의 신념을 포기하지 않고, 무시무시한 최후의 심판의 날을 다시 계산하기를 반복했다. 하지만 서기 1000년을 기점으로 펼쳐진 드라마의 주제가, 시간의 종말이 아니라 문자의 부활이었다는 것을 알아차린 사람은 없었다.

오래전 시들어버린 문자에 관심을 갖게 하는 여러 요인들이 이때 힘을 발휘하기 시작한다. 로마가 멸망한 뒤 교회 밖 교육제도는 사실상 소멸한다. 성직자들은 일반대중으로부터 라틴어를 감춘다. 이로써 원래 이탈리아 중부 방언이었던 라틴어는 더 이상 일상적으로 쓰이지 않게 되었고, 결국 생명력을 잃고 만다. 필요는 발명의 어머니. 지역마다 고유한 방언이 되살아났고, 수 세기에 걸쳐 라틴어의 흔적과 결합하면서 제각각 독자적인 언어로 발전한다. 이처럼 라틴어를 기반으로 파생된 언어들을 오늘날 '로망스어'라고 한다.

스페인, 포르투갈, 프랑스, 이탈리아, 루마니아 등 로망스어들은 문자가 없는 상황에서 형성되었다. 로망스어가 아닌 영어와 독일어도 이 시기에 객관적인 현실을 진술하는 수준을 넘어 미묘한 감정까지 표현할 수 있는 언어로 발전했다. 어휘가 발전하고 어법이 어느 정도 정착된 9세기 때마침 카롤링거개혁이 일어나 말을 글로 쉽게 표현할 수 있게 된다.

종이의 등장도 문자의 진보를 촉진했다. 6세기 강력한 이슬람제국이 출현하면서 지중해 건너편과 무역은 사실상 중단된다. 로마시대 주요한 문자기록 매체였던 이집트의 파피루스는 더 이상 들여올 수 없었다. 훨씬 비싼 양피지를 써야만 했다.

기독교세계에는 12세기 이탈리아에 최초로 제지공장이 세워진다(아랍보다 300년 이상 늦은 것이다). 종이가 등장하면서 상업이 발달하기 시작한다. 물건을 사고파는 사람들은 산술과 부기를 할 줄 알아야 하는데, 이들은 거추장스럽고 불편한 로마숫자를 버리고 간편한 아라비아숫자를 쓰기 시작한다. 두 번째 1000년이 시작되고 나서 삶의 속도는 빨라졌다. 서양문화의 동맥과 정맥을 타고 생명의 활력을 불어넣어준 것은 바로 잉크였다. 문자가 이렇게 번성하자 늘 그랬듯 문화의 인지방식에도 변화가 발생했다.

학구적인 이슬람세계와 무식한 기독교세계 사이에는 단단한 장벽이 놓여 있었는데, 이것을 깬 것이 바로 십자군운동이다. 1096년 첫 십자군원정이 시작되었을 때 서유럽인들은 제 부모가 누군지도 모르는 후레자식 같은 존재였다. 자신들의 선조들이 지중해연안에서 믿기지 않을 만큼 풍부한 고대문명을 달성했다는 사실을 아는 사람이 거의 없었다. 역설적으로 그들의 출생기록은 그들이 불구대천의 원수라고 생각한 무슬림들의 손에 있었다.

기독교도들이 이 성전聖戰에서 획득한 예상치 못한 전리품은, 바로 자신들의 뿌리에 대한 인식이었다. 그리스와 히브리에 대한 관심이 유럽 전역에 치솟았다. 전에 없던 개방적 사고와 활발한 논쟁으로 11-12세기 유럽은 들썩거렸다. 마치 문자의 키스를 받고 깊은 잠에서 이제 깨어난 것 같았다.

문자가 확산되는 와중에도, 암흑시대의 윤리와 관습, 신화에 영감을 주었던 여성적 가치는 여전히 중시되고 있었다. 유럽의 1000-1300년을 중세변영기High Middle Age라고 하는데, 구술문화에 의해 발현되는 여성적 가치와 문자를 통해 발현되는 남성적 가치가 비교적 균형을 이루는 황금기가 펼쳐졌다. 이후 출현하는 르네상스의 찬란함에 가려 지금은 다소 희미하게 보일 수 있지만, 이 시기는 상당히 주목할 만한 시기다.

유럽은 전반적으로 평화로웠다. 국경선은 유동적이었으며, 학문은 발전을 거듭하였고, 다양한 예술가들은 기본기를 쌓아갔다. 이들은 훗날 세워질 거대한 르네상스 탑의 주춧돌이 된다. 과학은 구체적으로 관찰한 사실들을 추상적인 원리와 연결시키기 시작한다. 의학은 인간의 피를 빨아먹는 흡혈귀에서 진리를 추구하는 학문으로 조금씩 변해 간다. 로마가톨릭교회는 비잔틴제국처럼 중앙집권을 실시할만한 권한을 갖고 있지 못했다. 거친 개척자 정신으로 무장한 다양한 민족이 어울려 살아가는 서유럽을 교회지도자들은 통찰력과 관용으로 이끌 수밖에 없었다. 세속적으로나 종교적으로나 지역별로 다양성과 실험정신이 용인되는 시절이었다.

중세변영기가 시작되는 시점은 매우 특이한 시기였는데, 마녀로 고발당한 이들도 거의 없었으며, 이단을 화형시킨 경우도 드물었으며, 기독교도들 사이에 종교전쟁이 벌어지지도 않았다. 유대인도 이방인이긴 하지만 중요한 공동체 일원으로 받아들였으며, 무슬림과 만나는 접경지대에서도 함께 어울리며 정중하게 예의를 지켰다. 학자들은 열심히 다른 문화의 신앙을 배웠다. 물론 오래된 적들과 사소한 충돌은 여전히 일어났으며, 인간영혼 내면에서 요동치는 야수가 밖으로 터져나와 소란을 일으키기도 했다. 하지만 무엇보다도 가난하거나 지친 사람들, 창조적이거나 영적인 사람들, 총명하거나 박식한 사람들, 그리고 대다수 여자들이 아무 두려움을 느끼지 않고 즐겁게 살아갈 수 있는 시대였다.

전체 서양문화를 놓고 볼 때 사춘기에 비유할 수 있을 만큼 이 기간에는 격정이 있었다. 눈을 크게 뜬 호기심이 사상, 운동, 신념의 자유와 결합하면서 봄날의 아지랑이를 피워올렸다. 수많은 음유시인들이 여자를 찬미하는 기사도를 아름다운 노래로 표현했으며, 로맨스소설이 크게 유행했다. 마리아숭배는 여전히 인기가 있었다. 사람들은 저마다 경건하고 이타적인 종교적 이상을 마음속에 품고 있었다.

1209년 아시시의 성프란치스코Saint Francis는 온화, 숭고, 청빈의 원칙에 기반한 프란치스코수도원을 세운다. 프란치스코수도원은 그 시대 신앙세계를 뒤덮었던 무수한 신비주의운동 중 하나였다. 마저리 켐프Margery Kempe, 로스비타Hrotsvitha, 나자렛의 베아트리체Beatrice, 마르그리트 두앙Marguerite d'Oingt, 마그데부르크의 메히트힐트Mechthild, 스웨덴의 비르기타Bridget, 몬탄의 도로시Dorothy등 무수한 여자 성직자들이 활발하게 신비주의운동을 펼쳤다. 민중들은 물론 교황도 이들의 활동을 인정하고 수용했다.

이 시대에 여자의 영성을 의심하는 사람은 없었다. 수녀원이 급속도로 늘어났지만, 수녀가 되고자 하는 이들을 모두 수용하기에는 턱없이 부족할 만큼 많은 여자들이 수녀가 되고자 했다. 수녀원에 들어가지 못한 여자들은 베긴즈Beguines라고 하는 재가공동체를 만들었다. 베긴즈에 속한 여자들은 노인이나 몸이 불편한 사람들을 찾아가 도와주고, 아픈 이들을 보살피고, 배고픈 이들에게 음식을 대접하는 등 자선활동을 했다. 생계가 불안한 불우한 이웃에게 도움의 손길을 베풀었다. 교회 밖으로 뻗어나가는 베긴즈운동을 나쁘게 보는 사람은 없었다.

작센지역의 대수녀원장들은 방대한 영지를 관리했다. 몇몇 수녀원에서는 자체적으로 화폐를 주조하기도 했다.[3] 자신들의 지역방언을 문자로 기록한 여류작가들의 글이 널리 읽혀졌다. 예컨대 1395에서 1405년까지 10년 동안 프랑스문학을 대표하는 크리스틴 드 피장Christine de Pisan은 글을 써서 생계를 유지할 수 있을 만큼 상당한 성공을 거두기도 했다. 몇몇 수녀원들은 뛰어난 필사본을 만들어내는 것으로 명성을 얻기도 했다.

여왕이 백성을 다스렸고, 귀족부인들이 영지를 관리했으며, 품위있는 여자사업가들이 땅을 매매했고, 여자은행가들이 고차원적 금융거래를 했다.[4] 일하는 여자들은 새로운 상업길드에서 경제적인 활동을 했으며, 지역의 관리를 선출하기 위한 투표를 시행하는 지역도 점점 늘어났는데 이러한 투표에도 여자들이 적극 참여했다.[5] 심지어 여자가 전쟁에 나가 군대를 이끌기도 했다.[6] 오랫동안 배제되어 왔던 종교의례에서도 여자들은 조용히 다양한 역할을 맡아 수행하기 시작했다. 이 시기에 가장 눈에 띄는 것은, 여자들이 일하고 배우는 것을 남자들이 순순히 받아들였다는 사실이다.

그러던 중 교회 내부의 학식이 높고 고집 센 남자들로 이루어진 작은 집단이, 역동적인 중세의 문화의 중심을 여자가 아닌 남자로 옮겨가기 위한 모의를 시작한다. 그들의 관심사는 서로 관련이 없어 보이는 두 가지 주제에 초점이 맞춰졌다. 바로 섹스와 문자다.

1073년 교황에 오른 그레고리오 7세(1020-1085)는 교회 내부가 썩었다며 부패를 일소하겠다고 선포한다. 당시 가장 돈을 많이 내는 사람에게 성직을 파는 관행이 만연했는데, 교황은 성직자에게 독신규범을 엄격하게 지키도록 하면 그러한 관행이 사라질 것이라고 생각했다. 교황은 성직매매를 '육체적 타락이 낳은 더러운 전염병'이라고 일컬으며 전례가 없는 조치를 취한다. 아내와 자식을 포기하지 않는 성직자에 대한 지원을 철회할 수 있는 권한을 평신도들에게 준 것이다.[7]

그레고리오 7세의 포고령은 사회적 혁명을 낳았다. 특히 이탈리아와 프랑스의 평신도들은 교황의 명령에 불복하고 자신들의 교구의 사제를 보호하기 위해 노력했다. 파리공의회에서 주교들은 교황의 개혁을 '받아들일 수 없기에 부당하다'고 비난하며 맞섰다. 개혁파 페트루스 다미아누스^{Peter Damian}는 밀라노에 갔다가 격렬한 반발에 부딪치기도 한다. 연대기 작가는 이렇게 기록했다.

> "그는 가까스로 살아남았다. 그의 고귀한 존엄성은 순교의 공포 속에서 더욱 빛이 날 뻔했다."[8]

그레고리오 7세는 결국 무력으로 자신의 뜻을 관철시킨다. 그는 외국의 귀족들을 끌어들여 주교들을 무력으로 위협해주면 그 지역 땅을 주겠다는 약속을 한다. 결혼한 성직자들은 결국 아내와 자식들과 결별하지 않으면 가혹한 댓가를 치러야만 하는 상황에 처했다. 많은 성직자들이 생계를 위해, 또 몇몇 성직자들은 자신의 생명을 위해 싸워야 할 처지에 내몰렸다. 성직자의 아내와 자식들도 엄청난 고통 속에서 허우적댔다. 성직자로 남고자 하는 이들은 아내와 인연을 끊고 가족을 내쫓았다. 아이들은 하루아침에 사생아가 되었다. 역사학자 데이비드 노블^{David Noble}은 이렇게 쓴다.

> "교회에 의해 절대빈곤 속에 내쳐진 이들과 그 자식들은 기아, 매춘, 중노동, 살인, 자살의 공포에 직면해야만 했다."[9]

교회개혁세력들은 여성혐오를 공공연히 드러냈다. 당시 가장 열광적인 개혁파였던 다미아누스는 여자를 이렇게 묘사했다.

> "사탄의 미끼, 남자의 영혼을 죽이는 독, 음란한 돼지들의 쾌락, 더러운 영혼이 거처하는 여인숙"[10]

11세기 렌의 주교는 이렇게 썼다.

"간교한 적[사탄]이 우리에게 퍼트린 셀 수 없이 많은 형상 가운데… 최악은 여자, 썩은 줄기, 사악한 뿌리, 타락한 샘… 꿀과 독이다."[11]

이제 교황청의 복도는 남자들의 차지가 되었다. 이렇게 당당하게 말하는 사람도 있었다.

"소명을 받은 후 53년 성직생활 동안 나는 늙은 여자 탁발 수사를 빼면 여자 얼굴을 본 적이 없소."[12]

이런 사람들에게도 과연 어머니가 있었을지 궁금할 지경이다. 이제 유럽의 가장 강력한 권력기관은 남성전용클럽으로 바뀌었다.

이 개혁은 또한 수도원제도 전반을 크게 바꿔놓았다. 수사와 수녀가 함께 기거하는 수도원double monastery은 모두 폐쇄되었고, 이들 수도원은 남녀를 엄격하게 분리하는 클뤼니수도원과 시토수도원, 곧이어 등장하는 군대식 운영으로 유명한 도미니코수도원이 접수한다. 대수녀원장들은 모두 대수도원장 밑으로 편입되어 까다로운 통제를 받는다. 프란치스코수도원조차 여자를 가차 없이 격리하는 데 동참한다. 시토수도원의 수도사 클레르보의 베르나르두스Bernard는 자신들의 행위의 정당성을 이렇게 변명한다.

"여자와 늘 함께 생활하면서 그녀와 섹스를 하지 않는 것은 죽은 자를 살리는 일보다 어려운 일이다."[13]

그레고리오 7세는 교회 안에서 이성과 마주칠 일 없도록 깨끗이 정리하는 작업을 진행하는 동시에 알파벳을 교회운영의 중심으로 삼는 조치를 취한다.

● 이 주교가 여자를 '형상' 즉 이미지로 간주하는 것, 또 이미지를 사탄의 작품이라고 말하는 것에는 이 책의 주제와 일치하는 통찰이 담겨있다.

"모든 주교는 교회에서 글을 가르쳐야 한다"고 공포한다. 교황청은 유럽의 주요 도시에 성당부속학교를 설립하라는 명령을 내린다. 옥스퍼드, 파리, 볼로냐, 피사, 하이델베르크 등 이때 생겨난 성당학교들은 나중에 대학의 모태가 된다. 성당학교는 성직자는 물론 평신도도 다닐 수 있지만, 여자는 신분을 막론하고 입학을 불허했다.[14]

하지만 그레고리오 7세의 개혁은 성직매매관행에 조금도 영향을 미치지 못했다. 오히려 이러한 관행은 계속 심화되어 돌이킬 수 없는 상황까지 치달아 400년 후 종교개혁을 초래하는 원인이 된다. 성직자들의 결혼생활을 부패의 원인이라고 지목하며 이를 집요하게 파괴했던 열정으로, 성직매매관행을 직접 공격했더라면 역사는 크게 달라지지 않았을까?

* * *

그레고리오 7세의 개혁은 여자들의 자주성을 심각하게 훼손했을 뿐만 아니라 중세번영기가 시작되면서 꽃피우기 시작한 지적 자유를 꺾어버렸다. 그는 세속적인 학문에서도 교회가 주도적인 역할을 해야 한다고 주장했다. 사제계급이 문자를 독점하지 못하면 교회가 지배하는 사회체제는 무너지고 온갖 저항에 직면할 것이라고 생각했다.

하지만 역사적인 진술만으로는 그의 사회적 실험이 당시 개인들의 삶에 어떤 파급효과를 미쳤는지 제대로 이해하기 어려울 수 있다. 그의 개혁이 평범한 남녀의 삶을 어떻게 바꿔놨는지 잘 보여주는 유명한 에피소드를 들어보자.

피에르 아벨라르Pierre Abélard(1079-1144)는 당대의 자유로운 인문사상을 대표하는 철학자였다. 귀족가문에서 태어났지만, 기사의 작위를 포기하고 지적인 승부사의 삶을 선택한다. 1101년 유명한 사상가들이 모여 온갖 난상토론을 벌이던 파리로 간다. 아벨라르는 열띤 학구적 공간에서 크게 성장한다. 벤치에 앉아 날카로운 논리로 강단 위에 선 스승들을 곤경에 빠뜨리곤 했다.

아벨라르는 머지않아 강단에 선다. 특유의 재치와 유머, 날카로운 사고는 곧 소문이 퍼져 유럽 전역에서 많은 학생들을 끌어 모은다. 동료들의 추천으로 파리성당학교 학장으로 추대되었고, 이후 파리대학의 영적인 건립자가 된다.

그는 또한 많은 시를 썼다. 특히 그가 쓴 연가love song는 상당히 유명했다. 많은 이들이 그를 존경했으며, 이 뛰어난 학자가 성직에 몸담아 나중에 교황의 자리에 오르기를 바랐다.

1117년 아벨라르의 명성이 치솟는 와중에, 배우는 것을 좋아하고 책을 사랑하는 16살 고아소녀가 그의 삶에 나타난다. 노트르담대성당의 사제 풀베르Fulbert의 조숙한 조카딸 엘로이즈Héloïse였다. 그녀는 아르장퇴유에 있는 수녀원에서 교육을 받았는데, 그곳 수녀들은 자신들이 가르쳐본 학생 중에 가장 명석한 학생이었다고 한 목소리로 말했다. 그녀의 삼촌은 더 나은 집안에 시집을 보내기 위해 엘로이즈를 파리로 데려온다. 그리고 그녀를 위한 개인교수를 고용하는데, 그가 바로 아벨라르였다. (아벨라르는 이미 엘로이즈의 명성을 들은 적이 있었기에, 개인교수 자리를 망설임 없이 수락했다고 회고한다.)

성당학교의 학장이 되기 위해서는 성직자와 마찬가지로 순결한 삶을 살겠다는 서약을 해야 했다. 하지만 길고 지루한 여름날 오후 아벨라르와 엘로이즈는 사랑의 마법에 빠진다. 순간적인 키스는 정열적인 포옹으로 바뀌었고, 아벨라르는 결국 순결서약을 깬다. 학구적인 이 스승과 학생은 책으로는 배울 수 없는 것이 존재한다는 사실을 깨닫는다. 육체적 욕망에서 시작된 그 무엇이 "그 어떤 향기보다도 감미로운 부드러움"이 되었다고 그는 회고한다.[15]

사랑은 그들을 경솔하게 만들었고 곧 소문이 퍼지기 시작했다. 소문이 무성해질 때쯤 그들은 당혹스럽게도 엘로이즈가 임신했다는 사실을 알게 된다. 아벨라르는 엘로이즈를 그녀의 삼촌 집에서 은밀히 빼내 브르타뉴에 있는 자신의 가족들 집에 숨긴다. 이곳에서 그녀는 아들을 낳고, 아스트롤라베Astrolabe라고 이름을 붙인다(아스트롤라베는 당시 천문관측기구의 이름이다).

고결한 천성을 지닌 아벨라르는 청혼을 하지만 엘로이즈는 학자로서 그의 경력에 누가 될까 염려하여 청혼을 거절한다. 그녀는 정부로 남겠다고 고집한다. 그레고리오 7세의 개혁에 따라 아벨라르가 성직자로 나아갈 경우 성직자의 아내는 수녀원에 들어가야 했는데, 이러한 조건 역시 결혼을 거절한 이유가 되었을 것이다.

그럼에도 아벨라르는 끈질기게 결혼을 하자고 요구했고, 또 삼촌 풀베르의 분노를 가라앉히기 위해 엘로이즈는 고집을 꺾고 비밀리에 결혼식을 올린다. 아기는 아벨라르의 누이에게 맡기고 그들은 파리로 돌아온다. 부부는 따로 살면서 어떠한 불미스러운 일도 벌어지지 않았다는 듯이 예전과 똑같은 생활을 이어나갔다.

신뢰를 저버린 아벨라르를 미워한 풀베르는 그에게 복수하기 위해 그들이 비밀리에 결혼을 했다는 이야기를 은밀히 퍼트린다. 성당학교 학장으로서 아벨라르의 명망은 심각하게 타격을 받는다. 엘로이즈는 아벨라르를 위해 결혼했다는 사실을 공개적으로 부인했다. 하지만 이는 사실상 스스로 매춘부라고 선언하는 것과 다름없었다.

점점 버틸 수 없는 상황이 되자 엘로이즈는 수녀복을 입고 삼촌집에서 빠져나와 아르장퇴유 수녀원으로 다시 돌아간다. 아벨라르가 조카딸을 망쳐놨다고, 또 그녀를 명망가에 시집보내 자신의 권력을 강화하는 데 이용하려던 계획을 망쳐놨다고 생각한 풀베르는 여전히 화가 풀리지 않았다.

어느 날 밤 아벨라르가 잠을 자는 방에 자객들이 침입한다. 풀베르의 의뢰를 받은 이들이었다. 그들은 아벨라르를 제압한 뒤 거세한다. 거세 소식은 삽시간에 퍼져나갔고, 아벨라르는 충격과 치욕과 절망 속에서 수도사가 된다. 아벨라르는 엘로이즈에게 수녀가 되라고 설득한다. 엘로이즈는 격렬히 반발했지만 결국 수긍할 수밖에 없었다.

아벨라르는 스스로 세상과 단절하고 오랜 세월 고독한 시간을 보낸다. 아내와도 연락하지 않았다. 그의 모범적인 행실들 보고 교회의 권력자들은 충분한 댓가를 치렀다고 생각하여 다시 강단에 설 수 있는 기회를 준다. 엘로이즈 역시 수녀로서 상당한 존경을 받았고, 마침내 대수녀원장 자리에 오른다.

아벨라르는 나중에 친구를 위로한다는 명목으로 자신의 불행했던 운명을 회고하는 《내 고통의 역사》라는 책을 펴낸다. 그는 책에서 이렇게 말한다.

"나의 슬픔과 비교하면 당신의 슬픔은 아무것도 아니라는 사실을 깨닫게 될 것입니다."

비애에 가득한 이 책은 엘로이즈의 손에도 들어갔고, 이 책을 읽고 그녀는 편지를 쓴다. 그녀의 편지는 오늘날까지도 연애문학사상 가장 감동적인 글로 여겨진다.

그녀의 아버지가 아닌 스승, 그녀의 오빠가 아닌 남편에게. 그의 딸이 아닌 시녀, 그의 누이가 아닌 아내가. 아벨라르에게, 엘로이즈가.

사랑하는 이여, 친구를 위로하기 위해 쓴 당신의 편지를 최근 우연히 보게 되었습니다… 누구도 눈물 없이 읽을 수도 들을 수도 없는 이야기, 그 일들이 새삼 제 마음속 슬픔을 한없이 가득 채웁니다… 당신에게 간청하오니, 우리에게 자주 편지하셔서 당신이 아직도 겪고 있는 파멸의 고통을 들려주소서. 적어도 우리만은 당신이 슬퍼할 때나 기뻐할 때나 당신의 동반자로 남아있으리라는 사실은 알게 될 것입니다….

내 소중한 이여… 당신의 명령에 순종하여 나는 버릇도 관심도 바꾸었습니다. 당신이 내 몸과 마음의 주인이라는 것을 보여주기 위함입니다… 단지 결혼서약을 지키거나 지참금을 지키기 위해서가 아닙니다… 아내의 이름이 아무리 신성하고 합법적이라고 해도, 친구라는 말이―당신에게 치욕이 되지 않는다면―첩이나 매춘부라는 말이 내게는 더 달콤하게 들렸습니다… 하느님을 증인으로 삼겠습니다. 온세상을 다스리는 아우구스투스가 내게 결혼의 영광을 준다고 하더라도, 그래서 내게 세상을 모두 준다고 하더라도, 세상을 내가 영원히 다스릴 수 있다고 하더라도,

내게 더 귀중한 것 더 숭고한 것은 그의 황후가 되는 것이 아니라 당신의 첩이 되는 것입니다…

왕이나 철학자 중에 누가 당신의 명성에 비할 수 있을까요? 당신을 보기 위해 어느 왕국, 어느 도시, 어느 마을이 안달하지 않겠습니까? 당신이 사람들 앞에 섰을 때 당신을 보기 위해 서두르지 않을 사람이 어디 있겠습니까… 어떤 부인, 어떤 시녀가 당신이 자리에 없을 때 당신을 갈망하지 않을 수 있겠으며, 당신이 자리에 있을 때 가슴을 불태우지 않을 수 있겠습니까? 어떤 여왕, 어떤 힘있는 귀부인이 나의 기쁨과 나의 침실을 부러워하지 않겠습니까?

당신에게 간청하오니, 내 말에 귀기울여주세요… 그저 당신이 쓴 글—당신이 듬뿍 담겨있는 글—을 읽는 동안 매혹적인 당신의 이미지가 떠올라 당신 곁에 있다는 착각에 빠졌습니다… 나는 당신에게 더 많은 것을 바랄 자격이 있습니다. 당신을 위해 모든 것을 바쳤으니까요… 어린 소녀였던 내가 혹독한 수녀원에 들어간 것은… 신앙심 때문이 아니라 오로지 당신의 명령 때문이었습니다…

그리하여 당신이 온 몸을 바쳐 헌신하는 하느님의 이름으로, 하느님 앞에서, 나는 당신에게 간청하오니, 어떤 방법으로든, 내게 몇 마디 위안의 글이라도 써서 당신이 내 눈앞에 나타날 수 있게 해 주세요… 안녕히, 나의 모든 것이여.[16]

아벨라르의 거세가 역설적인 것은, 어쨌든 그는 엘로이즈와 결혼한 사람이었다는 사실이다. 이전 사회에서는, 임신만 시켜놓고 결혼을 하지 않으려고 하는 남자에게 복수하기 위해 하던 짓이었다. 여자를 책임지고자 하는 사람을 거세하는 일은 없었다. 문자가 갑작스럽게 문화의 중심으로 부상한 시기에, 수백만 년 동안 문화를 지배해 온 상식적인 가치가 거꾸로 전복된 것이다.

***

성직자의 결혼을 금지하는 그레고리오 7세의 가혹한 포고령이 내려졌음에도, 여자들은 대체로 사회에서 여전히 왕성하게 활동하고 있었다. 프랑스 북부 플랑드르에서는 맥주와 직물거래가 활발하게 이뤄졌는데, 이곳을 주름잡던 상인들이 대부분 여자였다. 그들은 대부분 글도 알고 있었다.

또한 프랑스 남서부 지역은 당시 강력한 영향력을 행사한 대담한 여걸 엘레오노르 다키텐Aliénor d'Aquitaine이 통지하고 있었다. 이 지역은 기독교도들 사이에서 유대인과 무어인들이 각각 촌락을 이루어 평화롭게 살며 서로 교류했다. 유럽전역에서 모여든 음유시인들이 여자를 찬미하는 노래를 불렀으며, 유대인 번역가들은 그리스 고전을 이 지역 방언으로 번역하기도 했다. 바야흐로 세계시민문화가 이곳에서 꽃피고 있었다.

사람들은 세속과 동떨어져있는 교회의 권위에 신물이 나있었고, 결국 반교권운동이 일어난다. 기독교의 근본으로 되돌아가자고 주장하는 카타리운동Catharism이 등장한다. 하층계급에서 시작된 이 운동은 특히 프랑스 남서부 지역에서 큰 인기를 끌었다. 프로방스의 카타리교회에서는 여자들이 모여 저마다 무릎 위에 신약성경을 펼쳐놓고 예수의 가르침의 의미에 대해 함께 공부하고 토론했다.

또한 불가리아에서 시작된 영지주의교파로 알비운동Albigensianism도 있었다. (알비에서 교세가 강하여 이러한 이름이 붙여졌다) 이들 역시 교회 내 위계서열을 부정하고 초기기독교로 돌아갈 것을 주장했다. 로마가톨릭이 타락하고 영적인 행복에 대해서는 전혀 관심이 없다고 느끼던 많은 이들이 이들의 경건하고 검소한 삶에 감명을 받고 귀의했다.

그들의 선조, 영지주의자들이 맞이한 운명과 마찬가지로 카타리파와 알비파 역시 정통교단에 의해 철저히 짓밟히고 파괴된다. 그들의 교리와 예배의식에 대해서는 그들을 탄압한 정통교단의 기록을 통해서만 전해 내려온다. 조각조각 난 자료들을 이어 붙여 전체적인 그림을 추론할 수밖에 없다.

알비파는 예수의 산상수훈을 핵심교리로 삼는다. 원수를 사랑하라. 이웃을 도우라. 불경한 말을 하지 말라. 평화를 위해 일하라. 폭력을 삼가라. 그리고 이를 몸소 실천하는 성직자는 당연히 빈곤 속에 살아야 한다고 생각했다.

그들이 보기에 오늘날 교회는 머리부터 썩었다. 그래서 몇몇 알비파에서는 교황을 적그리스도라고 가르쳤다.

알비파는 서유럽 전역에 불길처럼 퍼져나갔다. 하지만 그중에서도 가장 번성한 곳은 플랑드르와 프로방스였다. 이 두 지역은 앞에서도 말했듯이 여자들이 상당한 자유를 누리며 사는 곳이었다. 가톨릭교회에서도 주시할 정도로 이 지역은 상당히 자유분방했다. 그레고리오 7세의 개혁에 영감을 받은 인노첸시오 3세(1198-1216)는 그러한 자유분방함을 도저히 묵과하고 넘어갈 수 없다고 판단한다. 마침내 1209년 카타리파와 알비파를 토벌하기 위한 십자군을 창설하고 대대적인 원정학살을 시작한다.

몇몇 예외적인 경우도 있지만, 로마가 멸망한 뒤 암흑시대를 거치는 동안 교황청은 기독교세계에서 벌어지는 다양한 일탈을 너그럽게 용인했다. 840년 리옹의 대주교는 마녀혐의로 기소하는 것을 아예 불법화하기도 했다.[17] 946년 교황 레오 9세는 이단에 대한 가장 가혹한 처벌은 파문으로 그쳐야 한다고 말하기도 했다.[18]

하지만 문자가 점차 확산되면서, 불과 몇 년 전 성직자들의 가족을 해체해야 한다고 주장한 바로 그 몇몇 남자들이 이제는 민중을 공격대상으로 삼는다. '알비십자군'은 땅을 빼앗기 위한 것도 아니고 복수하기 위한 것도 아니고 이교도를 몰아내기 위한 것도 아니었다. 종교에 대한 추상적이고 신학적인 견해가 다르다는 이유만으로 권력층이 자신들의 민중을 대량학살하는 사건이 인류 역사상 최초로 벌어진 것이다.

우크라이나의 부농Kulak, 터키의 아르메니아인, 독일의 유대인, 중국의 도시 거주민, 캄보디아의 학교선생, 보스니아의 무슬림, 르완다의 투치족 등 20세기만 해도 무수한 대량학살이 곳곳에서 벌어졌던 만큼, 지금은 학살이 그다지 특별하게 느껴지지 않을 수도 있다. 하지만 아무리 나쁜 정부라고 해도 자신들의 백성을 학살하는 것은 생각조차 할 수 없는 때가 있었다. 물론 로마인들이 기독교도를 박해한 것도 그러한 탈선사례라고 볼 수 있지만, 로마인들은 기독교도를 박해하면서도 인간적으로 불편한 마음과 죄책감을 느꼈다. 로마 제국에서 순교한 기독교도는 3,000명 정도 된다. 하지만 이러한 비극은 900년 뒤 자행된 알비파 학살의 잔혹성에 비하면 아무것도 아니었다.[19]

역사학자 프리드리히 헤르Friedrich Heer는 알비십자군의 학살에 대해 이렇게 평가한다.

> 그 전쟁은… 엄청난 야만과 광신으로 불타오르는 행위였다. 죽은 자들조차 치욕을 당해야 했다. 프랑스남부의 여자들에게 더할 수 없는 굴욕, 증오, 공포, 위협을 안겨주었다. 엘레오노르 다키텐 여왕의 왕국은 잿더미로 변해 버렸고, 프랑스남부의 여성중심 문화도, '음유시인들의 자유로운 정신'도 사라졌다.[20]

점령지의 땅과 전리품을 나눠뉘겠다는 약속을 하고 북유럽의 귀족들을 끌어모아 교회는 또 다시 십자군을 결성한다. 숲이 우거진 고요한 아키텐의 외곽 도르도뉴로 출정한 십자군은 도시를 하나씩 함락해 나가면서 약탈을 하며 말할 수 없이 잔혹한 행위를 벌였다. 도시 하나를 점령할 때마다 승리자들은 카타리파들을 모조리 색출해냈다. 이미 죽은 사람도 예외가 아니었다. 무덤 속에서 부패한 시신을 꺼내 중앙광장으로 끌고 가 무수히 채찍질을 한 뒤, 장작더미 위에 놓고 화형을 시켰다.

상당수의 유대인들이 분노에 휩싸여 저항을 했으나 대부분 학살당하였으며, 여자와 아이들도 가차없이 도륙했다. 교회로 피신한 이들도 잡아죽였다. 높은 성벽으로 둘러싸인 도시 베지에를 점령했을 때, 한 기사가 교황청특사에게 포로들 중에서 일반 가톨릭교도와 알비파를 어떻게 구별해내야 하는지 물었다. 그러자 특사는 이렇게 대답한다.

> "모두 죽이시오. 하느님께서 알아서 구분해 주실 것이오."[21]

* * *

서양문화의 역사적인 주요 사건들이 어느 시점에 몰려서 발생하는 것은 무엇 때문일까? 어떤 인과성을 입증하지는 못하더라도 어느 정도 상관성은 찾을 수 있지 않을까? 인노첸시오 3세는 프랑스남부에서 여자들과 자유사상가들을 불사르는 동안, 파리대학을 교황청 공식기관으로 승인한다. 그의 뒤를 이은 교황 그레고리오 9세(1227-1241)는 이단을 색출해내기 위한 종교재판소를 설립한다. 물론 그는 이단으로 고발된 자들에게서 자백을 받아내기 위한 방법으로 고문을 승인하지 않았다. 하지만 이러한 금지규정은 머지않아 교회의 율법학자들에 의해 손쉽게 폐기된다.

실제로 암흑시대라고 하는 기간 내내 존재했던 법에서는 고문을 허용하지 않았다. 더욱이 로마인들에게 고문을 당했던 경험 때문에 기독교도들은 고문을 절대 용납하지 않았다. 하지만 중세유럽에 문자를 새롭게 부흥시키기 위해 노력했던 남자들, 성직자들이 팔다리를 잡아뽑고 손가락을 비트는 고문도구도 되살려냈다.

1229년 알비파를 완전히 소탕하고 나서, 툴루즈에서 소집된 종교재판은 카타리파로 의심되는 사람들에게 스스로 이단임을 공개적으로 인정하고 포기할 것을 요구한다. 재판관들은 이단으로 기소된 무수한 여자들에게 자백할 때까지 고문하라고 선고했으며, 자백을 한 이들은 공개적으로 화형에 처했다. 검게 탄 시체에서 나는 연기가 툴루즈의 하늘을 시커멓게 뒤덮었다.

교황청은 승리를 기념하기 위해 이곳에 툴루즈대학을 세운다. 인류역사에서 전쟁에서 이긴 것을 기념하기 위해 기념물을 세우는 일은 많았지만, 문자의 전당을 세운 적은 없었다. 오싹한 우연의 일치일 수 있겠지만, 잉크ink라는 말은 그리스어 enkáein에서 나왔는데, 이것은 '불태우다'라는 뜻이다.

학살을 마무리하고 그 여세를 몰아 가톨릭교회는 유럽전역에서 교회지도자들을 툴루즈에 불러들여 공의회를 개최한다. 툴루즈공의회는 평신도는 라틴어로 쓰여진 성서를 가지고 있어서는 안 되며, 라틴어성서를 일부라도 지역 방언으로 번역해서는 안 되고, 라틴어로 쓰여진 대학교재를 학교 밖으로 유포해서는 안 된다고 선언한다.[22] 남자만 대학에 들어갈 수 있기 때문에 결국 여자가 종교, 과학, 철학을 배울 수 있는 길은 사라졌다. 이를 어기면 화형에 처했다.

* * *

그레고리오 7세의 개혁은 한동안 성공적인 듯 보였지만, 그 결과는 다시 부메랑이 되어 교회를 위협한다. 그레고리오 7세가 교회의 시녀 정도로 생각하고 설립한 성당학교는, 머지않아 시녀가 아니라 새로운 지식체계를 낳는 샤먼(마법사)이었다는 것이 밝혀진다. 이 새로운 지식체계는 나중에 '과학'이라는 이름을 갖게 된다. 과학은 종교를 대체할 수 있는 새로운 신념체계를 만들어냈고, 마침내 다양한 방식으로 종교를 격파하는 역할을 한다.

성직자들에게 다시 독신생활을 강요했으며, 알비십자군이 민중을 대량으로 학살하고, 종교재판이 시작되는 등 어두운 면도 있었지만, 중세번영기는 다른 어떤 황금시대와 비교해도 뒤지지 않을 만큼 자유롭고 열정적인 토론과 개개인들의 부지런함으로 활기찬 시기였다. 봉건시대 예술가들은 자신의 작품에 서명을 하지 않았는데, 그 당시에는 현대적인 의미의 '개인'이라는 관념이 없었기 때문이다.

문자가 떠올라 반짝거리다가 마침내 환한 빛을 뿜기 시작한 12세기에 와서야 '개인'이라는 관념이 대중 속에 뿌리내리기 시작한다. 문자는 '자신의 이익'이라는 개념을 일깨워주었으며, 이러한 깨달음은 농민반란, 노동자폭동, 자신들의 이익을 반영하는 정치체제를 요구하는 시민운동의 토대가 된다. 1215년 영국의 존왕은 귀족들의 압박에 못 이겨 자신의 권한을 나눠주는 마그나카르타Magna Carta에 서명한다. 글을 아는 귀족들이 없었다면 절대 일어날 수 없는 일이었다.

스콜라철학은 문자의 시대로 진입하는 시기에 생겨나 당대를 지배하던 주요 철학이다. 이 철학은 물과 기름처럼 섞이지 않는 믿음과 논리, 여성성과 남성성, 우뇌와 좌뇌를 하나로 통합하겠다는 무모한 도전에서 출발한다. 당시에는 많은 지식인들이 이러한 통합적 접근방식으로 신의 존재를 입증해낼 수 있다고 믿었다.

스콜라철학과 대척점에 있던 관점은 바로 신비주의로, 신에 대한 지식은 절대자와 합일을 통해서만 얻을 수 있다고 주장한다. 신과 합일하는 신비로운 체험에 이르는 방법으로는 궁핍, 금욕, 침묵, 기도 등이 권장되었다. 스콜라철학을 대표하는 토마스 아퀴나스Thomas Aquinas(1224-1274)와 신비주의를 대표하는 힐데가르트 폰 빙엔Hildegard von Bingen(1098-1179)의 삶과 사상을 통해 이 두 철학에 대해 간략하게 살펴보자.

* * *

귀족집안에서 태어난 힐데가르트는 어린 시절 자주 몸이 아팠는데, 아플 때마다 어른거리는 빛과 환영을 목격했다고 한다. 겨우 일곱 살밖에 되지 않았을 때, 그녀의 가족은 신경쇠약을 앓는 그녀에게 수녀원에 들어가라고 설득한다.

당시 수녀원은 여성지식인들의 도피처 역할을 했다. 힐데가르트의 총명함을 알아본 학구적인 대수녀원장 유타Jutta는 그녀를 직접 돌봐준다. 힐데가르트는 머지않아 라틴어를 유창하게 구사하는데, 수녀들 사이에서는 보기 드문 실력이었다. 이러한 능력은 고전은 물론 현대의 뛰어난 인물들의 축적된 지식에 쉽게 접근할 수 있는 길을 열어준다. 그녀는 엄청난 양의 책을 읽는다. 유타가 죽자, 수녀들과 남자관리들은 힐데가르트에게 스승의 자리를 맡으라고 설득한다. 수줍음을 많이 타는 힐데가르트는 거절을 하다가 마지못해 승낙을 한다.

수녀원장이 된 뒤 그녀는 이따금씩 자신을 찾아오는 비전vision을 생생하게 글로 남기기 시작한다. 이러한 경험은 그녀가 죽을 때까지 계속된다.

하늘에서 거대한 섬광이 내려와 나의 뇌를 꿰뚫었다. 마치 태양이 사물을 빛으로 둘러싸듯 내 심장과 가슴 전체가 밝게 빛났다(하지만 뜨겁지는 않았다). 그 순간 신성한 책들, 시편과 복음서를 비롯한 구약과 신약의 책들이 내 머리 속에 다른 의미로 스며들었다.[23]

그녀의 첫 번째 책《주의 길을 알라》에서 힐데가르트는 과학, 신학, 철학을 하나로 엮어 개인과 우주, 영혼과 자연의 통합으로 인도한다. 그녀는 다방면에 관심이 있었으며, 세계관은 총체적이었다. 아우구스티누스의 철학개념, 플라톤의 사상, 최신 과학적 발견까지 모두 동원하여 자신의 주장을 뒷받침했다. 예컨대 그녀는 지구가 둥글다고 상상한다. 남녀가 동등하며, 남녀 모두 하느님의 신성한 창조를 완전하게 하는 데 똑같이 기여한다고 주장했다.

"완전한 평등상태에서 남자는 여자를 보고 여자는 남자를 본다."[24]

1147년 그녀의 책은 널리 퍼져 많은 사람들에게 읽힌다. 이에 자신감을 얻은 그녀는 또다른 책을 쓰기로 결심한다. 그녀를 지지하는 사람들이 계속 생겨났고, 그녀는 현이, 예어자라는 명성도 얻었다. 독일을 넘어 플랑드르, 프랑스, 이탈리아, 영국, 그리스까지 그녀의 명성이 뻗어나갔다. 로마의 교황 에우제니오 3세도 그녀에게 따뜻한 갈채를 보낸다.

나의 딸이여… 우리시대에 하느님께서 당신께 보여준 새로운 기적에 대해, 하느님의 성령으로 많은 비밀스런 것들을 보고, 이해하고, 전해준 것에 대해 진심으로 존경을 표합니다. 당신을 직접 보고 들은 신뢰할 만한 사람들로부터 이러한 사실을 확인했습니다. 당신 안에 품은 은총을 수호하고 지켜 주시길 바랍니다.[25]

당대의 유명한 인물들도 그녀에게 조언을 구하는 편지를 보냈다. 부자나 유명한 사람들은 물론 가난한 사람들도 그녀를 최고의 라이프코치라고 여겼다. 그녀와 일상적으로 편지를 주고받은 사람 중에는 교황 4명, 황제 2명, 무수한 왕과 왕비, 파리대학 학장도 있었다. 공손하지도 오만하지도 않은 그녀의 편지에는 감히 무시할 수 없는 존재감이 담겨있었다. 그녀는 작센의 프레데릭왕의 오만함을 지적하고 조언했으며, 엘레오노르 다키텐에게는 이혼의 아픔을 위로해주었다.

수녀는 수녀원 담 밖으로 나가는 것이 금지되어있었지만, 힐데가르트는 많은 곳을 여행했다. 그녀는 자신이 이룩한 독보적인 지위에서, 우뇌적 세계관을 이웃과 공유하며 모든 이들의 영적 물질적 안녕을 개선하기 위해 노력하는 무수한 무명의 산파, 치유자, 지혜로운 여자들을 대변하였다. 힐데가르트 같은 여자의 성공은 새로운 시대, 즉 여자의 시대가 가까웠다는 믿음을 여자들에게 안겨주었다. 하지만 로마제국 말기에 그들의 자매들이 그랬던 것처럼 그들의 판단은 완전히 잘못된 것이었다.

힐데가르트는 말년에 마인츠대주교가 파문한 한 젊은이를 매장하는 방식을 놓고 설전을 벌인다. 그녀는 대주교의 파문을 독선적이고 부당한 명령이라고 생각하여 젊은이를 위해 마지막 성사를 베풀고 적법한 장례식을 치른다. 이에 화가 난 마인츠대주교는 그녀의 수도원에 성무금지령을 내린다. 이제 80살이 된 힐데가르트는 나이든 몸을 이끌고 마인츠에 있는 교회법정까지 가서 죽은 젊은이를 위해 변론을 했다. 법정은 대주교의 지시에 따르라고 명령했지만 그녀는 고집을 꺾지 않았다.

좌뇌의 오만함에 사로잡힌 교회는 알비십자군 파견과 종교재판소 설치와 같은 조치를 통해 스스로 자신들의 도덕적 토대를 무너뜨렸다는 사실을 깨닫지 못했다. 교회법률가들은 점차 교회권력을 장악해 나갔다. 그들이 만들어내는 법률과 포고령은 변덕스럽고, 억지스럽고, 부당했다. 교회법은 남성적 문자의 무덤에 빠져 영혼을 잃고 말았다.

그보다 더 높은 권위가 존재한다는 것을 직관적으로 느낀 힐데가르트는 교회에 맞서는 데 모든 것을 건다. 영혼이 없는 명령에 당당히 맞선 안티고네의 전설을 재연한 것이다. 역사는 반복되지 않지만, 인간의 본성은 예외없이 반복된다.

* * *

힐데가르트 폰 빙엔이 우뇌의 신비로운 지혜를 구현한 삶을 살았다면, 토마스 아퀴나스는 좌뇌의 포괄적인 논리를 몸소 구현해냈다. 그는 한창 젊은 나이에 도미니코수도원에 들어가기로 결심한다. 그의 판단을 충동적이라고 생각한 그의 어머니는 다른 두 아들을 시켜 그를 외딴 성에 감금한다.

그에 대한 유명한 전승에 따르면, 어머니는 아들의 마음을 돌리기 위해 감금된 방에 매력적인 젊은 여자를 들여보내 유혹하도록 한다. 토마스는 분개하여 벽난로에서 시뻘건 부지깽이를 꺼내들어 자신을 유혹하기 위해 접근하는 젊은 여자를 쫓아냈다. 여자를 쫓아내고 난 뒤 부지깽이로 문에 십자가 낙인을 찍는다.[26] 그의 단호한 열정은 마침내 가족을 설득했고, 토마스는 비로소 수도자가 될 수 있었다.

그는 당대 최고의 석학이었던 위대한 알베르토^{Albertus Magnus} 밑에서 공부했다. 아퀴나스의 총명함은 일찍이 교회지도자들의 주목을 받았다. 마침 그들은 파리대학에서 터져나온 회의론을 분쇄하기 위해 골머리를 앓고 있던 중이었다. 아퀴나스가 그 당시 사상의 흐름에 어떤 역할을 했는지 제대로 이해하려면, 당시 상황을 간략하게나마 알아야 한다.

12-13세기 유럽의 학생과 교수들은 1960년대 미국과 흡사하게 무모한 지적 충동에 사로잡혀있었다. 무엇보다도 교황의 무오류성에 대해 학생들이 공개적으로 의문을 던졌고, 교회의 원로들은 당황했다. 끝없는 지식탐구 열정으로 무장한 그들은 신학을 대체할 이론에 호기심이 많았으며, 피레네산맥을 넘어 프랑스남서부를 거쳐 들어오는 외래사상—이슬람—에 깊이 빠져들었다.[•]

당시 이들 사이에서 영웅으로 받들어진 사람은 바로, 스페인의 무슬림 아

[•] 영리한 젊은이들이 대개 그렇듯 학생들은 재미있는 논리게임을 좋아했다. 한 학생은 아버지가 고생스럽게 일하여 대준 수업료 덕분에 5년 동안 파리대학에서 철학을 공부할 수 있었다. 귀향한 그는 자신이 배운 새로운 재주를 자랑스럽게 선보였는데, 테이블 위에 있는 달걀 6개가 원래 12개였다는 것을 증명하는 것이었다. 그의 증명의 핵심은, 아버지가 6개를 먹고 아들을 위해 나머지 6개를 남겨두었다는 것이다.

베로에스^{Averroës}(1126-98)다. 의사이자 철학자였던 이 무어인은 아리스토텔레스의 합리적 논증방법을 부활시켰고, 이 그리스 방법론을 활용하여 이슬람의 몇몇 전제에 대해 의문을 제기했다. 하지만 그리스의 여성혐오는 받아들이지 않았다. 그는 이렇게 썼다.

"여자와 남자의 본성은 같다."[27]

아베로에스는 여자가 남자보다 육체적으로 약하고 몇몇 활동에서는 불리한 경우도 있지만, 여자가 훨씬 우월한 측면도 많다고 주장한다. 아베로에스는 진정한 중세의 인문주의자였다. 교회의 원로들은 뒤늦게 아베로에스가 자신들의 신앙에 위협이 된다는 것을 깨닫고 그를 비판하기 시작했으며 그의 저작도 불태워 버린다.

아베로에스의 사상은 스페인에 살던 유대인 의사 마이모니데스^{Maimonides}(1135-1204)에게 깊은 영향을 준다. 그는 《혼란에 빠진 자들을 위한 길잡이》라는 책에서 아리스토텔레스와 구약을 통합하기 위해 노력한다. 그의 명쾌한 논증은 많은 이들에게 강한 인상을 주었지만, 아베로에스와 똑같은 운명에 처한다. 정통교단의 장로들은 그를 배척한다.[•]

로마는 아베로에스와 마이모니데스의 사상이 자신들의 플래그십대학으로 유입되는 광경을 불안에 떨며 지켜볼 수밖에 없었다. 학생들과 교수들은 이국의 사상가들의 관점의 탁월함을 공개적으로 이야기하며 교회의 권위에 도전했다. 눈에는 눈 이에는 이, 맞불을 놔서 꺾어버려야 한다고 생각한 교황은 토마스 아퀴나스를 파리대학으로 파견한다.

사실 이러한 선택은 상당한 모험이었는데, 아퀴나스 역시 아리스토텔레스의 강력한 마법에 걸린 사람이었기 때문이다. 아퀴나스는 고대 그리스인의 지

• 당시 의사들은 대부분 회의론자들이었다. 그래서 이런 말이 유행하기도 했다. "의사 셋이 모이면 그중 둘은 무신론자다ubi tres medici, duo athei."

혜를 배척하기보다는 이것을 가톨릭신학으로 흡수해야 한다고 윗사람들을 설득했다. 아리스토텔레스를 겁내고 물리치는 것은 곧 기독교신학 자체가 이성의 도전에 무너질 수밖에 없다는 사실을 인정하는 것이라고 아퀴나스는 확신했다. 그러한 확신에서 탄생한 것이 바로 스콜라철학이다.

아퀴나스는 자신의 저작에서 매 페이지마다 아리스토텔레스를 인용하며 거의 혼자 힘으로 이 이교도 철학자—아리스토텔레스—를 기독교신학을 뒷받침하는 이론가로 변모시킨다. 아퀴나스는 이성과 종교가 조화를 이루며 양립할 수 있지만, 신앙의 몇몇 신비로운 측면은 논쟁할 수 있는 영역 밖에 있다고 생각했다. 이로써 이성적으로 설명할 수 없는 3위1체, 강생, 구원, 최후의 심판과 같은 개념들은 논쟁의 대상에서 제외한다.

아퀴나스는 "권위에 의존한 주장은 깨지기 쉽다"는 격언을 잘 알고 있었다. 그래서 자신이 아리스토텔레스를 철학의 근간으로 삼는 것은, 아리스토텔레스 이후 그토록 예리한 인류의 지성이 세상에 나오지 않았기 때문이며 '철학의 목적은 다른 사람의 생각을 알아내는 것이 아니라 진리의 실체가 무엇인지 알아내는 것'이라는 주장으로 자신의 철학적 기반을 정당화한다.[28]

아퀴나스의 좌우명은 "현명한 사람이 질서를 창조한다"라는 말이었다.[29] 그는 자신의 사명을, 이성의 힘만으로 신의 존재를 증명해내는 일이라고 생각했다. 명료하고 직접적인 화법으로 정교하게 논증을 펼쳐나갔다. 아우구스티누스나 히에로니무스의 열정은 찾기 힘들지만, 아퀴나스는 자신의 시대에 맞게 기독교신학을 옹호하기 위한 방법론을 찾아내고자 노력했다.

아퀴나스는 자유의지를 옹호했으며, 소크라테스처럼 악은 악의가 아닌 무지에서 나온다고 믿었다. 그의 가르침은 궁극적으로 교회를 부흥시키기보다는 축소시키는 결과로 이어졌다. 그럼에도 그는 모든 학자와 왕은 교회의 지배를 받아야 한다고 주장한다. 그는 교황의 무오류성을 열정적으로 옹호했다. 교황의 옥좌(성베드로의 의자)에 앉아있는 동안에는 교리에 관한 한 결코 잘못을 저지를 수 없는 지혜가 생긴다고 주장했다.

* * *

아퀴나스는 오리게네스 이후 가장 많은 저술을 남긴 신학자다. 그가 출간한
저작의 양은 대략 A4 용지로 1만 쪽에 달한다. 그의 대표적인 작품 《신학대
전》은 총 21권으로 되어있다. 그는 인생의 거의 모든 시간을 책상 앞에 앉아
고독하게 보냈다. 학구적이고 사색적이고 신중했던 그에 대해 사람들은 한결
같이 매우 선한 사람이었다고 말한다.

아퀴나스는 누구가를 매도한 적도 없으며, 목소리 높여 논쟁하지도 않았
다. 자신과 의견이 다른 사람이라고 해도 예의바르게 대했으며 친구들에게는
신의를 지켰다. 유대인들은 신앙의 증인이기에 그들에게 관용을 베풀어야 한
다고 설교했으며, 이슬람에게 지적인 빚을 지었다는 것을 스스럼없이 인정했
으며, 사회적으로 자신보다 지위가 낮은 사람들을 호의로 대했다. 토마스 아
퀴나스는 모든 면에서 당대에 가장 모범적인 인물이었다. 열렬한 진리탐구자
로서 1000년 간 축적된 종교적 침전물 속에서도 하느님의 천지창조의 섭리를
풀겠다는 필생의 목적을 잃지 않았다.

아퀴나스가 가톨릭신학에 남긴 발자취는 아우구스티누스 이후 가장 선
명한 것이었다. 예수회를 창설한 이냐시오 데 로욜라Ignatius de Loyola는 아퀴나스
의 신학을 기본교리로 삼았다. 단테는 아퀴나스를 하늘에 이르는 최상의 길
의 안내자로 여겼다. 트렌토공의회에서는 그의 《신학대전》을 제단 위에 성서
와 나란히 올려놓았다. 교회는 아퀴나스의 업적을 인정하여 1323년 성인으
로 추대한다.

하지만 아퀴나스를 찬미하는 교향곡이 연주되는 와중에도 칠판을 긁는 소
리처럼 신경을 거스르는 불협화음이 계속 우리 귓가를 방해한다. 누구보다도
모범적이었던 그는 지독한 여성혐오자였다. 여자에 대해서는, 자신이 그토록
깊이 천착했던 주제이기도 한 '감각의 증거'를 적용할 생각을 전혀 하지 않았
다. 아퀴나스에게 여자는 오로지 폄하하고 혐오할 대상에 불과했다. 다른 주

제와는 달리 여자에 대해서는 엄격한 이성적 판단을 적용하지 않았다.

아퀴나스는 창세기 J버전과 E버전을 융합하여, 여자가 남자보다 열등하다고 주장한다. 남녀 모두 하느님의 형상으로 만들어졌지만, 이브는 아담의 갈비뼈에서 나왔기 때문이다.[30] 아리스토텔레스의 비과학적인 여성혐오사상을 조금도 의심하지 않고 받아 삼켰다. 생식과정에서 남자는 온전히 능동적인 원리로 작동하지만 여자는 단순히 수동적인 그릇에 불과하다.

"여자는 불완전하고 잘못 태어난 존재다."[31]

자연은 언제나 남자를 낳으려고 한다고 주장한다. 여자아이는 남자의 허약한 생식능력이나 습한 남풍과 같은 해로운 외부요인 때문에 생산된다. 여자들은 비겁하고, 변덕스럽고, 약하고, 어리석다. 남자에게 모든 것을 의존하지만, 남자에게 정작 여자가 필요한 것은 자손을 낳아야 할 때뿐이다. 아퀴나스는 살림을 비롯해 뭐든지 남자가 여자보다 잘한다고 단언한다.[32]

이처럼 여자에 대한 황폐한 시각에 더해, 아퀴나스는 이브가 인류에게 원죄를 초래했다는 아우구스티누스의 주장까지 끌어온다. 여자에게 영혼이 있느냐 없느냐 하는 어이없는 문제를 놓고 장황한 논증을 펼친 뒤, 다른 주제에서는 더없이 온화한 이 논리학의 거장은 여자에게 영혼이 없다고 결론내린다. 수녀나 과부의 구원은 그에게 논의할 주제도 되지 못했다.

13세기에 쓰여진 《신학대전》은 지금도 여전히 의미있는 주제들을 다룬다. 하지만 그가 살았던 시대에도 사회적으로 모범이 될 만한 여자들이 많았다는 사실을 돌아보면, 고귀한 정신을 지닌 모범생다운 인물과 여자에게 저주를 퍼붓고 모욕하는 인물이 동일인이라고 보기는 어려울 만큼 괴리가 크다.

아퀴나스 스스로 종교의 신비와 사랑에 빠졌다고 말하는 만큼, 그가 여성적 지각방식을 높이 평가하지 않은 것이 이상하게 여겨질지도 모른다. 어쨌든 늘 그의 곁에 있던 동반자들—펜, 잉크, 알파벳—은 그의 좌뇌와 오른손이 인류의 절반에 대해 좋게 평가하는 글을 쓰게 내버려 두지 않았을 것이다.

교회는 자신들이 만들어낸 스콜라철학이 자신들의 가장 강력한 적이 될 줄은 꿈에도 상상하지 못했다. 아리스토텔레스는 신앙의 진정한 적이라 할 수 있는 '이성'을 가려주는 위장막에 불과하다는 사실을 전혀 깨닫지 못했다. 아퀴나스 덕분에 아리스토텔레스 논리학은 높은 수도원 담장을 넘어 교회 안에서 자유롭게 퍼져나갔다. 고삐풀린 황소처럼 교회 안에 들어온 이성은 신학의 기둥을 부수고 기단을 허물었다. 아퀴나스가 신앙의 힘으로 제압할 수 있다고 장담했던 이성은 마침내 기독교가 오랜 세월 동안 쌓아온 거대한 구조물을 모두 파괴한다.

아퀴나스는 47살이 되었을 때, 자신이 그동안 써낸 모든 글이 아무 쓸모도 없다는 생각에 사로잡힌다. 글을 쓰는 것보다 '밀짚을 타작하는 것'이 훨씬 가치있다고 말하며 다시는 글을 쓰지 않기로 결심한다. 이성으로는 결코 하느님이 세상을 창조한 섭리를 논증할 수 없다고 깨달았기 때문이다. 이러한 깨달음이 여자에 대한 관점에도 영향을 주었는지는 알려진 바가 없다.

* * *

중세번영기는 후대 역사가들에게 이 시대를 어떻게 분류해야 할지 고민하게 만든다. 언뜻 보기에는 혼란의 소용돌이가 펼쳐진 시기였다. 이 시대를 다시 주목하게 만드는 사건 중 하나는, 사제계급이 독점하고 있던 알파벳이 세속적으로 활용되기 시작했다는 것이다.

암흑시대에서 깨어나면서 유럽은 한동안 여성성과 남성성, 우뇌와 좌뇌가 균형을 이루는 평화로운 시기를 누린다. 하지만 그러한 균형을 깨고자 하는 교회가 다시 세력을 장악하면서, 좌뇌적 남성적 가치가 우위에 올라서고, 여자들은 그동안 획득했던 권리를 잃고 만다. 이제 집단적으로 좌뇌가 우뇌를 압도하는 시대가 펼쳐진다. 이러한 상황이 얼마나 큰 재앙을 몰고 오는지 생생하게 목격할 수 있는 흥미진진한 시대가 이제 펼쳐진다.

29

INDIVIDUALISM vs COMMON SENSE

개인주의 vs 상식

THE ALPHABET
VERSUS
THE GODDESS

독일에서 책을 만드는 새롭고도 놀라운 방법이 발명되었고,

이 기술을 터득한 이들이 세상에 나왔다...

이 발명의 빛은 독일을 넘어 전 세계로 퍼져나갔다.

기욤 피세 Guillaume Fichet, 1470년, 파리[1]

개인주의 vs 상식

1300-1500

열세번영기의 후반에 글자를 아는 사람들이 늘어나면서 서양문화의 좌뇌는 급속히 커져 갔다. 그러한 와중에 까닭없는 분노가 폭발하여 14세기는 죽음과 재앙의 시간이 되고 만다. 1337년 영국과 프랑스 사이의 영토 분쟁으로 시작된 갈등은 100년이나 이어진다. 전쟁이 이렇게 오래 이어지다 보니 어느 순간부터는 자신들도 무엇 때문에 싸우고 있는지 알 수 없는 지경에 이른다. 이탈리아, 스페인, 독일 또한 살아남기 위한 전쟁에 나선다. 사냥·도살자의 가치가 도처에서 맹위를 떨친다.

이 격동의 시기 동안 마을은 불타고 여자는 강간을 당하고, 농장의 풍요로운 과실수와 덩굴은 잿더미로 변했다. 급료를 받지 못한 군인들은 이따금씩 군대를 이탈하여 산적떼처럼 마을을 약탈하고 방화했다. 폐허가 된 마을에서 뿜어져나와 하늘을 뒤덮은 시커먼 연기는 14세기 유럽을 상징하는 풍경이 되었다.

하지만 두려움과 궁핍 속에서 신음하는 사람들에게 찾아온 것은 구원의 손길이 아니라 최악의 역병이었다. 마치 요한계시록에 기록되어있는 세상에 종말을 몰고 온다는 '말을 탄 사람들'이 차례대로 나타나는 것 같았다. 14세기에만 3번이나 유럽을 휩쓴 역병은 잘 드는 낫처럼 한번 지나갈 때마다 유럽을 깨끗이 쓸어 버렸다. 유럽의 인구는 100년 만에 3분의1로 줄어든다.

어떤 집단도 이 재앙에서 빗겨가지 못했다. 대주교, 귀족, 의사, 상인 모두 몰락한다. '흑사Black Death'라고 알려진 보이지 않는 병균은 상업을 붕괴시키고 농장을 잡초로 뒤덮고, 대학을 텅 비게 만들었다. 선한 이들도 죄인 옆에서 죽어 갔다. '공정한' 조물주라는 개념은 심각하게 의심받을 수밖에 없었다.

흑사병은 또한 기사도시대를 쓰러뜨렸다. 귀족들의 영예를 드높였던 아더 왕의 기사도는 사라지고 이제 '기사'는 '폭력배'와 동의어가 되고 말았다. 죽음의 신이 날뛰는 상황에서 종교적 권위도 세속적 권위도 힘을 발휘할 수 없었다. 더 나아가 교회에 도전하는 프랑스왕과 맞서다가 교황은 1305년 프랑스의 영향력 아래에 있는 아비뇽으로 교황청을 옮기는 수모까지 당한다. 1377년이 되어서야 겨우 로마로 되돌아갈 수 있었지만 교회의 권위는 이미 바닥으로 떨어진 상태였다.

세속 너머에 있는 세상을 꿈꾸는 인류의 갈망을 표현하는 종교가 한 순간에 천박한 정치판의 수렁에 빠지면서 성직자와 귀족의 도덕적 지위는 민중들 눈앞에서 곤두박질친다. 하루하루 열심히 일하며, 상당한 세금을 부담하면서도 매주 빠짐없이 교회에 나가던 중하류계급은 크게 낙담한다. 부당한 법률, 십일조, 세금 등 자신들에게 씌운 무거운 멍에를 철폐하라는 민중들의 요구는 점점 커져갔다.

14세기가 끝나갈 무렵 사람들은 육체적으로나 정신적으로나 피폐해져있었다. 1390년대 말, 새로 다가오는 세기에 대한 전망을 사람들에게 물었다면, 대부분 매우 비관적인 대답을 했을 것이다. 왕, 대학교수, 철학자, 성직자, 역사가, 예언가를 비롯하여 그 어떤 탁월한 현자도 곧 자신들 앞에 펼쳐질 '르네상스'라고 하는 놀라운 상황을 전혀 예상하지 못했을 것이다. 아마도 인류 역사상 가장 깜짝 놀랄 만한 반전일지도 모른다.

* * *

르네상스는 기묘한 결합의 산물이었다. 흑사병은 뜻밖의 유산을 남겨놓는데, 죽은 이들이 남겨놓고 간 농장이나 상점은 살아남은 이들에게 소중한 잉여자산이 되었다. 이러한 자산을 토대로 상업이 번성하기 시작하였고 이에 따라 글을 아는 사람들도 크게 늘어났다. 글을 아는 사람이 늘어나면서 책도 늘어났다.

책을 읽는 것은 고독한 행위다. 책을 읽기 위해서는 교회를 중심으로 모이는 군중 틈에서 빠져나와 혼자만의 시간을 가져야 한다. 독서라는 이 새롭고도 고독한 행위는 유럽 전역으로 퍼져나갔고, 이로써 '자의식'이라는 새로운 감각이 생겨난다. 책이 확산되면서 '교회'라는 거대한 대륙은 '개인'이라는 작은 섬으로 쪼개져나간다. 이와 동시에 잉여자본을 바탕으로 축적된 불결한 부르주아의 돈은 문자의 실타래를 더욱 뒤엉키게 만들더니, 이후 '르네상스'라는 이름으로 불리는 사치스러운 혼란을 만들어낸다.

15세기 초, 사람들에게 판매할 목적으로 책을 필사하는 공장 스크립토리움scriptorium이 여기저기 생겨나기 시작했으며(복수형은 scriptoria), 그에 따라 필경사 수요도 늘어난다. 가장 많이 팔리는 책은 고대문헌들이었다. 고전이 돈이 될 수 있다는 인식이 확산되자 학자들은 오래된 수도원 도서관에서 먼지에 파묻혀 잊혀졌던 그리스로마시대의 보물들을 발굴하기 시작한다. 오랫동안 죽어있던 문자의 목소리는 마치 회춘의 묘약처럼 새로운 원기를 불어넣는다. 사람들 사이에 미래에 대한 낙관적 시선이 퍼져나간다.

* * *

1454년 요하네스 구텐베르크가 인쇄기에 대한 특허를 취득한다. 한국과 중국은 이미 수 세기 전부터 이와 비슷한 기술을 사용해 왔지만, 표의문자인 한자의 복잡성 때문에 인쇄기술은 효용성이 떨어져 제대로 발전하지 못했다. 반면 구텐베르크는 26개 정도에 불과한 알파벳이 새겨진 작은 큐브만 있으면 충분했다. 글 한 줄을 배열하는 데 겨우 몇 초밖에 걸리지 않았기에 빠르고 손쉽게 글로 가득한 종이를 찍어낼 수 있었다. 중국은 여전히 목판인쇄에 머물러있었지만, 구텐베르크는 알파벳을 한 자 한 자 금속큐브(활자)로 만들어내는 혁신에 성공한다.

이러한 혁신에 대한 대중의 반응이 얼마나 열광적이었는지는, 바젤의 어떤 학자가 자신의 친구에게 쓴 편지에서 엿볼 수 있다.

> 지금 막 고전을 가득 실은 짐마차 한 대가… 베네치아에서 도착했네. 자네 혹시 원하는 게 있는가? 그렇다면 바로 내게 말하고, 돈을 보내 주게. 책이 이렇게 도착하면, 곧바로 책 한 권당 30명이 사겠다고 달려든다네. 그저 값을 물어보기만 하는 사람도 있지만, 책을 손에 넣기 위해 애걸하는 사람들도 많다네.[2]

인쇄기술이 책을 찍어내 퍼트리기 시작하자, 이러한 발명을 비난한 이들도 있었다. 가장 먼저 반발한 사람들은 바로 필경사들이었다. 인쇄기술로 인해 일자리를 잃을 사람들이었기 때문이다(실제로 그들은 대부분 일자리를 잃었다). 장서를 수집하는 귀족들도 자신들이 어렵게 수집한 필사본들의 가치가 떨어질까봐 인쇄기술을 반기지 않았다. 귀족과 성직자들 역시 인쇄기술이 전복적인 사상을 퍼뜨리는 원흉이 될 수 있다는 것을 무의식적으로 직감했다.

에라스무스Erasmus는 인쇄기술을 "모든 발명 중에서 최고의 발명"이라며 격렬하게 환영했다.[3] 글을 읽을 줄 아는 사람들의 수는 꾸준히 늘어나고 있었지만 인쇄기술이 발명되면서 폭발적으로 증가한다. 하지만 유럽사회는 갑자기 몰아친 알파벳의 격랑에 완전히 휩싸이고 만다. 그처럼 짧은 기간에 문자가 급속도로 확산되는 경험은 그 어떤 사회도 해보지 못한 것이었다. 바로 이러한 문자의 급속한 확산이 르네상스라는 고뇌와 환희를 낳은 핵심원인이었을 것으로 여겨진다.

* * *

르네상스는 14세기 중반 이탈리아에서 시작된다. 인쇄기술이 발명되기 딱 100년 전이다. 르네상스는 예술과 전쟁, 시poetry와 배신, 음악과 과학, 건축과 실용주의, 조각과 돈의 기묘한 혼합이었다. 교회금고에 금이 넘쳐나자 예술작품 의뢰가 넘쳐난다.

4세기 교회는 하수인들을 시켜 로마거리의 이교도 미술작품을 모조리 파괴했지만 1000년 뒤 교회는 사라진 고전예술을 다시 복원해달라며 예술가들에게 돈을 쏟아붓는다. 사라졌던 누드작품들도 이때 되살아난다. 화가의 아틀리에에는 벌거벗은 누드화와 경건하고 검소한 포즈를 취하고 있는 교회성직자들의 초상화가 나란히 놓여있었다. 이미지는 곳곳에서 만개했다. 모세의 두 번째 계명은 잊혀진지 오래였다.

르네상스Renaissance란 '다시 태어난다'는 뜻이다. 사람들의 상상력은 더 이상 연옥이라는 어두운 비전 속에 매여있지 않았다. 사람들은 이제 우리 삶을, 웅장하고 멋진 방으로 들어가기 위해 견뎌야 하는 눈물로 얼룩진 답답하고 비좁은 대기실이라는 관념을 떨쳐버리기 시작했다. 휴머니즘이라는 새로운 철학에 활력을 얻은 사람들은 인간 스스로 뭔가 특별한 변화를 일으킬 수 있다는 것을 깨닫기 시작한다. 휴머니스트 레온 바티스타 알베르티Leon Battista Alberti는 동시대인들에게 능력을 발휘하라고 독려한다.

> "당신은 다른 동물보다 우아한 육체를 타고났다. 당신은 기민하고 자유롭게 활동할 수 있는 능력을, 가장 예리하고 미묘한 감각을, 불멸의 신처럼 재치, 이성, 기억을 타고났다."[4]

예술의 형태로 이미지정보가 갑자기 늘어났으니 당연히 우뇌적 가치가 높아졌겠지만, 이때만큼은 예외였다. 독서가 확산되면서 '개인'이라는 존재는 거의 숭배의 대상이 되었고, 이는 좌뇌와 자의식의 승리로 귀결된다. 봉건제도 속에서 오랜 시간 고통받던 농노들이 개인주의의 품에 안기는 것은 정말 놀랄만한 변화였다.

휴머니즘humanism이라고 하는 철학사조에서 중심이 되는 '휴먼'은 사실상 남자를 지칭한다. 휴머니즘을 주장하는 사람들은 남녀평등을 지지하지 않았다.

휴머니즘은 남자에 의한 남자를 위한 남자의 신조일 뿐이었다. 그 시대 여자들은 르네상스를 지배한 마초적인 관념과 싸워야 했다. 또한 문자를 습득하면서 여자들도 스스로 좌뇌적 가치로 기우는 경향 속에서 버둥대야만 했다. 여자들은 이제 외적으로나 내적으로나 자신들을 옥죄어오는 질식할 듯한 문화적 장막 속에서 빠져나오기 힘든 상황이 되었다.

르네상스의 가장 뛰어난 재현미술가는 미켈란젤로다. 미켈란젤로는 그가 자주 그린 신처럼 고독하고, 까다로웠으며, 화산처럼 창조성을 분출했다. 그의 대표작이라 할 수 있는 《다비드》는 자신보다 훨씬 강한 적에 맞서, 가망없는 싸움에서 승리를 거둔 젊고 고독한 영웅을 형상화한 것으로 카레라 대리석으로 조각한 휴머니즘의 신조와 같은 작품이다.

《피에타》 역시 마찬가지다. 보는 이들에게 압도적인 감동을 주기는 하지만, 이 작품은 잠재의식 속에서 위대한 여신의 역할을 약화시킨다. 여신이라고 볼 수 있는 인물이 죽은 아들을 무릎 위에 놓고서는, 슬퍼하는 것 말고는 아무것도 할 수 없는 무기력한 상황을 묘사한다. 그녀의 고통과 절망이 느껴질 정도

미켈란젤로의 David, Pieta, 첼리니의 Perseus

로 탁월한 표현은 많은 이들에게 감동을 주지만, 이것은 한 때 그녀가 가지고 있던 부활의 능력을 상실했다는 것을 극명하게 일깨워준다. 신약보다는 구약에 심취했으며, E버전보다는 J버전에서 깊은 영감을 받은 미켈란젤로는 유명한 모세 조각상을 만들기도 한다.

르네상스의 조각 중에는 유난히 강간, 전쟁, 죽음에 대한 남성의 집착을 찬양하는 작품이 많다. 벤베누토 첼리니Benvenuto Cellini의 조각상《페르세우스》(1554)는 강렬한 남자누드작품으로, 한 손으로는 피가 묻은 칼을 쥐고 있고 다른 손으로는 메두사의 머리통을 들고 있다. 칼날은 페니스 높이에서 앞을 향해 빳빳하게 서있다. 폭발하는 테스토스테론을 주체하지 못하는 남자영웅이 주제모르고 잘난체하는 여자샤먼의 목을 딴 모습이다.

원근법은 르네상스미술이 이룩한 중요한 업적 가운데 하나다. 원근법은 좌뇌가 작동하는 2원적 사고가 이미지에서 발현된 결과라 볼 수 있다. 원근법은 보이는 것 안에 있지 말고 그것 밖으로 나와 '객관적으로' 보도록 한다. 알파벳으로 이루어진 서양의 종교는 신이 저 높은 곳에서 자신이 창조한 만물을 내려다보고 있다고 믿었다. 구름 위에서 세상을 내려다보는 신은 원근법으로 세상을 바라본다.＊

이에 반해 알파벳 전통이 없는 사람들은 신이 세상 속에 있거나 세상 그 자체라고 생각했다. 신은 구름 위에 있는 것이 아니라 구름 그 자체. 이들 전통에서는 대개 원근법이 작동하지 않는다.

＊ ＊ ＊

휴머니즘의 신조는 모든 예술의 진보 이면에 똬리를 틀고 있었으며, 예술가들의 실험을 통해 더욱 대담해졌다. 이 신조는 장작더미 위에서 화형을 당할

● 원근법은 표면 위에 깊이가 있는 것처럼 눈속임을 만들어내는 기법이다. 문맹인들에게 원근법으로 그린 그림을 보여주면, 이러한 눈속임이 통하지 않는 경우가 많다. 글을 읽는 데 익숙한 우리는 글을 읽기 위해 인쇄된 표면에 잠시나마 눈동자의 초점을 맞춰야 한다는 사실을 깨닫지 못한다. 이러한 기술 때문에 우리는 원근감이 실제로 존재한다고 생각하는 것이다.

수 있는 위험도 무릅쓰고 진리를 추구하도록 과학자들을 부추겼으며, 위험한 항해에 나서는 외로운 선원들에게 용기를 불어넣는 버팀목이 되었다. 또한 유럽의 민중들에게 이전에는 상상할 수도 없었던 권리를 요구하도록 만들기도 한다. 힘을 얻은 장인을 보호하기 위해 길드가 조직된다. 영국에는 의회라는 것이 설립된다. 대학은 교회에서 독립한다. 돈 많은 중간계급(부르주아)이 급부상한다.

귀족계급은 여러 전쟁을 거치면서 빛이 바래기는 했지만 여전히 사회적 지위는 굳건히 유지했다. 여자들의 권리도 되살아날 기미를 보였다. 유럽에서 르네상스가 진행되는 동안 온갖 유형의 집단들이 나름대로 성과를 얻어냈지만, 단 하나 예외가 있었다. 권력과 명성 모두 심각하게 쇠락한 기관은 역설적으로, 르네상스를 처음 촉발하고 지원한 교황청이다.

교회를 개혁하라는 요구를 교황은 끝까지 거부했고, 이는 결국 프로테스탄트의 이탈을 초래한다. 교회개혁을 방해한 또다른 요인은 앞 장에서 이야기한 교황 그레고리오 7세의 여성차별정책을 들 수 있다. 교회상층부에서 여자들을 완전히 제거해버린 조치는 결국 교회를 몰락의 길로 몰아넣는 결정적 패착이었다고 나는 생각한다. 중세 교황의 정책과, 르네상스시대 그리스도의 대리자라는 직무의 신성모독 사이에 놓인 연관성을 이해하려면 인류의 역사를 거시적인 관점에서 봐야 한다.

* * *

도시, 책, 잉크병이 있기 오래 전에 씨족, 동굴, 패총이 있었다. 인간사회는 진화의 법칙에 따라 충실하게 발전했다. 패자는 사라졌고, 승자는 살아남았다. 부족이 살아남기 위한 가장 중요한 핵심단위는 가족이었다. 개인은 이러한 사회구조 속에서 번창했다. 가족 속에서 남자는 세심한 여자의 보살핌을 받았고, 아이들과 노는 즐거움을 배웠다. 여자는 남자의 보호 속에서 자식에게 헌신할 수 있는 시간을 온전히 확보할 수 있었다. 남자와 여자는 친구이자 연인이자 비밀을 털어놓을 수 있는 동반자였다. 이 두 사람의 우호적인 역할분담 속에서 새로 태어난 아이들은 안전하게 성장할 수 있었다. 능숙한 도살자 아버지와 출산을 하는 어머니는 가족의 뼈대이자 부족을 유지하는 기둥이었다. 가족을 중심으로 하는 사회시스템은 다른 어떠한 형태의 사회구조보다 안정적이고 효율적으로 작동했다.

오랜 시간 함께 살면서 남편과 아내는 외모가 서로 닮기 시작한다. 얼굴이 융합되는 것 못지않게 영혼도 어느 정도 융합된다. 남자의 삶에 여자가 있다는 것만으로도 남자의 거친 행동은 부드러워지고, 여자의 삶에 남자가 가까이 있다는 것만으로도 중심을 굳건히 지킬 수 있게 된다. 이렇게 남녀가 함께 살면서 인간은 서로 말로는 정의하기 어려운 '공동의 감각'을 갖게 된다.

남자와 여자는 대개 판단하고 행동하는 방식이 다르다. 집중적으로 단계적으로 진행해 나가는 '남성적' 논리가 잘 맞는 경우도 있고, 복잡한 소용돌이 속에서 수많은 요소를 고려해 총체적으로 접근하는 '여성적' 직관이 잘 맞는 경우도 있기 마련이다. 이처럼 남자와 여자는 오랜 시간 함께 살면서 상대방의 반구의 도움을 받을 수 있고 또한 자신이 잘 활용하지 않던 뇌의 기능을 계발할 수 있다. 여자의 지혜와 남자의 이성이 개개인의 내면에서 조화를 이루고, 이로써 짝을 이뤄 사는 커플들은 더 나은 감각을 갖게 된다. 그래서 고대 신화에서 가장 현명한 인물은 대개 남자인 동시에 여자로 묘사된다. 눈먼 예언자 티레시아스Tiresias가 대표적인 예다.

인간은 동물 중에서 '집단포식자'로 분류된다. 늑대나 사자처럼 무리지어 서로 협력하여 사냥을 한다. 하지만 새로 태어난 아이가 성장하는 기간이 길어지면서 여자들은 이러한 수렵활동에 참여할 수 없는 상황에 처한다. 결국 다른 동물에게서는 전혀 찾아볼 수 없는 남자만으로 이루어진 수렵집단이 탄생한다. 남자들은 수렵활동에 최적화될 수 있게끔 진화한다. 좌뇌의 기질이 강화되는 것이다.

사냥감을 잡아 죽이는 것으로 끝을 맺는 집단수렵활동은, 이후 남자들의 모든 집단활동의 기본 행동양식이 된다. 남자들끼리 보내는 시간이 늘어날수록, 거칠고 잔인한 사냥꾼-도살자로서 숨은 본능을 서로 부추긴다. 마침내 수렵대상은 '인간'이 되었고 수렵집단은 '군대'가 되었다. 그 결과 인류역사는 공포와 혼란과 죽음이라는 코끝을 찌르는 악취로 뒤덮이고 말았다.

죽음으로 모든 것을 끝장내고자 하는 남자들의 충동을 억제할 수 있도록 이끌어주는 것은 바로 여자다. 여자와 더불어 살면서, 다리에 매달리는 귀여운 아이들과 다정한 시간을 보내는 것이다. 남자만으로 이루어진 문화의 가장 큰 위험은, 여자의 관점이 개입할 수 없다는 것이다. 남자와 여자의 '공동의 감각'이 생겨날 여지가 사라진다.*

공동의 감각common sense이라는 말은 다양한 의미로 해석할 수 있다. 우선, 다양한 요소들을 총체적으로 동시에 고려함으로써 얻을 수 있는 분별력을 의미한다. 단순히 논리만으로 이끌어내는 것이 아니라 '직관'에 가까운 것이다. 또 다른 의미로는, 한 사람만의 생각이 아니다. 서로 얼굴을 마주보며 주고받는 대화의 결과다. 공동의 감각은 흔히 '자신의 생각을 귀로 듣는' 과정을 거쳐 만들어낸다. 여러 사람이 공동으로 만들어내는 분별력이다. 그래서 공동의 감각을 우리는 흔히 상식常識—흔들리지 않는 지식—이라고 부르기도 한다.

골치아픈 문제에 직면했을 때 사람들은 대개 믿을 만한 사람에게 조언을 구한다. 하지만 이는 해결책을 얻고 싶어하는 것이 아니라 문제를 풀어 나가기 위한 대화를 나누고 싶어하는 것이다. 남자일 경우, 다른 남자에게 조언을 구할 수도 있지만 각별한 관계에 있는 여자에게 조언을 구할 수도 있다. 상대방에 따라 대화의 전개방식은 완전히 달라질 확률이 높다.

남자들끼리 대화하는 것을 관찰해보면 일반적인 규범이 작동한다는 것을 알 수 있다. 남자들은 대개 밝은 곳에서 대화를 나누며, 서로 신체접촉을 하지 않는다. 옷을 차려 입은 상태에서 서로 꼿꼿이 선 자세로 상대방의 얼굴

* 여기서 말하는 남자는 이성애자 남자만을 가리킨다.

을 바라본다. 이에 반해 여자에게 조언을 구할 때는 대개 밤에, 아니면 어두운 곳에서 진행될 확률이 높다. 둘 다 편하게 누워서 이야기를 하며 신체적인 접촉도 한다.

남자는 이러한 상태에서 자신의 생각을 이야기하고, 상대방의 반응을 평가한다. 대화에서 상대방은 자신의 생각을 반사하여 울려주는 '소리판' 역할을 한다. 오랜 세월 어떤 문화에서나 남자의 가장 훌륭한 '소리판'은 자기 옆에 부드러운 베개를 함께 베고 누워 자는 여자다.

더욱이 캄캄한 밤에 푹신한 이불 속에서 부드러운 살결을 맞대고 있으면 저절로 잠이 온다. 무언가 해답을 내야 하는 문제가 있을 때, 신중한 남자들은 대개 그러한 고민을 안고 '잠을 잘 수 있을' 때까지 답을 미룬다. 잠에 들기 전에 배우자와 이야기를 나누며 자신의 우뇌를 깨우고, 꿈속에서 우뇌가 가져다주는 지혜가 얼마나 중요한지 암묵적으로 알고 있기 때문이다. 아침이 되면, 우뇌의 수평적 사고가 마법을 부려 '공동의 감각'이 웃음지을 만한 답을 얻게 된다.

올바른 행동과 어리석은 행동을 구별해내기 위해서 남자는 끊임없이 여자의 조언을 들어야 한다. 큰 사업을 이끄는 책임을 맡은 우두머리, 알파메일이라면 더더욱 그래야 한다. 그에게 조언을 하는 다른 남자들—그의 부하들—은 개인적 욕망을 가지고 있으며, 자신의 욕망을 관철시키기 위해 노력한다. 그래서 알파메일에게 아내는 가장 진실한 조언자가 될 수밖에 없다. 자신과 함께 생활하며 운명을 공유하기 때문이다. 남자의 문제에 여자가 가져다주는 다른 종류의 지혜는 그 무엇보다도 가치있고 특별한 것이다.

한 여자와 긴밀한 관계를 유지해본 남자라면, 남자의 문제를 해결하는 데 여자가 얼마나 큰 도움을 주는지 잘 알 것이다. 문제해결과정에서 여자를 배제하는 순간, 잘못된 판단을 내릴 가능성은 상당히 커진다. 중대한 결정일수록 여자의 조언에 귀기울여야 한다. 실제로 역사를 돌아보면 이를 뒷받침하는 사례들이 넘쳐난다.

*＊＊

르네상스시대 교황청의 헛발질을 다시 돌아보자. 11세기 그레고리오 7세가 강요한 독신명령으로 인해 이후 교황들은 그 누구도 여자를 자신의 조언자로 두지 못했다. 이로써 교황청은 서양에서 유일하게, 왕비 없이 왕 혼자 사는 궁궐이 된다. 권력을 행사할 수 있는 모든 자리에서 여자를 배제함으로써 엄청난 실수를 저지를 확률이 높아졌다. 더욱이 인쇄술이라는 새로운 발명이 출현해 빠르게 정보를 퍼뜨리며 문화적인 사고방식 자체가 바뀌는 상황이 펼쳐지면서 교황은 더더욱 중대한 결정을 내려야만 하는 위기에 처한다.

르네상스시대의 주요 교황들—식스토 4세, 인노첸시오 8세, 알렉산데르 6세, 율리오 2세, 레오 10세, 클레멘스 7세—은 전체적으로 역사상 가장 우둔한 결정과 행동을 연달아 내린 비극적인 드라마의 주인공이 되었다. 그들의 행동을 볼 때 성베드로의 옥좌에 앉아있었음에도 영적인 사명을 조금도 인식하지 못하고 있었던 것처럼 보인다. 탐욕, 음모, 부패, 옹고집, 비겁함 등 온갖 세속적인 악덕을 모두 보여준다. 암살을 공모하고, 전쟁을 축복하고, 성직을 팔았다.

끊임없이 돈, 권력, 개인적 이득을 탐했고, 되풀이되는 개혁에 대한 요구를 무시했다. 개혁은 여러 왕들, 평신도들, 성직자들 등 거의 모든 사람들이 시급하게 요청하는 과제였으며, 그러한 개혁을 시작할 수 있는 유일한 사람은 바로 교황이었다. 이렇게 미루어진 개혁은 결국, 교회를 거의 파멸로 몰아넣은 재앙이 되어 찾아온다. 이 재앙으로 유럽인 모두 큰 피해를 입는다.

식스토 4세가 즉위한 1470년은 이탈리아에서 최초로 인쇄가 시작된 해이자, 교황권이 급속하게 몰락하기 시작한 해로 기억된다.* 교황은 즉위하자마자 20대에 불과한 자신의 조카 둘을 서둘러 추기경으로 임명한 뒤, 지금으로

---

* 정확히 말하자면, 로마에서 인쇄된 최초의 책은 1469년에 나왔다. 30년이 지난 1500년, 로마에 인쇄기는 41대로 늘어난다. 당시 교황의 일상과 언행은 다양한 이들의 기록을 통해 지금까지도 자세하게 전해지고 있다. 예컨대 교황청의 의전관이었던 요하네스 부르카르트John Burchard(1452-1504)는 교황청 안에서 매일 일어나는 일들을 꼼꼼하게 기록했다.

따지면 수십억 원에 상당하는 급여聖職祿를 이들에게 각각 지급한다. 이러한 교황의 행동은 당시 사람들에게도 상당한 충격을 안겨주었다.

이 두 조카는 무절제한 사치와 방탕으로 악명을 떨쳤다. 식스토 4세는 서품을 받은 성직자만이 추기경에 오를 수 있다는 최소한의 조건도 간단하게 무시해버렸다. 그는 추기경사회를 철저히 세속화하여, 능력있는 성직자들은 제쳐두고 소명도 비전도 없으며 많은 경우 도덕적으로 문제가 있는 사람들에게 교회에서 두 번째로 높은 직위를 수여한다. 친분이 있는 사람들, 또는 가장 많은 돈을 낼 수 있는 사람들에게 추기경 자리를 내주었다.

추기경으로 임명된 이들은 대부분 자신을 교회의 '군주'라고 생각했다. 하인 수백 명을 거느리며 호화로운 궁전에서 살았으며, 외출할 때는 갑옷을 입고 말을 타고 사냥개와 매를 끌고 다녔다. 식스토 4세는 재위기간 동안 자신의 남자 친인척에게 모두 교회의 주요 직위를 나눠줬는데, 당연히 이들 중 대다수는 전혀 자격이 없는 사람들이었다. 심지어 대주교와 맞먹는 어떤 고위직에 8살 아이와 11살 아이가 오르기도 했다.[5] 식스토 4세는 당연히 개혁에는 관심도 없었다.

식스토 4세 다음 교황이 된 인노첸시오 8세(1484-92)는 역사상 최초로 사생아를 둔 교황이다. 추기경들은 한 아이의 진짜 아버지를 '성스러운 아버지' 자리에 앉히는 것이 전혀 문제가 되지 않는다고 생각한 듯하다. 그의 사생아는 공공연한 비밀이었다. 교회개혁을 요구하는 여론이 거세게 일어났지만 교황의 관심은 오로지 불명예를 안고 태어난 자신의 아들 프란치스케토Franceschetto를 출세시키는 것이었다. 프란치스케토는 밤마다 폭력배들과 로마거리를 돌아다니며 여자들을—심지어 수녀들도—납치하여 집단강간했으며, 가정집에 침입하고 약탈하며 사람들을 공포에 떨게 만들었다. 어떤 죄를 저질러도 아버지 교황이 모두 보호해 준다는 확신에 차있었다.[6]

1486년 인노첸시오 8세는 프란치스케토와 메디치집안 상속녀의 혼인을 성사시키고, 이를 축하하기 위해 교황청에서 성대한 파티를 연다. 교황이 머리에 쓰는 관을 저당잡혀야 할 정도로 엄청나게 많은 행사비용을 쏟아부었다.[7]

한없는 사치로 인해 돈이 늘 부족했던 인노첸시오 8세는 교황청에 많은 직
책을 신설하여 엄청난 돈을 받고 사람들에게 팔았다. 사람을 죽인 살인자도
돈을 받고 용서하고 자유를 주었다. 개혁을 주장하는 이들이 이에 격분하여
반대하자, 한 추기경은 교황의 결정을 옹호하며 이렇게 말했다.

"주님은 죄 지은 자가 죽기를 바라지 않고 살아서 돈을 내기를 바란다네."[8]

성직자라기보다는 권모술수에 뛰어난 정치인에 가까웠던 스페인 출신 로드리
고 보르자Rodrigo Borgia는 성직을 팔아 챙긴 엄청난 돈으로 추기경들을 매수하
여 교황의 자리에 오른다. 그가 바로 인노첸시오 8세 다음에 교황이 된 알렉
산데르 6세(1492-1503)다. 식스토 4세의 모범을 따라 알렉산데르 6세 역시 교
회의 주요 직책을 자신의 친인척으로 채운다. 교회개혁을 주장하던 어떤 이는
그의 행각을 보며 이렇게 말하기도 했다.

"교황이 10명이라고 해도 그 직책을 모두 자기 사촌으로 다 채울 수 있을 만큼 엄
청난 스페인사람들이 로마로 몰려왔다."[9]

물론 알렉산데르 6세에게도 사생아가 있었다. 자신의 혈육으로 인정한 사생아
만 8명에 달했다. 하지만 이것은 아들 체사레와 딸 루크레치아과 함께 그가 벌
인 모략과 범죄에 비하면 아무런 허물도 되지 못했다. 로마시대 네로와 칼리굴
라 이후 볼 수 없었던 타락의 극치가 교황청에서 펼쳐졌다.•

• 체사레와 루크레치아의 어머니는 반노차 카타네이Vanozza de Cataneis로, 반노차 역시 '설거지부인'의
딸이었다고 한다. 루크레치아는 오빠 체사레, 아버지 알렉산데르 6세와 3각 근친상간 관계를 맺은 것으
로 추정된다. 루크레치아가 18살에 아들 조반니를 낳는데, 이 아이의 아버지가 누구인지 혼란스럽게 기록
되어있다. 아이가 태어난 뒤 알렉산데르 6세는 공식칙서와 비밀칙서 두 개를 발부하는데, 공식칙서에서는
세 살 조반니를 체사레가 어떤 여자에게서 낳은 아들이라고 명시한 반면 비공식칙서에서는 조반니를 교
황이 어떤 여자에게서 낳은 아들이라고 명시한다. 하지만 조반니의 어머니가 루크레치아라는 사실은 부인
할 수 없는 것이기에 칙서에 등장하는 '어떤 여자'는 바로 루크레치아였다. 이 칙서는 보르자 가문의 추
잡한 단면을 보여주는 역사적 단서로 남았다.

로드리고 보르자는 기독교세계의 가장 높은 지위에 오르기 바로 전인 59살 때 남들의 시선에 아랑곳없이 19살밖에 되지 않은 아름다운 여자 줄리아 파르네세Giulia Farnese를 자신의 정부로 삼는다. 그는 먼저 파르네세를 다른 남자의 결혼시킨 뒤, 결혼식 첫날 밤 그녀를 교황청에 있는 자신의 방으로 데리고 온다.

알렉산데르 6세의 난잡한 행실은 이후 기독교세계에 줄곧 조롱거리로 남는다. 기독교군대가 그라나다를 함락한 것을 기념하기 위해, 성베드로광장에서 투우경기를 열기도 한다.[11] 또 알밤연회Ballet of Chestnuts라고 나중에 이름 붙여진 만찬을 주재하기도 한다. 교황청 의전관 부르카르트는 매우 건조한 문체로 이 연회에 대해 묘사한다.

> 만찬이 끝난 뒤 손님들은 아름다운 창녀 50명과 춤을 추었는데, 창녀들은 처음에는 옷을 입고 있었지만, 곧 모두 알몸이 되었다. 촛대를 늘어놓은 바닥에 알밤을 흩뿌려 놓았다. 창녀들은 알몸으로 바닥에 놓인 촛불 사이를 기어다니며 '창조적인' 방식으로 밤을 주웠다. 교황과 체사레와 루크레치아는 이 광경을 모두 지켜보고 있었다. 연회는 손님들에게 모두 보는 앞에서 창녀들과 섹스를 하도록 유도하면서 클라이맥스에 도달했다. '그 일'을 가장 많이 한 사람에게 상을 주겠다고 누군가 소리치자 귀족은 물론 고위성직자들도 값비싼 옷을 훌훌 벗어버리고 경쟁에 뛰어들었다.[12]

한 달 뒤 알렉산데르 6세와 루크레치아는 교황청 앞마당에서 흥분한 종마가 암말 위로 올라타는 모습을 보며 "크게 웃으며 즐거워했다." 부르카르트의 또 다른 기록에 따르면, 어느 날 체사레가 유죄를 선고받은 추기경들을 교황청 앞마당에 모조리 끌어내 풀어놓고는 화살을 쏴서 한 명씩 죽였다고 한다.[13] 부르카르트 기록에는 실로 믿기 어려운 내용이 많이 담겨있지만, 다른 자료들과 교차 확인을 통해 거짓이 아니라는 것을 확인할 수 있다.

알렉산데르 6세는 교황에 즉위한 초기에는 정통성에 약점이 있었던 만큼 반대파들에게 비교적 관대했지만, 갈수록 관용을 잃어 갔다. 한 번은 자기 앞에서 기분 나쁜 농담을 했다는 이유로 그를 이단으로 몰아 혀를 뽑고 팔을 잘랐다.[14] 로마에서 멀지 않은 피렌체의 수도사 사보나롤라 Savonarola는 격정적으로 그를 비난하는 연설을 했으나, 알렉산데르 6세는 교회를 개혁하는 데 전혀 관심이 없었다.

그는 72살에 이름 모를 열병을 앓다가 갑자기 죽는데, 아무도 그의 시신을 건드리고 싶어하지 않았다. 새까만 혀를 내민 채 부풀어오른 그의 시신을 무덤으로 옮기기 위해 발목에 밧줄을 묶어 말에 매달고 질질 끌고 가는 모습을 보고 로마사람들은 환호했다.[15]

교황 율리오 2세(1503-13)는 화를 잘 내는 무뚝뚝한 사람이었다. 세속의 군주들에게 빼앗긴 교황령을 되찾겠다는 일념으로, 추기경들의 강력한 반대를 모두 물리치고 용병을 모아 급조한 군대를 이끌고 직접 말을 타고 출정한다. 투구 사이로 흰 수염이 삐져나온 '성스러운 아버지'가 이탈리아의 군대―자신을 믿는 기독교도―와 맞서 전투를 지휘하는 모습은 교황의 권위를 더욱 떨어뜨렸다. 율리오 2세는 기독교도들이 모여 사는 도시를 향해 발사하는 대포에 축복을 내렸다. 또한 전장에서 자신의 명령에 반발하는 장교들을 파문하겠다고 위협했으며, 이전 교황들이 거의 쓰지 않던 무시무시한 무기들을 마구 사용했다. 당대의 탁월한 휴머니스트였던 에라스무스는 이렇게 한탄한다.

"투구와 주교관 사이에 어떤 공통점이 있는가? 십자가와 방패 사이에 어떤 연관성이 있는가? 사도의 자리를 계승한 주교가 어떻게 신도들을 전쟁에 끌어들일 수 있는가?"[16]

에라스무스의 한탄은 유럽 전역에서 반향을 일으킨다. 하지만 율리오 2세를 옹호하는 이들은 그를 '교회의 구세주'라고 치켜세우면서 그의 잘못된 결정과 행실에 대해서는 모른 척했다.

다음 교황에 오른 레오 10세(1513-21)는 프로테스탄트의 출현을 직접 목격한다. 메디치 가문 출신으로 예술을 사랑한 그는 은근한 향락주의자였다. 그의 방탕한 씀씀이는 교황청을 재정적 파탄으로 몰고 갔다.[17] 그가 얼마나 사치스러운 생활을 했는지 보여주는 이야기가 있는데, 자신을 위해 마련한 연회에서 손님들에게 순금으로 만든 접시에 음식을 대접한 뒤 연회가 끝나고 나서 이 순금접시를 창밖으로 던져 테베레강에 버렸다. (물론, 이것은 보여주기 위한 것이었다. 창문 아래 그물망을 설치해 놓아 식기를 수거했고, 다음 연회 때 또 창밖으로 접시를 던지는 쇼를 했다.)[18]

레오 10세의 어마어마한 씀씀이로 인해 금고에서 빠져나가는 돈을 보충하기 위해 교황청은 산간오지까지 징세관들을 파견하여 궁핍하게 살아가는 이들에게서도 돈을 뜯어냈다. 돈을 긁어모으기 위해 사용한 주요 방법은 면죄부를 파는 것이었다. 교황이 서명한 이 문서를 돈을 주고 사면 그동안 지은 죄가 사해진다고 선전했다. 심지어 이미 죽은 일가친척을 위해 면죄부를 구입하면 그들을 연옥에서 꺼내 천국으로 보내준다는 대리면죄부도 팔았고, 또 자신이 앞으로 저지를 수 있는 죄에 대한 벌을 미리 면제받을 수 있는 면벌부도 팔았다.

1516년 면죄부 판매에 앞장섰던 악명높은 수도사 요한 테첼Johann Tetzel은 '헌금함 속에 동전이 쨍그랑하는 순간, 연옥에서 고통받던 영혼이 천국으로 간다'라는 기발한 마케팅 슬로건으로 대중을 현혹한다. 하지만 수도사 마르틴 루터Martin Luther가 활동하던 비텐베르크 지역까지 면죄부 판매를 확대하면서, 교황청은 결국 종교개혁이라는 거대한 철퇴를 맞게 된다.

레오 10세는 교회를 개혁해야 한다고 생각한 적이 없는 듯하다. 자신의 전임자들처럼 으르고 파문하고 화형시키는 것만으로도 비판자들을 제압할 수 있다고 생각했다. 네덜란드의 에라스무스는 이렇게 썼다.

"교회는 불경한 교황들보다 더 극악한 적을 가진 적 있던가? 그들은 침묵함으로써 그리스도를 잊혀지게 하였으며, 돈의 사슬로 그리스도를 옭아맸으며… 추잡한 생활로 그리스도를 또다시 십자가에 못 박은 장본인들이다."[19]

레오 10세의 미친 듯한 사치에 열광한 이들은 이 말에 동의하지 않았을 것이다. 레오 10세 시대의 휘황찬란함에 넋을 잃은 한 추기경은 친구에게 보내는 편지에서 이렇게 말한다.

"하느님을 높이 찬양하기 위해 이 궁정에는 여인들만 빼고 모든 것이 갖춰져있다네."[20]

이 짧은 글은 문제의 핵심을 짚고 있다. 레오 10세에게 현명한 아내가 있었더라면 그녀는 그의 생활방식이, 또 이에 대한 적대감이, 파멸을 초래할 것이라고 경고를 해주었을지도 모른다. 하지만 여자를 모두 제거해버린 남자들만의 세계 교황청은, 몇 대를 이어 교황이 바뀌는 동안에도 여전히 사치와 방탕을 일삼았다. 레오10세가 세상을 떠날 때 교황청의 금고는 바닥을 드러냈고, 심각한 재정파탄 상태에 놓였다.

레오 10세 다음으로 교황에 즉위한 하드리아노 6세가 2년 만에 사망하자, 추기경들은 메디치 가문 출신 추기경을 교황으로 추대하는데, 그가 바로 클레멘스 7세(1523-34)다. 종교개혁이 한창 진행되는 와중에 교황에 오른 그는, 당시 유럽에서 강력한 영향력을 발휘하던 스페인의 왕 카를 5세를 견제하기 위해 술수를 쓰다가 결국 궁지에 몰린다. 클레멘스 7세에게 속았다는 사실에 분노한 카를 5세는 로마를 향해 진격명령을 내리며 이렇게 맹세한다.

"나에게 아픔을 준 인간들, 특히 저 멍청한 교황에게 복수를 하리라."[21]

영원의 도시 로마를 향해 진격하던 카를 5세는 로마를 100킬로미터를 남겨놓고 진격을 멈춘다. 카를 5세의 독실한 신앙심 덕분이었다. 카를 5세는 클레멘스 7세를 마음껏 모욕을 한 뒤 6만 두캇ducat을 받고 휴전협정을 맺는다. 하지만 전쟁이 중간에 멈추자 카를 5세가 이끌고 온 용병들은 불만에 휩싸인다. 배도 고프고 충분한 보상도 받지 못한 이들에게 로마와 적대관계에 놓여 있던 이탈리아의 여러 공국의 군주들이 접근한다.

반란을 일으키도록 부추겼고, 그들은 결국 폭도로 돌변하여 자신들 눈앞에 있는 먹잇감을 향해 달려나갔다. 로마를 지키는 수비병들의 거센 반격이 있을 것이라 예상했지만, 놀랍게도 어떠한 저항도 없었다. 클레멘스 7세는 기독교군대가 감히 신성한 도시를 짓밟을 것이라고는 꿈에도 생각하지 않았기 때문이다. 로마가 수많은 기독교도들에게 폭정과 압제의 상징이 된 지 이미 오랜 시간이 지났음에도, 현실을 전혀 깨닫지 못하고 있었던 것이다.

1527년 5월 6일 스위스, 네덜란드, 독일, 스페인 사람들로 이루어진 카를 5세의 용병들이 로마로 밀려들어온다. 야만적인들의 축제가 로마 전역에서 펼쳐지기 시작했다. 교황과 추기경들은 황급히 성앤젤로 요새로 피신했지만, 로마의 주민들은 강간, 학살, 방화, 약탈의 희생자가 되었다.

1100년 전 반달족에게 짓밟혔을 때보다 더 처참했다. 폭도들은 집집마다 문을 열고 들어가 약탈을 하고, 무차별적으로 강간하고 살인했다. 테베레강은 둥둥 떠다니는 시체로 가득했으며, 도시 곳곳에 불길이 치솟았다. 기독교를 믿는 폭도들이 약탈한 추기경의 옷을 입고 성베드로광장을 활보했다. 교회에 쌓여있던 금은보화도 모두 약탈했으며, 수녀들은 폭도들을 위해 임시로 마련된 간이유곽으로 끌려가 성노예가 되었다.

그리스도 세계에서 가장 신성한 도시라고 하는 로마의 치욕은 너무도 처절했다. 한 역사학자는 "돌덩이조차 연민을 느꼈을 것"이라고 말한다.[22] 결국 로마에 역병과 기근이 찾아온 뒤에야 침입자들은 이제서야 만족스럽다는 듯 도시를 떠났다. 약탈이 지속된 6개월 동안 로마 인구의 3분의 2가 학살되었다. 유럽인 중에는 이 소식을 듣고 경악하고 슬퍼하는 사람들도 있었겠지만, 지난 80년간 방종했던 것에 대해 하느님이 천벌을 내린 것이라며 기뻐하는 사람들이 더 많았다.

***

지금까지 살펴본 여섯 교황은 인류 역사상 가장 영예로운 시기라 할 수 있는 르네상스시대에 재임했다. 하지만 그 시기에 교황의 도덕적 권위는 급격하게 추락했다. 교회가 세워진 이후 1500년 역사를 통틀어 보아도, 교회의 지도자들 중에서 이토록 교회의 근본정신을 거스르는 행동을 보여준 이들은 없었다. 이집트, 메소포타미아, 그리스, 로마와 같은 고대종교는 물론, 불교, 힌두교, 유교, 유대교, 도교, 이슬람교, 신도와 같은 현대종교에서도 성직자들이 이처럼 타락한 모습을 보여준 전례는 찾아볼 수 없다. 왜 이러한 일탈이 특정한 시기, 특정한 장소에서 벌어졌을까?

르네상스시대 교황들은 인쇄기술이 몰고 온 세상의 변화를 전혀 감지하지 못했다. 갑작스럽게 유럽세계에 퍼져나간 알파벳은 유럽 전역에 사냥꾼·도살자의 좌뇌적 가치를 극대화한 반면, 사랑, 친절, 평등, 자연에 대한 경의, 아이 양육, 약하고 온순한 사람들에 대한 보호, 공동의 감각(상식)과 같은 우뇌적 가치를 약화시켰다. 이러한 경향은 특히 엄청난 부가 집중되어있으며, 학식이 높은 남자들만으로 이루어진 교황청에서 가장 극적으로 나타났다.

르네상스시대 교황청에서 가장 높은 가치를 지녔던 것은 금, 수익, 자긍심, 상장, 교만, 경쟁, 허영이었다. 물론 가끔 교황에게 정부mistress가 존재하기도 했지만, 이들이 극단적인 남성적 기질의 발현을 막을 정도로 영향력을 발휘할 수는 없었다. 여자의 지혜를 배제한 것은 교황권의 몰락을 초래하는 데 중요한 역할을 했다.

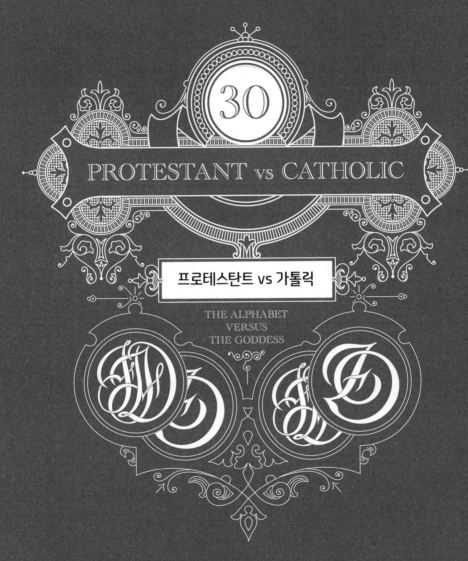

30

PROTESTANT vs CATHOLIC

프로테스탄트 vs 가톨릭

THE ALPHABET
VERSUS
THE GODDESS

기독교가 설립자의 원칙을 충실히 따라 왔더라면,

기독교국가들은 지금보다 통합되어있을 것이며 더 행복했을 것이다...

교회의 우두머리 로마에 가까울수록 신앙심이 부족하다는 사실만큼

기독교가 타락했다는 사실을 잘 보여주는 증거는 없을 것이다.

기독교가 어떤 원칙에 기초하여 세워졌는지,

또 이러한 원칙이 현재 교회의 행실과 얼마나 다른지 따져본다면

기독교가 응분의 처벌을 받거나 파멸할 날이 멀지 않았다는 데

누구라도 동의할 것이다.

마키아벨리 Machiavelli, 1513년(종교개혁 4년 전)[1]

인쇄기술의 발명이 진짜 개혁이다.

구텐베르크가 없었다면, 루터도 존재할 수 없었다.

윌 듀란트 Will Durant[2]

프로테스탄트 vs 가톨릭

종교개혁

프로테스탄트protestant는 protest반대하다라는 뜻에서 나온 말로 '반대하는 사람'을 의미한다. 하지만 이 단어는 오늘날 종교적인 맥락에서만 사용된다(정치적인 반대자는 protester라고 한다). 프로테스탄트개혁은 어떤 문화 안에서 종교적 방향성을 새롭게 비트는 것을 의미한다. 서양역사에서 '프로테스탄트개혁'은 총 네 번 일어났다. 제각각 상이한 시대에 매우 다른 환경에서 벌어졌지만, 이들 사이에는 공통된 특징이 있다.

첫 번째 프로테스탄트개혁은 대략 3800년 전 시나이반도에서 일어난다. 사막에서 유목생활을 하던 부족이 이집트의 화려한 다신교신앙에 반대한 것이다. 그들은 사후의 삶에 대한 인식과, 의례와 예배가 개인의 도덕성을 대체할 수 있다는 관념을 거부했다. 이러한 이스라엘의 개혁을 결정적으로 만든 사건은 바로, 알파벳으로 쓰여진 최초의 신성한 책을 완성한 것이다. 책의 등장과 동시에 남자들은 여신숭배를 혐오스런 행위로 낙인찍었고, 이미지는 불경한 것이라고 선언했으며, 여자의 권리는 극도로 제한하기 시작한다. 이것이 바로 유대교의 탄생이다.

두 번째 프로테스탄트개혁은 2000년이 흐른 뒤 예술과 문학이 융성한 로마제국에서 일어난다. 하늘에서 갑자기 떨어진 것처럼 나타난 사람들이, 무수한 이미지로 형상화되는 다신교적 국교에 반대하고 나선다. 2000년 전 히브리사람들처럼 이들도 검소, 절제, 정의의 미덕을 찬양했으며 알파벳으로 쓰여진 두 번째 신성한 책을 만들어내 자신들의 힘을 결집한다. 교회를 이끄는 가부장 아버지들은 여신숭배를 악마를 숭배하는 것과 동일시했으며, 사제들은 형상을 마구잡이로 파괴하였고, 여자의 권리도 크게 후퇴시켰다. 이것이 바로 기독교의 탄생이다.

세 번째 프로테스탄트개혁은 400년 뒤 아라비아사막에서 일어난다. 한 예언자가 형상이 없는 남자신이 글자형태로 새로운 도덕규범을 자신에게 전해주었다고 주장한다. 그 계시는 알파벳으로 쓰여진 세 번째 신성한 책이 된다. 이번에도 역시, 이전 프로테스탄트개혁과 똑같은 일이 벌어진다. 모든 재현미술은 파괴되고 불법화되었으며, 여자들의 자유는 사라졌다. 오랜 세월 경배하던 여신상도 쓰러졌다. 이것이 바로 이슬람의 탄생이다.

세 번의 종교개혁들은 한결같이 그 이전까지 뿌리내리고 있던 여신숭배를 금지했으며, 더 나아가 여자들이 종교의식을 주재하고 집전하는 것을 금지했다. 또한 여자들이 재산을 소유할 수 있는 권리를 박탈했다. 남자들은 이러한 권력강탈을 정당화하기 위해 자신들이 만들어낸 신성한 책—구약, 신약, 꾸란—을 인용했다.

오랜 시간 축적한 거대한 에너지를 갑작스럽게 분출하는 지진처럼 또다른 종교적 대격변이 르네상스가 한창 꽃피우던 유럽을 뒤흔든다.* 네 번째 프로테스탄트개혁은 정확히 1517년 10월 31일 정오에 시작된다. 바로 이 시간에 무명의 수도사 마르틴 루터가 교황의 면죄부 판매를 반대하는 95조 반박문을 비텐베르크의 한 교회 문에 게시한다.

루터의 이러한 행동이 어떻게 종교적 분열로 이어졌는지 분석한 저술은 무수히 많다. 정도의 차이는 있지만, 한결같이 교회지도층의 권력남용을 주요 원인으로 꼽는다. 새롭게 발명된 인쇄기술도 종교개혁을 전파하는 데 상당한 기여를 한다. 프로테스탄트는 팸플릿, 설교문을 빠르게 인쇄하여 퍼뜨렸는데, 그 속도를 가톨릭교회는 도저히 따라잡을 수 없었다. 몇몇 역사학자들은 민

---

* 이 장에서 나는 프로테스탄트가 출발할 당시의 교리에 대해서만 이야기한다.

족주의의 출현과 휴머니즘신조가 영향을 미쳤다고 주장하기도 한다. 하지만 내가 보기에는, 이러한 요인들이 모두 구질서를 전복시키는 데 영향을 미치긴 했지만, 알파벳으로 쓰여진 글을 읽는 '과정'—글에 담긴 '내용'이 아니라—자체가 종교개혁을 촉발한 본질적 요인이라고 생각한다.

프로테스탄트혁명의 핵심은 바로 알파벳이다. 신성한 책을 읽고 해석할 수 있는 권한을 누구에게 주어야 할까? 가톨릭교회는 라틴어를 아는 소수의 고위성직자들만이 성서를 해석할 수 있다고 주장했다. 교황의 말은 곧 최종적인 선고였다. 중세시대에 교회는 신약을 엄격히 관리했다. 독실한 신자들에게도 책을 주지 않았다. 성서필사본은 수도사의 책상에 쇠사슬로 묶어놓거나 캐비닛 안에 넣고 잠갔다. 성서를 이처럼 관리하다보니 서품을 받은 성직자만이 사람들을 하늘나라로 데려다 줄 수 있다는 교회의 주장이 통했던 것이다. 아우구스티누스가 말했듯이 "교회 밖에는 구원이 존재하지 않는다."

마르틴 루터가 주장한 프로테스탄트의 핵심은, 개인과 하느님 사이에 누구도 끼어들 권한이 없다는 것이다. 기독교도라면 누구나 성서를 직접 읽어야 한다. 이러한 책을 읽는 고독한 행위가 그 자체로 하느님과 직접 소통을 할 수 있게 이끌어줄 것이다. 루터는 아우구스티누스의 주장을 정면으로 반박하며 "모든 사람이 성직자"라고 선언한다. 누구나 자산의 판단에 따라 성서를 읽고 해석할 권리가 있다고 주장한다.[3]

루터는 더 나아가 무수한 이미지로 채워진 교회와 화려한 의례를 반대한다. 수천 년을 이어져 내려온 문자 대 이미지의 갈등이 종교개혁의 핵심으로 다시 점화된 것이다. 종교개혁이 기본적으로 '신약의 내용'으로 되돌아가자는 운동이었다면, 우뇌적 가치를 중시했을 것이다. 하지만 안타깝게도 종교개혁의 핵심은 '문자를 인지하는 과정'에 있었다.

네 번째 프로테스탄트혁명으로 탄생한 개신교 역시 이전 세 차례의 프로테스탄트혁명과 마찬가지로 우뇌적 가치를 억제하고 좌뇌적 가치를 확산시키는 것을 목표로 삼았다.

* * *

평범한 기독교도들은 가톨릭교회의 도덕적 타락에 신물이 나있었다. 그들은 가톨릭교회가 누구보다도 모범이 되어야 한다고 믿었다. 존경받는 가톨릭 역사학자 루트비히 파스토르Ludwig Pastor는 이 시기를 다음과 같이 묘사한다.

> 로마교황청의 관료들은 거의 빠짐없이 뿌리깊은 부패에 사로잡혀있었다… 과도한 뇌물과 착취가 미치지 않는 곳이 없었다. 더욱이 관료들은 모든 면에서 부정직하게 조작하고 심지어 거짓을 꾸미기도 했다. 기독교세계 전역에서 교황청관료들의 부패와 금전적 강탈에 대한 거센 불만이 일어난 것은 전혀 놀랄 일이 아니었다.[4]

종교개혁 이전부터 수많은 개혁가들이 주장한 해결책은 단 하나였다. 기독교를 처음 세웠던 원칙으로 되돌아가는 것이다. 영국에서는 1328년 윌리엄 오컴 William of Ockham이 그러한 주장을 하면서 종교적 견해의 차이에 관용을 베풀라고 촉구한다. 같은 영국사람 존 위클리프John Wyclif도 1300년대 말 똑같은 개혁을 주장한다. 얀 후스Jan Huss는 공개적으로 개혁을 요구했다는 이유로 1415년 프라하에서 화형당한다. 에라스무스는 1528년 이렇게 말한다.

> "그는 서로 사랑하라는 말 빼고는 어떤 것도 가르치지 않았다. 애정이 부드럽게 만들고 또 달콤하게 만들지 못할 만큼 쓰라린 것은 없다. 본성을 따르면 모든 것이 순조롭게 풀리기 마련이다. 그리스도의 철학만큼 인간의 본성과 조화를 이루는 것은 없다."[5]

개혁가들은 엘리트 성직자집단이 볼모로 잡고 있는 그리스도의 문자텍스트를 빼앗아 사람들이 직접 읽을 수 있도록 하는 것이 가장 먼저 해결해야 할 과제라는 데 뜻을 모았다. 이를 위해서는 세 가지 조건이 먼저 해결되어야 한다.

신약을 지역방언으로 번역해야 하며, 싼 값에 쉽게 구할 수 있어야 하며, 글을 아는 대중이 많아야 한다. 이러한 조건을 모두 해결해낸 마법과도 같은 비책이 있었으니 그것이 바로 인쇄기술이었다.

개혁가들은 수많은 일반신도들이 예수의 말씀을 직접 자신의 눈으로 보고 읽는 순간 스스로 깨어나는 변화를 경험할 것이라고 믿었다. 그렇게 깨어난 사람들이 만들어 낼 새로운 사회제도는 왕부터 농노까지 모든 이들의 삶을 더 높은 경지로 끌어올려줄 것이라고 생각했다. 예수의 간결한 비유와 날카로운 경구를 직접 읽는 경험은, 관대하고 비폭력적이며 평등을 추구하며 너그럽고 자비롭고 다정한 프로테스탄트를 만들어낼 것이라고 기대했다.

예수의 핵심적인 가르침을 담고 있다고 할 수 있는 산상수훈에서 (또 그밖의 많은 구절에서) 예수는 사람들에게 옳은 것과 그른 것 중 하나를 선택하라고 요구한다. 예수는 자신이 '너희를 사랑하며 그것을 보여주기 위해서 곧 너희 삶에 유익한 변화를 가져다 줄 것'이라는 자신의 아버지이자 하느님의 메시지를 전달하기 위해 이 땅에 온 메신저이자 '복음'의 선지자라고 주장한다.

예수가 말하지 '않은' 것 또한 중요하다. 인간의 원죄나 이브의 타락에 대해서는 전혀 언급하지 않았다. 믿음이 다르다는 이유로 사람들을 화형시키는 것을 옹호하지도 않았다. 이미지, 형상을 금하지도 않았다. 예수의 도덕률과 종교개혁을 이끈 이들의 도덕률을 비교하기 전에, 종교개혁을 이끈 주요한 두 인물에 대해 먼저 살펴보는 것이 좋을 듯하다.

* * *

미켈란젤로는 돌팔매 끈을 손에 쥐고 있는 자신의 유명한 대리석 영웅을 완성했을 때, 그 다비드가 불과 13년 뒤인 1517년 마르틴 루터(1483-1546)라는 살과 피로 환생할 것이라고는 전혀 예상하지 못했을 것이다. 루터는 펜촉 하나만으로 유럽에서 가장 강력한 제도에 맞서 결국 쓰러뜨리고 만다. 세계적인 무대 위로 갑자기 뛰쳐나온 마르틴 루터는 자신도 미처 준비하지 못한 중대한 역할을 해낸다. 오늘날 대담함, 지성, 결단력으로 성직자의 악습을 종식시킨 16세기를 대표하는 가장 걸출한 인물로 평가받는다.

마르틴 루터는 1506년 아우구스티노수도원에서 수도사로 서품을 받은 뒤, 비텐베르크대학에서 신학을 가르친다. 그러던 중 요한 테첼이 인근 지역까지 와서 교황이 보증하는 면죄부를 팔기 시작했다는 소식에 격분한 그는, 기독교 조직 전체를 개혁해야 한다는 확신을 하게 되었고, 마침내 교황체제를 폭력으로 전복해야 한다는 주장을 하기에 이른다.

이러한 의지의 결투에서 상대가 색욕에 빠진 레오 10세였다는 것은 루터에게 행운이었다. 레오 10세는 거칠고 고집 센 이 게르만인을 줄곧 과소평가하며 그대로 놔둔다. 교황의 권위에 맞서고도 화형당하지 않았다는 사실은, 그 자신도 믿을 수 없는 일이었다. 정신을 차리고 보니, 교회개혁을 요구하는 자신의 목소리에 많은 사람들이 공감하고 있다는 사실을 깨닫는다.

마르틴 루터의 모습. 그의 아버지와 어머니, 부인 카테리네 폰 보라의 초상화가 벽에 걸려있다.

기독교를 재정립할 수 있는 드문 기회가 찾아왔다는 것을 깨달은 그는 기독교의 교리는 성서에 확고히 닻을 내려야 한다고 선언한다. 하지만 루터가 거의 혼자서 구상해낸 새로운 기독교, 그의 동료 개혁가들이 오직 '하느님의 말씀'만을 따른다며 열정적으로 옹호하던 새로운 기독교는 사실, 성서를 직접 읽고 이해하는 시대로 되돌아가는 것과는 전혀 다른 것이었다.

루터는 교황의 무오류성을, 하느님의 말씀을 기록한 문자의 무오류성으로 대체한다. 개개인의 해석의 자유를 보장하기는커녕, 자신이 좋아하는 특정한 구절들의 의미를 강조한다. 그가 의지하고 좋아하는 신의 모습은 예수가 묘사하는 자비롭고 애정어린 아버지가 아니라 복수심에 불타는 야훼였다. 신약의 복음서들은 빛을 잃고, 구약의 분노에 찬 문장들이 중시되었다.

루터가 특히 좋아한 부분은 바울이 로마인들에게 보낸 편지였다. 특히 "의인은 믿음으로 살리라.(로마서1:17)"라는 짧은 문구에 사로잡혔다. 오로지 믿음만이 구원의 열쇠다. 도덕은 아무런 효용도 없으며, 죄인이 아무리 착한 일을 해도 은총을 부여하지 못한다. 하느님이 인류를 위해 자신의 아들을 희생시켰다는 이야기를 '믿는 것'만이 구원받는 길이었다.

루터는 면죄부, 연옥, 성인, 교회법, 교황에 대한 복종, 제례를 집전할 수 있는 사제의 권한을 인정하지 않았다. 성서에 구체적으로 명시되어있는 것이 아니라는 이유였다. 하지만 그가 그토록 소중하게 받들었던 아우구스티누스의 원죄 개념 역시 성서에 전혀 언급되어있지 않은 것이었다. 루터는 옳은 것과 그른 것 중 하나를 선택하라고 가르치는 구약과 신약의 많은 구절을 무시하고 아우구스티누스가 만들어 낸 예정설을 프로테스탄트의 핵심교리로 삼는다.

아우구스티누스는 모든 사람이 죄인이며 대다수는 태어나기도 전에 이미 지옥에 떨어질 운명이 결정되어있다고 주장한다. 선택받은 소수의 사람들만이 구원받는데, 누가 구원받을지는 하느님이 천지창조 이전에 이미 정해 놓은 것이다. 루터는 개개인의 내면에는 고유한 악이 존재한다고 확신했다. "우리는 분노의 자식들이다."라고 썼으며, 아무리 고귀한 사람이라고 하더라도 악이 언제나 선을 능가한다고 주장한다.

루터는 자신의 주장에 반박하려는 이들과 논쟁하는 와중에 이성은 쓸모없는 것이라고 매도한다. 논리학과 철학은 모두 폐기해버려야 한다고 주장한다.

이성은 믿음의 가장 큰 적이다… 이성은 악마에게 기쁨을 주는 창녀. 옴과 나병이 득시글거리는 이 창녀는 발로 밟아 죽여야 한다. 그녀와 그녀의 지혜는… 그녀의 얼굴에 똥을 던지고… 세례를 베푼다고 속여 익사시켜야 한다.[6]

루터는 토마스 아퀴나스를 비롯한 스콜라철학자들도 경멸하는데, "교활하고 독단에 차있는 저주받은 이교도" 아리스토텔레스에게 너무나 많이 의존한다는 이유 때문이다.[7]

루터는 성서와 모순된다는 이유만으로 코페르니쿠스의 지동설도 받아들이지 않는다. 반면에 마귀witch와 악령이 존재한다고 믿었다. 더 나아가 모든 자연현상은 하느님과 악마의 지배를 받는 것이라고 믿었다. 세상의 종말이 임박했다고 믿었기에, 휴머니즘 같은 것에는 아무 관심도 없었다.[8] 루터는 이렇게 쓴다.

> 믿음의 절정은, 지극히 소수만을 구원하고 지극히 많은 이에게 벌을 내리는 하느님을 자비롭다고 믿는 것이다. 하느님은 우리를 기필코 지옥에 떨어뜨리실 분이며… 불쌍한 자들을 괴롭히는 데에서 기쁨을 얻는 듯하다. 하느님은 사랑의 대상이라기보다 증오의 대상으로 적절해 보인다. 이토록 큰 분노와 사악함을 드러내는 하느님을 이성의 노력만으로 자비롭고 정의롭다고 옹호할 수 있다면, 믿음은 어쩌면 필요하지 않을 것이다.[9]

테르툴리아누스가 남긴 유명한 잠언—머리로 이해할 수 없으니까 믿는 것이다Credo quia absurdum—과 일맥상통하는 비논리적인 주장이다.

루터의 반이성주의는, 이성이 하느님의 섭리를 해독하기 위한 최고의 도구라고 여기던 휴머니스트들에게 상당한 충격이었다. 그 어느 때보다도 넓게 퍼져있는 교회와 대학을 이어주는 연결망을 활용하여 개혁을 확산시키고자 했던 휴머니스트들은, 처음에는 루터의 결연한 태도에 갈채를 보냈지만 그의 종교개혁 방식이 상당히 조잡하고 허술하다는 것을 깨닫고는 하나둘 등을 돌리기 시작한다. 루터의 기이한 성서해석을 납득할 수 없었던 휴머니스트들은, 자신들이 힘겹게 발굴해낸 고대세계의 지혜를 루터와 그의 지지자들이 저버렸다고 생각했다.

에라스무스는, 죄인이 되게끔 피조물을 스스로 만들어놓고서는 죄를 지었다는 이유로 그 피조물들을 처벌하는 하느님이라면, 그것은 숭배할 가치조차 없는 부도덕한 괴물에 불과하다고 말한다. 그리스도의 아버지가 그러한 말도 안 되는 짓을 저질렀다고 주장하는 루터야말로 심각한 신성모독을 하는 것이다.[10]

휴머니스트 미카엘 세르베투스 Michael Servetus 역시 살아가면서 쌓을 공덕은 전혀 고려하지도 않고 지옥에 떨어지도록 미리 정해놓았다는 루터의 주장을 비판한다.

"하느님은 스스로 죄를 짓지 않는 사람에게는 절대 유죄평결을 내리지 않는다. 믿음은 고귀하고, 사랑은 더욱 고귀하며, 하느님은 곧 사랑이다."[11]

또다른 성직자는 어떠한 평신도라도 성서를 해석할 수 있다는 루터의 주장을 터무니없는 허풍이라고 일축한다.

"성서는 부드러운 밀랍 같은 것이다. 누구나 원하는 대로 휘고 구부릴 수 있다."[12]

귀족들 역시 아무리 선행을 많이 해봤자 하느님의 호의를 얻지 못한다는 루터의 주장을 불편하게 느꼈다. 어느 귀족은 이렇게 지적했다.

"도덕보다 믿음을 강조하는 것은 사람들에게 공적인 권위를 깔보게 만들고 늘 사회적 동요와 혼란을 초래할 뿐이다."[13]

실제로 루터의 숙명론을 믿고 제멋대로 행동하는 이들이 곳곳에서 나타난다. 어떤 젊은이는 형의 목을 베고는 법정에서 자신의 범죄는 예정되어있었던 것이라고 주장했다. 어떤 대학의 논리학교수는 사소한 집안문제로 다투다가 아내를 몽둥이로 때려죽인 다음 자랑스럽게 외쳤다.

"이제야 하느님아버지의 뜻이 이루어졌도다."[14]

루터는 자신을 "소작농의 자식으로 태어난 소작농"이라고 일컬었다. 성직자계급에 대한 이러한 반발심은 성직자와 수절에 관해 기존의 교회가 보편적으로 유지해온 규범을 뒤집는 결론을 끌어낸다. 그는 모든 수사와 수녀가 결혼하고, 일을 하고, 자식을 가져야 한다고 생각했다. 성적 충동은 거부할 수 없는 것이며, 섹스는 피곤에 지친 우리 몸과 마음을 치유해준다고 믿었다.

"하느님은 근육통에 붙일 수 있는 파스를 주셨다."[15]

하지만 그는 여전히 섹스를 죄라고 생각했으며, 결혼한 부부 사이의 섹스도 예외가 아니라고 생각했다. 다만, 결혼한 부부 사이라면 "하느님은 그 죄를 봐주신다"라고 말한다.[16]

비텐베르크의 한 수녀원이 문을 닫게 되자, 루터는 수녀원이 문을 닫기 전에 수녀들에게 남편감을 찾아주는 일을 한다. 수녀들을 그 지역 독신자들과 짝을 맺어주었는데, 단 한 명만이 짝을 찾지 못했다. 26살 먹은 카테리네 폰 보라Catherine von Bora라고 하는 이 여자는, 남자 이름을 불러줄 때마다 모두 마음에 안 든다고 고개를 가로저었다. 화가 치민 루터는 도대체 누가 눈에 차냐고 묻자, 카테리네는 고개를 들어 독일에서 가장 유명한 이 남자를 응시하며 대답한다.

"바로 당신이요, 박사님."●[17]

● 그녀는 자신의 도발이 실패할 경우를 대비해서, 그날 루터와 함께 자리했던 다른 관료에게도 이성으로서 관심이 있다는 신호를 은밀하게 보냈다.

그녀의 대답에 충격을 받은 루터는 정신을 가다듬고 자신보다 16살이 어린 그녀의 청혼을 받아들인다. 수사였던 남자와 수녀였던 여자가 결혼을 한 것이다. 카테리네는 여섯 아이를 낳았고, 성심껏 남편을 돌보았다. 그녀와의 결혼 생활을 통해 영감을 받은 루터는 이런 말도 한다.

"하느님이 남자에게 주신 가장 큰 선물은 경건하고 다정하고 하느님을 두려워하고 가정을 사랑하는 아내다."●18

아내에 대한 애정과 딸들에 대한 진심에서 우러나는 사랑을 쏟기는 했지만, 루터는 여자를 존중하는 남자가 아니었다. 한때 수도사였던 이 남자는 이렇게 말하기도 한다.

"여자는 집안일에나 쓸모있지, 다른 데는 아무짝에도 쓸모가 없다."19

또 한번은 이렇게 말하기도 했다.

"여자가 아이를 낳다가 지쳐서 죽는다고 해도 그것은 아무런 해가 되지 않는다. 여자가 낳을 만큼 낳다가 죽게 내버려 두어라. 그것이 여자가 만들어진 이유다."20

아내는 남편에게 순종해야 한다고 믿었으며, 특히 아는 것이 많은 여자를 싫어했다. 여신도들 앞에서 자신의 관점을 다소 변명해야 할 필요가 있을 때에는 이렇게 말했다.

● 루터의 자식들은 저녁식사 시간에 아버지와 나눈 대화를 글로 기록했다. 그들의 기록은 루터와 카테리네가 매우 다정했다는 것을 보여준다. 많은 대화 중에 루터가 가끔씩 과격한 견해를 쏟아내기도 했지만 카테리네는 전혀 괘념치 않았다.

"여자들의 결점은, 우리가 개인적으로 침착하게 짚어보아야 하는데… 여자들은 깨지기 쉬운 그릇이기 때문이다."[21]

하지만 그는 여자를 해충, 역병, 짐승과 한 묶음으로 취급했는데, 이들은 모두 아담의 불복종에 화가 난 하느님이 남자에게 벌을 주기 위해 그를 괴롭히도록 만든 것이다.[22] 또한 잠자는 여자 위에 올라타 섹스를 하고 자신의 씨를 뿌리는 악마 인큐버스incubus가 존재한다고 확신했다. 실제로 동네에서 결혼하지 않은 여자가 출산을 하자 루터는, 악마의 씨가 태어난 것이라면서 공공의 안녕을 위해 아기를 물속에 담가 죽이라고 조언한다.[23]

그는 자연을 싫어했다. 도시를 벗어나면 악마에게 홀릴 수 있다고 생각했다. 우박, 천둥, 홍수 같은 자연적 현상을 악마의 소행이라고 생각했다.[24]

"숲, 물, 들판, 어두운 습지에는 무수한 악마들이 사람들을 해치기 위해 기다리고 있다… 짙은 먹구름 속에도 악마가 숨어있다."[25]

루터는 독일 역사상 손꼽을 만큼 많은 저작을 남긴 사람이다. 1522년 그가 고지독일어High German로 번역한 신약과, 몇 년 뒤 번역한 구약은 인쇄기로 찍은 책으로서 독일 최초의 전국 베스트셀러가 된다. 또한 자신의 종교적 신념과 설교문을 책으로 출간한다. 그의 책은 서서히 '독일민족'이라는 정체성과 문자에 대한 관심을 대중에게 심어준다. 글을 모르는 부모들이 자식을 학교에 보내기 시작했고, 때로는 자신도 아이들 교실 뒷편에 앉아서 칠판을 보며 글을 배우려고 노력했다.

당시 독일어는 지역마다 방언의 차이가 극심했고, 따라서 그러한 방언을 문자로 표기하는 방법도 서로 달라 상당히 혼란한 상황이었다. 마르틴 루터가 성서를 번역하면서 선택한 고지독일어 표기방식은 결국 고지독일어 표준표기 방식으로 자리잡았으며, 19세기 표준독일어로 자리잡는다.

루터는 특히 마리아신앙을 타파하는 데 헌신한다. 마리아에게 신성을 부여하는 것은 신약에 부합되지 않는다고 주장하며 아기예수를 돌보는 어머니의 이미지는 물론 마리아와 연관된 것들은 모두 없애버렸다. 예수의 어머니는 더이상 하느님아버지의 법정 앞에서 죄인들을 변호하는 일을 할 수 없게 되었다.

루터는 교황의 대리인들이 자신을 쫓아다니며 불온한 이단이라고 괴롭힐 때부터 줄곧 종교재판이라는 전체주의적 관행을 비판했다. 프로테스탄트를 화형시키는 가톨릭교회를 비웃으며, 반대파를 제압하려면 '화형이 아니라 책으로 무찌르라고' 조언했다.[26] 그는 또한 이교도—특히 유대인, 터키인, 무어인—를 존중하라고 권했다.[27] 안타까운 사실은 이처럼 관용적이었던 그가 말년에는 성마르고 편협한 사람으로 변해, 자신이 비판했던 가톨릭교회보다 훨씬 극단적이고 단호한 고집불통이 된다는 것이다.

루터는 이미지가 문맹자들을 가르치는 데 유용하다고 생각했지만, 그의 메시지에 감동한 학생, 귀족, 시민, 농민들은 이미지에 대해 그처럼 관대하지 않았다. 이전에 발생한 세 번의 프로테스탄트혁명과 별반 다르지 않게, 열성적인 프로테스탄트들은 커다란 망치, 곡괭이를 들고 다니며 성상을 부수고 성화를 난도질하고 제단 뒤의 벽장식을 훼손했다. 이것들을 지키려하는 사제나 교구의 신도들은 돌팔매질을 당하고 두들겨맞았다. 화가나 조각가들은 도망다녀야 했다.

초창기 프로테스탄트교회는 대부분 가톨릭교회를 개조하여 만들었다. 조각상, 십자가, 성화 등을 모두 없애고 그림이 그려진 천정과 벽에 온통 하얀 칠을 하여 마치 동굴 속에 들어가 있는 듯한 느낌을 주었다. 다채롭고 화려한 가톨릭미사 역시 성서를 통독하는 것으로 대체되었다.

프로테스탄트나 가톨릭이나 모두 3위1체 하느님을 섬겼으나, 그 방식은 크게 달랐다. 가톨릭에서는, 이미지에 둘러싸인 예배자들이 눈부신 예복을 입은 사제들이 알아듣지 못하는 언어로 펼쳐 보이는 호화로운 장관을 지켜보았다. 반면 프로테스탄트 예배자들은 시선 둘 곳이 하나도 없는 황량한 공간에서 검은색과 흰색으로만 이루어진 검소한 옷을 입은 목사가 인도하는 대로 책을 펼쳐놓고 글을 읽었다. 알파벳으로 쓰여진 책이 여기저기 넘쳐나자, 이미지는 또한번 문자에 압도당한다.

인쇄기술은 이전 역사에서는 전혀 볼 수 없던 신속함으로 루터의 메시지를 퍼뜨렸다. 95조 반박문을 붙여 놓은 지 5년도 되지 않은 시점에서 에라스무스는 친구에게 쓴 편지에서 이렇게 말한다.

> "이제 루터의 책이 어디서나... 어떤 언어로나 눈에 띄는군. 그에게 영향받지 않은 사람은 찾기 힘들 정도로 대단하군."

1520년 파리에서 루터의 책은 다른 어떤 책보다 압도적으로 많이 팔렸다. 루터가 살아있는 동안 그가 번역한 독일어 신약은 10만 부 이상이 팔렸는데, 당시 문맹이 상당히 많았던 것을 고려하면 이는 매우 놀라운 수치다. 그토록 단기간에 그렇게 많은 문자가 범람했던 문화는 일찍이 존재하지 않았다.

* * *

루터의 프로테스탄트신학은 독일민족의 정취를 뚜렷이 풍기고 있었던 만큼, 독일어를 쓰는 지역에서 루터의 영향력은 엄청났다. 하지만 독일 이외의 지역으로 프로테스탄트를 광범위하게 전파한 인물은 장 칼뱅Jean Calvin이다. 그의 교리는 스코틀랜드 장로회, 프랑스 위그노, 영국 퓨리턴, 스칸디나비아 프로테스탄트, 미국 필그림의 굳건한 믿음을 뒷받침해주는 선언, 조직, 영적 기틀이 되었다.

칼뱅은 1509년 프랑스 느아용의 독실한 가톨릭신자 집안에서 태어났다. 어머니는 그를 낳고 얼마 뒤 죽는다. 엄격한 아버지와 계모 밑에서 자란 그는 법률가가 되기 위해 공부했다. 파리에 머무는 동안 루터의 설교문을 읽고 그

대담함에 충격을 받는다. 성서를 면밀히 탐독하기 시작했으며 이 책에 신성함이 깃들어있다는 확신을 갖게 된다. 곧이어 칼뱅은 집안의 신앙을 버린다.

1535년 26살에 칼뱅은 《기독교강요》를 집필한다. 그는 이 책을 온 생애에 걸쳐 개정하여 출간하는데, 최종판은 1,118페이지에 이르는 방대한 저서로 완결된다. 《기독교강요》는 오늘날 종교개혁에 가장 큰 영향력을 미친 책으로 평가받는다.

고전에 대한 박식한 지식을 갖추고 있었음에도 칼뱅은 고전을 거부하고 오로지 성서만이 중심이 되어야 한다고 설교했다. 그는 이렇게 쓴다.

> 하느님의 말씀을 우리는 최고의 권위로 삼아야 한다. 종교와 도덕뿐만 아니라 역사, 정치 등 모든 면에서 그렇다. 우리는 아담과 이브 이야기를 받아들여야 한다. 그들이 하느님에게 복종하지 않았다는 사실로서 인간이 어떻게 악한 심성을 갖게 되었는지, 자유의지를 왜 잃게 되었는지 설명할 수 있기 때문이다.[28]

그는 이타주의, 공유, 우호적 협력과 같은 인간의 능력을 상당히 염세적인 시선으로 보았다.

인간의 정신은 하느님의 정의에서 너무나 벗어나버렸기에, 인간은 사악하고 삐뚤어지고 비열하고 불순하고 부정한 것 외에는 상상할 수도 희망할 수도 계획할 수도 없다. 인간의 마음은 철저히 죄로 물들어있기 때문에 인간의 숨결에는 타락과 부패가 아닌 그 어떤 것도 묻어나오지 않는다. 어떤 사람이 가끔 선해 보일 수 있다 하더라도, 그 정신은 언제나 위선과 거짓으로 엮여있으며 그 영혼은 내면에서 사악함의 족쇄에 묶여 있다.[29]

장 칼뱅, Titian 16세기

칼뱅은 루터처럼 아우구스티누스가 만들

어 낸 원죄의 개념을 아무 의심 없이 받아들였을 뿐만 아니라, 루터의 예정설을 한 단계 더 발전시켜 인간뿐만 아니라 하느님까지도 이 '끔찍한' 구속복을 입게 만들었다. 칼뱅의 논리에 따르면, 하느님은 모든 것을 예정해 두었기 때문에 모든 미래를 안다. 하지만 그러한 전지전능함은 거꾸로 하느님 스스로 어떤 것도 바꿀 수 없게 만들어버렸다. 물론 하느님은 그토록 많은 이들의 영혼이 태어나기 전부터 지옥에 가도록 예정해 놓은 이유를 스스로 알고 있다. 나약한 인간들에게 자신의 무시무시한 정의를 보여주는 것이 하느님의 방식이기 때문이다. 그의 피조물들은 두려움 속에서 겸손한 마음으로 하느님에 대한 무조건적인 믿음을 바치는 것 외에 어떠한 선택도 할 수 없다.

그래서 칼뱅은 루터와 마찬가지로 착한 일을 한다고 해서 정해진 운명이 바뀌지 않는다고 말한다. 모든 이들이 살아갈 드라마는 먼 미래까지, 아주 세세한 행동까지 이미 모두 기록되어있기 때문이다. 칼뱅은 무조건 믿으라고 주장한다. 하느님은 타락한 인간의 죄를 대속하기 위해 자신의 아들을 희생시켰으며, 그러한 은혜 덕분에 그나마 선택받은 소수라도 구원받을 수 있게 된 것이다.

칼뱅은 이미지를 모조리 추방한다. 십자가도 금지한다. 하느님의 말씀을 읽는 행위를 방해하는 그 어떤 것도 곁에 두어서는 안 된다고 가르친다.[30] 여자는 인류를 타락시킨 이브의 자손으로 더러운 존재다. 따라서 여자는 아버지와 남편의 명령에 불평없이 순종해야 한다. 마리아 숭배도 엄격히 금지되었다.

칼뱅의 《기독교강요》에서 우리는 다시 한번 이미지, 여신, 여자의 권리, 세 가지 요인을 추방하는 모습을 목격할 수 있다. 종교개혁의 토대가 된 이 두꺼운 책은 사실, 종이를 긁는 날카로운 펜촉소리에 취해 허공에 떠있는 한 남자가 쏟아낸 거대한 과대망상에 불과하다.

칼뱅은 프로테스탄트를 통해 남성적 가치를 극단까지 밀어붙인다. 그는 가혹한 불관용을 설파한다. 하느님의 희생에 대한 자신의 해석을 받아들이지 않는 사람은 그 누구도 구원받을 수 없다고 단언한다. 그는 예수가 이야기한 자비와 사랑의 하느님은 완전히 무시하고, 복음서 곳곳에 넘치는 예수의 심오한 사랑의 말씀은 못 본 척 넘겨버린다. 칼뱅은 세속적인 탁월함에 관심을 갖는 휴머니스트들을 배척하며 추종자들에게 오직 사후세계에만 관심을 가지라고 설교한다.

> "하늘나라가 우리가 거할 곳이라면, 이 땅은 유배지가 아니고 무엇이겠는가?"[31]

지금까지 살펴봤듯이 칼뱅의 메시지에 독창적인 내용은 거의 없다. 유대교와 가톨릭에서 가장 가혹한 개념만 가져다 자신의 교리를 만들었을 뿐이다. 유대교 예언자들이 지혜와 조화를 강조한 가르침은 대부분 배제했으며, 온유하고 여성적인 가톨릭의 이미지, 의례, 성찬 같은 것은 전부 부정했다. 칼뱅은 자신의 비관적인 전망을 다음과 같은 말로 요약한다.

> "가장 좋은 일은 태어나지 않는 것이다. 사람은 태어날 때 슬퍼서 울고 장례식 때는 기뻐서 운다."[32]

이렇게 살을 모조리 발라내고 앙상하게 뼈만 남기는 작업을 통해 칼뱅은 음울하고 험상궂은 고딕풍 종교를 만들어내는 데 성공한다. 이로써 칼뱅을 비롯한 종교개혁 지도자들은 유럽의 시계를 수백 년 뒤로 돌려놓는다. 종교개혁이 성공하면서 찬란한 르네상스의 영광은 종지부를 찍고 이제 막 꽃 피운 휴머니즘 운동도 더 이상 퍼져나가지 못한다. 이후 도래할 계몽주의의 출현 시점 역시 늦혀진다.

1542년 칼뱅은 새로운 교회를 어떻게 조직하고 운영해야 하는지 자신의 생각을 정리한 《교회규율》을 발표한다. 이 책에서 그는 목사, 집사, 장로와 같은 위계질서를 설계하고 이러한 직위는 모두 남자로만 이루어져야 한다고 주장한다. 그의 구상은 장로교, 퓨리턴, 위그노 등 개혁교회를 만드는 기본적인 청사진이 되고, 오늘날 교회의 기본구조로 자리잡는다. 어쨌든 여자는 새로운 교회에서도 주요한 역할에서 완전히 배제되었다.

독일인 루터와 프랑스인 칼뱅의 가장 뚜렷한 차이는, 루터는 세례받은 기독교도는 누구나 성서를 해석해낼 수 있다고 믿었지만 칼뱅은 그러한 믿음을 거부했다는 것이다. 칼뱅은 성서의 '진짜' 의미를 이해할 수 있는 박식한 남자 엘리트가 프로테스탄트를 이끌어야 한다고 믿었다. 또한 하느님의 말씀은 현세의 법이어야 하기 때문에, 정부는 하늘의 법을 실행하기 위해서만 존재해야 한다고 믿었다. 초기 칼뱅교회의 장로들은 신자들의 삶에 거의 절대적인 권력을 행사했다.

칼뱅의 주장은 교황권이 왕권에 앞선다는 기존 가톨릭의 주장을 사실상 주인만 바꾼 것에 불과했다. 하지만 프로테스탄트 신정국가에서 성직자가 세속적인 권력을 어떻게 행사할 수 있는지, 또 그것이 어떻게 맞물릴 수 있는지는 제대로 설명하지 않고 모호하게 남겨둔다. 어쨌든 그는 자신의 신학을 현세계에 실현하는 데 성공한다. 잠시 뒤 우리는 그 세상이 어떠했는지 생생하게 목격하게 될 것이다.

* * *

1520년대 칼뱅은 높은 위상과 점점 늘어나는 프로테스탄트 신자들에 놀란 프랑스의 가톨릭교회는 마침내 이들을 본격적으로 박해하기 시작한다. 자신을 체포하러 온다는 정보를 미리 입수한 그는 스위스 바젤로 도망친다. 이곳에서 칼뱅은 45살 기욤 파렐William Farel을 만난다.

칼뱅은 성욕이 전혀 중요한 것이 아니라고 말했지만, 파렐에게 아내로 삼을 만한 여자를 구해 달라고 부탁한다. 이 때 그가 내건 조건은 "순결하고 예의바르며 값싸게 굴지 않으며 알뜰하고 인내심있고 내 건강을 돌보아 줄" 수 있는 여자여야 한다는 것이었다.[33]

31살에 칼뱅은 파렐이 주선해준 이들렛 드 뷔르Idelette de Bure와 결혼한다. 그녀는 칼뱅보다 나이가 많은 미망인으로 다섯 아이의 엄마였다. 그녀는 칼뱅의 아이를 한 명 낳았는데, 갓난아기 때 죽고 만다. 그녀 또한 결혼 후 9년 뒤 숨을 거둔다. 칼뱅은 이후 재혼하지 않는다.

그 동안 칼뱅과 파렐은 제네바의 원로(장로)들에게 신임을 얻었고, 그들을 등에 업은 칼뱅의 신정국가 사상을 하나씩 현실 속에서 구현해 나가기 시작한다. 하지만 너무나 엄격한 잣대를 들이대는 그들에 반발한 제네바시민들은, 결국 주민투표를 통해 그들을 쫓아내버린다. 미치광이 원리주의자들이 쫓겨나자 제네바시민들은 축배를 터트리며 기뻐한다.[34]

하지만 몇 년이 지난 뒤 종교개혁의 불길이 다시 치솟자 제네바의 원로들은 깊은 고심 끝에 칼뱅만 다시 불러들인다. 그들은 예전 시민들의 반발을 고려하여 칼뱅에게 전권을 주지는 않았지만, 칼뱅은 종교적 열정을 무기로 삼아 자신에게 주어지지 않은 권력까지도 마음대로 행사하기 시작한다. 1541년부터 칼뱅은 자신이 꿈꾸는 '하느님의 나라'를 세워 나가기 시작했고, 제네바는 종교운동 역사상 가장 억압적이고 가혹한 경찰국가로 악명을 떨치게 된다.

칼뱅은 (제네바의 원로이자) 교회의 장로들에게 시민들의 집을 빠짐없이 방문하여 그들의 신앙, 행실, 사적인 생활을 낱낱이 탐문하고 기록하여 보관하라고 명령한다. 아이들에게는 부모가 불경한 말이나 행동을 하지 않는지 늘 감시하고 보고하라고 세뇌한다. 한 사람도 빠짐없이 예배에 참석해야 했다. 예배에 늦는 것도 절대 용납되지 않았다. 한 번만 지각해도 엄한 질책과 추궁을 받아야 했으며, 세 번 이상 지각하면 '사형'시켰다. 칼뱅이 요구하는 신앙생활이 마음에 들지 않는 사람은 제네바를 떠나야만 했다.

시민생활에 대한 삼엄한 통제가 계속 강화되면서 신성모독은 물론 춤, 노래(찬송가는 예외), 카드놀이, 여흥, 음주 등이 모두 금지되었으며, 종을 치거나 향을 피우는 행위, 크게 웃거나 떠드는 행동도 모두 금지되었다. 또한 밥을 먹을 때 식탁 위에 올릴 수 있는 접시의 수(불과 몇 개)와 입을 수 있는 옷색깔(황갈색)도 법으로 규정하여 이를 어기면 처벌했다. 도박을 하다 걸리면 사람들이

다니는 길 한복판에 차꼬에 묶어 놓았다.[35] 아이들 이름은 무조건 성서에 나오는 사람 이름으로 지어야 했다. 아들 이름을 아브라함으로 짓지 않고 클로드라고 지었다는 이유로 어떤 부모는 4일 동안 감옥신세를 졌다.[36]

여자들은 더욱 엄격하게 통제했다. 볼이나 입술에 연지를 바르거나, 보석을 치장하거나, 레이스가 달린 옷이나 화려한 색깔의 좋은 옷을 입는 것은 모두 금지되었다. 머리를 너무 많이 올려 묶었다는 이유로 투옥된 여자도 있었다.[37] 튀는 모자를 썼다는 이유로 감방에 간 여자도 있었다.[38] 하지만 이런 것은 사소한 애교에 지나지 않았다.

결혼 전 섹스를 한 여자는 추방하거나 물에 담가 죽였다. 간통—사형, 신성모독—사형, 우상숭배—사형, 항문삽입—사형, 수간(동물과 섹스)—사형, 이단—사형, 마술—사형. 낙태는 뭐 고민할 필요도 없었는데, 결혼도 안한 여자가 임신한 것이 들키면 그 자리에서 물에 집어넣었기 때문이다.[39]

이러한 행위를 했다는 자백을 받아내기 위한 방법으로 일상적으로 고문이 자행되었다.

가톨릭은 이단으로 규정되었기 때문에 묵주나 성모상을 지니고 있다가 잡히면, 장로들 앞에 끌려가 재판을 받았다.[40] 악마와 정을 통하고 제네바에 역병을 일으켰다는 혐의로 재판을 받은 여자 14명은 모두 유죄로 확정되어 화형대에 묶여 불에 타죽었다.[41] 심지어 칼뱅의 의붓아들과 며느리도 각각 간통 혐의로 고소당했는데, 이들과 정을 통했다고 하는 상대까지 모두 잡아다가 가차없이 사형시켰다.[42]

남자만으로 이루어진 무자비한 재판관들은 강박적일 만큼 꼼꼼하게 재판 내용을 기록으로 남겼다. 그러한 기록을 보면 그토록 엄중한 상황에서도 수많은 사생아들이 태어났다는 것을 알 수 있다. 물론 아기들은 대부분 태어나자마자 들판에 버려졌다. 결혼도 하지 않은 상태에서 임신을 한 여자들은 임신 사실을 숨길 수밖에 없었으며, 가끔은 목숨을 걸고 교회 앞의 계단에 아기를 놓고 도망가는 이들도 있었다. 또한 아이를 낙태시키려고 시도하다가 죽음에 이른 젊은 여자들이 꽤 많았을 여겨진다.[43] 이 하느님 나라의 야만성은 극에 달해, 마침내 부모를 때렸다는 혐의로 아이의 목을 자르는 일까지 벌어진다.[44]

하느님의 나라는 출판을 엄격히 통제했다. 칼뱅을 비판하는 사람은 무조건 사형시켰다. 한번은 칼뱅이 설교할 연설대 앞에, 이전의 어떤 교황보다 칼뱅이 훨씬 악랄한 죄를 저지르고 있다고 비난하는 게시물을 누군가가 붙여놓았다. 칼뱅은 범인으로 자크 그뤼에Jacque Gruet라는 휴머니스트를 지목하고 체포한다. 그뤼에는 혐의사실을 전면 부인했으며, 죄를 입증할 증거도 발견하지 못했다. 그럼에도 매일 두 차례씩 30일 동안 고문을 했고 마침내 미심쩍은 자백을 받아낸다. 곧바로 사형집행관들은 그를 광장으로 끌고 가 사람들이 보는 앞에서 차꼬 위에 발목을 못질한 뒤, 머리를 자른다.[45]

칼뱅은 가혹한 원리주의를 자신의 가족이나 친구에게도 예외없이 적용했다. 미카엘 세르베투스Michael Sevetus는 칼뱅의 친구로 허파의 순환원리를 밝혀내기도 한 박학다식한 사람이었는데, 공개적인 자리에서 친구 칼뱅을 비판하는 실수를 저지른다. 칼뱅은 그를 곧바로 화형대에 매달아 불태워 죽인다.[46] 칼뱅은 자신의 극악무도한 처벌을 다음과 같이 정당화한다.

> 이단과 신성모독을 처벌하는 데 한치의 어긋남이라도 용납하는 것은 스스로 공범자가 되는 것과 같다… 이승에 사는 인간의 권한은 전혀 고민할 대상이 아니다. 선고를 내리는 이는 하느님이며, 이 세상 종말이 올 때까지 하느님이 교회에서 지키라고 한 법도 명확하다. 인간의 모든 고려보다도 하느님의 섭리를 우선하지 않는다면, 하느님에게 합당한 영광을 돌리지 못한다면, 무슨 이유로 하느님은 우리에게 그토록 엄격함을 요구했겠는가? 하느님에게 영광을 돌리기 위한 투쟁과 관련된 문제에 있어서는 친족이나 혈육도 절대 예외가 될 수 없으며, 인간의 사소한 정은 모두 잊어야 한다.[47]

한마디로 말해서, 칼뱅의 하느님은 인간을 제물로 삼는 희생제의를 요구하고 있었던 것이고, 제노바는 거대한 희생제단이었던 것이다..

반대자들에 대한 칼뱅의 불관용은 다른 나라의 종교개혁가들에게도 영향을 미친다. 예컨대 독일의 종교개혁가 마르틴 부처 Martin Bucer는 이단들을 화형시키고 나서, 그들의 아내와 자식들도 모두 죽이고, 그들이 키우던 가축도 모두 도살하고, 그들이 살던 집과 헛간도 모두 불태워야 한다고 주장한다.

* * *

칼뱅은 일 중독자였다. 쉬는 날이 거의 없었고 휴일이 필요하다고 생각하지도 않았다. 악마의 계략에 놀아나지 않기 위해 쉬지 말고 일하라고 부추긴다. 유머감각을 찾아볼 수 없는 진지하고 무뚝뚝한 사람으로, 미술을 적이라고 생각했으며, 미적 감각이나 자연에 대한 관심도 전혀 없었다. 인간의 나약함과 불완전함에 대해 어떠한 연민도 관용도 보이지 않았다.

칼뱅은 또한 계급이 존재해야 한다고 믿었다. 또한 야망이나 자긍심을 악이라고 생각했으며, 따라서 재물에 대한 그의 철학은 후대에 등장할 공산주의와도 거의 흡사했다. 구걸을 금지했으며, 지나치게 자선을 하는 것도 나쁘다고 말했다. 이런 행동은 '도덕적 해이'를 유발할 수 있다는 이유였다. 오늘날 기독교에 엄청난 영향력을 미친 이 인물에 대해서 윌 듀란트는 이렇게 평가한다.

"우리는 이 남자를 좋아하고 싶어도 좋아하기 힘들다는 사실만 확인하게 될 뿐이다. 길고 찬란한 몰상식의 역사 중에서도 가장 부조리하고 신성모독에 가까운 하느님 개념으로 인간의 영혼을 암울하게 만든 장본인이 바로 이 사람이기 때문이다."[48]

* * *

끊임없는 개혁요구를 무시하고 수 세기 동안 미적거리던 교황청은 결국 종교개혁이라는 강타를 맞고 비틀거리다 마침내 무릎을 꿇고 만다. 루터가 95조

반박문을 게시한 지 불과 17년 만에 상상할 수 없는 일이 벌어진다. 독일의 절반과 영국, 덴마크, 스코틀랜드, 스위스를 프로테스탄트에게 빼앗긴 것이다.

프랑스, 네덜란드, 이탈리아도 불만으로 들끓었다. 1545년 벌어진 로마대약탈에서 아직 완전히 회복한 상태는 아니었지만, 가톨릭 자체가 사멸할 수 있다는 사실을 깨닫고 제정신을 차린 교황과 추기경들은 마침내 오랜 시간 회피해왔던 교회개혁이 시급하다는 데 뜻을 모은다. 1563년 개최된 트리엔트공의회는 교회의 재산과 특권을 남용할 수 있는 성직자의 권한을 폐기한다. 물론 이러한 결의는 이전에도 있었지만, 이번에는 성직자들의 도덕적 청렴함이라는 새로운 태도가 강조되었다.

스페인의 독실한 가톨릭교도이자, 전직 장교였던 이냐시오 데 로욜라Ignacio de Loyola는 종교개혁에 맞서기 위한 가톨릭부흥운동에 가장 큰 영향력을 행사한 인물이다. 열정적이고 진지하며 정치적인 수완까지 갖춘 그는 1540년 예수회를 창립한다. 철저히 군대식 조직으로 운영되는 예수회는 윗사람의 명령에 무조건 복종하는 것을 최우선 규율로 삼는다.

가톨릭이 아직 주도권을 잡고 있는 지역을 토대로 예수회는 급속히 확산되어 나간다. 예수회 사제들은 검은 천으로 만든 아무 장식도 없는 카속cassock을 입었는데, 이러한 의복은 기존의 가톨릭교회에도 영향을 미쳐, 현란한 색깔로 눈부셨던 로마의 가톨릭교회 안에서 검은 카속을 입고 미사를 집전하는 것이 유행처럼 번져나갔다.

로욜라는 인쇄기술이 모든 것을 바꿀 것이라고 제대로 직감한다. 요동치는 신자들을 붙잡는 경쟁에서 화려한 볼거리, 이미지, 의례 따위는 인쇄된 책을 이길 수 없다고 확신한다. 불은 불로 잡아야 한다. 이 개혁가는 1000년 동안 이어온 교회의 정책을 뒤집어, 신도들에게도 하루빨리 성서를 가르쳐야 한다고 교황을 설득한다. 프로테스탄트의 맹렬한 기세에 맞서기 위해 예수회가 선택한 가장 효과적인 방어수단이 알파벳이었다는 사실은 놀라운 아이러니가 아닐 수 없다.

예수회는 재빠르게 유럽의 학문적 중심지마다 1류 교수진들을 확보하여 학교와 대학을 세우고 가톨릭신자들에게 종교교육을 실시한다. 누구든 무상으로 배울 수 있는 기회를 제공함으로써 세속적인 대학들과 정면으로 맞선다(물론 여자는 입학할 수 없었다). 프로테스탄트의 주요지식인이었던 프랜시스 베이컨은 예수회의 탁월한 교육프로그램을 보고 부러운 듯 이렇게 말하기도 했다.

"저런 것들을 우리가 가지고 있었다면 얼마나 좋았을까?"[49]

예수회 대학들은 세속의 대학들이 가르치는 표준적인 교과목을 모두 가르쳤다. 여기에 로욜라와 그의 계승자들이 프로테스탄트와 맞서 싸우는 데 반드시 필요하다고 생각한 '강독'이라는 커리큘럼을 넣었다. 이 강좌에서는 바울이 로마인들에게 보낸 편지, 아우구스티누스의 교리, 토마스 아퀴나스의 저작들을 가르쳤다. 가톨릭의 강력한 한 축이 되었던 신비주의전통을 배제하고, 논리와 문자만으로 믿음을 얻고자 했다. 루터나 칼뱅처럼 로욜라도 성서의 무오류성을 믿었다.

그리하여 결국 가톨릭도 성서를 탐구함으로써 종교를 개혁한다는 프로테스탄트의 입장에 똑같이 서게 된다. 실제로 칼뱅은 신정국가의 헤게모니에 관한 견해와, 종교지도자만이 성서를 해석할 수 있다는 견해에서 가톨릭과 자신의 교리가 똑같다고 인정하기도 했다. 프로테스탄트의 종교개혁과 가톨릭의 반종교개혁은, 이들에 대한 아무 편견이 없는 관찰자가 본다면 두 집단이 그토록 반목하는 이유를 이해할 수 없을 만큼 비슷했다.

하지만 이 두 진영은 인쇄기술이 몰고 온 알파벳이라는 거대한 쓰나미가 휩쓸고 간 다음 여전히 강렬하게 밀어붙이는 여파 속에서 살아남기 위해 발버둥을 치고 있었고, 그래서 자신들 사이의 공통점을 인지할 여유가 없었다.

* * *

종교개혁의 지도자들은 성서절대주의를 주장했지만 종교개혁에는 사실상 성서와 무관한 요인이 작용하고 있었으며, 이는 결국 성서의 정신과 모순되는 것이었다. 루터와 칼뱅이 상당히 많은 책을 저술했다는 사실은 단순한 우연의 일치일까? 예정설은 알파벳을 아는 사람들에게만 매력적인 관념이었다. 알파벳이 도래하기 이전 사회에서는 예정설이 존재하지 않았다.

고대그리스에도 '운명'이라는 개념이 존재했지만, 그것은 신들의 변덕에 따라 좌우되는 것이었다. 유대교는 개인이 옳은 것과 그른 것 중에 하나를 선택할 수 있으며, 야훼의 계시에 따라 옳은 선택을 할 수 있다고 생각했다. 힌두교나 불교의 카르마 역시 현세에서 개개인의 선택과 행위가 축적되어 다음 생에 영향을 미친다. 노자의 '도'는 예정설과 정반대되는 개념이다.

좌뇌는 논리적 사고를 처리하는 곳이다. 어떤 것이 다른 것으로 이어지는 것은 선형적이고 인과적인 사고의 기초를 형성한다. 오랜 시간 알파벳을 읽고 쓰는 행위는, 잠재의식 속에서 세계가 선형적 시간 속에서 발생하는 사건들이 사슬로 이어져있다는 관념을 갖게 만든다. 알파벳의 갑자스런 화산을 경험한 문화는 예정설이라는 개념을 집단적으로 받아들인다.

신비주의는 우뇌와 깊은 영향이 있다. 이에 반해 예정설을 찬양하는 교파는 우뇌적 가치를 낮게 평가하는 경향이 있다. 신비주의는 프로테스탄트의 종교개혁 초기에는 아무런 역할도 하지 못했다. 루터와 칼뱅 모두 펜촉 끝에서 나오는 주의깊은 논리적 주장의 설득력에 전적으로 의존했다.

프로테스탄트의 창시자들은 한결같이 추종자들에게 '믿음'을 가지라고 독려했지만, 프로테스탄트를 떠받치는 토대는 사실 고통스러울 만큼 치밀한 논리구조물, 즉 그림 하나 없이 글자만 빽빽하게 들어차있는 두툼하고 지루한 신학서적이었다.

칼뱅의 영향력은 루터보다 훨씬 컸다. 그의 가르침은 수백만 명을 개종시켰으며, 나중에 '프로테스탄트윤리'라고 불리는 도덕적 기준을 만들어내기도 했다. 프로테스탄트윤리란 검소, 겸양, 근면, 자립, 도덕적 청렴을 바탕으로, 하느님의 권위와 1400년 전 대부분 익명의 저자들에 의해 쓰여진 절대 부패하지 않는 문자기록에 대한 영원한 믿음을 가지고 살아가는 개인적 사회적 질서를 의미한다.

칼뱅의 비전은 유럽 전역으로 퍼져나갔고, 마침내 한 손에는 성서를 한 손에는 칼을 들고 맹렬히 싸우다가 전사하겠다는 사람들이 쏟아져나온다. 그리고 실제로 많은 이들이 죽는다. 이러한 종교적 발작으로 유럽은 깊은 몸살을 앓았으며, 이 트라우마는 오늘날 서양문명에 깊은 흔적을 남겼다. 이러한 병적인 유전자는 계속 살아남아 아일랜드와 같은 곳에서는 지금까지도 가톨릭과 프로테스탄트의 갈등이 지속되고 있다.

우뇌를 대표하는 가치로는 자연에 대한 사랑, 곤경에 빠진 친구에 대한 동정, 낯선 사람에 대한 친절, 반대파에 대한 관용, 적에 대한 용서, 신비주의, 비폭력, 아이양육, 웃음, 장난 등이 있다. 여자든 남자든 이러한 측면은 인간의 본성에 내재한 여성적인 채집-양육자의 특성에서 나온다.

이와 반대로 좌뇌적 속성은 일에 몰두하거나, 권력이나 돈과 같은 특정한 목표에 집중할 때 빛을 발한다. 자연에 대한 경시, 병약하거나 몸이 불편한 사람에 대한 무시, 잔인성, 논쟁, 폭력 등이 여기서 나온다. 이러한 속성은 남자든 여자든 뛰어난 사냥꾼·도살자로 만드는 데 탁월한 효과를 발휘한다.

예수그리스도의 말씀을 전하는 복음서는 압도적으로 우뇌의 가치를 역설한다. 예수나 그의 사도들이 누군가를 살해하거나 추방하거나 불태우거나 감옥에 처넣은 일은 한 번도 없다. 그렇다면 정작 성서로 돌아가야 한다고 그토록 외치던 종교개혁가들은 왜 하느님의 계시이자 유일한 진리라며 그토록 열정적으로 신성시하는 그 책의 가르침을 따르지 않는 것일까?

이 질문에 대한 대답의 일부는 종교개혁을 이끈 두 인물, 루터와 칼뱅의 성장배경에서 찾을 수 있다. 루터는 성마른 소작농의 아들로 태어났는데, 어릴 적부터 심하게 두들겨 맞으며 자랐다고 한다. 한 번은 땅콩 한 알 훔쳤다는 이유로 정신을 잃을 정도로 두들겨 맞은 적도 있다고 한다. 그의 어머니 또한 그와 마찬가지로 남편에게 맞고 살았다. 그래서 실제로 루터는 자신의 아버지를 증오했으며, 수도원에 들어가려고 했던 것도 아버지에게서 도망치기 위해서였다고 고백한다. 수도원에 들어온 뒤에도 루터는 자신의 방에서 이따금씩 자신의 몸을 채찍으로 때렸다.[50]

오늘날 심리학적 관점에서 보면, 어릴 때 학대받은 아이들은 커서 불공정에 대해 극도로 민감하게 반응하며, 거친 반골기질을 갖게 된다. 그러한 기질은 교황과 황제에 맞설 수 있는 용기를 주는 데 더없이 큰 힘이 되었을 것이다. 어린 시절 공포에 떨며 자란 사람이 천벌과 지옥에 기반한 신학에 끌리는 것은 너무도 당연한 일이다.

장 칼뱅은 비밀이 많은 사람이었으며, 차갑고 이지적이며 냉담한 태도로 유명하다. 루터와 달리 그는 자신의 어린 시절 이야기를 거의 하지 않는다. 하지만 역사학자들에 따르면 그의 어머니는 그가 어릴 때 죽었다. 어린 아이에게 사랑하는 어머니의 죽음은 치유할 수 없는 깊은 상처가 된다. 여성적 가치를 단호히 거부하고 죄인에 대해 조금도 연민을 보이지 않는 것은 어머니의 죽음이 그의 영혼에 깊은 상처를 남겼다는 것을 분명하게 보여준다.

칼뱅과 루터의 성장과정은 그들이 인간의 본성을 그토록 어둡게 바라본 이유를 조금이나마 설명해준다. 그렇다면 그토록 많은 유럽인들이 공포와 전율의 종교를 기꺼이 수긍하고 감내한 이유는 무엇일까? 또한 종교개혁 시기에는 왜 아시시의 성프란치스코, 힐데가르트, 아벨라르, 시에나의 카타리나, 마이스터 에크하르트, 잔다르크, 야코프 뵈메 같은 신비주의 이론가들이 한 명도 등장하지 않은 것일까? 또 프로테스탄트 개혁가 중에는 왜 여자가 단 한 명도 없는 것일까?

루터와 칼뱅 주변에 모여있던 인물들은 한결같이 몹시 가혹하고 독단적인 사람들이었다. 그들의 목표는 사실, 매우 엄격한 가부장제를 일으켜 세우는 것이었다. 새로운 프로테스탄트 교회조직에서는 여자가 철저히 배제되었다. 칼뱅은 더 나아가 여자에게 세례하는 것조차 금지한다고 선포하기도 했다.

프로테스탄트 종교개혁에서 눈을 씻고도 찾아볼 수 없는 것이 있는데 바로 기쁨, 사랑, 자비, 웃음, 아름다움이다. 8세기 기사도, 9세기 마리아신앙, 10세기 신비주의, 11세기 넘치는 호기심, 12세기 열린 마음, 13세기 욕정, 14세기 개인들의 독창성, 15세기 휴머니즘이 있었다면, 16세기에는 비참한 무기력을 설파하는 우울한 교리만이 있다.

왜 수백만 사람들은 그토록 완고하고 엄격한 교리를 포용한 것일까? 왜 수천 사람들이 그 교리를 지키기 위해 기꺼이 목숨을 버렸을까? 르네상스라는 허상을 통해 인간의 새로운 능력을 조금이나마 목격한 사람들의 상상력을 프로테스탄트는 어떻게 사로잡은 것일까?

종교개혁은 공동의 압제자 교황청을 타도하기 위한 일종의 해방운동으로 받아들여졌다. 그렇다면 그들은 왜 예정설이라는 꼼짝할 수 없는 족쇄 속으로 제 몸을 스스로 집어넣은 것일까? 자유롭고 싶은 바람이 그토록 컸다면, 어째서 하느님을 경외하는 사람들 대다수가 지옥에 떨어질 운명을 타고나며, 그렇게 정해진 운명은 무슨 짓을 해도 바뀌지 않는다는 믿음을 받아들인 것일까? 이 무익한 도그마는 어떻게 그토록 강렬한 인물들을 양산할 수 있었을까?

프로테스탄트 종교개혁은 세계적인 현상이 아니다. 오로지 서유럽에서만, 또 인쇄기술의 혁신을 경험한 문화에서만 일어난 일이다. 종교개혁은 신약으로 돌아가는 운동이 아니었다. 그것은 문자를 아는 사용자들을 기반으로 작동하는 새로운 정보기술에 의해 야기된 급격한 사회변화에 불과하다. 기술혁신은 거꾸로, 문화의 집단적 인식을 바꾸어 놓는다. 이처럼 엄격하고 억압적인 종교개혁을 가능케 한 것은 바로 인쇄기술이다.

31

FAITH vs HATE

믿음 vs 증오

THE ALPHABET
VERSUS
THE GODDESS

종교는 사람들에게 무수히 많은 악행을 저지르게 했다.

루크레티우스 Lucretius[1]

종교개혁가들은...

성모마리아와 성인들에 대한 숭배를 금지했으며,

이들을 형상화한 이미지들을 없애버렸다.

기독교는 그 어느 때보다도 남성적인 세계를 구축해냈다.

기독교도들의 머릿속에 들어있던 강력한 이미지와 신화를 뽑아버림으로써,

기독교의 모든 것을 지식에만 호소하는

정서적으로 빈곤한, 지극히 남성적인 사건으로 만들어 버렸다.

더 근본적인 차원에서,

중요한 인물과 '신들'은 이제 모두 남자가 되었다.

카렌 암스트롱 Karen Armstrong[2]

믿음 vs 증오

학살전쟁

터러정치[reign of terror]란 어떤 집단을 절멸시키거나 굴복시키기 위해 잔인한 폭력(테러)을 동원하여 조직적으로 탄압하고 박해하는 것을 말한다. 지금까지 밝혀진 바로는, 알파벳으로 쓰여진 신성한 책이 등장하기 이전에는 테러정치가 존재하지 않았다. 또한 15세기 이전까지만 해도 종교적인 이유로 테러정치를 실시한 사례는 손에 꼽을 만큼 드물었다. 로마의 기독교도 박해, 유대인에 대한 기독교도들의 산발적인 공격, 카타리파를 분쇄하기 위해 교황이 파견한 알비십자군운동 정도를 꼽을 수 있다.[*]

하지만 1400년대 말 유럽 전역에 갑작스럽게 폭력적인 종교박해가 휘몰아치기 시작하더니 신대륙 식민지까지 덮친다. 이러한 테러정치는 150년 동안 활활 타올랐으며, 사람, 자원, 부를 모두 불태워 잿더미로 만든 뒤 사라졌다. 역사학자들은 이 시기 집중적으로 벌어진 다양한 테러정치를 일컬어 종교전쟁[religious war]이라고 부르기도 한다.

이러한 박해가 유럽 전역에서 특정한 시기에 대대적으로 벌어진 이유는 무엇일까? 특히 이때는 과학이 탄생하고, 신대륙을 발견하고, 건축과 예술이 활짝 꽃 핀 르네상스까지 경험한 바로 뒤였다. 많은 이들이 그 이유를 종교개혁 이후에도 기독교가 여전히 존립 자체에 불안을 느꼈기 때문이라고 설명하지

- 성지수복을 위한 기독교의 십자군전쟁이나, 인도에서 힌두교를 말살하려고 했던 무슬림의 침략은 기본적으로 종교적인 이유 때문이라기보다는 영토를 차지하기 위한 것이었다. (reign of terror는 흔히 '공포정치'라고 번역되기도 한다—옮긴이)

만 그러한 설명만으로는 뭔가 부족하다. 유대교, 기독교, 이슬람교가 자리를 잡는 데 걸린 시간은 이들 종교가 세상에 존속되어온 시간에 비하면 매우 짧다. 또한 이 시기 이전에 종교적인 이유로 남을 탄압하는 것이 주요 관심사였던 경우는 더더욱 없었다.

불교는 인도에서 힌두교에 대항하여 일어났고, 유교는 중국에서 도교의 영향력을 물리쳤으며, 선불교는 일본에서 신도를 눌렀지만, 이러한 종교혁명 뒤에는 테러정치가 등장하지 않았다. 16세기 유럽의 악몽은 앞에서도 말했지만, 구텐베르크의 인쇄기술과 그로 인해 널리 보급된 문자 때문에 야기된 것이다.

테러시대를 낳은 원인을 파헤치기 전에 당시 신앙의 이름으로 자행된 몇몇 극악무도한 행위들에 대해서 살펴보자. 당시 시대상을 그려보는 데 큰 도움이 될 것이다.

* * *

종교개혁 이후 다양한 프로테스탄트 교파가 등장하는데, 그중에 아나밥티스트가 있다. 독일어를 쓰는 지역 남부의 순박한 농민들 사이에서 시작된 이 교파는 예수의 가르침을 철저히 따르는 것이 교리의 핵심이다.

아나밥티스트Anabaptist는 '다시 세례를 받는 사람들'이라는 뜻으로, 이들은 유아세례가 의미가 없기 때문에 어른이 된 뒤 다시 세례를 받아야 한다고 믿었다. 어린 아기에게 베푸는 세례는 자신도 기억하지 못할 뿐만 아니라 자신이 선택한 것도 아니기 때문에, 어른이 된 다음에 '그리스도 안에서 사는 것'이 무슨 의미인지 이해하고 스스로 판단하여 세례를 받아야 한다는 주장이다. 그래서 이들 교파에 들어가기 위해서는 다시 세례를 받아야 한다.

이들은 종교적 관용, 비폭력, 평화를 옹호했다. 일부일처제를 유지했지만, 아이는 공동으로 길렀다. 정치, 금융, 상거래, 송사에는 관심이 없었고, 자족적인 농촌공동체를 만들어가는 데에만 온 힘을 기울였다. 그들은 서로 형제의 지킴이their brother's keeper이라고 불렀다. 자기 재산의 10분의 1을 공동재산으로 바쳤고, 농기구, 생필품, 노동력, 땅을 공유했다. 이러한 행태는 그들에게 땅을 빌려준 부재지주들absentee landlords의 눈에 거슬렸다. 토지소유권 세습에 기반한 사회구조를 흔들 수 있다고 생각했기 때문이다.

종교개혁의 지도자들은 이 온화하고 평화로운 프로테스탄트들을 진정한 기독교운동이라고 갈채를 보내는 대신, 토지를 소유한 귀족들 편에 서서 그들을 비난한다. 예컨대 1529년 슈파이어의회에 참석한 성직자들은 아나밥티스트를 발견하는 즉시 그 자리에서 짐승처럼 잡아 죽여야 한다는 결의안을 통과시킨다. 아나밥티스트의 이단교리는 너무나 극악하여 재판에 회부할 가치조차 없다는 것이 이유였다.[3]

루터는 초기에 물리적인 위협을 받으면서도 아나밥티스트를 옹호했다. 하지만 이들이 꾸준히 확산되어 자신의 교세를 위협하기 시작하자, 갑자기 태도를 뒤집어 군주들에게 그들을 죽이라고 요청한다. 자신의 급작스러운 태도의 돌변을 정당화하기 위해 루터는 유아세례를 거부하는 것은 하느님에 대한 신성모독이라고 주장했다. 하지만 그것은 철저히 정치적인 계산이었다. 군주들이 자신에게서 돌아서면 가톨릭교회와 싸울 수 없었고 자신의 교세가 크게 위축되었기 때문이다.

어쨌든 루터의 주장은 자기모순적인 것이었다. 그는 성서에 구체적으로 쓰여있지 않은 것은 모조리 폐기해야 한다고 주장하면서 가톨릭의 권위에 맞서 일어난 사람이다. 하지만 유아세례는 신약에도 구약에도 나오지 않는 개념이다.

칼뱅은 공산주의 이상을 실현하는 아나밥티스트운동에 연민을 가졌으나, 역시 그들을 죽여야 한다고 주장한다.[4] 칼뱅의 행동대장 마르틴 부처는 아나밥티스들을 "살인자보다 사악한" 종자이기 때문에 남자든 여자든 노인이든 아이든 모조리 잡아죽이라고 획책한다.[5]

교황 역시 이들을 이단으로 여겼으며, 세속의 권력자들에게 이들을 엄단하라고 촉구했다. 하지만 대다수 가톨릭 성직자들이나 에라스무스 같은 휴머니스트들은 이 근면한 농민들이 양 떼에서 벗어나 잠시 길을 잃은 것일 뿐이니, 이들에게 관용을 베풀라고 요구했다. 귀족 중에도 아나밥티스트들을 자신의 영지로 끌어들이려고 노력한 이들이 있었다. 이들이 누구보다도 양심적이고 근면하게 노동하는 선량한 농민이라는 사실을 알았기 때문이다. 하지만 1528년 신성로마제국의 황제 카를5세는 어른에게 세례를 주는 행위는 중범죄라는 포고령을 내린다.

결국 아나밥티스트를 에워싼 사나운 사냥개들의 신경질적인 으르렁거림은 더 격렬하게 울려퍼져나갔다. 아나밥티스트를 연구한 한 역사학자는 이렇게 이야기한다.

> 어떤 이들은 벽에 매달려 사지가 찢어지기도 했고, 어떤 이들은 불에 타 재가 되었고, 또 어떤 이들은 기둥에 묶여 구워졌다… 나무에 목을 매달아 죽이기도 했고… 칼로 머리통을 베기도 했다… 어두운 감옥에서 굶어죽어 시체로 썩어가는 이들도 있었다… 죽이기에는 너무 어리다고 여겨지는 아이들은 회초리로 매질을 한 뒤 몇 년 동안 지하 감옥에 가뒀다… 뜨거운 꼬챙이로 뺨에 구멍을 뚫었다… 또 많은 이들을 잡아서 낯선 곳으로 강제로 이주시키기도 했다. 낮에는 날지 않는 올빼미나 까마귀처럼 바위 틈, 숲속, 동굴 같은 곳에서 숨어 살아야만 했다.[6]

이러한 끔찍한 박해 속에서도 네덜란드, 영국, 독일에서 끊임없이 아나밥티스트 공동체가 생겨났다. 오늘날 존재하는 퀘이커, 아미쉬, 메노나이트 모두 아나밥티스트에서 유래한 교파들이다.

* * *

신약은 농민들에게 계시와도 같았다. 신약을 직접 읽게 되면서, 예수가 어떻게 가난한 자들의 편에 섰는지 깨달았고, 그들이 땅의 주인이라는 예수의 예언을 알게 되었다. 많은 독일인들이 가톨릭의 권위에 대한 루터의 저항을 사회개혁에 대한 요구라고 해석했다. 그들은 성서를 혁명안내서로 둔갑시켰고, 루터를 자신들의 대의를 앞장서서 밀고 나가는 혁명가로 인식했다.

종교개혁이 시작될 때 독일 땅의 3분의 1 정도를 가톨릭교회가 가지고 있었고 나머지는 귀족과 부유한 몇몇 가문이 가지고 있었다. 농민과 노동자들은 마침내 자신들을 계속 빈곤의 구렁텅이로 밀어넣는 사회구조에 맞서 일제히 봉기하는데, 이것이 바로 농민전쟁이다(1524-26). 독일 전역에서 곡괭이와 쇠스랑으로 무장한 농민과 노동자들이, 성당과 귀족의 성 앞으로 몰려들어 대치했다. 1524년 말에 이르렀을 때 세금 내기를 거부하는 농민이 3만 명에 육박했다.

농노들을 가혹하게 다루는 것으로 유명했던 루트비히 폰 헬펜슈타인 백작Count Ludwig von Helfenstein은 당시 공공의 적이었다. 그는 곤봉과 단검으로 무장한 신하들의 보호를 받으며 농민들과 맞서다 결국 농민들에게 에워싸이고 만다. 농민들 무리 속을 빠져나가려 애썼지만 분노한 농민들은 그들을 마구 공격하며 욕을 쏟아냈다.

> "네 눔이 지나갈 때 모자를 벗어 예를 표하지 않았다는 이유로 우리 형을 지하감옥에 쳐넣었지!"
> "농장에 들어온 산토끼를 죽였다는 이유로 우리 아버지 양팔을 잘랐어."
> "네 놈의 말과 개와 사냥꾼이 우리 밭을 다 짓밟아놓았지."[7]

백작은 농민들 무리 속을 겨우 빠져나오기는 했지만, 이 때 입은 부상으로 죽고 만다. 이러한 소요는 건초에 붙은 불길처럼 번져나갔다. 무수한 전제군주들이 자리에서 물러났다. 1525년 한 성직자의 편지에서 이렇게 말한다.

> "폭도들이 교회와 관계를 끊지 않는 성직자는 모조리 죽이겠다는 의도를 거리낌 없이 드러내고 있어."[8]

루터는 이러한 무정부사태에 경악했으며, 종교개혁 때문에 이러한 일이 벌어졌다는 비난을 받을까 두려워 군주들을 지지하고 나선다. 1525년에는 〈약탈과 살해를 일삼는 농민무리들에 반대하며〉라는 소책자를 출간하기도 한다. 루터는 자신이 농부라고 했지만 실제로 농민들의 처한 곤경에 대해서는 전혀 연민을 보이지 않았다. 그는 농부들을 개떼에 비유했다.

> 은밀하게든 공개적으로든 누구든 패고 찌르고 잘라 죽여야 한다… 폭도보다 해롭고 위험하고 사악한 것은 없다. 미친개는 죽여야 한다. 먼저 공격하지 않으면 공격당할 것이다.[9]

선동적인 이 소책자는, 교회와 세속권력이 농민들의 갑작스런 봉기에 어쩔 줄 모르고 당하고만 있다가 정신을 차릴 때쯤 유포되었다. 거센 반격을 맞이한 농민들은 드디어 종교개혁세력이 자신들의 진정한 적이라는 것을 깨닫는다. 그들은 루터를 룩너lügner(거짓말쟁이)라고 불렀고, 군주들의 딸랑이toady of the princes 이라고 불렀다.[10] 농민들의 증오심은 대단하여, 루터는 비텐베르크 밖으로 나올 수 없는 상황이 되었다.

> "이 모든 것은 하느님께서 나를 통해 세상에 행하신 일이라는 것을 누구도 기억하지 못하는구나. 이제 영주도 사제도 농민도 모두 나를 적으로 대하며 내 목숨을 위협하는구나."[11]

그럼에도 루터는 물러서지 않고 농민들을 계속 공격한다.

> "농민이 모조리 없애버리는 한이 있더라도 농민을 죽이는 것이 군주나 왕을 죽이는 것보다 훨씬 바람직하다. 그 촌놈들은 신성한 권위도 없이 칼을 마구 휘두르기 때문이다."

농민들의 반감을 극에 달했지만 루터는 거침이 없었다.

> 이러한 답이 너무 가혹하다고 생각한다면, 이것이 거친 언어폭력이며 더 이상 할
> 말이 없게 만든다고 생각한다면, 제대로 생각한 것이다. 그 주둥아리에 돌려주고
> 싶은 대답은 코피가 나도록 주먹을 갈기는 것이다. 농민들은 들으려하지 않는다…
> 그들의 귓구멍은 총알로 뚫어야 한다. 머리통이 몸뚱이에서 튕겨나가도 상관없다.
> 말 안 듣는 학생에게는 회초리가 필요한 법이다. 자상하게 하느님의 말씀을 일러
> 줄 때 듣지 않으려는 자는 도끼를 든 망나니의 말을 들어야 할 것이다… 자비에
> 대해 나는 전혀 귀기울이지 않고 알지도 않을 것이다. 다만 하느님의 말씀 속 의
> 지에 귀기울일 뿐이다… 하느님이 자비가 아닌 진노를 보이신다면, 자비는 어디다
> 쓰겠는가?[12]

농민전쟁의 피해는 엄청났다. 독일 전역에서 전쟁 중에, 또 진압 이후에 죽은
사람이 총 13만 명에 달했으며, 이 중에서 공개처형으로 죽은 사람만 1만 명
에 달했다. 반란에 가담한 농민들을 잡아다 죽이는 일이 계속 되자 한 귀족
은 이런 걱정을 하기도 했다.

> "반란자들을 이렇게 죽이다간, 우리를 위해 일해줄 농부가 남아나지 않겠군."[13]

무수한 수도원, 교회, 성들이 잿더미로 변했으며, 수많은 예술작품들이 망가
지고 부서졌다. 농민들의 집도 모두 파괴되어 5만 명이 집을 잃고 숲과 산속
에 들어가 숨어 살았다. 과부와 고아들이 길가에 늘어서 구걸을 했지만 누구
도 자선을 베풀지 않았다. 신약을 처음 읽은 지 얼마 되지 않았음에도 복음서
의 정신대로 행동을 하는 사람은 거의 없었다.

하지만 아나밥티스트에 대한 가혹한 박해와 농민전쟁으로 인한 혼란은
이후 루터추종자들과 칼뱅추종자들이 서로 죽고 죽이면서 시작된 30년전쟁

(1618-48)에 비하면 새발의 피에 불과하다. 이 무의미한 살육의 시기를 거치면서 독일 인구의 3분의 1이상이 죽고, 경제적 기반은 완전히 망가진다. 이 모든 전쟁이 끝나고 원상태로 회복되는 데 50년 이상 걸렸다.

* * *

로마제국 이후 스페인은 학구적이고 문명화된 가톨릭사회를 유지했다. 피레네산맥으로 유럽대륙과 분리되어있는 덕분에 다른 나라의 영향은 적게 받았으며, 기후 역시 따듯해 경제적으로 상당한 혜택을 누렸다. 르네상스시대에 스페인의 해군은 유럽 최강 전력을 자랑했으며, 육군 역시 막강하여 유럽 각지에서 벌어지는 사건에 끊임없이 개입하며 영향력을 발휘했다.

아프리카와 지리적으로 인접해있던 탓에 스페인에는 근면한 무슬림들이 많이 이주하여 살았다. 이뿐만 아니라 유대인들도 상당수 정착해 살았는데, 이들은 세파르디Sephardi라고 불리며 다른 지역의 디아스포라 유대인들의 영적, 지적 모범이 되었다. 가톨릭을 믿는 지주들이 스페인 귀족사회의 핵심이긴 했지만, 일찍이 관대한 문화가 깊이 뿌리내려있던 탓에 스페인에서는 유대인들도 상당수가 가톨릭으로 개종하여 살았다. 이들 유대인개종자들은 콩베르소converso라고 불리며 스페인에서 고위관료, 성직자, 자본가, 의사로 성공을 하며 높은 명망을 누렸다.

1470년대 독일인 인쇄업자들이 스페인에 들어와 인쇄소를 차리고 견습생들을 고용한다. 글을 아는 사람들이 늘어나면서 인쇄물도 쏟아져나왔다. 1476년 교황 식스토 4세는 스페인의 왕 페르난도 2세와 여왕 이사벨 1세에게 독자적으로 운영할 수 있는 종교재판소를 설립할 수 있는 권한을 준다. 불길한 전조였다. 이전까지 모든 종교재판은 오로지 교황의 권한에 속했다. 어쨌든 100년전쟁이 지속되고 흑사병이 돌던 시절에는 이단으로 화형당하는 이들이 거의 없었기에 르네상스가 시작되던 초기까지 종교재판소는 유명무실한 기관에 불과했다.

페르난도와 이사벨은 1483년, 가혹한 종교재판으로 유명한 도미니코수도회의 수사 토르케마다Torquemada를 종교재판소장으로 임명한다. 토르케마다는 평화로운 스페인에 비방과 분열을 획책하며 콩베르소들이 왕권을 노리고 있다는 믿음을 심어 주기 위해 온갖 억측과 가짜뉴스를 꾸며낸다. 겉으로만 가톨릭으로 개종했을 뿐 여전히 비밀리에 히브리신앙을 유지하고 있으며, 권력을 찬탈할 계획을 세우고 있다고 음해한다. 토르케마다는 콩베르소들을 마라노marrano(돼지)라고 부르며 사제들에게 그들을 적대하도록 부추긴다.*

스페인이 평화, 안정, 번영으로 아름답게 빛나는 동안 왕실은 편집증적 발작을 앓더니 결국 토르케마다의 꾐에 넘어가고 만다. 왕과 여왕은 종교재판소 집행관들에게 가톨릭신앙에서 벗어난 행위나 관습이 행해지고 있는지 철저히 조사하라고 명령한다. 이로써 스페인에 테러정치의 문이 열린다. 토르케마다는 자신의 권한을 대폭 확대하여 저인망식 사상검증을 실시하고 자신에게 반대하거나 반항하는 사람은 누구든 잡아들였다.

종교재판소에는 온갖 밀고들이 쏟아졌고, 재판관들은 이를 토대로 사람들을 잡아다가 이단이라는 혐의를 뒤집어 씌웠다. 이단은 어디든 갖다 붙일 수 있는 편리한 혐의였다. 이단이라는 누명을 쓴 피고는 납치하듯 끌려가 쥐가 우글거리는 독방에 갇혀있다가 비밀리에 재판을 받았다. 자신을 누가 고발했는지, 무슨 혐의로 잡혀왔는지도 알 수 없었다. 초현실적인 재판을 받으며 자신의 결백을 입증해야만 했다. 무죄를 입증하더라도 자신이 경험한 일을 절대 누설하지 않겠다는 맹세를 해야만 풀려날 수 있었다.

자백을 받기 위한 수단으로 고문이 일상적으로 사용되었다. 권위가 있는 것처럼 보이도록 하기 위해 고문을 할 때는 재판소가 지정한 의사 한 명, 공증인 한 명, 종교재판관들이 배석했다. 고문을 피할 수 있는 죄수는 거의 없었다. 13살 어린 소녀도 80대 할머니도 밧줄에 매달았다. 임산부도 예외가 아니

● 돼지는 '비열한 놈'을 일컫는 비하표현이다. 역설적으로 토르케마다 역시 유대인 혈통이었으며, 종교재판소의 고위관료들 중에도 유대인이 많았다.

었는데, 어떻게 신성한 교회에서 임산부에게 고문을 할 수 있느냐는 질문에 한 종교재판관은 "일단 아이를 낳을 때까지는 기다렸다가" 출산을 하고 나면 곧바로 고문을 실시할 것을 지시한다.[14]

일단 자백을 한 피고는 대부분 화형을 선고받았다. 그들의 재산은 교회가 몰수했다. 몰수한 재산 중 20-50퍼센트는 익명의 고발자에게 주었으며, 나머지는 교회와 군주가 나눠가졌다. 이렇게 경제적 이익까지 얻을 수 있다는 것이 알려지면서 창의적인 이단 고발이 나오기 시작했다. 생전에 유명했던 사람들—막대한 유산을 남기고 죽은 사람들—이 이단이었다는 고발이 쏟아지기 시작했는데, 피고가 이미 죽은 경우에는 긴 재판을 거칠 필요가 없었기 때문이다. 이단이었다는 것으로 결론이 나면 (대부분 그랬다) 곧바로 유산을 빼앗을 수 있었다.

종교재판소는 마드리드에 본부가 있었지만, 전국을 순회하면서 재판을 진행했다. 종교재판소가 들어오는 것을 막는 도시들도 있었지만, 국가권력의 든든한 지원을 받는 종교재판소를 막을 수 없었다. 종교재판을 방해하는 자들은 모두 이단으로 간주되었고, 그에 따른 처벌을 받았다.

재판이 끝나면, 선고를 받은 이들은 어두운 지하감옥에서 자신의 운명을 기다려야 했다. 지역주민들에게 강한 인상을 심어 주기 위해 종교재판소는 성대하고 요란스러운 오토다페[auto-da-fé](믿음의 행위)라는 의식으로 피날레를 장식했다. 가장 높은 곳에서 내려다볼 수 있도록 높은 단을 만들어 종교재판관과 귀빈들을 위한 관람석을 마련하고, 시민들을 광장에 모두 모았다. 나오지 않은 사람은 죄인을 동정하는 이단으로 치부되었기 때문에 누구도 빠질 수 없었다.

무덤에서 파낸 이단자들의 시신과 신체토막들을 담은 무개차가 앞장서 나왔으며, 그 뒤로 이단으로 판결된 이들이 일렬로 사슬에 묶여 끌려나왔다. 장작더미 위에 서있는 말뚝에 이단들을 묶고 그 위에 시체토막들을 쏟아부었다. 그 상태에서 복잡하고 정교한 종교의식을 거행한 뒤 장작더미에 불을 붙였다. 희생자들의 처절한 비명소리가 이내 잦아들면, 깜빡이는 불씨를 재로 덮어 껐다.

주민들은 극심한 충격 속에서 집으로 돌아간다. 문을 잠그고 공포 속에서 아이들 또는 친한 친구에게 자신이 부주의한 말 한 마디 던진 적 없는지 돌아볼 것이다. 그 하찮은 실수로 자신에게 닥칠 수 있는 위험이 얼마나 큰지 생각할 것이다. 이러한 심리적 억압은 사람들의 목을 졸랐다.

하지만 종교재판관들에게는 이 모든 일이 하나의 행사에 불과했다. 그들은 이러한 광경을 보며 하품을 하다가 저녁을 먹으러 갔다. 오토다페는 스페인 전역을 불구덩이 속으로 밀어넣었다. 역사상 전무후무한 일이었다. 문명화된 사회에서 이처럼 대규모로 인간을 제물로 바치는 희생제의는 일어난 적이 없었다.

1789년부터 1801년까지 종교재판소 총무를 지낸 성직자이자 역사가인 후안 안토니오 요렌테Juan Antonio Llorente에 따르면, 1480년부터 4만 명이 이단으로 화형에 처해졌으며 40만 명이 '중벌'로 다스려졌다. 이 숫자는 과장된 것이라고 주장하는 역사학자도 있지만, 인쇄기술이 도입된 뒤 스페인이 곧바로 광기의 폭풍에 휘말렸다는 사실은 부인할 수 없는 사실이다.

여기서 역설적인 사실은, 기독교가 유대인 중에서 가장 먼저 이단으로 솎아내 처벌한 이들은 바로 기독교로 개종한 유대인들이었다는 것이다. 아브라함의 신앙을 그대로 유지했던 유대인들은 아직까지 멀쩡하게 살아있었다.

토르쿼마다는 이후 유대인들을 모두 스페인에서 추방해야 한다고 주장한다. 유대인들의 재산을 몰수할 수 있다는 꼬임에 페르난도와 이사벨은 또다시 '인종청소'에 동의한다. 왕과 여왕은 1492년 3월 30일 세례 받지 않은 모든 유대인들을 스페인에서 영구히 내쫓는다는 추방령에 서명한다. 유대인들은 90일 안에 떠나지 않으면 모조리 죽임을 당할 처지에 놓인다.

유대인들은 수백 년 동안 열심히 일하며 힘겹게 세운 자랑스러운 공동체가 눈앞에서 물거품이 되는 것을 지켜볼 수밖에 없었다. 얼마 전까지만 해도 함께 사는 이웃이었던 수많은 스페인사람들이 이제 그들의 불행한 처지를 적극 이용하기 시작했다. 예컨대 당나귀 한 마리를 주며 집을 내놓으라고 협박했다. 해적들은 쫓겨나는 유대인들이 탄 배를 습격하여, 이들을 잡아다가 노예로 팔아넘겼다.

유럽에서 이탈리아와 포르투갈을 뺀 모든 나라가 유대인 난민들이 탄 배의 입항을 거절했다. 무수한 유대인들이 바다 위에서 질병, 기아로 죽었으며 난파되어 전부 수장되는 경우도 많았다. 이 엑소더스는 유대인의 역사에서 결코 빼놓을 수 없는 슬픈 역사의 한 페이지이자, 스페인의 부끄러운 역사로 남았다.

엑소더스의 행렬 와중에 스페인을 떠난 또 다른 배 한 척이 있었으니, 바로 크리스토퍼 콜럼버스가 이끄는 항해선이었다. 콜럼버스는 이 항해를 통해 장차 스페인에 어마어마한 신대륙의 부를 가져다준다. 여기에도 상당한 역설이 숨어있는데, 오늘날 연구에 따르면 콜럼버스 역시 유대인 혈통일 가능성이 높다는 사실이다.

유대인들을 추방한 뒤 다음 타겟은 무슬림이었다. 가톨릭으로 개종한 무슬림을 모리스코Morisco라고 불렀는데, 사실상 당시 무슬림의 상당수가 모리스코였다. 모리스코는 자신들이 스페인을 통치하던 시절 기독교도에게 종교의 자유를 베풀었던 사실을 환기시키며 저항했지만 페르난도와 이사벨은 막무가내였다. 모리스코들을 잡아 고문하고 불태워 죽이는 종교재판이 시작되었고, 스페인에 사는 무어인 300만 명은 불안의 나락으로 떨어진다.

1502년 2월 12일 페르난도는 모든 무슬림에게 4월 30일까지 스페인을 떠나라고 명령한다. 그토록 짧은 기간 동안 집단이주를 하려면 엄청난 혼란과 고난을 겪을 수밖에 없었다. 프랑스의 리슐리외추기경Cardinal Richelieu은 이 강제 추방령을 "역사상 가장 야만적인 포고령"이라고 했지만, 유명한 스페인의 성직자 블레다Friar Bleda는 이를 "사도의 시대 이후 스페인에서 벌어진 가장 영예로운 사건"이라고 찬양했다.[15]

* * *

콜럼버스가 아시아와 유럽 사이에서 끼어있는 '신대륙'을 우연히 발견한 사건은 역사적으로 획기적인 전환기를 가져다준다. 양쪽 두 대양으로 고립되어있던 이 신대륙은 다른 세계의 영향을 받지 않고 이국적이고 다채로운 종교, 언어, 지혜를 축적해온 상태였다. 상당히 많은 부족들이 여전히 사냥·채집 단계에 머물러있었으나, 농경·가축단계에 들어선 부족도 있었다.

북아메리카 북동부에 위치한 이로쿼이는 수백만 킬로미터 초원에 펼쳐져 있는 수천 개의 작은 부족들로 이루어진 연맹국가를 형성하고 있었다. 실제로 그들은 상당히 발전된 정치체제를 갖추고 있어, 벤자민 프랭클린은 이로쿼이의 많은 법규와 국가운영방식을 미국헌법에 반영해야 한다고 주장하기도 했다.[16]

남아메리카에는 최고의 건축술을 통달한 잉카가 있었다. 그들은 현대의 전문가들도 풀지 못하는 복잡한 기술적 문제를 이미 푼 첨단문명을 이룩하고 있었다. 마야의 웅장한 유적에 새겨져있는 그림문자들은 그들이 얼마나 세련된 문화를 즐겼는지 보여준다. 별자리를 묘사한 아스텍의 테이블을 보면 고도의 수학이 존재했다는 것을 확인할 수 있다.

문자가 있었던 아스텍, 마야, 잉카는—이제 예측할 수 있겠지만—가부장사회가 지배했다. 반면에 문자가 없는 문화들은 전반적으로 상당한 수준의 남녀평등을 유지했다. 예컨대 북아메리카평원에 살던 원주민들 중에는 추장을 나이든 여자들끼리 모여 선출하는 경우가 많았다. 사실상 거의 모든 원주민들이 여자를 존경했으며, 다양한 형태로 '위대한 어머니'를 섬겼다. 자연에 대한 깊은 경외와, 생물이든 무생물이든 서로 연결되어있다는 변함없는 믿음이 그들의 기본관념 속에 박혀있었다.

유럽인과 아메리카원주민이 처음 접촉했을 때는 대부분 우호적이었다. 원주민들은 자신들이 사는 땅을 찾아온 낯선 탐험가들에게 많은 것을 가르쳐

주며 친절을 베풀었다. 하지만 알파벳이라는 미망과 1신교라는 광기에 홀려있던 유럽인들은 수천 년 만에 재회한 자신들의 형제자매들을 미개한 야만인으로 규정했다. 물론 이러한 판단의 가장 큰 근거가 된 것은 그들이 기독교도가 아니라는 사실이었다. 하지만 정작 '문명화'되었다고 자부하는 유럽인들은 그 시간에도 자신들의 땅에서 사람의 사지를 찢고 불태워 죽이는 야만적인 행위를 하느라 미쳐있었다.

곧이어 어떤 일이 벌어질지 우리는 잘 알고 있다. 인류역사상 전례없는 대규모학살이 벌어진다. 1492년 남북아메리카에 살고있던 원주민은 모두 합쳐 8,000만 명이 넘었을 것으로 추정된다. 이로부터 300년 동안 '식민지개간', '탐험', '정복', '정착', '개척' 등 온갖 명분으로 들이닥친 유럽인들에 의해 원주민들은 사실상 몰살당한다. 오늘날 원주민들의 수는 대략 1,000만 명에 불과하다.[17]

물론 원주민 대다수는 홍역이나 천연두처럼 구세계가 몰고 온 낯선 질병으로 사망했지만, 많은 수가 농장에서 노예로 일하다 굶어죽어 죽거나 맞아죽었다. 또는 반짝이는 금속을 홀린 듯 쫓아다니다 총에 맞아죽기도 했다. 유럽인들은 저항하는 원주민을 매우 가혹하게 처벌했다. 사소한 잘못을 저질러도 사람들 보는 앞에서 남자는 성기나 팔, 다리를 잘랐고, 여자는 가슴을 도려냈다.

몇몇 성직자들의 눈에도 백인은 악마로 보였다. 어떤 성직자는 원주민 부부들을 떼어놓으라고 하면서, 이들이 임신하여 아이를 낳는 것은 백인악마들에게 새로운 노예를 선사하는 일에 지나지 않는다고 설교했다. 특히 스페인사람들은 혹독하게 원주민을 다뤄서, 이들이 부리는 노예중에 자살한 원주민만 수천 명에 달했다.[18] 유럽인들은 아메리카원주민 여자들과 오염되지 않은 신대륙의 자연을 굴복시키고 정복해야 할 미개한 적으로 간주했다. 여자와 자연을 닥치는 대로 강간했다.

원주민들에게서는 배울 게 없다는 자만심에, 유럽인들은 이들 문화의 잔재를 모조리 파괴한다. 그리고 그들을 개종시킬 생각만 했다. 침략자들이 짓밟고 가자 곧바로 선교사들이 들어와 원주민들에게 알파벳을 가르치기 시작했다. 그들을 개종시키려면 신성한 책을 읽을 수 있어야 하기 때문이다.

프랑스의 휴머니스트 몽테뉴는 신대륙에 대한 이야기를 읽고 나서 〈식인종에 관하여〉라는 에세이를 쓴다.

> "그 나라[원주민들의 아메리카]에서 야만적이거나 미개한 것을 나는 전혀 찾아낼 수 없었다. 우리와 공통점이 없다는 것을 야만이라고 부르지 않는다면 말이다."

몽테뉴는 죽은 사람의 고기를 먹는 것이 산 사람을 고문하는 것보다 훨씬 덜 야만적이라고 주장했다. 원주민들은 별로 아프지도 않고, 늘 행복하고 만족을 느끼며, 법 없이도 평화롭게 산다는 것을 지적하며, 식민지개척자들을 혹독하게 비난한다.

> 무수히 아름다운 마을들이 약탈당하고 폐허가 되었다. 수많은 나라가 파괴되고 무너졌다. 셀 수 없이 많은 무고하고 순수한 사람들이 성별, 지위, 나이와 무관하게 무참히 학살당하고 유린당했다. 세상에서 가장 풍요롭고 아름답고 훌륭한 곳을 고작 진주와 후추를 거래하기 위해서 훼손하고 더럽히고 지옥으로 만들어버린 것이다! 아, 피도 눈물도 없는 승리여, 아, 비열한 정복자들이여![19]

신대륙의 발견이 인쇄기술의 광풍에 휩싸인 16세기 유럽이 아닌 다른 시기, 다른 문화에서 이루어졌다면, 역사의 흐름은 전혀 다르게 전개되었을지도 모른다. 기원전 4세기 알렉산드로스대왕은 인도의 드라비다, 트라키아의 스키타이와도 평화협정을 체결했다. 이들은 아메리카원주민들 못지않게 이국적인 이들이었다. 알렉산드로스대왕은 지역마다 다른 종교를 말살하거나 원주민들을 붙잡아 노예로 만들 생각을 하지 않았다. 알파벳에 기반한 1신교가 선사하는 불관용의 덫에 빠지지 않았던 것이다.

율리우스 카이사르가 신대륙을 발견했다면, 원주민을 몰살하고 그들의 땅을 빼앗고 그들의 문화를 말살했을까? 그렇지 않았을 것이다. 이 현명한 이교도는 동맹을 맺고 무역을 활성화하고 자신이 정복한 지역의 사람들을 예우했을 것이다. 실제로 북유럽 오지에서 마주친 온통 시퍼런 물감을 뒤집어 쓴 켈트Celts와 픽트Picts라는 '야만족'에게 그가 취한 정책이었다. 그보다 훨씬 신사적인 아메리카원주민을 다른 방식으로 대할 이유는 찾을 수 없다.

탁월한 통찰력과 경계없는 호기심으로 이민족의 문화를 탐구하고 기록한 헤로도토스 같은 사람이 왜 신대륙을 발견할 당시에는 단 한 명도 없었을까? 안타깝기 그지없는 일이다.

코카서스인들이 저지른 인종학살은 한 손에는 성경, 다른 한 손에는 총을 든 유럽문화에서 기인한다. 놀라운 역설은, 이 책에 담긴 '내용'이 가르치는 교리와 그 책의 주인의 행위가 정반대를 향하고 있다는 사실이다. 문자를 읽고 쓰는 '과정'은 사람의 눈을 멀게 하기에 충분하여, 유럽인들은 그러한 괴리를 전혀 알아채지 못했다.

＊＊＊

1509년 헨리 8세가 영국의 왕이 되었다. 18살밖에 되지 않았음에도 훌륭한 왕이 될 수 있는 자질을 보여주었다. 신앙심도 깊었고, 잘생겼고, 기개가 있고, 음악과 학문에 조예가 깊었다. 신하들은 그를 경애했다. 그의 가까운 친구이자 조언자였던 토마스 모어Sir Thomas More는 이렇게 썼다.

"그는 이전의 다른 어떤 군주보다 학식이 뛰어났다."[20]

헨리는 자신보다 여섯 살이 많은 아라곤의 캐서린과 결혼했다. 둘은 아들을 낳기 위해 노력했다. 캐서린은 몇 번 유산을 하고 난 뒤 딸을 출산하였고 성녀마리아의 이름을 따 메리라는 이름을 지어 주었다. 딸이 두 살이 되자 헨리와 캐서린은 프랑스의 왕위계승자와 약혼을 시킨다. 이후 캐서린은 계속 유산을 한다. 헨리는 (그리고 그의 신하들은) 점점 초조해졌다. 왕위를 계승할 남자후손이 태어나지 않으면, 사위가 되는 프랑스의 왕에게 왕권이 넘어갈 판이 된 것이다. 영국은 자신들의 라이벌에게 통치를 받아야 하는 상황에 처한다.

당시 영국의 가톨릭교회는 엄청난 재산과 권력을 소유하고 있었다. 대주교 존 콜릿John Colet은 1512년—루터의 거센 도전이 시작되기 5년 전—성직자들에게 이렇게 말했다.

> "성직사회를 개혁하는 것에 대해 생각해 봅시다… 개혁이 이토록 필요한 적은 없었습니다… 그리스도의 배우자로서, 그리스도가 조그마한 오점도 주름도 없길 바라는 순결한 신부로서, 교회는 이제 더럽고 추한 몰골이 되어버렸습니다."[21]

이러한 제안은 새로운 것이 아니었다. 영국에는 일찍이 1340년부터 개혁요청이 있었기 때문이다. 하지만 지지부진하던 개혁에 대한 논의는 이제 우리가 예상할 수 있는 반가운 사건이 일어나면서 제대로 힘을 받기 시작한다. 1476년 윌리엄 캑스턴William Caxton이 영국에 최초로 인쇄기를 들여온 것이다.

종교에 관한 소책자들이 영국에 쏟아지기 시작했다. 윌리엄 틴들William Tyndale이 영어로 처음 번역한 신약이 1525년 인쇄되어 쏟아져나오기 시작하면서 개혁운동은 더욱 탄력을 받는다. 틴들의 번역은 제임스 왕이 만든 성경(흠정역)이 나오기 전, 영어화자들에게 신약을 최초로 음미할 수 있는 기회를 주었다. 물론 당시에는 글을 읽을 줄 아는 사람이 많지 않았다. (틴들은 1536년 이단혐의로 화형당한다.)

루터의 설교문을 번역한 소책자들이 출간되면서 종교개혁의 물결이 영국에도 상륙한다. 독실한 가톨릭신자였던 헨리 8세는 교회에 대한 루터의 태도를 매우 불편하게 느껴, 이에 반박하는 편지를 쓴다.

"어떤 독사가 교황의 권위를 폭압적이라고 말하는 자보다 해로울 수 있겠는가?…
그리스도를 따르는 기독교도들을 그들의 머리에서 떼어놓으려 하는 자야말로 악
마의 하수인 아닌가?"[22]

전혀 움츠러들 위인이 아니었던 루터는 헨리에게 이렇게 답장을 쓴다.

"뒤뚱거리는 당나귀… 제정신이 아닌 미친놈… 거짓말의 왕, 하느님의 불명예스런
영국의 왕 하인리… 이 영국의 군주놈이 싼 똥은 그에게 돌려주는 게 딱 맞겠다."[23]

하지만 다정하고 정숙한 아내 캐서린이 왕자를 낳지 못한다는 사실이 분명해
지면서 헨리의 태도는 바뀌기 시작한다. 교회는 이혼을 금했지만, 헨리는 그
래도 자신이 왕인 만큼 교황이 특별히 예외를 인정해 줄 것이라고 생각했다.
이러한 생각으로 이제 갓 17살이 된 매혹적인 여인 앤 불린Anne Boleyn을 정부
로 삼는다. 하지만 상황은 예상대로 흘러가지 않는다. 프랑스와 스페인에 똬
리를 튼 강력한 적들은 일제히 교황 클레멘스 7세에게 헨리의 청원을 거부하
라고 압력을 넣는다.

마침내 앤이 임신하자 상황은 더욱 급박해졌다. 주위의 조언자들은 헨리
에게 곤경에서 빠져나올 수 있는 한 가지 해결책을 제시했는데, 그것은 바로
종교개혁에 단초를 제공하는 것이었다. 가톨릭교회 전체와 단절하고 대신 영
국국왕을 수장으로 삼는 새로운 국가교회를 세운다면, 사랑 없는 결혼에서
도 벗어날 수 있으며 앤의 뱃속에서 자라는 아이를 합법적인 후계자로 임명
할 수 있다는 것이다. 여기에는 또다른 소득도 있었는데, 영국에 있는 가톨릭
교회의 땅을 몰수할 수 있었다.

그는 강철 같은 의지를 지닌 토마스 크랜머Thomas Cranmer를 대주교에 임명
하고 캐서린과 이혼하고 앤과 결혼할 수 있는 새로운 왕위계승령Acts of Succession을
책임지고 관철시키라고 명령한다. 영국의 무수한 기독교신자들은 경악을 금

치 못한다. 암흑시대부터 영국에 뿌리를 내린 오랜 관습을 세속의 인간이 펜을 몇 번 놀리는 것만으로 무너뜨릴 수 있다고 생각하는 것 자체가 너무도 파렴치하게 느껴졌다.

결국 1532년 헨리는 포고령을 발표하여 교황청과 관계를 끊고 영국국교회를 창설한다. 영국에서 가톨릭신앙은 모두 금지되었으며, 이제 모든 백성이 새로운 영국교회의 수장인 자신에게 충성맹세를 하라고 명령한다. 크랜머는 영국에 있는 수도원을 모두 폐쇄하고, 수도사들을 추방하고, 그 땅을 압수한다. 헨리는 그 땅을 충성스런 귀족들에게 배분해 주었다. 농민들, 특히 북부지방과 작은 촌락에 사는 농민들은 왕이 자신들의 종교를 마음대로 조작하는 것에 분노했다. 프랑스와 스페인과 같은 가톨릭군주들은 심각한 탄압을 받고 있는 영국의 형제들을 도와주기 위해 침략전쟁을 하겠다고 나선다.

이처럼 다방면의 저항에 직면한 헨리는 통제력을 유지하기 위해 본격적으로 테러정치를 실시한다. 영국교회판 종교재판소를 설치하고 고문기구를 준비했다. 왕위계승령에 반대하는 사람은 당시 공포의 대명사였던 스타체임버 Star Chamber 재판실로 끌려갔다. 영국교회의 서약을 끝까지 거부한 카르투지오 Carthusian Order 수도사들은 산 채로 배를 갈라 창자를 빼내고 팔다리를 잘랐다. 이렇게 토막낸 시체들은 그들이 거주하던 수도원의 문 위에 걸어놓아 서약에 반대할 생각을 하지 못하도록 했다. 하지만 많은 이들이 영국교회의 바람과는 달리 운명의 시련을 선택했다.[24]

에라스무스의 절친한 친구이자 영국에서 가장 존경받는 휴머니스트 토마스 모어 역시 교회가 혼란에 빠질 것이라는 이유에서 서약을 거부한다. 헨리는 자신의 어릴 적 친구였던 모어를 런던탑에 가두라고 명령한다. 대법관까지 지낸 그는 스타체임버에서도 자신의 뜻을 굽히지 않았고, 결국 헨리는 참수할 것을 명령한다. 그의 처형에 온 나라가 충격에 휩싸였다.

그 다음 차례는 앤 불린이었다. 헨리 8세가 그토록 열망하던 왕자를 출산하지 못했던 것이다. 헨리는 이미 미모의 궁녀 제인 시모어 Jane Seymour에게 빠진 상태였다. 헨리는 젊은 왕비를 간통혐의로 체포하여 런던탑에 감금한다. 오늘날 순전히 날조라고 여겨지는 죄목으로 재판을 받고, 앤 불린은 왕비에 오른지 3년 만에 참수형을 당한다.

가톨릭과 빚는 갈등으로도 바쁜 와중에, 퓨리턴과 장로교와 같은 프로테스탄트들의 아우성도 점점 커졌다. 틴들의 성서가 널리 퍼지면서 영국에서도 프로테스탄트가 세력을 확장하고 있었다. 이들이 보기에 헨리 8세가 세운 새로운 교파는 가톨릭과 전혀 다르지 않았다. 이미지와 여신을 적대시하는 칼뱅에게 영향을 받은 장로교와 퓨리턴은 새로운 영국교회에게 그림과 조각상을 모두 파괴하고 마리아숭배를 그만두라고 요구했다.

더욱이 수많은 평민들이 성서를 자기 나름대로 읽고 해석하고 제각각 주장을 펼치기 시작하면서 이미 큰 상처를 입은 영국의 교회는 더 큰 분열위기 속에 빠진다. 이러한 위협을 제거하기 위해 1530년 헨리는 영국교회 성직자 외에는 누구도 성서를 소유하지 못한다는 칙령을 반포한다.

1547년 55살로 생을 마감할 때까지 헨리 8세는 아내를 총 6명이나 갈아치웠는데, 거기서 얻은 아들은 딱 하나 에드워드 6세였다. 더욱이 병약한 에드워드는 아홉 살에 즉위하여 6년 만에 죽는다. 에드워드가 죽은 뒤 헨리와 캐서린이 낳은 딸 메리가 왕위에 오른다. 어머니를 이어 독실한 가톨릭신자였던 메리 1세는 왕위계승령을 파기하고 헨리 8세가 몰수해서 귀족들에게 나눠준 땅을 다시 몰수해서 원래 주인들에게 돌려준다. 추방당했던 사람들이 고향으로 돌아왔다.

영국을 되찾을 수 있는 기회라고 생각한 교황은 이 변덕스러운 혼란의 소용돌이에 돈과 인력을 쏟아 붓는다. 교황청의 지원을 받는 메리는 본격적으로 테러정치를 시작한다. 가톨릭에 맞서 헨리 8세를 지지한 이들—영국교회, 장로교, 퓨리턴—을 모조리 잡아다가 처형한다. (이로써 그녀는 '블러디메리^{Bloody Mary}'라는 역사적인 별명을 얻는다.) 가톨릭에서 프로테스탄트로 넘어가는 와중에 엄청난 혼란을 겪었던 영국은 다시 20년 만에 프로테스탄트에서 가톨릭으로 왕권이 넘어가면서 더욱 혼란에 휩싸인다.

하지만 가톨릭 복귀정책을 강력하게 밀어붙이던 메리 1세가 즉위 5년 만에 사망한다. 그녀의 뒤를 이어 1558년 왕위에 오른 사람은 바로 헨리 8세와 앤 불린 사이에서 태어난 엘리자베스다. 가톨릭, 영국교회, 프로테스탄트 등 온갖 교파들이 뒤엉켜 종교적 광기를 뿜어내며 으르렁대는 피폐해진 영국에, 20대의 젊은 여왕은 모든 이들이 그토록 바라던 평화와 번영의 시대를 가져온다. 엘리자베스시대 영국은 셰익스피어를 낳았고, 스페인의 무적함대를 섬멸했으며, 신대륙에 식민지를 건설하는 작업에 본격적으로 나선다. 오늘날 영국인들이 그리워하는 Merrie Olde England즐거운 옛 영국는 바로 엘리자베스여왕이 통치하던 시대를 가리킨다.

엘리자베스시대에는 종교를 분란만 낳는 골치아픈 문제로 여겨 관심을 두지 않았다. 하지만 꺼지지 않은 불씨처럼 종교갈등은 오랜 시간이 지난 뒤 다시 타오른다. 1625년 즉위한 찰스 1세는 로마가톨릭과 관계를 회복하고자 하는 사람들과 손을 잡는다. 이들은 여전히 영국교회에서 이미지를 제거하고 마리아숭배를 금지하라고 끈질기게 요구하는 퓨리턴과 장로교와 대립하고 있었는데, 결국 이 두 세력은 1642년 정면으로 충돌한다. 기사도라는 훌륭한 문화를 일궈냈던 이들의 후손들이 그리스도라는 이름 아래 이루 말로 표현할 수 없는 만행을 서로 주고받는다.

무수한 이들을 잡아다가 서로 고문하여 죽였으며, 이단의 아내라는 이유로 무차별 강간하고, 그의 아이들도 가차없이 죽였다. 퓨리턴은 예수회 수도사들을 잡아다 목을 잘랐고, 영국교회는 장로교신도들을 죽였다. 스코틀랜드와 아일랜드의 가톨릭교도들은 프로테스탄트 신도들의 집을 불태우고 약탈했다. 아나밥티스트는 모든 종파의 먹잇감이었다. 퓨리턴, 영국교회, 장로교, 가톨릭은 믿음이 다르다는 이유로 서로 잡아 죽였지만 단 하나 기이한 믿음을 공유하는 듯했다. 하느님이 인간제물을 원한다는 것이다.

결국 이 전쟁은 퓨리턴의 승리로 끝난다. 찰스 1세는 포로가 되어 재판에 회부되었고, '하느님에 대한 반역'이라는 죄목으로 유죄를 선고받는다. 올리버 크롬웰이 이끄는 59명의 퓨리턴재판관들은 그에게 사형을 언도한다. 1649년 찰스 1세는 단두대에 올랐고, 단 한 칼에 목이 잘려나간다. 이 광경을 목격한 이는 이렇게 썼다.

> "그 자리에 있던 수천 명이 슬픔으로 신음했다. 그 신음소리는 일찍이 들어 본 적 없지만, 다시 듣고 싶지 않다."[25]

역사학자들은 영국에서 벌어진 이 대학살을 영국내전, 시민전쟁, 또는 청교도혁명이라고 부르지만, 그것은 사실 종교라는 깃발 아래 자행된 야만적인 테러정치에 불과하다.

* * *

인쇄기술의 발전으로 글을 아는 사람들이 빠르게 늘어나면서 유럽의 과학, 문학, 시, 철학도 붐을 이뤘다. 하지만 금속활자의 행렬 뒤에는 예외없이 끔찍한 종교적 격변이 뒤따라 나타났으며, 이 소용돌이에서 어느 나라도 쉽게 빠져나오지 못했다. 프랑스도 마찬가지였다. 1470년대 인쇄기술이 처음 도입된 뒤, 루터의 설교문이 인쇄되어 퍼지기 시작하자 프랑스의 지적 중심지에서 종교개혁운동이 움트기 시작한다. 하지만 조심스런 농부들은 여전히 가톨릭을 고수했다. 온통 하얀 페인트를 칠한 휑한 교회와 칼뱅의 엄격한 예정설은, 화려한 미사와 축제로 기쁨과 위안을 안겨주는 기존의 신앙을 포기할 만큼 매력적이지 않았다.

1535년 프랑수아 1세는 점차 세력을 넓혀가는 이단무리들을 뿌리뽑으라고 명령한다. 이 유럽 최대의 가톨릭국가에서 위그노Huguenots라고 하는 프로테스탄트 일당이 무더기로 체포된다. 왕의 명령을 받은 검사들은 이들을 모조리 사형에 처하라고 요구한다. 위그노는 물론, 그들을 신고하지 않은 사람들까지도 모두 사형에 처했기에 프랑수아 1세의 재판정은 '화형실Burning Room'이라고 불리기도 했다. 하지만 이런 탄압에도 위그노는 계속 늘어갔다.

프로테스탄트는 주요 지역마다 집단군락을 이루어 살고 있었는데, 특히 300년 전 카타리파의 본거지였던 남서부 지역에서 번성했다. 두 기독교집단이 충돌한 데에는 경제적, 정치적 요인도 중요한 역할을 했지만, 핵심은 이데올로기전쟁이었다. 실제로 많은 귀족과 가톨릭성직자들이 위그노로 개종했는데 이는 순전히 교리 때문이었다.

1559년 앙리 2세가 죽고 어린 샤를 9세가 즉위하자 그의 어머니 카트린 드 메디시스Catherine de Médicis가 섭정을 시작한다. 명목상 가톨릭신자였던 카트린은 이탈리아의 메디치가문의 상속자답게 종교보다 르네상스에 훨씬 관심이 많았으며, 관용과 화해를 늘 주장했다. 이러한 노력에도 가톨릭과 프로테스탄트 사이에는 서로 죽고 죽이는 원한과 반목이 지속되었다.

본격적인 전쟁은 1562년 독실한 가톨릭신자였던 기즈공작Duke of Guise이 바씨에서 수행원들과 함께 미사에 참석하러 갔을 때 시작된다. 성당에서 가까운 곳에서 위그노들이 모여 찬송가를 부르며 예배를 드렸는데, 공작의 수행원들이 이들에게 찾아가 미사에 방해된다며 노래를 멈추라고 지시한다. 곧바로 말싸움이 시작되었고 결국 수행원들은 칼을 뽑아든다. 이 사건은 결국 그날 하루 만에 남녀노소를 가리지 않고 수백 명이 죽고 난 뒤 마무리된다. 오늘날 '바씨학살'이라고 불리는 사건이다.

위그노는 바씨학살에 복수하기 위해 가해자들을 암살할 계획을 세운다. 마침내 앙부아즈에서 기즈가문이 장악하고 있던 정부를 전복하려는 음모를 실행에 옮기기로 하는데, 실행 직전 내부자의 배신으로 인해 작전이 탄로나고 모든 것이 수포로 돌아간다. 역시 기즈가문 출신이었던 추기경은 곧바로 왕실군대를 동원하여 이들이 더 이상 반란을 꿈꾸지 못하도록 본때를 보여주기로 한다. 한 역사학자는 이 때 벌어진 일을 다음과 같은 한 문장으로 정리한다.

"한 달 내내 주민들을 목매달거나 익사시키는 일을 빼면 아무 일도 일어나지 않았다."[26]

빨리빨리 죽이기 위해 사람들을 한꺼번에 재판하고 선고를 내렸으며, 커다란 부대자루에 여러 사람을 넣어 한꺼번에 루아르강에 집어넣기도 했다. 강하류에는 사람들 시체가 여기저기 나뒹굴었다.

점점 험악해지는 상황에 놀란 카트린은 1570년 중재법관으로 미셸 드 로피탈Michel de L'Hôpital을 임명한다. 그는 다음과 같은 말로 중재법원 문을 연다.

"당신은 당신의 종교가 더 낫다고 말합니다. 나는 내 종교가 더 낫다고 말합니다. 당신들이 내 종교를 받아들이는 것과 내가 당신들의 견해를 받아들이는 것, 어느 것이 더 합리적일까요?… 루터, 위그노, 가톨릭… 이 악마의 이름들은 더 이상 쓰지 맙시다. 이제 모두 크리스천이라고 부릅시다!"[27]

그는 카트린이 프랑스인들에게 주는 선물, 관용령Edict of Toleration을 중재법원을 통해 전파했다. 하지만 당사자들의 반응은 호의적이지 않았다. 파리대학 신학부의 학과장은 모든 이단을 사형에 처하라고 요구했다. 교황대사는 위그노의 협상대표들을 깡그리 붙잡아 화형시키라고 다그쳤다.

그러는 와중에 위그노는 프랑스의 몇몇 지방권력을 장악하는 데 성공한다. 위그노는 지방정부를 장악하자마자 그 지역의 가톨릭교회를 폐쇄하고 성상과 성화를 모조리 파괴했다. 수녀, 수도사, 사제들을 도시 밖으로 내쫓고, 시민 모두 예외없이 자신들의 예배에 참가하라고 명령했다.[28] 프랑스의 사회는 쪼개지기 일보직전이었다.

위그노의 존경받는 지도자는 가스파르 드 콜리니Gaspard de Coligny 제독이었다. 왕의 친구였던 그는 왕에게 탄원하기 위해 호위대를 이끌고 파리에 입성한다. 콜리니가 루브르궁전 근처를 걷고 있을 때 누군가 쏜 총탄이 팔꿈치를 스치고 지나간다. 제독을 암살하려는 시도가 있었다는 소식을 듣고 샤를 9세는 폭발하여 소리친다.

"나는 그 어떤 평화도 누릴 자격이 없다는 말인가?"

암살음모 배후에 기즈가문이 있다고 확신한 콜리니의 호위대는 온종일 루브르 주위를 경비하며 기필코 복수하고 말겠다고 다짐했다. 파리는 온갖 괴소문으로 들끓었다. 양쪽이 서로 이를 갈며 무기고를 채우기 위해 모루 위에 시뻘건 쇠를 끊임없이 두드리는 소리가 무더운 여름 대기를 가득 채웠다.

기즈공작은 무장한 위그노가 파리에 입성하는 순간 그들이 곧바로 왕과 그의 어머니를 납치할 것이라고 경고하며, 이들의 음모를 사전에 분쇄하고 콜리니를 끝장낼 수 있도록 허락해달라고 설득한다. 하지만 그러한 음모를 꾸미고 있다는 증거는 전혀 찾을 수 없었다. 왕은 상당한 권력을 가진 가톨릭 귀족들의 조언과, 종파는 달라도 여전히 자신의 충실한 신하로 남아있는 프로테스탄트 지도자들 사이에서 고뇌할 수밖에 없었다.

몹시도 예민한 23살의 왕은 어떠한 결정도 내리지 못하고 혼란에 빠지고 말았다. 마침내 가톨릭귀족들은 자신들의 계획을 실행하기 위해 자정에 가까운 시각까지 왕을 붙잡고 집요하게 설득한다. 결국 반역공모 혐의로 콜리니를 포함한 위그노 6명을 체포하라는 왕명을 받아내는 데 성공한다. 하지만 그들은 여기에 만족하지 않고 더 세게 왕을 몰아붙인다. 완전히 넋이 나간 샤를 9세는 소리쳤다.

"오 하느님, 당신이 제독을 죽여야 한다고 사정하기에 나는 수락했소! 그런데 이제 다시 프랑스의 위그노들을 모두 죽여야 한다니, 나를 비난하는 사람은 한 명도 남겨둬선 안 된다니… 죽이시오. 모두 죽이시오. 모두!"

귀족들을 향해 욕을 쏟아낸 뒤 자리를 뜬 샤를 9세는 도망치듯 자신의 방으로 들어가버렸다.

드디어 1572년 8월 24일 날이 밝았다. 일요일이자 성 바르톨로메오 축일이었다. 기즈공작은 파리 성 밖의 전략요충지에 진을 치고 있는 자신의 민병대에게 명령을 하달했다. 자신이 신호를 보내면 일제히 성문을 닫고 아무도 빠져나가지 못하게 막은 뒤 위그노를 색출하여 도륙하라는 것이었다.

먼저 새벽 3시 출정한 선발대는 콜리니의 아파트에 침입하여 무릎꿇고 기도하고 있는 그를 칼로 찔러 죽인다. 그런 뒤 시체를 창밖으로 던졌다. 갑작스런 소란에 집 앞에 모여든 사람들이 기겁을 한다. 그의 시체를 본 기즈가 외친다.

"Tuez! Tuez! 죽여라! 죽여! 왕의 명령이다!"

왕실군이 파리의 위그노들을 학살하기 시작했다. 가톨릭을 믿는 일반시민들도 떼거지로 몰려나와 군인들과 합세하여 위그노를 사냥하기 시작했다. 수천명이 동료와 이웃의 손에 죽었다. 제빵사가 제빵사를 죽이고, 의사가 의사를 죽이고, 아이들이 자신의 친구를 죽였다.

군중들은 위그노를 숨겨주고 있다고 의심되는 집을 쳐들어갔다. 그 집에 사는 가족도 모두 차례대로 도살했다. 먼저 남편을 죽이고, 아내를 죽이고, 아이들을 죽였다. 죽어가는 임산부의 배를 갈라 태아를 꺼내 벽에 내려치기도 했다.[29] 파리의 거리에 시체가 쌓여 갔다. 창문에 기대어 이 광경을 숨죽여 지켜본 스페인 대사는 이렇게 쓴다.

"지금 이 글을 쓰는 순간, 사람들을 모조리 죽이고 있다. 사람들을 발가벗기고… 아이들도 봐주지 않는다. 신의 은총이 있기를."[30]

왕명이 내려졌다는 소식을 전해들은 카트린은 이를 되돌리려고 했지만, 기즈공작은 이미 늦었다고 말한다. 정오가 다가올 무렵 처참한 살육행위를 막기 위해 급조된 시민대표단이 왕에게 탄원을 제출한다. 왕은 어쩔 줄 몰라 하는 당황스러운 모습으로 침실에서 나와 학살을 멈추라고 명령한다. 위그노들은 자신의 안전을 지키기 위해 스스로 경찰서 유치장에 수감되었고, 학살은 잦아들었다.

다음날 월요일, 순결한 자들의 묘지Cemetery of the Innocents 한가운데 있는 산사나무에서 제 철도 아닌 꽃이 피어났다. 몇몇 가톨릭성직자들은 이 기이한 현상을 전날 일어난 일에 대해 하느님이 흡족해하신다는 표시라고 주장했다. 그리고 파리 전역 교회들이 일제히 기쁨의 종소리를 울리기 시작했다. 하지만 사람들은 이 종소리를 살육의 축제를 다시 시작하라는 신호로 받아들였다. 곳곳에서 다시 살인의 욕망이 분출하였고 다시 학살이 벌어졌다. 권력기관이 통제력을 회복하기까지는 수일이 걸렸다.

파리의 학살소식이 전해지자 이에 영감을 받은 리옹, 디종, 오를레앙, 블루아, 투르, 트루아, 모, 부르주, 앙제르, 루앙의 가톨릭교도들도 일제히 들고 일어나 위그노를 수천 명씩 살해한다. 이 소식을 들은 로마는 도시 전체가 환호

성 바르톨로메오 축일 대학살The Saint Bartholomew's Day Massacre by François Dubois 16세기

와 갈채로 들끓었다. 교회는 기쁨에 겨워 종소리를 울려댔다. 교황 그레고리오 13세는 하느님이 "기독교도에게 보여주신 놀라운 호의"에 감사하는 특별 미사를 열었다.[31]

파리로 다시 돌아가, 콜리니의 시체는 폭도들의 손에 넘어갔다. 그의 머리는 말뚝에 꽂아 루브르궁전 문 앞에 세워졌으며, 생식기와 손가락은 잘라서 기념품으로 팔았다. 가톨릭교도들은 기뻐 외쳤다.

> "하느님을 찬양합니다. 하느님의 은총으로 프랑스는 구원받았습니다."

* * *

휴머니즘운동의 진원지 이탈리아도 테러정치의 예외가 될 수 없었다. 종교개혁이 사납게 타오를 때, 79살이 된 조반니 카라파 Giovanni Caraffa가 교황 바오로 4세(1555-59)로 즉위한다. 그는 로마의 종교재판소장을 역임하면서 다음과 같은 규정을 만든다.

> 신앙이 의심되는 경우 지체없이 고발한다.
> 군주나 고위성직자라도 예외를 두지 않는다.
> 극도로 가혹한 처벌을 한다.
> 이단, 특히 칼뱅을 따르는 이들에게는 절대 관용을 베풀지 않는다.[32]

바오로는 종교재판으로 이탈리아의 심장에 테러의 공포를 몰고 왔다. 바오로의 가혹한 태도에 두려움을 느낀 한 추기경은 이렇게 썼다.

> "교황의 초인적 엄격함으로 인해 종교재판소의 선고는 세상의 그 어떤 판사석에서 내려지는 선고보다 끔찍하고 무시무시하다는 평판을 얻었다."[33]

싸늘한 기운이 로마를 감돌았다. 바오로는 종교적인 박해만 한 것이 아니라 교황청 감찰관들에게 나체를 묘사한 그림과 조각상들을 없애라고 명령한다. 시스티나예배당 안에 거대한 비계가 설치되었고 교황청이 고용한 화가들이 미켈란젤로의 '난잡한' 그림에 손을 대기 시작했다. 대리석조각상에는 어울리지 않는 옷이 입혀졌다. 더 나아가 1559년에는 책을 불태우라고 지시한다. 베니스에서만 하루에 1만 권이 불타 사라졌다. 르네상스의 정신은 연기와 함께 허공으로 사라졌다. 이탈리아의 쇠락은 불을 보듯 뻔한 미래였다.

동성애를 저지른 것으로 밝혀진 성직자와 소년을 광장에서 산 채로 불태웠다. 간음을 저지른 수녀 역시 그 상대남자와 함께 불태웠다. '초인적인' 엄격함으로 교황은 추기경도, 자신의 일가친척도 눈 깜짝하지 않고 감옥에 처넣었다. 그는 이렇게 말했다.

"나의 아버지라도 이단이면, 장작을 모아 불태울 것이다."

역사학자 파스토르는 이때 상황을 다음과 같이 설명한다.

성급하고 귀가 얇은 교황은 사소한 고발에도, 말도 되지 않는 고발에도 귀를 기울였다… 종교재판관들은… 차분하고 신중한 관찰자라면 결코 그 흔적조차 찾지 못할 무수한 곳에서 이단의 냄새를 맡아냈다… 본격적인 테러정치가 시작되었고, 로마는 공포에 휩싸였다.[34]

* * *

테러정치가 100년 동안 지속된 곳도 있다. 오늘날 네덜란드와 벨기에에 걸쳐 있는 플랑드르 지역은 종교개혁이 시작될 무렵인 16세기 초 유럽에서 가장 발달한 상업의 중심지였다. 안트베르펜과 브뤼셀에서는 인쇄기 수백 대가 쉴 새

없이 덜컹거리며 돌아갔으며, 이에 따라 프로테스탄트도 급속히 퍼져나갔다. 당시 이 지역을 지배하고 있던 스페인 궁정은 서둘러 종교재판소를 설치하여 이단들을 사정없이 화형에 처하기 시작한다. 시체 타는 냄새가 그칠 날이 없었으며, 도시 전체가 황폐화되었다.

이 와중에 프로테스탄트는 반란의 기회를 잡는다. 이 지역의 실권자였던 오라녜공작 빌렘William of Orange이 이들의 편에 선 것이다. 가톨릭과 프로테스탄트 모두 그 잔인함은 막상막하였는데, 그 단편은 플랑드르 역사학자의 기록에서 엿볼 수 있다.

> 적군에 속해있다는 이유만으로 자신의 형제들을 목매다는 일이 수도 없이 벌어졌다… 스페인사람은 그들의 눈에 더 이상 사람이 아니었다. 한 번은 한 외과의사가 포로로 잡힌 스페인 사람의 심장을 도려내 뱃머리에 못으로 박아 걸어놓고는 주민들에게 이빨로 깨물어 보라고 했다. 많은 이들이 야만적인 만족을 느끼며 그렇게 했다.[35]

승승장구하던 프로테스탄트는 새로운 문제에 봉착한다. 열성적인 급진 칼뱅주의자들이 신앙심이 부족하다면서 빌렘을 비난하고 나선 것이다. 전쟁을 치르는 동안 1년에 한 번밖에 예배에 참석하지 않았다는 이유였다. 플랑드르의 프로테스탄트는 원래 관용적 기질이 강했다. 그들의 최상의 목적은 가톨릭을 후원하는 스페인을 몰아내고 종교적인 자유를 얻는 것이었다.

하지만 갑자기 나타난 소수의 원리주의자들은 이러한 일반적인 프로테스탄트들을 방종꾼Libertine이라고 조롱했으며, 관용을 중시하는 에라스무스와 같은 휴머니스트나 이들을 옹호하는 사람들을 '교황청프락치secret papist'라는 경멸적인 단어를 붙여 비난했다. 이들 광신도들은 처음에는 프로테스탄트 반군 중에서 10퍼센트 정도밖에 되지 않았지만, 은밀하고 끈질긴 결연함으로 세력을 확장해 나간다.

1618년 급진주의자들은 결국 자신들과 의견을 달리하는 사람을 모두 이단이라고 선언한다. 자신들과 다른 교리를 설교하는 이들은 모두 잡아다 사형에 처했다.[36] 결국 프로테스탄트들끼리 피비린내 나는 전쟁이 시작된다. 양쪽 모두 끔찍한 처벌을 주고받았으며, 이 모든 행위가 그리스도의 이름 아래 정당화되었다.

오라녜공작 빌렘은 각고의 노력으로 이뤄낸 자신의 업적이 혼돈과 증오와 분열로 끝을 맺는 상황에 몹시 괴로워한다. 오늘날 네덜란드 독립의 아버지로 역사에 기록된 빌렘은 결국 광신자에게 암살당하고 만다. 빌렘의 암살범은 가톨릭신자였는데, 그를 죽인 댓가로 스페인의 왕이 내건 현상금을 받아서 성모 마리아에게 헌금으로 바쳤다고 한다.[37]

* * *

아프리카의 심장부는 인쇄기가 찍어내는 광기가 결코 닿을 리 없을 듯한 곳이다. 하지만 16세기 그곳에 살던 글자를 모르던 부족민들은 문자가 엄청나게 긴 촉수를 뻗칠 수 있다는 사실을 일깨워준다. 바로 그물과 쇠사슬을 둘러맨 영국인들이 그들 앞에 나타난 것이다.

정말 역설적인 일이었다. 영국은 유럽에서 가장 먼저 노예제를 폐지한 나라다. 노예제는 아더왕, 수도사 앨퀸, 헨리 5세 등 무수한 영국의 위인들이 증오하던 것이다. 우리 인류에게 기사도규범, 마그나카르타, 의회, 밀턴, 존 던, 셰익스피어를 선사했으며 또한 가장 먼저 민주적인 제도를 정착시킨 이 나라가, 이미 1000년 전 사라진, 인간을 돈을 받고 실어나르는 일을 다시 시작할 것이라고는 아무도 상상하지 못했다.

신대륙의 인디언들은 고된 노동을 견디지 못하고 무수히 죽어 나갔다. 식민지개척자들은 더 튼튼한 노예를 찾았고, 이러한 요구에 영국이 응답한 것이다. 대서양을 오가던 영국의 선박들이, 아메리카로 갈 때 빈 배로 가기보다는 아프리카에 들러 흑인들을 배에 꽉꽉 채워 가면 더 큰 돈을 벌 수 있다는 사실을 깨닫는다.

당시 영국인 선장들은, 독실한 신앙심과 기독교를 전도하는 데 그 누구보다도 열성적이었던 것으로 악명이 높다. 그런 이들이 사람을 사고파는 일을 했다. 더욱이 노예에 대한 자신들의 전통적인 태도에서도 크게 벗어난 일이었다. 글을 읽는 과정이 그들의 사고방식에 어떤 영향을 미친 것은 아닐까?

* * *

르네상스의 장밋빛 여명기에 많은 자유사상가들—휴머니스트와 과학자들—은 자신들이 관용과 상식의 편에 서있음을 분명히 했다. 하지만 얼마 지나지 않아 자신의 공적인 발언이 열성적인 '사상경찰'에 의해 자신의 의도와 다르게 사용될 것이라고는 아무도 예상하지 못했을 것이다.

이탈리아의 도미니코수도사 조르다노 브루노Giordano Bruno는 태양이 지구를 도는 것이 아니라 지구가 태양을 돈다는 코페르니쿠스의 주장에 동조했다는 이유로 1600년 불태워진다. 당대의 가장 뛰어난 철학자였던 페트루스 라무스Petrus Ramus는 성 바르톨로메오 축일 대학살이 벌어지던 날 그를 질투하던 소르본대학의 어느 교수의 손에 살해되었다.[38] 병든 갈릴레오는 고문대에 올라야 하는 처지에서 자신의 주장을 철회하고 만다. 칼뱅은 교수들을 끌어내 사람들 앞에서 그들이 쓴 책의 문제시되는 부분을 지적하며 직접 자기 손으로 자신이 쓴 책을 불태우게 했다.

안타까운 사실은, 이밖에도 희생자들이 무궁무진하다는 것이다. 과연 이 납득할 수 없는 행동들은 왜 발생한 것일까? 전체적으로 보자면, 인쇄기술이 발명되고 나서 150년 동안 유럽을 피로 물들인 종교전쟁은 일종의 '집단광기'라고 볼 수 있다. 이러한 광기는 기이하게도 인쇄기술이 전파된 곳에서만 발생했다. 글을 아는 사람이 급증할수록 종교전쟁은 무자비하게 펼쳐졌다. 이러한 연관성은 오랫동안 간과되어 왔지만, 문자가 인간의 행위에 기묘한 일탈을 촉발한 것은 명확해 보인다.

32

SORCERY vs SCIENCE

마법 vs 과학

THE ALPHABET
VERSUS
THE GODDESS

아직까지 어떠한 문헌도

역사학자들이 '마녀사냥'이라고 부르는

기이하고 비극적인 사건들에 대해 정확하게 설명하지 못하고 있다.

도대체 왜 그런 일이 일어난 것일까?

왜 하필 그 시간과 그 장소에서 그런 일이 발생한 것일까?

왜 유럽인들은 자신들 사회에 속해있는 특정한 여자들을 적대시한 것일까?

여전히 우리는 이 문제에 답을 찾지 못하고 있다.

앤 루엘린 바스토우 Anne Llewellyn Barstow[1]

정신분열은 문자의 필연적 결과일 것이다.

마샬 맥루한 Marshall McLuhan[2]

마법 vs 과학

집단여자사냥

인간은 천성적으로 호기심이 강한 동물이다. 시간과 공간에 대한 포괄적인 인간의 인식은 우주의 거대한 설계도 안에서 우리가 어떤 위치를 차지하고 있는지 되돌아보게 만든다. 또 많은 이들이 다른 차원, 다른 현실을 체험하기도 하는데, 이러한 에피파니는 우리가 일상적으로 목격하는 존재보다 더 위대한 존재가 있다는 믿음을 낳는다. 초자연적인 존재를 확인하고 초월을 경험하려는 노력은 사실상 모든 문화의 일부분으로 자리잡았다.

모든 영적인 전통의 목표는 비슷하다. 특별한 의례를 통해 일상적인 의식을 고양하고 이로써 개인의 소외감을 넘어 '존재의 근원'에 다시 연결시켜주는 것이다.(religion이라는 많은 '다시 연결하다'는 뜻의 라틴어 religare에서 나온 말이다.) 이러한 합일合一에서 나오는 내적인 평화는 더 광활한 우주의 매트릭스 위에 놓인 자신을 볼 수 있게 해주고, 다른 생명체와 자신의 연관성을 정서적으로 느낄 수 있게 해준다. 이러한 통찰은 지혜와 연민을 영혼 속에 불어넣어주는데, 이것은 고대의 모든 위대한 종교지도자들에게서 찾을 수 있는 두 가지 특성이다.

그렇다면 자신만이 '진리'에 다가갈 수 있다고 주장하며, 자신과 의견을 달리하는 사람은 죽여도 좋다고 한 종교지도자들은 어떻게 봐야 할까? 독설과 비난을 내뱉고, 잔인하게 고문하고, 사람들에게 증오를 조장하는 사람들이 어떻게 여전히 영적인 기둥으로 여겨지는 것일까? 이러한 광신자들을 종교라는 탈을 벗겨내 역사의 심판대 앞에 세운다면, 그 잔인하고 사악한 폭력과 파괴의 수준을 따라갈 사람이 있을까? 종교재판, 온갖 탄압과 박해, 노예사냥, 집단학살을 저지른 이 사디스트들은 과연 우리가 전통적으로 성직자들에게 표하는 존경을 받을만한 '종교적인 인물'일까?

역사책들은 대부분 종교개혁과 반종교개혁의 전쟁을 거대한 '도덕적 정화' 과정이었다고 가르친다. 하지만 동성애를 했다는 이유로 멀쩡한 남자와 어린 소년들을 사람들 앞에서 불태우는 것이 과연 도덕적 승리일까? 미혼모가 낳은 갓난아기를 몰래 죽이는 것이 진보일까? 미켈란젤로의 대작에 덧칠을 하고, 책을 불태우는 것은 문화적인 발전일까? 지식인들과 휴머니스트들을 물어뜯어서 우리 영혼이 더 고귀해졌는가? 무수히 많은 사람들의 머리를 베고 목을 매달고 물속에 처넣음으로써 인간의 품행이 나아졌는가? 화형대가 메이폴maypole 보다 더 나은 종교적 체험을 일깨워주었나? 성 바르톨로메오 축일에 대학살을 벌인 프랑스는 환희 속에서 아르테미스축제를 벌인 고대보다 더 문명화된 세상이 맞는가? 스페인사람의 심장을 이빨로 물어뜯은 네덜란드사람들보다 더 야만적인 인류의 모습이 존재했을까?

이전의 수많은 영토분쟁과는 달리 종교전쟁(1517-1648)의 특징은 이웃끼리 서로 죽고 죽이는 행위였다는 것이다. 인간이 만들어낸 가장 진보된 사회—그 당시 유럽은 포크와 스푼으로 밥을 먹는 유일한 문명이었다—는 집단적인 좌뇌의 발작을 경험한다. 왜 하필 유럽이었을까? 왜 하필 그때였을까?

14세기 '미개한' 몽골제국의 궁궐을 방문한 유럽인들은 궁궐 안에서 어떠한 종교든 자유롭게 용인되는 모습을 보고 충격을 받는다. 서유럽에서 유대인과 기독교도들이 학살전쟁으로 고통받는 동안, '야만족'들이 지배하는 오스만투르크제국에서는 유대인과 기독교도들이 화목하게 살았다. 독일, 프랑스, 영국 땅을 피로 물들인 대규모 종교전쟁과 유혈사태는 무슬림세계에서 한 번도 일어나지 않았다. 인도, 중국, 한국, 일본에서도 종교 때문에 대규모 동족학살이 벌어졌다는 기록은 찾을 수 없다. 신대륙의 '원시적인' 원주민들 역시 종교적인 이유로 고문을 하거나 살인을 하지 않았다. 왜 유럽에서만 이런 일이 벌어진 것일까?

바로, 좌뇌만 극도로 활용하는 커뮤니케이션이 유럽문화에 갑자기 대량으로 주입되었기 때문이다. 전세계 다양한 문화 중에서 유럽만이 알파벳 해독률이 단기간에 기하급수적으로 늘어났다.＊

이러한 중대한 변화를 가져다준 것은 바로 인쇄기술이다. 활자인쇄가 서양문화를 사악하게 만들었다는 주장은 우리의 직관을 거스르는 것처럼 보이지만, 나는 여기서 결정적인 증거를 보여주고자 한다. 종교전쟁의 피날레를 장식하는 끔찍한 마귀사냥witch hunt이다. 15세기 말부터 17세기 초까지 무수히 많은 여자들이 '마귀'로 몰려 고문, 신체절단, 화형을 당했다.

마귀사냥은 사실상 '여자'사냥이었다. 1600년 한 역사가는 이렇게 기록했다.

> "사탄은 남자에게 관심을 두지 않는다… 마귀 100명 중에 남자는 한 명 정도 나올까말까 한다."[3]

마귀는 악마에게 세례를 받고 마법을 행하는 사악한 이들로, 마귀라고 고발된 사람들 중 80퍼센트 이상이 여자였다. 특히 독일어가 사용되는 지역에서는 여자가 100퍼센트에 육박했다.

역사학자들은 이 기괴한 역사적 사건을 어떻게 설명해야 할지 당혹스러워한다. 세속권력과 교회권력이 여자들이 가진 재산을 빼앗기 위한 방편이었다고 주장하는 이들도 있고, 새롭게 형성된 의학·과학계가 자신들의 입지를 강화하기 위해 불안해하는 성직자들과 결탁하여 전통적으로 대중에게 상당한 존경을 받고 있던 치유사, 약초전문가, 주술사들을 일제히 말살한 것이라고 주장하는 이들도 있다.

이러한 주장들은 마귀사냥으로 희생된 여자들이 재산이 있고, 사람들에

● 16세기 토마스 모어는 영국인의 40퍼센트가 글을 안다고 추정했다. 300년 뒤 알렉시스 드 토크빌은 미국을 방문했을 때 글을 읽거나 쓸 줄 모르는 사람은 찾아볼 수 없다며 무척 놀라워한다.

게 권위를 인정받았다고 전제한다. 하지만 실제로 마녀사냥의 대상이 된 사람들은 대부분 가장 힘이 없는 계층에서 나왔다. 가난하고 친구도 없는 이들이었다. 문화는 늘 가치있다고 생각되는 것에 투자하는 법이다. 여자치유사들의 재산은 밀짚으로 만든 침대 밑에 숨겨놓은 변변치 않은 쌈짓돈이 전부였다.

또한 마귀사냥열풍을 종교개혁 이후 발발한 종교전쟁과 연관된 불안과 연관지어 설명하는 이들도 있다. 하지만 실질적인 마귀사냥은 르네상스가 절정에 다다랐던 1460년 시작되었다. 루터가 95조 반박문을 벽에 붙이기 훨씬 전에 시작된 것이다. 더욱이 시대적 '불안'이라는 것은 다른 시대, 다른 문화에서도 찾을 수 있는데 그렇다고 해서 자신의 반쪽인 여자들을 죽인 남자들은 없다.

또한 마귀사냥은 경제적인 이유 때문에 일어난 것도 아니다. 기근이나 병충해가 유행하지도 않고 외국의 침략을 받은 것도 아닌 금빛찬란한 르네상스 시대에 경제상황이 나빴을 리 없다. 경제적인 이유였다면, 가난한 사람들이 앞장서서 경제적으로 부담만 되는 쓸모없는 늙은 여자들을 죽였을 것이다. 하지만 마귀사냥은 가난한 사람들이 주도한 것이 아니었다. 마귀사냥을 선동하고 집행한 이들은 윤기나는 족제비모피를 두른 고위성직자들, 번쩍이는 갑옷을 입은 경찰들, 뒤룩뒤룩 살찐 재판관들이었다.

지금까지 살펴본 원인은 모두 적절하지 않다. 그것은 바로, 좌뇌의 사냥·도살자 속성이 갑자기 부풀어오르면서 나타난 결과다. 인쇄기술이 초래한 급속한 문자확산의 치명적 부작용이다. 집단적인 여자살해관습은 유럽인들이 '마귀사냥'이라는 형태로 인류역사상 처음 선보인 것이다.

인류의 신화와 관습을 살펴보면, 남자들이 여자가 지닌 고유한 내적인 힘을 무서워한다는 증거를 무수히 찾아낼 수 있다. 하지만 그렇다고 해서 엄청난 수의 여자를 살해한 문명은 없었다. 고대문명에서 처녀를 희생제물로 바치는 의식은 매우 드문 행위였다. 이집트도, 메소포타미아도, 페니키아도 마귀를 불태워 죽였다는 기록은 찾을 수 없다. 무수한 신들이 있었지만, "마귀는 살려 두어서는 안 된다"라고 구체적인 명령을 가장 처음 내린 것은 구약의 야훼다. 하지만 유대인의 역사를 뒤져봐도 특별한 마귀사냥은 나오지 않는다.

그리스는 카산드라, 헤카베, 키르케의 힘을 경외했지만, 그렇다고 여자들을 말뚝에 묶고 불을 놓지는 않았다. 호라티우스, 티불루스, 루크레티우스 등 많은 로마의 저술가들이 여자마법사가 존재하며 그들이 강력한 힘을 발휘한다고 믿었지만, 그들을 몰살시켜야 한다고 말한 이는 없었다. 무슬림, 인도인, 중국인 역시, 여자들에게 못된 짓을 하기는 했어도, 여자를 집단적으로 학대하고 고문하고 산 채로 불태우지는 않았다. 사냥-채집생활을 하는 부족이나 초기 농경단계에 있는 부족들에게 지혜로운 여자들을 살해한다는 것은 꿈에서도 상상하지 못할 일이었다.

초기 기독교도들은 마귀사냥에 동의하지 않았다. 영지주의도 정통교단도 누군가를 마귀로 몰아 처벌한 적이 없으며, 암흑시대에는 오히려 샤먼—여자주술사—들을 경멸하기는커녕 존경했다. 기독교신비주의에서 여자들이 높은 위상을 차지하는 것만 보더라도 분명히 알 수 있는 사실이다. 643년 롬바르드의 왕 라타리Rathari는 자신의 왕국에 사는 지혜로운 여자들을 보호하는 칙령을 공포하기도 했다.[4]

800년 카롤루스 대제는 마법을 부렸다는 이유로 사람을 죽이는 사건이 일어나자, 이 살인사건을 중범죄로 처벌한다. 9세기 교황 보니파시오 6세와 리옹의 대주교 아고바르Saint Agobard 역시 마법에 대한 믿음은 별것 아닌 것으로 취급한다. 13세기 교황 그레고리오 9세는 새로 설립한 종교재판소에 여자마법사는 고발대상에서 제외하라고 지시한다. 늙은 노파가 폭풍이나 역병을 일으킬 수 있다는 주장을 헛소리라고 치부했다. 중세의 교회는 누군가 하늘을 나는 마녀를 봤다고 하면 허깨비를 본 것이라고 고쳐줬다. (하지만 15세기 이후에는 마귀가 하늘을 날 수 있다는 것을 부정하는 것만으로도 교회에 의해 마귀로 고발당했다.)

재앙이 연달아 몰아닥친 암울한 14세기에도 여자에 대한 남자들의 불안은 밖으로 드러나지 않았다. 흑사병이 절정으로 치달아 도시마다 길거리에 죽은 시체가 넘쳐날 때도 여자들은 비난의 대상이 되지 않았다. 그렇다면 왜 상대

적으로 번영을 누렸으며 심각한 전염병이 돌지도 않았던 평화로운 시기에 마
귀사냥열풍이 불어 닥친 것일까? 왜 갈릴레오, 다빈치, 셰익스피어, 바흐, 뉴
턴과 같은 위대한 유산을 후대에 물려준 이 문화가 갑자기 미친개처럼 입에
거품을 물었던 것일까?

1454년 이전에는 어떤 여자도 마법을 부렸다는 이유로 화형장에 끌려 간
적이 없다. 하지만 휴머니스트 르네상스가 한창 절정에 달아올랐던 바로 그
때, 구텐베르크의 인쇄기가 마구 돌아가며 인쇄물을 찍어내던 바로 그 순간
에 광기는 시작되었다. 1460년 구텐베르크의 인쇄공장이 있던 마인츠로부
터 몇 십 킬로미터 거리에 있는 하이델베르크 광장에서 '여자마법사' 12명이
마을사람들이 지켜보는 가운데 불태워진다. 1468년 교황은 마법을 예외범죄
crimen exeptum로 규정하는 특별법을 반포한다. 마귀로 고발당한 사람은 재판을
받기 전에 고문을 해도 된다는 특별법이다.

1484년 교황 인노첸시오 8세는 1500년 교회 역사상 최초로 마법이 기독교
를 위협하고 있다고 공식적으로 선언한다. 그는 종교재판소 조사관들에게 자
궁에서 나오는 아기와 들판에서 나오는 열매를 말라죽게 만드는 마술을 부리
는 이들이 있다며 이들을 색출하라고 지시한다. 고발이 밀려들어와 조사관들
은 쉴 틈이 없었다. 결국 1485년 여자 41명이 이탈리아 북부에 있는 호반의 도
시 코모에서 산 채로 불태워진다. 종교개혁이 일어나기 32년 전이다.

마귀사냥열풍을 몰고 온 것은 다름 아닌 책이었다. 1487년 도미니코수도
사 야콥 슈프렝어Jakob Spenger와 하인리히 크라머Heinrich Cramer는 교회의 의뢰를 받
아 마귀사냥 지침서《마귀 잡는 망치》를 저술해 출간한다. 이 책의 인기는 예
상을 훨씬 뛰어넘는 것이었다. 신성로마제국의 황제 막시밀리안 1세는 이 책
을 극찬한다. 인노첸시오 8세는 이 책을 대량으로 인쇄하여 계속하여 확충
해가고 있던 마귀사냥꾼들에게 읽으라고 명령한다. 인쇄기술 덕분에 세상에
가장 먼저 가장 널리 유포된 것이 바로 여자에게 가장 야비한 공격을 가하는
책이었다. 이 시대를 깊이 연구한 소설가 에리카 종Erica Jong은 이렇게 말한다.

"하지만 이 책이 수 세기 동안 마귀사냥꾼들의 지침서로 쓰였다는 사실을 떠올려 본다면, 인쇄기술이 해방의 수단이었던 만큼 억압의 수단이기도 했다는 것을 깨닫고 절망할 수밖에 없다."[5]

하지만 나는 줄곧 주장해 왔듯이 이 책의 '내용'만 아니라 책을 읽는 과정에서 유발된 심리적인 변형이, 인쇄물에 길들여진 세대에게 깊은 영향을 미쳤으며, 마귀사냥을 더 활활 타오르도록 불을 질렀을 것이라고 확신한다.

《마귀 잡는 망치Malleus maleficarum》는 문제의 핵심으로 곧바로 파고든다.

"모든 마법은 육욕에서 비롯되는데, 특히 여자는 육욕을 끊임없이 갈구한다… 자신의 육욕을 만족시킬 수만 있다면 여자들은 악마와도 서슴지 않고 정을 통한다."[6]

학식이 높은 이 성직자들의 주장에 따르면, 남자 보다 여자가 악마에게 잘 넘어가는 것은 남성보다 여성이 원래부터 어리석고 잘 속기 때문이다. 마녀의 얼굴을 보는 것만으로도 병에 걸리거나 죽을 수 있으며, 곡물이 시들고 아이가 유산된다. 그녀의 '형상' 자체가 가장 위협적인 무기인 것이다. 마녀는 기독교도들의 아이를 유괴하여 악마숭배의식을 하는 동안, 아이의 심장을 꺼내서 구워 먹는다.

달밤에 자연 속에서 춤을 추고 섹스를 하고 출산을 하는 마녀의 이미지는 문명의 여명기에 여신이 지니는 속성을 그대로 이어받은 것이었다. 들판이나 숲에서 즐겁게 벌어지는 고대의 다산의식에서 여자들은 곧 숭배대상이기도 했다. 하지만 이 학식높은 두 성직자에게 이러한 의례는 적그리스도를 숭배하는 사악한 행위에 불과했다.

이 책이 다른 시기에 출판되었더라면, 그냥 조용히 묻혔을지도 모른다. 하지만 당시 이제 막 새롭게 글을 배운 남자들은 너나없이 이 책을 집어 들었다. 이 책의 저자들은 곧 유명인사가 되었다. 자신들의 공동체에 도사리는 위협을 뒤늦게 깨달았다고 생각한 유럽의 주교들은 그들의 '전문지식'을 간절히 원했다. 슈프렝어와 크라머는 그들 자신이 마귀사냥꾼으로 활약하며 엄청난 성공을 거둔다. 종교개혁의 문이 열리기 전 이단색출작업은 마귀사냥으로 대체되어있었다. 이후 반세기 동안 종교재판소의 주요 업무는 마귀를 심문하는 것이었다.

마귀는 이단과는 질적으로 달랐다. 이단은 기독교교리에서 일탈한 사람일 뿐이다. 반면 마귀는 초자연적인 능력을 소유하고 있으며 악마의 명령을 따른다. 여전히 사람모습을 하고 있지만, 영혼은 사탄에게 사로잡혀있다. 교회의 권력자들은 마귀들이 이미 자신들이 관할하는 교구에 잠입해있다고 확신하고, 그들을 뿌리뽑아야 한다는 망상에 병적으로 집착한다.

《마귀 잡는 망치》는 하느님을 두려워하는 기독교도와 마귀를 구분하는 방법을 상세하게 설명한다. 마귀사냥꾼이 마을에 들어오면 우선 밀고자들을 고용한다. 이들은 마을에 이상한 질병에 걸리거나 기이하게 죽은 사람들, 폭풍우, 흉작, 가축의 죽음 등 나쁜 자연현상을 샅샅이 보고했으며, 특히 갑작스럽게 '발기부전'을 겪는 가장 사람들을 알아내 보고했다(발기부전은 사냥꾼들이 가장 좋아하는 단서였다). 이런 현상을 유발한 주요 용의자로 과부, 노처녀, 섹시한 여자 (실제로 남자를 '홀리는' 힘이 있다), 치유사, 마법사들을 잡아들였으며, 여기에 잔소리가 심한 여자, 말이 거칠고 시끄러운 여자, 보기 흉한 쭈그렁 노파, 심술궂은 할멈들도 모두 체포했다.

이들에 대한 재판은 다른 법적 절차와는 완전히 달랐다. 이들이 마녀인지 아닌지는 심문을 통해 판단하지 않았다. 악마들이 이들 몸에서 피를 빨아먹은 흔적, 흔히 '마귀의 젖꼭지'라고 불리는 악마의 표식devil's mark이 핵심증거였다. 이 표식을 찾기 위해 '마녀감별사'들은 마녀로 고발당한 여자를 발가벗기고 거친 손으로 온몸을 매만졌다. 젖가슴은 물론 생식기까지 샅샅이 살펴 사마귀, 혹, 쥐젖, 치핵, 종기, 질의 기형(난산으로 인해 발생할 수 있는 현상)을 찾아냈다. 이런 것들을 발견하면 감별사는 손에 감추고 있던 작은 바늘로 그것을 찌른다(그래서 마녀감별사를 pricker^{찌르는 사람}라고 불렀다). 찔러도 아픔을 느끼지 않으면, 그것은 마녀라는 결정적인 증거가 되었다.

이러한 감별은 대개 무시무시한 고문도구들이 진열되어있는 고문실에서 이루어졌다. 소름끼치는 공간에 끌려와, 자신의 의지와 무관하게 완전히 발가 벗겨진 다음 눈을 가린다. 이런 상태에서 누구든 제정신일 수 없다. 공포에 질린 상태에서 사소한 감각은 마비된다. 바늘로 찌르는 것 같은 사소한 자극에 반응하지 않는 것은 생리적으로 당연한 결과였다.

여기에 눈속임이 더해졌다. 마녀감별사들은 마녀를 많이 찾아낼수록 돈을 더 받았다. 대부분 사기꾼이나 건달들이 마녀감별사로 행세하고 다녔다. 이들 중에는 돈을 더 벌기 위해 찌르면 뒤로 밀려나는 바늘을 사용하는 이들도 있었다. 그래서 많은 피고인들이 바늘로 '찔려보지도 않고' 마녀가 되었다. 바늘로 찔려도 고통을 느끼지 않았다는 사실은 곁에서 지켜보는 사람들을 통해 동네시장에 곧바로 소문이 퍼져나갔고, 이는 마녀로 확정되는 강력한 증거가 되었다. 마녀로 찍히는 순간 운명은 거의 결정된 것이나 마찬가지였다.

암컷 포유동물에게는 양쪽 겨드랑이에서 시작되어 가슴과 복부를 가로질러 사타구니까지 젖샘이 이어진다. 이 젖샘을 따라 젖꼭지가 나는데 돼지, 고양이, 개처럼 새끼를 한꺼번에 많이 낳는 동물들은 8-12개 젖꼭지가 난다. 인간은 새끼를 한 번에 하나씩만 낳기 때문에 젖꼭지가 2개밖에 없다. 하지만 이 젖샘을 따라 젖꼭지가 몇 개 더 있는 경우도 있다. 물론 진짜 젖꼭지 형태를 갖춘 경우는 드물지만 대개 사마귀 모양을 하고 있다. 마녀사냥꾼들은 바로 이 흔적기관을 찾아내는 도사들이었다.

인간의 유방은 아기를 키우는 데 필요한 모유를 제공할 뿐만 아니라 남자를 매혹하

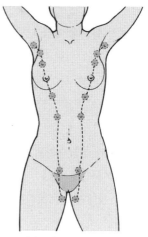

젖샘을 따라 퇴화한 젖꼭지 흔적이 나타날 수 있는데, 마녀사냥꾼들은 이것을 악마의 표식이라고 간주했다.

는 2차적인 성기 역할을 한다. 실제로 유방은 여성성을 시각적으로 드러내는 가장 특징적인 부위다. 하지만 마녀사냥 열풍이 불어닥쳤을 때 마녀의 젖꼭지는 임프imp, 고블린goblin, 서큐버스succubus 등 온갖 악마들에게 젖을 주는 통로로 여겨져, 사람몸에서 가장 사악한 부속기관이 되었다.

마녀로 확정되면, 《마귀 잡는 망치》의 지침대로 이제 공범자를 캐묻는다. 마녀들은 정기적으로 마녀집회coven에 참여한다고 여겨졌기 때문이다. 자백을 받기 위해 끔찍한 고문을 자행했는데, 신체를 절단하거나 성기를 불로 지지는 일은 흔한 일이었다. 아무리 굳센 여자라고 해도 결국은 무고한 친구나 이웃의 이름을 댈 수밖에 없었고, 이렇게 끌려온 이들 또한 똑같은 과정을 겪어야 했다. 고문을 하느라 땀을 뺀 성직자들은 매일 저녁 일을 마치고 함께 맥주를 마시며 자신들의 업적을 자축했다. 누구도 알지 못한 마녀를 그토록 많이 색출해낸 탁월한 능력자들이었다.

심문과 자백이 끝난 마녀들은 피투성이가 된 몸으로 화형대에 오른다. 먼저 목을 졸라 죽인 다음에 화형대에 묶는 경우도 있었지만 대부분 산 채로 화형대에 묶었다. 종교재판관들은 산 채로 불태워야 대중들에게 더 깊은 인상을 심어줄 수 있다고 생각했기 때문이다. 유럽의 마녀사냥 광풍이 휘몰아치는 동안 여자들을 인정사정없이 빨아들인 테러와 학살은 인류의 역사상 유례를 찾아보기 힘든 것이었다.

이 그로테스크한 여자학살은 각계각층의 지식인들의 지지를 받았다. 에라스무스, 토마스 모어 등 많은 휴머니스트들이 마녀가 실재한다고 인정했다. 과학자 니콜 오렘Nicholas Oresme도 악마의 눈이 지닌 힘을 믿었다. 실험과학의 아버지 프랜시스 베이컨은 이 '정화운동'을 적극적으로 지지했다. 영국 왕의 주치의였으며 혈액순환의 신비를 규명한 윌리엄 하비William Harvey는 마녀재판에 직접 참여하기도 했다.

물론 회의적인 지식인들도 있었다. 몽테뉴는 특유의 비꼬는 유머로 이렇게 말했다.

"추론이 맞나 틀리나 확인하기 위해 산 사람을 불에 태워야 할 만큼 우리의 사상은 고매하다."[7]

하지만 이러한 의구심을 공개적으로 드러내는 사람은 많지 않았다. 많은 대학 교수들이 허겁지겁《마귀 잡는 망치》를 정당화하는 복잡한 논리를 만들어 쏟아냈다. 법학자들은 마녀를 기소하는 데 필요한 법률을 만들어내기 위해 셀 수 없이 많은 양초를 낭비했다. 자신들의 새로운 이론을 확신하지 못하며 내심 불안해하고 있던 의사들은 대중의 신뢰를 받고 있던 기존의 경쟁자들—치유사들—을 청소하는 일에 아낌없는 박수를 보냈다.

* * *

가톨릭교회가 프로테스탄트를 박해하기 시작했을 때에는, 그래도 가톨릭교회 안팎에서 프로테스탄트를 옹호하는 목소리가 나왔다. 하지만 마녀사냥열풍이 불 때에는 그런 목소리가 전혀 들리지 않았다. 1584년 영국의회 의원이자 《마술의 비밀》을 쓴 레지날드 스콧Reginald Scot은 마녀는 누구에게도 해가 되지 않는 가난하고 불쌍한 노파에 불과하다고 말했다. 그들이 기적이나 비범한 행위를 할 수 있다는 믿음이야말로 그들을 창조한 구세주에 대한 모욕이라고 주장했다. 하지만 권력자들은 누구도 스콧의 견해에 귀기울이지 않았다.

이전 시대에는 남자든 여자든 여자주술사의 능력에 대해서 잘 알고 있었다. 이 지혜로운 여자들은 맥각뿌리가 아이를 낙태시키고 할 때 효험이 있고, 벨라도나가 유산을 예방하는 데 효능이 있다는 것을 이미 잘 알고 처방을 했다. 남자들도 여자치유사들이 처방하는 약이 효능이 있다는 것을 잘 알고 있었다. 당대의 가장 위대한 의사였던 파라켈수스(1493-1541)는 자신이 아는 "모든 처방은 여자마법사들에게서 배운 것"이라고 말하기도 했다.[8] 남자가 여자보다 우월하다고 믿었던 철학자 토마스 홉스조차 영국 최고의 의사들이 모여 사는 할리스트릿에 가서 진찰을 받느니 "경험 많은 나이 든 여자들에게 진찰을 받고 치료를 받겠다"고 말할 정도였다.[9]

실제로 몇몇 마녀들은 위카wicca를 추종하기도 했을 것이다. 위카는 심판을 받고 지옥불에 떨어지는 사후세계보다는 현세의 아름다움과 풍요로움을 강조하는 고대의 여신숭배가 이어져 내려온 컬트종교이었다. 종교개혁은 여자의 권리와 가치를 극심하게 억압하기만 했을 뿐, 삶에 대한 긍정이나 자연에 대한 사랑은 전혀 제시하지 못했다. 고대의 의례를 지키는 것이 몇몇 여자들에게는, 무시무시한 형벌의 위험 정도는 기꺼이 감수할 수 있을 만큼 가치가 있는 것이었을지도 모른다.

* * *

《마귀 잡는 망치》는 정말로 모루 위를 망치로 내려치는 것처럼 강한 타격을 가했다. 1510년 마녀 140명이 이탈리아 북부 브레시아에서 불에 태워졌다. 메디치 가문 출신 교황 레오 10세는 이러한 악행을 계속 확대하여, 이후 4년 동안 브레시아에서 100킬로미터 거리에 있는 코모에서 300여명을 불 속에 집어넣는다. 당시 이 작은 호반의 도시에 사는 주민은 5000명이 채 되지 않았던 것을 고려하면 이러한 광기는 사실상 대학살과 다르지 않았다.

루터가 95개조 반박문을 붙인 (물론 교황이 무시한) 다음해인 1518년, 교황의 관심은 온통 악마숭배자 2만 5,000명이 브레시아 외곽 들판에 모여 '마녀의 연회'를 연다는 소문에 집중되어있었다. 레오 10세는 이곳에 가서 마귀를 쫓아내는 구마의식을 하라고 명령한다. 결국 70여 명이 또 마녀로 몰려 불에 태워졌고 수천 명이 감옥에 갇혔다. 교회는 밀고하는 사람들에게 돈을 주었고, 또 그들의 이야기만 듣고 무고한 이들을 집안에서 끌어냈다. 주민들은 무력하게 지켜볼 수밖에 없었다.

끌려간 사람은 소식을 알 수 없었고, 결국 온몸이 멍이 든 채로, 눈알이 빠진 채로, 팔다리가 잘린 채로 화형식 날 쇠사슬에 묶여 끌려나왔다. 결국 농부들은 교회에 맞서 들고 일어난다. 교구민들의 거센 항의에 떠밀려 브레시아의 주교는 결국 종교재판에 거칠게 항의한다. 레오 10세는 이에 굴하지 않고 마녀처형을 방해하는 자는 모두 파문시키겠다는 칙령을 반포한다.

* * *

처음에는 성직자들만이 마녀사냥에 나섰지만 1532년 신성로마제국의 황제 카를 5세는 악명높은 '카롤리나법'을 공표함으로써, 공식적으로 마법을 화형에 처할 수 있는 공적인 범죄로 규정하고 마녀로 의심되는 사람을 세속권력도 고문할 수 있는 길을 연다. 1541년 헨리 8세는 마녀의 소행이라고 여겨지는 몇몇 관행은 발각되는 즉시 사형에 처하라고 명령한다. 1562년 엘리자베스여왕도 마법을 주요 범죄로 규정했으며 그녀가 통치하는 동안 여자 81명이 마녀로 처형되었다.

1597년 제임스 1세는 스코틀랜드의 왕시절 탁월한 호러문학 《악마론 Daemonologie》을 직접 집필하여 출판하는데, 사실 이 책은 《마귀 잡는 망치》의 개정한 것이다. 마녀의 온갖 소행들을 모아놓은 이 책에서 그는 환자를 치료하는 여자는 물론 그들에게 치료받는 사람들도 사형에 처해야 한다고 주장한다. 그는 몇 년 뒤 잉글랜드 왕위에도 오르는데, 상당히 독창적인 고문기술을 직접 고안해 내기도 한다.

스코틀랜드는 유럽에서도 마녀사냥이 가장 활발하게 벌어지던 곳이었다. 이 지역을 장악하고 있던 장로교 프로테스탄트들은 마녀를 화형시킬 때 쓸 장작을 사기 위해 자발적으로 헌금을 냈다.[10] 장로교연합회는 소속목사들에게 자신들이 맡은 교구에서 마녀를 샅샅이 찾아내라고 명령하고 북돋았다. 지역교회들의 마녀사냥 열기가 잦아들 기세가 보이자 스코틀랜드의 추밀원은 더 강력한 마녀사냥 포고령을 내린다. 스코틀랜드는 1590년에서 1700년까지 100년 이상 마녀사냥의 불길이 계속 타올랐다.

로렌공국의 재판장 니콜라 레미Nicholas Rémy는 900명을 화형시켰으며, 그보다 많은 사람을 고문했다는 것을 자신의 자랑거리로 내세웠다. 마녀로 확정된 여자들을 화형시킬 때, 그녀가 낳은 아이들을 화형대 바로 앞에 세워놓고 매질을 했다. 아이들은 엄마가 타 죽는 장면을 직접 눈으로 보아야만 했다. 레미는 이러한 행동이 자신이 아이들에게 얼마나 관대한 사람인지 보여주는 것이라고 자화자찬을 했다.[11]

1590년 네덜란드의 왕 펠리페 2세가 마법을 '인류의 재앙'이라고 공표하자, 그나마 양식있는 사람들로 여겨지던 네덜란드인들 역시 너나없이 마녀를 찾아 헤매는 굶주린 늑대로 돌변한다. 스위스인들은 특별히 더 잔인하고 철저했다. 칼뱅의 후예들이 활약하던 제네바는 특히 남자들의 동성애를 마법으로 인해 생겨난 '부자연스러운 행동'이라고 간주하여, 동성애자들을 색출하는 데 열을 올렸다. 이 광란의 물결은 대서양을 건너 머나먼 아메리카까지 퍼져나갔다. 그 최악의 절정은 1692년 세일럼에서 벌어진다.[*]

'히스테리'는 감정적 과잉으로 표출되는 통제할 수 없는 공포를 말한다. 히스테리는 흔히 여자들의 특별한 행동양식을 떠올리게 하는데, 이 말 자체가 자궁을 의미하는 그리스어 hystera에서 나왔기 때문이다. 하지만 어떤 부류의 여자들이 믿는 미신이라고 하더라도, 당대에 가장 많은 교육을 받은 남자엘리트들을 홀린 정신병 수준에는 감히 범접할 수 없었다.

이들 남자는 강렬한 집단최면에 빠진 듯, 도저히 납득할 수 없는 환각을 기정사실로 받아들인다. 머리를 하나로 땋은 소녀, 임신한 여자, 노쇠한 과부가 사회에 치명적 위험을 안겨준다는 것이다. 100년 넘게 유럽을 불길 속에 몰아넣은 마녀사냥 열풍은 말도 안 되는 음모에 잘 속아 넘어가는 남자들의 집단 히스테리 발작사건이라고 해도 틀리지 않을 것이다. 다른 문화에서는 이와 비슷한 사건을 전혀 찾아볼 수 없다. 이런 점에서 '히스테리'와는 다른 테스티큘리testiculia 같은 말을 새로 만들어야 할지도 모르겠다(testicular는 '고환'을 의미한다).

---

[*] 미국에서 인쇄기가 처음 돌아가기 시작한 것은, 1638년 세일럼에서 25킬로미터 떨어져있는 케임브리지다.

여자의 행동이 마녀열풍을 부추기는 요인이었다고 주장하는 사람도 있다.[12] 혐의를 받는 여자들 중 일부는 정말 자신이 마녀라 믿었으며, 이러한 행동이 남자들의 공포심을 자극했다는 것이다.* 서로 환각을 주고받으며 정신병리현상을 강화하는 일종의 감응성 정신이상folie à deux이 집단적으로 발발했을 뿐이라는 주장이다. 실제로 재판기록을 보면 피의자가 빗자루를 타고 밤하늘을 날아다녔다고 순순히 자백하는 것처럼 보이는 경우도 있다. 숲속에서 마녀들과 만나 집회를 하고 악마와 밀회를 즐긴 경험을 진짜인 것처럼 술술 털어놓는 사람도 있다. 하지만 이 모든 재판과 자백이 혹독한 고문을 겪은 이후에 나왔다는 사실을 잊어서는 안 된다.

한국전쟁에서 포로로 잡힌 미군장교들은 엄청난 심리적 세뇌공격을 받았다. 고도로 훈련된 전문가라고 할 수 있는 이들 중에도 놀라울 만큼 많은 수가 자신이 '미국 자본가들의 개'라고 인정하는 진술서에 서명했다. 공산당노선을 열렬히 지지하는 것처럼 보였으며, 여자 공산당원과 결혼하여 공산주의국가에서 정착하여 살았다. 하지만 이들에게 가해진 고문은 마녀사냥 시절 여자들에게 가한 것에 비하면 새발의 피에 불과하다. 더욱이 전쟁이 진행 중인 상황이었기 때문에 언젠가는 구출될 수 있다는 희망도 품을 수 있었다.

이에 비해 마녀재판을 받는 여자들에게는 희망이 없었다. 그들을 구해주거나 변호해 줄 백기사도 없었다. 그 세계의 백기사들—사제, 목사, 왕, 재판관, 교황—은 모두 여자를 잡아먹고자 안달나 있었다. 오랜 시간 지속된 잔혹한 가부장제의 가장 심각한 심리적, 성적, 육체적 테러의 피해자였던 그들이 스스로 고통스러운 죽음으로 뛰어든 것은 어찌 보면 전혀 이상한 선택이 아닐 수도 있다.

여자들이 마녀사냥을 자초했다고 주장하는 사람이 있다면, 그런 사람은 먼저 입을 틀어막고 어둡고 차갑고 눅눅한 지하감옥에 처넣어 매일 주리를 틀

● 에릭 미델포트Erik Midelfort라는 미국의 역사학자는 마녀사냥 열풍이 여자들이 자초한 것일 수 있다고 말한다. "여자들은… 이따금씩 어떤 방식으로든 강렬한 여성혐오를 스스로 초래하는 것으로 보이며… 이 집단이 스스로 속죄양이 되고자 하는 메커니즘에 끌려들어가는 이유가 무엇인지는 더 많은 연구가 필요하다."

고 엄지손가락을 비트는 고문을 한 다음 한 달 뒤 꺼내서 아직도 생각이 바뀌지 않았는지 물어보는 것이 공정할 것이다.

종교개혁이 시작되면서 프로테스탄트와 가톨릭 사이에 서로 죽고 죽이는 혈투가 곳곳에서 벌어졌을 때는 마녀사냥이 다소 잠잠해지지 않았을까? 전혀 그렇지 않다. 이데올로기전쟁에서 승리하기 위해 싸우는 와중에도 양측 모두 마녀를 사냥하고 고문하고 불태우는 일은 게을리하지 않았다. 무슨 일이 있어도 마녀사냥을 하는 데 필요한 시간과 돈과 자원은 항상 남겨두었다.

그래도 프로테스탄트는 자신들의 숙적 가톨릭과 다른 이미지를 심어주기 위해 여자들을 잡아죽이는 일을 삼가지 않았을까? 전혀 그렇지 않다. 아니, 오히려 더 지독하게 잡아죽였다. 루터는 이렇게 말한다.

"나는 이 마녀들을 조금도 동정하지 않는다. 싸그리 불태워 죽여라."[13]

칼뱅은 이렇게 말한다.

"성서는 마녀가 존재하며, 마녀는 도살해야 한다고 가르친다··· 하느님이 주신 법이 만물의 법이다."[14]

뒤늦게 광란의 발작 속에 뛰어든 프로테스탄트는 마녀사냥에서 극도의 희열을 느낀다. 종교재판소처럼 체계적인 관리기구 없이도 가톨릭이 그동안 불태운 마녀의 수를 금방 따라잡는다. 영국 역사상 마녀사냥이 가장 극에 달했던 것은 1645-47년으로 퓨리턴이 영국의회를 장악하고 있던 시기였다. 이 2년 동안 200명이 마녀로 몰려 목숨을 잃었다. 독일에서도 뒤늦게 마녀사냥에 뛰어든 프로테스탄트가 분발하여, 가톨릭교회가 3명을 불태울 때 한 명 꼴로 불속에 넣었다.

마녀사냥 열풍이 가장 끔찍하게 벌어진 곳은 역시 구텐베르크의 고향인 독일이다. 최초로 인쇄가 시작되었으며, 그에 따라 문자해독률이 급격하게 치솟은 이곳은 통계수치만 보더라도 그 광기가 얼마나 살벌했는지 실감할 수 있다. 이제 나올 숫자들이 무엇을 의미하는지는 독자 여러분이 직접 상상해 보길 바란다.

1589년 퀘들린부르크에서는 단 하루만에 133명이 마녀로 몰려 처형되었다. 엘왕엔에서는 1611년부터 1618년까지 7년 동안 390명이 불태워졌다. 아이슈탯에서는 1629년 한 해에만 274명이 불태워졌다. 이 작은 도시는 1590년, 1603-30년, 1637년 세 차례에 걸쳐 가혹한 마녀사냥의 불길에 휩싸였다.[15] 유럽 전역의 여자들은 우리에 갇힌 사냥감처럼 살아갔다. 태어나는 순간부터, 쇠사슬을 손에 든 마녀사냥꾼이 찾아오지 않을까 하는 두려움 속에서 비천하게 살아야 했다.

오펜부르크와 그 주변지역에서는 102명이 불태워졌다. 거기에 한 명은 고문을 당하다 죽었으며, 또 다른 한 명은 불에 달군 뜨거운 집게로 젖가슴이 도려내어진 뒤 자살했다. 또 한 명은 완전히 미쳐 버렸다. 예수회 사제 페테르 빈스펠트Peter Binsfeld는 종교재판관들과 함께 트리어 인근 마을 두 곳을 돌며 마녀사냥을 했는데, 그들이 떠난 뒤 이 마을에 남은 여자는 단 한 명이었다고 한다. 이 마을의 모든 어머니, 아내, 할머니, 이모, 사촌, 딸, 누이가 싸그리 몰살된 것이다. 모두 고아가 되고 홀아비가 되어버린 마을사람들은 깊은 충격 속에 남겨졌다.

마녀사냥 초창기에는 그나마 임신한 여자는 고문하지 않았다. 하지만 이런 호의도 1576년 뉘른베르크에서 끝난다. 더 나아가 몇몇 종

가장 악랄한 마녀사냥꾼 중 한 명으로 꼽히는 매튜 홉킨스Matthew Hopkins. 퓨리턴(청교도)이었던 그는 1644년부터 3년 동안 영국 전역을 돌며 230여 명의 여자들을 잔혹하게 고문하여 자백을 받아낸 뒤 죽였다.

교재판소에서는 처형된 마녀의 아이, 특히 딸에게 관심을 돌렸다. 마녀가 어둠의 기술을 전수해 주었을 것이라고 확신했던 것이다. 실제로 1623년부터 1631년까지 뷔르츠부르크의 주교를 겸하고 있던 군주는 이러한 혐의로 6-11살 소녀 41명을 처형했다.[16] 자신의 동족 아이들을 고문하고 살해할 만큼 미친 집단은 인류역사상 그 어디에서도 존재하지 않았다.

인쇄기술은 당연히 유럽과 인접하고 있던 무슬림국가에도 전파되었다. 하지만 이곳에서는 별다른 영향력을 발휘하지 못했다. 무슬림들은 인쇄된 글보다는 직접 손으로 쓴 것을 더 좋아했기 때문이다. 유럽 중부의 기독교국가들과 인접한 발칸반도에 위치한 이슬람국가에서도 마녀사냥은 전혀 일어나지 않았다. 유럽의 기독교국가 중에서도 핀란드, 에스토니아, 노르웨이, 아이슬란드는 인쇄기술에 영향을 가장 적게 받았다. 이들 나라에서는 마녀로 고발된 사람도 적었으며, 그로 인해 사형당한 사람은 더 적었다.

영국, 독일, 프랑스, 스위스의 온 도시가 마녀를 태우는 불길로 활활 타오르는 동안에도, 여전히 미신과 문맹이 지배하던 러시아는 이러한 광기가 스며들지 못했다. 유럽 전체를 볼 때, 인쇄기술에 크게 영향받은 나라일수록 남자에게 고발당한 여자의 비율이 높았으며, 또 유죄판결을 받고 처형된 비율이 높았다.

* * *

앤 루엘린 바스토우는 《마녀열풍Witchcraze》에서, 재판기록을 토대로 추산할 때 마녀사냥으로 목숨을 잃은 이들은 10만 명이 넘을 것이라 추산한다. 최근에는 그 수가 100만 명이 넘는다는 연구결과도 나오고 있다. 물론 진실을 온전히 규명할 수는 없을 것이다. 1782년 폴란드에서 처형당한 여자가 '공식적인 기록상' 마지막 마녀다.

이 기나긴 테러정치는 살아남은 여자들에게 얼마나 깊은 상처를 남겼을까? 아마도 지금 우리로서는 상상할 수 없을 만큼 돌이킬 수 없는 공포와 슬픔과 아픔을 남겼을 것이다. 당시 서양에 사는 여자였다면 그러한 비극적 상황을 절대 모를 수는 없었을 것이다. 또한 실제로 산 사람을 불에 태우는 장면을 한 번이라도 목격한다면 극심한 심리적 쇼크를 경험하지 않을 수 없었을 것이다. 여자들끼리의 우정은 극도로 위험한 것이 되고 말았다. 친구가 체포되면, 고문과 협박 속에서 자신의 이름을 불지 않을 것이라고 누구도 보장할 수 없었다.

대다수 여자들에게는 어떠한 보호막도 없었다. 온순하고 조용하고 거슬리지 않는 몸가짐으로 생활하며, 다른 여자들과 교류하지 않고 집안에만 붙어 있을 수밖에 없었다. 불에 달군 뜨거운 집게에 젖가슴이 잘려나가지 않으려면 남편밖에 의지할 사람이 없었다.

오늘날 많은 남자들이 오랜 역사에서 예술과 학문에 기여한 여자들이 얼마나 있느냐고 묻는다. 하지만 남자들은 군중들에게 손가락질 받을 공포를 경험해보지 못했다. 군중 속에서 누군가 '마녀다!'라는 외치는 순간 그녀의 운명은 나락으로 떨어진다. 고대로부터 오랜 세월 공들여 쌓아 온 여자들의 지혜―의술을 비롯한 다양한 지식―는 '마녀'와 함께 불길 속에 사라지고 말았다. 지혜로운 여자들을 거의 몰살시킴으로써 유럽문명은 헤아릴 수 없는 소중한 보물을 잃고 말았다.

군대에서는 전쟁이 벌어졌을 때 사상자를 사망자, 부상자, 실종자로 구분한다. 마녀사냥 열풍 때 10만 명이 처형되었다면, 고발당하고 고문당하고 감옥에 갇힌 사람까지 친다면 2-30만 명에 달할 것이다. 나중에 풀려난 사람도 있겠지만 거기서 평생 살다가 죽은 사람도 있을 것이다. 하지만 이들 역시 죽는 것이 훨씬 나은 운명이었을지도 모른다.

다른 동네로 이사를 간다고 해도 한번 붙은 딱지는 쉽게 떨쳐낼 수 없었으며, 이로 인해 그들의 가족은 생계를 유지하기도 어려웠다. 많은 이들이 마녀는 자식에게 마법을 전수해 준다고 믿었기 때문에, 그들의 아이들 역시 고통받았다. 사람들의 압박을 견디지 못하고 아내와 가족을 버리고 도망가는 남자도 많았다. 마녀로 한 번 찍힌 여자들은 대부분 극빈상태에 내몰렸으며, 결국 많은 이들이 자살로 비참한 삶을 마감했다.

마녀사냥에는 여성적 영혼이 없었다. 마녀사냥의 배후에 도사리는 여성혐오는 너무도 파괴적이어서 여성적 가치를 지지하는 사람은 남자든 여자든 철저히 짓밟았다. 당연히 성범죄는 치솟았다. 여자가 반항하거나 강간사실을 고발하면, 여자에게 홀렸을 뿐이라고 주장하면 그만이었다. 여자는 순식간에 마녀가 되어 고문실로 끌려갔다.

영국에서도 마녀사냥이 극심한 기간에 강간재판이 눈에 띄게 줄어든 것을 확인할 수 있다. 하지만 그 당시 역사가들은 성범죄가 만연했다고 증언한다. 그동안 음지에서 갈고닦았던 강간실력을 마음놓고 뽐낼 수 있는 기간이었던 것이다. 범죄재판을 받는 이들 중에서 여자가 남자보다 많았던 것은 인류역사상 이 때가 처음이자 마지막이다. 지하감옥은 겁에 질린 여자들의 울음과 한탄과 신음소리로 그득했다.

전쟁에서 신체적인 부상을 당하지 않았다고 하더라도 정신적으로 끔찍한 상처를 입고 끝없이 악몽에 시달리는 사람들을 흔히 볼 수 있다. 오랜시간 지속된 마녀사냥에서 아무런 해를 입지 않고 살아났다고 하더라도 고문기구를 들고 쫓아오는 미치광이들에 대한 기억, 또는 그러한 상상에 시달리며 불안 속에 무수한 여자들이 잠을 이루지 못했을 것이다. 여자들의 골수 깊숙이 스며든 이러한 불안과 공포는 무미건조한 통계수치만으로 설명할 수 없을 것이다.

* * *

인쇄기술, 문자인식률의 급증, 종교전쟁, 마녀사냥 열풍 사이에 오싹한 연관성이 있다는 사실은 눈여겨봐야 한다. 이러한 연관성 속에서 우리는 또 하나 중요한 요인을 빼놓아서는 안 된다. 바로 과학이다. 과학만큼 좌뇌의 본질을 구체화하는 것은 없다. 칠판과 분필, 과학은 선형적이고, 냉정하고, 이성적이고, 관념적이고, 지적이다. 과학은 언어, 기호, 수의 세계다. 그렇다면 과학은 정확히 언제, 제 모습을 갖추게 된 것일까?

마녀사냥 열풍이 최고조에 달한 동안, 여자들은 여자란 이유만으로 살해당했다. 여자의 권리와 가치는 역사상 가장 밑바닥으로 추락했다. 동시에 서양문화에서 유일하게 남은 어머니여신의 대리자 성모마리아는 프로테스탄트의 거센 공격을 받았다. 알파벳에 더욱 집착하는 이 새로운 종교는 성모상을 발견하는 즉시 파괴하라고 명령한다. 서양문명 5000년 역사 중에서 바로 이 무렵에 과학이 제 모습을 드러낸다.

실제로 과학은—정확히 말할 수는 없지만—연금술과 점성술이 활기를 띤 12세기에 모습을 드러내기 시작한다. 400년 동안 흐릿한 안개를 지워 가며 점진적이고 지속적으로 논리와 이론을 차곡차곡 쌓아갔다. 프랜시스 베이컨은 여기에 이론과 관찰결과가 일치해야 한다는 절대적인 조건을 하나 덧붙인다. 하느님의 섭리와 3단논법을 합치시키겠다는 원대한 꿈을 꾸었던 초기이론가들은 서서히 그것이 불가능하다는 것을 깨달았고, 나중에는 논리와 신성을 연결시킬 필요가 없다는 결론을 내린다. 이로써 과학은 본격적으로 자신만의 길을 나서기 시작하였고, 눈부신 발전을 일궈낸다.

영적 세계를 논리적으로 설명하고자 하는 집착을 떨쳐버리도록 가장 큰 역할을 한 사람은 바로 르네 데카르트다. 마녀사냥과 종교적 광기가 활활 타오르던 1629년 이 28살 젊은이는 텅 빈 방에 깊은 생각에 빠져 홀로 앉아있었다. 유럽 전역의 프로테스탄트는 온통 하얀 페인트칠을 한 교회에 모여 앉아 루터와 칼뱅이 던져준 주문—오직 믿음, 믿음, 믿음faith, faith, faith—을 거듭 되뇌었다. 가톨릭의 주문은 믿습니다, 믿습니다, 믿습니다believe, believe, believe였다. 데카르트는 홀로 '의심하라!'라고 외쳤다. 이 말은 과학의 시대의 문을 연 주문이자, 과학시대를 살아갈 이들을 옭아매는 형벌이 되었다. 데카르트는 나중에 이렇게 쓴다.

"우리가 오류를 범하는 주요 원인은 어린 시절의 편견에서 찾을 수 있다. 나 역시 젊었을 땐 진실성을 따져보지도 않고 그러한 편견을 무비판적으로 받아들였다."[17]

가톨릭 집안에서 태어난 데카르트는 온전히 예수회에서 제공하는 교육을 받고 자랐다. 하지만 어느 순간 데카르트는 순전히 우연에 의해 결정되는 어릴 적 환경이 평생 믿고 따를 신앙을 결정한다는 사실을 깨닫는다. 데카르트가 무슬림 집안에서 태어났다면 열렬한 이슬람신자가 되었을 것이고, 유대인 집안에게서 태어났다면 독실한 유대교도가 되었을 것이고 프로테스탄트 집안에서 태어났다면 경건한 프로테스탄트가 되었을 것이었다. 어떻게 그럴 수 있는가? 어떻게 종교적 신념이 어떻게 우연한 출생의 문제로 결정될 수 있다는 말인가?

그는 이전의 수많은 철학자와 종교지도자들처럼 깊고 어두운 무지의 간극을 깊이 응시하였고, 그때까지 자신이 배운 모든 것을 던져 버리고 의심으로 빚어낸 새로운 사상체계를 만들어나가기로 결심한다. 모든 것을 끝까지 의심한 끝에 마침내 결코 의심할 수 없는 분명한 사실 하나를 발견하고, 그 위대한 통찰을 한 문장으로 표현해낸다.

Cogito ergo sum.(나는 생각한다. 고로 존재한다.)

데카르트는 논리와 영성에게 각각 자신의 반구에 머물며 자신의 일에만 신경 쓰라고 명령한다. 그리고 자연을 하나의 전체로 보기보다는 개별요소로 쪼갠다. 환원주의와 기계적 사고를 요구하는 수학적 정밀성이 중요한 방법론으로 부상한다. 마침내 그 끝에서 육체와 정신은 분리되고, 궁극적으로 과학과 종교도 분리된다. 이러한 광범위하고 공격적인 수술은 17세기, 유럽이라는 문화공동체를 파괴하는 광기를 멈추게 하는 데 꼭 필요한 처방이었다.

데카르트가 정적이 감도는 자신의 방에서 좀더 귀기울였다면, 신앙심이 너무나 깊은 남자들에 의해 불속에서 타죽는 여자들의 비명소리를 들을 수 있었을 것이다. 더 나아가 아주 사소한 교리의 차이를 가지고 서로 잡아먹기 위해 미친듯이 싸우는 프로테스탄트와 가톨릭의 물고뜯는 소리도 들을 수 있었을 것이다.

물론 데카르트의 지나친 단순화, 즉 환원주의, 과학적 결정론, 우주에 대한 기계적인 접근방식은 나중에 수정하고 극복해야 하는 대상이 된다. 하지만 활활 타오르던 마녀사냥 열풍을 잠재우고, 다시 떠올리고 싶지 않은 집단적 기억으로 만들어버린 데에는 데카르트의 과학적 방법론이 상당한 역할을 했다. 프로테스탄트와 가톨릭 사이에 벌어진 종교전쟁의 불길을 가라앉힌 것도 데카르트다. 물론 광기의 불씨는 여전히 남아있어, 언제든 다시 타오를 수 있는 상태이기는 하다.

과학은 사람들에게 종교와는 다른 설명방식을 제시한다. 세계를 지배하는 것은 자연법칙이며, 하느님이 그 법칙을 발견할 수 있는 지성을 인간에게 선물로 주었다고 과학자들은 설명한다. 신의 계시를 하나씩 수학적으로 증명해낼 때마다 과학은 교회의 권력을 하나씩 잠식해 들어갔다. 문자가 제대로 된 맥락 속에 자리잡으면서 교리 사이의 불일치도 크게 줄어들었다.

안타까운 일이지만, 과학 역시 까탈스럽고 웬만한 일에는 쉽사리 동요하지 않는 좌뇌의 자식으로서, 여자를 그다지 좋아하지 않았다. 초기의 과학자집단은 남자만으로 이루어진 성직자집단에서 분화해나왔으며, 따라서 자신들의 신성한 강당에 여자들이 출입하는 것을 허용하지 않았다. 과학은 아름다움에 전혀 관심이 없었을 뿐만 아니라 자연을 적으로 인식했다. 과학저술의 걸작 《새로운 오르가논Novum Organum》에서 프랜시스 베이컨은 자연에서 비밀을 캐내는 과정을 마녀를 고문하는 것에 끊임없이 비유한다.

새롭게 등장한 과학패러다임 중에서도 가장 강력했던 것은 바로 니콜라우스 코페르니쿠스의 지동설이다. 그는 우주의 중심을 어머니대지에서 아버지 태양으로 바꾸어 놓는다. 한때 공전하는 별들의 중심에 놓여있던 지구는 이제 황량한 달만 매달고 궤도를 공전하는 외로운 행성이 되었다.

과학은 영성을 배제했고, 윤리적 철학적 논의를 경멸했으며, 더 나아가 오늘날 사냥꾼·도살자의 화신이라 할 수 있는 '군대'와 어깨를 나란히 하는 불길한 행보를 보였다. 그럼에도 과학은 잔혹한 마녀사냥 열풍을 낳은 미신적 사고체계를 깬 인류의 중대한 진보였음에 틀림없다.

* * *

이 책의 주장에 비추어 지금까지 살펴본 몇 장을 요약해보자. 문자는 인류가 진보하는 데 활력을 불어넣는 유익한 자극제 역할을 했다. 어느 사회에서든 문자가 도입되거나 갑작스럽게 확산되고 나면 독창적인 발명, 새로운 혁신적 사상체계, 힘이 넘치는 문학, 빛나는 새로운 예술양식이 생겨났다. 새롭게 글을 깨우친 사람들은 새로운 상호작용방식을 만들어냈고, 새로운 형태의 정부를 만들었고, 종교적 계몽운동을 펼쳐 나갔다. 하지만 강렬한 자극은 강렬한 부작용을 불러오듯이, 문자 역시 원치 않는 부작용을 불러왔다.

문자는 습득하는 순간에서 이를 활용하는 순간까지 금방 도달할 수 있기 때문에, 문자가 새롭게 전파된 사회는 예외없이 머지않아 자기파괴적인 폭력적 광기에 휩싸이고 만다. 극단적인 여성혐오와 더불어 이미지, 여신, 여자의 권리, 우뇌적 가치는 주요 공격대상이 되었다.

인류역사상 인쇄기술의 발명만큼 문자를 급속도로 확산시킨 사건은 없다. 인쇄기술과 문자가 확산되는 시기는 여자와 여성적 가치가 가장 수난을 겪는 시기와 일치한다. 문자는 인류를 혼란에 빠뜨린 미신을 타파하는 데 꼭 필요한 도구이기도 하지만, 동시에 읽기와 쓰기 과정 자체가 우뇌적 가치를 희생시키고 좌뇌적 가치를 강화한다는 사실을 잊어서는 안 된다. 알아야 대처할 수 있는 법이다.

33

CLOCKWORK vs ELECTROMAGNETISM

태엽시계 vs 전자기

THE ALPHABET
VERSUS
THE GODDESS

나는 어머니가 되고 싶지만,
아이의 아버지가 누군지는 알고 싶지 않다.

폴린 롤랑 Pauline Roland, 초기페미니스트, 1832년[1]
(롤랑은 실제로 아버지가 제각각 다른 자식 네 명을 두었다.)

태엽시계 vs 전자기
1648-1899

광기로 가득했던 시대에 솟아난 합리성의 비약을 가장 전형적으로 구현해낸 인물은 아이작 뉴턴Isaac Newton(1642-1727)이다. 그의 과학적 발견은 교육받은 많은 유럽인들에게 우주가 불변의 법칙에 따라 정량화할 수 있는 물체와 측정할 수 있는 힘으로 이루어져있다는 확신을 안겨주었다. 좌뇌의 이성과 수학적 기술은 이러한 법칙을 발견하고 입증하는 데 매우 중요하다.

경제학자, 철학자, 정치이론가들은 곧 뉴턴의 자연법칙을 삶의 모든 측면에 접목시켰다. 좌뇌의 승리가 절정에 달했던 18세기 말 계몽주의는 거친 자연과 비합리적 행동을 길들일 수 있다는 가능성을 미리 자축했다. 많은 사상가들은 선형적 사고를 지속적으로 응용해나갈 수 있다고 생각했다. 이들은 이성으로 이해할 수 없는 것은 무엇이든 '타자'로 간주했다. 부차적이며 중요하지 않고 이름을 붙일 필요도 없는 허상에 가까운 것이라고 여겼다.

많은 남자들에게 여자는 '타자'에 속했다. '자연법칙'은 남자가 선천적으로 여자보다 우월하다는 확신을 심어주었다. '반박할 수 없는' 논리를 이용하여 의심의 여지없이 남자가 표준이며 여자는 남자의 불완전한 모방에 불과하다는 것을 '입증했다.'●

이에 따라 우뇌와 연관된 여자의 권리와 여성적 특성은 다시 수난을 당할수밖에 없었다. 유럽사회의 근간은 3000년 전 시나이사막의 한 남자신에게

● 과학자들이 내세운 반박할 수 없는 논리는 바로 두개골의 크기. 남자의 두개골이 여자보다 전반적으로 크다는 통계는 남자가 여자보다 똑똑하다는 주장을 뒷받침하는 과학적 증거로 제시되었다.

서 건네받은 율법에 기초한 가부장제에서 남자과학자들이 발견한 '자연법칙'에 기초한 가부장사회로 바뀌었다.

새로운 과학적 발견이 나올 때마다 사람들은 과학을 더욱 믿을 만한 신념체계라고 생각하게 되었다. 안타깝게도 이러한 신념을 쫓는 이들은 세상이 법칙에 따라 작동한다는 재미없는 결론에 도달한다. 뉴턴과 그를 따르는 과학자들은 세상의 모든 작용은 이전의 원인에서 기인한다고 설명했다.

기적의 시대Age of Miracle는 공식적으로 끝이 났고, 새로운 메타포의 시대가 도래했다. 세상은 이제 거대한 태엽시계Majestic Clockwork에 비유되었다. 창조주가 이 태엽장치를 만들어 감았으며, 이로부터 똑딱똑딱 소리를 내며 돌아가기 시작한 것이다. 공평무사한 창조주는 이제 뒤로 물러나 사람들의 일상사에 대해서나 시계가 돌아가는 것에서나 아무 신경도 쓰지 않는다. 이 영적 블랙홀은 '과학적 결정론'이라는 이름으로 불렸다.

뉴턴의 역학은 행성이나 당구공이 질량과 운동의 법칙에 따라 움직인다고 증명함으로써 자유의지를 족쇄로 묶어 놓는다. 예측이 빗나간 것처럼 보인다고 하더라도, 그것은 아직 밝혀지지 않은 변수가 존재한다는 뜻에 불과했다. 운, 우연, 예상치 못한 변칙 같은 것은 존재하지 않는다. 볼테르는 이렇게 쓴다.

"모든 자연과 모든 행성이 영원한 법칙을 따르는데, 160센티미터짜리 왜소한 동물만이 이 법칙을 무시하며 마음대로 행동할 수 있다는 사실은 정말 기이할 뿐이다."[2]

시간이 더 흘러 1859년, 과학적 정당성을 더욱 확고히 뒷받침해주는 사건이 발생한다. 찰스 다윈Charles Darwin의 《종의 기원》이 출간된 것이다. 피조물의 최고봉에 서있던 의기양양하던 호모사피엔스는 다윈의 이론에 의해 무수한 종 가운데 하나로 전락하고 만다. 이러한 혁명적인 견해는, 하느님이 아담에게 동물의 왕국을 다스리게 했다는 성서의 주장을 한 번에 뒤집어버린다.

아담이 좌천되었다고 해도 그로 인한 혜택은 여자에게 돌아오지 않았다.

대신 당대의 사회철학자 허버트 스펜서Herbert Spencer가 만들어 낸 '적자생존'이라는 말에 사람들은 열광했다. 스펜서는 주기적으로 찾아오는 전쟁이 초래하는 재앙과 파괴가 인간 종의 죽은 가지들을 쳐내는 중요한 역할을 한다고 주장했다. 다윈의 자연선택은, 알파메일(대개 가장 힘이 세고 공격적인 수컷)이 되기 위해 무리에서 펼쳐지는 치열한 투쟁을 필연적 현상이라고 설명하는 개념으로 사용되었다. 서로 먹고 먹히는 무자비한 세계에서 사랑, 자애, 협동은 나약함의 상징일 뿐이었다.

자본주의 발전과정에서 벼락부자가 된 악덕자본가들은 자연법칙에 의존하여 자신의 무자비한 착취를 정당화할 수 있었다. 하지만 이것은 19세기 이야기다. 다시 시간을 거슬러 올라가 남녀 지위에 상당한 영향을 미친 사회적 변화에 대해 다시 살펴보자.

* * *

계몽주의와 이에 기반을 둔 과학의 발달은 훨씬 웅장한 드라마를 준비하고 있었다. 바로 산업혁명이다. 이 사건은 인간관계에 심대한 영향을 미친다. 농경이 본격적으로 시작되었을 때, 또 문자가 확산되었을 때 일어난 변화에 못지않은 혁명적 변화를 몰고 온다.

18세기 유럽이 '기계의 시대'에 가장 먼저 돌입할 수 있었던 이유는 두 가지를 찾을 수 있다. 삼림자원의 고갈과 인간의 창의성의 발현이다. 1700년대 중반, 사람들이 나무를 마구 베어내 쓰는 바람에 숲이 거의 남아나지 않을 지경에 다다른다. 장작값이 터무니없이 치솟았고, 나무꾼들은 새로운 처녀림을 찾기 위해 그 어느 때보다도 먼 곳까지 벌목여행에 나섰다.

실제로 이때는 75만 년 전 인류가 불을 발견한 이후 최초로 에너지위기를 맞이한 시기라고 할 수 있다. 바이에른에서 영국까지 예외없이 모든 궁정에서 새로운 에너지원을 소개하는 자리가 펼쳐진다. 궁정의 대신들이 주저하며 왕 앞에 검댕이를 묻힌 듯한 검은돌 한 무더기를 늘어놓고는 이 돌의 효능에 대해 설명했다. 바로 석탄이었다. 불을 붙이기 쉽지 않고 장작처럼 탁탁 소리를 내며 타지도 않지만, 또 이것을 얻기 위해서는 땅 속을 파 들어가야 하지만, 석탄을 때면 백성들이 겨울을 따뜻하게 보낼 수 있고 음식도 익혀먹을 수 있었다.

석탄이 값싸고, 무한해 보이는 에너지원이라는 사실이 밝혀지자 인간의 창의성이 발동하기 시작한다. 심상치 않은 조합이었다. 실험실마다 온갖 발명품이 쏟아져나오기 시작한다. 1769년을 기점으로 과학은 유럽과 미국의 문화를 빚어내는 가장 큰 영향력있는 핵심요소로서 종교를 능가하기 시작한다. 18세기 초 과학자들은 열에너지의 비밀을 풀어냈고, 이것을 바탕으로 제임스 와트James Watt가 강력한 증기기관을 만들어낸다. 힘power이라는 단어는 이제 새로운 의미를 갖게 되었다.•

산업혁명을 통해 온갖 유형자산이 폭발하듯 순식간에 늘어났다. 이전세기에서는 전혀 상상할 수 없는 것이었다. 잇따르는 경이로운 기술발전은 생활수준을 급속하게 향상사켰다. 하지만 이러한 급속한 발전에는 그만한 댓가가 따르기 마련이다. 무수한 부작용 중에서 두 가지만 꼽자면, 어린 아이들을 가혹하게 일을 시키며 착취한 것과, 권리와 혜택 차원에서 남자와 여자의 차별이 더욱 극심해진 것이다.

18세기가 끝나갈 무렵 누구도 감지하지 못했으나, 개개인의 삶을 압도하는 거대한 힘이 몰려오고 있었다. 산업혁명의 잔해들이 쓸려나간 자리에 그 이전 사회의 모습은 어디에서도 찾아보기 힘들었다. 거의 모든 인구가 농촌에서 도시로 이동했다. 인구가 급증하자 도시의 기반시설은 용량을 감당하지 못하고 신음했다. 농사를 짓던 가족은 광산으로, 공장으로 뿔뿔이 흩어졌으며, 어머니들도 공장에서 끝없는 노동에 시달려야 했다. 주된 부의 원천은 이제 땅이 아니라 생산수단으로 대체되었다.

• 증기기관의 원리는 고대그리스인들이 2,000년 전 이미 발견한 것이었으나, 소실되었다.

* * *

새로운 시대는 땀냄새와 기름냄새가 뒤범벅된 시대였다. 좌뇌가 두목이었다. 산업혁명은 과학, 물리력, 자본, 수학, 경쟁이 복합적으로 작동한 결과물이었으나, 가족의 삶이나 공동체는 전혀 고려대상이 아니었다. 공장굴뚝이 뿜어내는 검댕연기와 용광로에서 쏟아져나오는 초현실적인 시뻘건 불덩이는 자랑스러운 진보의 상징이었다. 광활한 숲을 깨끗이 벌목해버린 과오에서 아무 것도 배우지 못한 남자들은, 미래는 전혀 고려하지 않고 어머니자연을 마구잡이로 강간하기 시작한다.

19세기에 들어서면서 작가라는 마스크를 쓴 소수의 여자들이 출현한다. 이들이 쓴 글을 읽기 위해 글을 배우는 여자들이 급격하게 늘어나기 시작했고, 또 이들에게 영감을 받아 여자들 스스로 일어서기 시작한다. 총명함으로 무장한 여자들은 글을 통해 여자가 지적으로 열등하다는 관념을 뒤집기 시작한다. 문학분야에서 여자들의 기여는 점점 커졌으며, 과학에서도 두각을 드러냈다.

직유, 은유, 묘사, 연상 등을 통해 말로 이미지를 창조해내는 소설과 시는 독자의 마음속에 다양한 장면과 행동을 환상적으로 그려냈다. 제인 오스틴, 루이자 메이 올컷, 엘리자베스 배렛, 조르주 상드, 브론테자매, 제르멘 드 스탈, 메리 셸리 등이 바로 이 때 등장했다. 1830년대 런던은 바야흐로 문학의 메카로 부상했으며, 이 당시 출간되는 책의 3분의 1이 여자에 의해 쓰여진 것이었다.[3] 파리 역시 마찬가지였다. 글을 쓰는 사람이든 읽는 사람이든 문단의 상당수는 여자로 채워져있었다.

* * *

18세기 말과 19세기 초 지식인들은 두 진영으로 나뉘어졌다. 이성의 시대의 선형적 사고를 이어받아 계몽주의를 어렵지 않게 펼쳐 나간 볼테르, 디드로, 칸트, 흄, 로크 등은 당시에 상당한 지적 영향력을 발휘했다. 하지만 이들의 견해는 우뇌를 대표하는 사상가들—낭만주의작가들—과 대립한다. 루소, 키츠, 괴테, 셸리는 산업혁명으로 인한 심각한 자원낭비를 비판하며 사랑, 자연, 아름다움을 찬미했다. 계몽주의에 열정적인 지지자들은 이성이 감성보다 우월하다고 주장하는 반면, 낭만주의자들은 감정이 진리로 안내한다고 생각했다.

계몽주의자들이 보기에 낭만주의는 거침없이 달리는 기차의 덜컹거리는 소음에 불과했다. 고막을 찢는 소음과 시커먼 연기를 내뿜는 산업혁명, 폭주 기관차처럼 달리는 좌뇌의 가치는 멈출 수 없는 것이었다. 하지만 산업혁명에서 나온 두 가지 혁신은 우뇌의 가치를 높여주는 데 상당히 큰 공헌을 한다. 바로 사진술의 발명과 전자기의 발견이다.

거의 같은 시기에 등장한 이 두 가지 기술은 궁극적으로 인간관계를 근본적으로 재편한다. 사진술과 전자기는 문자에 의해 한없이 추락하던 이미지의 가치를 높여주는 기술이었기 때문이다. 이로써 유럽인들은 좌뇌와 우뇌의 균형을 서서히 되찾기 시작한다. 이 두 가지 발견이 어떻게 이러한 결과를 낳았는지 간략하게 살펴보자.

* * *

르네상스시대 레오나르도 다빈치는 카메라의 기본적인 원리가 되는 카메라 옵스큐라camera obscura를 고안했다. 1837년 자크 망데 다게르Jacques Mandé Daguerre는 은판에 이미지를 '고정'시키는 기술을 발명한다. 자신의 이름을 따 다게레오타입daguerreotype이라고 이름 붙인 이 발명품은 마그네슘 섬광과 찰칵하는 셔터소리를 내며 시각적인 공간의 단편을 기록하고, 시간의 선형적 흐름에서 한 순간을 보존했다.

사진을 의미하는 photography는 '빛photo으로 쓰다graph'라는 뜻으로 읽을 수 있다. 잉크로 글을 쓰는 것과는 정반대였던 사진술은 번개처럼 유럽을 강타한다. 19세기 후반에 이르면 유럽사람들은 누구나 한 번씩은 사진을 찍기 위해 의자에 앉아 포즈를 취했다. 은판 위에 자신의 모습을 담기 위해 때로는 수백 킬로미터를 여행했을 아메리카인디언의 사진을 보면, 당시 다게레오타입 사진이 얼마나 인기가 있었는지 알 수 있다. 철학자 호세 아르궤이예스José Argüelles는 이렇게 말한다.

> "사진술은 우리 감각을 완전히 뒤바꿔 놓은 기계장치다. 우리는 이 기계에 깊이 의존하게 되어, 그것을 조금이라도 떼어놓고 생각하는 것은 불가능한 상황이 되었다." [4]

얼굴의 패턴을 인식하는 우뇌의 능력은 사람들이 사진에 더 열광하게 되면서 더 중요해졌다. 또한 이 과정에서 은판에 새겨진 이미지(네거티브필름)가 어두울수록 밝게 나오고 밝을수록 어둡게 나온다는 것을 많은 사람들이 깨닫게 되는데, 이는 상반되는 것들이 서로 보완해준다는 인식을 강화시켜주었다.

구텐베르크의 인쇄혁명이 일어난 지 얼마 되지 않은 시절에 사람들에게 '불이 나서 집안에서 물건 하나만 가지고 나갈 수 있다면 무엇을 가지고 나가겠느냐?'고 물으면 대부분 '가족이 함께 읽는 성서'라고 대답했을 것이다. 대부분 성서는 대를 이어 썼기 때문에 여백에 중요한 사건이나 가문의 계보 같은 것들이 기록되어있기도 했고, 결혼계약서와 같은 증서들을 끼워놓기도 했다. 하지만 몇 세기 지난 뒤 사람들에게 똑같은 질문을 했을 때, 사람들은 '가족앨범'이라고 대답했을 것이다. 이미지를 모아놓은 책이 가장 소중한 물건이 된 것이다. 이처럼 사진술의 발명은 문화의 흐름을 문자에서 이미지로 바꾸는 결정적 계기가 된다.

네즈 퍼스Nez Perce족 추장 조셉의 사진. 19세기 사람들은 사진을 찍기 위해 먼 거리를 여행하는 것도 마다하지 않았다.

인쇄술이 문자의 폭발적 확산에 기여한 것만큼 사진술도 이미지의 확산에 기여했다. 사진술은 이미지를 쉽고, 빠르고, 비교적 저렴하게 재생산할 수 있게 해주었다.* 사진의 뛰어난 복제능력을 보여주는 사례가 있다. 역사상 가장 많이 복제된 미술작품은 빈센트 반 고흐Vincent van Gogh의 〈해바라기〉(1888)다. 이 그림은 1,700만 장 이상 인쇄되어 호텔, 응접실, 기숙사 등 곳곳에 걸렸다. 반 고흐는 살아있는 동안 작품을 팔아 한 푼도 벌지 못했으며 제대로 된 평가도 받지 못했지만, 사진술의 무한한 복제능력 덕분에 오늘날 뉴욕에서 보르네오까지 그를 모르는 사람은 거의 없다. 그가 살아있을 때 아무도 사지 않던 작품들이 오늘날 최고가에 경매되고 있다.

사진술의 도래 이전에는 엘리트애호가만이 그림을 이해했다. 하지만 사진술이 발명된 이후 예술은 일상언어가 되어 사회 각계각층으로 보급되었고, 인간의 상호작용의 본질을 미묘하게 바꿔놓았다. 살바도르 달리Salvador Dali라는 이름을 들으면 대부분 치켜올라간 기괴한 콧수염을 떠올릴 것이다. 이처럼 가장 핵심이 되는 이미지들이 서양문화의 정신에 각인되기 시작한다.

사진술이 등장하면서 화가들은 이제 자연을 사실적으로 복제해야 한다는 강박에서 해방된다. 시각적 현실을 충실히 재현하는 역할은 이제 사진이 더 잘해내기 때문에, 그림과 조각은 자신들의 새로운 역할을 찾아 나선다. 이는 결국 인상주의, 점묘화법, 입체파, 야수파 등 위대한 예술적 혁신을 낳는다. 결국 사진과 미술은 세상에 대한 다양한 반응방식을 보여주었고, 시대를 격랑으로 몰아넣는 과학, 문화, 산업적 변화를 다른 관점에서 접근할 수 있게 해주었다.

내가 《예술과 물리》에서 주장했듯이, 예술은 미래의 모습을 직관적으로 보여준다. 예술가들은 자신이 속한 세상을 새로운 방식으로 바라보는 최초의 사람들이다. 그들의 뒤를 따라 물리학자들은 위대한 통찰력으로 세상을 이해하는 새로운 방식을 발견한다. 예술가는 이미지와 메타포를 사용하는 반

---

* 음각기법을 활용하여 이미지를 대량으로 찍어내는 리소그래피lithography 기술도 1820년대 완성되었지만, 거의 같은 시기에 출현한 사진술의 영향력이 압도적이었던 탓에 그다지 주목받지 못했다.

클로드 모네의 건초더미 연작. 빛의 변화에 따라 달리지는 지연의 모습을 담았다. 우리가 인지하는 대상이 고정되어 있지 않다는 사실을 일깨워준다.

면 물리학자는 수와 방정식을 사용한다. 예술가들의 선행하는 이미지는 이후 등장하는 물리학자들의 공식에 잘 들어맞는다. 예컨대 클로드 모네Claude Monet의 건초더미 연작은 3차원 공간과 변화하는 시간 속 사물을 재현하는데, 이는 헤르만 민코프스키Hermann Minkowski의 4차원—시간-공간 연속체—공식으로 매우 잘 표현된다.

19세기에 들어서 사람들은 서서히 이미지를 통해 세상에 대한 정보를 얻게 된다. 카메라와 더 정교해진 리소그래피 기술은 상당량의 문자를 이미지로 대체한다. 일간지에 정치풍자만화가 등장하기 시작했는데, 그림 한 컷이 장황한 사설보다 핵심을 훨씬 잘 짚어서 보여주기도 했다.

* * *

다게르에 의해 촉발된 아이콘혁명Iconic Revolution을 완성한 사람은 바로 마이클 패러데이Michael Faraday(1791-1867)였다. 다섯 살이 될 때까지 말을 못한 그를 보고 노동계급 부모는 지진아라고만 생각했다. 그가 탁월한 과학자가 될 수 있으리라고는 전혀 생각할 수 없었다.

패러데이는 12살이 되던 해 제본소 견습생으로 사회생활을 시작한다. 비록 육체노동이긴 했지만, 자신이 제본하는 책을 마음껏 읽을 수 있는 기회를 누린다. 그가 제본한 책은 대부분 과학 관련서적이었고, 이로써 상당한 과학적 지식을 쌓는다. 그러던 중 제본소 일을 하면서 영국 왕립과학원 원장이었던 험프리 데이비^{Sir Humphry Davy}의 대중강연을 찾아가 듣는다.

페러데이는 데이비를 찾아가 강의를 들으며 꼼꼼하게 필기한 노트를 보여주면서 그것들을 자신만의 독특한 방식으로 설명해낸다. 제대로 교육도 받지 않은 22살 먹은 제본소 견습생의 숨은 잠재력에 감탄한 데이비는 그를 자신의 조교로 뽑는다. 그 자리를 노리던 무수한 옥스퍼드와 케임브리지의 박사과정 지원생들은 한숨지을 수밖에 없었다.

1820년대 새뮤얼 콜리지는 이렇게 썼다.

"우주는 하느님이 짜 놓은 무한한 그물망이다. 끌어당기는 힘과 밀어내는 힘들이 가닥처럼 엮여있다."[5]

실제로 몇 년 후 패러데이는 각국의 과학자들—프랑스의 앙페르, 이탈리아의 볼타와 갈바니, 독일의 옴, 덴마크의 외르스테드—의 연구성과를 종합하여 사람이 볼 수도, 들을 수도, 만질 수도, 냄새를 맡을 수도 없는 힘이 우리가 사는 세상에 작동한다는 것을 증명해낸다. 이것이 바로 전자기장이다. 이로써 인류는 눈에는 보이지 않는 무수한 선들이 우리 주위에 존재한다는 상상을 하게 된다.

1820년대 내내 이 '우주의 그물망'의 특징과 원리를 밝혀내는 데 몰두한 패러데이는 그 연구성과를 바탕으로 1831년 발전기를 발명한다. 인류가 드디어 찌릿찌릿 전기를 만들어낼 수 있게 된 것이다. 기어와 피스톤으로 한껏 증기를 뿜어내고 있던 기계의 시대 한복판에서, 패러데이를 비롯한 전자기 분야의 개척자들은 인간의 가능성을 기하급수적으로 끌어올린다. 궁극적으로 발전기의 발명은 산업혁명을 촉발한 증기기관의 발명보다 훨씬 큰 변화를 촉발한다. 기존의 남녀관념에도 무의식적인 조정을 초래할 수밖에 없었다.

전자기는 공간의 어느 한 지점에 고정되어있지 않다. 운동하는 물체가 없기 때문에 기계역학으로도 다룰 수 없다. 전자기는 부분으로 쪼갤 수 없으며 전체로서만 파악할 수 있다. 점이 아니라 패턴이고, 물질이 아니라 비물질이며, 명사가 아니라 동사이고, 물체가 아니라 과정이며, 각이 진 모양이 아니라 부드러운 곡선이다. 전자기는 보이지 않기 때문에 전자기를 이해하기 위해서는 상상해야 한다.

초기 연구자들은 여성적 은유를 사용하여 전자기를 설명했다. web^{망}, matrix^{매트릭스}, wave^{파동}, strand^{가닥} 같은 단어들은 모두 어원적으로나 신화적으로나 여자와 연관되어있다. 전자기가 작동하는 공간을 흔히 field^{장}이라고 하는데, 이 말 역시 농사짓는 '밭'과 자연의 '들판'을 그대로 가져온 것이다. 기계시대의 핵심가치였던 개별적인 단계, 순차성, 전문화 대신 전자기시대의 핵심가치는 유기적 상호의존성, 전체성, 동시성, 통합성이다. 전자기의 핵심원리는 양극과 음극 사이의 긴장이다. 전자기적 상태는 이러한 양극이 함께 있어야만 존재할 수 있다. 양극과 음극은 늘 하나가 되고자 하며, 그렇기 때문에 여기서 에너지가 생성되는 것이다.

전자기의 발견 이전에 시인과 연인들은 대개 자신들의 격렬한 성적 욕망과 사랑을 불길^{flame}에 비유했다. 하지만 전자기현상에 대한 새로운 이해는 사랑의 기쁨과 슬픔을 표현하는 새로운 방식을 선사했다. 사랑의 스파크$^{spark of}$ ^{love}, 짜릿한 키스$^{electrifying kiss}$, 강렬한 끌어당김$^{compulsive attraction}$, 붙임성있는 성품 $^{magnetic personality}$, 관능적인 아우라$^{aura of sensuality}$, 튕겨내는 사람$^{repulsive peron}$, 극과 극은 통한다$^{pull of polar opposites}$와 같은 표현들이 이때 쏟아져나온다.

공간을 차지하는 사건이 선형적으로 발생하며 실재가 구성된다고 생각했던 알파벳문화는 전기가 전선을 따라 일렬로 흘러간다고 가정했다. 하지만 사실은 아무것도 흐르지 않는다! 선형적으로 '보이는' 전자기는 빛의 속도로 상태를 바꾼다. 너무나 빨라 우리가 이해하기 힘들다. 전자기적 사건은 상호의존적이며, 동시에 발생하는 것처럼 보인다. 전자기는 신비로운 물결과 같다. 비물질적이며 지각할 수 없다는 점에서 전자기는 영혼과도 비슷하다. 이 모든 것이 우뇌적 역할의 유효성을 일깨워준다. 패러데이시대에 와서 남자든 여자든 여성적인 가치에 대한 평가가 미묘하게 높아진다.

20세기 언어학자 벤저민 리 워프Benjamin Lee Whorf는 우리가 쓰는 언어는 우리가 상상할 수 있는 우주의 형태를 결정한다는 주장을 한다. 어떤 언어가 현실을 인과적이고 선형적이고 기계적으로 묘사한다면, 그 언어를 쓰는 사람들은 남성적인 좌뇌로 사고하게 된다. 이는 가부장제에 잘 들어맞는 사고체계다. 하지만 새로운 발견이 우뇌의 이미지 기능을 강화한다면, 그로 인해 여성적 가치와 여자의 지위가 부상할 것이다.

고대그리스의 데모크리토스는 실재를 원자와 빈 공간으로 구분했다. 그 이후 서양의 철학자들은 빈 공간에 대해서는 언급할 가치가 없다고 생각하였고, 더 이상 쪼갤 수 없는 물질의 가장 작은 구성요소인 원자에 집중했다. 과학은 '사물'과 사물에 영향을 미치는 힘을 연구하는 것이 되었고, 그런 세계는 남성적 메타포로 가장 잘 표현될 수 있었다. 세계가 원인-결과라는 결정론적 법칙에 따라 움직인다는 관념은 좌뇌가 우월하다는 생각을 강화한다. 보이지 않는 전자기의 발견은 데모크리토스의 2원론에서 반쪽을 차지하는 '빈 공간'을 설명하는 것으로, 우주를 거대한 태엽시계라고 인식했던 뉴턴적인 사고를 뒤엎는 것이었다.

전기와 전자기장의 발견은 곧 이어 세상을 바꾼다. 전기모터(1831), 터빈과 전신기(1844), 배터리와 전화(1876), 전등(1877), 전차(1875), 마이크(1876), 축음기(1877), 엘리베이터(1880), X레이(1886), 라디오(1887·1903)가 나왔고, 20세기에 들어서 TV, 사이클로트론(입자가속기), 녹음기, 전파망원경, VCR, 컴퓨터, 팩스, 휴대전화, 사이버스페이스가 나온다. 패러데이시대에는 상상할 수도 없었던 영역으로 '현실'이라는 개념은 계속 확장되었다. 이처럼 현실의 영역이 끊임없이 확대된 것은, 새로운 기기들을 통해 우리가 접근할 수 있게 된 정보의 '내용' 때문이기도 하지만 정보를 전송하는 '형식' 자체가 바뀌면서 구성원들 개개인의 뇌도 그에 맞게 다시 프로그래밍되었기 때문이다.

최근까지도 남녀의 서로 다른 커뮤니케이션 방식에 대한 책이 나오고 있다. 커뮤니케이션 기술의 변화가 젠더의 관계에 어떻게 영향을 미치는지 살펴보기 위해서는 이처럼 정보교환의 '내용'뿐만 아니라 '과정'도 고려해야 한다. 이미지를 부활시킨 사진술과, '현실'을 각지고 투박한 남성적 기계에서 곡선미가 아름다운 여성적 전자기로 바꾼 전자기장이론은 채집·양육자의 가치를 다시 돌아보게 만들었다. 이러한 인식변화는 미묘할 수 있지만, 19세기 말 여권이 신장되고 20세기 후반 자연에 대한 관심을 높이는 데 상당한 기여를 한 것은 분명하다.

여자들이 독립적으로 자신의 주장을 내세우고, 여성적 가치와 전체론적 사고가 다시 살아나는 데에는 많은 요인들이 이바지했다. 사진은 남녀 모두 우뇌의 이미지 인지능력의 중요성을 일깨웠다. 이는 다시 미술, 신화, 자연, 양육, 시에 대한 문화적 관심을 촉발하는 요인이 되었다.

* * *

5000년 전 글쓰기가 발명된 이래, 강하고 총명하고 교육수준 또한 높았던 여자들은 무수히 존재했다. 하지만 그들이 가부장체제에 맞서기 위해 단합된 운동을 조직했던 경우는 거의 없었다. 가부장제를 끝장낼 것을 요구하는 최초의 조직화된 여성운동은 영국과 미국에서 19세기 후반 시작된다. 영어를 사용하는 이들 나라에서 여성운동이 먼저 시작된 이유는, 아무래도 다른 나라보다는 마녀사냥 열풍이 덜 가혹했다는 점에서도 찾을 수 있지만, 또 하나 비밀이 있다.

유럽의 주요 언어들은 대부분 명사마다 성별을 구별하는 반면 영어는 성별을 표시하지 않는다. 모든 명사가 남성도 아니고 여성도 아닌 '중성'이다. 하지만 유럽의 언어에서 수동적 물건들은 모두 여성명사로 간주된다. 예컨대 무언가 채워지는 것을 목적으로 하는 물건들—항아리, 배, 칼집, 권총집—과 그 안으로 관통하거나 그 위로 지나가는 대상—문, 통로, 문지방—은 여성이다. 반대로 공격무기, 찌르거나 후려치거나 부수는 도구, 자르거나 쪼개는 장비는 거의 예외없이 남성이다.

이렇게 물리적 대상을 남녀로 구분하는 것을 보면 그래도 어떤 조악한 논리가 작동하는 것처럼 보일 수 있으나, 추상명사를 남녀로 분류한 것을 보면, 여성혐오가 언어 속에 깊이 뿌리내리고 있다는 것을 알 수 있다. 유럽대륙의 아이들은 2-4살 때 만물을 남녀로 구분하는 법을 배우는데, 이러한 '문법교육'은 알게모르게 성별의 '가치'를 주입한다. 정적이거나 수동적이거나 사악하거나 나쁘다고 여겨지는 가치를 표현하는 명사가 여성이라면, 이런 문법을 배우는 여자아이들은 자신과 남자아이들의 관계를 인식할 때 어떤 영향을 받지 않을까? 더 나아가 그러한 문법규칙에 맞춰 자신의 행동을 조정하지는 않을까?

프랑스에서 권력pouvoir은 남성관사 le가 붙고 질병maladie은 여성관사 la가 붙는다. 프랑스의 어린아이들은 이런 문법규칙을 배우며 무슨 생각을 할까? 이탈리아에서 우유부단indecisione은 여성명사이고 명예onore는 남성명사다. 스페인에서 비어있음vacante은 여성명사이고 용기valor는 남성명사다. 독일에서 정신Geist은 남성명사이고 약점Eigenheit은 여성명사다. 물론 이와 반대되는 경우도 있지만, 대부분 이러한 분류는 상당한 고정관념을 심어준다.

이제 걸을 수 있는 나이가 되면 남자아이들은 자신이 여자아이들과 해부학적으로 다르다는 것을 인식하기 시작한다. 그리고 이 시기에 능동적, 긍정적, 공격적인 명사들, 또 의미가 선명한 명사들은 자신이 속한 성과 연관되어있는 반면, 전반적으로 모호하고 수동적, 부정적인 명사들은 여자와 연관되어있다는 것을 배운다. 이러한 지식은 그들을 더 우쭐하게 만들고 또래 여자아이들을 업신여기도록 하지는 않을까? 실제로 다양한 명사의 성별구분은, 전통적인 가부장제와 차별적 성별관념을 떠올리면 쉽게 짐작해낼 수 있다.

영어는 또한 2인칭 단수대명사가 하나밖에 없다는 점에서 다른 유럽언어와 구별된다. 영어에서는 상대방을 부를 때 그 누구든—나이가 많든 적든, 지위가 높든 낮든, 남자든 여자든—you라는 호칭을 쓸 수밖에 없다. 독일에서는 가족이나 연인처럼 가까운 사람에게는 du를 쓰고, 낯선 사람이나 지위가 높은 사람에게는 Sie를 쓴다. 프랑스, 이탈리아, 스페인어에도 이러한 구분이 존재한다.

대명사는 말하는 사람과 상대방의 관계를 규정한다. 화자가 어떤 사람을 지칭할 때 어떤 대명사를 써야 하는지 선택해야 하는 경우, 이러한 선택의 기준은 상대방이 그러한 호칭을 수용하느냐 하는 것이다. 이러한 문법은 그 언어를 사용하는 문화에 수직적인 계층화를 촉진하며 구성원 간에 지배-종속 관계를 강화한다. 대명사에 깃든 위계질서는 그 의미를 이해하기도 훨씬 전인 두 살 아이의 의식 속에 자리잡는다.

우리가 세 살 때 습득한 문법의 덫에서 빠져나오는 것은 거의 불가능하다. 세상을 있는 그대로 바라보기 위해서는 자신의 모국어를 초월해야만 한다. 그런 면에서 영어권 여자들이 유럽대륙의 여자들보다 자신을 동등하게 바라보고, 마찬가지로 영어권 남자들이 유럽대륙의 남자들보다 평등을 원하는 여자들의 소망에 좀더 호의적으로 반응할 수 있었을 것이다.[*]

명사를 남녀로 구별하지 않는 문법과 평등한 2인칭 대명사는 민주주의가 발전할 수 있는 밑거름이 되었으며, 바로 이러한 이유에서 영국과 미국에서 여성참정권운동이 처음 시작되었을 것으로 여겨진다. 물론 사진술과 전자기의 발명은 그것의 시작시점을 결정했다.

* * *

여성평등에 관한 최초의 현대적 요구를 담은 작품으로는 1792년 메리 울스턴 크래프트Mary Wollstencraft가 발표한 《여성의 권리 옹호》를 들 수 있다. 울스턴크 래프트는 여자는 남편에게 언제나 복종해야 한다는 존 로크의 자유주의적 입장이나, 여자는 남자와 다르게 생각하며 따라서 남자보다 열등하다는 루소

---

[*] 영어 이외에 유럽언어 중에서 명사에 성별을 할당하는 비중이 낮은 언어는 바로 스웨덴어다. 스웨덴과 문화를 공유하는 다른 유럽언어권과 비교해보면 전반적으로 스웨덴의 남자들이 온화하고 남녀관계가 평등하다는 사실을 알 수 있다. 불과 수백 킬로미터 남쪽에 사는 프로이센 사람들은 이에 비해 훨씬 가부장적이고 군국주의적인데, 이들 언어의 문법에는 남성우월적 특성이 물씬 배어난다.

의 낭만주의적 관점에 반기를 들었다. 그녀는 "영혼에는 성별이 없다"라고 선언한다. 하지만 동시대의 미국, 프랑스, 영국의 남자들은 인류의 반쪽인 남성의 개인주의적 자유를 옹호하는 데에는 열심이었던 반면 그녀의 주장은 거들떠보지도 않았다.

1830년대 스코틀랜드의 프랜시스 라이트Frances Wright와 미국의 사라 그림케 Sarah Grimké가 울스턴크래프트의 깃발을 이어받는다. 라이트는 무신론자로서, 여자들을 '정신적 속박' 상태에 묶어 두려고 하는 만족을 모르는 사제들의 꼰대질insatiate priestcraft에 당당히 맞선다.[6] 그림케는 교회의 울타리를 벗어나지는 않았지만, '성서의 왜곡된 해석'을 통해 발전된 잘못된 견해가 퍼져 왔다고 주장한다.[7]

이들을 잇는 다음 세대에는 소저너 트루스Sojourner Truth, 엘리자베스 케이디 스탠턴Elizabeth Cady Stanton, 해리엇 테일러Harriet Taylor, 수잔 앤소니Susan B. Anthony 등 여성투사들이 몰려나온다. 1848년 뉴욕 세네카폴스에서 가부장제를 전복하기 위한—물론 이 목적은 암묵적으로 공유되었다—최초의 대중집회가 열리는데, 나이나 지위를 막론하고 많은 여자들이 참석했다. 오랜 세월 지속되어 온 여성에 대

1888년 워싱턴DC에서 열린 여성투표권 쟁취를 위한 국제 여성지도자회의에 참석한 여성들.
앞열 왼쪽에서 두 번째가 수전 앤소니, 네 번째가 엘리자베스 케이디 스탠턴

한 억압을 성토하는 격앙된 연설이 이어졌고, 대회 참석자들은 집회의 취지를 정리한 선언문을 채택한다(스탠턴이 초안을 작성한다). 미국독립선언의 표현을 거의 그대로 모방하는 이 선언문은 사회를 근본적으로 재구성할 것을 요구하는 여성독립선언과도 같았다.

> 우리는 다음의 진실들을 자명한 것으로 여긴다. 모든 남자와 '여자'는 평등하게 창조되었고, 양도할 수 없는 몇몇 권리를 창조주에게서 부여받았으며, 그 중에는 생명, 자유, 행복추구의 권리가 있다. 이러한 권리를 확보하기 위해서 정부는 인민의 동의에서 정당한 권력을 얻는다.[8]

최초의 여성독립선언문이 건국의 '아버지'들의 표현을 그대로 가져왔다는 것은 매우 역설적으로 보인다. 여자들은 투표권이 없었기에 그 정부는 자신들의 의견이 반영된 것도 아니었으며, 또 반영할 수 있는 길도 없었다.

당대의 유명한 철학자였던 존 스튜어트 밀John Stuart Mill이 1869년《여성의 종속》을 발표하면서 여성운동은 뜻하지 않은 우군을 만난다. 밀은 남자들이 자발적으로 가부장적 관행을 폐지해야 한다고 주장한다.

> 한 성이 다른 성에게 합법적으로 종속되는 상황은… 그 자체로 옳지 않다… 이것이 오늘날 인류의 진보를 가로막는 가장 큰 장애물이다."[9]

또한 '최대 다수의 최대 행복'이라는 오늘날 친숙한 논거를 활용하여 다음과 같이 쓴다.

> 자신의 능력을 마음껏 펼치지 못하는 상황이 인간, 적어도 여자들에게 불행의 원천이 되는 것은 그것이 개인의 존엄한 감정을 해치기 때문만은 아니다. 질병, 빈곤, 범죄 못지않게, 자신의 능력을 적극적으로 배출할 곳이 없는 것만큼 삶의 기쁨을

해치는 치명적인 요인은 없다.[10]

오랜 세월 부당한 처우를 참고 지내던 여자들이 갑작스럽게 쏟아져나와 저항 운동에 나선다. 그들은 자발적으로 돈을 냈고, 서로 용기를 북돋았으며, 지적인 능력을 쏟아냈다. 그러한 움직임에 동조하는 남자들도 점차 많아졌다. 그럼에도 19세기의 대다수 남자들은 이런 운동에 부정적이었다.

1872년 수잔 앤소니는 시민불복종 행동으로 대통령선거 투표소에 들어가 투표를 한다. 그녀는 곧바로 체포되었지만, 당시 통과된 수정헌법 14조를 토대로 어떤 법관도 자신에게 유죄를 선고하지 못할 것이라고 자신했다.

> "…어떠한 주도 적법한 절차 없이 어떤 개인의 생명, 자유, 재산을 박탈할 수 없으며, 법적인 관할권 안에 있는 어떤 개인에 대해서도 법적으로 동등하게 보호해야 할 의무를 거부할 수 없다."

앤소니가 해야 할 일이라고는 법정에 서서, 자신이 미국에서 태어나 숨을 쉬며 살아있는 한 명의 '개인'이라는 것을 입증함으로써 자신이 동등하게 보호받을 충분한 자격이 있다는 것을 보여주는 일이 전부였다. 하지만 놀랍게도 그녀를 재판한 판사는 그런 주장을 받아들이지 않았다. 그녀의 변론을 듣기도 전에 이미 결론은 정해져있었다. 이 사건으로 인해 여성의 참정권에 대한 논의가 본격적으로 공론화된다.

* * *

이러한 반동이 여기저기 발발했음에도, 여성참정권운동은 막을 수 없는 물줄기였다. 변화의 기운은 누구나 느낄 수 있었다. 전자기는 문화를 완전히 휘감아 마치 카라멜처럼 기이한 모양으로 뒤틀어 놓았다. 전신전보는 시공간의 개념을 무너뜨렸고, 전화와 축음기는 눈앞에서 말을 하는 것처럼 정보를 전달했으며, 카메라로 찍은 이미지는 계속 확산되어 나갔다. 수천 년 간 인간의 정신을 홀렸던 선형적 알파벳은 서서히 지배력을 잃어갔다. 성평등에 관한 태도에서 오랜 시간 남성 쪽에 쏠려있던 추가 서서히 반대쪽으로 움직이기 시작했다.

이러한 이동의 조짐은 알파벳을 쓰는 지역 전체에서 뚜렷이 드러나기 시작한다. 독일의 인류학자 요한 바호펜Johann Bachofen(1815-87)은 문자 도래 이전 사회의 '모권Mutterrecht'에 대한 연구를 한 뒤 가부장제가 인류의 절대적인 사회체제가 아닐 수 있다고 주장한다. 프리드리히 엥겔스(1820-95)는 이론적으로 여자에게 훨씬 평등한 새로운 경제시스템을 제안한다. 랄프 왈도 에머슨(1803-82)은 평등한 초월주의철학의 기초를 세웠으며, 윌리엄 제임스(1842-1910)는 독자들에게 경험적 영성의 가능성에 주목하도록 했다.

니체가 '신은 죽었다!'라고 선언했을 때 그가 염두에 둔 신은 하늘의 권좌에 앉아 홀로 통치하는 남자군주였다. 니체의 선언이 있기 몇 해 전인 1854년, 가톨릭교회는 마리아가 원죄 없이 예수를 잉태했다는 주장Immaculate Conception을 공식적인 교리로 선포한다. 이로써 마리아는 더 이상 평범한 인간이 아닌 존재로 격상된다. 남자만으로 이루어진 성직자집단이 유럽문화를 지배한 지 1500년 만에 여신을 인정한 것이다. 공교롭게도 이는 신의 죽음과 거의 같은 시기에 발생한다.

19세기는 종교적 열정이 불타오르던 시기다. 신의 계시를 직접 체험하고자 하는 영지주의적 전통이 권위있는 인물들이 설파하는 교리보다 더 높은 평가를 받기 시작한다. 특히 이러한 계시체험을 한 두 여성, 메리 베이커 에디Mary Baker Eddy와 헬레나 블라바츠키Helena Blavatsky는 상당한 영향력을 발휘했다. 이들이 설립한 크리스천사이언스Christian Science와 신지학Theosophy은 특히 많은 남성신자들의 지지를 받으며 크게 성장한다.

19세기를 더욱 혼란스럽게 만든 사건은 아슈람(힌두교)과 선원(불교)이 파리, 런던, 뉴욕에 생겨나면서 동양의 사상체계가 서양세계에 파고들기 시작한 것이다. 수피, 카발라, 연금술, 점성학, 장미십자회 등 신비주의 전통도 곳곳에서 번성한다. 이러한 사상 또는 종교들은 개인적인 수련을 통해 신과 합일하는 것을 강조했으며, 남성적 원리와 여성적 원리가 서로 조화를 이루며 우주를 구성한다고 가르쳤다.

* * *

19세기의 후반, 이미지가 도처에서 넘쳐나면서 예술이 문화의 주류로 등장한다. 인상주의 화가들은 대중에게 세상을 새로운 방식으로 바라보는 눈을 일깨워주었다. 모리스 라벨, 클로드 드뷔시, 니콜라이 림스키코르사코프 같은 음악가들은 그림처럼 생생한 음악을 작곡하는 데 주력했다. 상징주의 시인들은 이미지가 떠오르도록 단어를 사용했다. 스테판 말라르메 같은 시인들은 자신이 묘사하는 동물이나 사물의 형태를 시각적으로 드러나게끔 단어를 배치하기도 했다.

이러한 문화의 급진적인 변화는 과학에도 영향을 미쳤다. 벨에포크 La Belle Epoque(아름다운 시절)라고 불리기도 하는 19세기 말, 물리학자 루트비히 볼츠만 Ludwig Boltzmann은 현실에 존재하는 무작위성과 무질서가 상당한 작용을 한다는 것을 동료들에게 납득시키지 못하는 것에 절망하여 목숨을 끊기도 한다. 좀더 인내하지 못했던 것이 아쉬울 뿐이다. 이미 뉴턴의 역학이라는 웅장한 건축물에 커다란 균열이 발생한 상태였고, 데카르트의 2원론적 흑백논리의 경계도 흐릿해지고 있었기 때문이다.

스테판 말라르메의 시 주사위 굴리기

정치적으로는 민주주의가 부상한다. 아직 권좌에 앉아있는 왕들은 불안에 떨었다. 원주민들은 들끓었고, 하인들은 폭발직전이었으며, 여자들은 불만에 가득했다. 공산주의자들은 지배계급을 타도하고 부를 재분배하라고 요구했으며 반대로 자본가들은 정부권력에게 상업에 간섭하지 말고 자유방임주의를 취하라고 주장했다. 가부장제는 도처에서 자리를 잃고 있었다.

19세기 말 새로 발명된 기계 하나가 문자생활에 상당한 영향을 미친다. 5000년 전 최초의 수메르인이 말랑한 점토판에 뾰족한 막대기를 눌러 글자를 새기기 시작한 이후, 지배적인 반구(좌뇌)가 통제하는 지배적인 손(오른손)이 글을 쓰는 기계적 활동을 수행했다. 조각칼을 쓰든 철필을 쓰든, 붓, 깃털, 크레용, 펜, 연필을 쓰든, 남자든 여자든, 사냥꾼·도살자의 좌뇌가 지시하는 대로 공격적인 오른손의 근육들이 글을 써내려갔다. 하지만 이러한 메커니즘에 완전한 혁신이 도래하니, 1873년 필로 레밍턴^{Philo Remington}이 타자기를 발명한 것이다.

그의 특허발명품이 나온 지 한 세대도 되지 않아, 사무실과 가정집 여기저기에 탁탁탁 하는 타자기 소리가 울려퍼졌다. 타자기는 글을 써내는 방식에 근본적인 변화를 가져왔다. 타자를 제대로 치기 위해서는 우월한 손과 우월하지 않은 손을 함께 사용해야 한다. 두 손을 모두 사용함으로써 양쪽 뇌가 모두 활성화되고, 이로써 타자로 찍어서 써내는 글의 내용 역시 간접적으로 영향을 받기 시작한다. 우뇌적 가치와 특성이 종이 위에 스며들기 시작한 것이다.

타자기가 처음에 별다른 영향력을 발휘하지 못한 것처럼 보인 것은, 초창기에는 대부분 젊은 여자비서들이 남자사장들이 불러주는 대로 타이핑을 했기 때문이다. 타자기가 인간의 커뮤니케이션에—또 성평등에—본격적으로 영향을 발휘하기 시작한 것은 다음 세기였다. 20세기는 또 다른 발명품 쿼티자판의 세계와 함께 펼쳐진다.

* * *

1887년 발명품이 쏟아져 나오는 토마스 에디슨^{Thomas Editson}의 실험실에서 전자기와 사진술을 결합한 새로운 기술이 개발된다. 바로 영사기다. 강렬한 빛을 쏘고 그 앞에 네거티브필름을 빠르게 감아돌리면 각각의 필름들이 깜빡거리며 넘어가면서 사진이 마치 움직이는 것처럼 보인다. 이제 이미지를 통해 선형적 이야기를 전달할 수 있게 된 것이다. 이 기술은 사람들을 매료시켰으며, 사람들은 너나없이 스크린 위에서 펼쳐지는 소설 플롯을 보기 위해 캄캄한 방으로 몰려들었다.

마침내 영화Movie라는 이름으로 불리게 된 이 새로운 매체는 마침내 책과 경쟁하기 시작하였고, 머지않아 영화를 보러 가는 사람수가 교회에 나가는 사람수를 넘어선다. 세기가 바뀌고 기술이 더 발전하면서 영화에 대한 대중의 열광은 그동안 문자가 차지하고 있던 헤게모니를 서서히 잠식해 들어가기 시작한다.

19세기가 끝날 때, 유럽과 미국의 지식인들은 쉴 새 없이 발전한 기술로 인해 세상이 얼마나 바뀌었는지 돌아보며 놀라움을 감추지 못했다. 미국의 한 정부관료는 이제 필요한 것은 모두 나왔기 때문에 더 이상 흥미로운 발명은 나오지 않을 것이라며 특허청을 폐지할 것을 진지하게 제안하기도 했다. 파리의 어떤 신문사는 유명한 예술평론가들을 모아놓고 20세기를 전망하는 토론회를 열었는데, 한 사람도 빠짐없이 모두 19세기에 이미 나올 수 있는 예술양식은 모두 나왔기 때문에 더 이상 인류가 새로운 것을 창조해낼 수 없을 것이라는 데 동의한다. 20세기 예술가들은 필리그리filigree나 아라베스크arabesque 같은 문양장식을 여기저기 덧붙이는 것밖에 할 일이 없을 것이라고 전망한다.

한편 이 당시 각국의 군사학교의 장군들은 긴급사태에 대응하는 계획을 세우고, 말을 배불리 먹이는 데 여념이 없었다. 진화하는 커뮤니케이션수단이 문화를 다시 한번 바꾸고, 이로써 남녀의 상대적 지위를 비롯하여 사회의 온갖 측면을 재편성할 것이라고 예측하는 사람은 거의 없었다. 하지만 수평선 너머 20세기는, 커뮤니케이션 기술에 세상을 바꾸는 힘이 내재되어있다는 사실을 보여주는 풍부한 증거를 준비하고 있었다.

34

NATIONALISM vs PROPAGANDA

민족주의 vs 프로파간다

THE ALPHABET
VERSUS
THE GODDESS

우리 생각을 단어와 문장에 담으려는 순간
모든 것이 틀어진다.
언어는 그토록 매력적인 것이 아니다.
언어를 사용할 수밖에 없기 때문에 쓰는 것이지,
신뢰하지는 않는다.
우리는 상대방을 서로 이해하지 못한다.

마르셀 뒤샹 Marcel Duchamp[1]

눈으로 보는 것을 말로 하는 것은 헛된 일이다.
눈에 보이는 것은 절대 말 속에 담겨있지 않다.

미셸 푸코 Michel Foucault[2]

민족주의 vs 프로파간다

1900-1945

20세기는 이전 세기들과는 전혀 다르게 시작된다. 일련의 과격한 사상 운동, 예술의 급진적인 '주의', 기발한 과학적 발견, 전기발명품, 분화하는 사회적 흐름이 거대한 산비탈에서 자갈이 굴러떨어지듯 서양문명에 쏟아져내렸다. 이 모든 것들이 인간의 실존을 바꾸는 산사태를 촉발했다. 처음에 이러한 발전은 여자의 지위, 이미지, 자연, 여신과는 아무 상관이 없는 것처럼 보였지만, 잠재의식 속에서 이들에게 힘을 실어주는 중요한 역할을 한다.

1900년 지그문트 프로이트 Sigmund Freud가 《꿈의 해석》을 출간한다. 프로이트는 이전의 그 누구보다도 인간정신의 어둠 속으로 더 깊이 내려가 깊은 지하동굴 속을 손전등을 비추며 탐험한다. 그곳에서 프로이드는 '온갖 생물의 가상 잘 짜여진 계획'을 곧잘 엉망으로 만들어놓는 어리광쟁이 요정을 발견한다. 우리 안에 숨어있는 이 요정은, 다름 아닌 바로 우리 자신이었다.

프로이트의 설명에 따르면 인간의 행동은 부분적으로, 그가 이드id라고 이름 붙인 것에서 기인한다. 이드는 원초적인 동인으로 우뇌 안에서 소동을 피우다가, 밤이 되면 튀어나와 본격적으로 사고를 친다. 좌뇌가 문제를 논리적으로, 객관적으로 풀기 위해 아무리 부단히 노력하더라도, 홀로 온전히 작동할 수 없다는 뜻이다. 무의식 속에서 작용하는 이드는 이성이 전혀 예상치 못하는 순간 튀어나와 의지의 고삐를 잡아챈다. 냉정한 합리성을 자랑하는 이들도 스스로 생각하는 것만큼 우리의 영장류 조상에서 그리 멀리 벗어나지 못했다는 현실을 인정해야만 한다.

더 나아가 프로이트는 무의식—우리가 흔히 비합리성, 직관, 6감이라고 부르는 것—에 이성의 계산식을 넘어서는 놀라운 지혜가 숨어있다는 것을 강조한다. 시인, 신비주의자, 여자들은 오랜 세기 동안 이 힘의 존재를 알고, 또 활용해왔지만, 과학공동체는 이에 대해 전혀 신뢰를 보내지 않았다. 프로이트의 저작들은 신화, 무아지경, 꿈의 진정한 가치를 일깨워준다.

또한 1900년, 막스 플랑크Max Planck는 뉴턴의 세계를 뒤집는 원자세계의 기이한 특성을 우연히 발견한다. 과학자들은 끊어짐없는 연속성이 순차성의 핵심일 것이라고 오랫동안 가정해왔으나, 플랑크가 발견한 것은 조화롭지 못한 불연속성이었다. 이러한 미세한 변덕스러움은 알파벳의 핵심원리인 선형적 순차성을 비롯하여 서양문화에서 중시되는 무수한 개념을 뒷받침하는 인과율을 흩트러놓는다. 일반인들은 불연속성에 관한 불가사의한 플랑크의 양자이론을 굳이 이해하려고 노력할 필요가 없었다. 그들은 이미 연속되어있지 않은 필름이 깜빡이며 넘어가면서 만들어내는 '움직이는 그림'을 보기 위해 몰려다니고 있었기 때문이다.

재미있는 농담 한 마디에 웃음이 터지듯 충동적이고, 무작위적이고, 예측하지 못한 일들이 20세기가 들어서자마자 터져나왔다. 이 세 가지 특징을 한 몸으로 보여준 인물이 바로 이 시기에 가장 유명한 스타였던 찰리 채플린Charlie Chaplin이다. 이전까지 그렇게 유명한 인물은 정복자, 왕, 철학자, 종교적인 인물밖에 없었다. 그 정도 명성을 누리는 사람들은 대개 좌뇌적 가치를 구현한 인물이었다.

이와 달리 채플린은 부조리한 익살을 몸으로 표현해내는 탁월한 광대, 배꼽잡고 웃게 만드는 천재코미디언, 슬랩스틱의 대가였다. 단 한마디 말도 하지 않고 좌뇌의 진지한 노력을 조롱했다. 채플린은 몸짓, 손짓, 얼굴표정, 어정어정 걷는 상징과도 같은 동작 등을 활용해 우뇌의 커뮤니케이션 능력을 탁월하게 보여주었다. 역사상 빛나는 위인들—예컨대 페리클레스, 카이사르, 카롤루스 대제, 그레고리오 1세, 마르틴 루터, 나폴레옹—중에서 찰리 채플린은 유독 두드러진다. 채플린 이전에 백과사전이나 역사서에 이름을 올린 익살꾼이 있었던가? 한 시대의 분위기는 그 시대에 가장 유명한 인물로 알 수 있는 법이다. 채플린의 페르소나가 그토록 두드러졌다는 사실은 이 시기에 좌뇌의 위상이 급격히 위축되었다는 것을 보여준다.

채플린이 《시티라이트》같은 영화에서 기계의 시대를 풍자하기 바로 전, 과학에서 가장 높은 위상을 차지하는 '순차성'이라는 개념에 의문을 제기하는 또다른 중대한 발견이 물리학분야에서 일어난다. 1905년 스위스 베른의 특허사무소의 별볼일없는 사무원이었던 26살 알베르트 아인슈타인이 '특수상대성이론'이라는 것을 발표한다. 속도가 매우 빠른 공간에서는 뉴턴의 법칙이 작동하지 않는다는 너무나 파격적인 주장이었다.

순차성은 우리가 말을 하든 글을 쓰든 가장 핵심적으로 작동하는 원리다. 이 원리의 근본을 뒤흔드는 이론은 알파벳으로 쓰여진 모든 글을 지탱하는 정교한 짜임새에 구멍을 낼 수밖에 없다.

문자의 쇠퇴를 알리는 전조는 다른 곳에서도 찾아볼 수 있었다. 1907년부터 파블로 피카소 Pablo Picasso와 조르주 브라크 Georges Braque는 자신들의 그림에 글자를 넣기 시작한다. 알파벳 파편과 행렬은 작품의 전체 구도 속에서 하나의 패턴을 형성하는 장식으로 기능했다.

알파벳이 이러한 용도로 쓰였던 적이 있었는데, 바로 중세 암흑시대다. 필사를 하던 수도사들이 필사본을 장식하기 위해 글자를 아름다운 패턴으로 꾸미기도 했는데, 이는 알파벳을 생각을 전달하는 도구가 아니라 예술작품으로 활용한 것이다.

14세기 조반니 보카치오 Giovanni Boccaccio가 소설을 창조한 이래 무수한 작가들이 선형적, 순차적 내러티브라는 기본적인 원리에 기반하여 작품을 썼다. 플롯이 아무리 복잡하더라도 모든 이야기는 처음-중간-끝으로 이어진다. 하지만 20세기 작가들은 이러한 관습을 깬다. 버지니아 울프는, 주인공의 삶에서 일어나는 사건을 한 줄로 꿴 구슬이 아니라 모자이크 타일처럼 보여준다.

찰리 채플린 1915년 사진

제임스 조이스는 《피네건의 경야》에서 글자의 물리적 배열을 형태기호로 활용한다. 소리를 표시하는 알파벳 문화에 미치는 영향을 인식한 그는, 마음이 글자라는 틀에 박제되는 것의 위험을 경고한다. 그는 중국한자처럼 알파벳을 조합하여 동시에 여러 가지 의미를 갖도록 만들기 위해 독창적인 방식으로 철자를 뒤섞어 단어를 만들어냈다. 같은 소리가 나는 단어를 이용한 말장난, 이중의미, 앞으로 읽으나 뒤로 읽으나 똑같은 단어 등은 우뇌가 잘 처리하는 언어유희다. 조이스의 작품은 좌뇌의 헤게모니가 소멸할 것을 예고하는 명확한 전조였다. 윌리엄 포크너William Faulkner, 커밍스e. e. cummings 같은 작가들도 계속해서 인과론의 매듭을 풀어버리는 작업을 했다.

1930년대가 되자 양자역학이라고 하는 물리학의 새로운 분야가 각광받는다. 양자역학은 방정식에 우연의 개념을 도입함으로써 과학과 상식을 완전히 뒤엎는다. 양자역학의 개척자 닐스 보어Niels Bohr는 조사자의 심리적 결정이 조사자가 수행하는 실험의 결과에 영향을 미치며, 따라서 어느 정도까지는 관찰자가 관찰하는 실재를 창조한다는 이단적인 개념을 선보인다. 고전적인 뉴턴주의자들은 이맛살을 찌푸렸다. 보어가 옳다면, 과학은 관찰자의 주관을 계산식 속에 넣어야만 하기 때문이다(결국 보어가 옳았다). 관찰대상과 관찰자의 엄격한 분리는 과학의 신조와도 같았지만, 특정한 상황에서는 폐기해야만 했다.

* * *

보어의 연구성과는, 우주만물이 신비로운 방식으로 서로 연결되어있다는 결론으로 이어졌다. 아무리 사소한 사건이라고 해도 어딘가에서 벌어지는 다른 사건에 영향을 미친다. 이러한 통찰은 우뇌의 미학적 감수성이 보기에는 그다지 놀라운 계시가 아니다. 풍경화를 그리는 사람은 그림의 배경에 위치한 사소한 물체라도 달라지면 그림 전체구도를 조정해야 한다는 것을 잘 알고 있다.

19세기 말 전자기의 발견을 통해 대중적으로 깊이 각인된 보이지 않는 '그물망'이라는 이미지는 또다시 실재를 이해하는 효과적인 메타포가 되었으며, 데카르트와 뉴턴이 제시한 거대한 태엽시계 모델은 점점 잊혀져갔다. 물리학의 새로운 두 분야(상대성이론과 양자역학)에 의해 초래된 인식의 변화는, 여성적 메타포를 남성적 메타포로 대체하도록 이끌었고, 이는 성평등관념을 강화했다.

보어는 1927년 또다른 과학적인 도발을 한다. 기존의 2원론이 가정했던 것처럼 양극이 반드시 '둘 중 하나'여야 할 필요는 없으며 그보다 '둘 다'일 수 있다고 주장한다. 그는 얕은 진리의 반대는 거짓인 반면, 심오한 진리의 반대는 또다른 심오한 진리라고 말한다. 보어는 상보성원리Theory of Comlementarity에서, 양극성은 우리의 제한된 인지 너머에 존재하는 고차원적 통일체의 두 가지 다른 측면이라고 주장한다.

덴마크의 왕이 그의 선구적인 업적을 인정하여 기사작위를 수여했을 때 보어는 음양이 어우러진 태극문양을 자신의 문장으로 삼았다. 보어는 자신의 발견이 양자역학이라는 전문영역뿐만 아니라 더 큰 함의를 지니고 있다는 것을 알고 있었기에, 방정식 하나도 들어가지 않은 논문을 철학저널에 발표하기도 한다.

정신과의사 카를 융Carl Jung의 저술은 보이의 아원자세계에 관한 묘사를 그대로 반영한다. 융은 인간의 상호관계에 관한 공시성원리Theory of Synchronicity에서 인과성이 삶의 사건들을 꿰맞추는 유일한 원리가 아니라고 주장한다. 우리 삶에서 벌어지는 설명할 수 없는 몇몇 사건들은 다른 차원에서 '의미'로 연결되어있다.

통계만으로는 설명할 수 없는 초자연적인 우연의 일치, 부족한 정보를 바탕으로 내려지는 올바른 결정들, 과학적으로 설명할 수 없는 현상들은 우리가 이해할 수 있는 범위를 넘어서는 어떤 이유로 인해 벌어지는 것이다. 융은 보어의 물리학적 가설을 생물학 영역에 도입하여, 모든 생명체는 과학적으로 정량화할 수 없는 그물망으로 서로 연결되어있다고 주장한다.

융은 우리 모두가 세상에 대한 선험적 지식을 가지고 태어난다고 주장한 최초의 과학자다. 그전까지 서양의 이성주의자들은 새로 태어나는 아이들의 뇌는 빈 슬레이트^{tabula rasa}와도 같이 깨끗하며 그 위에 문화가 글을 새긴다는 로크의 주장을 정설로 받아들였다. 융은 이에 동의하지 않았다. 그는 태곳적부터 내려오는 선험적 지식을 집단무의식^{Collective Unconscious}이라고 불렀으며 이것은 일종의 그물망처럼 우리의 조상—인간이었든 인간이 아니었든—의 의식을 통해 걸러낸 경험의 단편을 담고 있다.

프로이트의 이드처럼 집단무의식은 인간의 인지능력이 철저히 동물적 본성에 기초한다고 전제한다. 융은 자신의 가설을 뒷받침하기 위해 멀리 떨어져 있어 서로 교류한 적이 없는 사람들이 똑같은 신화를 만들어내고, 전혀 다른 문화에 속하는 개인들이 꿈에 등장하는 특정한 상징에 같은 의미를 부여하는 사례를 제시한다.

이러한 현상을 설명하기 위해 융은 과거나 현재나 모든 문화에 작동하는 '보편적인 원형'이 우리 내면에 존재한다고 주장한다. 원형^{archetype}은 우리 정신의 깊은 곳에 묻혀있으며, 대개 이미지 형태로 나타난다. 신화, 꿈, 감정의 긴밀한 연관성은 원형을 우뇌에 머물게 만든다. 시인, 극작가, 종교적 인물들은 오래 전부터 반은 의식처럼, 반은 유령처럼 다가오는 신비로운 이미지의 강력한 힘을 직관적으로 이해했다.

융, 프로이트, 조이스, 플랑크, 아인슈타인, 피카소, 채플린 등 많은 이들이 서양의 지적 풍토를 바꾸었다. 이들은 나름의 방식으로 우뇌의 진가를 다시 알아볼 수 있도록 기여했다.

* * *

양자^{quantum}라는 새로운 세계는 논리로 설명할 수 없는 속성들이 쏟아냈다. 과학자들 사이에 weird^{기이한}, absurd^{부조리한}라는 단어가 유행어처럼 번지는데, 이는 한편으로 경이로우면서도 한편으로 납득하기 어려운 현상을 표현하는 것이었다.

기이함과 부조리함은 예술분야로까지 확산된다. 시인 에즈라 파운드^{Ezra}

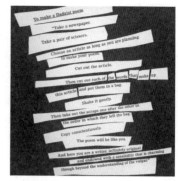

트리스탕 차라의 시, 다다이즘 시 쓰는 법
How to Make a Dadaist Poem

Pound는 예술가들에게 "세상을 낯설게 만들라"고 촉구한다.[3] 제1차세계대전이라는 잔혹한 죽음의 춤이 펼쳐지는 시기에 확산되기 시작한 다다이즘Dadaism은 부조리예술의 선봉이었다. 다다이즘의 선구자라 할 수 있는 시인 트리스탕 차라Tristan Tzara는 신문에서 문장조각들을 잘라내 가방에 넣고 흔든 다음 테이블 위에 쏟는다. 이렇게 아무렇게나 떨어진 조각들의 배열이 바로 '다다이즘 시'라고 선언한다.

다다예술가들은 취리히의 카페볼테르Cafe Voltaire에 매일 저녁 모여 온갖 괴상한 퍼포먼스를 선보이며 서로 웃고 떠들었다. 이와 같은 시기인 1916년 여기서 몇 블록 떨어지지 않은 곳에서 알베르트 아인슈타인은 자신의 두 번째 위대한 과학적 공헌인 일반상대성이론을 마지막으로 손질하고 있었다. 이 이론을 통해 아인슈타인은 우리가 살아가는 세상이 상상하는 것보다 훨씬 기괴하다는 것을 일깨워준다.

다다운동의 소산이라 할 수 있는 초현실주의surrealism는 인간의 무의식을 파고들며, 털로 짠 찻잔이나 공중에 떠다니는 기관차처럼 기이한 물건들을 나란히 보여줌으로써 보는 이들의 신경을 거스른다. 초현실이란 현실을 넘어선 것이라는 의미인데, 이들은 좌뇌의 정밀한 원근법을 폐기하고 꿈을 꾸듯이 세상을 바라보는 우뇌의 시각을 형상화한다.

문화에 혼란을 초래하는 원인을 찾기 위해 골몰하던 새로운 세대의 철학자와 논리학자들은 그 열쇠를 언어에서 찾아낸다. 우리가 다른 사람과 소통하기 위해 사용하는 언어가 우리의 상상력을 제한한다는 것이다. 수 세기 동안 언어는 사고를 조직하는 보이지 않는 손 역할을 해왔다. 19세기 말 퍼스C.S.Peirce와 소쉬르는 언어의 본질을 탐구하는 기호학이라는 학문을 만든다.

이들의 업적을 토대로 비엔나의 철학자 루트비히 비트겐슈타인Ludwig Wittgen-stein은 언어를 '새장'에 비유한다. 오랜 시간 문법과 구문의 복잡성을 탐구한 뒤 그는, 언어는 한계가 너무 뚜렷하기 때문에 실재의 본성을 전달하는 수단 으로 부적합하다는 놀라운 결론을 내린다.

"눈에 보인다고 해서 모두 말로 표현할 수 있는 것은 아니다."[4]

양자물리학, 다다이즘과 마찬가지로 비트겐슈타인 역시 논리와 글쓰기에 필 요한 선형적 사고에 반기를 들었다. 그는 생애의 절정기에 철학교수직을 사임 하고 병원에 단순노무직으로 취업한다. 또한 에드워드 사피어Edward Sapir와 벤저 민 리 워프Benjamin Lee Whorf는 우리가 어린 시절 배우는 언어가 세상을 상상하는 우리의 능력을 빚어낸다는 주장을 한다.

지금까지 이야기한 다양한 운동의 거센 흐름 속에서 전통적인 서양의 철 학과 감수성을 떠받치던 좌뇌적 기질은 서서히 금이 가기 시작했다. 학문분 야를 막론하고 쏟아져나오는 명백한 증거들은 새로운 세기의 서양인들에게, 오랜 시간 그들을 지배해온 지배적인 패러다임에 근본적인 문제가 있다는 사 실을 일깨워주었다.

* * *

20세기가 시작되자마자 들이닥친 다양한 분야의 진보는 찬란한 세기를 약속 하는 듯했다. 하지만 이러한 발전은 두 번의 세계대전, 가혹한 경제불황, 긴 냉 전, 곳곳에서 터져나오는 인종분쟁으로 인해 물속에 잠기고 말았다. 역사학 자들조차 그토록 유망했던 문명이 그토록 깊은 어둠의 시대로 추락할 수밖에 없었던 이유를 설명하지 못한다. 이 냉혹한 현실을 새로운 커뮤니케이션 매체 의 범람이라는 문맥 안에서 바라보는 사람은 지금까지 없었다.

구텐베르크 이후 500년 동안 민족주의는 서양문화의 추악한 면을 드러내는 사나운 채찍이 된다. 민족주의가 등장하기 이전에는 도시국가 단위로 공동체가 형성되어있었다. 예컨대 군인들은 자신에게 돈을 주는 도시를 위해 싸웠다. 르네상스 이탈리아의 한 도시에 고용된 용병이 이탈리아의 다른 도시에 고용된 용병과 싸웠다. 독일 역시 한 군주prince가 다스리는 영토가 곧 '공국principality'을 형성했으며, 이들끼리 싸우는 것이 기본적인 전쟁이었다.

군인은 전쟁을 수행하는 전문가로서, 돈을 많이 주는 사람을 위해 싸웠다. 그들의 주된 관심은 전장에서 죽지 않는 것과 약속된 금액을 받는 것이었다. 이처럼 전문가들끼리 맞부딪히다보니 실제로 전쟁에서 죽는 사람은 거의 없었다. 한창 싸우다가도 정각 5시만 되면 전투를 멈추고 자기 진영으로 퇴근하는 것이 전장의 불문율이었다. 맛있는 저녁과 함께 맥주를 즐기는 것이 용병들의 가장 큰 낙이었다.

하지만 인쇄기술이 발명된 이후 상황은 완전히 바뀐다. 자신과 '같은 언어를 쓰는 사람들'이라는 거대한 실체에 자신이 속해있다는 것을 자각하게 된 것이다. 같은 언어를 쓰는 공동체를 민족nation이라는 말로 일컫게 되면서 이들을 위해 기꺼이 목숨을 바칠 수 있다는 충성은 고귀한 대의가 된다. 프랑스어를 쓰는 사람들은 프랑스인이 되고 독일이를 쓰는 사람은 독일인이 되었다.

Vive la France! (프랑스 만세!)

Deutschland über Alles! (도이칠란트 최고!)

맹목적인 민족주의, 국수주의의 열정으로 발발한 전쟁은 이루 나열할 수 없을 만큼 많다. 세계사를 공부해보면 유럽국가들 사이의 끊임없이 뒤바뀌는 동맹관계를 외우는 것이 얼마나 고달픈 일인지 알 것이다. 제1차세계대전은 민족주의전쟁의 최종결정판으로, 인쇄물의 포화상태를 견디다 못한 문화가 폭발한 것과도 같았다.

하지만 유럽과 미국 밖 지역에서는 국가라는 개념을 구체화하는 데 필요한 정신적 구조물이 아직 존재하지 않았다. 특히 아프리카에서 부족생활을 하던 많은 이들은 자신들을 지배하는 식민지 압제자가 나눠준 군복을 입고 전장에 나가면서도, 다른 나라의 왕이나 사람들을 죽이기 위해 목숨을 바치는 일이 왜 명예로운 것인지 이해하지 못했다.

끊임없이 병사들이 쏟아져나오듯이 인쇄기에서 쏟아져나온 알파벳은 유럽과 미국을 쇼비니즘에 쉽게 휩쓸리도록 만들었다. 나라마다 제각각 자신들의 언어로 지어진, 최고의 작가의 '위대한 소설'을 전국민이 탐독하도록 했다. 물론 이런 소설들의 테마(내용)는 보편적인 인간의 경험을 강조하는 것이었다. 하지만 동시에 책을 읽는 '과정'은, 민족이 다르다고 여겨지는 강 건너편의 동족 인간들을 열등한 종으로 간주하는 망상을 강화시켰다.

깃발을 들고 나라를 위해 목숨을 바친 전쟁이 모두 끝났을 때, 프랑스는 본질적으로 1000년 전부터 원래 프랑스였던 지역을 그대로 차지했다. 독일 역시 원래 독일어를 쓰는 사람들이 1000년 전부터 살았던 지역을 거의 그대로 차지했다. 이탈리아 역시 고대부터 원래 자신들의 고향이었던 반도에 여전히 거주했고, 영국도 1000년 전부터 자신들의 조상이 물려준 섬에 그대로 머물러 살았다. 목이 찢어질 듯 우렁찬 명령소리, 날카롭게 맞부딪히는 칼날소리, 들판에 쓰러져 온갖 언어로 도움을 요청하는 수많은 젊은이들의 비명소리를 지불하고도 얻은 것은 거의 없었다.

눈에 띄지는 않았지만 울부짖음과 잔혹한 전투가 계속되는 동안에도 우뇌는 무대 뒤에서 조용히 활동을 지속했다. 미국에서는 1920년, 영국에서는 1936년 여자들은 드디어 투표권을 획득한다. 가부장적 종교의 가장 큰 특징인 '광신'은 유럽과 미국에서 어느새 자취를 감추고 사라졌다. 꼿꼿하던 프로테스탄트는 한결 부드러워졌으며, 평등에 한 걸음 더 다가섰다. 여자들이 립스틱을 칠하는 것도 용납했으며, 심지어 쇠렌 키에르케고르 Søren Kierkegaard(1813-55) 이후 퍼져나간 신비주의적인 요소도 받아들인다. 유대교에서도 정통교리에 반기를 든 개혁운동의 힘이 커졌다. 가톨릭은 여전히 낙태를 금지했지만, 무수한 신도들이 교리를 무시하고 산아제한운동에 동참하기 시작했다.

이 책에서 줄곧 보았듯이, 전혀 글을 모르고 살던 이들이 갑자기 글을 깨우치는 순간 광기의 소용돌이가 발생한다. 20세기에도 이러한 현상이 발생하는데, 그 주인공은 바로 칼 마르크스Karl Marx의 《공산당선언》이다. 《공산당선언》은 구약, 신약, 꾸란 다음으로 알파벳으로 쓰여진 네 번째로 '신성한' 책이다.

《공산당선언》을 신성하다고 말하는 것은 이 책이 촉발한 혁명이 매우 '종교적'이었기 때문이다. 그림이 전혀 삽입되어있지 않은 이 책에서 제시하는 신은 바로 '역사'다. 마르크스는 인간의 삶을 결정하는 보이지 않는 힘을 역사라고 간주한다. 하지만 여기서 말하는 역사란 남성적 사건들의 선형적 순차적 배열로, 본질적으로 좌뇌에서 솟아나는 남성적인 개념이다.

마르크스의 치밀한 사고체계 속에서 '역사의 힘'이란 야훼의 분노, 제우스의 번개, 그리스도의 자비를 대신하는 개념이다. 그의 새로운 복음서에 따르면, 인간은 무엇보다도 경제적 동물이다. 뉴턴의 몰개성적인 '과학적 결정론'의 세례를 받았던 19세기와 20세기의 지식인들에게 마르크스의 이론은 쉽게 수긍할 수 있는 것이었다. 마르크스의 주요관심사는 경제적 주체로서 남자동물이었다. 사회의 자연적인 분업현상에 대하여 깊이 천착하였지만, 그러한 역사적 접근방식에서 여자의 역할이나 기여에 대한 언급은 전혀 찾아볼 수 없다.

마르크스는 열정적인 자기확신으로, 자신의 준종교적 혁명이 가장 발전한 산업국가에서 먼저 발생할 것이라고 예언한다. 입심 좋은 이론가들은 카페에 모여 프랑스, 미국, 영국, 독일 중에서 누가 가장 먼저 썩어 떨어질 과일이 될지 끊임없이 논쟁했다. 하지만 놀랍게도 그들의 지도자가 제시한 과장된 이론은, 서양의 주요국가들 중 가장 낙후된 나라인 러시아에서만 실현된다.

전혀 예상치 못한 곳에서 혁명이 성공한 이유는 무엇일까? 이것 역시 문자의 힘이라고 여겨진다. 러시아는 문자가 확산되는 시기가 매우 늦다. 유럽과 미국이 인쇄기술이 몰고온 광기에 심한 홍역을 앓고 여기에서 회복되는 와중에도 러시아는 여전히 구술문화가 지배하는 사회를 유지했다. 19세기까지 러시아에는 이렇다 할 민족문학이 없었다. 1800년, 모스크바에 서점은 단 두 곳밖에 되지 않았으며, 러시아 전체의 대학생 수가 영국, 프랑스, 독일의 '대학' 수보다 적었다.

구텐베르크혁명은 러시아 바로 코앞에서 일어났지만, 서유럽이 르네상스, 종교개혁, 이성의 시대, 계몽주의까지 거쳐가는 동안 러시아에는 거의 아무런 영향도 주지 않았다. 과학적 발견, 신대륙의 발견과 세계일주, 예술적 혁신, 휴머니즘철학 등에도 러시아는 아무런 기여를 하지 않았다. 물론 그 덕분에 러시아는 유럽대륙을 피로 물들인 종교전쟁이나 마녀사냥과 같은 광풍을 비켜나갈 수 있었다.

러시아에서 인쇄기술이 본격적으로 빛을 발하기 시작한 것은 19세기다. 문자가 확산되자 곧바로 거대한 각성이 일어난다. 곳곳에 학교와 대학이 세워졌고, 대중교육의 열기가 달아오른다. 러시아의 과학자들은 세계적인 수준의 발견을 쏟아내기 시작했으며, 러시아의 문학에도 서광이 비추기 시작한다. 톨스토이와 도스토예프스키라는 세계적인 대문호뿐만 아니라 고골, 푸슈킨, 체홉, 투르게네프 등 무수한 작가들이 등장하여 마치 잃어버린 시간을 보상하려는 듯 무수한 걸작들을 쏟아낸다. 글을 읽을 줄 아는 사람들이 급격하게 늘었고, 글을 읽고 쓰는 것이 민족적 자존심의 문제로 부상한다.

러시아의 민족적 기질에 변화가 생기기 시작한 것도 바로 이 무렵이다. 역사적으로 러시아사람들은 타인의 종교에 관대했다. 19세기 이전까지 러시아땅에서 진정한 종교전쟁은 한 번도 일어난 적이 없다. (종교를 구실로 삼더라도 실제로는 영토를 확보하기 위한 전쟁이었다.) 십자군전쟁에서도 러시아사람은 전혀 찾아볼 수 없었다. 10세기 러시아인들이 기독교로 집단개종을 했을 때도, 아무런 사회적인 혼란이 벌어지지 않았다. 다른 유럽국가에 비하면 매우 신기한 일이었다.

러시아지역에 거주하는 아슈케나지Ashkenazi 유대인에는 유독 금발에 파란 눈이 무척 많은데, 이는 5-9세기 어느 시점에 상당수의 슬라브인들이 유대교로 개종했다는 사실을 뒷받침한다. 이러한 외모상 특징은 2세기까지 유대지역에 모여살던 셈족 유대인에게서는 전혀 볼 수 없는 것이기 때문이다. 19세기 러시아는 세계에서 유대인이 가장 많이 사는 곳이었다. 유대인들이 러시아를 정착지로 선호한 가장 큰 이유는 바로 종교적 다양성을 포용하는 슬라브인들의 너그러운 문화 때문이었다.*

19세기가 되자 살인까지도 불사할 정도로 강렬한 반유대주의가 러시아인들의 피 속에서 끓기 시작한다. 이러한 갑작스러운 변화가 발생한 이유를 지금까지 누구도 제대로 설명하지 못했다. 러시아의 유대인들은 근면하고 준법정신도 투철했다. 그들은 권력도 땅도 거의 갖지 못한 상태였으며, 러시아의 주류사회를 위협할만한 일을 한 적도 없었다. 러시아정교회의 위계질서와도 불화한 적이 없었다. 지난 500년 동안 유대교로 개종한 러시아인도 극히 일부에 지나지 않았으며, 유대인들 때문에 귀족들이 밤잠을 설친 적도 없었다.

그럼에도 1492년 스페인에서 발생했던 편집증이 400년 뒤 러시아에서 그대로 되살아난다. 문자가 급속도로 확산되면서 많은 이들이 자신과 다른 종교를 믿는 소수민족에 대한 호전적이고 공격적인 태도를 갖기 시작한다.** 1880년대 유대인학살이 본격적으로 시작되었고, 무수한 사람들이 살해당한다.

19세기 유대인학살은 20세기 러시아를 사로잡은 더욱 극악한 광란의 진조에 불과했다. 1917년 서양역사에 다섯 번째 '프로테스탄트'혁명이 발생한다. 바로 러시아의 귀족사회와 교회를 폭력으로 뒤엎은 사건이다. 물론 '공산주의'라는 간판을 달고 진행되었기 때문에 이것이 다른 유럽국가들에 비해 매우 늦게 찾아온 '종교개혁'이라는 사실은 쉽게 알아차릴 수 없었다. 이 종교개혁의

- 원래는 스페인에 거주하던 세파르디Sephardi가 유대인들의 대다수를 차지했으나 15세기 종교재판으로 인해 세파르디 공동체가 완전히 파괴된 이후 오늘날까지 러시아와 동유럽에 거주하던 아슈케나지가 유대인의 대다수를 차지하게 된다. 이들은 제2차세계대전을 거치면서 나치를 피해 대부분 미국과 이스라엘로 이주한다. 혈통적으로는 거리가 멀지만 유대교를 믿기 때문에 이들은 스스로 유대인이라고 인식한다. (세계적으로 유명한 유대인들은 대부분 아슈케나지 유대인이다.—옮긴이)
- ●● 러시아의 기독교도 남자들은 유대인과 여자들을 동일한 '타자others'로 간주했으며, 이들은 같은 처지에 놓인다. 하지만 16세기 유럽을 휩쓸었던 여성혐오적인 마녀사냥열풍은 러시아에서 일어나지 않았는데, 이는 러시아가 유대인학살에 몰입하느라 여자들에게 신경쓸 겨를이 없었을 뿐이라고 여겨진다. 아마도 문자가 조금만 더 일찍 확산되었더라면 상황은 달라졌을 것이다.

성서는《공산당선언》이었다.

이 혁명 역시 앞서 보았던 네 번의 프로테스탄트혁명과 똑같이 우뇌적 가치에 대한 대대적인 공격을 벌인다. 소피아숭배는 비난의 대상이 되었다(러시아에서는 마리아를 소피아라고 부른다). 이미지도 공격대상이 된다. 러시아정교회는 동방정교회의 일파로서 영적인 권능을 지니고 있다고 여겨지는 성상화^{ikon}를 걸어두는 전통이 있다. 하지만 공산당은 이콘을 닥치는 대로 파괴한다.

이미지에 대한 공산당의 증오는 머지않아 20세기의 모든 서양예술을 대상으로 삼는다. 공산당이 특정한 이미지들을 '퇴폐적'이라고 비난한 것은, 히브리인들이 '망측'하다고, 4세기 정통교단이 '이교적'이라고, 종교개혁 시기 프로테스탄트가 '우상숭배'라고 비난한 것과 매우 흡사하다. 공산당은 무수한 그림과 조각상을 파괴했으며, 수많은 화가와 조각가들이 살해되거나 강제수용소로 끌려갔다.

400년 전 프로테스탄트가 저지른 만행이 러시아에서 그대로 되풀이되었다. 공산주의자들은 사회에서 예술, 색깔, 즐거움을 추방했다. 사람들 옷은 우중충한 색으로 변했고 건물도 온통 회색으로 칠했다. 검은색과 흰색으로만 이루어진 글에 집중하면서 사람들은 웃음도 잃었다. 교리가 이성적 토론을 대체했다. 공산주의자들은 집산주의^{collectivism}라는 추상적 원리를 달성하기 위해 높은 생산성으로 부를 쌓은 쿨락^{Kulak}(부농)을 수백만 명이나 살해했다.

새로운 교리의 순수성을 지키고자 하는 열성당원들은 의사, 과학자, 휴머니스트들을 공개재판에서 '이단'이라고 비난한다. 이 모든 과정은 서유럽에서 몇백 년 전 종교전쟁시절 실행되었던 의례, 고문, '고해' 과정을 그대로 흉내낸 것이었다. 물론 광장에서 불에 태워죽이는 대신, 새벽 3시 KGB의 루브지안카 감옥에서 관자놀이에 총을 쏴 죽인 것은 그나마 관대한 처분이었다.

공산주의는 가혹하게 여자들을 억압했다. 극단적인 가부장제가 러시아를 지배했다. 하지만 공산주의자들의 손에 가장 큰 고통을 당한 것은 어머니자연이었다. 원시의 숨결을 간직하고 있던 러시아의 아름다운 자연이 돌이킬 수 없을 만큼 심각하게 훼손되었다. 툰드라의 이끼들, 바이칼호수의 물고기들, 체르노빌의 아이들은 '산업화'라는 이름으로 가해진 반여성적 폭력의 결과로 죽음으로 내몰렸다.

알파벳 기반 종교는 대부분 이전에 권위를 누리던 종교를 악마화한다. 유럽을 장악한 기독교는 기존의 여신들을 적그리스도(악마)로 만들어버렸다. 20세기 공산주의는 기독교를 악마화한다. 루터가 주장했던 것과 똑같이 공산당은 인민들이 이제 새로운 성서를 직접 읽고 이해할 수 있으니 오랜 세월 이어져 내려온 러시아정교회의 사제나 의례는 더 이상 필요하지 않다고 선언한다. 물론 이들의 성서는 《공산당선언》이었다. 마르크스가 종교를 '인민의 아편'이라고 비유한 것을 떠올려보면 당연한 결과였다. 모든 종교조직은 해체되었고 교회건물은 대중정치집회장소로 이용되었다. 성직자들은 투옥되었고, 3위1체를 숭배하는 것은 금지된다.

유럽의 한 백인남자가 세상을 뜨기 전 글로 남긴 경제학이론은 이제 종교가 되었다. 이에 감화된 이들은 좀비처럼 교리를 무조건적으로 따른다는 점에서 광신도들과 다를 게 없었다. 물론 그들이 하느님처럼 섬기는 '역사'가 본질적으로 신이 아니기 때문에 공산주의는 '종교'가 아닌 '이데올로기'라는 이름으로 불릴 뿐이다. 공산주의자들 역시 16세기 유럽을 피로 뒤덮은 광신도들의 테러정치를 똑같이 실시했다. 다른 유럽국가들과 비슷한 시기에 러시아에도 문자가 확산되었다면, 냉전이라고 불리는 암흑의 시기가 20세기에 도래하지 않았을지도 모른다.

* * *

구술전통이 강한 러시아에 문자가 대대적으로 확산되면서 심각한 혼란에 휘말려있는 동안, 이미 오래전 문자를 받아들여 혹독한 시련을 겪고난 뒤 어느 정도 안정을 되찾은 독일은 또다시 새로운 커뮤니케이션현상이 도래하면서 혼란에 빠진다. 19세기 이후 독일은 세계에서 가장 뛰어난 교육시스템을 갖춘 나라였다. 깨끗이 차려입고 반듯하게 줄맞춰 앉아서 수업을 듣는 독일의 교실 풍경은 모든 교사들의 꿈이었다.

미국의 의사들, 영국의 과학자들, 프랑스의 자본가들이 자기 분야에서 가장 선진기술을 받아들이기 위해 정기적으로 독일을 찾았다. 문학, 음악, 산업, 기술 등 어느 분야에서도 독일은 최고의 선진국이었으며, 이에 독일인들은 엄청난 자부심을 느꼈다. 유능하고 공손하고 지나칠 만큼 준법정신이 투철한 사람들이 모여 사는 독일이라는 나라는 문자기반 사회가 도달할 수 있는 가장 이상적인 모범사례로 여겨졌다.

그렇다면 세계에서 가장 문명화된 국가로 인정받던 독일이 어떻게 그토록 갑자기 인류역사상 가장 잔혹한 식인괴물로 둔갑한 것일까? 아우슈비츠, 바비야르, 부헨발트와 같은 집단수용소에서 괴테, 실러, 라이프니츠의 고매한 정신은 도대체 어디로 사라져버린 것일까? 이 잔혹한 학살자들은 쉬는 시간에 하인리히 하이네의 시와 토마스 만의 소설을 읽고 모차르트의 음악을 들으면서 기분전환을 했다.

문자가 미개한 이들을 문명화하는 열쇠라면, 나치독일이라고 하는 괴물은 어떻게 설명할 수 있을까? 그토록 모범적인 독일인들이 어떻게 그토록 철저히 공동체의 도덕적인 나침반을 잃어버릴 수 있었던 것일까? 세계에서 가장 우수한 교육제도는 왜 그런 행동을 막지 못한 것일까? 여전히 답을 찾지 못한 이 우울한 질문들은, 20세기 인류가 일궈낸 눈부신 성취들을 모두 덮을 정도로 깊은 어둠을 드리운다.

인류에게 종교개혁을 선사한 것은 바로, 하느님을 두려워하며 꼬박꼬박 교회에 나가는 독일인들이었다. 로마제국을 위협하는 유럽의 가장 강력한 부족이었던 튜튼이 바로 그들의 선조다. 하지만 이들은 여러 지도자들을 쫓아 제각각 나뉘어 오랜 시간 흩어져 살아오다가 종교개혁과 더불어 서서히 하나의 민족이라는 관념을 갖게 된다. 하지만 20세기에 이들은 하느님을 버리고 대신 자신들의 총통을 신앙의 대상으로 삼는다. 손을 앞으로 뻗어 지크하일!Sieg

Heil!(승리 만세!)을 외치는 나치경례는 그러한 변화를 보여주는 가장 뚜렷한 증거였다.

어떻게 그토록 문명화된 이들이 투박하고 어설픈 선동가에게 그토록 쉽게 빠져든 것일까? 많은 이들이 제1차세계대전 패전국으로서 상당한 배상금을 지불해야 하는 경제적 어려움, 항복을 했다는 굴욕과 불명예가 그러한 결과를 낳았다고 말한다. 하지만 치욕적인 군사적 패배나 승전국에게 배상을 하는 일은 역사적으로 무수히 있어왔던 일이다. 독일인들의 종교적 청렴함, 최고수준의 도덕교육, 가장 뛰어난 고전문화를 계승해 온 민족이라는 자긍심을 압도할 만큼 어떤 강력한 요인이 새롭게 작용했던 것은 아닐까?

그 요인은 바로 '라디오'였다. 세상에 선보인 지 얼마 되지 않은 이 낯선 발명품을 이용해 히틀러는 독일인들에게 최면을 걸었다. 라디오는 말을 전달하는 매체다. 라디오는 감정을 자극하며, 즉각적이다. 누군가 어둠 속에서 자신에게 속삭이는 듯, 매우 개인적인 느낌을 준다. 라디오는 뉘앙스와 말투까지 전달한다. 말하는 사람을 '볼' 수 없기 때문에, 라디오는 말을 할 때 소리가 수행할 수 있는 기능을 극대화한다. 문자가 가장 깊이 뿌리내린 문명국가였던 독일은 마이크를 활용한 선동에 특히 취약할 수밖에 없었다.

마이크와 라디오가 발명되기 전에는 연설을 해봤자 몇백 명에게 이야기하는 것이 고작이었다. 하지만 라디오의 발명으로 연설가는 전국민을 향해 동시에 연설을 할 수 있게 되었고, 이로써 부족단위에서나 느낄 수 있는 동질감과 단일한 비전을 수백만 명에게 일깨워줄 수 있게 된다. 당시 사진을 통해 독일사람들이 길거리에 모여 히틀러의 연설이 나오는 옥외 스피커를 '쳐다보고' 있는 모습을 볼 수 있다. 마샬 맥루한은 이렇게 쓴다.

히틀러가 정치적으로 중요한 인물이 될 수 있었던 것은 전적으로 라디오와 대중연설시스템 때문이었다… 라디오를 통해 대중은 최초로 전자적인 내부파열을 체험한다. 이러한 체험은 문자에 기반한 서양문명의 방향과 의미를 완전히 뒤바꿔 놓는다.[5]

1930년대 히틀러는 라디오를 이용하여 독일사람들을 광신적인 튜튼부족으로 단결시키는 데 성공한다. 독일인은 '선택받은 사람들'이라는 히틀러의 메시아적 외침에 모두들 환호했다. 히틀러의 연설이 글로 전파되었다면, 독일인들은 그의 주문에 쉽게 걸려들지 않았을 것이다.[•]

　　　　"나는 몽유병환자의 확신을 가지고 내 길을 갑니다."[6]

라디오연설에서 히틀러는 이렇게 말한 적이 있다. 그는 실제로 라디오라는 새로운 매체를 활용하여 모든 인민을 몽유병 환자로 만들었다. 당시에는 현대의 피리 부는 사나이에게 왜 그렇게 사람들이 열광하는지 도무지 이해할 수 없었다. 히틀러의 메시지에 담긴 '내용'은 누가 보기에도 불쾌하고 모순된 것이었다. 오늘날 독일인들은 자신들의 할아버지 할머니들이 도대체 어떻게 그런 쓰레기주장에 현혹되었는지 여전히 이해하기 어려울지도 모른다.

　역설적으로 그 이유는 독일이 세계에서 문자가 가장 깊이 뿌리내린, 가장 문명화된 나라였기 때문이다. 요란한 말소리를 시끄럽게 퍼트리는 새로운 매체의 출현에 가장 취약한 나라였기 때문이다. 물론 나치독일이라는 사악한 집단이 출현할 수 있었던 이유를 새로운 커뮤니케이션기술이 초래한 결과라는 측면으로 모두 설명할 수는 없다. 하지만 오스트리아의 무명 화가지망생을 독일 정치권력의 최정점에 서게 만든 주된 요인으로, 새로운 커뮤니케이션기술이 그동안 주목받지 못했다는 사실만은 분명하다.

　원래 화가를 꿈꾸던 청년이었던 히틀러는 시각적 화려함과 이미지의 힘을 잘 알았다. 제3제국의 상징으로 갈고리십자가를 선택한 것도 그였다. 드라마틱한 집회를 연출하기 위해서 직업연예인들을 고용하여 무대를 꾸몄다. 미디어의 중요성을 간파한 히틀러는 괴벨스와 함께 '프로파간다'라는 개념을 처

● 　실제로 히틀러는 자신의 광신적인 신념을 《나의 투쟁》이라는 책으로 펴내기도 했다. 하지만 이 책은 라디오연설이나 강렬한 이미지만큼 그다지 영향력을 발휘하지 못했으며, 또한 널리 알려져있지도 않다.

음 만들어냈으며, 오늘날 홍보기능을 수
행하는 선전선동부를 최초로 정부기관으
로 설치했다. 시각적 이미지와 말의 힘을
이용하는 탁월한 능력을 활용하여 고도
의 문명국가였던 독일의 이성적, 도덕적
사고가 작동하지 않도록 정지시켜버린다.
그의 놀라운 성공은 20세기의 가장 오싹
한 이미지를 여러 세대의 기억 속에 각인
시켜 놓았다.

　　나치독일의 '이데올로기'인 파시즘은
실제로 어떤 이론이나 추상적인 '아이디
어'가 아니었다. 한 남자의 카리스마적인
목소리를 최면운동으로 증류한 것에 불

"독일인은 모두 '인민라디오'로 총통의 연설을
듣는다." 1936년 폭스엠페이나(인민의 라디
오)를 홍보하는 나치 포스터

과했다. 20세기를 휘저어놓은 두 사악한 이데올로기, 공산주의와 파시즘은
실제로 무신론에 기반한 종교였다. 커뮤니케이션매체 전환과정에서 벌어진
혼란 속에서 이 두 종교는 예상치 못할 만큼 엄청난 신자들을 확보한다. 하
지만 이 두 이데올로기는 정반대 방향으로 흘러갔다. 어머니러시아에서는
문자가 구술전통을 전복했고, 아버지의 땅 독일에서는 구술이 문자를 전복
했다. 이 두 이데올로기가 서로 원수지간인 것은 전혀 놀라운 일이 아니다.

＊＊＊

나는 지금까지 문자가 확산되면서, 특히 인쇄기술을 통해 좌뇌가 우뇌를 압도
함으로써 사회에 불균형을 야기했다고 주장했다. 하지만 그렇다고 해서 우뇌
적 특성이 갑작스럽게 발현되어 좌뇌를 지배하는 것이 바람직하다고 주장하
는 것은 전혀 아니다. 비합리적인 우뇌 역시 어두운 면을 가지고 있다. 히틀러
의 강렬한 목소리는 우뇌의 깊은 곳을 파고들어 오랫동안 잊고 지내던 부족

의 신화와 의례를 부활시켰다.

게르만이라는 정체성과 그들의 언어는 카이사르보다 훨씬 오래전부터 내려온 인류의 유산이다. 그들의 문화는 인류문명의 발달에 엄청난 기여를 했다. 로마인들의 기록에 처음 등장한 이래 2000년 동안 인간의 행위규범에서 가장 극적으로 벗어난 게르만족의 일탈은 두 번 있었는데, 그것은 바로 마녀사냥열풍과 홀로코스트다. 이 사건들은 모두 커뮤니케이션매체가 바뀌는 시점에 발생했다.

히틀러가 활용한 새로운 매체의 힘을, 프랭클린 루스벨트와 윈스턴 처칠도 효과적으로 활용했다. 루스벨트는 대공황시절 '로변담화fireside chat'를 시작했고, 수백만 미국인들은 라디오 앞에 모여 그의 확신에 찬 음성에 귀 기울였다. 처칠 역시 라디오를 이용해 나치에 대한 저항정신을 고취했다. 제2차세계대전이 진행되던 어두운 시절, 스피커를 통해 나오는 그의 목소리는 패배주의를 떨쳐내고 독일에 점령당한 유럽국가들의 인민들에게 희망을 심어 주었다. 실제로 제2차세계대전 때 독일이 가장 두려워한 무기는 다름아닌 단파라디오였다. 단파라디오를 가지고 있다가 발각되면 끔찍한 처벌을 받았다.

처음에는 명확하게 드러나지 않았겠지만, 제2차세계대전은 기계의 시대에 펼쳐진 '신들의 황혼'이었다. 기계화 전차사단은 알파벳처럼 일사분란하면서도 선형적인 방식으로 기동작전을 수행했다. 뉴턴의 원리에 따라 정확한 계산식을 바탕으로 포병들은 포탄을 쏘았다. 이 전세계적인 전쟁은 좌뇌적 사고와 계산이 총집결하여 모든 것을 토해내는 절정과도 같았다.

이 절정은, 1945년 8월 6일 로버트 오펜하이머가 '천 개의 태양보다 밝다'고 묘사한, 눈을 뜨기도 힘들 만큼 번쩍이는 섬광으로 끝을 맺는다. 원자의 시대의 도래를 알리는 이 섬광이 가부장제의 종말, 여신의 재림, 문자에 대한 이미지의 승리가 비로소 시작되는 신호였다는 것을 깨닫는 이는 아무도 없었다. 새로운 시대가 밝아오고 있었다.

35

PAGE vs SCREEN

페이지 vs 화면

THE ALPHABET
VERSUS
THE GODDESS

매체의 경쟁은 문화를 꽃피운다.

해럴드 이니스 Harold Innis[1]

우리는 다시 한번 좌뇌와 우뇌가 드러내는
인식상의 편향을 인정하고 이를 조화시켜야 한다.
지난 수천 년간 숫자를 계산하는 좌뇌가
질적인 판단을 하는 우뇌를 억압해 왔으며,
그로 인해 우리 인간성은 고통받아왔다.

브루스 파워스 Bruce Powers[2]

페이지 vs 화면

1945-2000

저 2차세계대전이 끝나자 실존주의라고 하는 허무주의 철학이 마치 젖은 담요처럼 우울한 지식인들의 정신을 무겁게 짓눌렀다. 전쟁은 인간의 본성에 대한 끔찍한 진실을 드러낸다. 더할 나위 없이 낙천적인 사람들도 교육이나 문화적 소양이 인간을 야만에서 완전히 벗어나게 해주지 못한다는 것을 인정할 수밖에 없었다. 제네바조약과 같은 제도가 이미 작동하고 있었음에도, '문명화된' 추축국 군대는 16세기 종교전쟁을 능가하는 최악의 잔악행위를 저질렀다.

제2차세계대전은 현대문명에게 내려진 불세례였지만 이러한 갈등은 전지구적 의식에 엄청난 변화가 시작되었음을 보여주는 신호이기도 했다. 19세기 등장한 강력한 두 가지 '여성적인' 힘, 즉 사진술과 전자기가 마침내 결합되어 1939년 '텔레비전'이 발명된다. 전쟁이 끝난 뒤 TV는 급속도로 보급되었고, 말 그대로 집집마다 한 대씩 놓인다. TV는 순식간에 사람들을 매료시켰다. 깜박이는 전자영상 속에 움직이는 그림을 보면서 사람들은 거실에 모여 시간을 보냈다. TV시청시간은 일렬로 나열된 검은 글자들을 읽는 데 들이는 시간을 금세 넘어섰다.

TV를 보고 이해하는 데 필요한 뇌의 작용은 글을 읽는 데 필요한 뇌의 작용과 완전히 다르다. TV브라운관 위에 깜박이는 저해상도 모자이크 조각들을 해독하기 위해서는 패턴인식기술을 활용해야 한다. 정적인 인쇄물을 시각적으로 인지할 때에는 망막의 원뿔세포가 작동하는 반면, TV를 볼 때는 막대세포가 작동한다. 막대세포는 시야주변의 흐릿한 움직임도 쉽게 인지하고, 아

677

주 미세한 움직임도 감지해낸다. TV를 보는 시간이 늘어나면서 우뇌를 활용하는 양은 늘어났고, 상대적으로 좌뇌의 지배력은 약화되어 갔다.

75만 년 동안 인간은 밤이 되면 불 곁에 모여 앉았다. 불은 따뜻함을 선사하고 어둠을 몰아냈으며, 우애를 쌓고 재미있는 이야기를 나눌 수 있는 기회를 주었다. 불이 없었다면, 구술로 전해내려오는 서사시도 존재하지 않았을 것이다. 하지만 1950년 새로운 종류의 불이 등장한다. 사람을 모으는 불의 특성이 달라지면 인간의 상호작용도, 사회의 성격도 크게 달라질 수밖에 없다.

인쇄물은 핵분열폭탄처럼, 개개인을 도자기조각처럼 뿔뿔이 흩어놓았다. 읽기든 쓰기든, 거의 모든 경우 혼자 해내야 하는 일이기 때문이다. TV는 이러한 역사적 흐름을 한 순간에 뒤집어 놓았다. 핵융합폭탄처럼 뿔뿔이 흩어져 있던 가족을 하나로 뭉치게 하였을 뿐만 아니라, 더 나아가 전 인류를 하나의 공동체로 뭉쳐놓았다(맥루한은 이것을 하나의 거대한 전자적 지구촌 one vast electronic global village이라고 부른다). TV는 너무도 독보적인 매체였던 탓에, 우리 뇌의 인지방식도 상당한 조정을 겪어야 했다.

책을 읽을 때 뇌에서 형성되는 뇌파EEG는 TV를 볼 때 형성되는 뇌파와 패턴이 상당히 다르다. 물론 책 내용이 달라지거나 TV의 내용이 달라지면 뇌파도 약간 달라질 수 있지만, 이러한 차이는 두 매체에 따른 뇌파의 차이에 비하면 아무 의미도 없을 만큼 사소하다.[3] 귀여운 코알라가 나오는 동물프로그램을 보든, 폭력과 섹스가 난무하는 영화를 보든 우리 뇌에서 발생하는 뇌파는 본질적으로 동일하다.

TV를 볼 때는 명상할 때와 똑같이 느린 알파파와 세타파가 나온다. 이러한 뇌파패턴은 관조하고 수용하는 수동적인 마음상태라는 것을 보여준다. 반면, 책을 읽을 때는 베타파가 발생한다. 어떤 목적을 달성하고자 집중할 때 발생하는 뇌파다.[4]

이러한 지각방식의 차이는 양전자방출단층촬영PET을 해보면 훨씬 명확하게 확인할 수 있다. 책을 읽을 때는 좌뇌에 불이 들어오고 우뇌는 어두운 상태를 유지한다. 책을 덮고 TV를 보기 시작하면, 우뇌에 불이 들어오고 좌뇌의 불은 꺼진다. 임무에 집중할 때 발생하는 베타파는 사냥꾼·도살자의 뇌에서 분출되는 반면 명상을 할 때 발생하는 알파파와 세타파는 채집자·양육자의 뇌에서 분출된다. 문자에 너무나 오랜 시간 노출되어있던 서양문명은 베타파에 물들어있었다. 그 원인이 무엇이든 알파파와 세타파를 촉발하여 뇌파의 균형을 이룰 수 있다면, 인류의 야만성은 상당히 누그러질 것이다.

이러한 뇌파조정이 발생하고 있다는 단서를 하나 이야기해보자. 전통적으로 직관보다 논리를 선호하는 남자들은 채널을 이리저리 돌리며 TV를 보는 '채널서핑'을 한다. 여러 프로그램을 동시에 보는 것이다. 하지만 책은 그렇게 여러 가지를 동시에 읽지 않는다. 사냥할 때 여러 목표물을 쫓으면 배를 곯기 십상이다. 그래서 성인남자 중에 많은 수가 '주의력결핍장애'를 앓는다. 깜빡이는 빛으로 이미지를 전달하는 TV화면은 남성적-좌뇌적-선형적 인지전략에 들어맞지 않기 때문이다. 마찬가지로 책은 여성적-우뇌적-시각적 인지전략에 들어맞지 않기 때문에 초기에 상당한 혼란을 초래했다.[*]

인쇄기는 문자를 쏟아낸다. TV는 이미지를 투사한다. TV가 전세계 곳곳으로 확산되면서 인간의 진화방향에도 영향을 미치고 있다. 사진술과 전지기를 결합한 이 기계가 농경의 발명, 알파벳의 발명, 인쇄술의 발명 못지않게 엄청난 인류역사적인 사건이라는 사실이 서서히 드러나고 있다. 사회평론가들은 대부분 TV프로그램의 '내용'에 초점을 맞춰 비관적인 이야기를 내놓지만, TV를 통해 정보를 인지하는 '과정'이 사회를 긍정적인 방향으로 변화시키고 있다는 점은 제대로 이해하지 못한다.

600년 전 인쇄기가 처음 등장했을 때에도 사람들은 책에 담긴 '내용'을 가지고 논쟁하는 데 정신이 팔려있었다. 글을 읽는 행위 자체가 어떤 영향을 초래할지 누구도 이해하지 못했다. 물론 내용도 중요하지만, 더 중요한 것은 매

---

[*] 여자들도 물론 '채널서핑'을 하지만 남자보다 훨씬 덜하며, 남자들처럼 특별한 목적의식을 가지고 채널서핑을 하는 경우는 많지 않다.

체 자체가 사람들의 인지방식에 어떤 영향을 미치느냐 하는 것이다. 지금까지도 무수한 TV비평가들이 기존의 문자중심 매체에 매몰되어있어, 현대인들이 TV를 통해 느끼는 '전율'을 제대로 파악하지 못하는 경우가 많다.

* * *

TV의 인기는 이미지의 지배력을 엄청나게 높였다. 시각정보는 이제 문자를 넘어 가장 중요한 문화적 영향력을 발휘하는 요인으로 자리잡았다. 현대인류에게 가장 강렬하게 머릿속에 각인된 최초의 이미지는 바로 원자폭탄이 폭발하면서 생겨난 버섯구름이다.

히로시마 상공에 치솟은 페니스 모양의 거대한 구름은 균형을 잃고 브레이크도 없이 극단으로 치달은 남성성의 최후를 상징한다. 수천 년 동안 좌뇌가 지배한 세상의 클라이맥스였다. 사냥꾼·도살자 가치가 초래한 거대한 힘에 인류는 경악했다. 추상적 과학, 선형적 언어, 순차적 방정식은 상당한 혜택을 가져다주기도 했지만 세상을 종말의 낭떠러지로 몰고갔다.

원자폭탄이 터지면서 발생하는 버섯구름을 보여주는 무시무시한 영상은 TV와 극장에서 거듭하여 나오면서 20세기 현대인들에게는 낯익은 장면으로 각인되었다. 나라와 민족을 막론하고 이러한 영상은 사람들의 등골을 오싹하게 만들며 상당한 충격을 불어넣었다. 수천 년간 좌뇌의 재능을 모조리 끌어다 쓴 군비경쟁은 부조리한 제로섬 게임상황으로 치닫고 말았다. 싹쓸이 전쟁에서 '승리'한다는 것은 전인류, 더 나아가 지구상 거의 모든 종을 몰살시켜 더 이상 생명이 살 수 없는 행성을 만든다는 것을 의미했다.

이후 50년 동안 초강대국들이 서로 속이기도 하고 허세를 부리기도 했지만, 어쨌든 아마겟돈이 촉발되지는 않았다. 원자폭탄 폭발로 발생한 참사가 글로만 기록되고 전달되었다면, 아마도 그 사이에 원자폭탄은 여러 번 사용되었을 것이고, 어쩌면 우리 인류는 이미 멸망했을지도 모른다. 우리를 구한 것은 다름아닌 원자폭탄의 엄청난 파괴력을 보여주는 이미지다. 수천 개의 단어보다 훨씬 큰 힘을 지닌 이미지들이 전세계에 퍼져나가면서 세상을 구한 것이다.

불길한 버섯구름은 인류에게 집단파멸을 경고한 반면, 1968년 처음 공개된 우주에서 지구를 찍은 사진은 모든 생명의 상호연관성을 일깨워주었다. 미국항공우주국^{NASA}에서 찍은 우리가 살아가는 푸른 구슬 사진은 마치 중국한자처럼 많은 가치를 동시에 전해주는데, 이것은 이성적으로 따질 수 있는 가치가 아니라 직관적으로 느낄 수 있는 가치에 가까웠다.

인류가 우주탐사프로젝트를 실행할 수 있었던 것은, 자연과 지구 자체를 정복해야 할 '대상'으로 간주하는 남성적 관점 때문이었다. 하지만 그 결과물로 나온 사진은 사람들의 마음속에 지구를 경외하고, 보호하고 사랑해야 한다는 확신을 더욱 심어놓았다. 실제로 상당수 환경운동가들이 남자라는 사실은 이러한 인식의 변화를 보여준다.

지구가 우주에 떠있는 모습은 전체를 조망하는 빅픽처다. 빅픽처를 보기 위해서는 망막의 원뿔세포와 막대세포를 모두 활용하고 여기에 연결된 좌뇌와 우뇌를 모두 활용하여야 한다. 어떠한 말도 없지만 자꾸만 보게 만드는 이 이미지는 단순히 어두운 우주에 떠 있는 우리 행성만 보여주는 것이 아니라 그곳에 사는 인류의 의식까지 변화시켰다. 이 이미지 한 장이 초래한 변화는 지금까지 인류가 이 주제에 관해 써낸 무수한 글보다 훨씬 강력하다.

20세기를 상징하는 가장 강렬한 두 가지 이미지

오랜 역사를 거쳐오는 동안 매우 강력한 영향력을 발휘하는 책들이 주기적으로 나왔다. 야훼가 모세에게 준 타블렛에서 시작하여, 호메로스, 플라톤, 아리스토텔레스, 바울, 아우구스티누스, 무함마드, 아퀴나스, 갈릴레오, 칼뱅, 데카르트, 뉴턴, 칸트, 제퍼슨, 헤겔, 다윈, 마르크스, 프로이트까지 무수한 책들은 그 시대를 규정하고 상징하는 인장stamp과도 같은 역할을 했다. 하지만 1945년 원자폭탄이 투하된 뒤 그 어떤 책도 버섯구름 사진과 푸른 지구 사진만큼 엄청난 영향력을 발휘하지 못했다. 문자의 영향력은 지난 50년 동안 계속 줄어들었고, 줄어든 만큼 이미지의 힘은 커졌다.

* * *

정보를 인지하는 과정이 좌뇌중심에서 우뇌중심으로 이동하면서, 여자의 권리에도 상당한 변화가 발생한다. 여성참정권운동은 1920년대 두 번째 돌풍을 일으키는데, 이 시기는 생존을 위협하는 두 가지 급박한 사건으로 인해 막을 내린다. 1930년대 전세계의 가정을 파탄으로 몰고간 대공황과 국가 자체의 존립을 위협한 제2차세계대전이다.

건장한 남자들이 모조리 무기를 들고 전쟁에 끌려나가자, 그들이 떠난 공장은 여자로 채워졌다. 팔뚝근육을 자랑하는 로지 포스터를 앞세워, 이전까

대갈못 박는 로지Rosie the Riveter.
1942년 웨스팅하우스에서 만든 포스터

지는 남자들만 하던 기름칠하고 망치질하는 일에 여자들을 투입하기 시작했다. 여자들은 위험한 일까지 척척 해내기 시작했고, 급여를 받는 재미를 처음 맛보게 된다. 자신이 직접 돈을 버는 것이 남자로부터 자유를 얻을 수 있는 가장 강력한 무기라는 것을 깨닫는다.

하지만 전쟁이 끝나고 남자들이 돌아오자 여자들은 일터에서 밀려났고 다시 집에

서 앞치마를 둘러야 했다. 이로써 젠더관계는 전쟁 이전 상태로 되돌아갔다. 하지만 전쟁 이후에는 한 가지 다른, 새로운 요소가 있었으니 바로 TV다.

5000년간 이어져내려온 가부장제 역사에 대항하는 가장 폭발적인 여성운동이 최초의 TV세대에게서 일어난 것은 단순한 우연의 일치가 아니다. 섹스와 임신을 분리시킨 경구피임약이 큰 역할을 했지만, 경구피임약만으로는 당시 많은 남자들이 자신들의 여자형제, 여자친구들의 소망을 지지한 현상을 설명하지 못한다. 어린 시절 TV인형극 〈하우디두디 Howdy Doody〉를 보며 자란 사내아이들이 커서 여성운동에 동조하는 최초의 세대가 된다.

나이, 피부색, 계급을 초월한 대담하고 용기있는 여자들의 놀라운 운동은 젠더등식을 영원히 바꾸어 버렸다. 혜성처럼 등장한 이미지는 문화에 우뇌적 가치를 주입하는 결과를 낳았고, 강력한 로켓추진체처럼 여성운동을 밀어올려 안전한 궤도 위에 올려놓는다. 이러한 변화가 도래할 것이라고 예상한 사람은 없었다. 과거의 기준으로 세상을 바라보던 이들은 1950년대 사회를 산산조각낼 문화적 변동의 징조를 보지 못했다.

TV가 한창 보급된 시기인 1958년, 하버드대학 총장 제임스 코넌트 James Conant는 〈타임〉과 가진 인터뷰에서 그해 대학졸업반 학생들이 자기안위만 챙기는 경향이 강하다며 혹평한다. 그는 이들을 체제에 순응하는 '침묵의 세대'에 속한다고 규정하며, 이것은 생각을 마비시키는 불량한 콘텐츠만 쏟아내는 선동적인 새로운 매체 탓이라고 비난한다.

TV보모의 도움을 받으며 자란 TV에 '혼이 빠진' 첫 세대가 본격적으로 대학에 입학하는 1960년 이후 전문가들은 한 목소리로 대학이 위기에 처할 것이라고 예상했다. 멍하니 TV브라운관만 보며 자란 아이들이 뭘 할 수 있겠는가? 오만한 '현인'들은 이 젊은이들이 1950년대 말 문자에서 이미지로 넘어오는 과도기에 대학을 다닌 세대보다 훨씬 수동적일 것이라고 예측했다.

하지만 1960년대 전혀 예상치 못한 대항문화의 물결이 몰아치면서 기존의 관습적인 지식들을 모조리 뒤엎어버린다. 수동적이고 둔감할 것이라고 여겨지던 TV세대는 '맹목적인 애국', '권위의 정부', '무조건 복종하는 군대'와 같은 신성한 문구에서 너무도 명백한 오류를 찾아냈다. 환각을 초래하는 이미지, 거침없는 말대꾸, 울긋불긋한 옷 염색, 덥수룩한 수염, 마리화나를 피우며 춤을 추는 모습으로 상징되는 이 젊은 세대는 기존의 알파벳세대의 신념을 모조리 의심했다.

이들을 특징짓는 단어는 fun^{즐거운}이었다. 이 우뇌의 단어는 인쇄물이 지배하는 세대의 특징으로 사용된 적이 없었다. 때마침 등장한 비틀즈는 이들을 광란의 도가니로 몰고갔다. 서양문화에서 그러한 열광은 종교적 광신자들이 거리에 몰려나와 자기 몸을 채찍질하던 중세시대 이후 볼 수 없는 것이었다.

60년대 미국과 유럽을 뒤덮은 저항운동은 인구의 폭발적인 증가, 베트남전쟁, 물질적 풍요의 영향으로 발생한 것이라고 많은 이들이 말한다. 미국의 시민권운동, 반전운동, 환각을 추구하는 사이키델릭문화, 원주민 권리되찾기운동, 평화봉사단, 생태주의운동, 민주적 절차의 복원, 공동체운동, 인간의 잠재성운동, 여성평등 등 다양한 사회운동이 폭발한 이 세대의 배후에서는, 어디에나 불을 밝히며 인류를 쳐다보는 퀴클롭스TV가 존재했다.

짜고 하는 레슬링, 지루한 화면조정, 의미없는 시트콤, 아무 생각 없이 폭력을 일삼는 토요일 만화영화가 나오는 TV를 보고 자란 첫 세대는 당당하게 진군하여 진정한 르네상스라고 해도 손색이 없을 만큼 대대적인 사회변화를 낳

았다. 예술, 음악, 옷의 형태가 완전히 달라지고 도덕, 전쟁, 사랑, 성에 대한 새로운 태도가 들끓듯 일어났다. 그때까지는 그 누구도 자신을 향한 총구에 꽃을 꽂는 것으로 저항할 생각을 한 사람은 없었다.

1967년 베트남전쟁 반대행진에서 자신을 향하는 총구에 꽃으로 맞서는 고등학생의 모습

인쇄된 단어에 대한 TV이미지의 승리는 너무도 갑작스러운 것이었고, 따라서 사회는 이러한 변화에 적응할 여유를 갖지 못했다. 문자에 기반한 권위의 보루는 무너졌다. 검은색과 흰색으로 이루어진 성서의 텍스트, 산업자본주의의 회색빛 노동윤리, 핏기없고 냉정한 과학자의 하얀 가운은 전에 없이 속속들이 파헤쳐져 비판을 받았다. 오랫동안 억압되어있던 우뇌는, 디오니소스가 숲속에서 추종자들과 신나게 뛰어다닌 이후 그토록 활기차게 꽃피운 적이 없었다. 히피들의 신이 있었다면 그의 교리는 아마도 '섹스, 마약, 로큰롤'이었을 것이다.

하지만 급진적인 변화는 사회혼란을 유발하지 않을 수 없다. 이전 세대에는 부족, 제국, 종교, 계급, 국가 간에 전쟁을 겪어야 했지만, 세대간의 전쟁을 겪지는 않았다. '문자국가'에 맞서는 '이미지부족'들이 외치는 구호는 바로 "30살 넘은 사람은 믿지 말라"라는 것이었다.

또다른 극적인 일이 진행되고 있다는 것을 보여주는 조짐이 있었다. 글을 읽지 못하는 아이들이 표면에 드러나기 시작한 것이다. 난독증dyslexia이라고 하는, 이전에는 미처 인지하지 못했던 증세가 유럽 중심의 TV랜드 전역에서 놀라운 속도로 퍼져 나갔다(난독증은 한자를 쓰는 중국에는 존재하지 않는다). 난독증은 알파벳을 해독하는 데 어려움을 겪는 증상으로 10명 중 9명이 남자다.

믿을만한 한 이론은 이러한 장애가 반구우세성의 오류에서 기인한 것이라고 주장한다. 언어중추의 90퍼센트는 전통적으로 오른손잡이의 주요 뇌인 좌뇌가 담당한다.* 오른손잡이 중에서 난독증을 앓는 경우, 좌뇌가 담당하는 언어중추는 70-80퍼센트에 불과한 경우가 많다. 난독증이 지금 세대에게만 새롭게 나타난 것인지는 분명히 알 수 없지만, 모든 세대가 좌뇌적 인지방식을 경시하게 된 바로 그 순간 터져나온 것은 분명해 보인다. 이렇게 인간 뇌의 두 가지 인지방식에 균형을 맞춰준 가장 큰 요인은 TV일 것이다.

---

* 전체 인구에서 8퍼센트를 차지하는 왼손잡이의 경우 언어중추의 좌·우반구 배분 비율이 다르다. 오른손잡이 중에서도 배분 비율이 다른 경우가 존재한다. 여자의 경우, 좌뇌가 담당하는 언어중추의 비율이 남자에 비해 훨씬 낮다.

재능이 뛰어난 무수한 예술가, 건축가, 음악가, 작곡가, 무용가, 의사들이 난독증을 앓고 있다는 사실이 밝혀지면서, '뇌 우세성'에 관한 연구가 현재 진행되고 있다. 논리적이고 선형적인 사고가 직관이나 총체적인 인지방식보다 우월하다는 관념은 원래 '좌뇌주의자들'의 글에서 처음 나온 것이다. 우리 문화는 난독증을 장애로 분류한다. 하지만 이미지에 대한 의존이 더 편안해질수록, 난독증은 이미지혁명의 도래를 알려주는 또 하나의 신호로 다시 평가될지도 모른다.

* * *

제2차세계대전 이후 문자의 영향력은 줄어들었고, 이미지는 그 어느 때보다 높은 인기를 누렸다. 1990년대는 그 어느 때보다도 많은 책이 출간되었지만, 그들 중 많은 수가 그림을 담고 있다. 차렷자세를 하고 책장에 꽂혀 책등만 보여주던 책들은 이제 테이블 위에 누워 아름다운 표지를 보여주기 시작했다. 이러한 종류의 책들은 암흑시대의 화려하게 장식된 책들과 마찬가지로, 차분히 정독하고자 하는 독자를 위한 책은 아니다.

TV가 보급되자 도서관에 다니는 사람들의 수는 급격하게 줄어든 반면, 미술관은 유례없는 호황을 맞이했다. 반 고흐나 모네 같은 대가의 작품을 전시하는 순회미술관은 티켓이 불티날 정도로 팔렸다. 5세기 전 처음 성서를 읽으면서 느끼던 숙연한 경외감을 이제 사람들은 그림을 감상하면서 느낀다. 뉴욕 타임스퀘어를 도배하고 있던 글로 이루어진 옥외광고판들은 (다른 도시와 마찬가지로) 시선을 사로잡는 빠르게 바뀌는 네온이미지들로 바뀌었다. 기업의 프레젠테이션, 법정소송, 의료컨퍼런스, 학술회의, 군사브리핑 등 분야를 막론하고 화려한 차트와 그래프의 비중이 점차 늘어났다.

경찰에게도 카메라는 필수품이 되었다. 범인을 식별해내기 위해 용의자들을 일렬로 세워놓거나, 머그샷을 찍거나, 지문을 찍는 것은 우리 문화에서 익숙한 장면이다. 최근에는 이러한 이미지 의존현상이 더 심화되어 시민이나 경찰이나 모두 카메라와 캠코더를 이용하여 서로 감시하는 시대가 되었다.

이러한 이미지의 융단폭격은 도처에서 쏟아졌다. 저녁을 먹으면서 나누는 대화, 복도에서 나누는 잡담 등의 소재는 TV, 광고, 운동경기, 영화, 컴퓨터에서 본 것들로 채워졌다. 한 세기 전 교육을 받은 사람들은 대개 시인이나 작가들에 대해 이야기를 나눴으나 이러한 대화는 점차 자취를 감추었다. 미국의 고급 문예지 〈뉴요커〉는 만화를 예술의 한 형태로 발전시켰다. 자동차 범퍼에 붙이는 스티커, T셔츠, 머그컵, 앞치마 등 이미지를 활용한 날카로운 익살을 손쉽게 목격할 수 있게 되었다.

한편 제2차세계대전까지만 해도 최대한 많은 사람들에게 글을 가르치는 데 성공했던 문자기반문화들이 오늘날, 문맹비율이 우려할 만큼 높다는 사실이 밝혀지면서 혼란에 빠졌다. 교육자들은 경악했고, 매체들은 서로 손가락질하고 비난했다. 이러한 공방에 참여한 사람들은 대부분 이미지의 시대에 문자는 쇠퇴할 수밖에 없다는 것을 인정하려 들지 않았다.

물론 이것은 관심을 가져야 할 문제이긴 하지만, 문맹률이 높아졌다고 해서 지능이 쇠퇴한 것은 아니라는 것을 명심해야 한다.[*5] 인간사회는 문자 없이도 299만 5,000년 동안 별 무리 없이 존속했을 뿐만 아니라, 문자를 사용한 문화에 비해 상대방에 대해서나 환경에 대해서나 훨씬 자비롭게 행동했다는 증거는 매우 많다.

구술문화가 지배하던 기사도시대의 마상 창시합 이후 운동경기가 문화에서 늘 중요한 역할을 했던 것은 아니다. 사냥꾼·도살자 가치는 전 세기에 걸쳐 가장 인기있는 (또 가장 원초적인) 스포츠는 역시 '사냥'이라는 것을 일깨워준다.

구텐베르크의 인쇄기술 발명 이후 '플레이'하는 사람은 거의 없었다. 뉴턴이 지배하던 시대에는 상류사회에서 크로케croquet라는 스포츠가 폭발적인 인기를 누렸다. 크로케는 나무공을 망치로 쳐서 말뚝을 맞추는 선형적이고 순

● 최근연구에 따르면 전 인류의 IQ는 지난 50년 동안 꾸준히 향상되어왔다.

차적으로 진행하는 경기다. 문자가 전성기를 누리던 시절 미국에서는 야구가 전국을 강타한다. 야구 역시 타자들이 차례로 타석에 들어서고 베이스를 하나씩 돌며 점수를 내는 선형적이고 순차적인 스포츠다. 알파벳시대에 가장 어울리는 스포츠로 손색이 없다.●

술집마다 한 구석에 TV가 놓이기 시작하면서, 야구는 풋볼, 농구, 하키처럼 더 집중해서 봐야 하는 스포츠에게 밀려나기 시작한다. 이런 스포츠에서는 선수간의 다양한 상호작용이 동시에 펼쳐진다. 팬들은 모자이크처럼 펼쳐지는 빠른 움직임을 눈으로 쫓으며, 필드나 코트의 전반적인 형세를 파악해야 한다. 우뇌를 써야만 하는 것이다.

엔터테인먼트산업에서 우뇌의 상징적 기능은 언어를 통해 깊숙이 퍼져있다. 영화나 TV에 등장하는 유명스타들은 곧잘 '아이콘'이라고 불린다(icon은 '성화', '상징그림'을 의미한다). 그들을 흠모하고 '숭배'하는 팬들에게 그들은 '아이돌'이다(idol은 모세의 10계명이 금지한 '우상'이다). 알파벳문화가 그토록 치를 떠는 '여신'이라는 단어가 다시 등장했고 siren, sorceress, enchantress 등 남자를 홀리는 마법을 부리는 여자를 가리키는 신비주의 단어들이 사용되기 시작했다. 19세기에는 아무리 흠모하는 여류작가나 시인들이 있다고 해도 이런 단어를 쓰는 것은 꿈도 꾸지 못하는 일이었다.

다이애나 왕세자비의 죽음에 대한 전세계적인 반응은 이미지의 힘을 보여주는 또다른 사례다. 사실 그녀가 유명해진 것은 그녀를 쫓아다니며 사진을 찍는 이들 때문이었다. 그녀를 칭송하는 이들은 끊임없이 신화를 인용했으며, 그녀의 삶은 한 편의 '요정이야기'나 '그리스비극'에 비유되었다. 그녀가 투사하는 가치는 연민, 다정함, 연약함, 스타일, 양육이었다. 이 모든 것은 신화와 더불어 주로 우뇌에서 솟아나는 가치다.

● 실제로 야구에 영감을 받은 작가들이 매우 많다. 반면 풋볼, 농구, 하키는 그런 역할을 하지 못했다.

* * *

사진이나 영화와 달리 TV 속 이미지들은 현장모습을 실시간으로 보여주기도 한다. 사람들은 우주에서 유영하는 우주인의 모습과 연방정부군이 텍사스 웨이코에서 다윗파^{Branch Davidians}와 대치하는 상황이 TV를 통해 생중계 되었다. 정치지도자들의 연설을 글로 읽는 대신 그들이 연설하는 모습을 직접 눈으로 볼 수 있었다. 비언어적인 신호까지 직접 눈으로 보고 들을 수 있게 됨으로써 정치인들의 진정성을 훨씬 깊이 평가할 수 있게 되었다.

투표함 발명 이후 민주적 정치절차에 가장 큰 영향을 미친 것은 카메라의 눈이다. 영상과 인터뷰가 밀실거래와 담배연기를 밀어냈다. 인쇄물에서 TV로 넘어오는 변화가 해로운 영향을 미친 경우도 있지만, 많은 경우 혜택을 안겨주었다. 영상시대에 대중은 기본적으로 정치인을 모조리 불신하게 되었는데, 이러한 태도는 선동적인 언어에 쉽게 사로잡히지 않도록 면역성을 길러주는 예방주사 역할을 한다.

오늘날 광고는 대부분 아이콘으로 이루어진다. 반면 카피문구는 배경으로 물러나 새치있는 말장난으로서 기능을 할 뿐이다. 맥도널드의 금빛 아치나 코카콜라의 병 모양을 모르는 사람을 찾기 어려울 것이다. 고대그리스에서 logos는 '말'을 의미했다. 20세기에 이 단어에서 뽑아낸 logo라는 단어는 말이 아닌 '상징그림'을 의미한다.

19세기에 대중화된 신문은 처음에 글자로만 채워졌다. 사진이 대중화되면서 신문에서 이미지가 차지하는 공간이 점점 늘어나기 시작했다. 오늘날 TV가 주요매체가 된 상황에서 신문은 사진, 컬러차트, 그래프, 지도, 만평, 만화 등 다양한 이미지로 가득 채워지고 있다.

TV가 등장하기 20년 전 미국문화에서 이미지는 만화책이라는 형태로 처음 등장했다. (만화책을 의미하는 comic이라는 말은 원래 '웃음을 터트리는 희극'을 의미하는 단어인데, 웃음은 우뇌적 특성이다.) 중세초기의 조잡한 목판화처럼 만화는 저해

상도의 그림을 이용하여 이야기를 펼쳐나갔다. 만화책은 아이들이 주로 보는 책이었는데, 이들이 장차 만나게 될 TV라고 하는 전자기적 이미지와 마주할 수 있는 시각적인 훈련과정을 제공했다.

오늘날 만화의 주인공들은 책에서 뛰쳐나와 살아 움직인다. 슈퍼맨, 딕 트레이시, 배트맨은 고정된 지면에서 벗어나 영화와 TV에 움직이는 영상으로 등장한다. 디즈니 테마파크는 만화주인공들이 국경을 넘어 얼마나 많은 인기를 누릴 수 있는지 보여준다. 우뇌 영역에 속하는 요정과 신화들이 살아움직이는 이들의 마법의 왕국으로 들어가는 문 앞에서 좌뇌는 검열당하고 수갑이 채워진다.

TV의 이미지들은 신문의 헤드라인과 기사를 대체해 나갔다. 또다른 신문이 폐간되고 서점이 망했다는 소식은 이미 오래전부터 예약된 것이었다. 반면 TV방송국의 주가는 계속 올라갔다. 영화는 주된 여흥거리로 소설을 대체했고, 비디오는 교육도구로도 활용되기 시작했다. 많은 사람들이 《카사블랑카》의 마지막 장면은 알아도 《두 도시 이야기》의 마지막 페이지는 알지 못할 것이다.

＊ ＊ ＊

TV의 등장이 초래한 문화적 충격이 채 가시기도 전에 사진술과 전자기의 결합은 우뇌의 인지방식을 강화하는 또 다른 놀라운 도구를 선보인다. 바로 개인용 컴퓨터의 등장이다. 컴퓨터는 이미지혁명의 영향력을 더욱 증폭하였으며, 이러한 변화는 지금까지도 계속되고 있다.

TV에 대한 주된 비판은 시청자들을 수동적으로 만든다는 것이었다.＊ 하지만 첫 번째 TV세대가 맹렬한 사회활동을 보여주었던 것처럼, 첫 번째 컴퓨터 세대는 익스트림스포츠 열풍을 몰고왔다. 컴퓨터의 고유한 특징은 TV의 독백을 쌍방향 대화로 바꾸어 놓았다는 것이다. 컴퓨터는 남자든 여자든 집단적인 의식을 더욱 우뇌중심으로 바꿔놓았다. 이로써 남성적 특성은 더욱 약화된다.

＊ 플라톤과 소크라테스 역시 책이 사람을 수동적으로 만든다고 비판했다.

컴퓨터는 원래 과학자들의 연구를 돕기 위해 고안된 도구로, 당시 과학자는 대부분 남자였다. 1970년대 이후 남자들은, 자신의 아버지나 할아버지들이 여자들이나 배우는 일이라고 업신여겼던 타이핑을 배우는 일에 뛰어든다. 한쪽 손만 활용하여 글을 쓰던 과거의 필경사들과는 달리, 이제 양손을 모두 활용하여 글을 쓰게 된 것이다. 수백만 남자들의 우뇌가 통제하는 왼손이 커뮤니케이션 등식에 개입하여 컴퓨터로 작성된 메시지의 절반을 만들어 낸다는 사실은, 우리가 인식하지 못하는 와중에 가부장제의 약화를 초래하는 요인으로 작용했을 것이다.

남자와 여자가 문자와 관계맺는 방식에 혁명적인 변화를 몰고온 컴퓨터의 또다른 특성은 '커서'다. 커서를 제어하는 '마우스'는 글을 쓰는 동안 줄이 쳐진 종이 위에 오른손을 놓아두어야 하는 제약을 풀어주었다. 컴퓨터를 통한 문서작업에서 눈과 손은 선형적인 공동작업이 아닌 공간적인 공동작업으로 바뀐다. 마우스는 뇌들보를 가로질러 움직이며, 우뇌의 패턴인식능력을 문자를 생성하는 데 필요한 작업 안으로 끌어들인다.

컴퓨터의 고유한 문서작성프로그램은 또다른 우뇌적 기능을 더해준다. 구절, 문장, 단락, 글 전체를 가로지르는 기하학적인 움직임은 글을 쓰는 과정에서 우뇌의 영향력을 높여준다. 컴퓨터에는 넘길 페이지가 없기 때문에 선형적 사고는 더 약화된다. 오른쪽에 있는 막대를 활용한 '스크롤'은 우뇌의 패턴인식기능에 의존할 뿐만 아니라, 가로로 나열된 알파벳 텍스트보다 세로로 나열된 중국한자를 해독하는 데 훨씬 친숙한 방식이다.*

패턴인식을 더욱 촉진하는 컴퓨터의 또다른 특징은, 컴퓨터프로그램의 다양한 명령을 실행하는 데 아이콘을 활용한다는 것이다. 사각형 속 이미지로

---

* 구텐베르크의 혁명 이후 프로테스탄트들은 성서의 한 구절을 읽는 것으로 하루를 시작했다. 20세기에는 많은 이들이 전날 주식시장 상황을 파악하기 위해 아침신문의 주식면을 먼저 펼쳐보았다. 신문들은 지면을 쉽게 찾을 수 있도록 아이콘이나 독특한 폰트디자인을 사용했다. 독자들은 커피를 마시면서 자신이 산 종목을 찾기 위해 '스크롤'을 하는데, 이 때 우뇌가 작동한다. 20세기의 알파벳 지식인들은 말하자면, 중국한자를 읽는 것으로 하루를 시작한 것이다.

정보를 전달하는 방식은 이제 세계표준이 되었다. 지금은 '휴지통'이라는 글자를 휴지통 그림이 대신한다.

5000년 전 발명된 문자는 이미지를 글자로 바꾸는 길고 고통스러운 작업을 촉발했다. 하지만 컴퓨터의 발명 이후 사용자들은 글자의 소릿값을 무시하고 글자를 시각적으로 장식하는 데 관심을 쏟는다(피카소와 브라크의 혜안이 비로소 빛을 발한 것이다). 다양한 카툰이나 그래픽에서 문화적으로 친숙한 아이콘을 활용하여 알파벳을 대체하는 이미지를 쉽게 볼 수 있다.

컴퓨터작업 '과정'은, 그러한 컴퓨터작업으로 만들어내는 정보의 '내용'과는 무관하게, 여자와 이미지의 지위를 향상시킨다. 사이버세계는 인간의 정신을 다른 차원으로 확장시켜준다. 컴퓨터로 인해 인류의 커뮤니케이션은 글이라는 문턱을 비로소 넘어설 수 있게 되었다. 전자기와 이미지복제술에 기초한 사이버공간은 결국 여성적 세계관에 훨씬 가깝게 인류의 의식을 조정할 것이다. 내용에 무관하게 사이버공간에서 수행하는 작업은 본질적으로 우뇌를 기반으로 작동한다. 월드와이드웹과 인터넷은 모두 '그물망'이라는 여성적 함의가 짙은 메타포를 활용한다.

어떤 이들은 컴퓨터가 비인간화를 촉진할 것이라고 우려한다. 컴퓨터에 너무 빠지면 감정을 표현하는 능력을 잃을 수 있다고 걱정한다. 하지만 과거에도 그러했듯이, 오늘날 평론가들은 당대의 혁명적 기술이 초래할 영향을 평가하는 데 불리할 수밖에 없다. 회전하는 세탁기 속에서는 정신없이 돌아가는 빨랫감들이 깨끗해지고 있는지 파악하기 어렵다.

* * *

오늘날 각 지역의 정치상황을 전달하는 CNN뉴스는 쏟아지는 포탄처럼 우리 시선을 공격한다. 뉴스앵커들은 능란한 솜씨로 빠르게 설명을 해주고 넘어가지만, 우리가 살아가는 현세기를 이해하고자 하는 우리의 바람을 충족시켜 주지는 못한다.

지구 한편의 주민들이 꼬리를 흔드는 세인트버나드처럼 온순해진 것만큼, 이전에는 잠들어있던 지구의 반대편 주민들이 황량한 고물 야적장을 지키는 개처럼 철조망 뒤에서 사납게 짖어대고 있다. 스톡홀름에서 열리는 성대한 노벨평화상 시상식과, 이전에 평화로운 낙원이었던 곳에서 주먹을 흔들며 알 수 없는 구호를 외쳐대는 시위대 모습이 같은 뉴스프로그램에 등장한다. 생소한 커뮤니케이션매체에 갑자기 노출될 때 사회는 걷잡을 수 없는 혼란에 빠진다는 이 책의 주제를 고려하여 이러한 현상에 접근한다면, 이러한 사건들의 초현실적인 배치에서 우리는 어떤 패턴을 읽어낼 수 있다.

오늘날 많은 이들이 혼란을 느껴지는 이유 중 하나는 셰익스피어가 자신이 살던 시대를 두고 '시간이 어긋났다time is out of joint'는 말로 표현한 불안한 감정 때문이다. 상대적으로 많은 문화가 여전히 개발 초기단계에 머물러있다. 안타까운 일이지만, 이들이 21세기 수준의 발전단계에 도달하기 위해서는 먼저 유럽문화가 지금까지 경험했던 영광과 치욕의 역사를 겪어야만 할 것이다.

20세기 인쇄기술은 미처 적절한 역사발전단계에 도달하지 못한 다양한 국가의 다양한 부족과 민족을 뒤쫓아 추돌했고, 이러한 사고는 역사의 패턴을 파악해내려는 시도를 더 복잡하게 만들었다. 알파벳의 기혹한 체찍질에서 벗어나 그 수혜를 누리려는 순간, 또 다른 요인이 나타나 또다시 광기를 재촉하기도 한다. 세계의 어느 한쪽은 암흑시대에 머물러있는 반면, 어느 한쪽은 르네상스, 어느 한쪽은 종교개혁, 어느 한쪽은 계몽주의 시대에 머물러있다. 또한 어느 한쪽에서는 종교전쟁과 마녀사냥이 벌어지고 있다.

문제를 더 혼란스럽게 만드는 상황은, 문자를 아직 완벽하게 문화 속으로 통합하지 못한 상태에서 아이콘혁명의 물결이 밀려온 것이다. 유럽에서 책이 문화 속에 완전히 자리잡는 데 500년이 걸렸는데, TV는 50년밖에 걸리지 않았다. 오늘날 벌어지는 사건들 중 몇 가지만 간략하게 살펴보기만 해도—제임스 조이스의 《율리시즈》 주인공이 그러했듯이—최근 역사가 우리 모두 깨어나고자 애쓰는 끔찍한 악몽이 될 수밖에 없는 이유를 이해하는 데 도움이 될 것이다.

* * *

1948년 중국 공산혁명의 지도자 마오쩌둥은 중국인들의 수동성이 표의문자에 기반한 전통문화 때문이라고 생각했다. 학자는 아니지만, 마오는 로마알파벳이 사용들에게 훨씬 공격적인 사고방식을 심어준다는 것을 직관적으로 인지했다. 이를 뒷받침하기 위해서 본토에 남아있는 중국인들의 성격과 운명을 싱가포르, 샌프란시스코, 홍콩 등 밖으로 나가서 알파벳을 배우고 사용하는 중국인들(특히 그들의 자녀들)과 비교했다.

알파벳을 배운 아시아인들은 영리한 양키사업가처럼 행동했다. 단 몇 세대 만에 그들의 자손은 예술, 과학, 문학 분야에서 재능을 꽃피웠다. 조상으로부터 물려받은 종교를 미련없이 버리고 알파벳에 기반한 종교로 개종했다. 중국인 학생들은 서양 학교에서 우등상을 휩쓸었다. 세로로 된 아이콘과 가로로 된 알파벳을 동시에 인지하고 양반구를 통합하는 데 훨씬 뛰어난 능력을 발휘했기 때문이다. 그들은 동반구와 서반구 문화의 장점을 하나로 결합했다.

하지만 안타깝게도 지금까지 거듭하여 보았던 것처럼 알파벳을 처음 접한 문화는 광기에 빠져든다. 사냥꾼·도살자 가치가 파고들기 시작하면서 민족주의, 제국주의, 피를 흘리는 종교혁명이 뒤따른다. 1952년 마오는 중국인들의 기질을 바꾸기 위한 시도로 매우 과감한 조치를 취한다. 중국한자 대신 로마알파벳을 전면적으로 사용하도록 공포한 것이다. 카드모스의 글자에 대한 중국인들의 절대적인 짝사랑은 우선 고유명사와 지명을 바꾸는 것으로 즉각 시작되었다. 북경은 Peking에서 Beijing으로 바뀌었고, 마오쩌둥도 Mao Tsetung에서 Mao Zedong으로 바뀌었다.*

---

* 중국한자를 로마자로 표기하기 위해 처음 만들어진 웨이드-자일스Wade-Giles표기법은 1912년 서양에서 개발된 것이다. 이 표기법은 원래 학술적인 목적으로 사용하기 위한 것이었다. 마오는 중국인들에게 알파벳을 사용하도록 하기 위해 자신들만의 표기법을 개발한다. 병음倂音이라고 하는 이 표기법은 1979년 공식 채택된다.

16세기의 유럽을 지옥으로 만든 유령이 지금껏 고요하던 중국에서 살아 난다. 중국의 유구한 문자, 관습, 종교는 19세기 갑작스런 변화를 겪는 동안에 도 흔들리지 않는 저항력을 발휘했다. 하지만 1950년대 말 중국에도 발작적 인 '프로테스탄트혁명'이 찾아온다. 바로 대약진운동 Great Leap Forward이었다. 유 교, 도교, 불교처럼 기존에 숭배되던 종교들은 한 목소리로 구호를 외치는 젊 은 청년들의 손에 폭력적으로 일소되었다. 그들의 신은 마오였고, 그들의 성 서는 붉은 표지의 《마오쩌뚱 어록》이었다. 일찍이 성서의 예언자들과 마찬가 지로 그의 가르침은 상형문자(한자)와 알파벳으로 병기되었다. 누구도 의심할 수 없었던 이 책은 즉각 교리가 되었다.

5000년 역사를 지닌 중국인들은 어떠한 지도자가 나타나도 쉽게 현혹되 지 않는 보수적인 특성을 간직하고 있었다. 하지만 알파벳이 도래하자 중국인 들은 자신들의 문화와 연결된 닻줄을 가차없이 끊었다. 나이를 먹는 만큼 지 혜도 깊어진다고 생각하던 이 나라에서 청년공산당원들은 연장자들을 때리 고 '얼간이모자'를 씌워 끌고다니며 조롱했다. 고대그리스의 디오니소스 숭배 자들, 초기 기독교도들, 최초의 프로테스탄트들의 혼을 빼놓았던 반지성주의 가 그대로 부활한 것 같았다.

반동으로 의심받는 사람에게 얼간이모자를 씌워 끌고다니며 공개적으로 모욕을 주는 모습

신을 믿지 않는 중국 공산주의자들의 행동은 아시아에서 발생한 그 어떤 사회운동과도 유사하지 않았다. 오히려 16세기 유럽의 광신적인 퓨리턴들의 행동과 가까웠다. 대약진운동은 이단을 색출하기 위해 고문하고 인민재판을 하고 굴욕적인 '자백'을 받아내는 마녀사냥과 본질적으로 같았다. 400년 전 가부장제와 알파벳 인쇄물이 결합하면서 유럽땅을 지옥으로 만든, 떠올리고 싶지 않은 기억이 머나먼 중국에서 다시 현실로 되살아난 것이다.

중국 공산당원들은 즐거움에 겨워 춤을 추고 노래하고 크게 웃는 것을 금지했다. 화려한 색조의 스타일리시한 전통의상을 버리고 볼품없는 황갈색 옷을 입었다. 칼뱅이 지배하던 제네바의 풍경이 되살아났다. 칼뱅이 모든 시민들에게 의무적으로 예배에 참석시켰던 것처럼, 중국의 새로운 체제 역시 인민들의 생각을 통제하기 위해 정기적으로 '학습집회'에 참석하도록 했다.

예술가들은 일제히 체포되어 위험한 이단으로 몰렸으며, 감옥에 갇혔다. 혁명 이전에 숭배되었던 중국의 여신들은 하룻밤 사이에 추방당했으며, 아이들에게 부모를 감시하라고 교육시켰다. 여자의 생식기관을 통제하는 것이 국가의 최우선 과제가 되었다. 1978년 부부당 한 자녀만 낳을 수 있도록 허용하는 정책이 시행된다.

탁월한 전략가들이 무수히 등장했던 오랜 역사에도 불구하고, 중국의 군사지도자들은 외국을 침략하는 대규모전쟁에는 거의 관심이 없었다. 중국의 대표적인 유물 만리장성은 고립을 추구하고 외래인을 혐오하는 중국인의 오랜 기질을 보여준다. 이들은 오로지 타민족의 침략을 막는 데 관심이 있었다.

하지만 알파벳이 널리 보급된 뒤 중국은 영토를 확장하고 이웃국가를 점령할 의도를 분명히 드러내는 제국주의 야욕을 품기 시작한다. 중국은 인도를 침략했고, 티벳을 잔인하게 정복했다. 한국전쟁에도 개입했으며, 타이완을 군사적으로 위협했다. 또한 이데올로기적 동반자였던 러시아와 갑작스럽게 관계를 끊기도 한다. 늘 내면을 바라보던 중국이 알파벳을 도입한 뒤 밖을 향해 뻗어나고자 하는 매우 낯선 호전성을 보이기 시작했다.

* * *

18세기 영국, 프랑스, 네덜란드가 전세계를 자기들 마음대로 구획하는 시기까지도 동남아시아는 부족사회를 유지하고 있었다. 이곳은 결국 서양인들에 의해 라오스, 버마, 베트남, 타일랜드, 캄보디아와 같은 이름으로 일방적으로 구획된다. 유럽에서 온 초기정착민들은 우거진 밀림의 반도에 사는 이 원주민들을 얌전하고 순박하며 전반적으로 온순하다고 묘사한다. 이들은 예술을 사랑하고 여신을 섬겼으며, 자연을 숭배했다. 여자들도 재산을 소유했으며 종교행사에 능동적인 역할을 수행했다.

이 지역에는 사실상 문자전통이 없었기 때문에 이렇다 할 만한 철학, 신학, 과학이 존재하지 않았다. 이곳과 가까운 한국, 중국, 일본이 문자에 기반한 문화를 꽃피운 것을 고려하면, 동남아시아 사람들은 사실상 인류의 '진보'에 아무런 기여도 하지 못했다고 볼 수 있다.

19세기 중엽, 이곳에서 활동하던 기독교 선교사들이 인도의 문자를 가져다가 이들의 말을 문자로 기록하기 시작한다. 그리고 이러한 문자를 읽고 쓰는 법을 가르친다는 명분으로 이들을 기독교로 개종시켰다. 19세기 후반 글을 아는 원주민들이 급격히 늘어났고, 이와 동시에 광기가 분출하기 시작한다. 낙원과도 같은 땅이 파괴되기 시작한다.

칼 마르크스는 산업혁명 이후 극단으로 치닫는 서양의 자본주의를 비판하는 두툼한 경제학 책을 쓰는 데 몰두하느라 대영박물관 한 구석에서 벗어나지 못했다. 먼 지역을 여행할 여유가 없었고, 당연히 영국과 거의 정반대에 있는 동남아시아의 문화에 대해서는 거의 알지 못했다. 하지만 바로 이곳에서 그의 충성스런 숭배자들이 출현한다.

엉덩이를 흔들며 밭을 가는 소를 따라다니며 '역사적 변증법'의 의미를 고민하고, 자신이 처한 상황에 적용하기 위해 《공산당선언》을 뒤적이는 아시아의 농민의 모습은 비현실적인 상상이 아니라 현실이 되었다. 마르크스주의는 무수한 동남아시아인들의 열광적인 신념으로 자리잡는다. 새로운 종교나 다름없는 마르크스주와 열광적인 민족주의에 고취된 베트남사람들은 자신들의 오랜 전통을 뒤엎고, 프랑스 식민지배자들을 쫓아낸다. 이는 알파벳이 처음 도래했을 때 나타나는 광신적이고 맹목적인 교조주의 단계에서 벌어진 일이다.

그런 다음 베트남은 세계에서 가장 발전된 국가인 미국과 운명적으로 조우하였고, 1960년대 본격적인 대결을 시작한다. 역사상 이보다 명확한 다윗과 골리앗의 싸움은 존재하지 않았을 것이다. 하지만 한 나라는 알파벳에 기반한 굳은 결의에 차있던 반면, 다른 한 나라는 궁극적으로 이기고자 하는 의지를 약화시키는 새로운 커뮤니케이션매체에 매료된 상태였다. 승패를 결정하는 요인은 전투기 출격횟수나 네이팜탄 투하량이 아니라 맹목적인 애국심의 강도였다.

당시 미국에서는 인쇄물의 가치가 비통하게 추락하고 있었다. TV로 인해 다양한 부족문화들이 다시 살아나고, 국가주의는 위기를 맞는다. 이미지문화에서는 추상적 가치를 위해 목숨을 바치는 것에 쉽게 수긍하지 않는다. 1만 5,000킬로미터나 떨어져있는 베트남과 미국은 기술적 진화 측면에서도 상당히 다른 단계에 있었다.

베트남전쟁에 관해 무수한 책이 쓰여졌지만, 커뮤니케이션 기술발달 측면에서 미국이 불리한 상황에 처해있었다고 지적한 사람은 없다. 은유적으로 표현한다면, 베트남은 결의에 찬 인쇄물의 대륙간 탄도탄이었던 반면, 미국은 원래 상태로 돌아가기 위해 자신들의 군복을 찢어 버리는 데 바쁜 히피였다. 1960년대 이후 미국은 이미지를 숭배하는 고대 부족의 새로운 일원으로 합류한다.

다른 동남아시아 국가들도 비슷한 시기에 새로운 알파벳을 받아들인다. 그리고 극단적인 행동이 곳곳에서 튀어나왔다. 많은 이들이 캄보디아 폴 포트 Pol Pot의 대량학살의 원인을 '이데올로기'에서 찾지만, 그의 열렬한 추종자들이 서양의 잔재를 청산한다는 구실로 보여준 살인의 열정은 16세기 유럽을 피로 물들인 종교적 광신과 그대로 닮아있다. 공산주의에 대한 열정이 부족해보인다는 이유만으로 이웃끼리 서로 죽였다. 캄보디아의 킬링필드는 엄청난 양의 사람의 뼈와 두개골이 쌓여있는 사진으로 오늘날 기억되고 있다.

타일랜드에서는 여자의 지위가 절벽에서 굴러 떨어지듯 하루아침에 추락했으며, 매춘은 국가적인 산업이 된다. 한때 풍부한 자연자원 덕분에 충분히 자급자족할 수 있었던 버마는 경험이 부족한 군인들이 권력을 독점하면서 경제가 완전히 망가져 최빈국으로 전락한다.

20세기 동남아시아국가들이 이러한 극적인 국가적 집단신경증을 겪은 것은, 여러 요인을 찾을 수 있겠지만 무엇보다도 19세기에 급속하게 확산된 알파벳이 초래한 문화적 급변 때문이라고 여겨진다.

* * *

일찍이 수학과 철학에서 다양한 혁신을 낳은 인도는 8세기 무슬림에게 정복당한 이후 1000년 동안 암흑시대에 들어간다. 이 기간 동안 인도사람들은 대부분 글을 읽지 못했고, 종교적인 갈등도 겪지 않았다. 몇몇 예외적인 경우도 있었지만, 1300년에서 1900년까지 이슬람과 힌두교는 상대방의 신앙에 관대했다. 인도의 무슬림들은 여신을 인정했다. 대표적인 이슬람건축이라 할 수 있는 타지마할은 여자를 위해 지어진 것이며, 무함마드의 딸 파티마는 이 시기의 인도에서 특별한 인물로 부각된다.

19세기 인도를 정복한 영국이 인쇄기술을 보급했고, 인도인들 사이에 알파벳이 급속도로 확산되었다. 1세기도 되지 않는 동안 이들은 국가라는 정체성을 갖게 되었고 결국 영국에 저항하기 시작한다. 1947년 독립을 쟁취하자마자 이들은 곧바로 치열한 종교전쟁에 돌입한다. 인도의 무슬림들은 16세기 유럽의 프로테스탄트와 비슷한 역할을 했다. 여신, 이미지, 여자의 권리를 멀리하고 문자를 우선하며, 극도로 가혹한 가부장적 생활을 강요했다. 힌두교는 16세기 유럽의 가톨릭 역할을 했다. 전통을 고수하는 브라민성직자들은 실제로 가톨릭미사를 모방한 정성스런 의례를 통해 이미지와 여신을 섬겼다.

20세기 인도의 종교개혁 드라마 역시 16세기 유럽과 똑같이 야만적인 집단대량학살로 이어졌다. 서로 죽고 죽이는 아수라장이 펼쳐졌고, 마침내 '하나의 민족'이었던 이들은 무슬림 파키스탄과 힌두 인도로 쪼개진다. 1000년 동안 평화롭게 조화를 이루며 함께 살았던 힌두교와 이슬람이 왜 이렇게 된 것일까? 민족주의가 그토록 강하게 부상한 바로 그 시기에, 상대방의 종교에 대해 참지 못하게 된 것은 무엇 때문일까?

* * *

8-11세기 위대한 이슬람 르네상스시대에 높은 식자율을 자랑하던 무슬림들도 중세암흑기 속으로 들어간다. 19세기와 20세기 인쇄기술이 보급되면서 이들 세계에 다시 글을 읽는 사람이 급작스럽게 늘어난다. 알파벳이 확산되면서 이슬람세계에도 프로테스탄트가 탄생한다. 이들은 꾸란을 문자 그대로 해석하며, 이전의 무슬림사회보다 훨씬 엄격한 규율을 요구하는데, 서양세계는 이들을 '근본주의' 또는 '원리주의'라고 부른다.

튀니지(고대 카르타고), 이라크(고대 메소포타미아), 이집트처럼 문자가 이미 오래 전부터 깊이 뿌리내린 곳에서는 프로테스탄트가 힘을 발휘하지 못했다. 이런 곳들은 다른 이슬람세계보다도 여자들이 훨씬 많은 권리를 누렸다. 하지만 전반적으로 근래에 문자가 보급된 곳에서는 프로테스탄트 근본주의가 맹위를 떨치면서 가혹한 가부장제가 힘을 발휘했다.*

이슬람근본주의가 빠르게 부상한 것은, 매력적인 큰 눈으로 자신들을 홀리려고 하는 오랑캐 여신으로부터 자신을 보호하고자 하는 반작용이라고 볼 수 있다. 그 여신은 바로 1960년대 이슬람세계에 널리 퍼져나간 TV다. TV는 서양의 음악, 문화, 가치관을 전파하는 수단이었다. 실제로 알제리의 이슬람

• 이러한 명제에 따르면, 1979년 혁명 이후 21세기 초까지 이어진 이란의 극단적인 근본주의는 기현상으로 볼 수 있다. 이란은 고대 페르시아 문명의 후손으로, 오랜 세월 강력한 문자전통을 가진 나라다. 그런 점에서 이란은 머지않은 미래에 근본주의를 버리고 훨씬 중도적인 국가로 안착할 것이라고 예상된다.

극단주의자들은 TV아나운서들과 양장을 입은 여자들을 총으로 쏴 죽였으며, TV 안테나가 달린 집을 쳐들어가 가족을 몰살시키기도 했다. 이란에서는 TV 위성접시를 단 사람은 누구든 가혹한 처벌을 받았다.

아프가니스탄의 탈레반은 가장 근래에 문자를 익힌 이슬람세력으로, 가장 극단적인 가부장제를 고집한다. 고대그리스의 카드모스의 전사들과 마찬가지로 이들 근본주의자들은 자신들 사회에 침투한 온갖 이미지들을 제거하기 위해 결사적으로 싸운다. 무의식적으로 이들은 이미지가 여성적인 문화적 가치를 전파한다는 사실을 알고 있는 것이다.

이들의 처절한 노력은 밀려드는 파도 앞에 서서 멈추라고 명령한 신화 속의 왕 크누트를 떠올리게 한다. 어떤 나라든, 어떤 집단이든 이미지정보의 홍수를 막을 수는 없다. 아셰라, 아스타르테, 아테나보다 TV는 훨씬 강력하다. 어떠한 근본주의운동도 이를 막을 수는 없다. 이들이 극단적으로 행동하는 것은 퇴각하는 군대의 마지막 발악에 지나지 않는다.

일찍이 근본주의 운동을 펼친 히브리, 기독교 정통교단, 프로테스탄트가 혁명에 성공했던 것은 알파벳이 당시 최신 첨단기술이었기 때문이다. 20세기 첨단기술은 TV다. 유일한 진리가 '책' 속에만 존재한다고 믿는 종교적 광신자들은 결국 시대에 뒤처져 신기한 유물로 남을 수밖에 없다.

* * *

이미지 정보를 통제하고자 노력한 사회들이 TV를 통해 잊을 수 없는 이미지를 제공하기도 한다. 베를린장벽의 붕괴는 철의 장막이 무너지는 것을 상징적으로 보여주었다. '철의 장막'은 사실 서양의 전자기적 정보가 공산주의 동유럽의 전체주의적인 문자중심문화에 유입되는 것을 막는 은유적인 바리케이드였다. 소련은 토마스 제퍼슨의 저술보다 〈에드설리번쇼〉가 들어오는 것을 더 무서워했다.

한 동안은 전파교란이라는 기술을 통해 철의 장막은 성공적으로 작동했지만, 1980년대 등장한 VCR이라는 새로운 기술은 도저히 막을 수 없었다. 암시장을 통해 서양의 비디오테이프가 계속 밀반입되었다. 휘청거리던 동구권에 하나둘 나타나기 시작한 컴퓨터는 그야말로 최후의 일격이었다. 이제는 어떤 문화도 이미지 정보의 물결을 막아낼 수 없다.

전자기 물결을 타고 밀려오는 아이콘혁명은 인간이 장애물을 아무리 높게 쌓는다고 하더라도 막지 못한다. 문자중심문화에서 이미지중심문화로 넘어갈 때 혼란이 발생하기 마련이다. 반대로 이미지중심문화가 문자중심문화로 넘어갈 때도 마찬가지다. 우리는 지금 이러한 상반된 문화들이 혼재하는 세상 속에 살고 있다. 이것이 격동의 20세기를 장식한 무수한 헤드라인을 관통하는 맥락이다.

* * *

오늘날 전세계적으로 다양한 집단이 투표 또는 차량폭탄테러를 통해 현 국가체제를 깨고자 하는 주장을 큰 목소리로 외치고 있다. 경제적으로나 지리-정치적으로나 큰 소득이 없음에도, 부족끼리 뭉치고자 하는 열정은 전혀 수그러들지 않고 있다.

독립을 요구하는 민족집단은 소련의 오랜 골칫거리였다. 아프리카의 부족들은 지금도 서양제국들이 마음대로 그어놓은 국경이 아무 의미없다는 것을 이따금씩 보여준다. 1990년대 유고슬라비아가 통치하던 지역에서 벌어진 전쟁 역시 민족적, 종교적 부족주의로 돌아가고자 하는 거대한 물결이었다.

이러한 사건들을 대다수 평론가들은 지난 50년 동안 냉전 속에서 얼어있던 열정이 일제히 터져나온 것이라고 말한다. 하지만 이러한 관점만으로는, 북부 캘리포니아가 남부 캘리포니아와 결별하고자 하는 이유, 바스크 분리주의자들이 스페인에서 독립하고자 하는 이유, 퀘벡이 캐나다에서 분리독립하고자 하는 이유를 설명하지 못한다. 현대인들이 가부장제의 속박에서 벗어나 원주민의 생활방식으로 돌아가려고 하는 것은, TV가 인간의 인지방식을 전지구적으로 바꿔놓았기 때문이다.

정보가 종이 위에 새겨진 문자에서 화면 위 이미지로 이동하면서 남녀의 구별도 흐려졌다. 성역할, 옷, 헤어스타일, 심지어 언어조차 남자와 여자가 서로 닮아가는 방향으로 바뀌고 있다. 인쇄문자시대의 남녀스타일을 떠올려보면 상황이 완전히 달라졌다는 것을 알 수 있다. 빅토리아시대의 댄디나 르네상스의 멋쟁이들은 멀리서 봐도 남자와 여자를 오인할 일이 없었다. 유니섹스는 TV와 함께 탄생한 트렌드다.

문자를 압도하는 이미지정보의 부상은 생활양식에도 상당한 변화를 초래했다. 인쇄문자시대의 딱딱한 제복은 갈수록 줄어들고 있다. 풀 먹인 셔츠깃 사이로 길게 늘어뜨린 넥타이―페니스와 불알을 재현한 패션―는 오랫동안 가부장제의 상징이었다. 하지만 이제는 풀을 먹이지도 않을 뿐만 아니라, 셔츠깃도 없고 타이도 없는 셔츠가 일상적인 옷차림이 되었다.

더욱이 부족시절 인기있던 패션이 되살아났다. 코, 입술, 귀, 눈썹, 배꼽, 성기에 구멍을 뚫고 금속으로 된 못이나 고리를 끼고 다니는 사람들이 급증했다. 물론 가장 많은 피어싱이 이루어지는 곳은 얼굴인데, 얼굴은 우뇌가 인지하는 가장 중요한 이미지패턴이다. 이러한 장식이 젊은이들 사이에 유행하는 것은 그만큼 우뇌적 사고가 중요해졌다는 것을 보여준다.

문신 역시 원시문화의 대표적인 상징이다. 오늘날 문신은 TV세대에게 자신의 몸을 치장하는 일상적인 방법으로 자리잡아가고 있다. 젊은이들의 머리모양 역시, 정갈한 프로테스탄트의 헤어스타일보다 아메리카원주민들의 화려한 헤어스타일이 큰 인기를 끌고 있다.

미국의 흑인들은 수백 년 동안 코카서스인종을 닮기 위해 상당한 노력을 기울여왔다. 하지만 TV가 나오는 순간 그 모든 노력은 헛일이 되고 말았다. 오늘날 코카서스의 젊은이들은 오히려 아프리카계 미국인들의 말투, 옷차림, 음악을 흉내내고 싶어 안달하고 있다. 부족적 생활양식을 영위하던 조상들과 훨씬 가까운 아프리카계 미국인들이 오랜 문자문화에 길들여진 백인보다 문자이전시대의 문화와 지혜를 이끌어주는 안내자로 훨씬 적합하다는 것을 젊은이들은 직관적으로 느끼는 것이다.

환경, 인권, 교육, 보건, 보육, 복지는 모두 채집·양육자의 관심사다. 사냥꾼·도살자들이 오랫동안 지배해 온 정부는 이러한 문제에 전혀 관심이 없었다. 고대그리스의 도시국가, 로마제국, 계몽주의시대의 유럽국가에서 가난, 보건, 보편적인 교육에 관한 정책 자체가 없었다는 것은 어찌 보면 당연한 것이었다. 올바른 성장을 위해 어린 아이를 배려해야 한다는 개념도 사람들 머릿속에 들어있지 않았다. 하지만 이제 상황은 바뀌었다.

오늘날 여자를 대상으로 한 폭력이 급증하고 있지만, 이는 남자의 권력이 빠르게 약화되고 있다는 반증이다. 강간이나 폭행이 늘어난 것처럼 보이는 것은, 사그라드는 권력을 붙잡기 위해 발악하는 집단이 드러내는 보편적인 증상에 불과하다. 통계에는 나타나지 않지만, 오늘날 남자들이 그들의 아버지들보다 여자를 훨씬 동등하게 대하고 있으며 그들의 아버지보다 자식에 대해 훨씬 신경을 쓴다는 것은 부인할 수 없는 사실이다.

현대사회에 섹스가 갈수록 범람하는 현상에 대해서도 많은 이들이 우려한다. 어디서든 쉽게 접근할 수 있는 포르노 이미지나 동영상들은, 이미지가 여자의 권리를 향상시켜준다는 나의 주장을 비웃는 것처럼 보일지도 모른다. 하지만 음란하고 외설적인 이미지의 홍수는 우뇌가 좌뇌의 통제에서 빠르게 벗어나고 있다는 것을 보여주는 또다른 반증이기도 하다. 지난 3000년 동안 문자가 성욕을 억압해왔던 것을 고려하면, 이러한 억압에서 벗어나고자 하는 갈망이 그만큼 강렬하게 표출되는 것은 당연한 결과라 할 수 있다.

하지만 이러한 현상 역시 오래 지속되지 않을 것이다. 히브리, 정통교단, 프로테스탄트, 이슬람, 공산주의자들 모두 섹스를 보고 눈살을 찌푸렸다. 오늘날 우리 문화는 오랜 인내 끝에 이들로부터 비로소 해방되어 이미지를 통해 섹스를 한껏 탐닉하고 있는 중이다. 하지만 어느 정도 시간이 지나면 섹스는 마침내 우리 문화 안에서 적절하고 건강한 균형점을 찾아낼 것이다.

지금 이 시대를 살아가는 사람으로서 시대적 변화의 흐름을 제대로 파악하기는 어렵겠지만, 어쨌든 우리가 유례없는 사회적 혁명의 소용돌이 속에 살고 있다는 것은 누구나 어렴풋하게나마 느낄 것이다. 서양사회는 1960년대 소규모 르네상스를 경험하고, 1990년대 소규모 종교개혁을 경험하였다. 1960년대 우뇌적 가치가 폭발하면서 오른쪽으로 뻗어나간 균형추는 1990년대 다시 엄격하고 단호한 좌뇌의 가치가 강조되면서 다시 중앙으로 되돌아왔다. 이러한 추의 흔들림은 앞으로도 계속 될 것이다.

하지만 역사의 교훈을 다시 돌아볼 필요가 있다. 비록 소수라고 해도 굳건한 의지로 무장한 세력이 침묵하는 다수를 강제하고 지배할 수 있다는 것을 우리는 무수히 목격했다. 로마제국에서 겨우겨우 쌓아올린 여자들의 권리가 4세기 로마의 권력을 잡은 기독교도들에 의해 한순간에 허물어지고 말았다. 중세의 자유로운 문화는 16세기 종교개혁으로 한 순간에 몰살당했다. 이러한 위협은 지금도 존재한다.

하지만 TV는 부정적인 기능도 하지만, 문자 지상주의자들의 프로파간다에 숨어있는 오류를 이따금씩 적나라하게 보여주는 순기능을 한다. 예컨대 고상한 척 설교하는 종교인들의 추잡한 스캔들을 이따금씩 폭로한다. 다른 매체는 그 만큼 파급효과를 발휘하지 못한다.

19세기가 끝날 무렵 많은 언어학자들이 보편적인 언어가 필요하다는 데 동의한다. 전세계 사람들이 같은 말, 같은 문자를 쓰면 민족주의로 인한 전쟁의 공포가 사라질 것이라고 믿었다. 대부분 알파벳을 쓰는 사람이었던 만큼, 그들은 주요 유럽국가의 알파벳을 병합하여 단일한 인공어를 만들어낸다.* 사람들은 새로운 언어의 출현에 환호했다. 바로 에스페란토다.

● 이 당시 알파벳보다 중국한자를 보편적인 커뮤니케이션수단으로 써야 한다고 주장한 사람들도 있었다. 알파벳은 발음에 의존하는 반면, 표의문자는 발음에 의존하지 않기 때문에 공용어로 적절하다는 주장이었다.

국제언어운동을 이끈 사람들은 머지않아 영어, TV, 컴퓨터가 에스페란토를 불필요한 언어로 만들 것이라는 사실을 알지 못했다. 제2차세계대전 이후 과학자, 학자, 사업가들은 미국의 세기가 왔다는 현실을 인정하고 영어를 세계공용어로 사용하기 시작한다. 이것은 미래를 위해서는 다행스러운 선택이었다. 남성여성을 구분하지 않는 영어의 특성이 전세계문화를 훨씬 빠르게 평등으로 나아가도록 이끌었기 때문이다.

하지만 국제적인 말과 글은 방정식의 한쪽 변에 불과할 뿐이다. 반대 쪽 변에는 시각적인 이미지가 있었다. 남자화장실 문에는 더 이상 '남-자'라는 글씨를 쓰지 않고, 남자를 상징하는 아이콘을 붙인다. 공항이나 병원에서도 길을 안내하는 표지판은 최대한 기호를 사용한다. 고속도로의 표지판도 표준화된 아이콘들이 사용된다. 복잡한 개념, 명사와 동사를 상징하는 온갖 새로운 아이콘들이 매일 쏟아져나오고 있다. 바야흐로 이미지로 된 에스페란토가 세상에 퍼지고 있는 것이다.

제2차세계대전 이후 정보전달의 기술의 발전은 세계문화의 기반을 바꿔왔으며, 그 과정에서 여성성과 남성성이 균형을 이룰 수 있도록 이바지했다. TV, 컴퓨터, 복사기, 팩스, 인터넷을 통해 이미지정보를 자유롭게 전송할 수 있게 되면서 이미지, 여자의 권리, 여신의 지위는 계속 커졌고, 이러한 추세는 앞으로도 계속 유지될 것이다.

* * *

영어에서 spell이라는 단어는 다양한 의미를 지닌다. 단어의 '글자배열(스펠링)'을 의미하기도 하고 '마법'을 의미하기도 한다(cast a spell은 '주문을 걸다'라는 뜻이다). 3800년간 알파벳을 사용해오면서도 우리 인류는 그 '글자배열 속에 홀려' 그로 인해 우리가 어떤 대가를 치러야하는지 이해하지 못한 채 살아왔다.

글을 쓸 때, 즉 알파벳을 나열할 때 요구되는 것은 선형적이고 순차적이고 추상적이고 분석적인 사고다. 이러한 정신상태가 수행하는 또다른 과정은 언어, 논리, 인과, 계산—좌뇌의 대표적인 기능—이다. 좌뇌는 사냥과 도살이라는 인간의 생존전략을 수행하는 뇌다. 문자는 무엇보다도 우뇌에 대한 좌뇌의 지배력을 강화한다. 채집과 양육이라는 인간의 생존전략을 수행하는 우뇌의 가치는 수천 년간 수난을 겪었다. 문자를 '나열할수록 그 마법에 더 깊이 홀릴' 수밖에 없었기 때문이다.

문자의 강력한 주문에 걸린 상태에서 인류사회는 여성혐오, 가혹한 가부장제, 이미지에 대한 배척이 만연하였고, 주기적으로 미술작품에 대한 광기어린 파괴행동이 터져나왔다. 수많은 문화에서 여신을 깎아내리고, 여자가 종교적 의례를 수행하지 못하도록 금지하고, 자연의 아름다움이나 혜택을 묵살하거나 폄하하도록 만든 주요한 원인은 바로 알파벳이었다.

알파벳문화에 사는 여자들은 대부분 이러한 모욕에 대해 최소한의 저항만 하며 인내하며 살았다. 다른 세상을 꿈꾼다고 하더라도 그 모든 과정은 알파벳을 통할 수밖에 없었고, 그래서 '문자배열의 주문'에서 벗어날 길이 없었기 때문이다. 어린 여자아이가 알파벳의 신비에 접하는 순간 사냥꾼·도살자 반구는 비대해지는 반면, 자신의 직관에 대해서는 의구심을 갖게 된다.

의식하지 못하는 사이에 여자들은 카드모스의 군대에 속박당한다. 외부의 문화적인 가치들이 침략해 들어올 뿐만 아니라, 자신의 머릿속 좌뇌가 내부에서 폭동을 일으킨다. 그렇다고 해서 문자를 포기할 수도 없는 노릇이었다. 글을 포기하는 순간 여자들은 곧바로 2등시민으로 추락하기 때문이다.

사람들은 대개 어린 나이에 글자를 배우기 때문에 이로 인해 어떠한 인지적인 변화가 발생하는지 알지 못한다. 알파벳을 배우는 순간, 이후 삶의 모든 사고방식과 판단은 알파벳을 배열을 할 때 작동하는 사고과정으로 바뀐다. 알파벳을 주요한 커뮤니케이션수단으로 활용하는 문화는 그렇지 않은 문화보다 포옹하거나 웃는 횟수가 적다.

또한 억눌린 성적 충동은 성도착, 페티시, 집착 등 예상치 못한 방식으로 분출되는 경우가 많다. 이들은 여자의 섹스와 생식에 관한 모든 면을 통제하고 싶어 한다. 실제로 미국에서 벌어지는 낙태반대집회에 가보면 오른손에 성경을 든 채 팔을 휘두르며 여자들을 비난하며 구호를 외치는 남자들을 쉽게 목격할 수 있다.

현대심리학에서 나온 한 가지 가치있는 통찰은, 무의식적인 동기가 한 개인을 건강하지 않고 생산적이지 않은 행동을 반복하도록 만들 수 있다는 것이다. 이러한 악순환의 고리를 끊는 방법은, 그런 행동을 지속하게 만드는 기저메커니즘을 스스로 깨닫고 인지하는 것이다. 그럴 때에만 잘못된 행동을 바로잡고 올바른 행동을 촉발할 수 있다.

이러한 통찰은 개인뿐만 아니라 문화에도 그대로 적용된다. 알파벳중심 정보처리단계에서 벗어나 이미지중심 정보처리 단계로 옮겨 온 우리는 이제서야 알파벳과 여자를 억압하는 가부장제 사이에 긴밀한 관계가 있다는 사실을 조금이나마 거리를 두고 조망할 수 있게 되었다. 새로운 정보처리방식은 문자가 요구하는 선형적 사고에서 벗어나 뒤를 돌아볼 수 있게 해주었다. 이러한 통찰은 앞으로 닥쳐올 또다른 거대한 커뮤니케이션혁명을 대비할 수 있는 지혜를 알려 줄 것이다. 우리는 이미 그 새로운 물결 한 가운데 있다.

읽기와 쓰기는 문화에서 가장 가치있는 기술이기에 사실상 어느 정부나 시민들에게 글을 가르치기 위해 노력한다. 알파벳이 우리에게 선사하는 혜택은 개인의 삶을 바꿀 만큼 강력하다. 문자의 어두운 이면을 알았다고 해서 목욕물을 버리면서 아기까지 쏟아버리는 사람은 없을 것이다.

핵심은, 문자를 배척하라는 것이 아니라 문자 못지않게 이미지의 가치를 놓쳐서는 안 된다는 것이다. 이미지정보와 문자정보를 동등하게 중시함으로써 좌뇌와 우뇌는 훨씬 높은 수준에서 균형 맞출 수 있다. 이로써 개인은 물론 사회문화 역시 훨씬 높은 차원에서 균형을 이루며 발전할 수 있을 것이다.

X

APPENDIX

부록

THE ALPHABET
VERSUS
THE GODDESS

책을 읽는 것은 본질적으로 질문을 떠올리는 과정이다.

질리언 비어 Gillian Beer

아름다움이 세상을 구할 것이다.

도스토예프스키 Dostoevsky

에필로그

나는 지금까지 상당히 많은 증거들을 통해 여신의 몰락을 초래한 주요 원인이 바로 문자라는 것을 상세하게 설명하고자 노력하였다. 또한 문자, 특히 알파벳문자가 문화 속으로 편입될 때 어떠한 부정적 영향이 발생하는지 설득하고자 노력했다. 물론 문자가 안겨주는 혜택이 상당히 크기 때문에, 이러한 부작용은 지금까지 간과되어 왔지만 실제로 매우 치명적일 수 있다는 것을 여러분께 일깨워주고자 하였다.

나의 접근방식은 기존의 역사적 분석방법과는 다르다. 시대마다 등장한 메시지의 '내용'보다는 그 내용을 소통하기 위해 알파벳을 습득하는 '과정'에서 야기되는 인지적인 변화에 초점을 맞추었다. 이러한 논의를 전개하는 과정에서, 이 책의 작가로서, 또 책을 사랑하는 독자로서, 또 과학자로서 나는 가장 절친한 몇몇 친구들과 의견을 달리해야 하는 불운을 겪기도 했다.

어른이 되고난 뒤 나는 두 세계에서 살았다. 하나는 외과의사에게 요구되는 세계였고 다른 하나는 문학이라는 상상의 세계였다. 나는 내 직업을 유지하기 위해 읽어야 하는 엄청난 양의 의학교과서 앞에서 늘 경이로움과 동시에 절망을 느꼈다. 의학책 속에 쓰여진 한 문장 한 문장이 나보다 앞서 살아간 무수한 의사들이 캄캄한 골목을 헤치며 불완전한 시행착오 과정을 무수히 인내하며 쌓아온 지혜의 결과물이다. 이렇게 오랜 시간 조금씩 쌓아온 지식을 모아서 체계화하고 분류하고 설명하고 전달할 수단이 없었다면, 의학은 물론 그 어떤 분야도 지금 우리 문화만큼 발전하는 것은 불가능했을 것이다.

하지만 교과서나 백과사전에 알파벳 순으로 정렬된 색인은 문자가 주는 위대한 선물 중 일부에 불과하다. 또다른 차원의 선물이 존재한다. 글을 읽으면서 느낄 수 있는 오롯이 미학적인 즐거움이다. 문학은 개개인을 에워싸고 있는 껍질을 깨고, 독자의 마음을 그들보다 앞서 살았던 사려깊은 작가들이 마련해놓은 상상의 세계 속으로 들어가 하나가 되게 만들어준다. 내게 그러한 기회를 준 사람으로 예이츠, 플라톤, 셰익스피어, 도스토예프스키를 꼽을 수 있다는 사실에 나는 깊이 감사할 뿐만 아니라 개인적으로 영광스러운 일이라 생각한다. 문자의 혜택을 받지 못했다면 나는 결코 그들을 만날 수 없었고 또 지금의 내가 될 수 없었을 것이다.

문자의 숨겨진 부작용을 찾아내는 복잡한 미스터리를 풀어내는 과정에서 나 역시 문자를 활용할 수밖에 없다는 사실은 이 책을 쓰는 동안, 내 머릿속에서 떠나지 않는 아이러니였다. 또한 좌뇌의 분석적, 선형적, 순차적 사고가 작동하지 않았다면, 나는 이 책을 쓰지 못했을 것이다. 모든 것을 추상화하는 좌뇌의 기능이 작동하지 않았다면, 상관이 없는 것처럼 보이는 다양한 역사적 사건들 사이의 연관성을 파악하지 못했을 것이다. 내 머릿속의 과학적 기질은 성가시게 달려드는 파리처럼 끊임없이 '그래, 하지만'이라고 딴지를 걸었다. 이런 의심은 이 책을 쓰는 힘이 되기도 했지만, 또 한편으로 더 나은 작품을 쓸 수 있었다는 아쉬움을 남기기도 한다.

핵심을 명확하게 하려다보니 책에서 우뇌·좌뇌, 여성적·남성적, 양육자·도살자, 직관·분석과 같은 2원론을 지나치게 자주 내세운 느낌이 든다. 실제로 개개인을 이러한 기준으로 뚜렷하게 구분할 수 없는 경우가 많으며, 서로 대립하는 항목 안에서도 다양한 차원이 존재한다. 그럼에도 이러한 템플릿을 인간의 역사에 끼워넣은 것은, 그래야만 복잡한 흐름 속에 존재하는 패턴을 명확하게 부각할 수 있기 때문이다. 이러한 접근이 아니었다면 이 책에서 설명한 역사적 흐름은 여전히 드러나지 않았을 것이다.

도서관을 가득 메운 논리학, 과학, 철학, 수학의 천재들이 써낸 책들은 좌뇌의 경이로운 업적이다. 이들이 우리 인류의 발전에 엄청난 기여를 했다는 것은 여기서 굳이 이야기할 필요가 없을 것이다. 좌뇌는 자신의 고유한 발현—남성적 에너지—을 통해 인류의 위대한 순간들을 만들어왔다. 하지만 인류에게 최악의 순간을 안겨준 힘 역시 좌뇌에서 나왔다는 사실을 잊어서는 안 된다.

뉴턴 뒤에는 늘 연쇄살인마 잭더리퍼Jack the Ripper가 따라다닌다는 사실을 잊지 말아야 한다. 이 책이 보여주고자 노력한 또하나의 주제는, 좌뇌는 극단을 향해 달려나가고자 하는 경향이 강하다는 것이다. 우뇌가 견제의 고삐를 놓치는 순간, 좌뇌는 집단광기로 치달을 수 있다. 어떠한 새로운 발견, 새로운 사상, 새로운 책도 초기에는 열광적인 흐름을 만들어내는데, 이러한 단계를 넘어서 어느 정도 균형을 잡고난 뒤에야 그 업적은 제대로 평가할 수 있으며 그때서야 비로소 건전하고 유익한 기능을 한다.

나는 이 책에서 우뇌적 속성을 긍정적인 것으로만 묘사했다. 하지만 질서를 부여하는 좌뇌가 존재하지 않는다면, 우뇌 역시 균형을 잃고 분별없는 무정부상태와 감각의 과잉으로 치달으며 또다른 혼란을 야기할 수 있다. 핵심은 반대편 뇌를 억압할 정도로 어느 한쪽 뇌를 지나치게 중시하는 것은 재앙으로 이어질 수 있다는 것이다. 어느 사회든 이 두 가지 속성이 늘 서로 보완해주고 조화를 이룰 수 있도록 균형상태를 만들어내기 위해 노력해야 한다.

내가 이 책을 쓸 수밖에 없었던 또다른 이유는, 종교와 관련한 한 가지 질문에 대한 답을 찾고 싶었기 때문이다. 나는 어린 시절 그리스신화에 매료되었다. 그리고 어느 순간 문득 유럽에서 벌어진 참혹한 종교전쟁이 그리스에서는 발생하지 않았다는 사실이 머릿속에 스쳐 지나갔다. 그들은 다양한 신앙을 감탄할 만한 예절과 존중으로 서로 관용하고 인정했다. 도대체 어떻게 그럴 수 있었을까? 내 머리로는 이해하기 어려운 문제였다. 그리스인의 관용은 왜 사라진 것일까? 무엇이 그것을 인류문화에서 지워버렸을까?

오늘날 자신의 종교를 드러낸다는 것—유대인, 무슬림, 가톨릭, 프로테스탄트 중 하나를 선택한다는 것—은 곧 상대방에게 경계의 대상이 되거나 더 나아가 증오의 대상이 된다는 뜻이다. 제2차세계대전과 홀로코스트 경험하며 자란 나에게 종교를 선택한다는 것은 매우 중요한 실존적 문제였다. 서양문화 속에 함께 살아가는 이들 네 종교가 믿는 신은 단 하나다. 실제로 그들도 자신들이 믿는 신이 서로 '같다'는 것을 아무렇지 않게 인정한다. 그런데 이들은 왜 그토록 서로 못 잡아먹어서 안달일까?

종교 때문에 서로 죽이는 일이 없었던 시대가 역사적으로 존재한다면, 그 시대로 돌아갈 수는 없는 것일까? 무엇이 지금과 같은 문화를 낳은 것일까? 나는 이 책 첫 머리에서 인용한 소포클레스의 문장을 읽으면서 내 머릿속에 해답의 열쇠가 스치듯 지나갔다.

"위대한 어떤 것이 아무런 재앙 없이 인간의 삶에 출현한 적은 없다."

바로 그것은 알파벳이었다. 알파벳은 인간의 위대한 발명품이다. 하지만 소포클레스의 통찰처럼 어떠한 저주를 불러왔을 것이 분명하다.

'위대한 여신을 누가 죽였는가'라는 질문에 답하기 위해 나는 탐구를 시작했다. 내가 찾아낸 결론은 '여신의 목을 조른 악당은 바로 문자'라는 것이다. 어떤 이들에게는 이 결론이 불쾌하게 여겨질 수도 있고 터무니없어 보일지도 모른다. 나는 내 주장을 뒷받침하기 위해 이미 입증된 기존의 학설들에 의존하여, 단편적인 역사적 사건들을 수집하고 나열하여 거대한 모자이크를 만들어 내는 작업을 했다.

어떤 사건이든 그것이 발생할 수밖에 없는 그 당시의 구체적인 상황과 조건이 있겠지만, 이들을 전체적으로 늘어놓고 보면 문자, 특히 알파벳이 발휘하는 영향력을 보여주는 어떠한 패턴이 드러날 것이라고 나는 생각했다. 실제로 여자의 권리, 이미지, 여신의 흥망과 문자의 흥망이 서로 상반되어 나타나는 패턴이 드러났다.

21세기는 인류에게 새로운 황금시대가 될 것이라고 나는 확신한다. 관용, 배려, 자연에 대한 경외와 같은 우뇌적 가치는 오랜 시간 인류를 지배해왔던 좌뇌적 가치를 압도하고 세상을 더 나은 곳으로 만들 것이다. 이미지는—어떤 종류이든—인류의 상처를 치유해주는 효과를 가져다 줄 것이다. 사진술과 전자기의 경이로운 혁신이 세상에 확산되어 나갈수록 세상은 물리적으로나 정신적으로나 진보하고 발전할 것이다. 이미지의 확산을 통해 우뇌적 가치가 중시될수록 아름다움을 평가하는 전반적인 감각도 크게 향상될 것이다.

함무라비법전이나 로제타석이 만들어지기 훨씬 전에 라스코와 알타미라의 그림들이 존재했다. 태초에 이미지가 있었다. 하지만 어느 순간 문자가 출현했고 이로부터 5000년 동안 세상을 지배했다. 이제 이미지가 다시 세상을 물들이고 있다. 인류의 절반을 차지하는 여자는 오랜 시간 무시되고 억압받아왔다. 하지만 이미지의 시대에 여자는 자신의 잠재적 가치를 펼칠 수 있는 기회를 더 많이 누릴 것이다. 물론 지역별로 나라별로 조금씩 차이는 있겠지만, 거대한 흐름은 누구도 거스를 수 없다. 이 책이 이러한 통찰을 더 많은 사람들에게 전파하고, 더 깊이있는 연구를 촉발하는 역할을 하기 바란다.

샤머니즘 vs 21세기

옮긴이의 글

O 책은 2004년 출간되었다가 절판된 같은 제목의 책을 다시 번역한 것이다. 이 책은 알파벳과 가부장제 사이의 깊은 연관성을 밝혀내는 놀라운 통찰을 제시하며 책을 읽는 내내 독자들에게 상당한 흥미와 지적 호기심을 안겨준다. 뛰어난 저작임에도 여러 문제로 인해 많은 독자를 만나지 못하고 절판된 것이 아쉬워 다시 출간하기로 기획하였다. 기존에 출간되었던 번역에서 잘못된 점을 바로잡았으며, 독자들이 좀더 쉽게 읽어나갈 수 있도록 번역문을 전반적으로 고쳤다. 또한 독자들의 이해를 돕기 위해 몇몇 그림을 추가했다.

이 책을 번역하는 내내 머릿속을 떠나지 않았던 것은 알파벳과 가부장제와 유일신 신앙과 이미지와 여성혐오 사이에 존재하는 긴밀한 상관관계가 과연 지구의 반대편에 위치한 우리나라 문화에서도 고스란히 적용될까 하는 것이었다. 저자가 말하듯이 거대한 티벳고원과 히말라야산맥으로 인해 쉽게 소통하지 못하고 분리되어 발전한 동양과 서양은 뇌의 좌우반구처럼 서로 다른 가치관 위에서 발전해나간 문명이다. 물론 이 책에서 한중일 세 나라의 문화에 대해서도 언급하지만 그 비중이 너무 적다. 물론 저자가 서양문화의 세례를 받고 자란 사람인 만큼 우리 문화에 대한 좀더 세세한 접근을 해주기를 기대하는 것은 다소 무리라는 생각도 든다.

어쨌든 제대로 된 한국어판을 만들어내기 위해 한국의 독자들을 위한 저자의 글을 덧붙이고 싶었지만, 안타깝게도 레너드 쉴레인은 2009년 5월 세상

716

을 떴다. 결국 이 책이 우리에게 갖는 의미를 밝히는 것은, 이 책을 지금 이 시점에 한국독자들에게 다시 선보일 만한 가치가 있다고 판단한 번역자의 몫이라고 판단하여, 부족하나마 이 책에서 다루지 못한 우리 역사의 맥락에서, 또 21세기 현재의 맥락에서 알파벳과 여신이라는 테마가 어떻게 적용되는지 간략하게 정리해보고자 한다.

* * *

우선 우리 역사에서 3국시대는 전반적으로 여자들의 권리가 상당히 높았던 것으로 여겨진다. 특히 신라에서는 여왕도 여러 차례 나올 정도로 여성들의 지위가 높았다. 화려한 불교미술과 수준높은 과학기술을 이룩한 고려에서도 남자와 여자는 상당히 평등한 지위를 유지했다.

6세기 이전까지는 '정조'라는 관념이 아예 존재하지 않았을 것으로 여겨지는데, 고려에서도 이러한 자유로운 생활양식은 그대로 이어졌다. 고려에 온 송나라 사신은, 여름에 남녀 구별없이 시냇가에서 옷을 벗고 목욕하는 고려인들의 모습에 놀라고, 또 고려인들은 남녀가 가볍게 만나서 즐기고 쉽게 헤어진다(輕合易離)고 기록한다.

이러한 와중에 높은 학식을 쌓은, 문자가 자극하는 좌뇌의 선형적 순차적 사고에 길들여진 소수의 관료집단이 출현한다. 중국의 주자에 영향을 받아 남성우월주의와 가부장제 교리로 무장한 이들은 문란한 남녀관계를 억제하고 정조와 정절을 권장하기 위해 노력한다. 여자들이 여러 번 결혼하는 것을 막기 위해, 재가한 여인의 자식을 공직에서 승진하지 못하도록 제한하는 등 여러 법률을 제정하는 데 성공하기도 하지만, 그다지 효과를 보지 못한다.

이들은 결국 무장세력과 손을 잡고 혁명에 성공해 성리학을 국가이념으로 하는 조선을 세운다. 엄격한 가부장제를 정착시키기 위해 이들이 무기로 삼은 것은 바로—이 책에서 주장하듯이—문자와 법이다. 하지만 그들의 이념을 구현하는 데 가장 큰 장애물은 한자를 읽을 줄 아는 민중이 많지 않다는 것이었다. 이를 해결하기 위한 노력의 결실이 바로 '한글'이라는 혁명적인 알파벳의 발명이었다.

그럼에도 조선의 가부장제가 처음부터 가혹한 것은 아니었다. 조선의 기본 법전인 경국대전은 아들딸 구별 없이—출가한 딸에게도—재산을 똑같이 분배하는 것을 원칙으로 제시한다. 이러한 상속의 원칙이 작동할 수 있도록 부부의 재산 역시 별도로 관리하도록 명시한다. 친정에서 물려받은 재산은 여자가 소유권과 처분권을 가졌다. 집안의 재산을 양도하거나 상속할 때에는 당연히 부부 모두 동의해야만 했다.

장가(처가)의 재산을 부인이 물려받을 수 있다는 사실은, 결혼과 동시에 여자가 남편의 종속적인 위치로 전락하지 않게 막아주는 역할을 했다. 부인은 장가를 대표하는 사람으로서 주체적인 지위를 누렸다. 결혼을 하고도 남편의 성을 따르지 않고 원래 성을 그대로 간직하는 전통이 확립되었다. 당시 중국에서 성행하던 전족과 같은 끔찍한 여성억압풍습이 조선에 들어오지 못한 것도 부부 간에 권력이 상당한 균형을 유지했기 때문이다.

하지만 이러한 사회질서는 17세기에 들어서면서 급변한다. 칠거지악七去之惡, 삼종지도三從之道와 같은 억압적인 가부장제와 장남을 우선하는 재산상속 방식이 사회 전반에 뿌리내리기 시작한다. 성리학의 질서 속에서도 균형을 유지하던 남녀관계가 17세기에 들어와 급속히 붕괴하면서 남성우월주의문화가 확산된 이유는 무엇일까?

우리는 흔히 이러한 사회변동의 원인으로 두 가지 중요한 사건을 꼽는다. 바로 임진왜란과 병자호란이다. 물론 이 두 사건은 조선사람들에게 상당한 트라우마를 안겨주었겠지만, 왜 그 트라우마가 여성을 억압하는 형태로 나타났을까? 여기에 레너드 쉴레인은 새로운 가설을 제시한다. 조선후기 가부장제가 확산된 것은 전쟁과 사회혼란 때문이 아니라 바로 알파벳의 확산 때문일지도 모른다는 것이다.

***

문자를 숭상하는 조선왕조가 한반도를 통치하는 유일한 국가권력으로 안착하면서 15세기 한문문학의 르네상스가 펼쳐진다. 서거정의 《동문선》, 김시습 《금오신화》 등 뛰어난 한문소설이 이 때 나온다. 하지만 한자를 읽을 줄 아는 사람이 매우 적었기 때문에 이러한 문학들은 그다지 파급효과를 갖지 못했다. 이러한 문예부흥기를 토대로 조선은 새로운 알파벳 한글을 만들어 공식적으로 반포한다. 물론 지식인들의 반발로 인해 한글은 공식문서에서는 거의 사용되지 못한다.

하지만 소리를 자유자재로 표현할 수 있으며 누구나 단 시간에 배울 수 있는 알파벳 한글은 비공식적인 경로로 빠르게 퍼져나갔다. 특히 '암글'이라고 불릴 정도로 여자들이 많이 썼다. 또한 중인이나 관직에 나가지 못하는 불우한 지식인들이 구술문학을 한글로 기록하기 시작한다. 마침내 한글이 반포된 지 100년 정도 지나면서 한글문학 르네상스가 펼쳐진다.

16세기 황진이, 정철, 17세기 윤선도 등이 쓴 서간문, 에세이 등이 유행하였고, 17세기 홍길동전, 유충렬전, 박씨전, 구운몽, 사씨남정기, 권념요록, 18세기 임경업전, 19세기 조웅전 등 뛰어난 소설들이 나와 상당한 인기를 끌었다. 또한 18세기 청구영언, 해동가요, 19세기 가곡원류 등 가사집도 출간되어 많은 사랑을 받았다. 이러한 문학작품들이 연달아 출간되었다는 사실은, 한글을 아는 사람들이 꽤 많았다는 뜻이고, 한편으로 이러한 작품들은 한글을 배우려는 대중의 욕망을 자극했을 것으로 여겨진다.

한글이 이처럼 널리 확산되자 유학자들도 자신들의 교리를 한자 대신 한글로 써서 보급하려는 노력을 한다. 일찍이 세종은 열녀, 효자, 충신들의 이야기를 담은 《삼강행실도》를 한글로 번역출간하여 대중에게 유교윤리를 보급하고자 하였다(출간은 성종 때 되었다).

또한 문자해독능력과 글쓰기능력을 테스트하여 관료를 채용하는 과거제도가 완전히 자리잡으면서 글을 가르치는 서당이 곳곳에 생겨나기 시작한다. 17세기에 이르러서는 서당이 없는 마을이 없었으며, 양반집 자녀들뿐만 아니라 평민들의 자녀들도 서당에서 한문을 배웠다. 물론 한문을 배우는 이들은 거의 남자였으며, 여자들은 집에서 한글을 배웠다. 이로써 17세기는 한문과 한글을 읽을 줄 아는 인구가 폭증했을 것으로 추정된다.

실제로 17세기후반 조선에 온 중국사신은, 조선에서는 여자들도 대부분 글을 읽을 수 있다고 기록한다. 19세기 말 한국을 방문한 캐나다 선교사 제임스 스카스 게일James Scarth Gale은 "중국이나 인도는 1,000명 가운데 한 명이 읽을 수 있는데 조선에서는 글을 모르는 사람이 거의 없다"고 기록하며, 이사벨라 비숍Isabella Bishop은 "마을마다 서당이 있고, 읽고 쓰지 못하는 조선인들을 만나는 일이 드물다"라고 증언한다.

15세기 발명된 인쇄기술이 퍼져나가면서 글자를 아는 사람이 늘어나고 이로써 16-17세기 종교전쟁, 인종청소, 마녀사냥이 극에 달했던 유럽의 역사가 쉴레인의 주장처럼 보편적인 역사발전의 패턴이었다면, 15세기 발명된 한글이 퍼져나가면서 그로 인한 예상치 못한 결과—가혹한 가부장제—가 17세기 우리 사회에 본격적으로 뿌리내린 것은 우연이 아닐 것이다.

점점 목을 죄어오는 가부장제의 억압 속에서 많은 여자들이 숨을 쉬기 위해 더 알파벳에 심취했겠지만, 그것에 담긴 내용과 무관하게 글을 쓰고 읽는 선형적이고 순차적인 사고과정은 남성중심적 사고를 여자들에게 숙명처럼 받아들이게끔 하지 않았을까? 알파벳을 읽고 쓰는 행위 자체가 선형적, 순차적, 남성적 사고를 주입한다는 쉴레인의 주장을 떠올려보면 조선후기 여성차별문화의 근원을 이해할 수 있는 실마리를 찾을 수 있을지도 모르겠다.

* * *

종교는 과학이라는 체계적인 사고가 발달하기 전, 우리가 경험하는 세상을 이해하고 삶의 방향을 잡아주는 역할을 했다. 우리는 어떤 종교를 믿었을까?

그 원형은 단군신화에서 찾을 수 있다. 곰과 호랑이를 숭상하는 토테미즘과 태백산, 신단수 등 자연물을 신성시하는 애니미즘, 하늘에서 내려온 환웅을 섬기는 샤머니즘이 공존하는 것을 목격할 수 있다. 토테미즘과 애니미즘은 토착신앙이고, 샤머니즘은 북방유목민족에게서 전래된 신앙이다.

2000년 전 한반도의 주요 집권세력으로 자리잡기 시작한 고구려, 백제, 신라 3국은 매우 화려하고 정교하고 수준높은 예술작품을 만들어냈다. 고구려의 고분벽화, 백제의 금동향로, 신라의 금관이나 장신구들을 보면 당시 다른 문화들과 비교해도 손색이 없을 만큼 상당히 독자적이고 아름다운 문화를 이룩했다는 것을 알 수 있다.

이들 나라에는 자연에 존재하는 초월적인 존재(신·령)와 소통함으로써 길흉을 예측하고 마법을 부릴 수 있다고 여겨지는 샤먼(무당)들이 왕실에 상주하며 중요한 직책을 맡았다. 이들은 고대사회의 '현인'으로 받들어졌으며, 이들이 신령에게 지내는 의례(굿)는 국가행사로 치러졌다.

왕권을 강화하고 국가체제를 정비하는 과정에서 왕실은 샤먼을 견제하기 위해 외래종교인 불교를 도입한다. 3세기 고구려, 4세기 백제, 6세기 신라가 차례대로 불교를 국가 기본신앙으로 받아들인다. 어찌되었든 문자 기반 종교였던 불교는 훨씬 체계적이고 발전한 통치이념으로 여겨졌다. 이 과정에서 불교와 샤머니즘은 심각한 갈등을 겪는다. 특히 무당이 왕을 할 정도로 샤머니즘이 강하게 뿌리내리고 있던 신라에서 갈등은 극심했다. (왕을 지칭하는 '차차웅'은 '남자무당'을 부르던 말이었으며, 화랑의 전신이었던 원화源花 역시 무녀가 주인공이었다.) 하지만 불교의 거센 물결을 막을 수 없다는 것을 깨달은 샤먼들은 최고의 지위에서 내려와 불교를 포용하며 공존하는 길을 선택한다.

고려를 거쳐 성리학을 숭상하는 조선에 이르러 샤머니즘은 미신으로 간주되기 시작하고 샤먼은 천민으로 전락한다. 그럼에도 무당은 조선말기까지 (20세기까지도) 질병을 치유하는 능력을 가진 주술사로 여겨졌다. 흔히 무당이라고 하는 샤먼들이 대부분 여자라는 사실을 떠올려보면, 16세기 유럽에서 기독교도들이 너나할 것 없이 잡아다 고문하고 태워죽인 무수한 마녀들―물론 누명을 쓴 사람도 많았겠지만―이 바로 이들 무당이었다는 것을 알 수 있다. 복을 빌고 심신을 치유해주는 샤먼은 경건한 기독교인들의 눈에는 모조리 불태워 죽여야 할 이단에 불과했다.

이러한 학살의 전과를 지닌 기독교가 19세기 서양문물과 함께 이 땅에 상륙하면서 조선의 샤먼들은 본격적인 고난의 길에 들어선다. 다행이 16세기 유럽에서 벌어진 것과 같은 마녀사냥, 종교재판, 집단화형은 일어나지 않았지만, 미신으로 치부되며 핍박과 멸시와 천대 속에서 간신히 명맥을 유지하는 수밖에 없었다.

오늘날까지 전해오는 인류의 종교는 대부분 어느 단계에서 자신들의 믿음과 의례를 문자로 기록하는 단계를 거친 것들이다. 이러한 문자화 과정을 거치지 못한 종교는 남성적, 좌뇌적 가치관이 지배하는 세상에서 하찮은 것으로 치부되어 쉽게 탄압의 대상이 되었고 이로써 대부분 소멸되고 말았다. 당연히 오래 살아남고자 하는 종교라면 문자로 경전을 만드는 길을 선택할 것이다.

하지만 쉴레인이 이 책에서 매우 상세하게 보여주듯이 구술을 문자로 전환하는 과정에서 예외없이 왜곡이 발생하고, 가부장적 가치가 주입되고, 마침내 여자들이 제단에서 완전히 추방되고 만다. 아무리 고매한 깨달음, 체험, 가르침이라고 해도 선형적인 문자로 박제하는 순간, 그것은 가부장제의 무기로 돌변하고 타락할 수박에 없다. 유대교, 기독교, 이슬람 등 서양의 종교들은 모두 이러한 길을 걸어왔다.

이런 관점에서 볼 때 조선의 샤머니즘이 '문자화'라는 과정을 전혀 거치지 않고 말과 행동과 체험을 통해서만 수천년을 견뎌 지금까지 이어져 내려왔다는 사실은 정말 기적과도 같은 일이 아닐 수 없다. 우뇌의 지혜, 직관과 통찰, 신비한 체험을 오랜 세월 사람과 사람을 통해서만 전승해온 것이다. (몸으로 체험하는 신들린 경지를 도대체 어떻게 문자로 묘사하고 전달할 수 있겠는가?) 교조적이고 배타적이고 분파적인 남성적 관점에 물들지 않은, 고대의 평화로운 여신, 여사제들의 모습이 최첨단과학이 숨쉬는 문명화된 21세기까지 이 땅에 고스란히 전해 내려오고 있다는 사실은, 이 책이 새삼 일깨워준 소중한 깨달음이다.

실제로 오늘날 우리의 전통문화라고 하는 것들은 대부분 샤먼들의 의례—굿—에서 나온 것이다. 굿은 그야말로 종합예술이다. 화려한 색색깔의 옷, 춤, 노래, 음악, 그림, 장신구들은 기독교가 오래전 말살해버린 원초적인 직관을 간직하고 있다. 사물놀이, 시나위, 살풀이, 칼춤(검무), 등 무수한 공연예술이 굿의 특정 요소를 빼내 독자적인 예술형식으로 발전시킨 것이다. 이러한 예술은 고압적인 문자전통에 의해 강제로 거세된 고대의 우뇌적 여성적 지혜를 현대인들에게 일깨워 준다.•

***

20세기 말 등장한 컴퓨터는 인터넷이라는 네트워크 기술에 힘입어 더욱 보편화되었으며, 이제는 손안에 들어오는 스마트폰을 통해 언제 어디서나 쉽게 정보를 주고받을 수 있게 되었다. 또한 데이터전송기술이 빨라지면서 초창기 텍스트로 채워지던 온라인 플랫폼이 빠르게 이미지와 동영상 위주의 플랫폼으로 바뀌고 있다.

스마트폰이라는 강력한 미디어플랫폼은 또 한번 이미지의 홍수를 몰고 왔다. 컴퓨터가 도입한 '아이콘'이라는 이미지 커뮤니케이션방식이 스마트폰 위에서 극대화된다. 스마트폰은 둥근 정사각형 안에 그려진 이미지만으로 복잡한 애플리케이션의 특성과 기능들을 보여준다. 사람들은 아이콘만으로 채워진 화면을 쓸어 넘기며 자신이 원하는 기능을 찾는다.

TV와 스마트기기가 결정적으로 다른 것은, 사용자가 수동적으로 정보를 습득하는 것만이 아니라 직접 제어하면서 자신이 원하는 것을 선택할 수 있고 피드백을 보낼 수 있다는 것이다. 이러한 강력한 인터렉션은 기본적으로 모든

• 김인회는《한국무속사상연구》에서 고대로부터 우리 삶과 함께 해온 무속은 한국문화의 특징, 한국인의 행동양식, 한국사회의 변동을 이해하기 위한 핵심코드라고 주장한다.

커뮤니케이션을 게임처럼 만든다. 이러한 경험에 익숙해진 사람들은 더 이상 일방적으로 정보를 제공하기만 하는 플랫폼을 환영하지 않는다.

더 나아가 스마트폰은 정보를 소비하는 채널인 동시에 정보를 생산하는 기능을 한다. 사진, 영상, 음성 등 모든 것을 간편하게 녹음하고 녹화하여 남들과 공유할 수 있다. 영상을 만들고 전송하는 데 상당한 비용이 들었던 TV시대에는 소수의 사람들이 선별한 영상만 봐야 했지만 이제는 자신이 원하는 것을 찾아서 볼 수 있고, 또 원하는 것을 누구나 직접 만들어 다른 사람과 공유할 수 있게 되었다. 원치 않는 것을 억지로 볼 필요없이 자신의 취향과 관심에 맞는 영상을 찾아서 볼 수 있게 되었다. 그 결과 온라인콘텐츠를 소비하는 시간이 TV시청시간보다 훨씬 많아졌다.

책이 개개인을 떨어뜨려 놓았던 것을 TV가 하나의 공동체로 묶었다면, 스마트폰은 다시 개개인을 흩어놓았다. 하지만 이는 겉으로만 보이는 현상일 뿐, 보이지 않는 전자기네트워크를 통해 개개인들은 관심사나 취향 등을 다양한 기준으로 이전과는 차원이 다른 공동체를 형성해나가고 있다. 이전에는 물리적인 공간이라는 제약에 때문에 만나지 못하고 뿔뿔이 흩어져있던 다양한 사람들이 온라인네트워크를 통해 다시 공동체를 만드는 것이다.●

* * *

2010년 이후, 우리는 오랜 세월 차별을 받고 감내해온 여자들이 본격적으로 목소리를 내기 시작한 것을 목격할 수 있었다. 그동안 불편부당함을 감수하고 사회문제에 침묵하던 여자들이 더 이상 개개인으로 남아 있지 않고 과감하게 행동에 나서기 시작한 것이다. 이러한 흐름이 이미지를 활용한 정보전달이 문자를 압도한 스마트폰이 보급된 이후에 일어났다는 사실은, 쉴레인의 전망한 21세기 문명의 대전환기 가설을 뒷받침할지 모른다.

● 최근 한국의 대중문화가 세계적으로 인기를 끌고 있는 현상 역시, 언어와 국경을 초월하여 '온라인공동체'를 형성할 수 있게 된 요인을 빼놓고는 설명하기 어려울 것이다.

이미지정보의 물결은 7-80년대 독재정권으로 되돌려 놓고자 하는 정치집단의 강력한 시도조차 무력하게 만들어버렸다. 집권세력의 바람과는 달리 오히려 그 시기에 우뇌중심의 여성적 가치들—복지, 양육, 포용, 다양성, 통합, 배려—에 대한 대중의 관심과 갈증은 더욱 커졌다. 7-80년대 사회변화를 주도한 것은 문자와 구호 중심의 위계적인 운동권조직이었던 반면, 2000년대 사회변화를 주도한 것은 이미지와 영상 중심의 평등한 개인들이었다는 사실도 문자시대에서 이미지시대로 넘어왔다는 쉴레인의 가설을 뒷받침한다.

텍스트는 이미지에 비해서 측정하고 평가하기 쉽다. 관료제도의 역사가 유구한 우리나라에서 텍스트 기반 시험은 매우 경제적이고 효과적이고 비교적 공정한 능력 평가방법이었다. 하지만 이러한 획일화된 경쟁은 지금까지 한국사회를 지독한 좌뇌중심 남성중심 사회로 몰아간 가장 큰 주범이었다. 그나마 다행스러운 것은 21세기 이후 문자만으로 측정할 수 없는 것들의 가치에 대한 인식이 높아지면서 이를 평가하기 위한 다양한 방법이 시도되고 있다는 것이다. 예컨대 단순한 지면시험으로만 합격자를 선발하던 대학입학시험이나 사법시험들이 다양한 기준을 도입하기 위해 노력하고 있다는 것이다.

쉴레인이 이 책 전반에 걸쳐 우리에게 일깨워주고자 한 것은 아마도, 문자는 그 상당한 혜택에도 불구하고 현실을 왜곡하고 의식을 비트는 강력한 힘을 지니고 있다는 사실일 것이다. 인류역사의 비극적인 학살, 전쟁, 범죄를 일으킨 이들은 한결같이 문자를 통달한, 그토록 똑똑하고 지적인 사람들이었다. 문자로 된 시험에서 높은 점수를 받은 비정한 엘리트들이었다. 그런 점에서 이미지에 대한 정당한 평가가 복원될수록 세상은 더욱 온화해지고 평화로워질 것이며, 공동체가 복원되고 개개인의 행복이 더 큰 관심사가 될 것이다. 교조주의, 극단주의, 민족주의, 종파주의는 힘을 잃을 것이며, 소수자, 비주류, 장애인, 여신들은 억압에서 풀려날 것이다. 문자와 '법'이라는 강력한 무기를 앞세운 소수의 고집 센 좌뇌신봉자들, 남성우월주의자들에 의해 그동안 아파하고 슬퍼하고 피를 흘리고 비참하게 죽어간 많은 이들의 넋을 위로한다.

매우 신선하고 독특한 관점으로 인류의 역사와 문화 전체를 해석하고자 하는 책이니 만큼, 저자의 주장에 다소 무리가 있다고 느껴지는 부분도 있는 것은 사실이다. 예컨대 문자전통과 가부장제가 강한 나라일수록 불상이 여신의 모습을 하고 있다는 그의 주장은 언뜻 보기에도 과도한 이분법적 접근으로 느껴진다. 우리역사에서 붓다는 3국시대부터 여신의 모습으로 그려졌기 때문이다. 역사, 문화, 종교에 조예가 깊은 독자라면 그 밖에도 몇몇 세부적인 진술에서 의구심을 느꼈을지도 모르겠다.

그럼에도 이 책이 우리가 익히 알고 있는 사실을 새로운 관점에서 해석해 나가는 즐거움을 선사한다는 것은 분명하다. 영국의 문학평론가 질리언 비어가 "책을 읽는 것은 본질적으로 질문을 떠올리는 과정"이라고 말했듯이, 이 책이 여러분들의 지적인 탐구에 새로운 출발점이 되기를 바란다.

어쨌든 이 책을 읽는 동안 여러분들은 안타까움, 불안, 슬픔, 분노, 공포, 혐오, 기쁨 등 다양한 감정을 만끽하였을 것이다. 이 모든 것은 좌뇌가 선형적으로 나열된 문자를 읽어나가는 동안 곁에서 우뇌가 균형을 맞추기 위해 쉬지 않고 일했다는 뜻이라는 것을 기억하기 바란다. 말과 행동, 문자와 이미지, 남자와 여자, 균형을 잃지 않는 것이 만물의 도(道)일 것이다.

윤영삼

참고한 자료

- 독자적으로 재산권 행사하던 당당한 조선 여성, 김수희 2018년 1월 9일 여성신문
- 한글이 낳은 문학, 문학이 발달시킨 한글, 안직수, 2015년10월12일, 불교신문
- 중국의 전족, 조선엔 없었던 까닭, 이순구, 2008년 8월 24일, 중앙일보
- 샤머니즘, 무속신앙, 무당: 위키백과. https://ko.wikipedia.org 2018년 10월 31일 접속

저자 **레나드 쉴레인** Leonard Shlain 1937. 8. 28 – 2009. 5. 11.

미국의 신경외과의사이자 발명가이자 작가이다. 캘리포니아퍼시픽메디컬센터CPMC의 수술과
장이자 UC샌프란시스코 의과대학교수를 역임했다. 1998년 발표한 이 책《알파벳과 여신》
을 비롯하여《예술과 물리Art & Physics: 공간, 시간, 빛에서 평행 시각(1991)》《섹스, 시간, 권력
Sex, Time and Power 여자의 성은 인간의 진화에 어떤 영향을 미쳤는가?(2003)》《레오나르도의
뇌Leonardo's Brain: 다빈치의 천재적 창조성의 비밀(2014)》을 썼다. 인류의 문화와 예술과 역사
에 관한 독특한 관점을 제시하는 그의 책은 발표할 때마다 많은 언론과 독자의 주목을 받았
을 뿐만 아니라 많은 대학에서 학생들에게 추천하는 권장도서가 되었다. 탁월한 안목을 지닌
저자로서 그는 하버드대학, 스미소니언박물관, 린든존슨우주센터, EU 등 전세계를 무대로
강연을 하기도 했다. 그는 또한 혁신적인 수술기구를 고안해낸 의사이자 발명가이기도 하다.
2011년 그의 딸 티파니 쉴레인은 아버지의 일생과 그의 지적 탐험여정을 영상에 담은 다큐
멘터리영화《콘넥티드Connected: 사랑, 죽음, 기술에 대한 자서전》을 제작하여 상당한 호응을
얻었다. 이 영화에서 쉴레인의 생전모습을 볼 수 있다.

번역자 **윤영삼**

영국 버밍엄대학 대학원에서 번역학을 공부했다. 2003년부터 출판기획, 편집, 저술, 강의
등 번역과 관련된 여러 활동을 병행하며 다양한 '번역행위자'로서 경험을 쌓았다. 지금까지
50여 권을 번역출간했으며, 대표 역서로는《잠들면 안 돼, 거기 뱀이 있어》,《부자들의 음모》,
《알파벳과 여신》,《스타일레슨》등이 있다. 2007년부터 출판번역가를 양성하기 위한 번역강
좌를 해오고 있으며, 2015년 저술하여 출간한《갈등하는 번역》은 세종도서 우수교양도서로
선정되었다. 지금은 한겨레교육문화센터에서 출판번역 강의를 하고 있다.

번역자 **조윤정**

연세대학교 지질학과를 졸업하고 중앙일보 신춘문예에 단편소설이 당선되어 등단했다.
《아우구스투스》,《로마의 전설을 만든 카이사르 군단》,《잡식동물의 딜레마》,《모던타임스》,
《피의 기록, 스탈린그라드 전투》,《우리를 위한 경제학은 없다》등 50여 권을 번역했다.

인용출처, 참고문헌, 찾아보기

아래 QR코드를 스캔하면 바로 확인할 수 있습니다.

xcendo.net/avg/note

인용출처/참고문헌/찾아보기를 PDF로도 다운로드받아 인쇄할 수도 있습니다.
이 책을 이해하는 데 도움이 되는 이미지, 지도, 동영상 등 다양한 멀티미디어 자료도 열람할 수 있습니다.